Bronze Horseman, 1870
Vasily Ivanovich Surikov (1848-1916)

這座矗立在聖彼得堡樞密院廣場的青銅騎士像，
是凱薩琳大帝為了紀念彼得大帝而打造的。
騎士的臉翻自彼得死後所製作的面具；
基座是用四百名人力花了九個月的時間從芬蘭灣拉過來的四十噸重花崗石；
銅像本身六公尺，基座七公尺，總高度達十三公尺；
製作時間從一七七〇年到一七八二年，長達十二年。

「青銅騎士」之名來自俄羅斯詩人普希金的詩作。
銅像的故事敘述彼得在面對深淵的危崖上，以英雄之姿躍起，
伸手指著自東向西的涅瓦河，坐騎踩著一條大蛇，象徵他誓言要打垮的敵人。
製作銅像的故事則說明從德國遠嫁俄羅斯的凱薩琳，
如何證明自己也是一脈相傳的俄羅斯統治者，她在花崗石基座上銘刻了這一行字：
「致彼得一世，凱薩琳二世獻，一七八二年」。

目錄

序言及致謝詞……7
導言……9

第一部・基輔與原型民主
KIEV AND PROTO-DEMOCRACY

1 留里克來到諾夫哥羅德……17
2 弗拉基米爾信了東正教……27
3 基輔羅斯的原型民主……37
4 蒙古人帶來破壞、死亡與奴役……47
5 莫斯科成為第三羅馬……57

第二部・擴張與帝國
EXPANSION AND EMPIRE

6 伊凡雷帝是偉大睿智的統治者……67
7 混亂時期的二十年……77
8 西伯利亞是天堂也是地獄……85
9 彼得打開一扇面向歐洲的窗戶……99

10 凱薩琳和啟蒙運動眉來眼去……119
11 拿破崙把俄羅斯推回亞洲……137

第三部・革命的興起 RISE OF REVOLUTION

12 美麗而憤怒的南方……161
13 亞歷山大解放農奴失敗……171
14 用暴力寫下革命讚美詩……185
15 鞏固專制與走向人民的對抗……197
16 尼古拉和俄羅斯會怎樣？……207
17 最後一次政治自由化……221
18 世界大戰敲響沙皇的喪鐘……233
19 二月革命徹底棄絕舊世界……241
20 有這樣的黨！……251
21 十月革命根本就是神話……263

第四部・人民專政，還是一黨專政？
DICTATORSHIP (OF THE PEOPLE?)

22 列寧悍然解散民選的立憲會議……277
23 沙皇全家在俄國內戰時期遇害……285
24 戰時共產主義帶來了紅色恐怖……297
25 列寧回頭採用資本主義的辦法……309
26 被隱瞞的《列寧遺囑》……321
27 史達林以集體化向農民宣戰……331
28 在四年裡完成五年計畫……345
29 蘇聯文藝界被掐住喉嚨……359
30 列寧的黨慘遭史達林消滅……391
31 史達林和希特勒達成暗盤交易……411
32 從「一步也不能撤」到攻占柏林……433
33 民族敵人取代了階級敵人……457
34 東西方陷入冷戰……471
35 如何處理史達林的沉重遺產？……497

第五部·膽怯的民主人士
DEMOCRATS WITH COLD FEET

36 赫魯雪夫想要趕上和超越美國…………513
37 布里茲涅夫的停滯時期…………537
38 戈巴契夫只在西方受崇拜…………555
39 戈巴契夫變成蘇聯的掘墓人…………585
40 寡頭竄起的葉爾欽時代…………613
41 普京重新建立起強力沙皇形象…………631

譯者跋 那一年，我也在莫斯科…………655

譯名對照表…………i
注釋…………xix
年表…………xlix

序言及致謝詞

喬治·馬戛爾尼在一七六七年寫道：「俄羅斯不應該再被當作一顆若隱若現的遙遠星辰。要把它看成是一顆已經闖入我們星系的巨大行星，而它的運轉方式必然會強有力地影響到其餘每一個天體。」

俄羅斯的確具有這種效果。一輩子以它為學習對象、實地在那裡工作和針對它進行寫作之後，那顆巨大的行星已經牽引我進入它的軌道。

謹在此衷心感謝與我合力完成BBC《俄羅斯：狂野東方》節目系列的製作團隊——亞當與安娜·福勒、理查·班納曼，以及尼爾·加德納。我想感謝傑弗里·霍斯金閱讀原稿，以及唐·莫瑞覊束了我最不得體的行文方式。我身邊那位既勤奮又傑出的研究員讓我受惠良多，而他恰巧是我的兒子，丹尼爾·西克史密斯。此外我也感謝吾妻瑪麗忍受了一個心不在焉得令人厭煩的丈夫（他多半是迷失在十五世紀）。

連續體國際出版集團允許引用拙作《普京的石油》一書、麥克米倫出版社允許引述《利特維年科檔案》，以及西蒙與舒斯特出版社允許使用《莫斯科政變》書中的字句，在此也一併致謝。

倫敦，二〇一一年三月

導言

就在俄羅斯最激烈的劇變之一——一八二五年的「十二月黨人起義」——餘波盪漾的時候，詩人費奧多爾・丘特切夫寫道：

造訪這個世界的人是有福的，
在這命運交關的時刻！
諸神召喚他
來參加饗宴。
讓他見識他們的大戲，
一窺他們的想法，
然後從他們的聖杯
飲下不朽生命。

一九九一年八月十九日星期一的早晨，我感覺自己知道了他講的是什麼意思。擔任BBC駐莫斯科電視特派員三年下來的經驗，讓我早已嗅出有某件事情正在醞釀之中。

然而當天早上將我驚醒的新聞，還是讓我喘不過氣來。蘇聯國家廣播電台和電視台以僵化過時的共黨宣傳用語（莫斯科已經許多年沒聽到這個東西了），指控蘇聯總統米哈伊爾・戈巴契夫的改革體制破壞了蘇聯，而其施政目的是為了效忠於「敵視蘇聯人民的利益團體」。播音員宣布，現在已來到「重建蘇聯榮耀與力量」的時刻。廣播的結尾則是：「米哈伊爾・戈巴契夫因病無法繼續執行職務……『國家緊急狀態委員會』已經接管政權。」

一場由共黨強硬派對抗蘇聯改革派總統戈巴契夫的政變爆發了。我還記得自己如何在馬路上疾馳而過，望見一列列坦克車沿著通往克里姆林宮的寬闊街道迤邐而下。派遣坦克過來的人，就是軟禁了戈巴契夫並且正在接管國家的那批人。那是一個令人不安的場景。

然而在接下來的那幾天，俄羅斯平民百姓擋住了坦克的去路；其中有幾人因為他們捍衛民主的決心而被槍殺或輾斃。當俄羅斯總統波里斯・葉爾欽——戈巴契夫遭到軟禁之際最後的自由派領袖——爬上坦克車以戲劇性方式抗拒政變時，我正置身現場。葉爾欽在俄羅斯白宮待了兩天兩夜，等待攻擊開始。八月所發生的各種戲劇性事件，決定了蘇聯改革派與強硬專制派之間的角力結果。在一片鼎沸的反對聲中，強硬派失去了勇氣，政變隨即崩潰而其領導人遭到逮捕。

我曾十分確信，並且在自己的報導中表示，共產主義的恐龍於發動政變之後的垮台，再加上蘇聯共產黨於掌權七十年之後的解散，在在都意味著俄羅斯的獨裁政體已然死亡，意味著幾個世紀以來的高壓統治即將遭到唾棄，並且被自由和民主加以取代。可是我錯了。儘管俄羅斯在隨後十年間試圖將自己轉換成西方式的市場民主體制，結果反而陷入脫韁的通貨膨脹、種族暴力和混亂狀態。到了二〇〇〇年以後，整個國家發展進程又被大幅扭轉回去。俄羅斯變得既穩定又相對繁榮，可是民主與自由再度應國家的要求退居二線。獨裁統治的幽靈重新糾纏著俄羅斯。

其實我早在一九九一年的時候，就應該知道得更清楚才對。然而處於莫斯科的高亢氣氛中，我一時忘記了歷史的教訓：每當俄羅斯做出改革嘗試之後都會重返獨裁，把不受限制的權力集中在一個不向任何人負責的威權手中。那種事情在過去已經發生得如此頻繁，這一次的情況也不可能有所不同。

我搞錯了是一回事，但更嚴重的事實是，歐洲和美國的領導人也都搞錯了。他們從哈佛大學派遣一批聰明的經濟學家來指導俄國過渡到市場經濟、為了共產主義的挫敗而歡欣鼓舞，並且假定問題已獲解決——他們志得意滿地宣布，從今以後俄羅斯將會變得跟我們一樣。但假如西方能夠學到歷史教訓的話，或許可以避免自己正在犯下的某些可怕錯誤，而那些錯誤將給東西方之間的關係蒙上陰影、虛擲數十億美元的金錢，並且間接促成俄羅斯自由化實驗的失敗。

如果我們想要明白過去二十年來的事態發展，就有必要充分認識俄羅斯的千年歷史。俄羅斯從來沒有真正「跟我們一樣」——如果我們指的是一個自由的、以市場為導向的民主政體，而且當權者有得到民眾的容許、並可透過於法有據的程序加以撤換。[1]然而俄羅斯的模式，除了短暫而反覆出現的激進實驗時期之外，始終反其道而行：獨裁政體將當權者置於法律之上，而他們施行統治的依據或者是神權，或者是「人民專政」，但幾乎總是憑藉暴力。

那些把俄羅斯看成是原生歐洲國家的人，忽略了這一點。俄羅斯朝著兩個方向望去：一方面是看著西方的民主法治傳統；但由於她的成分中帶著更多遺傳自亞洲的ＤＮＡ，於是一方面又看著自己早期歷史中汲取過來的亞洲統治形式，亦即俄國人口中「強有力的手」——權力集中於一人之手

1 我當然認為無庸置疑的是，在此所界定的「民主」自從雅典於公元前一四六年沒落以來，便幾乎不曾存在於世上的任何地點，而且一直要等到十七世紀才步履蹣跚地重新在歐洲現身。

的鐵腕統治。2

有一個被貼上「路徑決定論」標籤的俄羅斯歷史學派認為，俄國必將永遠受到獨裁政體的鐵腕統治；她的天性正是如此，西方式的民主在那裡絕對行不通。此為英美保守派人士於冷戰年代所普遍主張的觀點，最近又捲土重來。這種斷言或許過於斬釘截鐵，不禁令人聯想起黑格爾和馬克思早已信譽掃地的「歷史必然性」；但我無法不注意到，俄羅斯歷史的進程是多麼頻繁地把「歷史必然性」這個概念給清楚表達出來。從最早期的統治者留里克和奧列格，直到恐怖的伊凡和彼得大帝，所鼓吹的論點始終是：俄羅斯太大也太亂，不適合把權力下放；只有中央集權的「獨裁鐵腕」才有辦法維繫對帝國的向心，並且在民情殊異的百姓之間維持秩序。同樣的論調也曾經被十八和十九世紀的沙皇們，以及二十世紀的共黨政權使用過，而且——經過必要修改後——還被二十一世紀的弗拉基米爾．普京加以援用。

溫斯頓．邱吉爾曾在怒火下說出「包裹在謎中之謎裡面的一個謎」那句名言，從此給了某種偷懶取巧的西方論點定下基調，覺得俄羅斯人過於複雜，所以我們甚至不必花心思去了解他們。可是我們如果有辦法掌握俄羅斯的歷史，我們就能夠發現她時而令人費解的行為根源。俄羅斯很不協調地結合了東方與西方，讓許多個世紀以來的俄國藝術家、文學家、政治家和思想家深感困擾。

詩人亞歷山大．布洛克用一個讓人焦慮不安的問題，「我們是斯基泰人嗎？——我們是亞洲人嗎？」，刻畫出俄羅斯儘管努力捍衛西方的文化價值，卻由於其野蠻的東方本質而遭到西方排斥：

沒錯，我們是斯基泰人！沒錯，我們是亞洲人，
有著斜斜而貪婪的眼睛！

……我們宛如順從的奴隸一般，
手持盾牌夾在兩個敵對的種族中間
——蒙古人與歐洲人！
俄羅斯是斯芬克斯，歡欣而又悲傷，
渾身沾滿黑色的血跡，
她注視著、注視著、深深地注視著你，
充滿了仇恨，也充滿了愛意。
我們記得一切——記得巴黎街頭的地獄
和威尼斯的陰涼、
檸檬樹林遙遙傳來的芬芳，
以及科隆煙霧彌漫的巨大建築。
……於森林和樹叢之中，
我們將在美麗歐洲的面前閃到一旁，
轉身用我們亞洲人的嘴臉對著你們。

東方和西方交融揉合的歷史，也體現於許多俄羅斯人兼具歐亞風格的臉孔上。（例如觀看弗拉

2 如果還需要證據來闡明俄國人對獨裁模式根深柢固的認同，那麼莫斯科列瓦達民意研究中心已在過去二十年內，逐年就「俄羅斯是否需要鐵腕統治？」這個問題進行民意調查。贊成的人數平均都在百分之四十至四十五之間，此外另有百分之二十到三十的人同意，「俄羅斯在某些時候需要把所有的權力集中在同一個人的手中。」

基米爾・列寧的照片時，我們從他狹窄的雙眼瞧得見東方的痕跡。）俄羅斯是否應該屬於歐洲，或者她是否應該擁抱其亞洲遺產（包括得自蒙古的獨裁政治體制）？這個問題深植人心。於是直到今天都還有人感覺，俄羅斯雖然位於歐洲，卻不是歐洲的一部分。克里姆林宮則來回擺動，一方面以威權鎮壓政治反對派，一方面又不斷渴望讓西方相信它尊重人權。當弗拉基米爾・普京宣布，他將不顧憲法所設定的兩屆任期限制，準備在二〇一二年三月回鍋擔任總統的時候，已經幫未來潛在的獨裁者和終身統治者亮起綠燈。普京規避了憲政精神（法律明文禁止連任兩次以上，於是他乾脆「過水」當了一任總理），如今有可能繼續掌權到二〇二四年，直到七十一歲的時候為止。他的做法獲得不止一位前蘇聯中亞共和國獨裁者的熱烈響應。

★ ★ ★

本書的宗旨，是要把我在一九九一年親眼目睹的各種事件，放入歷史脈絡當中，藉此突顯之前在俄國歷史上出現的一些轉捩點，亦即當俄羅斯於「命運交關的時刻」面對交叉路口之際——她或者走上改革之路而可能邁向自由民主，或者繼續依循專制的途徑，時而走向極權、高壓和獨裁。

我無意做出價值判斷。我不會自動認定哪一條路徑比較好，或者更適合俄羅斯的情況。但我想知道為何她會走上這一條路而沒走上另外一條路，到底需要怎麼做才能夠把這個巨大的國家送上一條截然不同的路線，以及她距離走上另外一條路到底有多近。俄羅斯是否有可能避開今日復活的威權主義，而變成我們這種西方式的市場民主體制呢？

RUSSIA

A 1,OOO-YEAR CHRONICLE OF THE WILD EAST

第一部
基輔與原型民主

PART ONE
KIEV AND PROTO-DEMOCRACY

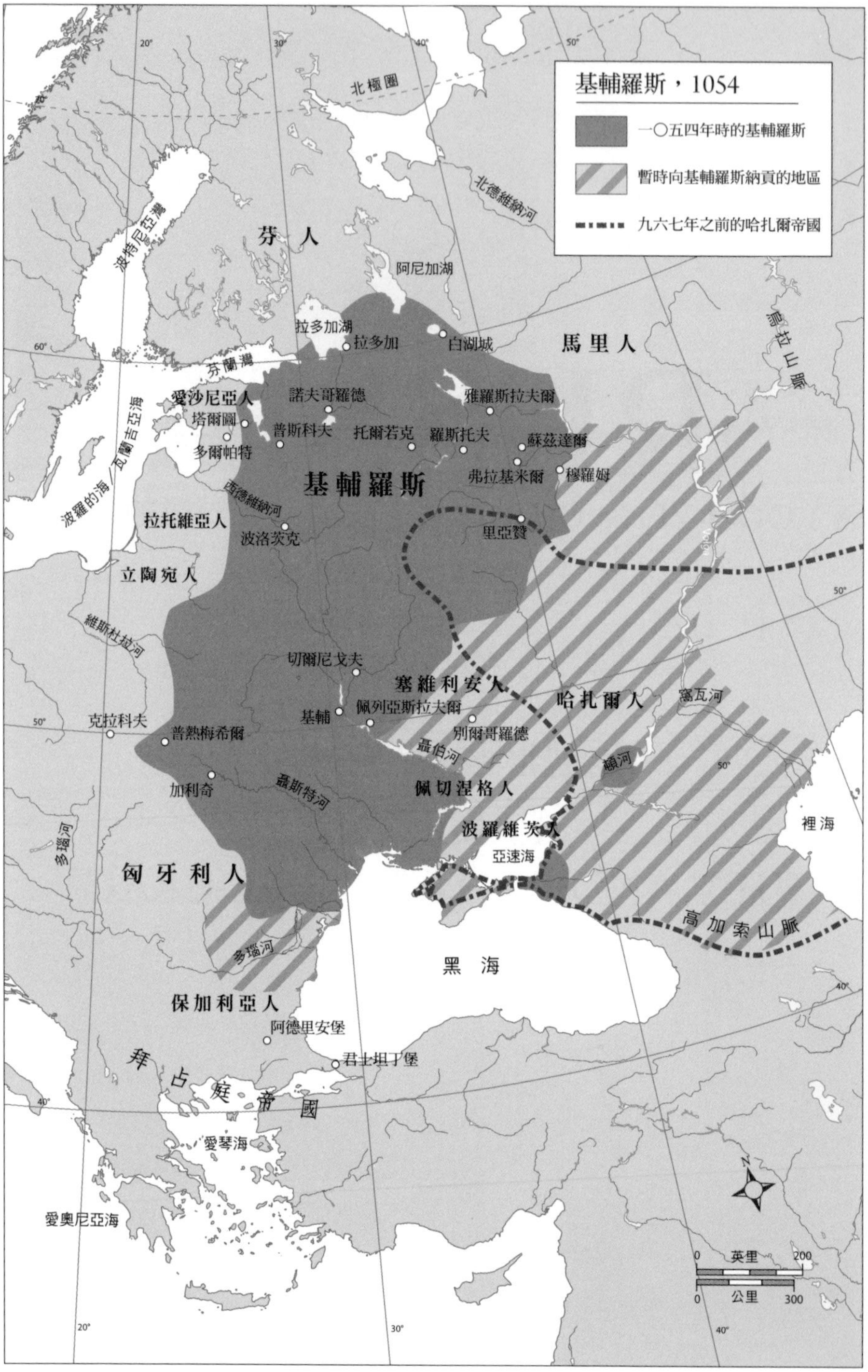
基輔羅斯，1054
一〇五四年時的基輔羅斯
暫時向基輔羅斯納貢的地區
九六七年之前的哈扎爾帝國
北極圈
北德維納河
芬人
阿尼加湖
波特尼亞灣
拉多加湖
拉多加
白湖城
馬里人
烏拉山脈
芬蘭灣
愛沙尼亞人
諾夫哥羅德
雅羅斯拉夫爾
塔爾圖
多爾帕特
普斯科夫
托爾若克
羅斯托夫
蘇茲達爾
弗拉基米爾
穆羅姆
波羅的海／瓦蘭吉亞海
基輔羅斯
西德維納河
拉托維亞人
波洛茨克
里亞贊
立陶宛人
維斯杜拉河
切爾尼戈夫
塞維利安人
哈扎爾人
窩瓦河
克拉科夫
普熱梅希爾
基輔
佩列亞斯拉夫爾
別爾哥羅德
聶伯河
頓河
加利奇
聶斯特河
佩切涅格人
波羅維茨人
裡海
亞速海
多瑙河
匈牙利人
高加索山脈
多瑙河
黑海
保加利亞人
阿德里安堡
君士坦丁堡
拜占庭帝國
愛琴海
愛奧尼亞海
N
0 英里 200
0 公里 300

1 留里克來到諾夫哥羅德

我在日出前抵達了諾夫哥羅德。搭的是臥鋪夜車，沿著莫斯科—聖彼得堡主幹線的高速路段北向行駛，前五個小時睡得十分安穩。然而火車一拐彎駛上諾夫哥羅德路段，疏於保養的支線軌道所產生的震動就把我搖醒了。等到女服務生給我端來一杯俄羅斯紅茶，我早已把衣服穿妥。早上六點，我步出諾夫哥羅德火車站，迎向涼爽的早晨空氣。

這座小城仍在睡夢之中，於是我請司機將我載往沃爾霍夫河的對岸。那裡的雅羅斯拉夫苑是古時候城內的貿易區，歷代商人來此以貨易貨，然後齊聚在一座有著白色外牆和藍色圓頂的教堂內祈禱。此時這裡既寂靜又冷清，而我呼出的氣息在黑暗中冉冉上升。河水的另一方，滿月漂浮於諾夫哥羅德的克里姆林城牆上空，輝映出歐洲保存最為完美、最不受破壞的景觀之一——翠綠河畔矗立著紅色的中世紀城垛，高高聳立其上的是聖索菲亞大教堂的金色圓頂。

在公元九世紀中葉，還未曾有人說出「俄羅斯」這個名稱的時候，諾夫哥羅德是一個補給站，位於從北方的波羅的海向南方通往拜占庭帝國的貿易路線上。該地區住著一些競相爭奪霸權的斯拉夫部落。不過正當兄弟鬩牆之戰看似無可避免之際，這些部落領袖設法透過談判來化解糾紛。在軍事侵略大行其道的年代，那是一個非比尋常的事件。

俄羅斯的《往年紀事》告訴我們：「當時他們之間沒有法典，這個氏族開始反對那個氏族，內訌不已，相互攻伐。於是他們彼此商議：『咱們還是給自己物色一位能秉公辦事、管理我們的王公吧。』」編年史家關於諾夫哥羅德在九世紀的記錄，很早便顯露出這座城市將在隨後的幾個世紀內展現其「依據法律進行調解」的特質。那些百姓不願意打內戰，寧可從外地請來一位立場中立的統治者，讓大家團結在他的領導下：

> 他們就去找海外的瓦蘭人[1]，找羅斯人。那些瓦蘭人被稱為羅斯人，就像一些人被稱為瑞典人，而另一些人被稱為諾曼人、盎格魯人，還有一些人被稱為哥德人一樣，這些人就是這麼稱呼的。（一些斯拉夫部落和其他部落）對羅斯人說：「我們那裡土地遼闊富庶，可就是沒有秩序，你們來治理和統管我們吧。」
>
> 於是選出了三位兄弟，而他們的長兄——羅斯人留里克——坐鎮在諾夫哥羅德。俄羅斯的土地——羅斯（Rus）——便得名於此。

這是一個很棒的故事。俄國人就是聽著它長大的。然而正如同俄國史上的許多事物，此事的相關細節造成了意見上的分歧。《往年紀事》是關於留里克那位王公的到來，以及關於那整個時期的唯一資料來源。這部紀事是過了很久以後，由僧侶相繼撰寫的一系列編年史之一。儘管編年史的內容既令人回味又詩意盎然，其可靠性卻相當值得懷疑。留里克或許真有其人，但他也可能只是一個神話般的人物，是此後統治俄羅斯土地的歷代維京王公之綜合體。

然而俄羅斯歷史從來不僅僅涉及單純的事實而已。真實的歷史與浪漫的歷史糾結在一起，交織成為塑造民族認同感的神話。俄羅斯人跟我們其他人一樣，只是相當粗略地知曉自己的過去；我有一些受過高等教育的朋友們甚至必須絞盡腦汁，才有辦法說出許多關鍵日期。但他們每個人都知道公元八六二年——據稱留里克抵達此地，創建了羅斯（Rus-ian）國度的那一年。[2]

★ ★ ★

諾夫哥羅德的鐘聲報出了早上七時。

我發現克里姆林要塞開始生機盎然起來，於是沿著河上步橋一路走向它的高大木門。進入圍牆裡面，只見整潔的歷史建築群環繞著一座興建於十一世紀的華麗教堂。在一片茂密草坪的中央矗立著諾夫哥羅德千年紀念碑，修築於一八六二年，俄國另一個大變革時代（參見第十四章）。紀念碑上有一尊銅像，是一名身穿鎧甲、戴著北歐頭盔的武士，並且標記著西元八六二年。許多世紀以來，孩子們在學校學的維京人留里克，看起來就像這個樣子。我以不科學的方式向路人進行的民意調查顯示，所有願意答話的人都認為，留里克來到諾夫哥羅德的時候，就是他們的國家誕生的那一刻。

一位名叫斯維特拉娜的語文系學生表示：「我認為留里克是我國歷史上非常重要的人物。他是第一個俄羅斯朝代和第一個沙皇世系的創始者。」[3]阿列克謝也表示同意，說道：「是的，他當然是

1 譯注：瓦蘭人／瓦蘭幾亞人（Varangians）是瑞典東南部的維京人。俄語和烏克蘭語稱之為瓦雅格人（Варяги/Varyagi），最近卻往往被音譯成「瓦良格」。

2 「羅斯」是由一群以基輔為中心的個別公國共同組成。它們後來演變成我們所知道的俄羅斯、烏克蘭等國。俄羅斯人和烏克蘭人至今依舊爭論不休，到底哪一個國家才是古代羅斯人的真正繼承者。若在這個早期階段便談論起「俄羅斯」（Russia）、「俄羅斯人」（Russians）或者「俄羅斯身分」（Russian identity），無疑會是錯誤的做法。本書所使用的「羅斯」（Rus-ian）這個形容詞雖嫌做作和笨拙，卻最能表達我所指稱的那個實體。

一位非常重要的人物，因為正是他把國家團結起來，是他建立了我們的國家。在他以前只出現過一些部落，在他之後卻有了一個國家。」瑪莎更進一步指出：「留里克創造了我們的國家，我們的俄羅斯。他為我們的整個體制奠定基礎……他是統治了羅斯很長一段時間的那個朝代的始祖。所以他不光是一位統治者而已，他是我們的象徵。」

此類講法最足以說明浪漫的歷史如何凌駕於事實之上。畢竟不管想像力再怎麼豐富，也不可能把留里克——如果他存在過的話——及其後繼者所統治過的那些土地，講得活像是一個「國族」或一個「國家」。它們仍然只不過是許多部落群體當中的一員，而且在接下來的許多個世紀內仍是如此。但無論是事實還是虛構，留里克應邀過來以鐵腕統治這些交戰部落一事，隱約點出了人們渴望有個強大的中央權力為紛亂的國度帶來秩序和團結。好幾個世紀以來，這個觀念深植於俄國人的心中。俄文的「國家」(gosudarstvo)這個字眼，與英文的同義字具有不同內涵：指的並不是一個大公無私、具有代表性的政府，建立在百姓的認可之上，必須保障人權和依法行政；反而比較接近「王國」——按照字面上的意思是「主人的國度」——完全仰賴其獨裁統治者的鼻息。正是這種思維方式在許多年後促成了俄羅斯的誕生。

早在八六二年的時候，我們已可察覺有兩種傾向正在成形之中，且將於隨後的十一個世紀內爭奪主導地位：一方面是渴望獨裁帶來秩序；另一方面則是徵詢一位被選中的統治者，自願歸順於他，並且相互妥協——這一絲民主精神的氣息日後將以相當驚人的形式，在諾夫哥羅德（但不在莫斯科）表現出來。

有關那個時代的唯一記錄來自古代編年史，所以我前往聖彼得堡的俄羅斯國家圖書館，現存最早的文本就存放於此。我發現該地與三十年前我留學的時候相差無幾，但這是我第一次有機會接觸那些平常被鎖起來的珍貴文獻。此類編年史是由一些通常不知名的僧侶們窮畢生之力完成的——許多世紀以來，他們一個接一個地默默置身於斗室，在燭光照耀下埋頭寫出他們國家的歷史。一位戴著白手套的圖書館員，向我展示了幾頁來自《諾夫哥羅德第一編年史》的泥金裝飾手抄本。這是另一項珍貴的資料來源，與《往年紀事》共同補充了我們對最初那些年頭的認識。

我讀到那些外來的維京人——編年史家稱之為「瓦蘭人」——如何留下來統治斯拉夫人，並且與他們通婚。留里克的後裔於是使用俄羅斯的名字——我發現了許多名叫「奧列格」、「伊戈爾」、「斯維亞托斯拉夫」[4]等等的人——但他們顯然未曾失去維京人對武力征服的癖好。羅斯人的南部疆界鄰近拜占庭帝國，統治的百姓是口操希臘語的基督徒，首都在君士坦丁堡，亦即今天的伊斯坦堡。編年史家表示：留里克的兩名手下，阿斯科爾德和迪爾，率領一支探險隊圍攻君士坦丁堡，並且「來到博斯普魯斯海峽，殺死了很多基督徒」。

在手稿稍後的章節，我看到了為何羅斯人博得「凶殘至極」的名聲。上面寫著：「在他們俘虜過來的人當中，有些被砍頭、有些受到凌虐、有些遭到射殺，有些則被淹死在海裡。」手稿以一句輕描淡寫的評述做出結論：「羅斯人以他們戰士慣用的做法，讓希臘人吃了不少苦頭。」

但是，根據那位編年史家的說法，異教徒羅斯人遇到一個有辦法奪走勝利的力量，最後他們還是失敗了：

3 譯注：俄國歷史上有過兩個正統朝代——留里克王朝（Rurik Dynasty/Rurikids, 862?–1598）和羅曼諾夫王朝（House of Romanov, 1613–1917）。

4 譯注：奧列格（Oleg/Олег）、伊戈爾（Igor/Игорь）分別衍生自維京人的海爾格（Helge）和英格瓦（Ingvar）；斯維亞托斯拉夫（Sviatoslav/Святослав）才是真正的斯拉夫名字。

看哪，拜占庭皇帝在聖母教堂徹夜祈禱、唱著讚歌、拿出聖母的神衣，並且把它的下襬浸入海水。當時大海本是風平浪靜，但突然狂風大作、巨浪滔天，沖擊羅斯異教徒的船隻，把它們推向岸邊撞得粉碎。只有少數幾艘船得以倖免於難。

九世紀晚期，俄羅斯歷史的兩個主軸開始出現——專制獨裁的傾向，以及軍事擴張的欲望。神力在君士坦丁堡造成的敗績則帶來了第三種傾向。羅斯人原本試圖劫掠君士坦丁堡，卻在接觸當地的宗教後為之著迷不已，而此事將在日後產生十分深遠的影響。

阿斯科爾德和迪爾從諾夫哥羅德前往拜占庭進行遠征的最終結果，就是在途中發現了一座城寨，這裡很快便成為羅斯國家的首都：

他們乘船沿聶伯河出發，在航行途中看見山上有一座不大的城，於是問道：「這是誰的城寨？」當地居民回答：「以前有三兄弟——基伊、謝克和霍里夫，修建了這座城寨，後來死了。我們是他們的後裔，就在那裡居住。我們向可薩人[5]納貢。」阿斯科爾德和迪爾便在這座城市住下，為自己招募很多瓦蘭人，開始治理該地區……。

那座「小城寨」正是基輔（Kiev），可能得名自上述的「基伊」（Kii）。基輔建城的故事或許跟短短幾年後英格蘭的阿爾弗雷德國王「把餅烤焦」的傳說[6]同樣出於虛構，可是基輔瀕臨聶伯河、地處南北貿易路線樞紐的戰略位置，說服了羅斯人將之選為總部所在。留里克的繼承人奧列格大公在八八二年襲取基輔，並且宣布那座城市從此是他的首都。這個事件給了後來幾百年的作曲家和作家諸多靈感。例如普希金《英明的奧列格之歌》，就是俄羅斯學童隨口就能背誦的詩作之一（這種大量引用經典的本事真的讓我們感到汗顏）：[7]

英明的奧列格於是出發，
率領自己的親兵，騎著忠實的駿馬。
勇敢的戰士啊，榮譽和快樂正等待著你！
……奧列格上了馬，與他的賓客們離開御苑。
在高高的山岡上，河岸彎曲之處，
雨水把它們沖洗，塵土把它們覆蓋，[8]
其上叢生的針茅在微風吹拂下搖曳。
……他們遙想過去的時日，
也回憶起共同廝殺的那些戰役。

我曾經登上「河岸彎曲之處的山岡」，很快就明白了「英明的奧列格」為何會選擇基輔。那座

5 譯注：可薩人即哈扎爾人（Khazars），是信奉猶太教的西突厥部落，七世紀至十世紀之間曾經建立橫跨黑海與裡海北岸的帝國。
6 譯注：阿爾弗雷德（Alfred the Great, 849–899）是威塞克斯的國王，據說曾在戰敗後逃到鄉下避難，被一名農婦收留。他幫農婦看顧烤餅的時候忙於構思如何向丹麥維京人展開反攻，結果把餅烤焦而受到責罵。
7 二〇〇八年弗拉基米爾・普京成為總理不久，就曾經在記者招待會上那麼做過，並收到了很大的效果。
8 譯注：「它們」指的是奧列格之前出征時所騎忠實駿馬的骨骸。

別列斯托沃山的頂端，如今矗立著緬懷二戰將士的蘇聯紀念碑。但我們仍不難想像當初奧列格騎馬登上此地之際，心中所出現的想法。順著聶伯河林木茂密的陡峭河岸向下望去，這裡的地理優勢顯而易見：所在位置易於防守且四面視野良好、肥沃的土壤一望無際、有森林可供建造房舍和船隻所需的木材，最重要的是，可以直接連結聶伯河與其密布全境的諸多支流。

在最初的前四個世紀，如今位於烏克蘭的基輔——而非莫斯科——成為羅斯國度的中心。就許多方面來說，那都是一個黃金時代。奧列格大公帶著他的宮廷和隨員，從諾夫哥羅德搬了下去。他強化基輔防務，並派出遠征軍清剿四周構成潛在危險的遊牧部落。

根據後世的記載，奧列格接著在九一一年率領八萬人，乘坐二千艘小船沿著聶伯河揚帆而下，再度圍攻君士坦丁堡。這一次的結果比較成功。羅斯人成群蜂擁而至，讓希臘人嚇得主動求和。奧列格於是要求進貢——不只是支付給他本人，同時還得交給陪同他前來的全體公侯，以及他們所有的隨從。等到希臘人逆來順受地同意了，奧列格便把自己的盾牌釘在木造城牆上，藉此標誌他的勝利。傲慢的羅斯人只有在簽訂極為有利的貿易條約之後才肯撤離——其中一項條款允許基輔商人每年在君士坦丁堡居住六個月。

幾乎可以確定的是，奧列格最主要的目的在於貿易而非征服，上述貿易條約則為基輔日後的繁榮打下了基礎。從此開始，每年六月都有龐大的基輔船隊載著毛皮、蜂蠟、蜂蜜和奴隸向南方航行。後來有一位拜占庭皇帝以敬畏與困惑兼具的態度對此記錄如下：

六月的時候，羅斯人乘坐他們用巨大樹幹鑿成的一艘艘獨木舟，從基輔沿河下行。他們必須在巨石擋住去路，水流向上湧起並飛奔狂瀉、發出巨大聲響之處，穿越沸騰的大瀑布。但是羅斯人登岸抬起他們的船隻、搬運他們所攜帶的貨物，並且用鐵鍊拉住奴隸沿著瀑布前進六英里路，直到繞過了激流為止。佩切涅格人往往會在那裡攻擊他們。所以他們的旅途充滿辛勞和恐怖、困難與危險。羅斯人在一個名叫「聖葛列格里」的島上，圍繞著一棵他們視為神聖的巨大橡樹舉行異教儀式、獻祭活生生的小公雞，並且擲筊決定如何以最佳方式來安撫他們的神明。

羅斯人踏上歸程的時候則帶回製成品，諸如葡萄酒、絲綢、珠寶首飾和玻璃器皿。那種看似牧歌般的景象，刻畫出一個具有創業精神的民族，以和平的方式與鄰國進行貿易。可是在他們的生活當中，也暗藏著比較令人不安的層面：對一個周圍環繞著蠻荒草原、缺乏天然屏障來阻擋外侮入侵的國家而言，佩切涅格人和其他遊牧部落的襲擊成為持續不斷的威脅。羅斯人帶去君士坦丁堡販售的奴隸，極有可能就是在這些小規模戰鬥中虜獲的囚徒，而且合理的推斷，也有同等數量的羅斯人遭到俘虜或殺害。他們奇特的異教信仰並隱隱點出天然災害所帶來的威脅，以及他們對大自然恩惠的依賴，這使得他們崇拜神聖的樹木，並且亟需安撫神秘的太陽神「達日博格」、風神「斯特里博格」以及雷神「霹隆」。羅斯人的社會處於既不穩定又危機四伏的年代，卻不可思議地繼續生存下去並茁壯成長。

從基輔開始，隨著商人的周遊列國，以及戰士四處尋找可被征服的新疆土，羅斯人逐漸發展成為幾個世紀後地球上最大的連續帝國——從西方的波羅的海延伸至東方的太平洋、南方的中亞綠洲，以及北方的北冰洋。時至今日，縱使蘇聯早已解體，俄羅斯依然橫跨十一個時區，是使用一百五十多種語言的上百個民族的家園。

然而在歷史上的大多數時候，俄羅斯都是一個笨拙的巨人，面臨著外族入侵和內部分裂的威脅。從基輔羅斯肇始之初，最根本的任務就是要把羅斯的土地統一起來，並且把相互競爭的各領地鍛造成一個新的單一權力機制——如果這個國家想要生存下去的話。

2 弗拉基米爾信了東正教

俄羅斯歷史長久以來都是宣傳家的玩物。重新撰寫過去藉以迎合當代政治考量的傳統，並不是從約瑟夫·史達林才開始的，而是起源於最早期的年代。問題在於，既然資料來自一千年以前，便很難斷定真偽。

現存關於俄羅斯最早歲月的唯一史料是《往年紀事》，完成於書中所敘述的某些事件發生了好幾個世紀之後。開宗明義寫道：「這就是往年紀事，羅斯人源自何處，是誰成為基輔第一任王公，而羅斯國家又是如何產生的。」要我信任《往年紀事》的話，我打算先進一步了解其身分不明的作者。大多數古代編年史家的生平細節都已經湮沒在時間的迷霧中，因為就連其中的佼佼者，我們對他們的認識也只侷限於一個作品標題、若干大致的日期，以及一個工作的地點……

我來到基輔洞窟修道院的時候，幾乎只說得出一個名字——編年史家「涅斯托爾」。大門口的那位老太太卻不為所惑。她開口表示：「涅斯托爾，有的，他在『近洞窟』裡面。你經過教堂以後，沿著山坡的小路繼續走下去，就會看見一棟白色的房子。你去那邊再問一下就行了。」儘管涅斯托爾逝世於一一一四年，這裡的人們似乎都對他十分熟悉。我穿越修道院的庭園，經過以一座裝飾華麗的十八世紀鐘塔為主體的金頂教堂建築群，然後順著一條陡峭的小徑走了下去。自從洞窟修道院在一千多年前成立以來，這裡始終是東正教會最神聖的場所之一。當時果真只不過是一個洞穴——

或者一連串的洞穴——而已，有一些希臘拜占庭僧侶客居於此，希望能夠給他們的異教徒鄰居帶來基督教義。千百年下來已經擴充成為一個建築群體，最近被聯合國教科文組織列入世界文化遺產。

抵達那棟特定的白色建築物之後，我被引入一扇小門，那裡有若干階梯向下通往一個看似狹窄隧道的地方。我正準備走過去時，另外一位老婦人開口表示「拿著這個，你會需要它的」，接著就把一根點燃的蠟燭塞進我的手中。她講得沒錯。來到階梯底部後，我發現自己置身一個宛如兔窟的地道網，而其寬度剛好只夠讓我的肩膀觸碰兩側壁緣，其高度則讓我不斷覺得有低頭彎腰的必要。地道內沒有任何種類的燈光，四下一片死寂。我手中光影搖曳、不斷縮小的蠟燭成了我認路的唯一憑藉。這種認知著實令人忐忑不安。

我小心翼翼地緩步行進，旁邊不時出現若干橫向的隧道，而那裡面也有看不見的手拿著同樣忽明忽滅的蠟燭前後移動。我注意到牆上挖出了一些石龕，於是俯身向內張望一眼。在一口棺材的玻璃蓋下擺放了一具僧侶遺體，覆蓋其上的綠色緞面布料露出一隻乾枯的手。每隔幾碼距離便出現另外一個龕位、另外一口玻璃棺材、另外一位僧侶的遺體。就在我快要適應那一切奇異景象的時候，有一片閃爍的火光朝著我晃動過來，照亮了洞穴牆壁。光源後面有個低沉的聲音不斷喃喃說著：「上主求你垂憐，上主求你垂憐！上主，我生命的主宰……」。我辨識出一名矮小老婦的輪廓，她已經弓著身子了，卻還是把腰彎得更低。她手中拿著一塊布，快步從一個龕位走到另一個龕位擦拭棺材頂部，然後虔敬地親吻覆蓋在聖人遺體上方的玻璃棺蓋。

就像剛才突如其來現身那般，她又同樣快速地在走道裡消失了。接著驟然又有另外一團燭光趕了過來，另外一陣急促的喃喃祈禱聲，另外一名老婦正在彎身、鞠躬、親吻。那種狂熱的基督徒獻身精神，讓我這個冷漠的英國聖公會信徒感到既震驚又陌生。這種具有若干中世紀色彩的舉動，稱得上是這些洞窟剛開始有人進駐的那個時代所留下的鮮活遺跡。

我在四條地道的交叉口發現了一位東正教神父，於是問他在哪裡可以找到涅斯托爾那位編年史家。他點頭指了指其中的一條走道，表示：「涅斯托爾在左手邊的最裡面。」

找到我跑來這裡想看見的人物之後，我便向他的棺材裡面注視了一下。他的遺體跟其他所有的僧人無啥不同（他們總共有一百二十三位），都保存在「近洞窟」的永恆黑暗中。不過能夠親眼看見這位先生，仍然非常難能可貴，畢竟拜他之賜，我們才得以認識俄羅斯歷史上最神秘的時期。不管他的記載再怎麼零散和片面，假如沒有他的撰述，我們真的只能在黑暗中摸索下去。我們固然永遠無法曉得涅斯托爾個人的歷史、他的經歷、情緒與動機；但是我感覺得出來，我的造訪已帶領我接近了他個人的精神，以及他所生活的那個時代的精神。最戲劇性的是，這次造訪讓我接觸到那幾百年內基督徒世界所特有的狂熱激情——當時做出正確的禱告、贖罪和彎腰動作都是攸關生死的事情，錯誤的言詞和膜拜則會帶來永恆的詛咒。

我走得太快了一點，結果把蠟燭給弄熄了。於是我略帶慌張地走向喃喃自語的婦女之一，緊緊跟在她後面，一心希望她正準備出去。幸好她果真如此。

在這種充滿了基督徒虔誠信仰、對末日的恐懼以及感到國家受困的氛圍之中，涅斯托爾撰寫了——或至少是彙整了——《往年紀事》的文字。他創作的時間是在留里克抵達兩百年之後。當時基輔羅斯的向外擴張已經相當可觀。透過商業貿易和軍事侵略雙管齊下，其疆域如今已毗鄰南方的黑海、東方的窩瓦河、以及西方的波蘭王國和立陶宛大公國。然而羅斯的國度仍舊是一個由許多斯拉夫部落所構成的不穩定聯盟，在第一位維京霸主的後裔統治下鬆散地結合在一起。羅斯正陷入分裂和恐懼，並且遭到敵人包圍。其生死存亡仍在未定之天。想要延續命脈，就必須團結起來。

這是悄悄混入《往年紀事》裡面的宣傳元素。涅斯托爾和其他參與工作的僧侶都明白，他們所關注的事項與羅斯君主的利益密不可分。基督教仍然在與舊有的異教神明——神聖的橡樹、大地之神、風神和雷神——相互競爭。所以《往年紀事》塑造出來的歷史版本，名副其實是用於宣揚國家至高無上的地位、支持基輔大公的統治，並且將基督教呈現為帶來穩定、促成統一的力量。

根據涅斯托爾的記載，基督教到來的時間為公元九八八年，不過就是他出生七十年前的事。他還表示是當時的羅斯大公——弗拉基米爾——率先採取關鍵性的措施，從此建立起一個統一的國族和公國。而採用希臘東正教為國教的做法，則讓基輔羅斯走上一條直到今天都還能定義出俄羅斯民族認同的道路。然而根據《往年紀事》的講法，事情原本有可能大不相同。

弗拉基米爾是一個實用主義者，他看到了引進新的國教所能夠帶來的政治利益。他顯然曾經安排過某種「競標戰」，派遣使節出外實地考察來自保加利亞人的伊斯蘭教、哈扎爾人的猶太教，以及德國人在西方和希臘人在東方的基督教[1]。《往年紀事》將弗拉基米爾的選擇解釋成一種心靈上的覺醒：

使節們回國以後提出報告說道：「我們到過保加利亞人處，觀看了他們如何在寺廟，即清真寺裡祈禱，他們不繫腰帶站在那裡，膜拜後坐下，像走了魂似的，東張西望，在他們中間沒有歡樂，有的只是憂傷和一股極其難聞的臭味。……我們還去了德國，在他們的教堂裡參觀了各種禮拜儀式，但沒有見到任何美妙動人之處。於是我們來到希臘人向上帝祭祀的場所，渾不知是在天上還是在人間。因為在人間從沒見過這種奇觀，如此美妙的場所，真不知道該如何形容這一切。我們只知道在那裡上主是和人們融合在一起，他們的宗教儀式也比其他所有國家的都好。我們無法忘懷那種美妙景象。」

涅斯托爾的記載無疑具有浪漫色彩並且是片面之詞。撇開宗教之美不說，幾乎可確定是希臘人提供的禮品和貿易特權，才促成弗拉基米爾最後選擇了基督教。他之所以拒絕伊斯蘭教，則是因為該教禁酒的緣故，他強調說（某些人或許會覺得他是以先知的口吻表示）：「喝酒是羅斯人的樂趣，我們沒有酒就活不下去！」

於是羅斯變成了東正教最東邊的堡壘，處於面對伊斯蘭勢力的最前線，這將對其未來造成深遠的影響。萬一弗拉基米爾做出不同的選擇，俄羅斯今天可想而知會是伊斯蘭世界的一部分。但基督教證明自己是一個強大的凝聚元素，而且還帶來其他東西，有助於團結全民。

在基輔市中心，聖米哈伊爾金頂修道院的外面，有一座白色的大理石紀念碑用於緬懷兩位希臘僧侶——後來追封為聖人的西里爾和美多迪烏斯。他們是兩兄弟，九世紀初誕生於希臘的塞薩洛尼基，到了中年以傳教士的身分前往東歐宣揚基督教。不過除了宗教之外，西里爾和美多迪烏斯還帶著字母一同過去。他們知道，想把聖經介紹給斯拉夫人的話，就必須為迄今缺乏文字傳統的各種方言創造出一套標準化的書面語言。即使到了今天，如果我們看一看俄羅斯字母（按發明人的名字被稱作「西里爾字母」），仍可注意到與希臘字母的相似性，而希臘字母正是西里爾和美多迪烏斯發明字母時的依據。新創造出來的字母起初用於書寫古斯拉夫文，即教會和學者的語言；後來被沿用於俄羅斯口語，亦即民間的語言，以及——從十九世紀初期普希金的時代以來——俄羅斯光輝燦爛的

1 譯注：東西方的教會在一〇五四年才正式分裂成東正教和天主教。

文學語言。

俄羅斯語言對發展統一的國族認同非常重要，這種說法一點也不誇張。幾百年來，俄羅斯人將語言本身及其所創造出來的文學，看成「俄羅斯屬性」（Russianness）的精髓。布爾什維克黨人固然曾在一九一七年之後迫使數以百萬計的人們流亡海外，然而讓許多人感到安慰的是，儘管他們的故土遭到了剝奪，他們的母語卻無法被奪走。詩人弗拉基斯拉夫·霍達謝維奇在一九二二年離開俄羅斯的時候寫道，他帶著全八卷的《普希金文集》一起走：「我所擁有的一切只不過是八本薄薄的書，然而它們包含了我的故土。」

隨著新宗教和新的書面語言的到來，基輔羅斯得以在世界上發聲，並且加入虔誠的基督徒王國之列。九八八年的時候，弗拉基米爾迎娶拜占庭公主而締結了神聖的聯盟，但他堅持要讓羅斯教會保留很大程度的自主性，獨立於君士坦丁堡的母教會之外。這種狀態將會持續很多個世紀，並灌輸給俄羅斯一種獨一無二的基督徒使命感。宣教的熱情於是成為其民族性格中一個重要的元素。拜占庭在一四五三年滅亡之後，這種熱情將繼續強化，而且以許多不同的形式與時俱進。但所有的表現方式都根源於同一信念：相信俄羅斯是某種獨特精神價值的傳人——無論是基督教義、農民的集體主義，或者共產主義——俄羅斯命中注定必須承擔教導其他國家的責任。

羅斯於九八八年轉向基督教世界一事，至少暫時意味著切斷了亞洲在東部邊界進行衝撞的影響。我們之後會發現，俄羅斯擁抱西方的嘗試很難有辦法順利運行，不過就目前情況而言，弗拉基米爾成功地強化了與歐洲的接觸並導入了新的社會價值觀。《往年紀事》因而過度熱情地談論起他為文明化帶來的正面影響：

於是弗拉基米爾下令在原先供奉異教神像的那些地方建造教堂……有這麼多人的靈魂得到拯救，真是普天同慶，皆大歡喜；而魔鬼卻痛苦地呻吟道：「嗚呼哀哉！他們正在把我從這裡趕走！」……然後弗拉基米爾吩咐讓各種乞丐和窮人來王宮領取他們所需要的一切——吃的、喝的，以及金錢。……他又命令套上大車，裝上麵包、肉、魚、蜂蜜酒和克瓦斯[2]，送去給來不了的人……

即便把編年史家的誇大其詞納入考量，仍可發現信奉基督教之後的基輔公國似乎採取了一種更加人性化的治理風格——即便還稱不上民主，至少比較開放也比較公平。與西方之間的貿易蓬勃發展。商人出國旅行，而且也有商旅從德國、丹麥、亞美尼亞和希臘過來。弗拉基米爾對外減少對鄰邦的軍事侵略，對內則重新強調施行法治：

弗拉基米爾對上主誠惶誠恐。搶劫之風劇增，主教們對弗拉基米爾說：「盜匪猖獗，你為什麼不懲罰他們呢？」他回答說：「我害怕有罪過。」他們對他說：「你是上帝委派懲治惡人、行善好人的。你應該懲罰強盜，不過要在查清實據之後。」於是弗拉基米爾就……開始懲治強盜……

「查清實據」一詞非常吸引人。既暗示了王公的絕對權力已在無形中遭到弱化，也承認了就連最偉大的君主也必須加以尊重的法律原則確實存在。

2 譯注：克瓦斯（Kvas/Квас）是一種用黑麥麵包發酵而成的低酒精飲料。

公元十世紀正值獨裁者和暴君當道的年代，統治者依靠高壓手段和軍事實力來治國。沒有任何地方——即使是最先進的國家——找得到任何事物能夠勉強接近我們所知道的民主。基輔羅斯卻出人意料地在君主政體成形之初，讓人看見了它所立基的「正當法律程序」原則。在隨後的俄羅斯政治史上，這段插曲將成為例外而非常態。

弗拉基米爾在民間傳說中被奉為國家的「美麗太陽」，死後並於一〇一五年被封為聖人。然而他卻頗不明智地將十二個兒子分封到羅斯國度的各個城邦，成為地位平等的統治者。結果為了優先順序和繼承規則而起的爭執造成了暴力衝突。弗拉基米爾的兩個兒子，波里斯與格列布，於是在一〇一九年成為這場權力鬥爭的犧牲品。他們從此成為最受尊崇的早期俄羅斯殉教者，因為他們沒有向謀殺自己的兇手做出抵抗。根據編年史家涅斯托爾的記載，波里斯與格列布聽到風聲，曉得他們的哥哥斯維亞托波爾克已經派遣士兵過來殺害他們，但他們不願武力反制，以免導致內戰：

> 斯維亞托波爾克秘密召集自己的人馬，吩咐他們去殺了他的弟弟波里斯。聖波里斯正在做晚禱，因為他早就得知有人打算取他的性命。當他看見刺客過來殺他的時候，起身開始吟唱：「主啊，請幫助我承受苦難，因為我遭受的痛苦並非來自敵人，而是來自自己的兄長。」……他祈禱完畢就躺到自己的床上，而刺客像野獸一樣地猛然向他撲了過來，用槍矛插穿他的身子。受祝福的波里斯於是加入殉教者的行列，可與先知們和聖徒們相提並論。格列布也如同祭品般地被奉獻給上主，他也接受了天國的桂冠……請為我們的殉教者和代禱者歡喜！而今懇求吾主上主，讓吾人的王公們能夠和諧相處，免於陷入自相殘殺的內戰。

波里斯與格列布的自我犧牲，非但體現出基督徒的謙卑行為，對涅斯托爾更加重要的是，這象徵為了羅斯的統一而承受苦難的高貴情操。他表示「但願我們的王公們從此和睦相處，但願他們能夠效法波里斯與格列布」，將羅斯的福祉置於自己的利益之上。這個故事的寓意——對涅斯托爾來說——是一個有用的宣傳工具，因為他進行撰寫的時間大約是在波里斯與格列布死後七十年，羅斯正陷入內亂之際。此事確立了一個概念，強調國家的福祉最終可以合理化個人的犧牲，而這種觀點將會以各種不同形式貫穿整部俄羅斯的歷史。

涅斯托爾所記述的事件充滿了他希冀獲取的利益與政治操弄。他推廣了（甚至有可能是編造了）波里斯與格列布的傳說，將他們的死亡置入一個非常俄羅斯的傳統之中——藉由承受苦難來獲得救贖，而其宗旨在於，把促進羅斯統治王朝的統一視為至高無上的境界。他們二人的傳說是為了替一個更大的目標效勞，給這個新國家創造出自己的歷史，並確立自己為一個被神命定的國度。

然而他們的犧牲在短時間內只是枉然：二人力圖避免的兄弟鬩牆之戰很快就成為事實。這場戰爭所產生的分裂與破壞，最後導致基輔公國的崩潰。

3 基輔羅斯的原型民主

當羅斯國度的「高處」（high place）——或首都——在八八二年從諾夫哥羅德遷移到基輔之後，權力便從北方轉到了南方。基輔的統治者使用「大公」（Grand Prince）這個頭銜，將自己與轄下各城邦地位較低的公侯們區別開來。他有權向里亞贊、蘇茲達爾、羅斯托夫、雅羅斯拉夫爾、穆羅姆、切爾尼戈夫、普斯科夫、弗拉基米爾、波洛茨克、加利奇、別爾哥羅德和諾夫哥羅德等地的王侯收取貢品，藉此彰顯其至高無上的地位。[1]

那是一種非常脆弱的安排，因為只需要有一位王公心生怨恨、圖謀不軌或者野心太大，便容易引發衝突，導致類似可憐的波里斯與格列布所遭遇的下場。結果正是此類反覆出現的危機與內部分歧，最後在十三世紀削弱並毀滅了羅斯。雖然如此，「羅斯的施洗者弗拉基米爾大公」去世後兩百年，大約在十一和十二世紀左右，羅斯卻發展出一個文化高度發達，而且——按照當時標準——相當自由的社會。

儘管在政治上開始分崩離析，基輔羅斯的中期階段卻是俄羅斯歷史上最引人注目的時代之一，當時的獨裁政體被調節成帶有一些民主參與的色彩。諾夫哥羅德城邦更發展出遠比同時期的歐洲

1 譯注：里亞贊或被音譯成「梁贊」；蘇茲達爾或被音譯成「蘇茲達里」。烏克蘭獨立後，切爾尼戈夫被拼寫成「Chernihiv」，加利奇則被寫成「Halych」。

各地還要先進許多的治理程序。於是我前往實地尋找相關證據。

進入諾夫哥羅德的克里姆林要塞後，我在聖索菲亞大教堂旁邊發現了昔日定期召喚市民前來公開討論市政的場地。我又在河對面的雅羅斯拉夫苑商業區，找到商人階層在聖尼古拉教堂附近舉行會議的地點。這兩種會議都被稱作「維切」，一個源自古俄語的動詞，意思是「說出來」。通知開會時會敲響市內的「維切鐘」，獨特的鐘聲和敲打方式，就是專門用於這個目的。

我迫不及待想要找到「維切鐘」，於是當聖索菲亞大教堂的鐘樓響起既複雜又悅耳的鐘聲時，我不禁大受鼓舞。我抬頭一望，只見一名敲鐘人正以令人眼花繚亂的組合方式敲響許多大鐘和小鐘——他在鐘樓上面沿著兩側敞開的高大拱形結構來回走動，以驚人的靈敏技巧扯動繩索和拉板。鐘聲顯然是諾夫哥羅德文化的重要部分，而我恰好遇到一名看樣子能夠為我說明此事的克里姆林工作人員。

我的嚮導隨即引領我走向鐘樓旁邊，那裡矗立著一排沒有鐘舌的古鐘，每一個都比人還高大。嚮導聲稱，那些古鐘正等著被架上去重新懸掛起來。

我問他說，它們已經等待了多久。

他笑了笑說「自從一四三七年以來」，然後就帶著我去裡面參觀古代的「黑死病鐘」。那口大鐘現在也已經停止使用（幸運的是，最後一次瘟疫警告出現於「恐怖的伊凡」時代）。

但我不管在哪裡都找不到「維切鐘」。這時我的嚮導面露嚴肅表情，開口表示：「你知道發生了什麼事情嗎？莫斯科過來偷走了我們的維切鐘。他們不喜歡我們這裡曾享有的民主。他們打算用鐵腕進行統治，而且他們認為那口鐘就是自由的象徵。於是他們把鐘帶走了。他們總是那個樣子。」

我笑了笑，他卻嚴肅至極。

他問我說：「你可知道我們的市民直到當時為止（在受到莫斯科統治之前），所曾擁有過的各種權利嗎？我們可以自行決定諾夫哥羅德應該怎麼運作，而且是由誰來管理！百姓有權選出市內的官員，甚至還有權選舉和罷免王公！」

我試著指出，只有既是男性又是一家之主的人才有權做那些事情，所以如果你是女人或者你家無恆產的話，那一點也不好。他卻大不以為然。

他反駁說：「如果你查閱記錄的話，就會發現很多『維切』會議的出席者包括來自各個社會階層的代表。我們有文件顯示，參加的人包括了大主教、地方行政長官、獲選代表一千市民的『千夫長』、『波雅爾』大貴族、『庶吉人』（即中產階級市民）、富商，甚至還有『黔首』（在字面上意為『黑人』，亦即繳稅的下層市民）。你不覺得那是一個非常了不起的成就嗎？在當時可是遙遙領先其他任何地區。我們曾經是民主的典範。『維切』不僅批准條約、宣布開戰與媾和、定出稅率、主導對外關係，還發揮法院功能來解決公共爭端。『維切』可以遴選官員，也可以聘請王公來治理這座城市。你可知道，當我們的市民在一一三六年受夠了弗謝沃洛德．姆斯季斯拉維奇那位王公之後，便聚集在一起決議請他走路？你對此做何感想呢？此後市民和王公成為權力關係中的平等夥伴。市民從那時開始選舉王公，並且告訴他不得居住於城牆內。他必須住在市外南郊的留里克城寨，藉此表明他服從百姓的意志！」

我點了點頭。我的嚮導無疑誇大了諾夫哥羅德民主的程度，但他話中的主要內容正確無誤。類似的機制也曾經在基輔和普斯科夫出現過。

他的臨別贈言是：「順便講一下，你應該去國立博物館看一看我們的樺樹皮書簡。」

★
★
★

一九五〇年代初，諾夫哥羅德郊區的一棟新樓房在開挖地基時，發現了有趣的東西。一批書寫在條狀銀樺樹皮上、時間可以追溯到十一世紀的古代文件，完好地保存在東歐平原的泥炭底土層中。考古學家於是接管那個地點，最後挖出了好幾百片前後跨越四百年的樺樹皮。

我在國立博物館的藏品中，看見一些精選的樺樹皮書簡。涵蓋範圍從官方文告到商人的記帳，以及十一至十五世紀之間諾夫哥羅德的日常生活記錄。這些書簡提供驚人的證據，顯示當時識字普及的程度，以及令人印象深刻的文化發展。我讀到青少年彼此交換的情書，以及學校考試的作弊小抄。一位女性寫道：「我愛你，你也愛我。我們何不乾脆結婚算了？」另外一個人提出警告說：「你還欠我錢，請讓你的僕人把錢送過來給我……。」我自己最喜歡的是一名小男孩在一二四〇年代完成的線條畫：圖中有一個人把雙手舉在空中（每一隻手都有六根手指頭），圍繞在圖像旁邊的文字則充滿了拼寫錯誤。那位七歲的小作者名叫「翁菲姆」，根據專家所能破譯的部分看來，他似乎正打算向朋友德米特里借錢。

十一世紀來到諾夫哥羅德的訪客曾經表示，當地婦女的地位與男性平等，並且在城市事務中扮演重要的角色。市內有下水道系統，以及經過強化的木塊路面——我的嚮導很驕傲地告訴我，那比巴黎鋪設路面的時間早了兩百年，更比倫敦早了五百年。

樺樹皮書簡顯示當地存在過頗為發達的司法體系，其中有陪審團制度，也有調解程序。法院所依靠的手段是罰款而非體罰，而片片斷斷流傳到我們眼前的基輔羅斯司法實務，看起來已相當現代化。比方說，如果一個商人在雇用工人之後改變了主意，雇用契約書仍視為具有法律約束力，而且雇主有支薪的義務；如果雇主是透過第三者來雇用工人，而該第三者未能支付工資予受雇人，雇主仍必須為此負起責任。當然，這與我們現代的民主理念相去甚遠，但諾夫哥羅德仍讓人窺見了俄羅斯當初有可能變成的法治國家。

基輔羅斯時代是一個可能的轉折點，是俄羅斯在歷史上所面臨許許多多十字路口當中的第一個。假如基輔羅斯的模式有辦法繼續發展下去，假如專制的力量最後沒有占了上風的話，俄羅斯今天很可能是一個截然不同的地方。可惜基輔羅斯未能獲得機會來延續其社會模式。羅斯縱使在高度成功的時候，照樣內部四分五裂並且受到外敵威脅。

基輔大公儘管在名義上是國家的最高統治者，各地城邦——諾夫哥羅德亦為其中之一——仍舊受到個別王公的統治、擁有自己的軍隊。基輔大公並沒有掌握絕對的權力，諸公國之間則無論在行政上或軍事上都缺乏協調。這種沒有中央政府的狀態導致基輔羅斯易受傷害。她那些半獨立的領地幾十年來不斷陷入內鬥與紛爭，而且所有潛在的敵人都十分清楚它她的弱點。

一二四一年，條頓騎士團——一個在普魯士展開十字軍行動、高度軍事化的修道會——在羅斯人的西北邊境發動閃電戰攻勢。這個巨大的震撼將在隨後的許多世紀牽動俄羅斯人的心靈。條頓騎士團傳播天主教信仰的狂熱決心，使得他們到處受人畏懼。信奉東方正教的羅斯人，更是擔心自己將同時在政治上和宗教上受到宰制。條頓騎士在多爾帕特采邑主教赫爾曼的率領下，快速挺進並攻陷了普斯科夫。一二四二年初，他們在塔爾圖戰役中擊敗諾夫哥羅德的部隊，接著開始進逼諾夫哥羅德。該城邦的王公——時年二十歲的亞歷山大·涅夫斯基——騎馬出城，在諾夫哥羅德西方的湖群附近迎擊入侵者。諾夫哥羅德文明的命運已經危如累卵。

過了幾個世紀之後，謝爾蓋·愛森斯坦的電影《亞歷山大·涅夫斯基》（一九三八），將把令人恐懼不安的入侵場面捕捉下來。電影呈現出密集排列的俄羅斯部隊雖已傷亡慘重，仍然屹立不搖地抵抗享有壓倒性優勢的條頓騎士。我們看見年輕的亞歷山大・涅夫斯基集合其部隊，接著轉身背對敵人的大軍，把他們引誘到楚德湖薄薄的冰面上。愛森斯坦描繪了涅夫斯基的成功戰術，如何以馬匹和重型裝甲迫使條頓騎士落入冰冷的水中而亡。導演或許直接取材自俄羅斯編年史中所記載的一個傳奇事件：

亞歷山大王公的戰士鬥志高昂，因為他們有像獅子一樣的心，他們還說：「哦，偉大的王公，今天我們將為您獻出自己的生命！」等到日出之後，兩軍開始交鋒，德國人一路殺進我們的隊伍。楚德湖上密布著他們的人馬。在激烈戰鬥中傳出長矛折斷聲和刀劍撞擊聲，直到冰層被人血染成一片鮮紅，接著冰凍的湖面看似消失……而空中出現了神的天兵天將、千軍萬馬，幫助我們的王公取得勝利。我知道這是真的事情，因為有一位目擊者那麼告訴了我……」

編年史家興高采烈地再三保證，神是站在我們這一邊，因為「有一位目擊者那麼告訴了我」。這段敘事說明了俄羅斯長期以來如何運用歷史和相關神話來塑造其現狀與未來，而這種做法一直延續到我們現在這個時代。[2]

然而涅夫斯基在一二四二年的功績，遠遠稱不上是保障了俄羅斯的生存——其實那只不過是一場小勝利，是基輔羅斯在一個甚至更加強大的敵人從南方席捲而來之前，最後光榮的天鵝之歌罷了。

十二世紀時，俄羅斯南疆草原上的遊牧民族已經變得更強，而且更加野心勃勃。繼零星的邊境襲擊之後，他們如今已威脅到羅斯的心臟地帶。大片地區的人口生活在野蠻的佩切涅格人與波羅維茨人帶來的恐怖下，那些異教徒部落肆虐於邊疆城鎮和聚落，對平民百姓進行劫掠、殺害，並且綁架他們作為人質或者販賣為奴。「烏克拉因那」（Ukraina）——今日的「烏克蘭」——字面上意為「邊緣地帶」，而羅斯人的國度由於邊界遼闊亦無天險可守，以至於受到了詛咒。「荒郊野地」，亦即荒涼危險的大草原和在此蠢蠢欲動的凶惡力量，便成為國民心中揮之不去的夢魘。

羅斯諸王公也曉得應該結束分裂，並且協同一致對抗共同的敵人，然而多年來的齟齬難以化解。在涅夫斯基的冰上戰役之前五十年，伊戈爾·斯維亞托斯拉維奇——諾夫哥羅德—謝維爾斯基[3]的王公——由於南方邊疆的轄地遭到草原入侵者劫掠，曾經徒勞無功地尋求奧援合力討伐波羅維茨人。王公們團結不起來，讓伊戈爾憤而獨自率領一小隊人馬出發。其勇氣十足但注定失敗的行動在俄羅斯人心中產生的意義，就好比我們英國人看待「南極的史考特」或「輕騎兵隊的衝鋒」那種英雄氣概一般。[4]這樣的精神被保留在《伊戈爾遠征記》（十二世紀晚期）之中而永不磨滅：

2 電影《亞歷山大·涅夫斯基》是一個非常典型的例子，拍攝於一九三八年，那時莫斯科尚未與納粹德國簽訂「互不侵犯條約」，希特勒仍然被看成是未來的敵人。因此片中充滿了反德情緒和激烈的俄羅斯愛國主義。愛森斯坦——以及譜出絕妙配樂的謝爾蓋·普羅高菲夫——於是被史達林催促要趕快完成，然後影片拷貝連忙被送往電影院。兩年過後，《亞歷山大·涅夫斯基》又在一九四一年德國人果真入侵之際重新放映，成為抵抗行動的有力象徵。

3 諾夫哥羅德—謝維爾斯基不可與北方的城邦大諾夫哥羅德混為一談。（譯注：諾夫哥羅德—謝維爾斯基位於今日烏克蘭的北部。）

4 譯注：「南極的史考特」即英國海軍軍官與極地探險家羅伯特·史考特（Robert Falcon Scott, 1868–1912）。他在一九一〇年從英國出發，希望成為第一個到達南極點的人，結果卻被挪威人羅爾德·阿蒙森（Roald Amundson, 1872–1928）捷足先登。史考特離開南極點後，在回程中與同伴四人相繼死於寒冷和飢餓。

「輕騎兵隊的衝鋒」指的是克里米亞戰爭期間，英軍在一八五四年對俄軍陣地進行的自殺攻擊。一位法國元帥親眼目睹之後評論說：「場面固然壯觀，但那並非戰爭。」

這時候伊戈爾望了望光輝的太陽……
對自己的武士們說道：「啊，我的武士們和弟兄們！
與其被人俘去，不如死在戰場；
弟兄們，讓我們跨上快捷的戰馬，
去瞧一瞧那藍色的頓河吧。……
我希望在波羅維茨草原的邊境折斷自己的長矛；[5]
俄羅斯人，我希望同你們一道，
或者拋下自己的頭顱，
或者就用頭盔掬飲頓河的水。」……

《伊戈爾遠征記》是第一部偉大的俄羅斯文學傑作。每一個學童都知道其怪異而令人不安的意象，以及節奏性十足的有力詩句。它是俄羅斯口述傳統的精髓之一，旨在供人背誦，作為愛國主義的宣傳資料。但《伊戈爾遠征記》根本稱不上在慶祝勝利，其實是針對國家分裂的危險提出了嚴厲警告：

「弟兄們，基輔悲傷地呻吟起來，憂愁在俄羅斯國土上氾濫；大量的悲哀在俄羅斯國土上奔流」，因為王公們「自己給自己製造了叛亂」。王公之間的不和，更導致國家財富摧毀，百姓壽命縮短。天鵝「哀傷得像一位少女」，用自己的翅膀在頓河旁邊的藍海上拍擊。當王公們為小事情爭吵，說「這很重要」，兄弟又對兄弟說「這是我的，那也是我的」，於是那些邪惡的人們「便節節勝利、從四面八方侵入俄羅斯的國土」。

《伊戈爾遠征記》撰寫的時間眾說紛紜，甚至連其真實性也受到質疑——手稿發現於一七九五年，而且一直有人聲稱它是十八世紀的偽作。不過鑒於全文生動的第一手描述，以及翔實的歷史背景說明，這首詩篇看來是出自目擊者的手筆，說不定他本身就是參戰者。詩歌的力量灌輸了一個已經融入集體記憶的訊息：祖國易受傷害，而且已遭冷酷無情的敵人包圍；俄羅斯的邊境門戶洞開，需要時時刻刻提高警覺。

《伊戈爾遠征記》所宣揚的教訓是：大家必須團結一致，為一個強大的中央集權國家效勞，否則同樣的悲慘命運將會再度降臨到國家頭上。它有助於解釋一些可能會讓我們西方人覺得奇特的行為——隨時準備犧牲個體（正如我們在波里斯與格列布的故事中所看見的那般）、將個人利益置於全體福祉之下，以及把國家尊奉為第一優先的集體主義道德觀。這體現於作戰時不惜揮霍俄羅斯人命、國家處於衰弱時流露出軍事侵略性，以及普遍同意國家絕對有權謀殺所謂的「政治敵手」——例如列夫．托洛茨基，或者是亞歷山大．利特維年科（參見第三十章和第四十一章）。

俄羅斯的文學、音樂、藝術和電影長久以來被當作全民認同的工具，既是共同交流的聚會所，也是共同價值的保管所。在新聞審查和高壓鉗制的年代，各種文藝便是俄羅斯唯一能進行公共對話的場所。它們也在我們設法解釋俄羅斯歷史的時候扮演重要角色——因為俄羅斯文化的核心主題就是俄羅斯自己，既反映出俄羅斯的國家認同，又有助於塑造此認同。

基輔羅斯的悲劇在於，《伊戈爾遠征記》的輝煌詩意只不過是黑暗中的一線火光，然後光明又將長年熄滅。那個分崩離析的國家遭到覆滅，以及《伊戈爾遠征記》講述者所畏懼的外族統治，很

5 譯注：「折斷自己的長矛」在此的意思是「決一勝負」。

快都變成了事實。接下來的兩個世紀，在地的文化低迷不振，銘記於《伊戈爾遠征記》的俄羅斯精神只能私下保存於人們的記憶當中。蒙古大軍正在向地平線上集結。

4 蒙古人帶來了破壞、死亡和奴役

莫傑斯特・穆索斯基的《展覽會之畫》鋼琴組曲，在標題為〈基輔英雄城門〉的那一樂章達到了全曲最高潮（第十樂章通常譯為〈基輔大城門〉。本曲曾多次改編成管弦樂曲，改編者從莫里斯・拉威爾到一九七〇年代的前衛搖滾「愛默生、雷克與帕瑪樂團」）。其實穆索斯基的城門從來沒有真正建造過，那只是他新近去世的朋友維克托・哈特曼遺留下來的一張建築草圖罷了——但那並不足以阻止基輔導遊帶領訪客前往實地參觀。觀光客實際上看見的是基輔「金門」，一座高聳的磚木結構，修建於十一世紀，作為城牆防禦工事的一部分。

如今城牆已不復可尋，城門則僅僅是歌劇院後側公園草地上的一棟裝飾性建築。然而一二四〇年的時候，基輔市民卻是在絕望中仰賴它來阻擋一個真實萬分的敵人。拔都汗是成吉思汗的孫子和蒙古人——俄羅斯人稱之為「韃靼人」——的大軍統帥，在一二三七至一二四〇年間幾乎完全征服了基輔羅斯。根據編年史家的記載，拔都攻陷里亞贊所使用的方法，完全不誇張，叫做「毫不通融」：

那可恨的拔都……用火把、攻城槌和雲梯攻下這座城市。韃靼人在聖母升天大教堂內俘獲阿格麗品娜公主，將她與其他公主們砍成碎片。他們將主教和教士們活活燒死然後放火燒掉教堂。有的男人、婦女和兒童遭他們以刀劍殺死，其他人則淹死在河裡。韃靼人焚毀我們神聖的城市，以及它全部的美麗與財富，更將我們的鮮血濺灑在神聖祭壇上。沒有任何一個人活著。父母無法哀悼他們的孩子，兒童也無法哀悼他們的父母，因為所有的人都死了。大家喝盡了同一杯的苦水。

攻陷里亞贊之後，拔都接著向其他諸侯國進軍——蘇茲達爾、弗拉基米爾、科洛姆納、切爾尼戈夫，以及當時仍然微不足道的莫斯科。到了一二四〇年時，蒙古人已逼近羅斯各邦的首都，基輔那座偉大的城市。站在「金門」頂端的古代瞭望台上（市政當局最近把它重新蓋了起來），我們可以瞧見蒙古人在何處搭建他們的營地，如何從四面八方包圍過來。對一千名左右的基輔守城者來說，那想必是一個令人驚心動魄的景象。因為攻擊者有成千上萬的部隊，而且極目所望都是他們的營帳。不同尋常的是，蒙古指揮官派遣特使勸降，但基輔人拒絕了。轟擊整整一個星期才把城牆攻破之後，蒙古人一湧而入，帶來死亡與毀滅。

嚇破膽的平民百姓紛紛躲進市內老城區的什一稅教堂避難。那座教堂是一棟石造建築，裡面安放著「羅斯的施洗者弗拉基米爾大公」、他的妻子，以及家人的遺體。但教堂並非修建來承受那麼多人的重量，結果較高的樓層崩塌下來壓死了千百人，其餘人等則被圍攻的蒙古人活活燒死。[1] 到了夜幕低垂，蒙古人已經在基輔全城縱火焚燒。當地的五萬百姓大約死了四萬八千人，基輔羅斯曾經擁有過的文明、優美的文化、初步的民主、對法制的尊重，以及公民價值觀——這一切的一切都永遠遭到摧毀。一位代表羅馬教宗出訪的使節，曾在一二四五年旅行經過基輔地區，針對蒙古人的無情破壞，給我們留下了非常鮮明的快照：

> 穿越那一帶的時候，我們發現原野上散布著無數死者的頭顱和骨骸……異教徒在俄羅斯的土地上進行了大屠殺，並摧毀了城鎮和堡壘。基輔曾經是個大城市，人口眾多，如今卻淪為一無所有——只剩下了兩百棟左右的房舍，居民們則受到最殘酷的奴役。

冷酷無情的作風曾幫助蒙古人在亞洲征服遼闊土地，而且很快還會將許多東歐地區納入其控制之下。他們的做法是發動全面戰爭，採取結合了高速與奇襲的閃電戰術。蒙古全部的國家資源持續不斷地專供使用於軍事行動。與其說是一個社會，倒不如說是一架永遠的戰爭機器。

但蒙古人缺乏人力來管理他們所奪取的領土。他們從俄羅斯王公當中挑選出傀儡統治者、懲罰性地向他們索取貢品，並且要求他們卑躬屈膝表示臣服。王公的任免完全取決於蒙古主子的興致，各個王公必須奉召參加冷嘲熱諷、有辱人格的儀式，於大汗面前匍匐在地。拒絕那麼做的人會立刻被處死。

蒙古的桎梏從一二四〇至一四八〇年，總共持續兩百四十年，期間奴役了俄羅斯的百姓，破壞了俄羅斯的經濟，阻止了俄羅斯發展成為一個歐洲國家。尼古拉．卡拉姆津——第一位偉大的俄國歷史學家——在一八二〇年代將蒙古人的統治界定為俄羅斯開始與西方脫節、基輔時期蓬勃發展的商業與文化聯繫遭到切斷，以及俄羅斯陷入黑暗與隔離的時刻：

> 從前，我們擁有一個與歐洲各大國並駕齊驅的公民社會，具備相同的性質、相同的法律、習俗

1 什一稅教堂的廢墟仍舊留在基輔，相當孤單地位於一道生鏽的鐵柵欄後面。

和國家結構……可是現在看看我們遭受兩百年奴役之後的結果。……俄羅斯的發展停頓了下來：當歐洲快速向前走上啟蒙之路……其統治者們心甘情願地把公民權利轉讓給自己的國民時，我們卻靜止不動。就在歐洲從知識、自由和文明獲益之際，野蠻主義的監獄將我們與歐洲切割開來。

俄羅斯孤立於歐洲之外，錯過了文藝復興，其國家進步中斷了兩百多年。就某些方面而言，她將永遠無法完全迎頭趕上歐洲的文化與社會價值。在彼得．恰達耶夫那位與卡拉姆津同時代的激進政治哲學家眼中，蒙古人的占領是導致俄羅斯久久無法發展成為一個歐洲國家的源頭：

我們的歷史開始於野蠻和落後之中，接著是殘暴丟臉的外來壓迫，而其價值觀已被我們的統治者吸收過來。我們異常的命運將我們阻隔在其餘人類之外，導致我們未能汲取諸如責任、正義和法治等等的普世價值。……在西歐地區蓬勃發展的新理念，於是無法穿透我們受壓迫和被奴役的狀態。

結果是出現一種奇特版本的「斯德哥爾摩症候群」（綁架受害者欣然接受了綁架者的信念）——俄羅斯人自己開始採用具有蒙古特色的體制。王公們既然被迫在大汗面前磕頭，於是也要求自己的跟班對他們做同樣的事情。叩首（「chelobitie」[2]，字面的意思是「用前額碰地」）遂成為俄羅斯宮廷禮儀的一部分，而且持續了長達四個世紀之久。王公們爭相成為熱心的合作者和樂意的貢品蒐集者，以證明自己效忠於蒙古大業。其中某些人還學會了韃靼語言。在這當中，對俄羅斯未來發展具有最重大意義的事情是：俄羅斯人心中開始深深嚮往既專制獨裁又窮兵黷武的蒙古國家模式。卡拉姆津對蒙古價值觀所產生的同化作用描述如下：

> 王公們匍匐前往金帳汗國下跪，回來時帶著韃靼可汗的任命狀，開始採用比昔日政治自由時代更加肆無忌憚的方式來進行統治……他們就這樣一點又一點地連根鏟除傳統的社會秩序，開啟了真正的專制主義。

卡拉姆津認為，蒙古時代的遺風產生決定性影響，使得處於胚胎期的民主政體演變成持續蓬勃發展的獨裁政體。蒙古總督及其所委派的王公們廢除了基輔羅斯的協商大會——即諾夫哥羅德、普斯科夫和基輔等地的「維切」。他們攫取了完全不受制約的權力，恣意針對戰爭與和平、稅收、徵兵和國家官員的任免做出決定。司法已經淪為專制君主的玩物，此外還引進了各種新型的殘酷處罰方式和嚴刑逼供。諾夫哥羅德及其他地區在法典中所展現的公民參與和尊重法律等精神，已被握有全權的國家以既專制獨裁又不容挑戰的強勢作風取而代之。

俄羅斯的歷史學家們曾爭辯，獨裁政體的出現究竟是一個正面或負面的發展。自由主義者恰達耶夫提出了普遍接受的觀點——他認為蒙古統治時期是一場全國性的大災難，移植過來的專制國家模式是俄羅斯的大不幸。但有些俄羅斯民族主義者不同意這一點。例如卡拉姆津就堅決捍衛獨裁政體，並強調它給從前內鬥不已的俄羅斯邦國所帶來的力量和政治統一，蓋過了它所造成的一切負面影響：

2 譯注：「Chelobitie」（челобитие）的俄語讀音像是「缺啦斃其也」。

拔都的入侵給俄羅斯帶來了破壞、死亡和奴役；那無疑是我們最大的國家災難之一，……其最後的結果卻無疑是因禍得福，因為破壞所帶來的禮物就是團結一致。更理想的情況當然是，我們的王公們能夠自行創造出統一與獨裁——然而他們在兩個世紀的時間內都無能為力。萬一在諸侯紛爭之下度過另外一個世紀的話，將會出現什麼樣的結果呢？幾乎可確定那將意味著我們國家的覆亡。我們將失去自己的基督信仰和自己的生存。因此可以說，莫斯科日後的偉大是由蒙古可汗們創造出來的。

正確無誤的是，面對蒙古的高壓統治所產生的對團結的需求，最後果真迫使相互敵對的王公們組成了一個國家聯盟（參見第五章）。同樣正確的是，他們從自己的占領者那邊吸收過來的中央集權專制體制，於蒙古人離開之後在俄羅斯長久持續了下去。對一個不斷面臨毀滅危機的國家來說，專制政體所產生的凝聚力顯得不可或缺。在蒙古時代結束後的許多個世紀，專制政體將成為治理俄羅斯的預設模式。

基輔羅斯時代是俄羅斯第一個「命運交關的時刻」，在這第一個關鍵性的轉捩點，她面臨兩種發展方向——或者走上公民社會與「參與式政府」的蹊徑；或者走上中央獨裁，亞洲式鐵腕專制的路線。

★ ★ ★

一個陰雨綿綿的秋日，在圖拉市東南方頓河邊上的泥濘原野，我和一群相貌凶猛、身穿鎖子甲的俄羅斯人一同守候。我們預料敵方的騎兵隨時都會出現。俄羅斯部隊的緊張心情可想而知。他們手持刀劍和長矛，少數人更以極具威脅性的方式揮舞著釘頭鐵錘。不過有消息傳來，指出他們的人數遠居劣勢，而且蒙古人已下令不留戰俘。

那個泥濘的草場名叫「庫里科沃原野」（Kulikovo Polye），字面意義是「鷸野」，我是過來參加一年一度紀念蒙古占領時期那場決定性戰役的「歷史重現活動」——俄羅斯人第一次找到勇氣，團結起來反抗凶殘的宰制者。一三八〇年，包括莫斯科在內的若干公國拒絕繼續納貢，而蒙古人的回應是出動大軍進行討伐，打算給他們一個教訓。若是在過去的話，那些彼此勾心鬥角的王公們只會跑回去設法保住自己的領地。但事到如今（而且這是創舉），他們當中有二十人願意同心協力。在二十九歲的莫斯科王公德米特里·伊凡諾維奇領導下（其部隊已在兩年前跟蒙古人交手過），他們渡過頓河，在我四周極目可見的原野和樹林擺設陣地。

蒙古人從南方發動攻勢。現在我們能夠聽見，他們的馬蹄聲一分一分地逼近。身穿鎖子甲的那些傢伙彼此交換了焦慮的目光。他們許多人看上去有點老，而且稍嫌矮胖了一些，不怎麼適合充當前線部隊。但德米特里大公是一位戰術奇才。他選擇在林木繁茂之處進行戰鬥，藉此減緩敵方騎兵的速度，導致他們喪失機動性。

蒙古人終於奔馳進入視線範圍內，並且繞著原野轉了好幾圈，虛張聲勢地演出一場跑馬秀。我的同伴們向空中揮動他們的釘頭鐵錘，俄羅斯的刀劍禮貌性地敲打了幾下蒙古的盾牌，接著每個人都同意到此為止，然後走去喝杯啤酒和吃些烤肉串。

但一三八〇年九月八日，真正的庫里科沃戰役顯然要漫長和血腥許多。六萬俄羅斯人和十萬蒙古人用刀劍和長矛劈砍廝殺了四個多小時。根據編年史的記載，基督徒的屍體如乾草堆一般地疊起，頓河被鮮血染成了紅色：

可是德米特里大公說：「奮戰下去！千萬別向摧毀我們國土的異教徒屈服。」灰狼在我們的大門外嗥叫……德米特里大公騎馬向頓河疾馳……王公們團結一致向前挺進。俄羅斯的刀劍如雨水般落到韃靼頭盔上；馬蹄下的土地雖是黑色的，他們卻在原野播滿韃靼人的骨骸。大軍踏破山丘和原野，發出威猛的嘶吼。電光閃閃，雷聲隆隆，我們的金甲耀眼奪目，我們的旌旗迎風拍打。那聽起來驚心動魄……異教徒在王公們的面前四散逃竄，俄羅斯人則在田野中勝利歡呼。號聲震天、戰鼓響起，大地充滿榮光。德米特里已經……為俄羅斯的國度和基督徒的信仰擊潰了異教徒！

庫里科沃戰役被廣泛推崇為基督徒對抗伊斯蘭勢力所獲得的勝利（那些蒙古人在十四世紀初年接受了穆斯林信仰），而且今日有一個九十英尺高、頂端飾以金色東正教十字架的紀念柱，標誌出戰役發生的地點。（我在那裡的時候還曾經注意到，重現活動的許多演出者後來再度露面時，身上穿著激進俄羅斯民族主義團體——有些人會稱之為「種族主義」團體——的圓領衫。）

一三八〇年的時候，基督信仰和民族主義都才剛開始發揮作用，影響到俄羅斯認同的發展。在俄羅斯的民間記憶中，俄羅斯人來到庫里科沃原野時是四分五裂的，卻在離開的時候變成了一個民族（即便至少有一名俄羅斯王公主動與蒙古人並肩作戰）。頓河邊上的勝利讓德米特里王公永遠獲得了「頓斯科伊」這個稱號（Donskoy，其字義為「頓河之人」）。這場勝利還創造出一種概念，認為俄羅斯的「神聖天職」就是擔任基督教的旗手來對抗異教勢力。

五百年後偉大的象徵主義詩人亞歷山大．布洛克，則把那次戰役看成是敵對價值觀展開千年碰撞的信號槍，此後將定義出俄羅斯的歷史認同：

哦，我的羅斯！我的妻子！我們痛苦的
漫漫長路歷歷在目！
我們的長路——韃靼人的旨意宛如古老箭簇一般
刺穿了我們的胸膛。
我們的長路——穿越草原、穿越無盡的渴望、
穿越你的渴望，哦，羅斯！……
草原的煙塵之中，將閃耀著神聖的旗幟
以及可汗的鋼製馬刀……
無休止的戰鬥！我們唯有通過鮮血與塵土
才得以夢見寧靜……

庫里科沃原野發生的事件產生了三個重要結果：出乎意料擊敗占領者之後所形成的國家自豪感；確定俄羅斯人若攜手合作，能夠比他們相互爭吵不休更能完成偉大的事業；以及體認到基督信仰在把國家凝聚起來時的重要意義。

一三八〇年的勝利固然打破了蒙古人的無敵光環，但並未終結蒙古的統治。俄羅斯人在隨後一個世紀繼續向金帳汗國納貢，而且心中滿懷怨恨。但情況已經有所改變——那個國家如今團結起來

了，團結於很快即將出現的國家宗教神話之下，以及團結於對抗外敵時所產生的泛俄羅斯大一統國家意識之下。俄羅斯重新誕生之後的領導者將不再是基輔，而是莫斯科。

5 莫斯科成為第三羅馬

莫斯科的克里姆林宮起源自圍牆深處的中央廣場。那裡高高矗立著六座有閃亮圓頂與耀眼白色牆面的美麗大教堂，奠基於十四世紀初，首度使用了「克里姆林」一詞（kremlin，意味著「城堡」或「要塞」），如今已成為呈現莫斯科如何開始國運昌隆的鮮明證據。當初下令建造第一批大教堂的人是伊凡一世，是他讓莫斯科從一個次要的諸侯國，隨著莫斯科大公國的不斷擴張，而成為這個心臟地帶的首都。伊凡一世綽號「卡利塔」（Kalita）——或「錢袋」（Moneybags）。他的統治時期（一三二五－四〇）完全處於蒙古人的宰制下，然而伊凡憑著長袖善舞的本事，為他的城市和他自己創造出一個既富裕又強大的天地。

我在天使長米哈伊爾大教堂——位居伊凡．卡利塔所創建的克里姆林宮中心——找到了他的棺槨。石雕之上覆以黃銅作為裝飾，位於長長幾排歷代沙皇棺槨的最前沿，看起來相當顯眼。伊凡想必會讚賞其紀念物的光鮮亮麗。他當然很喜歡錢，而且積聚了大量錢財，所使用的方法則是阿諛奉承蒙古可汗、匍伏在他們腳前，自告奮勇要代表他們在俄羅斯監督徵稅工作。伊凡．卡利塔無疑是一個馬屁精。他甚至志願協助蒙古人，敉平由一位敵對王公所領導的俄羅斯起義行動。可是那給他帶來了權力——伊凡過四十歲生日的時候，說服蒙古人任命他為大公，從此成為俄羅斯土地上最突出的統治者。

我在走出大教堂途中停下腳步，從克里姆林圍牆的高處俯瞰令人目眩神迷的莫斯科風光。很難想像這座向四面八方延伸出去，極目只見高樓大廈林立、街道交通壅塞、煙囪騰雲吐霧的城市，直到十四世紀為止都還在俄羅斯各個城鎮當中敬陪末座，在基輔、諾夫哥羅德、斯摩棱斯克、弗拉基米爾，乃至於波洛茨克面前相形見絀。莫斯科躍升為首善之都的速度和規模，讓伊凡．卡利塔及其歷代繼承人的成就顯得格外驚人。

卡利塔巴結東正教會的經過，正足以反映出他多麼善於抓住大好機會。編年史記載說，他在一三二五年說服陷入困境的東正教大牧首彼得，將宗座從基輔經由弗拉基米爾遷往莫斯科。這個舉動給伊凡的城市所帶來的威望，是無論如何也無法單獨經由政治權力所獲得的：

卡利塔贏得了大牧首彼得的青睞，彼得告誡他要修建一座用石頭砌成的大教堂，說道：「我兒，如果你聽從我的指示，為天主聖母建造這座聖壇，並且讓它成為我的最後安息之處，那麼你將獲取遠多於其他所有王公的巨大榮耀，你的子子孫孫也將得榮耀。你的城市將受到頌揚，因為教會的牧首們將以它為家，所有別的城市也將屈服在它之下。」

安德烈．塔可夫斯基一九六六年拍攝的電影《安德烈．盧布廖夫》，生動地刻畫出東正教如何在過去牢牢掌握了俄羅斯人的意識，而且現在依然如此。片中的主人翁是十四世紀莫斯科聖像畫家盧布廖夫，誕生於伊凡．卡利塔開始將莫斯科建設為俄羅斯城市之首的那個時代之後不久，在蒙古人的恐怖占領下努力忠實於他自己的藝術。影片到了最後，突然以耀眼的彩色呈現盧布廖夫的一系列精緻作品，[1]見證了塔可夫斯基本人對宗教超凡力量的信仰——並且隱約點出，為什麼對意圖獲得世間權力的那些人來說，教會的背書不可或缺。沙皇被視為神的真正代表人，而這個概念變得極其重要，很快地就為卡利塔死後統治莫斯科的大公們所利用。接下來的許許多多個世紀，俄羅斯的東正教信仰將不斷成為該國獨裁統治者的重要支柱。

在電影的某個騷亂場景中，塔可夫斯基呈現了蒙古人如何折磨俄羅斯教士和劫掠他們的教堂。但經過起初的入侵肆虐之後，對宗教採取系統性的騷擾行動似乎減緩了下來。這時東正教成為凝聚被奴役人們的一股強大力量；一種在蒙古統治下產生的泛俄羅斯認同開始出現徵兆，而它寄託於莫斯科大公以及日後的沙皇身上。我回想起一九七〇年代自己在俄羅斯當學生時的經驗：宗教信仰在蘇聯末期扮演了類似的角色，成為共黨外來政權占領下的共同信念，人們認為真正的「俄羅斯屬性」就在宗教信仰之中。塔可夫斯基的電影在一九六六年對相同的堅毅反抗精神做出了暗示，無怪乎遭到查禁。

到了十五世紀，莫斯科在伊凡·卡利塔非常講求實效的子孫們統治下，加快了崛起的腳步。他們先是不惜與蒙古人一戰，於是走上了一三八〇年前往庫里科沃原野之路（參見第四章）；接著改弦更張與蒙古人並肩作戰，以大舉開疆闢土的方式賺取豐厚報酬。凡是符合莫斯科利益的事情，莫斯科都樂意去做。

土耳其人在一四五三年摧毀了基督徒的拜占庭帝國，使得莫斯科大公國成為東正教信仰唯一倖存下來的堡壘，並直接暴露於不斷擴張的伊斯蘭帝國面前。這個新興國家感覺自己被神賦予使命，必須抵抗異教徒來保衛文明世界。那是一個令人恐懼，但也充滿了自豪與機會的時代。莫斯科便利

1 編按：《安德烈·盧布廖夫》全片為黑白拍攝，只有結尾是彩色。

用此一危機，鞏固了自己在宗教上和政治上的霸權。

當時有個神秘預言《白色僧帽的故事》流傳甚廣，讓百姓感到無比的振奮。所謂的「預言」很可能是為了政治目的而偽造出來的，著眼於東正教教會和莫斯科大公國之間日益密切的共生關係，把莫斯科神聖化為「第三羅馬」（之前的君士坦丁堡則是「第二羅馬」），神的國度之真正捍衛者：

> 古老的羅馬城早已背離真正的基督信仰……曾經是第二羅馬的君士坦丁堡已因為哈加爾[2]的穆斯林子孫施暴而覆亡。可是在第三羅馬——那將是俄羅斯的國度——聖靈的恩寵即將光輝普照。……全體基督徒將團結在一個俄羅斯東正教的領域之內，而帝都的皇冠將被授予俄羅斯沙皇。俄羅斯國度將被神提升至高於所有國家的地位，諸多異邦的君王們都將接受其統治。這個國度將被稱作光芒萬丈的俄羅斯，並且在祝福中得到榮耀。它將變得比之前的兩個羅馬更加偉大。

有了教會當局的加持，再加上自「伊凡錢袋」以降的一個世紀所累積的巨大物質財富，等到莫斯科終於在一四八〇年掙脫蒙古人的桎梏，其實力已經大大增強。在短短數十年之內，莫斯科的統治者便開始使用「沙皇」（Tsar）這個頭銜（衍生自古羅馬的「凱撒」），以它取代了舊有的「大公」稱號。他們稱自己為「獨裁者」（Samoderzhets/autocrat），以及「全俄羅斯的統治者」（Sovereign of all the Russias）。

但這種稱呼為時尚早。蒙古人離開之後留下了一個權力真空，有好幾名競爭者搶著過來填補。在西方，立陶宛已經與信奉天主教的波蘭合在一起，而且他們的強大帝國正積極向俄羅斯西部的土地擴張。在北方，諾夫哥羅德免於直接遭到蒙古占領後，已發展成為一個富裕的貿易國家，並多方面保留了基輔羅斯時代原有的準民主價值觀。莫斯科想要鞏固其自稱的斯拉夫人唯一霸主地位，就必須逐一收拾他們。

對諾夫哥羅德而言，來自莫斯科的消息變得日益令人擔憂。每天都傳來驚悚的謠言，表示軍事入侵行動已經箭在弦上，以致到了一四七〇年夏天，「維切鐘」宣布召集緊急會議來因應迫在眉睫的危機。會中宣布諾夫哥羅德必須做出選擇——要不然歸順莫斯科接受其統治，否則就只能廣結奧援，冒著危險來採取反抗行動。諾夫哥羅德早已習慣於當一個和平的貿易國家，任憑自己的軍隊凋零下去。若是獨力作戰的話，諾夫哥羅德的軍力將完全無法與莫斯科大公伊凡三世的部隊抗衡。保衛這座城市的唯一途徑，將是與伊凡的另一個潛在敵人——立陶宛人——簽署一項軍事與政治協定。

「維切」對此進行了激烈的辯論。與立陶宛聯盟意味著犧牲諾夫哥羅德的獨立性，但或許更嚴重的問題，就是喪失其東正教信仰。立陶宛人自從在一三八五年與波蘭組成聯盟之後，便接受了羅馬天主教的信仰，而他們協助諾夫哥羅德對抗莫斯科的條件，很可能就是要求改變宗教信仰。東正教所鄙夷的「拉丁信仰」，於是成為「維切」討論中引起激辯的課題。會議上出現了兩個截然不同的陣營，一派主張接受莫斯科大公國的統治，另一派則要求與波蘭和立陶宛聯手進行對抗。後者以些微多數占了上風：諾夫哥羅德百姓決定邀請波蘭和立陶宛的卡西米爾四世國王過來接管他們的城市。

那是一個激進的舉措——如果計畫成真的話，將形成一個強大的反莫斯科集團。一個由諾夫哥羅德和立陶宛所組成的同盟，頗有可能讓伊凡陷入窘境。它恐怕會在俄羅斯土地上取得未來的主導地位。假若諾夫哥羅德或維爾紐斯扮演首都的角色，而天主教取代了東方正教成為國教的話，俄羅

2 譯注：哈加爾（Hagar，新教譯為「夏甲」）是埃及婢女，與亞伯拉罕生一子名曰「依市瑪耳」（Ishmael，新教譯為「以實瑪利」），被視為阿拉伯人的祖先。可參見《創世紀》16, 21, 25。

斯歷史的發展方向將會完全不一樣。

但消息在正式締結聯盟之前傳到了莫斯科，伊凡三世做出了憤怒的反應。莫斯科大公國在一四七一年七月派兵抵達諾夫哥羅德郊外，並在舍隆河戰役中擊敗了缺乏經驗的諾夫哥羅德部隊。

伊凡三世起初嘗試與城內的領袖們達成和平協定，但他們繼續反抗——以及所謂的「繼續與立陶宛人沆瀣一氣」——激使他憤而採取懲罰行動。他派遣大軍占領諾夫哥羅德，強行施加莫斯科大公國的統治。莫斯科政府的到來，深遠地影響了這座城市的前途，以及它之前發展出來的原始民主機制。

《諾夫哥羅德編年史》從一〇一六年開始存在。它曾經在四個半世紀的時間內以批判性的眼光記錄各種事件、指出市政府的缺失和官員們的過錯。不過每當這座城市的利益面臨外來威脅時，它總是站在諾夫哥羅德這一邊。然而到了一四七一年之後，《諾夫哥羅德編年史》的筆調大異其趣。一眼就可以看穿的是，現在它是由來自莫斯科的新主子撰寫的。伊凡三世的人手接管了城市的運作，並遵循政治操弄的最佳傳統，以扭曲、變造那年夏天的戲劇性事件，來為他做出最佳宣傳：

主後一四七一年。伊凡．瓦西里耶維奇大公率軍前往諾夫哥羅德，因為該地做出不軌行為並且誤入拉丁教義（立陶宛人所信奉的羅馬天主教）……。伊凡．瓦西里耶維奇大公由於自己的義舉而深受愛戴，然而狡詐的人們不願歸順於他。諾夫哥羅德百姓在狂妄自大心理的挑撥下，不願服從其最高統治者。……他們的臉上充滿恥辱，因為他們離開光明、傲慢地投向無知的黑暗、表示自己準備分離出去並且依附於拉丁國王，……給整個正統教義帶來了邪惡。伊凡．瓦西里耶維奇大公屢屢向他們派遣使者，敦促他們遵循原有的生活方式。可是他卻一再遭到對方無理取鬧。……於是他赫然震怒興兵討伐他們，討伐大諾夫哥羅德……

在伊凡及其繼任者的授意下，《諾夫哥羅德編年史》大肆強調莫斯科多年來做出了艱辛的努力，設法讓誤入歧途的諾夫哥羅德百姓恢復理性。可是到了最後——親莫斯科的編年史家如是說——伊凡的耐心已經耗盡，於是他被迫給那些叛徒一個教訓：

當地百姓的叛逆精神、傲慢態度，以及改宗拉丁教義的行為，導致偉大的伊凡大公統率所有人馬前往討伐他的領地諾夫哥羅德。他以勢不可當的強大武力，從一邊到另一邊的疆界占領諾夫哥羅德全境，向該領地的每一個部分施展其火與劍的駭人力量。一如在聖經時代所預言的：「聽到敵人戰馬的喘息聲，戰馬嘶鳴，聲震全地，前來併吞土地和地上的一切，吞食城邑和城中的居民」，[3]同樣的神諭也已經在我們的時代，在諾夫哥羅德邪惡人們的身上得到應驗。那是因為他們背棄了正確的信仰，也因為他們犯下了種種的惡行……

那樣的描述連續好幾頁，讓人很容易感覺伊凡抗議得未免太過分了。《諾夫哥羅德編年史》讀起來反倒像是強詞奪理，試圖為擴張主義的侵略行徑做出辯解。然而正如我們所知，史書都是勝利者寫的。[4]

3 譯注：這句引文來自舊約聖經（耶8:16）。新教版的譯文則是：「聽見……敵人的馬噴鼻氣，他的壯馬發嘶聲，全地就都震動，因為他們來吞滅這地和其上所有的；吞滅這城與其中的居民。」

4 我在諾夫哥羅德國立博物館參觀城內驚人的樺樹皮書簡時，從一位歷史學家那邊聽到一個截然不同的版本。她聲稱從來都沒有過與立陶宛人勾搭的陰謀，而且諾夫哥羅德從未認真考慮對莫斯科進行軍事侵略。伊凡針對「與立陶宛密謀不軌」所做出的指控完全不實，那是為一場無論如何都會進行的入侵行動捏造出來的藉口。

順利地制服諾夫哥羅德之後，伊凡強行把莫斯科大公國的統治方法和政府形式搬了過去。為表明自己對未來的打算，伊凡下令把「維切鐘」——參與式政府、公民社會，以及法律權利的古老象徵——全部拆卸下來。俄羅斯的各個領地又來到歷史上的另一個轉折點：伊凡清楚地表達出來，它們從此將按照截然不同的原則來運作。

在伊凡三世及其繼任者瓦西里三世的任內，開始衍生出現代俄羅斯國家的雛形——昔日相互交戰的各個公國已被莫斯科合併或征服，伊凡三世的獨裁統治則已初步建立起國家的統一。莫斯科大公國也開始在國際舞台上嶄露頭角，陸續與國外強權建立外交關係。

獨裁政體給予伊凡三世所需的力量，使得他能夠積極展開擴張領土的行動。在他的領導下，莫斯科大公國的面積增加了三倍。他被頌揚為「俄羅斯土地的收集者」（Gatherer of the Russian Lands），開創了一個毫不停歇、一直持續到二十世紀的帝國架構。雅羅斯拉夫爾、羅斯托夫、特維爾和里亞贊都完全遭到併吞；擁有自己「維切」傳統和地方民主體制的普斯科夫苟延殘喘到一五一〇年，然後也被莫斯科大公國派兵攻占。在西方，立陶宛人則逐漸被趕出他們在上一個世紀占據的省分。

但是向東方的擴張，才造就了俄羅斯成為全球最大的陸上帝國。從十五世紀開始，向亞洲的推進將導致俄羅斯面臨身分認同的重要問題。與諾夫哥羅德相較之下，莫斯科大公國的國家結構普遍具有亞洲色彩——中央集權、軍事化，而且有很大一部分是繼承自蒙古人。但基輔羅斯準歐洲式的民主遺產，依然深深影響了俄國人對自己的看法。儘管獨裁政體已經根深柢固，基輔羅斯在俄羅斯人心目中仍舊代表著一個浪漫的黃金時代。俄羅斯的民族心靈從那時開始出現令人不適的分裂；在此後的許多個世紀，東西方價值觀之間將形成難以調和的對立。

RUSSIA

A 1,OOO-YEAR CHRONICLE OF THE WILD EAST

第二部
擴張與帝國

PART TWO
EXPANSION AND EMPIRE

6 伊凡雷帝是偉大睿智的統治者

「恐怖的伊凡」（伊凡四世）是我們大多數人耳熟能詳的俄羅斯歷史人名之一，永遠會讓人聯想起專制的無情與殘暴。

「伊凡・格羅茲尼」（Ivan Grozny）這個名稱其實意味著「令人敬畏的伊凡」或「伊凡雷帝」，而非現代所指「恐怖的伊凡」。他出生於一五三〇年，是伊凡三世的孫子，在父親去世之後以三歲稚齡成為莫斯科大公。他曾眼睜睜看著親戚和「波雅爾」貴族以他的名義進行統治，為時長達十四年之久。

他後來抱怨說，他感覺得到那些擅自代替他行事的人給他的冷落與羞辱。他變得既內向又憤懣，於是爆發出強烈的怒氣和惡意。這種冷酷殘暴的傾向標誌出伊凡在歷史上留下的名聲，而且完全正確的是，此一傾向正表現於他處理敵人和對手的方式。

或許我們不必感到驚訝，「恐怖的伊凡」正是約瑟夫・史達林最心儀的歷史人物（參見第三十章）。當第二次世界大戰接近尾聲，電影導演謝爾蓋・愛森斯坦開始拍攝他以伊凡為主題的作品時，史達林把他叫去克里姆林宮進行精神講話。由於史達林說出的每一個字句都被看成是智慧珠璣，並且為後世保存下來，我們因而擁有他們對話內容的逐字記錄。

記錄的某些部分令人發噱。史達林親自向愛森斯坦建議該如何表演與拍電影。他抱怨導演把伊凡的鬍子弄得太長和太尖。於是文字記錄如實寫道：「謝・米・愛森斯坦承諾將會縮短伊凡雷帝的鬍子。」不過其餘的批評可就沒有那麼容易回答了，我們不難想像愛森斯坦越來越驚慌的心情——因為他是在深夜置身一個昏暗的克里姆林宮房間內，接受維亞切斯拉夫・莫洛托夫、安德烈・日丹諾夫和偉大領袖本人的質問：

史達林：你研究過歷史了嗎？

愛森斯坦：或多或少研究過……

史達林：或多或少！好吧，我自己對歷史略有所知！……你把那位沙皇呈現得太過於軟弱和優柔寡斷，讓他看起來像是哈姆雷特。每個人都在告訴他應該做些什麼……伊凡雷帝是一位既偉大又睿智的統治者：他心中總是掛念著我們國家的利益。他不允許外國人進入他的國家……他是一位愛國的沙皇，而且目光遠大……你用那種方式來呈現伊凡雷帝，犯下了偏差和錯誤。

日丹諾夫：你的伊凡雷帝像是個神經病。

史達林：你必須按照正確的歷史風格來呈現他。伊凡親吻妻子的時間這麼長是不對的。那在當時是不被允許的事情……

莫洛托夫：你可以呈現出對話內容和鎮壓行動，但不是這種東西……

史達林：伊凡雷帝的確極其殘忍。不過你必須呈現出他之所以必須殘忍的原因。

莫洛托夫：你必須說明為什麼一定要鎮壓。你該把國家的更高需求呈現出來……

史達林：伊凡的重大錯誤之一，就是沒有完全清除他的敵人——那些封建大家族。假如他消滅了那些傢伙，就不會留下「混亂時期」了。伊凡若是處決了什麼人，他接下來就會懺悔和祈禱，久久不能自已。神在那些事情上面給他帶來困擾……然而堅決果斷的表現是必須的……

從愛森斯坦的電影可以明顯看出，他以伊凡這個角色部分刻畫出史達林的形象；而從他們的談話記錄看來，史達林也意識到了這一點。該片的最後版本把伊凡呈現得既精明又果斷，不怯於進行鎮壓和殺戮（片中最具戲劇性的場景之一，是伊凡令人將他自己的堂弟刺死於克里姆林宮），但他的行動始終是為了俄羅斯的利益，藉由其獨裁統治的力量來維護國家統一。史達林本來認為，電影應該把伊凡呈現得更加嚴酷才對。不過他十分明白，對正在與納粹德國陷入生死決戰的俄羅斯民族而言，那部電影具有何等巨大的宣傳價值。

愛森斯坦的腳本鬆散地參考了歷史文獻，以及「伊凡雷帝」的顧問之一，伊凡·佩列斯韋托夫的著作。他還把新沙皇在一五四七年的加冕演說改頭換面，變成了俄羅斯的治國願景。於是伊凡指出，只有一位掌握無限權力的統治者才能夠保障俄羅斯的生存：

> 首度有一位莫斯科大公使用「全俄羅斯沙皇」的頭銜，並且結束了昔日波雅爾貴族各行其是、相互爭戰的分裂局面。從今天起，俄羅斯的土地將獲得統一。我們將建立一支由全民服役的軍隊，而且所有的人——所有的人！——都應當為國效力。只有強大的統治者才能夠拯救俄國。只有強勢的統治和統一的國家，才能夠在我們的邊界擊退敵人。

我們當然沒有辦法確定，伊凡果真一字不差地講過那些話，但它們所蘊涵的獨裁原則標誌了他的統治風格，以及繼他之後幾乎每一位統治者的風格。在一段針對十六世紀的俄羅斯和納粹占領下的蘇聯所發表的動人談話中，愛森斯坦讓伊凡直接對著鏡頭講話：

> 我們的國家現在落到了什麼田地？那是一個被斷手斷腳的軀體！我們雖控制著我國巨川大河——窩瓦河、德維納河、沃爾霍夫河——的源頭，然而它們的出海口都在敵人手中。我們的許多疆土已經從我們這裡被偷走，不過我們將會把它們贏回來！從這一天開始，我將是唯一的和絕對的統治者，因為王國不能沒有鐵腕來進行統治。一個缺乏鐵腕統治的王國，就好比是一匹脫韁的野馬。我們的國土遼闊廣大，可是裡面沒有什麼秩序。只有絕對的權力才能夠為俄羅斯抵擋外侮——韃靼人、波蘭人和利沃尼亞人。請為我們俄羅斯祖國的團結一致祈禱！

強大的敵人包圍了伊凡的俄羅斯——在西方是信奉天主教的立陶宛和波蘭；在北方有瑞典；穆斯林列強則位於南方和東方。他在即位初期曾經試著召開全國諮詢會議和各種地方會議。但隨後出現的無休止戰爭狀態，使得鐵腕獨裁儼然成為莫斯科大公國生存下去的唯一希望。

到了一五五〇年代，伊凡的唯一外國盟友是英國。他寫給伊莉莎白一世的洋洋灑灑信件，讀起來簡直像是情書；伊凡慷慨地向她提供貿易特權，藉以換取大砲和彈藥。此外他還在克里姆林宮的圍牆內，為英國商人和外交官修建了一座豪華的英國辦事處。曾經擔任過大使的賈爾斯·弗萊徹在《論俄羅斯國協》（一五九一）一書中，對俄羅斯沙皇完全不受限的權力感到難以置信：

> 他們的政府形式根本就是暴政！在最野蠻的脅迫下，每個人都受制於統治者。國家的一切事務

——公共法律的制定和廢止、地方長官的任免、生殺的大權——都完全而絕對地掌握在沙皇手中。他既可以是每一個人的指揮官，也可以是劊子手。

德國旅行家兼作家，馮・赫伯斯坦男爵，在《莫斯科大公國記事》（一五四九）裡甚至表達得更加尖刻，為了俄羅斯如此偏離他所熟悉的西方治理形式而驚嘆不已：

莫斯科大公國的統治者在百姓頭上所享有的威權，超過了世界上的一切君主。……他對所有臣民的生命和財產掌握著不受約束的權力：他的大臣當中沒有任何人擁有充分權限，以致不敢對他表示異議或者甚至在任何主題上跟他唱反調。簡而言之，他們相信他是神意的執行者。

赫伯斯坦並不完全正確。我們固然已經看見莫斯科大公國如何在伊凡三世統治下，於十五世紀統一了俄羅斯的土地，可是有一些貴族——從前曾經統治過獨立公國的那些波雅爾家族——繼續怨恨伊凡獨攬絕對權力的做法。愛森斯坦的電影戲劇化地描述了他們如何密謀反對伊凡，並且再度以取悅史達林的方式，正面刻畫沙皇如何執著於連根鏟除臣民的叛逆行為：

我們要毫不留情地砍頭！我們要粉碎煽動和剿滅叛逆！……我孑然獨立——我沒有人可以信賴。……我將摧毀波雅爾權貴——奪走他們的祖產，只把土地獎賞給那些用傑出表現來報效國家的人……

伊凡以果斷的行動來反擊他的對手。他廢除了大型的世襲領地，而那曾經是歷代公侯們的權力基礎。從現在開始，土地可以任由沙皇授予和奪走，土地擁有權則將取決於受贈者為國家做出的服務。波雅爾不再是沙皇諮詢國家大事的對象。教會之外的每一個人——包括貴族在內——都必須終身為國效勞；服役成為普遍的義務，沙皇在一切事物上都享有絕對的權威。

然而伊凡充滿了近乎偏執的懷疑心。他有一次在盛怒之下打死自己的兒子；他把妻子安娜斯塔西亞之死歸咎給波雅爾貴族；他還成立了俄羅斯的第一支秘密警察——「特轄軍」——授予無限權力來粉碎異議、招募密告者，並且就地做出制裁。特轄軍曾經奉伊凡之命，在諾夫哥羅德殺害數千百姓，僅僅因為沙皇懷疑他們勾搭了他的立陶宛敵人。

到了某個階段後，伊凡的偏執狂以及對挑戰其獨裁統治權的波雅爾家族的仇恨，導致他成立了自己的國中之國——所謂的「特轄區」——好讓他的對手心生畏懼。伊凡窮凶極惡和變幻莫測的統治方式，開了史達林恐怖統治的先河，而且史達林熱烈贊同伊凡的做法（參見第三十章）。史達林在克里姆林宮質問愛森斯坦的時候，責備導演以負面手法呈現伊凡的秘密警察，他並堅稱那是一支「先進的部隊」，而他們的頭目馬留塔·斯庫拉托夫是「英雄」。

事實上，伊凡的高壓手段導致他許多昔日的盟友離心離德。伊凡最親近的私人朋友和最偉大的將軍——安德烈·庫爾布斯基親王——逃亡到立陶宛，而且如同日後托洛茨基在流亡時對史達林所做的那般，從國外發函回來抨擊他從前的同志：

> 致沙皇，因神而尊貴，昔日表現最傑出亮眼，如今卻恰恰相反者！噢，沙皇，願您用您染上痲瘋病的良心明白……您曾經以最苦澀的方式迫害了我。您摧毀了您忠實的僕人們，並且潑灑了

無辜殉難者的鮮血……。您以恨意來回報我的愛心，以怨報德，而我為您噴濺的鮮血吶喊著向神指控您！

但不同於史達林的是，伊凡寫了回信，而且兩位昔日好友之間的書信往返非常刺激有趣。庫爾布斯基過著安全的流亡生活，於是針對伊凡的野蠻獨裁政權提出抱怨，並盛讚他現在所處的歐洲公民社會是多麼地優越。伊凡則輕蔑地回答說，在俄羅斯這一大片難以駕馭的土地，那種建立於同意基礎之上的政府體制永遠也行不通。

致那個在上主的萬福十字架前是一名罪犯之人，他曾經在腳下踐踏了所有的神聖命令……並且如惡犬般地大逆不道！鑒於上主垂賜予我的權力，難道我在手中緊握自己的王國、不讓我的僕人進行統治的做法，就是「染上痲瘋病的良知」之徵兆？……上主的旨意，使得這個偉大俄羅斯王國的獨裁體制降臨到我身上，……而且統治轄下所有領地的人，從一開始就是俄羅斯的獨裁者——並非波雅爾和各種權貴！……因為多數人的統治就像是婦道人家的荒唐事；因為如果人們不是處於單一的威權之下，即便他們非常強壯，即便他們非常勇敢，一切仍舊像是婦道人家的荒唐事！俄羅斯的土地由朕——它的君主——加以統治，朕有權獎賞臣僕，也有權懲罰他們！……而且沙皇的統治需要訴諸畏懼、恐怖，以及極度高壓的手段。

在人們的記憶當中，恐怖的伊凡是一個狂暴易怒、有些精神錯亂的人物。他的晚年顯然是在宛如火山爆發般的醉態與邪惡，以及間或出現的懼怕與懺悔之間來回擺動——處於後者時，他一度懇請獲准進入一座修道院。他去世前不久曾經對伊莉莎白女王糾纏不休，非但向她求婚，還請求在倫敦獲得庇護。伊莉莎白對他不理不睬，結果他勃然大怒，以最不符合外交禮節的語言告訴她：「我向妳和妳的宮殿吐口水！」一場小小的貿易糾紛所引發的怒火，甚至失控演成伊凡對那位「童貞女王」的人身攻擊：

> 我以為妳是治理妳自己國家的人。那是我之所以開始與妳通信的原因。可是除了妳之外顯然還有別人在治理妳的國家。……妳依舊在那裡處於跟任何老處女一樣的童貞狀態。……莫斯科沒有了英國貨，日子照樣可以過得下去……

但不管伊凡四世有過多少缺失，他還是對俄羅斯的國家意識做出積極貢獻，統一了一個難以駕馭的國度，並且快速地擴大了它的疆域。在伊凡領導下，俄國擴張到信仰東正教的俄羅斯民族所居住的土地之外。它征服了韃靼人的喀山汗國，為俄羅斯日後的帝國打下基礎：令人驚訝的是，它在隨後三個世紀內平均每天擴大五十平方英里——到了一九一四年的時候，其面積已廣達八百五十萬平方英里，是一個多民族、多語言的國家，橫跨全球七分之一以上的陸地面積。

伊凡在一五八四年去世前，已經壓抑了波雅爾貴族，並且讓俄羅斯走上中央集權的獨裁之路。在英國的《大憲章》限縮君權，為日後的立憲政府開闢道路之際，俄羅斯統治者的權力卻將繼續不受約束。

對國內四分五裂和外敵趁機入侵的恐懼，早已深深滲入俄羅斯人的意識當中，這使得他們多半樂意接受「最高統治者行使絕對權力」的概念。於是社會的財富和資源被徵用來滿足國家的需求；

農民被套牢在土地上，成為全面演變成農奴制的第一步；城鄉的社區則被迫共同負起責任，來確保稅款的繳納、軍隊新兵的招募，以及法律與秩序的維護。我們即將看見，這種有關「共同責任」——把個人放在共同福祉之下——的教條，將在獨攬俄羅斯大權的過程中持續發揮重要作用。願意犧牲個人利益來成全國家福祉的態度，為不斷居於主導地位的集體主義道德觀奠定了基礎。

十九世紀的歷史學家瓦西里・克柳切夫斯基寫道：「莫斯科大公國在共同福祉的名義下，完全掌控了社會的活力和資源，不給單獨個人或各個階層的私利留下任何空間。」迫切的全民需求——必須進行自衛，以及在情況不利之際求生存——為一個日益變得大有為的國家打下根基。公開為獨裁統治辯護的卡拉姆津，則在《俄羅斯國家史》（一八一六—二六）那部巨著中總結表示：「俄羅斯的救贖與偉大，必須歸功於其統治者不受限制的威權。」曾在十八世紀擔任英國駐俄大使的喬治・馬戛爾尼爵士，則於《俄羅斯紀實》（一七六七）一書中，以欽佩和責備兼具的口吻評論道：「俄羅斯的偉大及其疆域必須歸功於專制主義，所以萬一君權受到了更多限制，俄羅斯在精進道德與改良內政之際，將會以等比例失去自己的權勢與力量。」

恐怖的伊凡排擠貴族後，只剩下了獨裁者和向他卑躬屈膝的百姓。沒有任何獨立的結構或機關來調解他們之間的權力關係。教會只能眼睜睜看著自己的財產遭到沒收，以及自己的影響力日益減弱。那裡沒有基本的法律和權利，不允許形成公民社會和中產階級。這種社會模式將成為改革俄羅斯的主要障礙，甚至更進一步將她與西歐的發展隔離開來，並且在未來的許多個世紀決定了俄羅斯的國家特質。

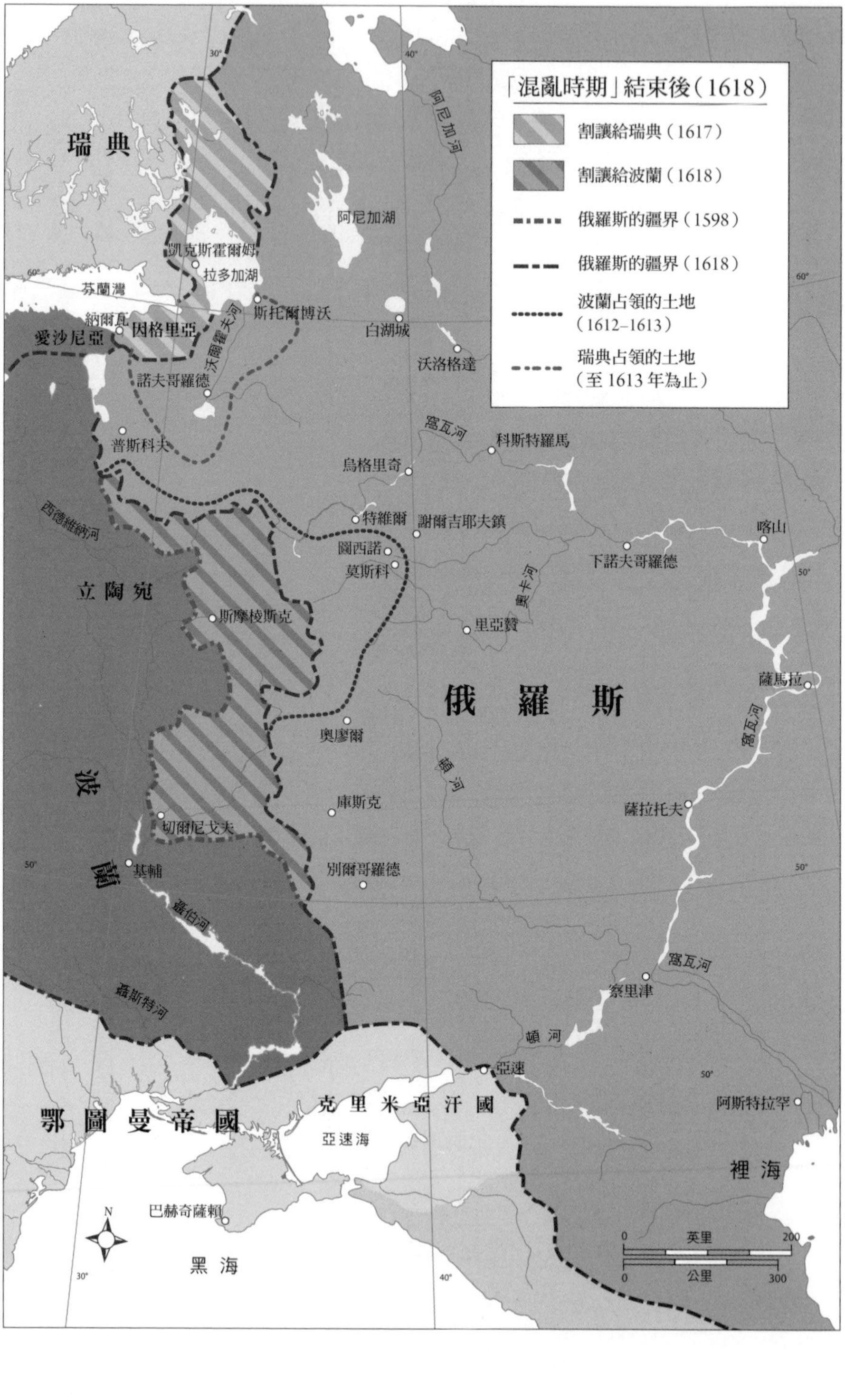

「混亂時期」結束後（1618）
割讓給瑞典（1617）
割讓給波蘭（1618）
俄羅斯的疆界（1598）
俄羅斯的疆界（1618）
波蘭占領的土地（1612–1613）
瑞典占領的土地（至1613年為止）
瑞典
阿尼加河
阿尼加湖
凱克斯霍爾姆
拉多加湖
芬蘭灣
納爾瓦
因格里亞
愛沙尼亞
沃爾霍夫河
斯托爾博沃
白湖城
沃洛格達
諾夫哥羅德
普斯科夫
窩瓦河
科斯特羅馬
烏格里奇
特維爾
謝爾吉耶夫鎮
喀山
圖西諾
莫斯科
下諾夫哥羅德
奧卡河
西德維納河
立陶宛
斯摩棱斯克
里亞贊
俄羅斯
薩馬拉
奧廖爾
頓河
波蘭
庫斯克
薩拉托夫
切爾尼戈夫
基輔
別爾哥羅德
聶伯河
察里津
聶斯特河
頓河
亞速
鄂圖曼帝國
克里米亞汗國
亞速海
阿斯特拉罕
裡海
巴赫奇薩賴
黑海
英里
公里

7 混亂時期的二十年

波里斯・戈都諾夫在「伊凡雷帝」去世後統治了俄國，他的傳奇則透過莫傑斯特・穆索斯基那齣驚心動魄的偉大歌劇，為現代觀眾所熟悉。歌劇《波里斯・戈都諾夫》（一八七四）本身及其所依據的普希金劇作，講述的都是俄羅斯「混亂時期」的故事——發生於十七世紀初葉多災多難的兩個十年內（大致介於伊凡的弱智繼承人費奧多爾去世後，以及羅曼諾夫王朝在一六一三年登場之間）。那時相繼出現的饑荒、暴亂、經濟殘破和外國入侵，幾乎快要毀滅了俄羅斯國家。穆索斯基的歌劇唱本雖然改編自普希金的劇作，但劇作和歌劇二者皆以莎士比亞悲劇的手法，表達出戈都諾夫所受到的良心折磨：

這是陰謀，波雅爾們所煽動的叛亂、立陶宛人的詭計……饑荒、瘟疫、恐懼和毀滅。人們像野獸般遊蕩，染上了疾病。俄羅斯在飢餓與貧困中呻吟。這可怕的苦難被神用來懲罰我的嚴重罪過。人人都把這場災禍歸咎於我。他們到處在詛咒波里斯這個名字……我到處都看見那個被謀殺的孩子！

穆索斯基和普希金都把下列指控看成事實：戈都諾夫謀殺了真正的沙皇——「伊凡雷帝」的稚

齡兒子——藉此僭取大位。於是他導致古代羅斯的建立者留里克王朝絕嗣，從而製造出一個災難性十足的權力真空，破壞了穩定。

戈都諾夫看樣子應該是無辜的，而那個名叫德米特里的幼童係死於自然原因。[1] 然而俄羅斯百姓迫切需要找出解釋，為何伊凡死後會有宛如世界末日般的命運降臨到他們身上。農作物連續歉收三年、氣溫甚至在夏季低達冰點以下、農民起事和一陣陣瘟疫所造成的大規模死亡與破壞，帶來了恐慌和末世預言。飢餓的人群對莫斯科心懷怨恨，責怪戈都諾夫篡奪王位所以招致天譴：

> 但願遭到謀害的德米特里王子驀然從墓中奮身而起，並且大聲疾呼：「我的臣民，忠實的僕人，你們在哪裡？幫助我對抗波里斯，對抗殺害我的兇手！抓住我的敵人，把他帶到我的面前！」

戈都諾夫所不知道的是，他的噩夢即將成真。正當公眾騷動不安之際，有一連串聰明的騙子挺身而出，聲稱自己就是王子和真正的王位繼承人。所有那些冒牌貨都無法解釋明白，他們怎麼會有辦法奇蹟似地從墳墓中復活過來。但當時的不滿情緒就是如此強烈，以致他們贏得了廣泛支持。那批「偽德米特里們」利用了民間普遍相信「真沙皇敷過聖油而成為神的代表，絕不會讓俄羅斯的神聖國土陷入危險之中」——於是戈都諾夫必須被定義成篡位者。

俄羅斯在西方的敵人看見了他們的機會。波蘭人和立陶宛人給其中一個冒名頂替者撐腰（名叫格里戈里．奧特列皮耶夫的年輕僧侶），並且提供給他三千名士兵。他在一六〇四年向莫斯科進軍，途中糾集了數千名支持者，那些人都對莫斯科的高壓統治心懷不滿，把戈都諾夫當成騙子看待。他們抵達之前不久，戈都諾夫因為心臟病發作而暴斃；偽德米特里凱旋進入克里姆林宮後，在一六〇五年登基成為沙皇。他娶了一位波蘭公主、在克里姆林宮部署波蘭和立陶宛的部隊，並宣布打算讓俄羅斯從東正教改信天主教。

結果德米特里的統治時期既短暫又充滿了暴力。可是等到他在一六〇六年死於非命後，又出現了其他的假冒者，以致國家的命運在七年的時間內懸於一髮。俄羅斯的皇冠被獻給了波蘭國王，眼看著即將展開另一個外敵占領時期。

不過在一六一二年的時候，有兩位英雄挺身而出，從外侮手中拯救了俄羅斯。如今莫斯科人在克里姆林宮牆的陰影下，步行經過二人位於聖瓦西里大教堂旁邊的紀念碑時，幾乎不會多看他們一眼，可是當年如果沒有他們出面干預的話，今天的俄羅斯恐怕已是波蘭和立陶宛屬下的一個天主教省分。那兩位英雄的名字分別叫做「米寧」和「波扎爾斯基」。後者是一位俄羅斯王公貴族，之前曾經跟波蘭人交戰過；庫茲瑪．米寧卻是一個典型的民間人士——他是一名來自下諾夫哥羅德的商人，以屠宰為業。

當米寧聽說莫斯科淪陷到波蘭人手中之後，心中燃起愛國的怒火。他公開籌募經費來組織一支國民反抗軍，誓言要把占領者逐出俄羅斯。米寧並爭取到俄羅斯東正教大牧首格爾莫根的支持，後者則向一些俄羅斯城市的領導當局提出呼籲：「讓我們一致行動……充滿愛心與團結的東正教基督徒們。讓我們誓死奮戰，將莫斯科大公國從我們敵人——波蘭人與立陶宛人——的手中解救出來。」格爾莫根正式向國民反抗軍賜福，並詛咒那些給東正教帶來威脅的波蘭天主教徒。結果他的膽大包天行為導致占領者對他進行毆打，並且把他活活餓死。

1 譯注：德米特里（Dmitriy Ivanovich, 1582–1591），是伊凡的么兒，最可能的死因為：玩小刀時癲癇發作，割到自己的喉嚨。他死後被東正教會封為聖人（殉教者），並相繼有三名「偽德米特里」冒用其名義興兵作亂。

一六一二年十一月，米寧和波扎爾斯基迎著冬雪抵達莫斯科郊區。他們所統率的軍隊其實殘破不堪，但二人出乎意料地展現了傑出的戰術天才，靈活調動己方臨時拼湊而成的民兵，將波蘭軍隊團團圍困在克里姆林宮內。俄羅斯得到了拯救。波蘭人四面楚歌並且餓得半死——有報導指出，他們曾經吃狗肉，甚至同類相食。最後波蘭人提議投降，但先決條件是可以平安返回波蘭。

俄方表面上同意了，虛弱不堪、精疲力竭的波蘭人隨即魚貫走出紅場末端的克里姆林城門。但等到他們出來以後，俄羅斯人猛衝過去，將波蘭人殺得一個也不剩。那個時代就是如此野蠻，而且愛國激情就是如此熱烈。米寧和波扎爾斯基在一六一二年的勝利顯示，信奉東正教的俄羅斯民族如今有辦法獨立於沙皇之外，自己採取行動。宗教信仰——以及群體於面對共同敵人時的有難同當——再度將俄羅斯人凝聚在一起。

然而百姓獲勝後的第一個動作，卻是重新恢復君主體制的正統性。

★　★　★

恐怖的伊凡，以及他曾經被波里斯．戈都諾夫使用為傀儡的弱智兒子費奧多爾，是留里克王朝最後的統治者。如今俄羅斯開始尋覓一個新的王朝。在一六一三年時，缺乏正統權力的狀態造成了王位虛懸。「混亂時期」——先是深受折磨的戈都諾夫，接著是竊取權力的波蘭人——削弱了國家的權威。如今迫切需要一位強有力的統治者，把國家團結起來對抗外敵。於是波雅爾貴族召開了由貴族、僧侶和富商參加的「全國縉紳會議」，以便選出一位沙皇。

羅曼諾夫家族屬於俄羅斯宮廷的許多個貴族世系之一（他們與王室有親戚關係——「伊凡雷帝」

之妻安娜斯塔西亞就出身自該家族的一個分支）。但他們即將證明自己遙遙領先群倫，最擅長利用波雅爾在「混亂時期」爭奪統治權之後所留下的權力真空。當時雖然還沒有人能夠料想得到，不過羅曼諾夫家族將繼續統治三百年，直到一九一七年大難臨頭為止。若干名候選人在波雅爾舉行的會議上獲得推薦（其中也包括瑞典王子卡爾・菲利普），最終由羅曼諾夫家族推出一位名叫米哈伊爾的年輕王公，拔得了頭籌。米哈伊爾年僅十七歲，但最重要的地方在於：他是「伊凡雷帝」大舅子的孫子，因此能夠間接與軍力強大、經濟上軌道的美好舊時光銜接起來。

在俄羅斯開創一個新的朝代，也有可能意味著是改變施政風格的時刻。參加「縉紳會議」的貴族們原本或可抓住機會，堅持自己也要參與治國。假若他們那麼做了的話，俄羅斯也許再度有希望走上不同的路線。

結果那些貴族反而向他們所一致同意的國家優先考量做出讓步：需要有一名權限不受約束的專制統治者，並且讓他獨攬維護國家安全所必須的大權。於是俄羅斯又一次錯過了機會，未能削弱許多個世紀以來跟自己形影不離的獨裁政體，以致沒有出現任何改變。在波雅爾們的心目中（而且幾乎可以確定的是，在俄羅斯百姓的心目中更加如此），國家對團結與安全的需求是最高優先，凌駕了「參與式政府」和個人權利等等方面的考量。「鐵腕」是俄羅斯的預設模式，而且一六一三年的各種事件將證明它顯然是正確的選擇。

米哈伊爾・羅曼諾夫登基的時候危機四伏。波蘭侵略者雖然已被趕出莫斯科，但他們與四處劫掠的哥薩克幫眾、雇傭兵和土匪等等，繼續肆虐於俄羅斯的鄉間地區。沙皇米哈伊爾一世必須由全副武裝的部隊護送前往加冕。

但有別於戈都諾夫的地方是，新沙皇似乎獲得大多數子民的支持。民間發展出各種以他為主軸的傳說，而此事或許受到羅曼諾夫家族的鼓勵。它們當中最著名的一個——《伊凡・蘇薩寧的故事》——突顯出米哈伊爾的親民作風，以及百姓對國家大事休戚與共的感覺。

蘇薩寧因為米哈伊爾・葛令卡的歌劇《為沙皇獻身》（一八三六）而名垂千古：他聽到有關敵人陰謀的風聲，曉得波蘭人已調兵遣將準備殺害米哈伊爾沙皇。於是我們這位英雄成為全國保駕的唯一希望。蘇薩寧派遣他的侄子發出警訊，他自己則答應引領波蘭人走去沙皇那邊。不過蘇薩寧帶著波蘭人偏離大路，進入俄羅斯森林的深處，然後和他們一起在那裡凍餒而亡。這個故事所傳達的訊息非常明確（當時的俄羅斯百姓聽懂了這個故事，正如同兩個世紀之後的俄羅斯百姓看懂了葛令卡的歌劇一般），那就是個人必須為了更高的福祉犧牲自我——國家是百姓生存之所繫，而百姓注定要為國家服務。

蘇薩寧傳奇所體現的集體主義精神，與我們在波里斯與格列布身上看見的自我犧牲如出一轍：他們二人放棄了自己的王位和自己的生命，以便維護十一世紀基輔羅斯的穩定（參見第二章）。這樣的精神將在二十世紀重新出現，最值得一提的就是「馬特維・庫茲明的傳奇」——那名蘇聯游擊隊員引導一支納粹巡邏部隊走入埋伏，以致犧牲了自己的性命。

將公共利益尊奉為社會的最高圭臬之後，使得百姓與國家的最壞一面和最好一面同時成為可能。它一方面表現於二十世紀共產主義初期曾出現的理想主義，以及俄羅斯人民持續不斷的社會團結。另一方面它又把一些現象合理化——例如紅軍在第二次世界大戰期間的輕忽人命，以及在戰後掠奪民生經濟來滿足軍事需求的做法。

布爾什維克黨人本來不曉得到底該怎麼處理蘇薩寧傳奇才好。起初他們禁止演出葛令卡的歌劇，因為該劇榮耀了沙皇。然而一旦意識到其集體主義的訊息所具有的威力之後，他們的態度便

軟化下來。結果劇末那首激動人心的大合唱——《光榮頌》——直到今天都是紅軍的標準曲目之一：[2]

光榮，光榮歸於你，我的俄羅斯！
光榮歸於我們的俄羅斯祖國！
願你永遠強大！
願你用強壯的手，
無情打擊侵犯我們家園的敵人！

在二〇〇五年，當時的總統弗拉基米爾・普京把十一月四日宣布為國定假日。那是米寧和波扎爾斯基團結全民，把波蘭人趕出莫斯科的日子。那一天從此取代了十一月七日的「勝利日」，因為「勝利日」與從前的共黨政權關係過於密切。這個新的假日被命名為「俄羅斯民族統一日」，而且（我想很難避免吧）遭到身穿黑衣、伸手行希特勒式敬禮的俄羅斯民族主義者所綁架——他們把俄羅斯人的統一解釋成斯拉夫人的統一。俄羅斯民族統一黨以其特有的斯拉夫沙文主義，欣然接受了「民族統一日」。該黨宣布，「在一六一二年，我們的敵人是波蘭人和立陶宛人；如今則換成『北大西洋公約組織』，以及那些在我們俄羅斯土地上固執己見的族群。」

然而此種觀點曲解了歷史，因為在一六一二年的時候，那些「族群」有許多早就被俄羅斯人同

2 譯注：蘇聯時代的做法，是把《為沙皇獻身》更名為《伊凡・蘇薩寧》（*Ivan Susanin*）。《光榮頌》並出現於蘇聯版的《一八一二序曲》結尾，取代了原曲使用的帝俄國歌《天佑沙皇》（*God Save the Tsar*）。

化，並且跟他們站在同一邊作戰。俄羅斯在當時已經是一個多民族的帝國，其遼闊疆域遠遠超出了傳統上的斯拉夫人土地。而說來諷刺的是，正由於帝國的財富——北方的森林、南方亞洲地區的農業、西伯利亞的豐富礦藏——才給予莫斯科大公國力量以撐過反覆不斷出現的危機。正如我們所將看見的，俄羅斯國家與俄羅斯帝國之間的關係——亦即固有的斯拉夫人口與不斷擴大的多民族之間的關係——會在形塑這個國家的身分認同時，成為越來越關鍵的因素。

8 西伯利亞是天堂也是地獄

西伯利亞讓我大吃一驚。它的浩瀚無垠令人震撼，幾乎難以理解。在去那裡之前，西伯利亞的朋友們曾經設法向我解釋他們故鄉的本質，卻無法用言語加以形容。俄羅斯人將西伯利亞人看成是另外一個種族——他們固然在血統上、語言上和文化上都是俄羅斯人，卻還是有某種樣子讓他們自成一格。

那種樣子與冷靜、剛毅和坦率有所關聯。我曾經在鋼琴家傑尼斯·馬祖耶夫即將走上舞臺為三千人演奏之前，與他站在一起。他那深邃的西伯利亞眼神中，看不出一絲不安。那位像熊一樣高壯的男子，讓巨大的手掌以無窮力量在琴鍵上揮灑落下——他的同僚親切地稱他為「鋼琴粉碎機」——可是他臉上鎮定自若，毫無吃力的表情。西伯利亞培養出堅忍、耐力與沉著，這些特質都孕育誕生於巨大無比的地理環境之中，在那裡，極度的美麗和苦楚都是日常生活的一環。

站在烏拉山脈的東麓，我發現距離很難衡量。大草原以黃綠交加的色彩，四面八方朝向難以辨識的地平線無限延伸出去。到了冬天的時候，所有這一切都將覆蓋在漫無盡頭的純淨冰雪之下。無怪乎這個地方產生過各種有關空間、虛無和自由的傳奇。

並不令人驚訝的是，十六世紀莫斯科大公國的人們——在「恐怖的伊凡」壓迫之下，以及無助地經歷了「混亂時期」的恐怖之後——會打算向東方逃跑，以便在無拘無束的西伯利亞土地上找到解放、空間和自由。俄語用於稱呼這種狀態的字眼叫做「沃利亞」（volya）。它的意思是「自由」，但也可以表示「意志」或「獨立」；由於它變得越來越跟未受馴服的東方產生了關聯，以致開始具備「野性」、「無常」和「未知」之類的意涵。西伯利亞日後所獲得的名聲，將是一個用於遞解、流放和設置勞改營的地方。西伯利亞可以是天堂；西伯利亞可以是地獄——但它從來都不是一個適合膽小鬼的地方。

在十六世紀末闖入西伯利亞的行動，是由一位勇猛的哥薩克人葉爾馬克·季摩費耶維奇帶頭的。與他有關的記憶，永遠存活在俄羅斯的民間詩篇和歌謠當中。

在窩瓦河，在卡馬河，
哥薩克過著自由人的生活！
他們的首領——被他們稱作「葉爾馬克」的人——
低聲向他敢於冒險的戰友們表示：
「真正的哥薩克人，所有的兄弟們！
等到夏天過去冬天來臨時，
哪裡，啊！哪裡，將是我們的棲身之地？
在窩瓦河畔，過著小偷般的生活嗎？
去攻擊喀山，並且與沙皇交鋒嗎？
畢竟他已派出人馬，
用四萬兵力來圍剿我們這一小群人——
不行，兄弟們，那可不行！

讓咱們上路吧……攻占西伯利亞！」

如同在那個年代來到西伯利亞的許多人一般，葉爾馬克正在逃亡。哥薩克（Cossacks）不承認自己有主人——他們那個名稱的意思是「自由人」，而「荒郊野地」（狂野的草原）就是他們的國度；葉爾馬克是因為劫掠俄羅斯商隊而與沙皇起衝突。

西伯利亞是俄羅斯亡命分子和不法之徒首選的避難所。那裡的處女地需要有人移居過去，而莫斯科對這麼做的人並不挑剔。「伊凡雷帝」給予諸如斯特羅加諾夫之類的貴族家庭二十年承租權來設立殖民地，但他所稱的「空地」其實是伊斯蘭可汗們的采邑，這些人是蒙古人與金帳汗國的後繼者。

殖民者需要具有戰鬥力的人手將他們趕走，於是葉爾馬克立刻報名參加。他在一五八二年率領一小股哥薩克人深入西伯利亞腹地，以槍聲驚嚇當地百姓，並且屠殺了西伯利亞汗國庫楚姆汗的武裝部隊。但隨著冬天的到來，葉爾馬克發現自己孤立無援，既離鄉背井又短缺食物和彈藥。於是他以一種將在青史留名的大手筆作風，派員越過烏拉山傳遞消息回去，宣布他已經「征服了西伯利亞」。他為自己過去與沙皇為敵的罪行表示懺悔，並且向伊凡表示：他非常樂意為此接受絞刑，但若能得到寬恕的話，他將向莫斯科的王冠「獻上西伯利亞王國」。

「恐怖的伊凡」正式赦免了葉爾馬克、授予他「西伯利亞親王」的頭銜，並且給他送去增援部隊和一套銀色的極品盔甲。不久之後，葉爾馬克與可汗的部隊進行遭遇戰時受到追趕，被迫渡過額爾齊斯河的一條支流，結果那套華麗盔甲的重量把他拉向死亡：

事情發生在卡梅申卡那條小河，朋友們——
在卡梅申卡那條小河，
那裡曾經住著一群驕傲而自由的人。
他們的領頭者是葉爾馬克，季摩費的兒子。
哎呀，季摩費的兒子……哎呀！

縱使葉爾馬克未能活著看見事情發生，西伯利亞仍以驚人的速度遭到征服，所開闢的巨大財源讓莫斯科大公國改頭換面，從一個瀕臨崩潰的國家變成了無比富裕的國度。在往後的時光，西伯利亞的黃金、煤炭、木材和鐵沙——如今是其蘊藏量豐富的石油和天然氣——使得俄羅斯成為一個超級大國。不過，西伯利亞帶來的第一份大禮是毛皮，這讓英國伊莉莎白一世的駐俄大使賈爾斯・弗萊徹羨慕地寫道：

> 該國的本地商品種類繁多且數量龐大（既使用於滿足國內需求，同時也有許多被運往國外，使得皇帝及其百姓的財富巨幅增加）。首先是各式各樣的毛皮。就此而言，神的旨意為當地人提供了天然補救措施，來緩解他們國家因為氣候寒冷所造成的不便。他們主要的毛皮種類有：黑狐、紫貂、山貓、褐狐、松貂、白鼬、水貂、水獺、狼獾、具有天然麝香味的大水鼠、灰松鼠、紅松鼠、紅狐狸和白狐狸。除了國內大量使用之外（人們整個冬天都裹著毛皮製作的衣物），多年來也被土耳其、波斯、保加利亞、喬治亞、亞美尼亞和其他基督徒國家的商人運往境外，我聽說其價值可高達四十萬或五十萬盧布。[1]

毛皮在十六、十七世紀時變得宛如「國際金本位」，被拿來進行交易、以貨易貨和創造巨大財富。西伯利亞的毛皮熱更簡直像十九世紀美洲阿拉斯加的淘金熱那樣，吸引了滿懷希望的移居者過去。時至一六四八年，俄羅斯人已經穿越整個地帶，一直來到太平洋沿岸。正如美國的狂野西部，一望無際的無人土地對俄羅斯白手起家者來說，儼然是一個巨大而持久的黃金國。即使到了今天，西伯利亞南部的處女地依然能夠在民間的想像中，激發出既大膽冒險又浪漫十足的故事。

可是除了物質收益之外，莫斯科大公國的擴張主義還有另外一個目的——安全。歷經外國的侵略和一再進犯之後，俄羅斯人的心靈充滿了對保護的極度渴望。該國邊界很長而且脆弱，由於缺乏諸如海洋和高山之類的天然屏障，唯有積極向各個方向進行殖民，才能一步步把危險驅離自己的核心地帶。俄羅斯覺得唯有——同時向東方和西方——控制住其歐亞大陸腹地之後，才有辦法獲得安全。而蘇聯執迷於緊緊掌握東歐「緩衝國」的做法，正表明了類似的恐懼一直持續到我們這個時代。

西伯利亞的浩瀚無垠使得俄羅斯不可能一下子就向那些新土地移民。但她竭盡全力來同化或控制原住民。通過軍事力量、貿易聯繫、收取貢品和開採天然資源，她為那個即將決定她未來的多民族、多語言帝國奠定了基礎。

然而西伯利亞有其陰暗的一面。蕭斯塔科維奇的歌劇《姆岑斯克縣的馬克白夫人》（一九三四），藉由囚犯在東方旅途中的哀嘆，刻畫出許多俄羅斯人將於接下來的四個世紀所踏上的充軍之路。

一里又一里地緩步前行

1 譯注：當時的一盧布大約折合二一盎司白銀。

——在漫無盡頭的隊伍中。
白天的熱氣已然消退，
大草原上的太陽正在西沉。
哦，道路，沿途拖曳的鐵鏈，
沿途依舊散布的死人骨骸，
沿途於垂死呻吟聲中，
流出的鮮血與汗水！

伊薩克．列維坦的畫作《弗拉基米爾卡路》（一八九二），也捕捉了類似的心境。在一片荒涼的景色中，大草原上已被踏出了一條路，一直延伸至遠方的地平線，看似望不見盡頭。列維坦沒有畫出人物來；可是畫作的震撼力便在於以盡在不言中的方式，呈現了歷代的流放犯人在往東方邁向充軍地點的沿途所走出來的那條小徑。

成為機會之地的西伯利亞，總是與成為折磨與囚禁之地的西伯利亞共存。從十七世紀開始，二者就齊頭並肩地一起發展下去。起先是沙皇，接著是蘇維埃領導人，把它看成是一個既安全又遙遠的垃圾場，可用於處理那些對其權力構成威脅的人。費奧多爾．杜斯妥也夫斯基、列寧、史達林、奧西普．曼德施塔姆和亞歷山大．索忍尼欽都曾經走在西伯利亞的冰封路徑上，因為招惹了克里姆林宮的獨裁者而遭到流放。早期的羅曼諾夫統治者將罪犯和戰俘發配過去，強迫他們在邊防營區服役。稍晚的沙皇時代則多半把充軍過去的人送往當地鄉村和城鎮看管，直到他們的刑期結束為止（列寧甚至獲准攜帶獵槍及其大量藏書的一半前往流放地）。到了一九三〇年代，西伯利亞卻遍布勞改營，關在裡面的囚徒大多是政治犯。縱使有哪一個囚犯脫逃了出去，他也只能在森林和沼澤地等著餓死。

我曾經參觀過史達林讓許多人受苦受難的「古拉格」。此類勞改營的痕跡多半已遭到抹除，但仍沒有辦法完全加以消滅。大約距離西伯利亞城市秋明一百二十公里的地方，我在一望無際的樺樹林中找到了正逐漸被雜草和小樹湮沒的巴熱諾夫勞改營遺址。但就在它的旁邊，地表有個直徑寬達一英里、而且看起來也有那麼深的大洞，永難磨滅地見證了成千上萬名囚徒的工作——他們曾被迫在此開採石棉。

時至今日，開採石棉是以現代化的採礦方式繼續進行下去，然而該地區死於肺部疾病的人數依舊居高不下。光是站在那個大坑洞的邊緣，就已經讓我對自己吸進來的東西感到不安。但在一九四〇和一九五〇年代，營內囚徒被迫用十字鎬和圓鍬來挖掘石棉，而且完全沒有任何防護。勞改營內的記錄讓人讀得心酸。至少曾有七千名男子和六百名女子被囚禁於此，文件中列出他們必須執行的任務是：「在石棉礦場徒手作業；開挖礦穴；地質探測；石棉加工；石棉濃縮；修築道路及鐵路交通設施；興建營區的房舍與住所」。

檔案列出了該營區存在期間的歷任指揮官姓名（阿法納西耶夫上校，特羅菲莫夫上校；約爾金中校，熱列茲尼科夫中校，菲利蒙諾夫中校，佩爾米諾夫中校；戈爾布諾夫少校），並且標明巴熱諾夫最終關閉的日期為一九五三年四月二十九日——史達林死後不到兩個月。記錄中指出，特羅菲莫夫上校「因健康狀況不佳被解除職務」，但並未表明他到底生了什麼病。營區缺乏有關囚犯健康狀況的資訊，無論他們置身營內或者獲釋，一樣闕如。

巴熱諾夫是將近五百座ＩＴＬ——勞動改造營——當中的一個，它們共同構成了史達林的「古拉格」。[2]那個系統龐大的場址多半位於西伯利亞這邊，但也幾乎分布在蘇聯的每一個區域。據估計從一九二九到一九五三年之間，總共囚禁過一千四百萬人。那裡的生活條件被刻意搞得十分惡劣。政治犯更獲得最差待遇——據悉其中有一百五十萬人死於飢餓、疾病、寒冷和衰竭。對亟需設置工業基地的蘇聯而言，營內人口是珍貴的免費勞力來源。西伯利亞全部的大規模建設工程（諸如鐵路、運河、發電站，以及成為蘇聯經濟樣板的碩大高爐），都是由囚犯們修造的。每當中央政府的計畫制定者缺乏勞動力時，NKVD（「內務人民委員會」，或秘密警察）總是有辦法向他們提供更多新近逮捕的「人民公敵」。大多數的勞改營都如同巴熱諾夫那般，已經在史達林死後遭到關閉。不過其中還是有一些繼續運作到一九八〇年代中期。

一九九〇年代曾一度出現透明化階段，解禁了勞改營的相關檔案。但是在今天，俄羅斯政府還是會對諸如「紀念」（Memorial）之類繼續揭發前蘇聯時代罪行的人權組織進行干擾。西伯利亞人每天與自己過去的遺產一同生活，而且那不僅來自二十世紀，也來自更早的流放時代。西伯利亞詩人葉夫根尼．葉夫圖申科本身就是被流放者的後代，他用一首令人難忘的自傳體敘事詩《濟馬車站》（*Stantsiya Zima*，一九五六），捕捉了西伯利亞——同時意味著自由和流放——的矛盾本質。標題的字面意思是「冬天車站」，而「濟馬」意為「冬天」，正是他家鄉城鎮的名字：[3]

那些農民，非自願的新移居者，
想必將此異鄉土地，
視為命運的捉弄，
以及自己不幸的未來……

繼母無論再怎麼心地善良，
終究不是親娘。
然而等到用手指捏碎它的土壤，
並且讓自家小孩飲用它的清水，
他們開始欣賞它，意識到：
　這是自己的家園，
感覺它
　與自己
　　血肉相連……
於是他們又逐漸套上貧農的枷鎖，
過著苦澀的生活。
那就像一根釘子，
被人用斧柄敲入牆壁，
　怎能為此而受到責怪呢？
到處充滿了困難和生存的憂慮；
無論他們再怎麼辛勤彎腰工作，

2 譯注：ITL（ИТЛ）乃俄語「勞改營」（Ispravitel'no-Trudovoy Lager'）的縮寫。「古拉格」（Gulag/ ГУЛаг）則是「（勞改）營管理總局」（Glavnoye Upravleniye Lagerey）的縮寫。

3 譯注：濟馬位於伊爾庫次克州，有西伯利亞大鐵路經過，氣候極端——攝氏四十度至零下五十度之間。

到頭來都不是他們吃掉莊稼，
而是他們被莊稼吞噬……

莫斯科在十六世紀開始建立殖民地之後，要等到過了很多年才有辦法將中央集權的控制範圍伸展到帝國最遙遠之處。在最初的那些年頭，當葉夫圖申科的先祖剛剛抵達之際，西伯利亞大部分的地區依然令人難以消受。許多被流放到那裡的人，就消失在無窮無盡的地貌之中。西伯利亞的針葉林地帶，於是成為心存不滿、對苛捐雜稅怨聲載道的歐俄百姓尋求避難之處——它為那些對沙皇及其密探胸懷憤懣的人們，起了一種類似「安全閥」的作用。那些不滿者的團體之一，日後將茁壯成為俄羅斯史上的一支主要力量，並吸引數以百萬計的追隨者。

★ ★ ★

某個下著宛如聖經記載中那種傾盆大雨的日子，我在葉卡捷琳堡市郊費力地穿越一條密布水坑的煤渣小路。那個約有一百萬居民的城市位於烏拉山脈東麓，而我正尋找一所教堂——基督誕生堂——然後發現它藏身在一座運動場和一間診所的後面。我敲了敲教堂後側的木門，隨即有一位高大而嚴肅的教士過來應門。他的黑鬍子沿著黑色僧袍向下垂落，他的長頭髮則緊緊地紮在背後。帕維爾神父拒絕跟我握手，指出教士的身分不允許他這麼做。他看起來已經五十好幾，卻告訴我自己只有三十九歲。我表示我過來是為了尋找「舊信仰者」。他神情肅穆地點了點頭，強調：「我們不鼓勵使用這種名稱。我們是真正的教會，唯一的教會。」

「舊信仰者」——或「舊儀式者」——是歷史上那些心存不滿者的繼承人。他們的祖先乃宗教異議分子，在一六五〇年代從莫斯科大公國的國家教會分離出來、逃亡到西伯利亞，勇敢地承受迫害好幾個世紀，以維繫自己的禮拜儀式於不墜。他們就跟「清教徒先民」一樣，寧可選擇流亡，也不願意背叛自己的信仰。不過就人數和政治意義而言，他們的地位更加重要。數以百萬計的俄羅斯人拒絕接受官方教會，結果那場最初是因為抗拒官方認可的禮拜儀式改革——怎樣劃十字聖號、如何鞠躬、說多少次哈利路亞——而發生的大分裂，最後演變成一場攸關教會和國家所扮演角色的權力鬥爭。

「舊信仰者」反對中央集權的教會高層在國家配合下劫持了宗教信仰，於是緊抓著民主自決權不放，自行任命教士和掌管教區。其信仰是如此地激烈，以致他們有成千上萬的人寧可自焚而死也不願屈服。

當「舊信仰者」被宣布為異端，並且大批遭到逐出教會，憤懣怨恨的情緒差一點釀成革命。這樣的情緒找到了一位卓爾不群的代言人——一位性格火爆、來自下諾夫哥羅德、名叫阿瓦庫姆·彼得羅夫的教士：

> 我們只需要朝所有標新立異的儀式和書本吐口水，一切就都會變好……。至於我被逐出教會一事，由於它來自異端，我以基督之名將它踩在腳底下。那麼他們對我的詛咒呢？直言不諱地說——我拿它來擦屁股！

我們當學生的時候都非常喜歡阿瓦庫姆的自傳，因為它充滿了這種簡潔有力的粗獷話語。裡面有許多與性有關的露骨言論，以及對敵手的抨擊——例如稱他們是「狗屎臉的法利賽人」，用地獄之火來擦拭臀部。這一切都是以簡明扼要、不兜圈子的古代俄語表達出來的。

可是當我現在重新閱讀的時候，我發現《阿瓦庫姆的生平》（一八六一）是一份多麼奇妙的文件，而阿瓦庫姆是一位多麼不同凡響的人物。當時沙皇阿列克謝與大牧首尼康領導下的官方教會合作，開始嚴厲打擊分離派，阿瓦庫姆及其家人遭到充軍西伯利亞。《生平》一書當中，阿瓦庫姆描述了他們如何在十四年間，被囚禁於冰凍地面挖出來的一個坑洞中。他面對著必死無疑的命運（阿瓦庫姆最後在一六八二年被燒死於火刑柱上），針對精神信仰和世俗威權的本質進行沉思冥想。他寫出一系列充滿煩惱和自我懷疑的文字，但結果卻出現了勝利的詞句：

當他們毆打我的時候，我因為自己說出的祈禱文而不覺得痛。可是現在我躺在這裡，禁不住想著：哦，神的兒子，你為什麼讓他們如此毆打我？當我以罪人的身分過日子時，你沒有懲罰我；現在我卻不知道自己到底犯下什麼過錯……我罪孽深重的靈魂有禍了！我的女兒們生活在貧困中，她們的母親和兄弟們則被埋葬在地穴裡。不過還能做什麼呢？每個人都必須為基督信仰承受痛苦，而我在上主的協助下，願意接受已經命中注定，並且將會發生的事情……許多人都曾經遭到焚燒烘烤。他們已燒死了以賽亞、亞伯拉罕，以及其他捍衛教會的人們。上主將會計算他們的數目……所以你還畏懼那熱火嗎？鼓起勇氣、將它唾棄，而且不要害怕！你或許會感到驚嚇，但你只要進入了烈焰之中，一切都將在轉眼間結束……。等到我們都死了以後，我的這些言語將會被人閱讀，而且我們將在上主面前被人記憶……。我實在不曉得自己將怎樣把這件事情承受到底：但我榮耀上主，而且祂知道這一點。現在我已經在祂的懷抱之中……

當我在葉卡捷琳堡走進「舊信仰者」的教堂時，我隱約期待帕維爾神父會是現代版的火爆老阿瓦庫姆。他娓娓道出自己的經歷——如何在共產黨把那座教堂改建成博物館之後，提供助力把它從國家那邊要了回來；如何與另外兩位教士把教堂會眾重新組織起來，並且聘請當地的聖像畫家將聖像屏壁重新修復。當我問起，現在他們與正統教會之間的關係是否已有改善時，帕維爾神父皺起眉頭表示：「我們怎麼可能跟他們建立良好關係呢？他們已經背叛了基督的真理！」

我的模樣一定顯得非常困惑，因為帕維爾神父開始滔滔不絕地長篇大論起來：「只有我們是始終前後如一的教會，而始終前後如一的人們將會贏得救贖。怎麼可能會有人相信，劃十字的時候應該像他們那樣使用三根手指頭？當然必須用兩根手指頭才對，因為上主曾經教導我們……」

當那位教士侃侃而談的時候，我想起了幾個世紀以來的死亡與不幸——例如穆索斯基在歌劇《霍凡興那》（一八八六）所狂烈描述的大規模集體自焚場景，那是我所無法了解的。兩根手指頭和三根手指頭之間的區別，或者說出「哈利路亞」三次而非兩次之間的差異，怎麼可能會讓人樂於謀殺和欣然赴死？答案毫無疑問在於：人們經過教導之後已開始相信，這些事情構成了「永恆救贖」與「地獄之火」之間的關鍵區別。它讓我聯想起自己在基輔洞窟修道院的地下墓穴，所遇到的那些穿梭奔波的狂熱婦女。從十七世紀開始，促使人們不惜為此信仰而死的那種激情，引發了對莫斯科大公國的極度不滿——因為莫斯科被看成「鼓勵叛教」。

阿瓦庫姆去世兩個月後，有一位新的沙皇登基，而「舊信仰者」不斷膨脹中的憤怒將成為他亟須解決的一連串嚴峻問題之一：一個隱然與國家對抗的半地下教會、獨裁沙皇與受壓迫百姓之間的巨大鴻溝，還有那個向西伯利亞以及向日益棘手的南方過度延伸的帝國。那位新沙皇必須做出許多改變，而且要快，如果他不想要危機一觸即發的話。

9 彼得打開一扇面向歐洲的窗戶

來自某個世代的讀者，應該還記得一首名叫《嘉年華結束了》的流行歌曲。逐夢者合唱團在英國以這首曲子登上一九六五年十一月的週銷排行榜第一名，剛好夾在滾石合唱團與披頭四中間。歌詞內容講的是心臟「像鼓一般地」跳動，並承諾將「愛你直到我死了為止」。那個令人難忘的旋律拷貝自一首俄羅斯民謠，原先的歌詞顯然並沒有那麼風花雪月。

《斯堅卡．拉辛》一曲娓娓道出一名頓河哥薩克人的暴力血腥故事——他曾經揚帆穿越裡海進行搶劫掠奪，並且綁架了一位波斯公主。當拉辛正打算娶她為妻時，他的戰友卻取笑他是個多情種子。結果「他用強壯的胳膊奮力一扔」來證明自己的男子氣概，把那個可憐的女人丟下船淹死。

這起謀殺案或許僅僅是個民間傳說，不過拉辛本身卻是一個真實的歷史人物。一六七〇年的時候，他領導了一場對抗沙皇和莫斯科大公國的叛亂行動。他從頓河的哥薩克心臟地帶起事，糾集了成千上萬名追隨者向北方挺進。其成員從遭受迫害的農民到遊牧部落和宗教反叛分子，是一個由各種不滿者組成的廣泛聯盟。拉辛自稱為真正的沙皇，並且承諾要結束剝削，讓每個人享有平等與自由。此次造反的力道讓莫斯科大吃一驚，只能眼睜睜看著拉辛的手下攻占一座座重要城鎮（包括薩拉托夫、薩馬拉，以及阿斯特拉罕）、下令處決貴族和政府官員，以及把食糧分發給平民百姓。拉辛承諾要擺脫沙皇壓迫和廢除階級特權，在民間激起熱烈迴響。到了那年秋天，他的軍隊已有約莫二十萬人馬，並全面展開軍事行動，直到克里姆林宮終於將他制服為止。

斯堅卡．拉辛的民主民粹主義，得到了受壓迫的下層階級和非俄羅斯少數族裔的共鳴，暴露出俄羅斯社會中醞釀已久的不滿情緒，以及統治者與被統治者之間日益擴大的嫌隙。當他在紅場被處以絞刑、除去內臟並遭到肢解的時候，圍觀群眾頑固地抗拒官方指示，沒有表現出歡欣鼓舞的模樣——時隔三個世紀之後，葉夫根尼．葉夫圖申科為了紀念此一事件，寫了《斯堅卡．拉辛的死刑》（一九六四）一詩：

「為何，百姓們，站著而不歡慶？
怎不把帽子扔上天——並且手舞足蹈！」
但紅場上一片凝重，
只有長戟微微晃動……
在死寂之中……
廣場群眾若有所悟，
廣場群眾摘下帽子，
此時敲起了三響
淒厲的
　　鐘聲。
髮際沾血而變重了的頭顱
還在滾動，

還活著。
它從鮮血淋漓的行刑台
朝向窮人圍觀之處
滾了過去……
頭顱用嘶啞的聲音說道：
「不枉此生」……
而且粗野狂放地
毫不掩飾自己的勝利，
斯堅卡的頭顱
對著沙皇
哈哈大笑！……[1]

拉辛被處決之後，過了十一個動盪的年頭又有一位新的沙皇加冕。彼得一世——彼得大帝——在一六八二年登基時還只有九歲。接下來的十五年是一場既冷酷又殘暴的權力鬥爭，彼得在這當中受到親戚們和攝政們毫不留情的操控。那些爭權奪利者在彼得周圍相互傾軋，讓他起先必須跟體弱

1 蕭斯塔科維奇在一九六〇年代給葉夫圖申科的詩句譜上了強有力的旋律，稱之為《斯捷潘．拉辛的死刑》。後者的詩作與前者的大合唱曲表面上都呼應蘇聯官方版本的拉辛，將他視為「反對沙皇專制的社會主義革命先驅」。不過正如同二人的許多作品，葉夫圖申科和蕭斯塔科維奇都知道，此一作品將會產生更深的共鳴：獨裁者們仍舊置身克里姆林宮——他們只不過是把沙皇的冠冕換成蘇維埃的紅星罷了。

多病的同父異母兄弟伊凡分享權力。當一些最親近的朋友當著他的面慘遭殺害時，彼得產生了熾熱的信念，認為俄羅斯必須改變。等到彼得在一六九六年完全執政之後，他繼承了一大堆正在撕裂國家的緊迫問題——拉辛叛亂所遺留的後果、教會內部的分裂和「舊信仰者」持續不斷的反抗、克里姆林宮與百姓之間日益加深的隔閡，以及農奴制度帶來的詛咒。

彼得大帝是一個巨人，在體能上（身高六呎七吋）和智力上皆如此。其源源不絕的精力與狂熱強烈的決心，使得他成為俄羅斯史上最具影響力的統治者——談到對社會和權力所產生的衝擊，只有列寧才有資格和他相提並論。彼得改革了治理俄羅斯的方式、創造出該國的第一套文官制度、建設起一個新的首都，並且促成俄羅斯曆法與世界的其他地區接軌。他創立一支現代化的陸軍和海軍，將俄羅斯從外敵入侵的真實威脅下拯救了出來。同時彼得讓一個面臨自我毀滅危機的國家轉變成歐洲強權，擁有一個龐大而穩定的帝國，力足以支撐她的國際野心。當英國、西班牙和葡萄牙在新世界開拓殖民地的時候，俄羅斯正努力迎頭趕上那些全球最大的帝國建立者。

按照傳統的講法，彼得大帝促成了俄羅斯的歐洲化；人們記得是這位偉大的現代化改革者「打開了一扇面向西方的窗戶」，並使得該國脫離了它老舊的亞洲傾向。其實那只說對了一部分。不過顯而易見的是，彼得的成長歲月與早年教育深深受到進步勢力——主要是受到歐洲文明——的影響。關於彼得西化性格的證言，來自派翠克．戈登的回憶錄。他是一名移居國外的蘇格蘭軍人，曾經將彼得從一場流產政變中拯救出來，於是被任命為沙皇軍隊的高級將領。戈登筆下的那個年輕人「非常重視學習，並且極力向他的國家引進這種做法。他每天都起得很早，從清晨一直工作到上午十點或十一點。」不過戈登也指出，彼得對工作的巨大胃口，是由對其他事物的巨大胃口加以平衡：

他喜歡有人作伴，為人非常幽默詼諧、特別愛開玩笑，秉性十分率直……他從來沒有貼身的衛兵……他一向不講究官樣文章，反而喜歡別人毫不保留地對他實話實說……他把白天剩餘的全部時間，以及晚上很大一部分的時間，都用於消遣娛樂。他對酒瓶情有所鍾，於是每一個跟他作伴的人也必須如此——因為當他自己喝得高興的時候，喜歡看見其他每個人都這麼做。

派翠克・戈登的女婿，亞歷山大・戈登，親身見證了彼得的狂飲作樂。他也是開導那位年輕君主的諸多西方人士之一，終其一生的多數時間繼續向彼得灌輸西方理念。亞歷山大讚譽彼得為「偉大而獨一無二的天才」，並表示彼得「終生都是一位照顧大不列顛利益的誠摯朋友」。他還得出結論：「凡是曾置身沙皇彼得的小圈子內、熟悉俄羅斯行政與軍事情況的人，目睹他在那兩方面進行了幾乎難以置信的改革之後，都無法不對他本人——或者對他幾乎是在一瞬間讓野蠻和不文明的百姓產生巨大改變這件事——感到肅然起敬。」

儘管有著各種天馬行空的想法，彼得從未脫離其性格中鄉土化的一面。聽起來一點也不奇怪的是，亞歷山大・戈登當初是透過俄羅斯人和蘇格蘭人對杯中物的共同愛好，進而與沙皇建立起友誼。

抵達俄羅斯不久之後，（亞歷山大）應邀參加一場婚禮，出席者包括了來自該國最上流家庭的多位年輕紳士。……當那些紳士酒酣耳熱之際，其中某幾位針對外國人——尤其是蘇格蘭人——發表了非常不禮貌的言論。戈登先生對自己的國家滿懷熱情……於是朝著他旁邊那位仁兄的太陽穴揮了一拳，將他擊倒在地。那人和另外五人立即撲向戈登先生，似乎打定主意要讓他成為他們民族偏見下的犧牲品。但戈登先生的雙拳如此強而有力，意志又無比堅決，以致讓他的對手們留下了好幾個星期的印記……他在這場極度不對等的打鬥中光榮獲勝。第二天有人向沙皇彼得呈遞申訴書，可想而知，將戈登先生描述得十分不堪。沙皇陛下馬上下令將戈登先生傳喚過來，（戈登承認）這個消息讓他嚇得發抖。沙皇板著臉孔問他怎麼會表現得如此暴戾，以及針對他做出的指控是否屬實。戈登先生對他自己的行為做出非常謙卑的陳述，並且顯然為了惹得沙皇不高興而深感愧疚。結果那整個事件的收場方式完全出乎其敵手們的預料之外。沙皇耐心十足地聽他講完之後，開口表示：「好吧，這位先生，指控你的那些人公平對待你的方式，竟然是讓你一個人打六個人；現在我也要給你公平待遇。」說完之後，……他拿了一張少校委任狀走回來，親手把它交給戈登先生。

彼得大帝終其一生都是個豪飲者和狂歡者。他的智慧與風趣，結合了對放蕩不羈的持續癖好。他和一群親信共同組成了「愚人與弄臣的滑稽醉酒宗教會議」——某種形式的「地獄之火俱樂部」[2]——有著奢華的宴會儀式、酗酒狂飲，以及對教會的野蠻嘲弄。他就像莎士比亞劇作《亨利四世》（一五九六—一五九九）當中的哈爾王子，能夠狂歡豪飲得跟別人一樣出色。然而他也宛如哈爾王子那般，毫不動搖地保持一本正經，接受了自己的命運。彼得必須在登基後的最初十四年與弱智的同父異母兄弟分享權力，接著於二十三歲時獨攬大權——從此正式使用的頭銜為「彼得一世、皇帝與全俄羅斯的獨裁者」。這顯然將是一個令人不可輕忽的統治者。

★ ★ ★

彼得大帝當年的私人廂房，如今由聖彼得堡的埃爾米塔什博物館加以重新呈現。當我被帶去參觀的時候，令我吃驚的第一件事就是那些房間都非常小。像他這般高大的人，應該會感覺身體承受嚴重的壓迫——於是有一些理論認為他染上某種「廣場恐懼症」，使得他試圖在狹窄的空間裡尋求庇護。彼得的確厭惡人群；緊張焦慮的情緒會導致他的頭部不自禁地抽搐，突發性的癲癇症狀有時更讓他崩潰。但彼得也熱愛大海，並盡量花時間待在船上，因此更可能的解釋是：他下令把那些房間建造得很小，讓它們類似船上的狹長艙房。彼得醉心於學習軍事，還把木工工藝和航海技術學習得如此透徹，以致他有辦法親手造船。在他的眾多私人廂房中，除了布滿地圖、地球儀和航海圖之外，另有一個設備齊全的手作坊，牆壁四周的架子上排列了一百六十二把鑿子。

彼得的私人客廳與臥室內的家具大部分來自英國，而他如何取得它們的故事，則體現出他後來在內政和外交上所特有的求知欲、決心和行動力。一六九七年的時候，或許是在派翠克·戈登和其他外國顧問的激勵下，時年二十四歲的彼得宣布他打算裝扮成商船海員，微服前往西歐旅行。那種偽裝方式恐怕有點缺乏說服力，畢竟他帶了許多皇室隨從一同出門。儘管如此，彼得還是有了第一手的機會，能夠實地學習先進國家如何管理他們的政府和軍隊。到了荷蘭後，他在一家造船廠工作了四個月。抵達英國後，他前往倫敦，宛如現代搖滾明星般地毀損了借宿的民宅。他還去了牛津和曼徹斯特。他顯然不怎麼喜歡曼徹斯特人，然而他從那邊學到許多關於城市建設的事物，可供他六年後興建聖彼得堡時善加利用。

2 編按：「地獄之火俱樂部」（Hellfire Club）泛指十八世紀數個由英國和愛爾蘭貴族所組成的秘密會社。第一個創辦人是華頓公爵（Philip, Duke of Wharton），意在嘲諷一本正經的宗教儀式，所以俱樂部的會長是惡魔，參與聚會的人得打扮成聖經人物，吃聖靈派，飲愛神奶，喝地獄之火潘趣酒。

彼得在格林尼治王室船塢附近住下來，受雇於船塢擔任普通木匠，渴望盡可能從英國造船人員那邊學習他們領先全球的技能。在那些人當中，約翰・佩里船長特別贏得彼得的好感。佩里提到，沙皇「與我們的英國造船人員交談。大家向沙皇展示自己的圖紙，說明將任何船舶或軍艦按照所需形狀等比例縮小的方法，以及依據此類圖紙來施工和造船的規則。沙皇陛下對這種做法極感興趣和十分歡喜，他也發現大家都這麼做，無論是商船船塢或王室船塢。」另一位格林尼治的造船人員則說，「莫斯科大公國的統治者親手工作，跟船塢內其他任何人一樣辛苦。」最後佩里船長以讚許的口吻得出結論如下：

> 他把大部分的時間花費在與戰爭和航海有關的事務上面，而且是在水邊。他經常手中拿著木匠的工具，在德特福德船塢做他之前在荷蘭做的工作。他會出現在鐵匠工坊和鑄砲工場。連談不上什麼技藝的鐘表製造乃至於棺材製造，他還是照樣前往參觀。

彼得返國之後便運用自己所獲得的知識，狂熱地展開建立俄羅斯海軍的方案。他帶著一群英國工程師跟他回到俄國，讓他們負責給他的船塢帶來革命性的改變。約翰・佩里是其中的一員，他發揮民族自豪感來協助執行沙皇的計畫：

> 現在他把他帶過來的那些英國人任命為造船監工，並且將原先的監工們全部免職，只保留了必須完成已開工船舶的那些人，以及留下來接受英國人指揮的人員。他並且明令宣布，將來所有的船隻都只能按照英國方式建造。

在佩里和他的工程師同僚們協助下，俄羅斯海軍從一小批過時船隻的集合體，改頭換面變成一支擁有三百艘最先進戰船的艦隊。這是一項非常了不起的成就，讓彼得在兩個長程戰略目標上獲得成功——與瑞典艱苦奮戰之後主宰了北方的波羅的海，以及首度在南方的黑海獲得一小塊立足點。俄羅斯終於取得突破，從內陸國轉變為一個有窗口通向世界的帝國。[3]

彼得旅居西方之後所得到的教訓是，俄羅斯若要成功的話，就必須做出改變。如果俄羅斯想繼續對外強大，則必須先解決那些在國內扯後腿的問題。引進歐洲專業技能的工作已在軍事方面進行得相當順利，於是彼得決定在民間社會也採用同樣的現代化措施。

★ ★ ★

當彼得大帝在一七〇三年創建新首都時（那座城市得名自使徒聖彼得，而非得名自他本人），他藉此做出一項偉大的宣示。他的蘇格蘭籍將領派翠克．戈登，以及大多數的俄羅斯貴族們，都被那裡的地理位置給嚇壞了——那是位於遙遠西北方的一大片荒涼沼澤濕地，涅瓦河就在此注入芬蘭灣。可是彼得的大膽選擇充滿了創新與冒險的象徵意味，那將不斷激勵未來的幾代人，其中包括最偉大的俄羅斯作家，亞歷山大．普希金。他完成於一百年後的史詩作品〈青銅騎士〉（一八三七），開頭是一篇優雅的情書，寫給聖彼得堡那座年輕的歐洲城市，那個「北國的瑰寶」，其光彩將凌駕於

3　彼得屬下的指揮官之一，丹麥人維圖斯．白令（Vitus Bering），曾奉派前往探察西伯利亞的東海岸，最後在對面的阿拉斯加登陸——那條五十英里寬的海峽現在是以他的姓氏來命名。由於毛皮仍然是一項重要的貿易商品，阿拉斯加海獺皮的高品質說服了莫斯科在那個新天地進行殖民統治。阿拉斯加一直留在俄國人手中，直到一八六七年才以七百萬美元的可笑金額賣給了美國。

既古老又偏向亞洲的莫斯科之上：

我愛你啊，彼得的創造物，
我愛你精緻優雅的容顏、
涅瓦河浩浩蕩蕩的激流、
它那花崗石砌成的兩岸……
一百年過去了，這座年輕的城市，
北國的瑰寶與奇蹟，
從陰暗的森林和沼澤中
輝煌而自豪地崛起。
面對著年輕許多的新首都，
古老的莫斯科已黯然失色，
宛如孀居的太后，
站在新登基的女皇之旁。

聖彼得堡人依然熱切相信他們的城市非常特殊，有別於其他所有的城市。我能夠理解為什麼會這樣。當我在一九七〇年代中期來此留學時，我發現此地的帝國規模近乎超現實：一條條漫無盡頭的林蔭大道與一座座甚至更加遼闊的廣場；一個個白色的夜晚驅逐了黑暗，讓全城的空靈之美散發出奇妙氛圍——我們可以看出為什麼彼得會如此著迷於它。此外我們可以明白，為什麼打開「面向歐洲的窗戶」已成為其統治時期的同義詞。蒙古人高壓宰制的年代改變了俄羅斯。從蒙古桎梏掙脫出來的莫斯科大公國已經變得封閉內斂。所有的外國人都被看成是潛在敵人；克里姆林宮將歐洲的理念排斥在外。

看樣子彼得正準備拋棄那一切。既古老又封閉的莫斯科——「孀居的太后」——即將讓位給新首都的開放性與現代性。莫斯科體現出亞洲專制的舊時代、「恐怖的伊凡」，以及「混亂時期」；聖彼得堡卻代表著未來。彼得談論的是一個「從黑暗來到光明的大躍進」。義大利和法國建築師被請來修建壯麗的石造宮殿，貴族家庭則奉命大舉遷居到新首都。

再清楚也不過的是，俄羅斯正打算成為一個在各方面都受到歐洲影響的國家——包括被治理的方式，以及百姓被對待的方式。所以現在即將結束獨裁與壓迫；現在縱使還沒有民主，至少也會有正義和法治。

果真如此嗎？

已有第一條線索顯示出，彼得的各項改革恐怕跟表面上看起來不盡相同，而這條線索恰好來自他著手建立新首都的方式。當那座城市光輝燦爛地崛起之際，它的地基——奴工將裝滿石塊的巨大木箱沉入沼澤泥潭所打下的地基——其實堆滿了死人。彼得知道他的勞動人力正在數以萬計——甚或數以十萬計地——遭到折損。他知道在險惡沼澤裡進行的懲罰性勞動，以及嚴寒天氣、飢餓與疾病正給人們帶來大規模的苦難。

然而他把國家的利益置於國民的利益之上。儘管他原來的目的是要引進一個新而「現代」的文明俄羅斯，但還有什麼畫面能夠比上述所說的，更清晰地呈現出昔日的專制主義仍然繼續存在呢？普希金那位民主派和自由派人士對此十分明白，以致到了〈青銅騎士〉的結尾部分，他原先對彼得的讚美已染上了恐怖意味：

是他，以他那決定命運的意志，
在海邊建造這座城市……
他在陰霾之中顯得多麼駭人！
他眉宇之間想些什麼！
他身上暗藏何其巨大的力量！
那匹駿馬蘊含多麼狂烈的火焰！
驕傲的駿馬，你將躍向何方？
將在何處落下你的前蹄？
啊，強大的命運主宰者！
不就是你拉著鐵的韁繩，
將俄羅斯引領至高處，
來到懸崖之上？

在好幾代俄國人都能夠倒背如流的苦澀詩句中，普希金所「談論」——實為「責怪」——的對象，是一尊具有標誌意義的彼得大帝銅像。化身青銅騎士的沙皇矗立於市中心的樞密院廣場上，從一塊巨大的花崗岩陡然上揚。馬的前蹄威脅性十足地從下方行人的頭頂上騰空而起；彼得將手伸了出去，彷彿正準備往前奔馳，向上躍入空中。青銅騎士已然成為聖彼得堡本身、那座城市的創建者，以及他所代表的一切事物之象徵。

普希金顯然對彼得大帝，以及對一般的獨裁者，有著模棱兩可的看法。他那首詩的主角人物葉夫根尼，代表普通人、小老百姓。他面對彼得的好大喜功所帶來的衝擊，陷入了瘋狂的憤怒與絕望，於是大膽地擺出一副反叛的姿態，向騎在馬背上的沙皇揮舞拳頭。

繞著偶像的底座，
那個失去理智的可憐人走了一圈，
將他狂野的目光
投向半個世界的統治者。
他心中燃燒起烈火，
血在沸騰。他在高傲的偶像面前
心情變得陰鬱凝重，
他咬牙切齒、握緊手指……
他氣得發抖，低聲喃喃說道：
「好啊，你這奇蹟的建造者，
等著瞧吧！……」
突然他嚇得魂不附體，
拔足狂奔起來。他似乎覺得，
那位令人畏懼的沙皇

倏忽之間怒氣沖天，

正默不作聲地轉臉對著他……

葉夫根尼在既強烈又絕望的瘋狂下，聽見沙皇的青銅塑像穿越聖彼得堡街頭對他進行追逐。鵝卵石鋪成的廣場和街道上，響起了如雷般可怕的馬蹄聲。彼得大帝在普希金筆下那種報復心強、殘忍鎮壓人民願望的暴君形象，既令人讚嘆又令人不寒而慄。但由於詩人對彼得一切成就的由衷敬佩——諸如聖彼得堡無與倫比的美麗，以及將俄羅斯轉化成一個以西方世界為導向的現代強權——那種形象最後還是被扭轉過來。彼得確實頗具暴君風格。然而正是此一殘酷無情的作風，使得他有辦法面對強烈的抗拒，在那個不習慣改變並且對改變持猜疑態度的社會中，強行推動他那改變劇烈但迫切需要的現代化方案。

我在埃爾米塔什博物館的服裝部門，找到彼得最重要改變之一的具體例證。九月一個涼颼颼的星期一，策展主任帶領我參觀館藏的十八世紀服裝。在一大排裝飾華麗、刻意標新立異的制服當中，某些配備肩章，某些飾以穗帶。它們都是以不同顏色的絲綢和錦緞縫製而成，並分別對應一個特定的官階——不只是軍中階級，也包括了彼得創建的龐大文官體系。那裡陳列著專供國務大臣、評議委員、市鎮長官、行政人員、侍從官、書記官、合議委員……所穿的制服。除此之外，每一個職等還分別享有自己的權利與特權，各自被分配特定的頭銜與稱呼方式（「閣下」、「大人」、「尊貴的大人」等等），而且必須嚴格遵守。經過計算之後，總共有二百六十二種職等。從組織設計和法制化的角度來看，是非常浩大的工程。

但那並非「為組織而組織」。彼得之所以引進新的公職人員體系，乃基於一個非常現實的理由，關鍵就是國家對秩序與負責的迫切需求。俄羅斯在過去許多個世紀的運作方式，就是一個反覆無常的獨裁政體——沙皇在頂端，百姓在底層，中間沒有公務機構來調節二者的權力關係。腐敗以及往往沒有受過教育的官吏透過關係和賄賂得到任命之後，便在司法、稅收與日常生活上握有不受約束的權力。他們從百姓那裡搜刮了錢財便抽取自己一份的濫權行為激起了怨恨與紛爭。這種害人不淺的「供奉制度」（kormlenie）——字面上的意思是「餵養」[4]——容許歷代沙皇授予自己的親友和寵臣無限權力來掌管一個地理區域或經濟部門。被任命者不支領薪俸，但是有權中飽私囊，可利用其業務中所產生的現金流來自肥。這種剝削百姓的特許權不受任何約制。[5]

彼得大帝是第一位認識到這個問題的沙皇。在某種意義上他是被迫如此。俄羅斯的統治體系早已失去百姓的信任。被統治者強烈的不贊同態度，已經釀成了斯坚卡·拉辛那般的民間叛亂，以及「舊信仰者」的造反。彼得的對策是把整個體系從頭到腳重新建立起來。他著手為他眼中的「正常國家」創造出所需的機制——在那個國家裡面，凡事都必須按照規矩來做、君主的意志應該由受人尊敬的機構來居間傳達，「包稅制度」則由公平徵稅加以替換。他的首要目標是爭取百姓為國家的利益效勞、藉由讓百姓在社會中分一杯羹（而非靠著脅迫）來贏得他們的支持，並且用愛國精神和公民意識來取代怨恨心理。彼得廢除了古老的庇蔭制度、職位世襲以及貴族特權，重新創建了一套

4 譯注：供奉制度（кормление）的俄語發音聽起來像是「揩而募，斂你也」。

5 就某種程度而言，「kormlenie」依然留存在俄羅斯的土地上。如今克里姆林宮的主人是以大型國有產業——從瓦斯、石油到運輸業——的總裁頭銜，來酬庸自己的親信。那些人本身並不擁有產業，但可控制其收益，關於他們在瑞士銀行的存款暴增這樣的傳聞甚囂塵上。擋在主人路上的傢伙很快便會被收拾掉。例如石油大亨米哈伊爾·霍多爾科夫斯基（Mikhail Khodorkovsky）竟敢挑戰克里姆林宮，結果他的公司遭到沒收，他自己則被關進西伯利亞的監獄。

基於功勳的行政管理架構。

埃爾米塔什博物館內的那些制服、職等和頭銜，具體呈現了彼得著名的「官階表」——十四個嚴格定義出來的官職等級，完全依據公務員的個人成績來決定是否晉升。從今開始，拉幫結夥和裙帶關係的時代將成為過去。貴族必須教育自己、通過考試，並且在新的公務體系內服務。如果想要出人頭地，就只能憑自己的表現和操守。

彼得眼中的「正常國家」意味著消除濫權與貪腐。新的規範將會取代各地小山頭的恣意妄為。他想要強化國家，並確保它受到適當的管理。6

值得注意的是，平民百姓也獲准進入精英領導體系。儘管他們必須從十四個等級的「官階表」最低層開始起步，但這卻是普通人首度有機會獲得晉升、從而提高自己的社會地位。在彼得的統治下，表彰與獎勵主要是取決於勤奮工作和對沙皇的服務，而比較不看門第出身。

然而在此必須強調，那還稱不上是「民主」。一般人依舊完全無法影響國家政策或國家官員的遴選。凡事照樣由沙皇來做定奪。不過彼得已經決定，最符合大眾利益的做法，就是按照被所有人視為公平的方式來實施國家政策。這種做法無論如何都絕對符合他自己的利益，因為昔日的貪腐濫權作風已經讓國家處於危機邊緣。

因此不妨這麼表示：彼得改變事情是為了讓事情能夠保持不變。他的目的在於強化和確保獨裁的沙皇體制。但為了要做到這一點，他知道必須針對體制中的某些項目進行改革，不讓它們破壞自己的威權和損及其長遠的前景。這種奇妙的自相矛盾，將重新出現於亞歷山大二世、尼古拉二世，以及戈巴契夫等人所推動的改革工作。

毫不意外的是，彼得面臨了來自舊體制受益者的激烈反抗。最大的爭論焦點之一就是他的西化方案。當他命令貴族階層穿起西方服飾、學習法國語言和剪掉鬍子的時候，許多人堅不從命。於是他還以顏色祭出「鬍鬚稅」，對付任何不肯剪短頭髮、把鬍子刮乾淨來當歐洲人的傢伙。凡是緊緊抓住老式服裝不放的人，就會被迫改變穿著。法國作家尚・魯塞・德・密西針對隨之而來的意志之爭，留下了挖苦揶揄的描述。

俄羅斯人在那之前總是留著長長的鬍鬚，對它十分珍惜和關愛有加，讓它垂掛在胸前，甚至還不修剪他們的八字鬍。……沙皇下令，除了教士和農夫之外，凡是想要留鬍子的紳士、商人和其他臣民都必須每年繳納一百盧布的稅金；小老百姓則每人支付一個戈比。官員守候在各地的城門收取稅款。俄羅斯人把（反鬍子運動）看成是沙皇犯下的可怕罪孽，因為這無異於褻瀆他們的宗教。……

就衣著的改革而言，俄羅斯人的服裝和東方人的一樣，長長地拖到地面。沙皇頒布法令禁止那樣打扮，並且命令全體貴族按照法國時尚來穿戴。……每一座城門懸掛了一套按照新款式裁剪出來的衣服，並有一道詔令規定，除了農民之外的每個人都必須如此穿著。不從者將被迫跪下，由城市警衛把膝蓋以下的衣襬完全剪掉。……婦女的裝扮也有所更改。英式髮型取代了軟帽和無邊女帽；緊身上衣和裙子替換了從前的連身衣。陛下在所有這些改變上面樹立了榜樣。

如果對鬍子和長衫的攻擊象徵著心態上的改變，那麼還有更多實質上的變化。彼得實施義務教

6 他的政策可套用普京——另一個專制的聖彼得堡人——的講法，而被稱作「國家主義的」（statist）政策，亦即將國家至高無上的地位列為決策的核心。

育，要求貴族、公務人員和官吏的子弟學習數學與幾何。他並按照自己從前的做法，派遣年輕貴族到國外了解西方。他在歐洲主要國家的首都開設外交辦事處，並邀請外國專家前往俄羅斯工作。對那些外來者的嫉妒往往激化成暴力事件，但沙皇不為所動。他已經打開窗戶，讓來自歐洲的光明流瀉而進。

彼得所採取的最大膽措施，或許就是削弱教會的權力。他廢除了「大牧首」一職，並且將俄羅斯東正教的管理權交付給一個部分受他親自掌控的神職人員理事會。[7]世俗化的教育優先於宗教教育，年齡在五十歲以下的男性禁止成為僧侶，他並且巧妙地針對教會財務進行改革，使之受制於國家。

彼得本人則獨享威權，自稱皇帝——「俄國人的皇帝」（Imperator Russorum）。此事反映出他決心要讓俄羅斯成為一個公認的強權和一個偉大的帝國，而且這個願望直到今天依然產生回響。他成功地將俄羅斯建設為一個歐亞帝國和歐洲強權，然而那是以東正教會和俄羅斯的民族性作為代價。

每逢改革遭遇反抗時，彼得都快速而殘忍地加以壓制。當他的精銳衛隊——「射擊軍」——發動叛亂，他酷刑處決了其中一千人並親自參與殺戮，還讓人把他們的屍體掛在街角。他曾下令拷打自己的兒子並將他判處死刑，還把自己的妻子、姊姊和情婦關進修道院。

對彼得的西化措施，以及對其蔑視教會的憤懣，在一七〇八年臻於頂點。另一場農民暴亂不祥地呼應了斯堅卡·拉辛的冒險犯難，強烈顯示出百姓仍舊固守比較古老保守的「俄羅斯屬性」觀點——立基於如今已被彼得離棄的正統基督教義和君權的神聖本質。那場暴亂的領袖是一個名叫孔德拉季·布拉溫的哥薩克領袖。他公開宣稱沙皇是「反基督者」，並呼籲農民挺身起來反抗。彼得屠殺了那些叛亂分子。結果他非但沒有針對農民的正當性關注採取因應措施，反而讓他們的生活條件變得更加艱困，他把農民牢牢束縛在土地上，使他們形同主人的財產。農奴制將在此後的一個半世紀，成為俄國擺脫不掉的沉重包袱。

彼得到底是暴君還是改革者呢？就許多方面來說，他二者都是。他引進了西方的行為標準，然而當他那麼做的時候，卻採用了非常不西方的手段。他稱頌歐洲的價值觀，卻緊抓著亞洲的統治形式不放。他抗拒有關議會參與的構想（例如英國在一六八八年「光榮革命」和《權利法案》之後所發展的方向），而且他所追求的是效率，並非民主。他知道改變至關重要，因為社會中充滿了緊張局面（歷次農民暴動便是整個體制過度緊繃而發作出來的症狀）；可是他想要控制改變的進程，而且他當然不希望任何改變會削弱他所獨攬的專制大權。

彼得的統治時期確實也出現過一些最強有力的言論，來為專制獨裁的政府體制做出辯解。譬如彼得的改革派大主教費歐凡．普羅科波維奇在一七二一年撰寫《精神規章》時，便毫不含糊地強調人類生而既自私又愛爭論。其結果是：必須要有獨裁的鐵腕來抑制人們天生喜好衝突和混亂的傾向。費歐凡主張，這種講法特別適用於俄羅斯，因為「俄羅斯百姓的本質使得國家只能藉由獨裁統治來獲得保障。如果採用另外一種施政原則的話，將完全不可能維護國家的統一和福祉。」另一位替彼得幫腔的思想家，瓦西里．塔季謝夫，抱持相同的看法。他進一步推演了我們首先在基輔羅斯時代聽到過的講法——俄羅斯的邊界既漫長又洞開；俄羅斯受到外敵的嚴重威脅；俄羅斯因此需要獨裁統治所產生的凝聚力，避免內部分崩離析導致國家的自衛能力遭到削弱。這些辯解將在隨後的世世代代，成為袒護獨裁政體的意識形態論調。

7 理事會由一名世俗人士擔任主席，其任命由彼得親自決定。

10 凱薩琳和啟蒙運動眉來眼去

彼得大帝駕崩於一七二五年二月八日。他承受了幾個星期的極度痛苦之後，醫生對他阻塞的尿路進行手術，釋放出四品脫受感染的尿液。已經擴散到膀胱的壞疽很快就導致這位沙皇喪命。他得年五十二歲，在位的時間超過四十年；他讓俄羅斯從一個苦苦掙扎的內陸國家，改頭換面成為一個地位重要、仍在持續擴大的帝國。可是像彼得這般講求效率的人，卻讓國家陷入一團混亂。他曾在詔書中要求君主必須指定接班人，自己卻顯然沒有這麼做。

其結果是在接下來的三十多年內，彼得大帝的歷代繼任者不斷受困於權力鬥爭和宮廷政變。當他的姪女安娜在一七三〇年登上寶座時，有一批人數不多但具有影響力的貴族要求她簽署一系列的「條件」，希望迫使她在徵收稅賦、制定國家開支、展開軍事行動，以及任命高級官員之前，必須先徵求一個貴族委員會的同意。那個構想與部分西歐國家的發展不謀而合（也包括英國在內，《權利法案》已對君權設下了限制）。假若安娜同意接受「條件」，說不定能夠讓俄國走上君主立憲之路，最後或許還採用西方式的議會民主制。

可是安娜拒絕了。她在禁衛軍的撐腰下，堅持要保留舊有不受約束的獨裁政體。她並在任內花許多時間放逐、羞辱和處決那些反對她的人。

過了十年，在一七四一年的時候，輪到彼得唯一在世的女兒伊莉莎白出面奪權，這一回同樣也得到軍方的助力。事情是這樣的：她來到普列奧布拉仁斯基近衛團在聖彼得堡的團部，身上穿著金屬胸甲、手中揮舞一根銀十字架，要求知道軍方到底打算支持誰。據悉她曾經問道：「聽著，小夥子們！你們知道我是誰的女兒。你們曾經效忠過我的父親，偉大的彼得，所以現在你們也必須為我效勞……必須在你們名正言順的君主和偷走我與生俱來權利的那些無賴之間做出選擇！」近衛團的指揮官們為伊莉莎白的勇敢作風所打動，於是同意跟著她開拔前往冬宮。他們在那裡逮捕了有名無實的嬰兒沙皇伊凡六世，以及那些打著他的名號來進行統治的人，然後將她迎上寶座取而代之。

伊莉莎白固然是透過不法手段取得大權，但她的執政風格截然不同於粗暴跋扈的安娜。她藉由妥協與和解來待人處事。她答應不會於君臨天下之後處決任何人，她也遵守了諾言。在伊凡・舒瓦洛夫與彼得・舒瓦洛夫等顧問的鼓勵下，伊莉莎白重新開啟了制定「永久基本法律」的可能性——這將會限縮君權，使得她至少得部分向貴族階層負責。一個委員會被設置來處理各種提議，其中包括對財產權的保障、承諾貴族只能由其同儕組成的陪審團來審判，以及有關與貴族協商國政大計的規定。不過到了最後，伊莉莎白同樣無意分享權力。還要等到另外一位相當不同凡響的女性上台之後，自由改革的理念才終於得到認真考慮。

★ ★ ★

那位將以「凱薩琳大帝」之名走入歷史的女性，本來是德國一個小邦的公主，原名索菲亞・奧古斯塔・馮・安哈特—策爾布斯特，一七二九年五月二日出生於波羅的海港口斯德丁[1]。在普魯士國王腓特烈二世的推動下，年輕的索菲亞於一七四三年被她的母親帶往聖彼得堡。那時她還只有十四歲，從未有過離鄉背井的人生經驗。但是腓特烈知道，沒有子嗣的俄羅斯女皇伊莉莎白正在為其外甥與繼承人——日後的彼得三世——物色一房媳婦，他希望索菲亞能夠獲得青睞。他的目標無疑是要安排一段姻緣，藉此改善普魯士的地位以及對俄羅斯宮廷的影響力。

結果索菲亞和伊莉莎白立刻對彼此產生好感。信仰路德教派的年輕公主在一七四四年改信俄羅斯東正教，並將名字變更為「葉卡捷琳娜」（或「凱薩琳」）。她每天花時間學習俄語，很快就學會了，即便她永遠無法擺脫自己的德國口音。過了很久以後，凱薩琳在回憶錄中承認，她願意「做出任何必要的事情……以及信奉任何被要求的東西，以便取得俄羅斯的皇冠。」

婚約很快便商訂，接著在一七四五年八月舉行婚禮。凱薩琳才剛滿十六歲，婚後的生活對她來說根本是一場折磨。彼得的外觀令人嫌惡，心智既不成熟又很偏執，或許還性無能。（在一部令人難忘的一九三〇年代好萊塢史詩片中，小范朋克將彼得演繹成一名焦慮不安、具有殺人傾向的哈姆雷特，擺盪於「狂躁的能量爆發」和「最黑暗的陰鬱狀態」之間。這種呈現方式似乎非常接近真實。）[2]

當彼得把時間花在戲弄朝臣、將葡萄酒潑灑在來訪顯要的頭上，以及肆虐鞭打自己養的狗時，凱薩琳在日記中列出她所經歷的折磨：「我知道得很清楚，大公爵並不愛我。婚禮過後才十五天他就告訴我，他愛的是女皇的侍女卡爾小姐。……我意識到，我跟這個人在一起生活會很不幸福；即使我向他展現柔情蜜意，也得不到任何回報。我的結論是，嫉妒而死不會給任何人帶來好處……」

1 譯注：斯德丁位於奧德河口西岸，原屬普魯士，二戰結束後被史達林割讓給波蘭，更名為「什切青」（Szczecin）。凱薩琳大帝的父親，安哈特—策爾布斯特侯爵（Fürst von Anhalt-Zerbst），曾經在普魯士擔任陸軍元帥和斯德丁總督。

2 譯注：作者所指的電影是《凱瑟琳大帝的崛起》（*The Rise of Catherine the Great*, 1934）。

就一個十六歲的人而言，能夠有這樣的邏輯實在不簡單。既然遭到她那痴呆丈夫的摒棄和羞辱，凱薩琳乾脆自行過著沒有他的生活。為了反制他的殘酷與輕蔑，美麗、感性且聰慧的凱薩琳會紅杏出牆，也就無足為奇。關於她的婚外情故事俯拾皆是。薩爾蒂科夫、波尼亞托夫斯基、奧爾洛夫、瓦西里奇科夫、扎瓦多夫斯基、卓里奇、蘭斯科伊、葉爾莫洛夫，以及祖波夫等等尊貴的伯爵們，都名列受她寵幸的諸多人士之林。儘管如此，坊間流傳她總共有三百名情夫的講法，則從未得到證實。她曾在回憶錄中暗示，她與彼得婚後從未圓房。不過凱薩琳還是生過三個孩子，而且其中一人注定將成為沙皇。

遺憾的是，凱薩琳大帝因為對性愛的興趣而廣為世人所記憶。她當然曾經毫不害臊地從朝廷寵臣當中挑選年輕力強的情人，然而一些比較稀奇古怪的故事——例如有關狂野公馬和皮製馬具的那則傳說——則幾乎肯定是出自政敵的揑造。像普魯士國王腓特烈二世，那個不可救藥的女性貶抑者，便以故意散播流言蜚語以貶低凱薩琳的政治智慧為樂（「在女人主政下，陰道的影響力總是大於受到理性之光引導的明智政策」，是他諸多比較適合公開印出來的駭人講法之一）。

腓特烈的出言不遜是在回應凱薩琳勇敢而明智的決定——她贊成俄羅斯與英國和奧地利建立更緊密關係，但此做法卻不利於她的普魯士老家。當初腓特烈協助安排凱薩琳接近權力的時候，理所當然地認為她會做出報答而成為忠實的盟友。她在一七六二年一月原本有機會這麼做，那時伊莉莎白女皇駕崩，凱薩琳的丈夫剛登基成為俄國沙皇彼得三世。彼得三世一直是普魯士利益的堅決支持者，他登上皇位後首先做出的動作之一就是退出「七年戰爭」，並且與腓特烈簽訂和約，幾乎完全放棄俄國在戰爭中的收獲。此舉引發俄羅斯貴族的怒氣，這讓向來講求實用主義的凱薩琳逮到了機會。她與情人格里戈里・奧爾洛夫策動一場宮廷政變，在一七六二年七月廢黜彼得。彼得三世僅僅統治了六個月的時間；他下台一個星期之後，便遭到效忠於凱薩琳的警衛部隊殺害。

她從那一刻開始獨自進行統治，所使用的頭銜為：全俄羅斯的女皇凱薩琳二世。凱薩琳像伊莉莎白一樣，是靠著軍隊才獲得皇位，但這並沒有給她的統治蒙上多少陰影。她以專一致志的精神來治國，在內政上處事圓融且技巧十足，在國際間則挑選盟友來滿足其國家需求。俄羅斯的崛起是靠彼得大帝打下基礎，但讓它真正成為歐洲強權是靠凱薩琳。英國在一七六五年派駐凱薩琳宮廷的大使——喬治．馬戛爾尼——是最早看出其成就的人士之一。

我一輩子所見過的人物當中，沒有任何人的儀態、舉止和行為能夠與我對她產生的強烈印象相提並論……俄羅斯不應該再被當作一顆若隱若現的遙遠星辰。要把它看成是一顆已經闖入我們星系的巨大行星，而它的運轉方式必然會強有力地影響到其餘每一個天體。

鄂圖曼帝國正在衰頹，而馬戛爾尼一點也不懷疑的是，另外一個半歐半亞的強權——俄羅斯帝國——即將取而代之。對於像馬戛爾尼這樣的西方觀察家來說，俄羅斯顯得既遼闊又具有威脅性。但俄羅斯的觀點卻稍有不同：每當她耀武揚威的時候，總是伴隨著自從蒙古時代以來，由於容易受傷害而根深柢固的不安全感。

凱薩琳展開了快速向南方擴張的行動，目的在於提供緩衝地帶來阻擋邊境的敵對勢力，但結果卻埋下種子，使得種族緊張關係一直持續到我們這個時代。在西方，她運用俄羅斯的軍事實力以及自己建立聯盟的天賦來瓜分波蘭，與普魯士和奧地利無情地聯手併吞波蘭土地，以令人心寒的方式預示了一九三九年納粹跟蘇聯締結的協定。時至凱薩琳統治的尾聲，波蘭的政治實體地位已不復存在，僅僅留存於百姓的內心，以及他們希望故國重生的熾熱決心之中。[3]

凱薩琳大帝藉由談判和欺凌，使俄羅斯成為歐洲大陸最令人畏懼的超級大國。但在國內，她的統治不大站得住腳。身為一個沒有皇位繼承權的外來者、一個普魯士人，以及改宗的路德教派信徒，她很容易就遭到俄羅斯百姓蔑視。多虧她的機智老練和旺盛精力，為她贏得了許多人的尊敬。當饑荒在若干俄羅斯省分引發暴亂之後，她拒絕地方總督的請求，不同意武力鎮壓。她反而從政府的庫存撥出緊急糧食供應，指示優先交付給最迫切需要的百姓。面臨彼得大帝恐怕會動用酷刑和死刑的情況時，凱薩琳卻願意進行談判和做出妥協。她在執政初期被看成是一位進步的改革者，於很大程度上契合了歐洲啟蒙運動的民主趨勢。

★ ★ ★

走進聖彼得堡涅瓦大街上的俄羅斯國立圖書館，漫步於書庫和典藏室之間，就彷彿重新回到了往日時光。自從一七九五年凱薩琳大帝在此修建皇家圖書館以來，其優雅的新古典主義室內風格一直沒有多少改變。館藏三千五百萬件物品的目錄，依然寫在硬紙卡片上並收藏在木製抽屜內。有時需要好幾天工夫，才有辦法從位於市區街道底下的數英里通道中把書取出來。我熟悉這座圖書館的運作已有很長一段時間，可是最近我發現了一組新的房間——那裡散發著新鮮的油漆味，而且明顯比其他房間亮麗許多。一位自豪的部門主任告訴我，他們剛剛在法國政府的贊助下，對那些房間進行了整修。那是重建起來的伏爾泰私人圖書館，現藏伏爾泰去世的時候所擁有的七千本書籍、手稿、筆記與草稿。

伏爾泰遺物流落到俄國的經過，是一個非常有趣的故事。凱薩琳把俄羅斯的皇位坐穩之後，似乎決心要把自己年輕時代從法蘭西、德意志和不列顛自由主義哲學著作中汲取的啟蒙運動原則付諸實現。她在一七六四年下令成立「埃爾米塔什博物館」，來保管她收藏的西方繪畫與書籍。她會花上幾天時間在那裡閱讀和仔細抄寫鼓吹理性、民主與自由的法國啟蒙哲學論述。她會整段整段地背誦孟德斯鳩的《法意》（一七五二）——憲政主義、三權分立、公民自由與法治精神的標誌性宣言。當法國當局阻撓狄德羅出版革命性的百科全書（一七五一－七二）時，她邀請狄德羅前往聖彼得堡完成工作。我們可能會覺得，在這樣獨裁統治已經根基穩固的國家，其統治者想必會把那些人看成是怪異危險的夥伴吧！

可是凱薩琳自成一格。她歡迎外國投資、放寬審查制度，並且促進教育普及。加冕一年之後，她從一七六三年開始與伏爾泰——當時最知名的作家和政治自由主義的首要倡導者——長年進行了坦誠的書信往來。凱薩琳在寄給伏爾泰的第一封信中寫道：「由於一次偶然的機會，我讀了您的著作，從此以後，我就愛不釋手。我再也無意與寫得不如您的大作那麼出色、無法讓人同樣從中獲益的書籍有任何瓜葛。」

伏爾泰無法抗拒奉承，在回函中使用了同樣熱情洋溢的措詞。他們的通信持續了十多年，其間伏爾泰認為凱薩琳領導下的俄羅斯是全世界的最佳希望，可供實現他所鼓吹的啟蒙理念。凱薩琳則委託伏爾泰撰寫一部官方版的彼得大帝史，以此作為信號，表示她準備承襲和擴大其前輩的歐化政策。伏爾泰的回應有如他是凱薩琳的全球公關主任。他滔滔不絕地寫道：「您比北極光更加偉大，

3 即使到了今天，波蘭國歌的歌詞仍舊提醒人們俄德壓迫的夢魘——「波蘭沒有滅亡，只要我們一息尚存！」我還記得當波蘭長年受到蘇聯主宰時，那首歌曲在波蘭反對派的示威活動中聽起來有多麼淒厲。

您是北方最明亮的星辰；從來沒有任何傑出人物能夠帶來這麼大的助益⋯⋯。狄德羅和我是世俗的傳教士，宣揚對聖凱薩琳的崇拜，而且我們可以很自豪地表示，我們的教堂幾乎無所不在。」

凱薩琳被看成是——而且她也自視為——文化、哲學與社會變革的贊助者，是一位「御座上的哲學家」。那是一位勇敢女性擺出的勇敢姿態，注定要引起爭議。

但凱薩琳之所以急著在伏爾泰死後買下他的遺物，理由已不再是因為相互仰慕了。二人早已因為女皇的政治觀點出現了天翻地覆的變化而爭論得不可開交。凱薩琳收購伏爾泰藏書的真正用意，在於擔心自己當初寫給伏爾泰的那些信函會被公諸於世，導致她因為信中所表達的自由主義情操而廣受嘲笑。

那麼這位傳說中的自由主義改革者，這位信誓旦旦要讓俄羅斯啟蒙的人物，怎麼會搖身成為死硬的保守主義者，把她自己從前的理念看成是洪水猛獸呢？

她曾經勇敢地走出了最初的幾步。在一七六七年的時候，年輕的凱薩琳已迫不及待想把抽象的啟蒙運動原則體現於法律實務。她召集了一個由貴族、商人、哥薩克和農民（非農奴）代表所組成的全俄羅斯「法典起草委員會」。凱薩琳向委員會頒布《訓令》，要求草擬一部新的法典，以便終結俄羅斯百姓所承受的壓迫和不公平待遇：

> 社會上所有正直的成員都希望⋯⋯看見每一位公民受到法律保護——法律不應該對他們造成威脅，而是要讓他們免於承受任何侵犯行為⋯⋯。防止有錢人壓迫那些不像他們一樣富裕的人。⋯⋯自由只存在於人們能夠做出自己想做的事情，而非被迫去做自己不想做的事情。

凱薩琳的《訓令》宣布每一個人在法律面前平等。它否定了死刑和酷刑，其中有許多部分是逐字拷貝自孟德斯鳩。這裡似乎終於有人嘗試建立一個法治國家，而凱薩琳稱之為「公民社會」。此舉充滿了遠大的理想和抱負，但其他歐洲國家的君主卻覺得非常令人不安。法國將《訓令》視為具有革命的危險性，立刻禁止出版。狄德羅卻興高采烈地用一個句子做出評論，給即將在美洲和法國本身出現的革命運動定下了基調。他宣告說：「除國家外沒有真正的主權者；除人民外沒有真正的立法者。」

許多人覺得，俄羅斯正準備大膽地走上別國不敢走的蹊徑。它曾經是歐洲列強當中最落後的一個，如今看似正在引領歐洲走向開明的未來。然而俄羅斯所走的改革之路，總是充滿了障礙物和絆腳石。凱薩琳沿路前進了一陣子之後，很快就匆匆回到老路上去。

★ ★ ★

聖彼得堡有個龐然大物「塔夫利達宮」，是市內被遺忘殆盡的諸多帝國遺產之一。如果我們問俄羅斯人知不知道塔夫利達宮（該詞源自「Taurida」，[4] 即古希臘人對今日克里米亞地區的稱呼），他們或許會提及它在一九一七年兩次革命中所扮演的角色。那座宮殿如今沉悶得宛如一潭死水，是獨立國協各成員國「跨議會大會」的總部，一個沒有什麼真正權力和政治影響力的清談俱樂部。但

4 譯注：俄文往往把西方語言中的「au」拼寫成「av」，以致同一俄文用語以拉丁字母拼出時，容易出現兩種可能。例如這座宮殿就有塔夫利達宮（Tavrida Palace）和陶立德宮（Tauride Palace）兩種音譯方式。依據同樣原則，下一章出現的沙皇帕維爾一世（Pavel I）通常被音譯成保羅一世（Paul I）。

宮殿本身是個奇觀，一棟兩翼對稱、飾以列柱和圓頂的壯麗建築物，有著一個比例大得令人吃驚的中央入口。其主要走廊通往一個金碧輝煌的跳舞大廳，以及昔日的冬季花園——現在已被改建成議事廳，但當初可是那個年代的奇景之一。詩人加夫里爾・傑爾扎溫曾描述塔夫利達宮在一七九一年四月的揭幕慶祝活動。當天有三千名俄羅斯貴族精英中的精英前來觀賞煙火、雜技表演、管弦樂隊，以及整棟建築內令人眼花繚亂的燈光照明：

> 起先你懷疑自己的眼睛，以為那是某位魔術師的傑作。生命的事物隨處可見——樹木和盛開的花草，以及無所不在的藝術作品。四下春意盎然，偉大的人類藝術成就與迷人的大自然相互爭豔。……圓頂大廳內矗立著一尊立法者凱薩琳的雕像……

宮內的歷史學家卓雅，向我展示凱薩琳本人在慶祝活動中所坐的地方——跳舞大廳西側末端一個隆起的壯麗平台。皇室高台上放置了兩個而非一個寶座，當晚坐在女皇身旁的人，就是凱薩琳特地為他興建塔夫利達宮的那位先生。自從他們十五年前邂逅的那一刻開始，格里戈里・波坦金[5]就是她一輩子的最愛：

> 我親愛的朋友，我愛你！你是那麼英俊、那麼聰明、那麼風趣；當我和你在一起的時候，我忘記了世界上的一切。……我是如此地愛你！……趕快來到我的臥室，向我證明你對我的愛！

凱薩琳大帝從她的寵臣當中挑選過許多情人，可是當她在一七七四年二月首度邀請波坦金親王到她床上的時候，她感覺出來這個人與眾不同。他曾在一封封充滿激情的信件中，聲稱至死不渝地愛著她，而她的回函則充滿了瘋狂的慾望：

啊，波坦金先生，你到底施了什麼法術，攪得這顆心搖搖不能自持？而這顆心以前算得上是歐洲最優秀的當中一個？……多麼可恥！葉卡捷琳娜二世居然墜入情網不能自拔！……你在我身上發揮的力量是如此強大。……夠了！我已經胡亂寫得夠多了——瘋瘋癲癲的信函趕快去我的英雄所住的那個地方。……我的大塊頭、我的金公雞、我的老虎！……過來看我，這樣我可以用我無休止的愛撫來馴服你。……縱使只有一個小時沒有愛，我的心也無法得到滿足。

他們之間的關係開始於凱薩琳四十多歲的時候，此際她已經在位十餘年，是俄國有史以來權力最大的統治者之一。她不只是尋找外遇而已。她想要在私人生活中得到愛情，並且以女皇之尊獲得輔佐者。她的性生活已成為宮廷內的八卦話題，她卻懶得加以掩飾。英國大使羅伯特·甘寧爵士曾經發送一封外交急件給他在倫敦的上司：

一個新的局面剛剛展開，而它似乎比現任君主執政以來所曾出現過的任何情況更加值得關注……。（前任）寵臣的才智過於有限，既無法讓自己對國務產生任何影響，也無法贏得女主人的信心。如今取代他的那個人卻有可能在這兩方面發揮最大的作用。波坦金體型巨大、比例

5 譯注：波坦金（Potemkin/Потёмкин）也音譯成「波將金」，但俄語發音是「波瓊金／巴瓊金」（potyomkin）。

失調，他的面貌遠遠稱不上吸引人，但他顯然善解人意……而且既長於言談又舉止柔軟……。雖然其揮霍的作風惡名遠播……但他仍可期盼自己站上他那無止境的野心所企求的高度……。看來女皇正準備把國家大事託付給波坦金。

格里戈里・波坦金身材高大、體型非常壯碩（據說凱薩琳保留了他身體某個部位的石膏模型，用於在他遠離的時候給自己帶來安慰）。他也是一位戰爭英雄，曾經在南方戰役中跟土耳其人打過仗；他思維敏捷、魅力超凡、魄力十足。他們很快就過著夫妻般的生活（幾乎可以肯定他們舉行過秘密婚禮），而且從他們的書信往來可以清楚看出，甘寧爵士的判斷只不過是稍嫌誇大而已：凱薩琳確實將國家大事託付給了波坦金。但他們的統治夥伴關係很快就受到考驗，必須去面對俄羅斯一個世代以來的最嚴重危機。

一七七四年春天的奧倫堡——位於烏拉山南部的一座省城，也是一處具有戰略意義的補給站——循規蹈矩的市民們陷入了恐慌。有消息傳來，以哥薩克人葉梅利揚・普加喬夫為首的革命武力正從南方向前推進，準備劫掠奧倫堡。叛軍已經攻陷喀山與薩馬拉；從窩瓦河到烏拉山的大片土地落入了普加喬夫的控制下。起初是一場類似百年前斯堅卡・拉辛帶動的哥薩克叛亂，結果卻發展成幾近國民革命。成千上萬的農民、工廠工人、「舊信仰者」和農奴起而反抗自己的主人；地主遭到屠殺，莊園遭到洗劫。此事預先上演了革命的恐怖——即將在一七八九年掃除路易十六的法國大革命。

然而不同於法國或美國革命，百姓要求對社會做出更激進的改變，俄國叛亂的火種卻矛盾地來自反對改革。普加喬夫說服了百姓，凱薩琳是冒牌沙皇，必須被推翻和處決：他告訴他們，她已經把俄羅斯交給德國人，因此他們必須起義奪回自己的土地。任何不穿戴俄羅斯傳統長袍服裝、不留著鬍鬚的人，就一定是德國人，要予以毫不留情地宰殺。亞歷山大・普希金的經典故事《上尉的女兒》（一八三六），捕捉了那個時代的末日氛圍——普加喬夫不僅威脅到奧倫堡而已，還進逼下諾夫哥羅德，甚至危及莫斯科。沒有人是安全的，暴力革命即將到來，君主制的垮台看來只是時間早晚的問題：

那時湧現大批騎士，大草原上很快便覆滿了五花八門的人群。一個身穿紅色外衣、手持出鞘寶刀的形影，乘騎在他們中間的一匹白馬上……那就是普加喬夫！叛亂分子發出可怕的吶喊嘶吼聲，快速朝向城壘衝去。……現在那群土匪已經進入城壘，劫掠官員們的住處。到處響起了他們大醉後的咆哮聲，絞架上懸掛著剛被他們吊死的受害者，在黑暗中森然地若隱若現。普加喬夫和十餘名哥薩克人……圍坐在一張堆滿酒瓶和玻璃杯的桌子旁邊，喝得滿臉通紅，眼睛閃閃發光。我禁不住讚嘆起來：一個終其一生遊走於酒館之間的醉漢，竟然能夠攻陷要塞並且徹底動搖國家的根基！

對凱薩琳來說幸運的是，她的新情人和共同統治者是個硬裡子的角色。波坦金不理會聖彼得堡宮廷內的反對，堅持要求女皇移駕莫斯科，成為禦敵行動的標竿人物。他撤換了爭論不休的軍事指揮官們，派遣新一批勇敢的將領前往打擊叛亂分子。八月的時候，普加喬夫在察里津遭到擊潰——那座城市日後將成為另外一場歷史性戰役的發生地點，而其未來的名稱是「史達林格勒」（參見第三十二章）。到了九月中旬，革命已經一敗塗地，領導人遭到背叛並且被解送給當局。一七七五年一月，普加喬夫在紅場被公開斬首。君主制所面臨的直接威脅已告結束，但是最根本的原因依舊存在。

在葉卡捷琳堡的歷史博物館（如果不是普加喬夫在察里津落敗，那座城市就會落到和奧倫堡一樣悲慘的命運），館長向我展示了叛亂者在該地區散發的簡陋傳單，上面宣稱普加喬夫果真就是沙皇彼得三世，奇蹟般地從篡位者凱薩琳罷黜他的行動中倖存，現在歸來取回自己的皇位：

> 那些齊聚在我——真正的彼得三世沙皇——這裡的人，所得到的獎勵將是金錢、麵包和前程。他們與他們的親人將在我的王國找到一席之地，並且做出一番光輝的事業。不過凡是未能負起責任來支持他們的真統治者，而且沒有手持武器加入我忠誠部隊的那些人，將會受到最嚴厲的懲罰……

叛亂者的宣言既譴責凱薩琳將社會世俗化，又把「沙皇彼得」（普加喬夫）吹捧成古老的國家神話「神聖俄羅斯」的真正旗手，以及基督教的捍衛者與保護者。這種訊息在農民和一般百姓之間引起了正面的回響。自從蒙古人的時代以來，東正教信仰就是把俄羅斯凝聚起來對抗外敵的黏著劑，如今卻有一個外國人——一個德國人！一個路德教派的人！——奪走了教會的土地，並迫使教士成為國家的僕人。普加喬夫自己是「舊信仰者」（這樣的人有數百萬之眾，全都對沙皇當局離心離德），他的志業就是那些人的志業。

農民當然看不懂叛亂分子的傳單（而且普加喬夫及其大多數戰友也都是文盲），可是並不缺乏樂意居間傳達的人們。在全國各地的講道台上，牢騷滿腹的教士們熱情十足地讀出了普加喬夫的宣言，把凱薩琳斥責為「魔鬼的女兒」。

普加喬夫之亂的弔詭之處在於：農民與一般民眾已經表現出來，自己比出面改善他們命運的改革者更加保守。他們根本不想要凱薩琳標新立異的「西方」理念，以致凱薩琳在登基初年苦心爭取過來的俄羅斯民心，眼看著即將不保。她必須設法因應普加喬夫帶來的災難，以及百姓對改變的猜疑，而她所採取的做法是「緊縮」。她那偉大的——最初是受到自由、平等與法治等等啟蒙運動理念激發的——「法典起草委員會」，因而不了了之地收攤了。凱薩琳最後的訓令不再談論伏爾泰和狄德羅所期盼的「還權於民」，反而是極力為老式的專制獨裁體制背書：主張將不受限制的威權集中在一個人手中，亦即她自己手中！

俄羅斯帝國的疆域在地球上延伸了三十二個緯度和一百六十五個經度。其主權者是絕對的；因為除了集中在他一人身上的權力之外，別無任何威權能夠施展出與這種遼闊轄區相稱的力量。轄區的廣袤使得必須把絕對的權力交付給統治它的同一個人。這麼做的好處是，若能快速處理從遠方傳遞過來的事務，那麼或許足以彌補各地之間因遙遠距離所造成的延誤。其他一切的政府形式非但有損於俄羅斯，甚至恐將造成它的全面毀滅。

還有什麼別的講法，能夠更清楚地闡明統治俄羅斯時最基本的決定性因素？俄羅斯太大而且太難以駕馭，根本就不適合民主；唯獨中央集權的專制鐵腕，才有辦法將這個既性質多元又仰賴中央的帝國鞏固起來，並且在百姓之間維護秩序。那是由留里克和奧列格，由伊凡雷帝和彼得大帝，由費歐凡·普羅科波維奇大主教，以及由瓦西里·塔季謝夫所宣揚的同一種教條。

既然凱薩琳決意繼續擔任最高統治者和獨裁者，那麼她為什麼還是走上改革之路呢？就如同彼得大帝一般，凱薩琳也是被迫做出改變，因為她自己的生存取決於此。她的皇位在法理上站不住腳，而且普加喬夫之亂使得她確信不能光靠軍隊來保住位子。所以她的目的是要創造出一套法律和行政體系，藉以在整個社會中鞏固君主的威權，使其不可能被撼動。

理所當然的事情是，君主乃國民與帝國一切權力的來源。位於君主最高威權之下、仰賴於君主的各種中間權力機構，必須構成君主政府的主要部分。政府的權力透過它們，就彷彿透過較小的溪流一般地傾瀉擴散出去……。這些法律無疑構成了國家牢固而不可動搖的基礎。

為了確保她所稱的「君主權力的有效擴散」，凱薩琳也把擁有土地的貴族爭取過來。她在一七八五年頒布憲章，保障他們的財產和個人自由；保護他們免受司法迫害和體罰；豁免其稅賦，並給予他們組織地區議會來掌管地方政府的權力。作為回報，他們必須永遠效忠於君權和女皇本人：

貴族的光榮頭銜得自有益於帝國和君主的服務與功績……因此凡是全俄羅斯的專制君主有需要之際，每一位貴族都責無旁貸必須立即響應專制權威的號召，既不遺餘力又奮不顧身地為國效命……

凱薩琳在憲章中所授予的自由，被理解成貴族獲得的某種解放。可相提並論的農奴解放卻不曾出現——那還需要再等待七十六年的時間。農民意識到他們主人新享有的特權，為此心生不滿。他們沒有得到類似的法定應享權利，同時他們的命運隨著主人命運的改善而惡化。社會頂端和底層之間的隔閡不斷擴大，進而在一個世紀之後演變成暴力對抗。

當亞歷山大・拉季謝夫——一位具有社會良心的俄羅斯自由主義者——在一七九〇年發表他那本引發論戰的《從聖彼得堡到莫斯科之旅》一書，暴露了農奴制度與社會不平等有多麼邪惡之後，凱薩琳在她自己手上那一本的眉批處憤怒地寫下反駁，然後下令逮捕和流放拉季謝夫。到了她統治末期的那幾年，凱薩琳乾脆拒絕承認在她治下確實存在貧窮與苦難，以致各種故事流傳，敘述波坦金如何必須在她出巡經過的省分，沿路用虛構的房舍外牆來製造繁榮假象——所謂的「波坦金村」（Potemkin villages）如今已成為「自欺欺人」的同義詞。

凱薩琳大帝在與歐洲啟蒙運動的自由主義價值觀眉來眼去之後，被它釋放出來的革命力量給震懾住。另一位歐洲君主——路易十六——在一七九三年被一群暴怒咆哮的「啟蒙」革命分子拖去斷頭台的景象，則給她帶來了惡夢。她於是拋棄自己先前對伏爾泰和狄德羅的仰慕，並且提議派遣俄國部隊前往鎮壓她曾經服膺過的啟蒙理念。大改革家於是成為大反動家。

11 拿破崙把俄羅斯推回亞洲

柴可夫斯基的《一八一二序曲》（一八八二）廣受歡迎，無論是在夏季音樂節還是在亞伯特音樂廳的盛會演出，結尾時的大砲聲總是讓人樂此不疲。但音樂家可以證明那是一首巧妙編排出來的樂曲。其交替出現的主題都經過匠心獨運的處理，而最後高潮的音樂對抗則產生了振奮人心的強烈效果。

我們都聽得出第一個主題：在柴可夫斯基的管弦樂編曲中，法蘭西國歌變成一個威脅性十足的音樂圖像，表示拿破崙的大軍正在向東方挺進，給俄羅斯帶來了革命的訊息。一七八九年法國大革命爆發之後的那些年頭，大西洋兩岸都陷入了混亂時期。無論是在歐洲還是在北美，舊秩序正面臨變局。對英國、義大利、普魯士、奧地利、俄羅斯等國的君主來說，那是一個充滿巨大恐懼的年代。他們粉碎法蘭西新共和國的初步嘗試失敗了，拿破崙登上權位，帶領法蘭西共和國的軍隊推進到數個歐洲和北非國家。時至一八一二年，拿破崙的運勢達到巔峰，他打算前進東方展開新的征服。

在柴可夫斯基的旋律當中卻浮現出一個新的主題，曲風變得比較沉穩和收斂。沙皇的國歌起先聽起來相當低調，然而隨著序曲的進展所迸發的愛國熱情，變得越來越充滿自信。在結尾的高潮部分發射真的大砲，展現了柴可夫斯基真心支持的所在：法蘭西的挫敗烘托出俄羅斯的舉國歡騰……

音樂可以成為強有力的政治武器，而拿破崙激起了俄羅斯人內心深處的固有反應。在他們民族的集體記憶當中，五個世紀前的蒙古桎梏所造成的恐怖印象始終無法磨滅；對外族入侵的畏懼從此不斷留存下來，成為揮之不去的夢魘。

法國的啟蒙運動在俄國同時擁有支持者和反對者。甚至凱薩琳大帝也一度對其自由理念深深著迷。即便一七八九年的法國大革命已讓這位君主的想法出現劇烈轉變，許多俄羅斯激進派人士仍將大革命尊奉為解放自己國家的楷模。可是等到拿破崙把目光轉向莫斯科之後，祖國所受的威脅又促使他們拋開彼此的分歧、忘記自己的委屈，並且團結起來。救國成為凌駕於一切之上的當務之急，正如同之前一三八〇年在庫里科沃原野，也如同之後一九四二年在史達林格勒。

但俄羅斯當初是如何陷入這種可怕困境的呢？

答案就在一八一二年法國人入侵之前的那些年頭，而那時錯過了一連串的機會來解決迫在眉睫的威脅。俄羅斯於二十年的時間內，眼睜睜看著革命的種子從法國向外散播，卻仍猶豫不決，拿不定主意究竟該如何反應——到了二十世紀，俄羅斯仍將以同樣方式來迎接類似的危機。

凱薩琳大帝已在一七九六年駕崩（她跟貓王一樣死於如廁時，招來對手們許多粗鄙的嘲弄），而皇位繼承人是她很不喜歡的親生兒子，保羅一世。心胸狹窄的保羅向來反對啟蒙或改革，打從心底對母親憎恨不已。他取消了她同意引進的許多改革措施。他下令將她情人波坦金的遺體挖出來餵狗、收回授予貴族的公民自由、進一步鞏固農奴制，並且恢復了「司法性懲罰」，包括鞭打、烙刑和撕裂鼻孔。復仇心重的專制國家又回來了。

保羅一世似乎是個偏執狂，在每一個角落都看見了威脅。矗立於聖彼得堡南方三十英里外的昔日皇家宮殿加特契納，如今已成為其統治時期的哀悼紀念碑。當我步行穿越迷宮般的房間和走廊時，我發現多半處於廢墟狀態，崩塌的天花板和搖搖欲墜的牆壁，歷經納粹在此的摧殘之後尚待修復。不過其巨大的規模和往日的輝煌則無庸置疑。保羅癡迷於加特契納宮，花費大量的時間和精力進行重建和擴充、以豐富的藝術品和家具來美化室內，並且在好幾英畝大的公園裡大量設置了裝飾性建築、小橋與石窟。加特契納成為他的退隱之地，一個用於逃離危險政治現實的避風港。他度過白天的方式，是讓皇家衛隊按照普魯士的操練方式，一圈又一圈地繞著宮前庭院列隊行進。有一點令人不安的是，當我走出宮中的陰暗，發現衛隊仍舊在那裡並且繼續行進——著迷於重現歷史事件的人士熱心地讓他們復活了。到了十九世紀晚期，加特契納宮將成為另外一位保守派君主亞歷山大三世的退隱之地。這兩位反動派沙皇的遺風給此地留下一個不雅的綽號，叫做「專制主義的堡壘」。

保羅一世在位的那幾年專門致力於打擊激進分子。他在每一個領域內任命自己的官員，並且擴充了秘密警察，以便把政治反對派揪出來消滅。他試圖關閉俄羅斯邊界以免受到法國傳染、查禁外國書籍和期刊，以及禁止臣民出國旅行。此一手法未來將會在蘇聯領導人的手中奏效，可是對保羅一世而言，卻結束於血泊之中。一八〇一年三月二十三日，保羅一世在私人廂房遭到一群心懷不滿的衛隊軍官挾持。他們要求他簽署詔書宣布退位。保羅拒絕之後，先是遭到刺傷，然後被踐踏和悶死。[1]保羅的二十三歲兒子亞歷山大則接獲通知：現在該是他「長大和開始統治」的時候了（他在自己位於走廊另一端的臥室內等待，而且幾可確定他對推翻父皇的陰謀事先知情）。

亞歷山大主要是由祖母凱薩琳養育長大，在成長階段無疑與她非常親近，而凱薩琳當時仍然傾心於伏爾泰的自由主義。可是父親的橫死——況且是得到兒子的默許縱容——注定將造成心理上的衝擊。據同時代的人說，他掩飾了自己的真實想法和意見，並可能暗藏一種揮之不去的念頭，覺得

1　譯注：保羅一世登基後，在聖彼得堡市中心修建了一座新的宮殿米哈伊洛夫宮（Saint Michael's Castle）。他入住四十天之後，便在新宮殿的臥室內遭到謀殺。

他不應該背棄父親的遺業。凱薩琳大帝年輕時的自由信仰與他父親的反動保守主義所產生的內在衝突，將在亞歷山大一世的心靈深處發揮作用，並標誌出他在位時的作風。如同我們所將看見的，那是典型「兩個半吊子」的統治。

★　★　★

儘管亞歷山大一世上台時出現過殘酷的場面，他在即位之初卻展現和解的精神。他似乎汲取了祖母的開明論調，而不採用他被謀殺的父親學自普魯士的軍國主義。他口操流利的英語和法語，並且熟悉相關各國的民主進程。年輕的亞歷山大恢復了凱薩琳曾經著手進行——但後來又放棄了——的工作，設法建立一個「正常國家」，而在那樣的一個國家裡面，公平與法治將會取代腐敗和脅迫。由於俄羅斯統治者和俄羅斯百姓之間的鴻溝越來越大，已經到了危險的地步，亞歷山大擔心若不採取對策的話，恐怕會鬧出革命來。

他和凱薩琳一樣，也設置一個委員會來研討政治改革的事宜，並委派十九世紀最傑出的頭腦之一來參與這個工作。米哈伊爾．斯佩蘭斯基是一位堅定的自由主義者，被稱作「俄國的伏爾泰」。他針對俄羅斯的政府體制，只為亞歷山大一世所進行的秘密評估，大膽地披露了獨裁統治如何讓人窒息：

> 俄羅斯政府的基本原則，向來是由獨裁統治者結合一切的立法和行政權力，並且支配國家的全部資源。此項原則不受任何限制。如果統治君主握有無限的權力——到了不再有任何權利剩下

來給臣民的地步——那麼這樣的一個國家便處於奴役狀態，而它的政府是在實施暴政。

斯佩蘭斯基表示，甚至連凱薩琳與自由價值觀的眉來眼去，也出自虛情假意——那只不過是拿來裝飾門面，用於美化自從基輔羅斯滅亡之後便存在於俄羅斯的亞洲專制主義。

在凱薩琳統治下，政府希望享受哲學理念的榮耀，卻依舊保留了專制主義的一切好處。我們的法律或許看似寫於英格蘭，我們的政府體制卻來自土耳其。

斯佩蘭斯基的結論是，獨裁政體平安地度過了每一次的改革嘗試。在蒙古統治之下所學來的亞洲鐵腕統治模式（斯佩蘭斯基尖刻地稱之為「來自土耳其的政府體制」）已經如此深植俄羅斯心靈，以致一切引進西方憲政民主概念的嘗試皆以失敗告終。他感嘆地說道：缺乏正義、法律，以及無法避免當權者恣意妄為一事，已經扼殺了主動性和進步性，使得俄羅斯滯留在原始落後的狀態。

在獨裁統治之下不可能有法典，因為凡是權利不存在的地方，就不會出現各種權利之間的公正平衡。……那裡除了君主的專斷獨行之外別無所有。公民被硬性規定了各種不容推辭的責任，直到那位獨裁者決定改變為止。法律完全仰賴獨裁者的意志，只有他的意志能夠創造法律、設置法庭、任命法官，教法官如何裁決……完全隨心所欲。[2]

斯佩蘭斯基告訴亞歷山大，只有採取「休克療法」才能擺脫過去的負擔——那意味著要在一夜之間投身民主政治和分享權力。他曾經為透過自由選舉產生的各個地方議會，以及一個全國性的議會擬訂了計畫，並且完成一部驚人的憲法草案，來保障公民權利、權力的分立、結束警察國家和維護新聞自由。

亞歷山大聽得心有戚戚焉。他一度彷彿已準備認同英國式的君主立憲，並且告訴一位顧問說：「然後我會快快樂樂地退居鄉野，看著我的國家繁榮興旺。」可是除了自由派的聲音之外，還有強硬保守派人士在他耳邊講悄悄話——例如令人畏懼的陸軍大臣，阿列克謝・阿拉克切耶夫。他曾經在保羅一世的手下服務，如今繼續鼓吹軍事獨裁。「阿拉克切耶夫制度」一詞（Arakcheyevshchina），日後將被拿來形容最惡劣誇張的軍事警察國家。亞歷山大卻聽從它的教條，就彷彿兒子必恭必敬地聆聽父親的教誨一般。

用普希金的話來說，斯佩蘭斯基和阿拉克切耶夫是沙皇的好精靈與壞精靈，分別站在他治下的兩個門口，只是相互對立。對俄羅斯來說，不幸的是，亞歷山大既敏感又虛榮，很容易受到最後一個跟他講話的人所影響。他感覺自己繼承了祖母與父親遺留下來的衝突，這可能使得他陷入行動困難——他夾在兩套建議之間始終拿不定主意，結果他什麼也沒做。

他的改革方案陷入猶豫不決；他在面對法國新政權的共和主義時，態度從傾心仰慕一轉而成為悍然拒斥。亞歷山大在一八〇五年派兵對拿破崙作戰，一八〇七年卻同意與拿破崙在提爾西特坐下來對談。拿破崙於隨後那些年頭，不斷處心積慮擴大法國在歐洲各地的主宰權。各國組成聯盟來制止他的嘗試一敗塗地，亞歷山大的顧問們則極力強調他對俄羅斯君權所代表的危險。可是亞歷山大仍然堅持要跟拿破崙打交道。在提爾西特進行漫長談判之後，接著過了一年又在埃爾福特重覆一遍，亞歷山大認定拿破崙是個有魅力的人物，並且在一時熱情洋溢之下，宣布準備和他昔日的敵人進行全球性的結盟。

就像一個多世紀後史達林與希特勒的「互不侵犯條約」，亞歷山大與拿破崙的聯盟秘密地把歐洲切割為分別由他們主導的勢力範圍。同樣地，此事也注定會以非常難看收場。經過五年的虛假掩飾後，拿破崙撕毀協定並揮軍攻入俄羅斯。後來希特勒也是這樣。

偏執狂妄的保羅一世，先前因為懷疑軍隊的忠誠度，整肅了七名元帥和三百三十三名將領，使得全國的防衛武力嚴重削弱。五十多萬法國大軍遠遠優於採取守勢的俄國人，他們一路快速挺進、沿途大肆劫掠破壞，直到一八一二年九月七日，抵達莫斯科西方七十五英里外的博羅季諾為止。隨即進行的戰鬥，成為托爾斯泰《戰爭與和平》（一八六九）當中意義非凡的場景之一：

> 一個砲彈在離皮埃爾兩步遠的地方開了花。他撣撣身上的塵土，微笑著環顧四周。……他全神

2 驚人的是，米哈伊爾．斯佩蘭斯基對握有全權的專制獨裁國家所做的診斷，不僅適用於恐怖伊凡的時代，在很大程度上也適用於今日。斯佩蘭斯基有關俄羅斯從來都不是一個法治國家的論點（「法律完全仰賴獨裁者的意志」），至少直到今天仍部分有效，因為克里姆林宮對重要法律案件的判決結果仍擁有指導權——例如石油大亨米哈伊爾．霍多爾科夫斯基和其他人的案子。斯佩蘭斯基針對國家恣意進行掠奪攫取，以致財產權缺乏保障所提出的抱怨，正是二十一世紀許多深受其害的人們所感受到的：

> 私人財產法有什麼用處呢，如果財產本身無論在任何方面都沒有堅實的基礎？民事法有什麼用處呢，如果書寫法條的那幾塊板子隨時可能被堅如磐石的專制統治撞成粉碎？財政怎麼可能在這樣一個國家走上軌道，如果那裡的公眾對法律喪失信心……沒有法律來規範金融體系？在俄羅斯除了乞丐和哲學家之外，沒有真正自由的人！

上述引文特別引人注目，因為很容易即可套用於二十一世紀的工商企業和生意人——英國石油公司、殼牌石油公司、尤科斯石油公司、埃爾米塔什資本管理公司、財產遭到剝奪的那些俄羅斯寡頭。他們都吃過弗拉基米爾．普京版的中央獨裁政體的苦頭。一旦那些公司的擁有者與「堅如磐石的專制統治」起了衝突，克里姆林宮就會隨心所欲地攫取私產。在今日的俄國，「公眾對法律的信心」仍舊是一種稀缺商品。

貫注地觀察越來越旺的烈火，他覺得他的靈魂裡也在燃燒著同樣的烈火。……在皮埃爾眼裡，一切都變得奇怪、模糊、暗淡。一顆砲彈打在皮埃爾面前的土牆邊上，塵土撒落下來，他眼前有一個黑球閃了一下。……但是，他還來不及明白上校就被打死了，那個喊「弟兄們」的士兵也被俘虜，他親眼看著刺刀捅進了另一個士兵的後背。……一個又瘦又黃、汗流滿面、身穿藍色制服、手持軍刀的人，喊叫著向他衝過來。皮埃爾本能地伸出兩手，一隻抓住那人的肩頭（那人是法國軍官），另一隻掐住他的喉嚨。那個軍官丟掉軍刀，抓住皮埃爾的衣領。……幾萬名死人，以各種姿勢，穿著各種服裝，躺在……田地及草地上。數百年來，博羅季諾的村民就在這裡收莊稼，放牲口……

發生了恐怖的戰鬥，以致讓皮埃爾．別祖霍夫產生認知困惑的那個地點，如今是一片靜謐的鄉間草原。某年夏末一個陽光普照的日子，我開車前往博羅季諾，只見農民的模樣與托爾斯泰的描述相差無幾，仍然在那裡收割穀物——雖然他們現在使用的是聯合收割機，而非馬匹和牛隻。鳥兒在樹上啁啾歌唱，牛隻在田野嚼食牧草。幾座紀念碑標誌出激戰的地點，還有一個簡樸的博物館展示沾染血污的制服和軍旗。一切都遠離了充滿暴力與戲劇色彩的一八一二年，但拿破崙戰爭時期的關鍵性戰役便發生於此，拿破崙還稱之為他「所打過最可怕的一場戰役」。就在這裡，出現過托爾斯泰筆下堆積如山的屍體、數不盡的死者和傷患，以及不使用麻醉藥劑便進行截肢手術的野戰醫院。這裡也是他所說的，因為浸滿了鮮血，以致在隨後許多年內變得十分肥沃的田野。

從戰損的人數來看，俄國在博羅季諾吃了敗仗。他們陣亡四萬五千人，以致必須向後撤退到莫斯科。可是在入侵者的面前潰逃了好幾個月之後，全國終於停下腳步奮力迎戰。本來已經嚇破膽的百姓，現在重新恢復了希望。一位十分精明幹練、名叫米哈伊爾．庫圖索夫的新任指揮官，在博羅季諾擔負起重責大任。部隊裡流傳一句順口溜來激勵士氣：「普力夜豪庫圖索夫，斃其法蘭粗索夫」（Priyekhal Kutuzov bit' Frantsuzov）——「庫圖索夫過來打死法國佬」。[3] 按照托爾斯泰的講法，博羅季諾標誌出「必定失敗」和「勝利在望」之間的轉捩點。拿破崙的全體將軍和全體士兵，對這個敵人「都有同樣的恐怖感」：

> 現在面對的卻是損失已達一半軍隊，戰鬥到最後仍然像戰鬥開始時一樣威嚴地巍然不動的敵人……。處於進攻地位的法軍士氣已消耗殆盡。俄國人……取得了勝利，這種勝利不是用繳獲幾塊綁在棍子上的布片（所謂軍旗）來標誌的勝利，也不是軍隊占領了和正在占領地盤就算勝利，而是使敵人相信他的敵手在精神上的優越和他自己的軟弱無力的那種勝利。法國侵略者像一頭瘋狂的野獸，在它跳躍奔跑中受了致命傷，感到自己的死期將至；但是它不能停止下來，正如人數少一半的俄國人一路避開敵人的鋒芒，不能停止一樣。在這次猛力推動下，法軍仍然能夠衝到莫斯科；但是在那兒，俄軍不用費力，法軍已在博羅季諾受了致命傷，它在流血，它必然走向滅亡。

就政治方面而言，在博羅季諾打的那一仗，給了俄羅斯機會來恢復民族自豪感、把爭吵不休的帝國團結起來、縮小統治者與人民之間的鴻溝，或許甚至還降低了接下來鬧出紛爭和革命的可能

3 譯注：這句順口溜的俄語講法是「Приехал Кутузов бить французов」。

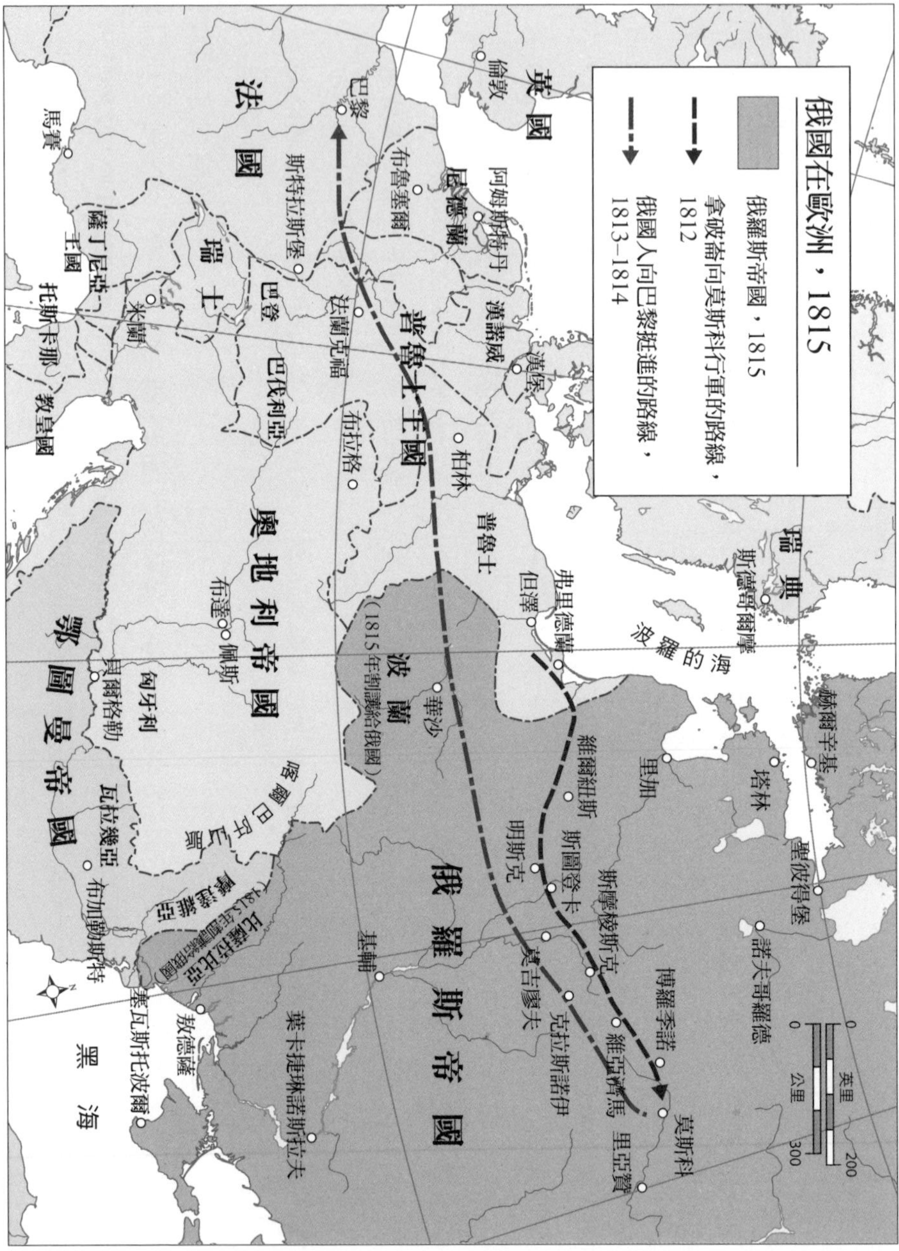
俄國在歐洲，1815
俄羅斯帝國，1815
拿破崙向莫斯科行軍的路線，1812
俄國人向巴黎挺進的路線，1813–1814
英國
倫敦
法國
巴黎
馬賽
布魯塞爾
尼德蘭
阿姆斯特丹
漢諾威
漢堡
普魯士王國
柏林
普魯士
但澤
弗里德蘭
瑞典
斯德哥爾摩
波羅的海
赫爾辛基
塔林
里加
聖彼得堡
諾夫哥羅德
維爾紐斯
斯圖登卡
明斯克
斯摩棱斯克
博羅季諾
維亞濟馬
莫斯科
里亞贊
克拉斯諾伊
莫吉廖夫
基輔
葉卡捷琳諾斯拉夫
俄羅斯帝國
波蘭
（1815年割讓給俄國）
華沙
比薩拉比亞
（1815年割讓給俄國）
摩爾達維亞
瓦拉幾亞
布加勒斯特
敖德薩
塞瓦斯托波爾
黑海
喀爾巴阡山脈
鄂圖曼帝國
貝爾格勒
匈牙利
佩斯
布達
奧地利帝國
布拉格
巴伐利亞
巴登
法蘭克福
斯特拉斯堡
瑞士
米蘭
薩丁尼亞王國
托斯卡那
教皇國
英里
0
200
公里
0
300

性。可惜類似這樣的機會難得在俄羅斯出現，而且很少受到利用。

托爾斯泰認為，拿破崙戰爭的結局是極具關鍵性的人類命運轉捩點，以致他由此發展出一整套歷史理論。他在《戰爭與和平》「尾聲」的第二部分闡述自己的論點，從而解釋了貫穿全書內容的主要事件：[4]

於是法國軍隊湧入莫斯科，在背後留下了好幾百英里殘破荒蕪的敵國疆土。俄羅斯人撤退得越遠，他們對敵人的怨氣就越發強烈——退後的每一步都讓憤怒的火焰燃燒得更旺。俄軍退到莫斯科城外，而侵略者進入市內。他們就像一頭受了致命傷的野獸，在五個星期的時間內流血躺著舔拭自己的傷口。然後突然間，沒有任何新的理由，他們轉身快速逃回他們當初從西邊過來的地方……

法國人攻占莫斯科僅僅一個月之後便決定撤退，表面上看起來是「無緣無故地從莫斯科逃跑」。但《戰爭與和平》所探討的都是推動歷史的神秘力量。按照托爾斯泰的觀點，推動歷史前進的力量並非將軍們和政客們（他們只不過事後沽名釣譽罷了），而是普通的男男女女、微不足道的士兵、工人和農民——那些人物成群出現於《戰爭與和平》的頁面之間，而他們的集體意志將以某種方式結合成為世界各種事件的驅動器。托爾斯泰所見的是民眾觀點的歷史，雖不是社會主義史觀，但絕對是集體主義史觀。這引導他走向一種歷史必然性的理論，認為明智的人——例如俄國的庫圖索夫

4 譯注：這一段引文其實來自法軍將領塞居爾伯爵的回憶錄，《拿破崙及其大軍在一八一二年的歷史》。

將軍——與歷史法則齊頭並進，而愚昧的人則試圖改變那些法則。

我們在拿破崙身上看見了自誇的野心所帶來的災難性後果：他的「大軍」飢寒交迫並且離鄉背井，俄國人則（按照托爾斯泰的講法是「自動自發地」）離棄莫斯科，讓它在他們的背後起火燃燒。根據拿破崙的手下將領塞居爾伯爵的目擊證詞，這把火是俄國人自己放的：他們拿著火把在街頭跑來跑去，蓄意將自己的城市付之一炬。塞居爾伯爵在回憶錄《拿破崙及其大軍在一八一二年的歷史》（一八二四）當中指出，這種狂熱的決心只可能源自最偉大的愛國心；就連拿破崙也對這種人民集體意志的最高形式表達讚嘆：

當我們的士兵仍在與烈火搏鬥時，沒有人膽敢在晚上打擾其睡眠的拿破崙，已經被天明和大火的雙重亮光給喚醒。……他處於極度激動的狀態，似乎是被圍繞著我們的火焰烤得心煩氣躁。攻打到一個帝國的心臟地帶之後，他赫然發現對方絲毫沒有表現出屈服的意思；他感覺是自己遭到征服，在意志決心上落敗了。他每隔片刻就離開座位……衝到窗邊追蹤火勢的發展蔓延，一再大聲說道：「真可怕啊！他們竟然對自己做出這種事情來！所有那些宮殿都失火了！多麼強悍的性格，多麼可畏的民族！他們果真是斯基泰人！」

拿破崙準確地察覺到，俄羅斯人的性格中留存了亞洲「斯基泰人」的冷酷和決心，每當面臨威脅與危機之際就會浮現出來。這是相對於文明「歐洲」的特質，相對於托爾斯泰所描繪（並時而加以嘲諷）的聖彼得堡那批講法語的大人先生們。拿破崙和他的部隊撤出莫斯科之後，將會對此產生深刻的體認。

等到殘餘的法國軍隊逃離俄羅斯土地，人員已經死了三十多萬：作戰陣亡，或者因飢餓、寒冷和斑疹傷寒而一命嗚呼。士兵們在冬天的冰雪中吃掉了自己的馬匹，擠進動物屍體的腹腔來取暖。他們不僅遭到俄羅斯正規軍與哥薩克人的襲擊，還要面對越來越多的民間游擊隊。在很大程度上，這是一場為了保衛共同祖國而進行的人民戰爭——狂暴、愛國，最後獲得了成功。

然而讓當局擔心不已的是，沙場上的成功給那些參戰者帶來前所未有的信心與雄心。百姓索取自己為國服務應得的報酬，於是出現了一連串的起事行動：農奴要求獲得自由，農民則要求獲得土地。他們的憤怒不是針對亞歷山大一世而發，因為沙皇仍舊被尊奉為「我們的小父親」，宛如神一般的全知全能——但現在百姓期盼他運用這種能力，給他們帶來正義與自由。類似的願望很快也出現在正規軍當中，他們曾經將拿破崙逐出國境，一路追趕到巴黎。

俄羅斯軍隊在一八一三年參加了決定勝負的萊比錫會戰，一年之後並在香榭大道引導聯軍的勝利閱兵。勝利後短暫占領法國領土的時光，讓那些從未離開過自己國家的人們大開眼界。俄國士兵則顯然留下了痕跡，為法國的「小餐館」創造出一種新的名稱——「bistro」（來自俄語的「bystro」，意為「趕快；快點拿酒過來」）。但軍官們吸收了比酒精更多的東西。如同日後在一九四五年占領德國的蘇聯紅軍一般，他們看見了自己的統治者寧可不讓他們看見的那個世界。等到返國之後，在法國對自由和繁榮的體驗依然縈繞在他們心頭，這讓他們當中的許多人不禁納悶，為什麼他們自己的國家不該享有同樣的好處。不滿現狀與渴望改變的芽孢，已經感染了俄羅斯社會中的一個重要階層；它很快就會滋生蔓延，在最戲劇性的環境下綻放開來。

反叛的種子一時之間仍處於休眠狀態。亞歷山大作為反拿破崙聯盟的領導人物強化了他的地位，促使俄羅斯成為歐洲最具影響力和最令人畏懼的力量。然而在青年時代的自由主義衝動之後，法國的入侵和國內蔓延的反對運動已讓亞歷山大驚慌失措，變成了一個既陰鬱又略帶偏執的保守主義者。他求助於各種神諭和自吹自擂的宗教先知們。或許是因為承受了父親遇害所造成的負擔，他採用了具有強烈福音色彩的基督教義，認為必須建立一個歐洲國家的「神聖同盟」來維護既有秩序、阻止革命蔓延，以及宣揚他眼中「崇高的基督教理念」。

亞歷山大決心要把他的意識形態施加給全世界，這使他成為一個當別國未能滿足其行為標準時就會出兵干預的暴君。那個一開始給人帶來改革希望的政權，最後結束於醜惡的嚴厲專制之中。反對派團體有過兩次試圖暗殺或綁架亞歷山大的失敗行動，使得他堅信高壓措施和堅決反動是俄國的唯一救贖之道。當他一八二五年因斑疹傷寒猝死於南方城鎮塔甘羅格之前，本來正準備採取更進一步的鎮壓行動。

亞歷山大一世遺留下來的俄羅斯既落後又保守。他在晚期的反動年頭，建立了一個立基於密探和告發的警察國家；他的幾場戰爭破壞了民生經濟；他未能兌現的改革承諾則激起了大眾的不滿情緒，而且這種不滿將在整個十九世紀持續加劇。一八二五年亞歷山大一世駕崩不久，他在世時所醞釀的騷亂便轟然爆發。尼古拉・涅克拉索夫在史詩《俄羅斯女人》（一八七一－七二）當中，捕捉了十二月十四日發生於聖彼得堡樞密院廣場上的戲劇性事件：

看哪，群眾奔向廣場！
某個團的部隊已經集結於此，
還有幾個團也正在抵達，
直到一千多名士兵齊聚一處，高呼「萬歲！」

群眾幾乎不曉得

正在發生什麼事情……

又有更多部隊趕了過去：

「快投降！」——他們喊道。

但子彈和刺刀是唯一的回覆。

某位勇敢的將軍……開始發出斥責；

他們把他拉下馬來。

另一位將軍走向隊伍，喊道：

「趕快停止，沙皇會寬恕你們的！」

但他們把他殺了。

大主教親自前來懇求：

「悔改吧，弟兄們！請在沙皇面前屈膝！」

士兵們聽他講話，劃了十字聖號，可是回答說：

「走開吧，老先生！請為我們祈禱！

這裡沒有你的事……」

大砲已經瞄準完畢，

沙皇親自發號施令：「開火！……」

今日的樞密院廣場是一個有著觀賞花園和雕像的地方，從聖以撒大教堂一直延伸至涅瓦河。不過在十九世紀初，這裡是閱兵的場所。在一八二五年十二月那個寒冷的星期一早上，三千名心懷不滿的士兵從清晨開始集合於此，公開提出他們的要求。他們的領導人是曾經出征法國的老兵們，事發之前的那幾年在軍中建立了一個由許多自由派政治小組所構成的秘密網絡。這些人將以「十二月黨人」（the Decembrists）之名走入俄羅斯歷史，而他們所留下的榜樣，激勵了未來好幾個世代反對獨裁與壓迫的叛亂分子。

他們發動軍事政變的藉口，是沙皇駕崩之後出現的繼承權混亂。原本應該是由亞歷山大的大弟康斯坦丁繼承皇位，但他已秘密讓位給二弟尼古拉。不過那些造反派的真正目的更加意義重大。他們最起碼的要求是推行君主立憲制，以及廢除農奴制度。其中許多人還想要更多。他們從美洲殖民地反抗英國王室的行動中得到不少啟發，決意要推翻沙皇制度、建立一個共和國，並且在民間進行土地的重新分配。

起事行動占了當天大部分的時間。叛軍部隊預期聖彼得堡的其餘駐軍也會共襄盛舉，然而他們彼此溝通不良而且領導人組織得很差。在零星交火中，廣場上的叛軍維持了好幾個小時的戰鬥隊形。平民百姓——半出於好奇半出於支持叛軍要求——群聚在他們的周圍，[5]讓新沙皇尼古拉左右為難，不知該如何處理。他派遣一名使者過去，但立即遭到射殺。接著他勉強調派騎兵進行突擊，但行動在結冰的鵝卵石路面上失敗了。最後尼古拉在接近傍晚的時候，命令砲兵粉碎叛軍隊伍。數百人死於砲擊，沒死的人則被逮捕受審。許多同謀者被充軍西伯利亞，另有五個人被判處公開絞死。

處決「十二月黨人」的地點，是聖彼得堡彼得保羅要塞的東側壁壘。那座長期被使用為監獄的要塞，位於涅瓦河的一個大島上，其外側壁壘現在已成為旅遊景點，供遊客在星期天下午漫步散心。但此地有一個邪惡的過去，曾經關押了好幾個世代的政治犯。

一八二六年七月十三日，經過許多個月的審訊，「十二月黨人起義」的五位領導人被帶出牢房，在激動群眾的注視下走向臨時用木頭搭起的絞架。四名還未滿三十歲的年輕軍官（帕維爾．彼斯捷爾、謝爾蓋．穆拉維約夫—阿波斯托爾、米哈伊爾．別斯圖熱夫—留明、彼得．卡霍夫斯基）與激進派詩人孔德拉季．雷列耶夫，被帶上階梯，以繩圈套住頸部。這個地點如今豎立了一座紀念柱。

當第一個人，穆拉維約夫—阿波斯托爾，從活動門落下的時候，默不作聲、屏息凝神的群眾卻「啊」地倒抽了一口氣——絞繩猛然斷裂，以致他平安無事地摔到地面。按照俄羅斯傳統，處決後還能活下來的人不可再度處以絞刑，於是群眾呼籲暫緩行刑。說時遲那時快，卡霍夫斯基就在此際跌落活動門，驚人的是，同樣的事情發生了。人群中爆發出一片喝采聲。接著輪到雷列耶夫被吊死，當他也被斷裂的絞繩救回一命時，圍觀百姓歡聲雷動。群眾大聲疾呼要求赦免他們每一個人，有關當局隨即中止執行處決。雷列耶夫卻轉身朝向行刑官，不屑地冷言冷語：「哦，不幸的國家，俄羅斯。他們甚至不曉得該怎麼把人吊死！」

尼古拉面臨他當上沙皇之後的第一個大難題——相關決定將會為他隨後的政權定下基調，而雷列耶夫的輕蔑冷笑很可能影響了他的決定。尼古拉下令將那些俄羅斯的自由派精英第二次送上絞架，結果這一回沒有任何人活下來。

如同愛爾蘭一九一六年的「復活節起義」，「十二月黨人起義」在當時看起來是一個亂七八糟、或許帶有英雄色彩的失敗行動。然而這是一個分水嶺。對尼古拉來說，那是個不祥之兆，表明他的帝國一切都出了問題。而他嚴酷對待領導造反的那些人之後，民心被推向了他們那一邊，被處決的

5 同樣的事情也出現於一九九一年的莫斯科政變，以及一九九三年砲轟俄羅斯白宮事件。

叛亂分子給了日後好幾代革命家莫大的鼓舞。在一個長久以來把詩人尊奉為民族良心的國家，亞歷山大・普希金同情「十二月黨人」所寫的詩句，大力地把他們推崇為自由意志的先驅：

在西伯利亞礦山的深處，
請保持住你們自豪的耐心。
你們的悲壯工作和崇高抱負，
不會就此磨滅。
一切苦難的忠實姊妹——希望——
正在陰暗的礦坑下面，
喚起你們的勇氣與歡樂。
盼望的時刻終將來臨：
……沉重的枷鎖會脫落，
地牢會崩塌——而自由
將在門口歡欣地迎接你們……

尼古拉一世回應「十二月黨人」起事的做法，是退回到最深沉和最高壓的俄羅斯專制主義傳統。他任命叫人害怕的本肯多夫伯爵來強化秘密警察、打擊異議人士，並且採取嚴厲措施來鎮壓政治反對派。軍事紀律和畏懼心理是他特選的施政工具。諷刺作家薩爾蒂科夫—謝德林將尼古拉一世的俄羅斯描述為：「一片沙漠景象，在中央是一座監獄；它的上面不是天空，而是軍人的灰色長大衣。」

民粹主義作家格列布・烏斯片斯基，也為瀰漫於百姓生活中的恐怖留下了同樣生動的畫面：

從不自找麻煩……從不顯示自己有任何想法……一直表現得提心吊膽——這就是那些年頭讓人養成的習慣。害怕已成為生活的基本準則，扼殺了人們的思考能力。大家都不相信人有生存的權利……到處充滿了恐怖的氛圍，天空、地面、空氣和水都在尖叫著：「你完蛋了！」……[6]

尼古拉一世派兵前往波蘭與匈牙利鎮壓百姓的革命。在國內，他宣布俄羅斯的官方教條從此是「東正教、專制主義、民族性」（Pravoslavie, Samoderzhavie, Narodnost'），刻意以這些反動色彩鮮明的口號，來跟法國大革命的「自由、平等、博愛」三元論打對台。

受到嚴格審查並且被國家控制的新聞界，以及包括尼古拉・果戈爾和費奧多爾・丘特切夫在內的頂尖作家，都對此表示全力支持。自由主義派的普希金則被流放到位於鄉下的莊園，尼古拉一世還親自審查這位詩人的作品，並與他討論文學和人生——後來史達林也針對波里斯・巴斯特納克和米哈伊爾・布爾加科夫等人採取同樣的做法。（普希金的〈青銅騎士〉和其他詩作或許譴責了逝世已久的彼得大帝獨裁的一面，可是正如同許多俄羅斯最偉大的文學作品一般，讀者不會看不出詩作的時代意義。）

6 烏斯片斯基的文字以駭人的方式預告了詩人奧西普・曼德施塔姆（Osip Mandelstam）在一九三三年寫出的詩篇。後者所描述的對象，是俄羅斯在史達林鉗制之下所瀰漫的恐怖氛圍：「我們活著，感覺不到腳下的國家；我們的話語在十步之外已不可聞，而每當有機會低聲交談三兩句時，總會想起克里姆林宮的山地人……」曼德施塔姆的文字導致他被送進勞改營並死於非命，烏斯片斯基則比他幸運許多。

尼古拉一世的統治時期助長了反西方的情緒；不僅對帝國的少數族裔進行俄羅斯化，並促成泛斯拉夫主義運動的誕生，而該運動將在長達一個世紀的反動派與改革派之爭當中，成為一股強大的力量。

尼古拉一世的做法儘管有著各種惡毒的缺點，但基本上仍然是在恢復古代莫斯科大公國的「絕對專制」與「國家至上」傳統，否定凱薩琳大帝和亞歷山大一世等統治者之前所進行的自由主義實驗。尼古拉怪罪這些前任沙皇喚醒百姓對改革的希望，以致在自由化未能符合他們要求，或者所採取的措施不夠激進而無法滿足他們期待的時候，在民間燃起了不滿的烈火。

十九世紀有一本探討專制與革命的開創性著作——阿勒克西・德・托克維爾的《舊制度與大革命》（一八五六）——針對上述原則做出了簡明扼要的論述：

> 經驗告訴我們，對於一個壞政府來說，最危險的時刻通常就是它開始改革的時候。一位君主著手救濟長期受壓迫的臣民時，除非他是偉大的天才，否則便無法拯救他自己。人們耐心忍受著苦難，以為這是不可避免的，但一旦有人出主意想消除苦難時，苦難就變得無法忍受了。當時被消除的所有流弊似乎更容易使人覺察到尚有其他流弊存在，於是人們的情緒變得更激烈：痛苦的確已經減輕，但是感覺卻更加敏銳……
>
> 革命通常並非爆發於苛政折磨最深的時候，而是當事情開始改善，人們有了呼吸的空間、開始省思、相互溝通彼此的想法，並且依據過去的情況來衡量自己的權利和自己的苦痛之際。桎梏雖已減輕，卻反而顯得更加令人無法忍受。[7]

托克維爾雖然談論的是一七八九年時的法國，其結論卻非常驚人地適用於俄羅斯：一個專制政權最危險的時刻，就是開始改革自己的時候。[8]

7 譯注：這裡的第二段引文摘錄自托克維爾的一封信函（一八五三／九／二三）。《舊制度與大革命》書中比較接近的文字為：「有件事乍看起來使人驚訝：……革命並不是在……苛政折磨最深的地方爆發。恰恰相反，革命是在人民對此感受最輕的那些地方爆發的；因此在這些制度的桎梏實際上不太重的地方，反而顯得最無法忍受。」

8 專制國家的改革派領袖一旦向百姓「讓步一寸」之後，他恐怕將不可避免地看見百姓「要求一里」，這種情況曾經多次出現在十九與二十世紀的俄國和蘇聯歷史上。我們即將看見，結局通常是政府在受盡折磨後憤而放棄改革嘗試，並急忙重返俄羅斯固有的中央專制模式。

RUSSIA

A 1,000-YEAR CHRONICLE OF THE WILD EAST

第三部
革命的興起

PART THREE
RISE OF REVOLUTION

12 美麗而憤怒的南方

在戰鬥中陣亡的俄羅斯士兵遺體，已被交還給他們的家人。俄羅斯由於波里斯・葉爾欽笨拙的車臣政策而承受了人命損失。對那位總統而言，此類景象是潛在的政治災難……

波里斯・葉爾欽曾經強調，其執政風格是進行危機管理。然而在車臣這件事情上，正是他自己導致危機不斷醞釀發酵，是他對該共和國內部日增的不滿情緒視若無睹，直到衝突再也無法避免為止……

波里斯・葉爾欽為了阻止國家瓦解所進行的戰爭，已使得車臣淪為一片廢墟，並且讓莫斯科面對駭人聽聞的重建帳單，以及為了維繫俄國統一而在其他共和國作戰的可能性……

政治恐怖主義已來到莫斯科——在一節擁擠的地鐵車廂上發生了爆炸，導致四人死亡和多人受傷……

我翻出一九八七至九七年間在俄國進行ＢＢＣ新聞報導時的錄影帶，以作為本書研究工作的一部分。我很驚訝地回想起來，裡面竟然有那麼多是以蘇聯周邊加盟共和國的種族與民族騷亂為主題。我報導了蘇聯南部不斷升高的各種衝突，這些衝突導致亞美尼亞人、亞塞拜然人、烏克蘭人、喬治亞人、摩爾多瓦人和其他族群對蘇聯的統治進行反抗。我也報導了克里姆林宮為了維護蘇聯統一，時而採取粗暴的措施。到了一九九〇年代，有另外一個族群憤而起來反抗。之前的動亂都是發生在俄羅斯境外的蘇聯加盟共和國，但車臣卻是俄羅斯本身的一部分。車臣人努力爭取從可恨的俄羅斯桎梏獨立出去，讓波里斯・葉爾欽及繼任者面臨來自國內的最大挑戰。

南方始終是俄羅斯的一大問題，而且從許多方面來看都是自己製造出來的問題。一九八〇和九〇年代的那些種族衝突熱點，以及恐怖分子今日仍然在莫斯科市內引爆的炸彈，都萌生自許多個世紀之前播下的種子。俄羅斯南部是一個危險的前緣地帶——粗獷、憤怒和殘酷，卻物產資源豐富，具有美麗的地理景觀和重要的戰略意義。從最早的時候開始，俄國人就以懷疑和恐懼的目光看著當地剽悍的遊牧部落，而自從經歷了蒙古人的征服之後，他們更是生出一種持久的願望，務必要鞏固國家的邊疆。（參見第四章）。

許多個世紀以來，歷代沙皇不斷設法將俄羅斯的潛在敵人遠遠驅離國家的心臟地帶，於是便朝所有的方向去擴大俄羅斯帝國。這個政策在東方取得很大程度的成功，讓西伯利亞成為忠實於俄羅斯的一部分（參見第八章）。在北方和西方雖曾取得緩衝國，卻未能成功防範瑞典人、普魯士人、立陶宛人、法國人、波蘭人和德國人的入侵。不過俄羅斯的擴張野心在南方遭遇到最猛烈的抵抗，並引發了最長久的問題。

當「恐怖的伊凡」在十六世紀發動進擊來兼併南方的土地時，他展開了一場將在隨後四個世紀內不斷與俄國如影隨形的鬥爭。他打下了穆斯林的喀山汗國和阿斯特拉罕汗國，卻被克里米亞的韃靼人奪走土地，讓他們在一五七一年攻陷莫斯科並短暫占領，還將許多市民擄去當奴隸。穆斯林軍閥是俄羅斯人心中的夢魘，南方意味著威脅、恐怖和死亡的根源。

一六五四年的時候，阿列克謝一世與哥薩克領袖博格丹・赫梅利尼茨基簽訂條約，讓俄羅斯把烏克蘭併入其帝國。在莫斯科眼中，這代表著基輔羅斯昔日的土地——俄羅斯文明的古代泉源——歡歡喜喜地重獲統一。可是對許多烏克蘭人而言，這個被迫的聯盟鬱積出憤怒與怨恨，並在接下來的數百年間持續惡化。烏克蘭和俄羅斯都聲稱自己是基輔黃金時代的真正繼承人，彼此相互猜疑，時而懷有敵意。

到了一六八〇年代，彼得大帝曾經派部隊攻打克里米亞汗國，但其對手的焦土戰術使得他們倉皇北返。於是俄羅斯的南部邊界在隨後的幾個世代，持續陷入忽前忽後的拉鋸狀態。從十八世紀到十九世紀初期，為了掌握黑海北岸的肥沃土地，俄羅斯一再與鄂圖曼土耳其人進行戰爭。凱薩琳大帝將烏克蘭的剩餘部分、克里米亞，以及亞速海與黑海的不凍港收入俄羅斯的控制之下。這些南方疆土既加速提升了俄羅斯的大國地位，同時也促進了民族自豪感，有助於將一個難以駕馭的帝國凝聚起來。

然而高加索地區——車臣、喬治亞、達吉斯坦，以及印古什等民族所定居的壯麗山脈和繁茂谷地——卻變成了一個險惡的戰場。十九世紀初葉對俄羅斯統治的反抗，帶來了五十年的游擊戰爭，奪走成千上萬條人命，也給俄羅斯的作家和詩人帶來靈感，寫出了充滿殘酷、激情與自豪的故事。普希金的敘事詩《高加索的俘虜》（一八二二），更為往後好幾個世代的作家定下基調：

我要歌頌那光榮的時刻，
當我們的雙頭鷹
察覺血腥的戰鬥，便飛上
憤怒的高加索山峰；那時……

第一次響起戰爭的雷霆
以及隆隆的俄羅斯鼓聲……
我歌頌你……英雄，高加索之鞭！
……你的行蹤像一場黑死病，
摧毀、消滅了那裡的部落……
一切臣服於俄羅斯的刀下。
高加索的驕傲子弟，
你們曾經戰鬥過，死得多麼慘烈；
然而我們的鮮血無法拯救你們，
更遑論是耀眼的鎧甲，
遑論是深山，遑論是駿馬，
遑論是對野性自由的熱愛！

普希金是一位自由主義者，以及自由的捍衛者，但這首詩作的奇特結尾卻以沙文主義色彩呈現出來，顯示即便是他，也不免著迷於俄羅斯帝國在他寫作當下所獲得的戰果。

到了十九世紀的亞歷山大一世，南征行動是由阿列克謝・葉爾莫洛夫將軍負責領導——他是拿破崙戰爭時期的傑出老兵，也是俄羅斯砲兵部隊的指揮官。他在一八一六年抵達高加索地區後，很快就因為冷酷無情和極端殘忍的作風而聲名大噪。他蓄意採取恐怖措施，包括未經審判便處決敵對反叛分子並屠殺其家庭成員，以及綁架和強暴當地婦女。他曾經做出辯解，為什麼要毀滅數百萬英畝的森林，因為這樣子能夠清除敵方游擊隊潛在的躲藏地點——正如下一個世紀美國人在越南使用「橙劑」的理由。葉爾莫洛夫表示他的目的在於，「讓我的恐怖名聲勝過任何堡壘鏈，更強有力地捍衛我國邊疆」：

我希望對當地人而言，我所講的話就是法律，比死亡更加不可逃避。……在亞洲人眼中，仁慈只不過是軟弱的標誌。而我的雷厲風行其實是立基於最大的人道關懷：我認為每處決一次就可以保護數百條俄羅斯人命免於遭到毀滅，並防止成千上萬名穆斯林從事叛國的行為……

葉爾莫洛夫創建了堡壘城市格羅茲尼——今日的車臣首府。他從那裡展開討伐車臣村莊的行動，命令手下的軍官「摧毀他們的城鎮、把人質吊死，並且宰掉他們的婦女和兒童」。成千上萬的車臣人從自己的家園遭到遞解出境展開流亡的生活。村莊被夷為平地，然後再次被夷為平地。然而一八一九年九月的一場突擊行動，讓一個叫做「達迪」的村落成為車臣民間歌謠頌揚的對象，留存於車臣人的集體記憶中。該地百姓在充滿傳奇色彩的領導人夏米爾激勵下，英勇地起而抵抗俄國人。當所有的男性村民被敵人的子彈打死之後，揮舞著匕首的婦女繼續進行防守，最後她們寧可割斷自己的喉嚨，也不願意成為俘虜：

醒來吧，勇士們！
喚醒你們的家人、喚醒你們的妻子！
趕快結束晨間祈禱！

你們的村莊現在正遭到圍攻。
三層閃閃發光的鋼圈，
刺刀於黎明時分沾滿血跡。
這一天將隨著上千人的死亡而破滅。
因為葉爾莫洛夫已經下令：
一個小孩、一個女人也不饒！

翻開偉大的《古蘭經》，
念出〈死亡的禱告〉。
今天，勇敢的男人，你們的靈魂
將會飛翔。可是異教徒
永遠也不會看見你們背對他們逃跑。
真主將把你們的聖戰
帶進祂的懷抱……

每一片草葉，每一塊岩石都將記得
先人土地的苦難與憤怒。

他們曾與敵人
——手持刀劍硬闖過來的敵人——

同歸於盡。
我們的戰士不願看見一種淒涼景象，
不願為此潸然淚下，
那就是有車臣小孩
在他被殺害的母親身旁哭泣。

對車臣人來說，葉爾莫洛夫將軍直到今天都還是一個令人仇視與怨恨的人物。他是俄羅斯進行種族滅絕的象徵，刺激了車臣戰士在過去二十年的戰爭中，對俘獲的義務役俄羅斯士兵施加最駭人聽聞的暴行。[1]

即使莫斯科正在向南方挺進，普希金對葉爾莫洛夫的出征行動所表達的愛國主義支持，也並未得到每一個人的認同。米哈伊爾．萊蒙托夫，一位具有自由主義傾向的禁衛軍軍官，在一八三七年寫出一首耀眼的詩篇，裡面充滿了極端的憤怒——他攻訐沙皇的偽善，以及那些「謀殺了自由、天才和榮譽……正在御座周圍貪婪地擠成一團的劊子手們」。不久他就被調派至高加索地區的一個龍騎兵團，而那是一種以服役為幌子的監獄流放。萊蒙托夫遂以其開創性的小說《當代英雄》，暗暗指出俄羅斯是他眼中的監獄，而狂野叛逆的高加索地區卻給人帶來自由：

1 到了二十一世紀，俄羅斯繼續以葉爾莫洛夫為表率。不僅村莊、城鎮被毀，更驚人的是，車臣首府格羅茲尼也被炸成了瓦礫。葉爾莫洛夫「分而治之」的策略，以及對傀儡政權進行賄賂和勒索、好讓他們出面替莫斯科行使權力的做法，表面上帶來了穩定。但為此付出的代價就是鎮壓、謀殺和恐怖統治。歷史明證，車臣人怨恨的火山得要等到許多世代之後才會熄滅。

昨天我抵達皮亞季戈爾斯克……在雷雨天的時候，烏雲一定會垂掛到我的屋頂上。……別什圖山位於西邊，灰藍得彷彿暴風雨過後殘留的一片雲朵。馬舒克山就像一頂毛茸茸的波斯帽，完全遮住了北邊的地平線。……在更遠的地方，群山一座比一座陰暗、一處比一處迷茫。……在最遠處的天邊，雪白的山峰宛如銀鏈一般，從卡茲別克山一直綿延到雙峰並峙的厄爾布魯斯山。居住在這樣的土地上，真叫人心曠神怡啊！

《當代英雄》裡面充滿這種美妙而令人回味、針對壯麗的高加索山脈做出的描繪，同時也敘述當地既凶猛又驕傲、為保護自己家園而戰的居民。萊蒙托夫筆下那些虛榮、複雜、自戀的俄國人，相形之下顯得微不足道。這本書的標題擺明是在諷刺：如果有英雄的話，那麼高貴的野蠻人——車臣人和達吉斯坦人——才是英雄，俄國人則只不過是索然無味、玩世不恭的飯桶罷了。萊蒙托夫的主題，就是拐彎抹角地對帶來奴役與壓迫的「文明」進行控訴。

在同一個世紀稍晚從事寫作的列夫．托爾斯泰，甚至抱持更加批判的態度。他年輕時曾以俄羅斯陸軍下級軍官的身分在高加索山區服役，他當時在自己的日記中寫道：那個行動「醜陋而不正義」。他的最後一部作品，中篇小說《哈吉．穆拉特》，對那些以欺騙和殺戮肆虐車臣的俄國人，表達了強烈的道德反感：

誰也沒說憎恨俄羅斯人。車臣人，不論老少，對俄羅斯人絕不僅僅是憎恨。這不是憎恨，因為他們認為俄羅斯人不是人，而是狗。他們對俄羅斯人瘋狂的殘酷感到深惡痛絕和難以理解，恨不得像消滅老鼠、毒蜘蛛和豺狼那樣把他們消滅掉。這種感情非常自然，就像自衛的本能一樣。

對帝國周邊地區的民族主義進行的嚴厲鎮壓，給俄羅斯留下了幾百年來不斷惡化的問題。近幾年來，車臣已成為此類問題當中最嚴重的一個，但其他族群也繼續懷有類似的不滿情緒，而那同樣可以回溯到沙皇時代。歷史上每當出現危機和政權積弱不振之際，都會在帝國的少數族群之間引發種族騷亂，帶來災難性解體的幽靈。在二十世紀初期的革命動盪時代，自由派總理謝爾蓋・維特曾於《回憶錄》中（一九二一年出版的遺作），針對威脅俄國統一的民族裂痕提出警告：

這種革命洪流尤其危險，因為百分之三十五的人口是被征服的非俄羅斯民族。任何一個了解近代史的人都知道，民族主義在前幾個世紀的發展已經給民族融合帶來了巨大的困難。邊區各省（在一九〇五年）顯然是趁著俄國中央力量薄弱的時機來耀武揚威。他們開始針對長年施加給他們的不公平待遇做出報復。……他們熱切期盼能夠從他們眼中的俄羅斯枷鎖解脫出來。這種形勢的造成，只能歸咎於我們的政策失誤。我們沒有覺察到自從彼得大帝時代以來，尤其是從凱薩琳二世女皇主政以來，我們已經不是居住在俄羅斯，而是居住在俄羅斯帝國了。……邊區各省絕不會容忍殘酷的俄國化政策。喬治亞人、亞美尼亞人、韃靼人……想要自治；他們都渴望擺脫那個恣意壓迫、給他們的生存帶來痛苦的制度。

為了壓制南部疆域而長時間進行的爭鬥，對俄羅斯自己造成了傷害。從基輔羅斯的時代以來，「國家陷入險境，幾乎持續處於作戰或備戰狀態」的自我形象，已經深植俄羅斯人的心靈。蒙古人的占領，則灌輸了那種把全國物力和人力優先使用於征戰的軍事國家模式。幾個世紀以來在高加索和其他地區的消耗戰，則證實了俄羅斯必須保持警覺，隨時為自衛而做好動員準備的信念。持續備戰所產生的重擔，使得俄羅斯的國家經濟和社會結構扭曲變形，對社會改革造成了妨礙。為此所需的穩定新兵來源，使得破除農奴制的可能遭到致命的延誤。最後，這樣的爭鬥破壞了十九世紀改革派沙皇們的努力，給革命的力量帶來了動能。

俄羅斯願意付出如此沉重的代價來統治高加索地區，部分理由是為了要屏障該國脆弱的南方邊境，因為除了波斯人和土耳其人之外，英國人也逐步在那裡開疆闢土。鄂圖曼帝國的衰落，導致俄國和英國為了填補土耳其人離開後所留下的權力真空展開一場爭鬥。所謂的「大競局」將肆虐九十年之久，直到一九〇七年締結「英俄協約」為止。在此之前，中亞霸權之爭將蔓延成為俄羅斯國土上的戰鬥行動。

對俄國滲透進入地中海的恐懼，促使英國和法國在一八五四年派兵登陸克里米亞半島，以摧毀沙皇部署於塞瓦斯托波爾的黑海艦隊。尼古拉一世的窮兵黷武助長了克里米亞戰爭的爆發，而他自己在戰事方酣之際死於肺炎，留下俄國來承受災難性的慘敗。一八五六年簽署的一項懲罰性和平條約，強迫俄國拆除所有位於黑海的海軍基地，讓幾個世紀以來在南方設置不凍港的任務，以及進入地中海的強烈願望，全都化為泡影。

克里米亞戰爭這場災難的規模、戰術上的紕漏，以及沙皇威權所受的屈辱，在在顯示出俄國的歐洲強權地位已開始結束。而且至關重要的是，這場敗戰在國內引發了公眾的不滿情緒，給方興未艾的革命反對勢力注入新的動能。不滿情緒在整個世紀內持續積聚成長，最後隨著一九一七年的各種爆炸性事件而達到高峰。

13 亞歷山大解放農奴失敗

在尼古拉·果戈爾[1]的小說《死魂靈》中，全書的核心人物乞乞科夫是一名騙子。他向地主們收購已經死去但尚未註銷戶口的農奴，然後把他們抵押給國家銀行，藉此賺取暴利。

乞乞科夫問道：「請告訴我，大娘，您這兒死掉過多少農奴？……您還是乾脆把他們讓給我算了。」

老婆子說：「我讓給您什麼呢？」

乞乞科夫表示：「就是這些已經死掉了的奴隸啊。……賣給我吧，我可以付錢給您。」

老婆子問他：「您要他們來做什麼呢？說真格的，出賣死人的事情我這可是頭一回……您不是在騙我吧？說不定會有別的商人過來，給我更好的價錢……」

「看來這個老太婆還真是個死腦筋」，乞乞科夫心裡這麼想著，繼續開口表示：「他們怎麼會更加值錢呢？請您仔細想想，他們實際上只是一堆骨頭和一堆灰而已……您倒是說說，死魂靈

1 譯注：果戈爾（Гоголь/Gogol'）或音譯成「果戈理」。此姓氏的最後一個字母其實不發音——「ь」是「軟音符號」，表示說出「Л」（L）之後，舌尖須頂住上顎。有一派音譯法卻把「ль」（l'）全部音譯成「li」。於是除了「果戈理」之外，葉爾欽（Yel'tsin）變成「葉利欽」，車諾比爾（Chernobyl'）甚至成了「切爾諾貝利」。

到底有什麼用處？」

她回答說：「或許他們在農場上還有一些用處……您曉得，在緊急情況下……」

果戈爾的文章表面上看似簡單，但我們讀得越多，就越能夠察覺那種既不尋常又令人不安的強度。《死魂靈》並不單純只是進行社會批判而已——果戈爾更遊走於他招牌式的荒誕幽默，以及一種奇特而神秘、著眼於讓俄羅斯民族獲得重生的奮戰之間。本書的主題——販賣人口的行為（甚至在人死了以後），以及沙皇官僚體系的麻木不仁和能力低下——尖銳地暴露出農奴制度的實況。

《死魂靈》完成於一八五二年，當時俄國和美國都在認真討論是否廢除奴隸制度。但農奴制度已然成為俄羅斯經濟的重要支柱，不斷向國家提供現成的勞力、向軍隊提供新兵，並且全面撐起了俄國的社會結構，因此之前的沙皇們都不想做出更改。

早在基輔羅斯時代，當奧列格的貿易船隊在第九和第十世紀載運俘虜沿著聶伯河而下，前往拜占庭進行以貨易貨時，奴隸就已是高價值的商品。按照歷史學家的推斷，他們是在突襲行動中遭到俘虜的囚徒，被賣去接受一輩子的奴役。但後來在十三和十四世紀的時候，證據顯示有自由農民因為欠了錢而被迫以工償債。時至十五世紀，蓄奴的相關規定已被編入法典。俄羅斯歷史上的第一部法律彙編《羅斯法典》宣布「奴隸的類型有三種」：

> 民眾可以在證人作證的情況下購買奴隸，然後向法官付款辦理登記。若有男子娶女奴為妻而未徵得女方主人同意，則男方也將成為奴隸。若有人同意接受主人的差遣，則他將成為主人的奴隸。若積欠的糧食債務未能及時以幹活抵償或者全額還清，負債的一方將成為奴隸。

實際上有許多農民自願成為奴隸。俄羅斯有一種稱作「聯合責任」的獨特機制，讓農村公社集體負責繳納稅賦、維護公共紀律，以及向軍隊提供役男。在農作物歉收或者經濟困頓的時候，此類責任很難履行，唯一的解決辦法往往就是整個村子同意成為大地主的財產。

到了十六世紀中葉，奴隸開始被重新歸類為農奴，附屬於他們主人的地產，然而他們的租佃權得到若干保證，包括可以把租佃來的土地轉移給自己的兒子。為了獲得土地使用權，有些人是向地主支付「免役金」，有些人則是提供「勞役」。就許多方面而言，農奴制使得相關各方都有利可圖：地主們有了穩定的勞動力，農民們則得到安全與保護。大多數地主都足夠明理，意識到虐待農奴並不符合他們自身的利益，於是這個制度迅速地蔓延開來。可是農奴制強化了集體主義的心態，此一心態將主宰俄羅斯許多個世紀。歷代傳承下來願意在面臨共同問題時齊心協力的做法，有助於讓國家擴大成為一個帝國，並且起而抵禦外侮。然而那也造成了妨礙，未能像歐洲一般逐漸發展出私有財產制、政治上的自由，以及各種受法律約束的機構。

很早以前，在十三和十五世紀之間，農家可以管理自己的村社，農民可以接一點私人的活來賺取自己的利潤，並且按照約定俗成的規矩，每年有一次機會可以在十一月聖喬治節前後離開自己的主人。只要已經收割完畢，而且所有的債務皆已償清，他們就可以逕自揮手告別，前往別處做工。可是國家越來越依賴農奴們創造出來的稅務收入，而他們從一個地方遷移到另外一個地方，會讓稅款的收集變得很困難。於是在一五九〇年代，沙皇波里斯．戈都諾夫中止了農奴轉移地點的權利，以致僅僅數十年之內，農民便無可挽回地被束縛在土地上。

接下來的兩百年內，他們的權利逐步遭到蠶食，農奴開始宛如私人動產那般地遭到買賣。在彼得一世統治時期（一六八二－一七二五），農民正式成為地主的財產，跟他們的主人而非土地綁在一起，並且受其任意擺布。他們剩餘的公民權利遭到剝奪，情況變得類似美國黑人所處的困境，而不同於早期相對較佳的勞動關係。

從數字來看，農奴制度於十八世紀末期——在被視為作風自由的凱薩琳二世任內——達到了巔峰。財富通常是依據一名貴族所擁有「魂靈」（soul）的數目來衡量。彼得大帝和凱薩琳大帝都用賞賜人口的做法來獎勵有功於國家者——這裡給一千個農奴，那裡給一萬個農奴。其中所涉及的人數十分驚人。一七九六年的人口普查顯示，三千六百萬百姓當中，有一千七百萬人被迫接受勞役。地主有權責打所屬農奴，並且將不服從命令者送去西伯利亞做苦工。

農民越被看成是財產——被視為物件而非人類——他們在主人手中所承受的苦難就越多，衍生出來的野蠻故事也益發惡劣。

我來到莫斯科南方二十英里外的特羅伊茨克，準備在城鎮近郊尋覓昔日達麗亞·薩爾蒂科娃的莊園（她是十八世紀的一位有錢貴族）。我花了不少時間才找到那裡，因為當地似乎沒有人願意提供協助。他們多半只是搖搖頭就走開了。最後終於有人為我指點方向，該如何前往那個叫做「紅帕赫拉」的小村莊。當我走近的時候，瞧見山頂上有一座藍色的圓頂教堂，旁邊有一棟新古典主義風格的莊園大宅——大宅的外面覆蓋著鷹架，顯然正在進行翻修（工人低聲告訴我說：「在幫一名寡頭幹活」）。

那裡的環境洋溢著田園風情，但該地卻有一段令人毛骨悚然的歷史。達麗亞·薩爾蒂科娃在一七五五年接管這座莊園（前述教堂是她的私人禮拜堂），並於隨後七年內親手虐待和殺害了一百多名屬於她的農奴。就像同時代的許多地主那般，她在自己的莊園內有私人監獄，監獄裡面還配備了酷刑室，她就在那裡向囚犯傾倒沸騰液體、將他們綑綁在炙熱的烙鐵上，或者把他們浸泡在冰水中。

即使在今天也看得出來，這座宅邸曾經屬於一個地位非常顯赫的家庭，而且薩爾蒂科娃與高層關係良好。於是每當有農民試圖揭發她的罪行，反而會發現自己因為造謠中傷而吃上了官司。但還是有兩個勇敢的農奴想盡辦法，偷偷把一封投訴書直接呈遞給凱薩琳大帝。那是一份既可悲又讓人同情的文件。二人之一表示，他被迫眼睜睜看著薩爾蒂科娃先是指責他的妻子沒有正確清洗地板，然後慢條斯理地用棍棒和鞭子把她打死。他寫道，薩爾蒂科娃告訴他說：「如果你膽敢舉報此事的話，你將得不到任何好處，只會被鞭打到死。」女皇讀完二人的投訴書之後，薩爾蒂科娃被送上法庭接受審判。她被判處戴枷鎖示眾一個小時，接著被送去一座修道院監禁。刑罰雖輕，但有任何地主受到任何懲罰都已經是不得了的事了。

到了十九世紀，農奴制度已然發展成最惡劣的奴役形式。但如果農奴制度遭到廢除的話，數以十萬計的小地主們恐怕會失去一切，於是他們頑固地抗拒改革。對公平正義感到絕望後，許多農奴便逃跑前往西伯利亞或不平靜的南方地區，在大規模的農民起事中加入叛逆的哥薩克人（參見第八章）。

農奴就像美國南方的黑奴那般，沒有法律權利、找不到補救辦法，而且無處可逃；他們和他們的子孫永遠都是奴隸。但不同於美國的是，美國社會的其餘部分享有自由和民主，俄國農奴制卻從根本反映出瀰漫於整個俄羅斯社會的專制主義，以及法治上的欠缺。

俄羅斯的良知又一次落在作家、藝術家和詩人們的心中。在莫斯科的特列季亞科夫畫廊，我看見了伊利亞・列賓扣人心弦的農民繪畫。與農民有關的場景，好幾個世紀以來都是俄羅斯藝術的主要題材。列賓卻給這種繪畫類型帶來了情緒感染力和間接的宣傳作用。例如《伏爾加河上的縴夫》（一八七〇—七三）裡面辛勤勞動的人們，臉部在深沉的痛苦中充滿了人性尊嚴。《庫斯克省的宗教行列》那幅傑作（一八八〇－八三）呈現出各種相互矛盾的表情：沙皇的士兵騎在馬背上鞭打農民群體，穿著金色長袍的教士則把目光避開。那種刻意呈現出來的效果令人震驚，讓列賓與官方審查員之間起了衝突。

十九世紀的許多俄羅斯文學作品讀起來像是絕望的嘗試，以彌補知識分子為了農奴制的恐怖所感到的內疚。尼古拉·涅克拉索夫、伊凡·岡察洛夫和米哈伊爾·薩爾蒂科夫—謝德林為此感到苦惱；屠格涅夫更以一八五二年出版的《獵人筆記》向農奴的高貴表達敬意，同時也暗示了貴族階層的道德空虛。托爾斯泰則在《安娜·卡列尼娜》（一八七三－七七）當中，透過具有自傳性質的「列文」一角，以及在《伊凡·伊里奇之死》（一八八六）等小說中，將俄羅斯農民頌揚為人性與智慧的泉源。

托爾斯泰於接近人生盡頭之際，收到了湯瑪斯·愛迪生寄來的一套錄音設備，他決定錄製一篇名叫《我不能沉默》的論戰文字（一九〇八）——裡面即包含了對俄羅斯農民的讚歌。他錄下來的字句，讓人回想起十九世紀的大多數時候籠罩著這個國家的羞愧感：

> 今天我在報紙上讀到，赫爾松有二十名農民被處絞刑……。這二十個人是這樣一種人：我們以他們的勞動為生，我們以往使用一切力量敗壞他們，現在也在敗壞他們，從伏特加毒液開始，到我們並不相信卻拼命灌輸給他們的那種信仰謊言。……俄國的生活全靠這種人的善良、勤勞、純樸來維持……我們對待他們的方式實在教人受不了，我不能沉默……我無法生活在一個難以形容、做出這些事情的社會裡。

知識界把農民理想化了，而其成員對農民生活難得有任何第一手的經驗。托爾斯泰、屠格涅夫，甚至涅克拉索夫，全部都出身自土地貴族家庭。對他們自己和追隨其榜樣的社會改革者來說，農民繼續只是一個值得為之奮鬥的知識領域，而非應該受到徵詢和了解的真實人物。歐洲化的上層階級與未受教育的群眾，是生活在同一國之內的兩個分隔開來的國家。等到革命者試圖在十九世紀後期煽動群眾時，知識分子與農民之間的巨大差距將會造成彼此的尷尬誤解。但在此之前正醞釀著一個劃時代的變革：暴虐的尼古拉一世於一八五五年駕崩後，新登基的人已下定決心要採取激進措施來解決農奴制的不公不義。

★ ★ ★

亞歷山大二世上台的時候，俄羅斯正值風雨飄搖之秋。俄國在克里米亞戰爭中落敗，而亞歷山大的第一個任務是簽訂屈辱的《巴黎和約》，在一八五六年結束戰爭。他似乎在即位之初就已經決定，管理俄羅斯的方式必須有所改變。亞歷山大二世改革了軍隊，引進全面徵兵制度，不過他避開了歷代前任的擴張主義和好戰政策。他展開編纂一部新法典的工作，並給予農村和城市當局更大的自治權力。但他最大的改革發生於一八六一年三月三日。亞歷山大二世在登基六週年紀念時，簽署了《解放農奴宣言》，給好幾個世紀以來一直形同奴隸的兩千三百萬俄羅斯人帶來了自由。

蒙主恩典，朕，亞歷山大二世，全俄羅斯的皇帝和獨裁者……向朕的忠實臣民宣布：朕已經確信，改善農奴的情況是一項神聖使命……在祈求上主賜予援助後，朕決計把這一事業切實地推動起來。根據上述新法令，農奴在適當的時候將獲得自由農村居民的一切權利。

> 對自己全部土地仍保持所有權的地主，在農民向他履行規定義務的條件下，將讓農民永久使用他們耕作的土地。此外為了保障農民的生活，並使他們能向政府履行義務起見，將依據上述安排讓渡給他們部分可耕地以及其他財產。

農民的解放是俄羅斯社會自從彼得大帝以來，所出現過最大規模的變動。這項改革幾乎影響了每一個百姓、把整個經濟與社會結構放到新的基礎上，而且所產生的震波將在接下來的數十年間轟隆隆地穿越全國。

早就應該改革了。歐洲各地幾乎都廢除農奴制了，而遭到「廢奴論」撕裂的美利堅合眾國則將於下個月爆發內戰。在俄羅斯，拿破崙入侵結束後與日俱增的農民騷亂，已在克里米亞戰爭這場軍事災難發生之際和之後演變成武裝起事。農奴們曾經英勇地參加那兩場戰爭，一心期盼他們的「小父親」——沙皇——能夠把土地交給他們作為獎賞，況且他們從遠古以來就把土地看成是俄羅斯百姓的集體財產。

可是大多數的地主反對改革，以致亞歷山大必須強制推行。他告訴貴族階層，「自上而下來廢除農奴制……比坐等被自下而上遭到廢除好得多」。宣言裡充滿了對自我約束的懇求，顯露他多麼畏懼衝突和可能會出現的暴力行為。

> 朕期待貴族與農民取得友好諒解，並且針對土地分配的範圍和由此衍生的責任義務達成協議。……俄羅斯將不會忘記，貴族基於對人性尊嚴的重視以及基督徒對鄰居的友愛，自願放棄了農奴制度，為農民的新的經濟未來奠定了基礎。……在期限未滿以前，農民和家奴應像過去

一樣服從地主，絕對履行他們舊日的義務。……鑑於這項改革不可避免將出現的困難，朕尤其對關照俄羅斯的慈悲天意滿懷信心……，並且依賴我國百姓的常識……

農民起初欣喜萬分地對《解放農奴宣言》表示歡迎。日後的無政府主義者彼得．克魯泡特金親王曾在《一個革命者的回憶錄》（一八九九）裡面寫道：

我還躺在床上的時候，我的僕人伊凡諾夫就端著茶具托盤衝進來喊叫著：「親王，自由了！那個宣言已經張貼在牆壁上……人們大聲地朗讀出來，好讓其他人也能夠明白內容……。」我在幾分鐘之內便穿好衣服來到門外。一位同志拿著一份宣言迎面走來。他表示：「這已經在聖以撒大教堂的晨間彌撒宣讀過了。」「那裡的農民……他們都知道這意味著什麼。當我走出教堂的時候，有兩個農民站在門口，帶著嘲弄的微笑對我說話：『嗯，大人，您現在要離開了嗎？』」他還模仿了那些人引領他出去的方式。多年來的期待完全流露於他們把主人送走時的手勢……

克魯泡特金雖然反對沙皇政權，但就連他的心情也陷入一片歡欣鼓舞：

我們是跑步，而非走路回家……街道上洋溢著同樣的熱情。無論是農民還是受過教育的人，群集站在皇宮前方齊聲高呼萬歲。等到沙皇現身的時候，只見真情流露的群眾跟在他的馬車後面奔跑示意。……啊，亞歷山大，你為什麼沒有在那一天去世呢？那麼你將會在歷史上留下英雄的名聲！

可是一等到農民們獲悉解放的詳細規則之後，而且篇幅幾乎多達四百頁，他們就提不起興致來了。亞歷山大想要安撫貴族，結果致命地搞砸了整個改革。

★ ★ ★

在莫斯科基督救世主大教堂的陰影下，我看見了亞歷山大的改革嘗試所將得到的最後報償。那座相當宏偉的新塑像高三十英尺，四周環繞著青銅獅子、噴泉和高聳的白色列柱。這是由大眾捐款修建而成，以一英尺高的文字宣告：「獻給亞歷山大，解放者沙皇。」基座底部則寫著：「他將數以千百萬計的農奴從束縛中解放出來，引進獨立的地方議會和地區自治，結束了高加索的戰爭。」亞歷山大同時也普及教育、推行更加公正的司法體系，並且放寬新聞檢查——說來諷刺，俄羅斯是第一個翻譯和出版馬克思《資本論》的國家（一八七二）。他的改革向公民社會和法治國家的建立走出了真正的一步。

只可惜那僅僅是一半的真相。一八六一年的農奴解放無法滿足農民的願望，因為在相關措施生效之前設置了兩年的過渡期，而且更糟糕的是，並沒有把土地交給農民，反而規定農民必須按照政府訂出的價格，向貴族購買自己所持有的土地。由於農奴多半沒那麼多錢，於是國家向他們提供了百分之八十的貸款。然而他們從此必須不斷還債，在四十九年的期限內每年支付百分之六的利息。[2] 這意味著農民被迫繼續為他們昔日的主人工作、比從前付出得更多，而且往往只有較少的土地可資利用。政府很快就必須派遣警察和部隊來追討貸款，從而導致衝突和怨恨。

解放農奴的做法幾乎讓每個人都非常失望和氣憤。我在亞歷山大二世塑像的底部碑文，讀到了一個令人遺憾的警句：「驟逝於一八八一年三月一日……成為恐怖主義行動的受害者。」

那次「恐怖主義行動」發生於聖彼得堡。我在冬宮和市內主要通衢涅瓦大街一帶，昔日的凱薩琳運河旁邊找到了事發地點。這裡位於沙皇每個星期天早上習慣行經的巡視路線上，是在橋邊堤岸道路變得特別狹窄之處，並且受到鐵欄杆和運河的限縮。皇家馬車在一個分遣隊的哥薩克騎兵護衛下，被迫放慢速度從擁擠人群的邊緣通過。

人群當中包括尼古拉·雷薩科夫，他是一個叫做「人民意志黨」的激進革命組織成員。他向皇家隊伍投擲炸彈一枚，但因為一時緊張或者受到人群推擠，以致錯失目標而沒有命中沙皇的馬車。結果炸彈在哥薩克衛隊的中間爆炸開來，並且把雷薩科夫拋向鐵欄杆那邊。亞歷山大沒有受到傷害，但他不聽隨從的勸告，堅持要下車查看那些人員的傷勢。當他這麼做的時候，另一名恐怖分子伊格納季·格里涅維茨基丟出了第二枚炸彈。格里涅維茨基站得很近，當場被炸得不省人事，沙皇則被炸飛出去。警察局長連忙跑過去救他：

爆炸聲震耳欲聾，我受了燒傷並且被拋在地。隔著硝煙和白霧，我聽見陛下以微弱的聲音呼喚著「來人幫忙！」於是我鼓足所有的力氣，跳起來朝向沙皇跑去。陛下半躺半坐，以右臂支撐著。我以為他只不過受了一點傷，正想把他攙扶起來，卻發現他的雙腿已被炸斷，鮮血從那裡泉湧而出。二十個受傷的人躺在地上。有些人正在爬行，有些人則是掙扎著推開壓在他們身上的屍體。我看見鮮紅色的積雪裡有衣服碎片、肩章、軍刀，以及血淋淋的一塊塊人肉。

2 亞歷山大和他的顧問們都明白，這種貸款系統將會給農民帶來沉重的財務負擔。可是俄羅斯的財政已在克里米亞戰爭的災難之後陷入危險境地，國家沒有能力表現得更加慷慨。

為什麼給俄國帶來了解放、和平，以及民主前景的人會落到這種下場，以致雙腿被炸飛、臉部破碎、胸腹從腹股溝撕裂到喉頭，最後流血而死？這個問題更令人心酸的地方是，亞歷山大展開最後的致命馬車之旅前幾分鐘，才剛剛在一份可能會永遠改變俄國的文件上簽字。一八八一年三月的那個星期天早上，亞歷山大簽署的憲法草案，旨在設法重振並擴大他二十年前藉由解放農奴而揭開序幕的社會改革。

亞歷山大隱約承認，他之前的各項改革未能滿足自由派的需求，反而助長了社會不安與革命暴力。他因此宣布，自己將再次致力於擴大民主協商機制。

所謂的《洛里斯—梅利科夫憲法》（得名自負責起草的改革派部長），已經談論起「邀請社會各界參與政策的制訂」。草案建議更進一步放寬審查制度，並且擴大地方民選議會的權限——其中包括有權派出代表參加國民大會，以便在立法的過程中發揮作用。這當然還稱不上是革命者所要求的民主憲政，但已經邁出了第一步。亞歷山大遭到暗殺一事（而且是革命黨人自己下的手），將在一個世代的時間內終結了對進步的一切希望。

亞歷山大於一八六一年採取的初步措施，已向俄羅斯百姓指出，改變確實是有可能的事情。他們便在這個認知的壯膽下，進而要求範圍更廣、步伐更快的改革。但他疏於回應他們的要求，等到革命的暴力終於說服沙皇再度進行改革實驗，為時已經太晚了。革命的領導人物、也是人民意志黨的積極分子薇拉．菲格涅爾[3]，曾經針對此一不斷成長並積極爭取自由民主的社會階層做出總結。她主張，沙皇政權將永遠也不能提供他們所要求的東西；唯一的解決辦法只有革命：

洛里斯—梅利科夫伯爵的政策欺騙不了任何人。政府對社會、人民和黨的真正態度並沒有發生絲毫變化。那位伯爵仍然決心要鎮壓人民，他只不過是用比較漂亮的手段來取代慣常的粗暴做法。

其論調與歷代的年輕激進分子相差無幾。可是在俄羅斯，人們相信此種論調並且付諸實際行動。那些暗殺亞歷山大二世並密謀推翻沙皇國家的男男女女，究竟是從哪裡蹦出來的呢？是什麼驅使他們走向那樣的暴力？俄羅斯到底面對怎麼樣的前景，竟可讓他們願意為了政治志業而犧牲自己？

3　譯注：猶太裔俄國革命分子薇拉・菲格涅爾（Vera Figner, 1852–1942）往往不幸被音譯成「薇拉・妃格念爾」。

14 用暴力寫下革命讚美詩

> 熱利亞博夫微笑而死；曾經在接受偵訊時背叛同志的雷薩科夫，現在則掙扎著被拖去絞架，陷入瘋狂的恐懼。走上絞刑台的時候，索菲亞．彼羅夫斯卡雅親吻了熱利亞博夫和另外兩名死刑犯，卻轉身背對雷薩科夫。他孤獨地死去，受到新革命宗教的譴責。……他們為了理念而大開殺戒……所以同志的死亡正足以辯解他們的正當。……死亡同時抵消了罪疚感和犯罪本身……那是虛無主義的極致，就在絞架的底下。

那些革命分子於一八八一年謀殺沙皇亞歷山大二世後遭到處決的場景，在阿爾貝．卡繆的描述下摻雜了道德的模稜兩可。他的哲學文集《反抗者》（一九五一）暗暗點出，他既理解也譴責政治謀殺行為。那種行為是必要的，但同時也不被允許。

時年十九歲的褐髮男子尼古拉．雷薩科夫丟出了第一枚炸彈，卻在接受偵訊時背叛他的朋友們——他拍攝於監獄中的照片充滿了同樣令人迷惑的模稜兩可。他以恐懼的眼神盯著照相機；其供詞的謄本讓人讀得難過，而當他懇求寬恕時已經完全絕望：「只要能多活一年就好。」

不過雷薩科夫和其他所有人一樣，也是自願擔任刺客，驅動他的是在他眼中看來那個政治目標所具備的道德必要性。在一八六〇和七〇年代，他們進行過數十次炸彈攻擊，既炸死和炸傷了旁觀者，同時也恣意犧牲了他們自己的生命。他們引人注目的政治歌曲《革命的讚美詩》（一八六五），歸納出了人民意志黨積極分子的狂熱絕對主義：

同志們持槍倒下以後，
不必對著他們的遺體哭泣……
要一無所懼地跨過他們的身軀，
高舉他們的戰旗向前衝！
在共同理念的旗幟下對抗敵人，
把他們的戰鬥進行到底……

其偏激的程度令人咋舌——最接近的比擬或許就是今日伊斯蘭自殺炸彈客的狂熱主義。這將是一場既殘酷又血腥的殊死戰。

若想明瞭這種凶殘行為的由來，我們就必須回溯暴力反抗在俄羅斯漫長歷史當中的根源。在較早的年代，心生不滿的貴族曾經密謀反抗「伊凡雷帝」；覬覦皇位的那批人曾在「混亂時期」導致內戰爆發；軍事政變和謀殺行動直到十九世紀都還是擁立和推翻君主的方法。然而那些情況主要都是獨裁體制內部的權力鬥爭，並非對沙皇制度本身的挑戰。挑戰來自「上面」——統治階層內部——而非來自「下面」的尋常百姓。第一次試探性的由下而上挑戰，來自亞歷山大·拉季謝夫和尼古拉·諾維科夫等改革派人士。他們攻訐了凱薩琳大帝的社會政策、鼓吹採取措施來填補獨裁者與人民之間的鴻溝（其中也包括廢除農奴制）。結果他們很快就因為惹出了麻煩而入獄。

一八二五年「十二月黨人」的政變策畫者打響了第一槍，導引出此後一個世紀以暴力為後盾的革命反對派（參見第十一章）。在接下來數十年內，滿腹牢騷的青年男女形成了俄羅斯特有的一個新流派，儼然成為此一意識形態的引領風騷者。由學生、書記、作家和教師所構成的知識界——他們都接受過國家所提供的相當自由的教育，卻對那個國家的本質感到不滿，並且為了統治者和被統治者之間的巨大差距而憤恨不平。他們是「平民知識分子」（raznochintsy），字面上意為「屬於各種不同社會階層的人」。一八三〇年代的時候，作家彼得・恰達耶夫撰文攻訐俄國的獨裁體制。他使用的語言是如此激進，以致他撰寫的《哲學書簡》（一八三二）遭到譴責和取締，只能以手抄本的形式秘密私下流傳——那是「薩密茲達」[1]的早期雛形。

> 我們的歷史開始於野蠻和落後之中，接著是殘暴屈辱的外來壓迫，但其價值觀卻被我們的統治者吸收過來。我們異常的命運將我們阻隔在其餘人類之外，導致我們未能汲取責任、正義和法治等普世價值。等到我們終於掙脫（蒙古）桎梏的時候，西歐地區蓬勃發展的新理念卻無法穿透我們受壓迫被奴役的狀態，因為我們已被隔離在人類的外面。我們越來越深陷束縛之中。當全世界都在進行改造和更新的時候，俄羅斯沒有建立任何東西。沒有任何發生在歐洲的事情能夠傳到我們這邊。我們繼續畏怯地蜷縮在我們悲慘的茅舍之中……或許你們覺得當我這麼形容我國的時候是在血口噴人，但我只不過說出了一小部分令人不快的事實而已。

1 譯注：「薩密茲達」（samizdat）是蘇聯時代異議人士秘密流傳的地下出版物。

恰達耶夫被政府宣布為瘋子，並且遭到流放。他則做出既諷刺又憤怒的反擊，在一八三七年發表了《瘋人的辯護》。

恰達耶夫的診斷結果引發了一場激烈的意識形態辯論。他主張堅決地轉向西方價值觀——轉向歐洲式的立憲政治和社會正義。他的觀點在知識界獲得廣泛支持，並凝聚出一個被稱作「西化派」的強大學派。

但是另一個同樣活力充沛的運動也形成了。這個運動與恰達耶夫的解決方案完全南轅北轍，反而主張重返「俄羅斯的基本價值」，亦即東正教義、農民集體主義和民族文化。這些人是所謂的「斯拉夫派」，認為俄羅斯的力量來自俄羅斯的歷史意識和共同目標。在他們眼中，傳統農村公社——「米爾」（mir）——之類的村社機制，使得俄羅斯優於強調個人主義的西方國家：歐洲人優先考慮自己，俄國人卻著眼於共同的努力和共同的福祉。「斯拉夫派」是保守派人士，擁護沙皇制度。他們也注意到君主和臣民之間日益擴大的鴻溝，所以他們提議召集諮商會議，藉此恢復雙方之間的和諧關係。「斯拉夫派」的健將康斯坦丁・阿克薩科夫，曾將「斯拉夫主義」的本質定義為「同心同德」：

> 百姓的各個階層和群體都充滿了單一的精神、唯一的信仰、同一的意見、齊一的構想，以及同樣獻身於共同福祉的態度。……俄羅斯是一種道德上的合唱團，個人的聲音並沒有在裡面遭到淹沒，而是成為所有的聲音共同唱出的集體和諧當中之一環，光榮萬分地被人聽聞。

一八七〇年代，杜斯妥也夫斯基在他的《作家日記》當中表達出類似看法：

我們的國度或許既貧困又混亂……但它就像一個人那般地站立著。它的八千萬國民享有精神上的團結一致，而那不存在於——也不可能存在於——歐洲的任何地方。

「斯拉夫派」針對俄羅斯的過去提出一種鼓舞人心但極度浪漫化的觀點。他們排斥歐洲的社會價值觀，埋怨彼得大帝試圖引進那些價值觀——就此意義而言，他們反對西方。他們認為，外來的西方觀念是導致君主和百姓之間出現致命隔閡的原因；舊有的社會模式（在一個獨裁而信仰東正教的社會中，每個人都知道自己所處位置的那種模式），則比較適用於維持社會穩定。「斯拉夫派」非常不同意恰達耶夫的批評，宣稱俄羅斯在道德上優於西方，並且重拾有關「神聖俄羅斯」的古老神話及其「拯救世界的神聖使命」。詩人費奧多爾·丘特切夫即寫道：「俄羅斯人長期以來承受著苦難的土地！異邦人的驕傲目光將永遠無法理解你……可是背負著十字架的天主正把自己化作奴隸模樣，向你的每一個角落賜福。」

丘特切夫往好的一面看是俄羅斯偉大的抒情詩人之一。但他也是一個排外的民族主義者和帝國主義者，而他的政治作品讀起來就像吉卜林[2]那樣，具有安非他命般的效果。他以神秘主義式、宗教式地呈現俄羅斯的做法，與杜斯妥也夫斯基有諸多類似之處，反映出「斯拉夫派」眼中那個受壓迫的民族如何因本土信仰而變得高貴，並且將進而改變世界。

俄羅斯無法憑理智了解，

2 譯注：吉卜林（Joseph Rudyard Kipling, 1865–1936）為出生於印度的英國作家，一九〇七年獲諾貝爾文學獎，一生宣揚「白種人的負擔」，有「帝國主義詩人」之稱。

不能用一般尺度來衡量：
她那裡存在獨特的事物——
對俄羅斯只有相信的份。

「俄羅斯命中注定要教導人類如何過生活」這種信念，在十九世紀成為「斯拉夫派」教義的特色，並將於一九一七年之後改頭換面重新出現。不過「斯拉夫派」與「西化派」之爭，源自早在古代即已不斷糾纏著俄國人的二分法：「東方專制主義」的價值觀——蒙古桎梏所留下的遺產——與西方模式「參與式政府和社會保障」之間的對立。到了一八四〇年代，「西化派」和「斯拉夫派」都同意需要做出改變。

整體來說，「一八四〇世代」的人是政治思想家和理論家，一般不願意把訴諸暴力視為政治武器。諸如亞歷山大．赫爾岑和維薩里昂．別林斯基等作家，都會譴責獨裁政體、農奴制度和沙皇警察國家。他們宣揚歐洲的自由價值，然而他們自己的俄羅斯式社會主義，卻借用了「斯拉夫派」的農村公社理念。赫爾岑曾經提出著名的預測，表示俄羅斯將為社會主義革命提供最肥沃的土壤：

暴風雨即將來臨，這是毫無疑問的事情。革命派和反動派對此看法一致。每個人的腦袋都天旋地轉；一個重大的問題，一個攸關生死的問題，重重壓在我們大家的胸口……。俄羅斯人民雖然不曉得「社會主義」一詞，其意涵卻貼近他們的心頭，因為他們許多個世代以來都生活在農村公社當中……。農民是我們國家特色的捍衛者，而此特色乃植基於村社主義的道德觀——按照工作者的數目來分配土地，並且沒有私人擁有權……。幸運的是，村社的生活一直持續到社會主義在歐洲崛起的年代……使得我們的土壤最適合讓那些從西方帶過來的種子發芽生長。

赫爾岑被譽為「俄羅斯社會主義之父」；他創造出來的「土地和自由」這種講法，將成為民粹主義運動的口號。可是一旦面對「把革命帶上街頭」的要求時，他就退縮回去，白費心思地直到最後一刻都還期盼沙皇體制對自身進行改革。在陷入失望並日益遭到邊緣化的情況下，赫爾岑最後選擇流亡到倫敦（帕丁頓和普特尼），徒勞無功地試圖在流亡人士主辦的雜誌上發表文章來影響俄國政治。

赫爾岑那一代人用心良苦，致力於以和平方式引進社會主義，對政治脅迫非常反感。他們反對任何類型的獨裁政權（不論是沙皇獨裁還是革命獨裁），並相信真正的自由和選擇。[3]可是「一八四〇世代」那批人錯過了他們的機會。經過幾個動盪不安的年頭之後，他們的理想自由主義早已被新一代憤怒的激進分子棄如敝屣。「一八六〇世代」遠遠沒有那麼神經脆弱，更加願意用暴力來遂行自己的觀點。

屠格涅夫以他標誌性的小說《父與子》（一八六二），勾勒出新一代革命虛無主義者既痛苦又可悲的畫像。小說中的英雄——或反英雄——巴扎羅夫執意要破除舊秩序、強烈反對上一代人的漸進主

3 我還記得偉大的社會哲學家以撒．柏林曾經告訴我（他自己在赫爾岑去世不到四十年後出生於聖彼得堡，而當我就讀研究所第一年遇到他的時候，他已經七十出頭）：一八四〇年代那批人就像是非常聰明的吉娃娃，晚他們一代的人相形之下則好比是凶猛的羅威那獵犬。以撒．柏林對新一代的革命恐怖分子不感興趣。我記得他曾以相當令人難堪的方式問道：「你不是那種在鬍子上灑香水的革命分子，對吧？」但他隨即眼中閃爍著光芒，補充說道：「說真格的，我們不該忘記赫爾岑曾經贊同社會主義者的自由戀愛。直到他老婆決定要嘗試那麼做的時候，他這才改變了主意……。」

義。結果他一敗塗地，因為他的革命狂熱遭到愛情和親情這等人性化的情感給化解了。

另一本撰寫於一年之後，如今幾乎不再被閱讀的著作，卻提供助力確定了革命運動的未來。尼古拉．車爾尼雪夫斯基的《怎麼辦？》，今天看起來像是一部笨拙、無趣、為混飯吃而寫的作品，卻在一八六三年抓住了一整代人的想像力。這本完成於獄中並包裝成感性羅曼史的小說所讚揚的對象，是那些對沙皇社會深感憎惡而且無私忘我地獻身於社會主義理念的「新人類」。兩位主角的愛情發展到最高潮並不是共赴巫山，而是創辦一間婦女裁縫合作社！

> 薇拉表示：「現在我可以跟你們坦白地談談我的想法……聰明的好人寫了很多書，書裡講到要讓所有的人生活得好，人在世上該怎樣生活。據他們說，這兒最主要的是按新法來辦工場。……我辦工場的目的就是要使這些盈利歸裁縫所有，那本是靠你們的勞動才賺來的，所以我想把這些盈利分給你們。」……這才是她從工場中體驗到的最大樂事。這比什麼都好！這便是薇拉．巴甫洛夫娜最珍愛的一個夢想。

《怎麼辦？》讀來讓人不快。本書催生了一整個流派「跟我一起去辛苦幹活」的羅曼史，但書中所傳達的訊息——社會自由、女性解放，以及對政治鬥爭的英勇獻身——引起了廣大的共鳴，使得本書一夜之間造成轟動，並成為一部革命經典著作。本書頌揚「冷血的實用主義和精於算計的行動」，給未來那些年頭的暴力定下了基調，連列寧也把本書視為布爾什維克主義的重要先驅之一。

杜斯妥也夫斯基曾在青年時期涉足社會主義，為此遭到流放一陣子，如今卻抱持非常不同的觀點。一八六〇年代「新人類」的極端主義，促使他轉而反對革命運動。他在小說《罪與罰》（一八六六）

當中，藉由拉斯科尼科夫這個角色來痛斥他們的道德破產，他呈現了拉斯科尼科夫所信奉的不道德實用主義——凡是有助於「偉大理念」的獲勝，什麼事物都可被允許——是一場站不住腳的騙局。在《附魔者》[4]（一八七二）一書中，杜斯妥也夫斯基藉由一名昔日社會主義者的遺言（他是「一八四〇世代」那種用心良苦的人），嚴厲批判了新一代的革命「豬群」——他指責他們把前一代人的各種理念照搬過來，然後用犬儒主義和不分青紅皂白的暴力加以扭曲：

> 這些離開病人的軀體投入豬群的魔鬼，就是在我們偉大而可愛的病人——即我們俄國——軀體上世世代代積累起來的一切癰疽、一切疫瘴、一切污穢、一切大大小小的妖魔鬼怪！……不過一種偉大的思想和一種偉大的意志將自天而降，像庇護那個瘋瘋癲癲的鬼魂附體者那樣前來庇護俄國。於是這一切妖魔鬼怪、一切污穢、這一切已經開始在表面上化膿的卑鄙齷齪的事情也將紛紛跑來……。我們這些瘋瘋癲癲、鬼魂附體的人，將從懸崖上跳進海中統統淹死。不過這倒是我們的一條出路，因為我們也只配如此。

《附魔者》的核心人物，源自謝爾蓋．涅恰耶夫那個臭名昭著的恐怖分子。涅恰耶夫曾撰寫《革命問答》（一八六九）一文，以令人不寒而慄的方式表達出絕對的不道德，強調目的可以合理化一切的手段：

4 譯注：《附魔者》（*The Possessed*）也被翻譯為《群魔》（*The Devils, Demons*）。

革命者……與公民秩序，與整個文明世界及一切法律、禮節、慣例和道德斷絕任何聯繫。他是這個文明世界的無情敵人……他只知道一門科學——破壞的科學。……他的目的只有一個：最迅速、最可靠地破壞這個醜惡的制度。他鄙視社會輿論。他鄙視和憎恨目前社會道德的一切動機和表現。對他來說，凡是促進革命勝利的東西，都是合乎道德的。凡是阻礙革命勝利的東西，都是不道德和罪惡的。

為了證明自己對傳統道德的蔑視，涅恰耶夫——就像《罪與罰》的拉斯科尼科夫一般——刻意無緣無故做出一件不道德的行為，說服自己的革命同志們謀殺一名無辜的同志。對杜斯妥也夫斯基來說，「涅恰耶夫主義」集合了「一八六〇世代」卑劣的犬儒主義與邪惡作為之大成。在《附魔者》裡面，他以彼得・韋爾霍文斯基那個角色來刻畫涅恰耶夫，進而對整個革命圈子做出有力的批駁。

然而，人民意志黨的激進極端分子，亦即暗殺沙皇亞歷山大二世的那些男男女女以及他們的同類，得到了廣泛民意的支持。他們的成員之一，名叫薇拉・查蘇利奇的二十八歲女子，在一八七八年密謀刺殺聖彼得堡總督費奧多爾・特列波夫。她後來解釋自己的動機來自對報復的渴望，因為特列波夫曾下令毆打一名拒絕在他面前脫帽的年輕囚犯。查蘇利奇展現出驚人的沉著冷靜，連哄帶騙地混入總督官邸，然後拔出一把左輪手槍對準了他。

儘管直接遭到近距離槍擊，特列波夫總督還是倖存下來。查蘇利奇則當場就擒。由於擺明是一宗不折不扣的謀殺未遂案，政府遂下令進行有陪審團參與的公開審判。但如果他們的目的是為了要突顯革命者的慘無人道，那麼他們將會大失所望。

在一名老練的律師陪同下，查蘇利奇以其犯行的「政治必要性」來替自己辯護。她利用出庭的機會怒斥政府的不公不義，並且爭辯說：對一個高壓統治國家所能做出的唯一合理反應，就是正義的政治暴力。那場審判驚人地變成了政府對自己的起訴，而且儘管不利於查蘇利奇的事實鐵證如山，由一般俄羅斯百姓組成的陪審團還是宣告她無罪。公眾輿論顯然同情革命者。沙皇下令重審，但查蘇利奇的支持者已偷偷把她送出俄國。然後她一直住在國外，直到一九〇五年的革命讓她能夠回家為止。

但另外一名來自俄羅斯南部的辛比爾斯克市，名叫亞歷山大・烏里揚諾夫的年輕人，可就沒那麼幸運了。烏里揚諾夫由於參加人民意志黨的陰謀活動，在一八八七年被吊死之後，給他的弟弟弗拉基米爾留下了深仇大恨。他的弟弟日後將全面發洩自己的憤懣和積怨——而他使用的化名是「弗拉基米爾・列寧」。

15 鞏固專制與走向人民的對抗

俄羅斯統治精英的私人信函顯示出，亞歷山大二世在一八八一年三月遇刺身亡之後，皇室陷入極度的恐慌。康斯坦丁·波別多諾斯采夫——新任沙皇亞歷山大三世的右翼保守派顧問——不斷以措詞激烈的信函來轟炸他的主子，極力宣稱暗殺行動是愚蠢的自由主義實驗直接釀成的後果。

陛下，時代是可怕的。如果您還希望拯救俄羅斯和您自己的話，現在就必須採取行動。切勿聽信催促您向所謂「輿論」做出讓步的那些妖言！看在神的份上，陛下千萬不要相信他們——千萬不可繼續進行自由主義改革。

波別多諾斯采夫同時針對駕崩的沙皇，以及俄羅斯內政部長洛里斯—梅利科夫做出嚴厲指責——後者草擬了沙皇在遇刺當天早晨簽署的改革憲法草案（參見第十三章）：

陛下，如果您如同令尊一般地信任了那個人（洛里斯—梅利科夫），他將會把您和整個國家帶向毀滅。他只對自由開放感興趣……他打算向俄羅斯引進自由化的歐洲體制。……看在上帝的份上，陛下，千萬不要受到他的蠱惑。

自由主義者和反動勢力之間的競逐沒有持續很久。亞歷山大三世由於父親的遇害而震驚不已（他親眼看著父親在痛苦中去世），於是向波別多諾斯采夫做出回應、接受了他的觀點，並且同意開革政府中殘留的自由派人士：

是的……今天的會議讓我感到難過。洛里斯─梅利科夫（和其他的人）仍舊鼓吹同樣的政策。他們顯然希望看見俄羅斯引進代議政府。但別擔心──我不會容許這種事情發生！……這種關於選舉政府的念頭是我永遠也無法接受的東西！

登基還沒有幾天，亞歷山大三世便全盤否定其父的準自由主義改革，並在改革草案的封面塗鴉寫道：「感謝神，這個過於草率、可恥萬分的提議不曾得到實現，而且整個瘋狂的方案已被摒棄。」一個月之後，他與全國百姓分享自己的感受如下：

遍告朕之忠實臣民：上主以祂神秘莫測的安排，決定用烈士殉難的方式驟然結束朕摯愛父親的光榮統治，將獨裁統治的神聖職責加於朕躬。……先父皇自從被神賦予獨裁權力為轄下百姓謀福利以來，一直忠貞不渝，死而後已。……若干民間下流怪物對俄羅斯君主進行的卑劣邪惡謀殺……是既可怕又可恥的事情，使得我們全國籠罩著哀傷與恐怖。然而在朕巨大的悲痛中，上主的聲音命令朕遵從神聖意旨，勇敢地起來執政，要信賴獨裁體制的力量和真理。朕的使命就是鞏固專制權力，並且為了人民的利益，保衛此權力不受任何侵犯。

亞歷山大三世的公告標題為《沙皇關於鞏固專制政體的宣言》。此一公告標誌了俄羅斯結束與代議政府理念的另一次短暫調情，並重新返回已成為其預設模式的獨裁統治。公告的語氣不禁讓人聯想起「伊凡雷帝」在一五四七年的加冕演講：「從這一天開始，我將是唯一的和絕對的統治者，因為王國不能沒有鐵腕來進行統治……我們的國土遼闊廣大，可是裡面沒有什麼秩序。只有絕對的權力才能夠為俄羅斯抵禦外侮……」（參見第六章）。在俄羅斯，給獨裁體制撐腰的言論幾個世紀以來都維持不變。

亞歷山大的宣言是由波別多諾斯采夫捉刀完成——此人隨即成為保守逆流的驅動力，為時長達二十年之久。亞歷山大三世從年輕時代即已開始接受其教導。如今這位身材高大、長得跟熊一樣的沙皇（身高六呎四吋，寬度幾乎也差不多），更與他那名貌似教士、形容枯槁的顧問聯手統治了俄羅斯。在波別多諾斯采夫的影響下，書報審查再度收緊，秘密警察獲得增強，成千上萬名涉嫌革命的人士被流放至西伯利亞。每一個鄉間地區則任命了被稱做「鄉村長官」的政府代理人，並授予他們廣泛的權力來剷除暴亂。

波別多諾斯采夫變成自由主義者眼中的妖魔鬼怪：托爾斯泰曾經藉由安娜・卡列尼娜的丈夫卡列寧這個角色，公開嘲諷波別多諾斯采夫的反動觀點和削瘦陰險的外表。結果波別多諾斯采夫做出報復，將托爾斯泰開除教籍。然而他是保守派人士和民族主義者眼中的英雄。杜斯妥也夫斯基與他有私人交情，並形容他是「唯一或許有辦法將俄國從革命中拯救出來的人」。

波別多諾斯采夫在廣受爭議的文集《一位俄羅斯政治家的沉思錄》（一八九八）當中，用充滿激情的信念為俄羅斯的獨裁體制發聲。他以虔誠基督徒的身分宣稱人類生而有罪，唯獨藉由全能君主的鐵腕才能夠抑制人們天生的貪婪：

把議會政治看成是自由的保障，根本是一種嚴重錯覺。君主的絕對權力被議會的絕對權力取而代之，但其中的唯一差別在於：君主有可能體現出理性意志，議會內的一切卻都取決於偶然。……一旦自由民主獲得勝利之後，給社會帶來的是混亂與暴力，而所遵循的原則就是不忠不信和唯物主義。……這種情況不可避免地會導致無政府狀態，結果社會只能藉由專制來得到拯救——那也就是重返獨裁。

波別多諾斯采夫在一八八一年以同樣適用於今日的論點爭辯說，俄羅斯的遼闊疆域和多元民族，意味著西方式的民主在那裡永遠也行不通：

這些令人哀嘆的結果（紊亂和暴力），在一個百姓成分迥異、由不同種族組成的國家，只會變得特別顯著。民族主義的原則是試金石，可揭露出代議政府的虛妄不實和窒礙難行。……各個不同種族的心中，對於將他們結合成單一整體的政治機制具有強烈排斥感，並且以同等的激情想要獲得獨立的政府，來配合他們的——通常只是源於虛構——自有文化。……每一個種族派去參加議會的代表們將缺乏共同的政治關注，卻有著各自的種族傾向、各自的種族仇恨，不僅仇視居於主導地位的種族，同時也仇視其他姊妹種族，以及將他們全體團結起來的政治機制。……唯有獨裁政體能夠成功地避免或化解此類需求的出現和爆發。民主無法調和這些問題，民族主義的傾向因而成為一種導致崩解的力量。[1]

無怪乎他和亞歷山大在回應帝國內部各族群的願望時，就是推動野蠻的強制俄羅斯化運動、壓抑各地的語言和文化，並且粉碎其民族主義野心。這種做法助長了怨恨，在高加索、中亞和波羅的海等地區播下未來衝突的種子。亞歷山大三世的猶太人政策，同樣也烙印了波別多諾斯采夫的強烈反猶主義。所謂的「五月法令」禁止猶太人居住於特定地區，以及從事某些特定行業。猶太人接受高等教育時受到名額限制，原本早已在俄羅斯不斷蠢蠢欲動的反猶情緒如今更被刻意挑起。亞歷山大三世即位後直到一九一七年革命爆發前，一波又一波的屠殺事件導致成千上萬名猶太人喪命，並迫使大約兩百萬人移民出境，主要是前往美國。有報導指出，波別多諾斯采夫曾經冷笑說道：「三分之一的猶太人將會改宗、三分之一將會離開，其餘則會死於飢餓。」

亞歷山大三世想把國家統一起來，從俄羅斯帝國變成一個俄羅斯國家，有著單一的民族性、單一的語言、宗教和君主威權。他的價值觀意味著重返舊有的「東正教、專制主義、民族性」鐵三角，而那正是前一位反動沙皇——尼古拉一世——所依賴的原則。亞歷山大對政治反對派懷有病態的恐懼，很快便宣布進行緊急統治、暫停實施法律，以及限縮他父親引進的公民自由。革命活動在一段時間內被迫走入地下，但從未消失。

亞歷山大即位之前十年，知識分子試圖把自己的社會反抗福音傳播給農民和工人；他們的相關行動後來被稱作「走向人民」。在莫斯科和其他大城市周圍的鄉下，農民們很驚訝地看見一群群年

1 這當然是蘇聯——以及今日俄羅斯——的領導人一直以來所畏懼的。一九八〇和九〇年代時，戈巴契夫的改革政策相繼在喬治亞、波羅的海三國和烏克蘭等蘇聯加盟共和國，觸發了風起雲湧的民族主義浪潮，而後俄羅斯境內的少數族群也出現獨立呼聲。只要繼續相信蘇維埃政權恆久不變、不容挑戰的性質，各個民族都會普遍接受自己的命運。可是等到戈巴契夫提出讓步的可能性之後，這個幻覺就被打破了。各民族發現，改變終究是有可能的，於是就以最激進的方式促成改變。波別多諾斯采夫所下的斷語呼應了托克維爾的警告：獨裁一旦鬆弛之後，最終將會導致解體（參見第十一章）。

輕的城裡人——學生、書記、來自商人和貴族家庭的子女——突然現身於他們的村莊。那些新來乍到的訪客敲響農舍房門，脫下自己身上的花俏服裝，主動提議要進行農業勞動。當地人先是困惑不已，接著樂不可支，看著那些尊貴的城裡人如何在一捆捆乾草下掙扎，用鐮刀和鐵鍬把他們的柔嫩雙手磨出水泡來。不過那些外來者也帶著一項認知來到農村。知識界早已得出結論：不管他們再怎麼講得天花亂墜、再怎麼放置炸彈、再怎麼暗殺政府官員，一場人民革命永遠也不會發生——除非群眾終於對此表示支持。

所以他們的目的是要喚醒農民的革命意識，並在全國各地煽起自發性的暴動。這種想法看起來似乎合情合理。一八六一年拙劣的解放農奴行動，使得大多數農民還在為他們昔日的主人工作，並且被政府搞得債務纏身，以致怨聲四起。這原本應可成為肥沃的革命土壤。但如果革命分子們期待能夠受到熱烈歡迎的話，那麼他們將深受震撼。在那批年輕理想主義者的日記和回憶錄當中，一再湧現出困惑失望的語調。亞歷山大·米哈伊洛夫前往薩拉托夫城外工作時，還是個二十一歲的大學生。他寫道：

> 我離開大學的時候，在袋子裡擺放著我的指導手冊，心中充滿了歡樂的希望。……我遇見的其他同行者也正準備走向人民，他們都已換上農民的服飾。我在整個夏天從事體力勞動、露天而睡、受到陽光炙烤，並且被蚊蟲無情地叮咬。農民穿的鞋子不斷切割我的雙腳，直到流血為止……

一位名叫所羅門·里翁的猶太知識分子當年還只有十九歲。他很快就因為農民的冷漠以對而大失所望。

農民們當然憎恨各種稅賦給他們帶來的負擔，以及他們從地主那邊受到的迫害……。他們本來當然會同意我的見解，也認為必須推翻這一切。但他們是那麼地小心翼翼和疑心重重，結果我始終沒有機會和他們談論關於起義、沙皇或革命的事情……

一位日後將成為人民意志黨專業恐怖分子的年輕女性，普拉斯科維亞·伊凡諾夫斯卡雅，則回憶起她早期革命生涯的乏善可陳：

農民們對所有激進的言論都做出不信任和不理解的反應。結束談話的時候，他們通常會表示：「那就是我們的命。我們生來是那個樣子，死的時候也還是那個樣子。」所以我們實際上並沒有進行任何社會主義宣傳！……在我們所知有限的那個世界裡面，我們是外來元素。事實上，我們難得有機會交談：經過一天的工作之後，我們的四肢累得發酸，我們疲憊的身體要求休息和寧靜。

所羅門·里翁對農民的夢想則已完全破碎。跟其他所有人一樣，他最後帶著幻滅了的人民革命希望回到城裡：

農民群眾是那麼地無動於衷和充滿猜疑，以致把我們這些願意為他們犧牲生命的革命者看成是貴族，企圖重返農奴制度並且逆轉沙皇解放農奴的措施。把我們對社會主義革命的希望寄託在設法激發群眾上面，那就好比是嘗試在沙上蓋房子……

很多時候，多疑的保守派農民長老還會把那些外來者轉交給警方。好幾百人遭到逮捕，更有數十人被暴怒的農民們殺害。此種經驗足以讓革命分子確信，人民永遠也無法成為革命的可靠基礎。這項體認將會產生巨大的衝擊。從那時起，有一種看法開始不斷滋生，認為必須由一小群積極投入的專業人員來推動革命，然後強加給社會。最積極鼓吹此種觀點的人（而且他將對列寧的思想產生強有力影響），是一位名叫彼得·特卡喬夫的政治理論家：

人民沒有能力在舊世界的廢墟上，建立一個能夠朝著共產主義理想的方向前進和發展的新世界；因此在建設這個新世界時，人民不能，也不會起到任何突出的、首要的作用。這種角色和這種作用僅僅屬於革命的少數人……。人民不能拯救自己……無論是現在還是將來，自顧自的人民都不能實現社會革命。只有我們革命的少數人才能做到這一點，我們也應該盡可能快速地做到這一點。

「人民革命」將不會基於人民的意願，卻只是仰賴一小群活躍分子的決心。這種最初由無政府主義者米哈伊爾·巴枯寧倡導的概念，主張由革命弟兄們進行「看不見的專政」，即將大行其道。一九一七年之後，布爾什維克黨人將自詡為「人民的先鋒隊」，代表無產階級來實行專政。然而此類模式完全不留任何餘地，讓人民可以對以他們的名義所做的事情發抒己見。民主、選舉、代議制政府——所有這些都被譴責為「自由派西方主義」，是維護布爾喬亞階級利益的工具。在那批革命分子眼中，法治並非實現公平正義的工具，用於確保每一位公民的利益得到同等保障；而是更加接近凱薩琳大帝所偏好的司法模式，是用來把獨裁者的意願強加給受壓迫人民的機器。

即便在革命陣營內部，這種不把人當人看的絕對主義也帶來了不安。「走向人民」運動的旗手彼得．拉夫羅夫驚駭萬分地表示：

那樣的信念意味著，黨一旦奪得了政權，就會主動拋棄它在奪權之前所珍視的事物。……不管是誰掌握了國家最高權力，最後都將敵視社會主義的社會制度。任何由少數人掌握的權力都將意味著剝削，而「專政」除此之外別無其他意涵。我們無法接受一個主張由少數人專政的革命綱領。那根本就不是真正的社會主義革命綱領。

拉夫羅夫已經辨認出，那些革命分子正在沾染的特質，與他們所對抗的政權半斤八兩。俄羅斯的獨裁統治傳統只不過是換一個名稱來重申自己的存在罷了。

16 尼古拉和俄羅斯會怎樣？

一個冷颼颼的冬日，我步行穿越了莫斯科西北城區一片矮草叢生的原野。這裡距離克里姆林宮大約四英里，就在莫斯科迪納摩足球體育場馬路旁。那塊空地的邊緣環繞著典型的蘇聯時代高樓建築群，以及一座新近落成的綜合體育設施。除了有幾個流浪漢正在喝伏特加酒之外，此地顯得相當寧靜。不過在一八九六年五月中旬，霍登卡原野卻是既鬧哄哄又擠到爆。事先答應好的免費食物、飲料和禮物，吸引了將近四十萬名莫斯科市民過來，準備慶祝新沙皇尼古拉二世的加冕登基。

人群已經聚集了兩天。有一些攤位在發放啤酒、香腸、餡餅、冰淇淋、紀念幣和搪瓷杯。歌手和樂團正在提供娛樂，遊樂場旋轉木馬上面擠滿了興奮的孩子們。然後在五月十八日早上，有人宣布新加冕的尼古拉二世和他年輕的妻子，美麗的黑森大公國公主亞歷山德拉，正前來向他們的忠實臣民致意。群眾變得焦躁不安；人們開始拚命往前衝。記者弗拉基米爾．吉里亞羅夫斯基針對隨後發生的事件做出目擊者報導時，提到了一條將霍登卡原野切割成兩半的深溝。那裡早已被填平，不過我還是根據吉里亞羅夫斯基的描述，沿著新建築群的一側找到了想必是先前所在的位置：

> 人群被瘋狂地向前推。你根本抵擋不住那股力道。擁擠的情形變得越來越嚴重，人們開始高聲尖叫……。當他們紛紛從溝渠兩側向下墜落時，響起了淒厲的慘叫聲：有一側的溝壁垂直聳立

著，高度超過了人的頭部，於是置身最前面的那些人遭到擠壓。……許多尖叫的人拼命地設法把自己的小孩舉起來脫離險境，可是不斷有更多人湧入，跌到下面那些人的頭頂上——繼第二層之後又有了第三層，直到我們周遭到處都是死亡，可怕的死亡為止。許多鐵青的臉孔淌著汗水，嘔吐不已的人們拼命想喘一口氣，還有骨頭碎裂聲，以及被人群直直撐起而無處可落的屍體……

據估計有一千四百名男子、婦女和兒童喪生，還有更多人終身傷殘。有關當局接獲災難通報後，經過激烈的辯論，還是決定繼續舉辦各種加冕慶典。在畫面顫動、拍攝於那個五月天的新聞影片上，尼古拉和亞歷山德拉從容不迫地邁步穿越紅場，他倆身旁簇擁著一些留著大鬍子的優雅男性，而那些人長得就像他們夫婦的英國親戚喬治五世，以及今日的肯特郡麥克親王。[1] 穿著筆挺軍服和飄逸白色禮服的皇家一行人等，在陽光照耀的大帳篷下翩翩起舞。

在市內的其他角落，各種謠言紛紛傳播開來。報紙不准針對霍登卡悲劇做出報導，可是當天快結束的時候，莫斯科人就已經在談論「那場災難」了，竊竊私語表示那是一個不祥之兆，認為「這位沙皇的統治絕對不會有什麼好下場」。

但無論如何，尼古拉並不是一個鐵石心腸的人；他慰問了醫院裡的傷患，並且捐出九萬盧布給死者家屬。可是他太年輕了——其父腎衰竭猝死而把他推上權位時，他還只有二十六歲——在很大程度上缺乏任何治國經驗。據說他曾經問道：「我和俄羅斯將會有怎麼樣的遭遇呢？」

曾經指導過亞歷山大三世的那些保守強硬派人士，絕不錯過任何機會來向他那耳根子軟的兒子提出警告說：做出讓步將會導致王權遭到削弱。當一個省級議會的代表團來到莫斯科向新沙皇表示效忠時，他們懇求沙皇慈悲地考慮稍微下放管理權，將某些權力轉讓給民選的地方議會。尼古拉嚴詞拒絕了那個構想：

我知道有些人被不切實際的夢想沖昏了頭，開口提議讓地方議會參與治理這個國家。我想講清楚的是，為了國家的利益，我決心像令人緬懷的先父一般，堅定不移地維護專制獨裁的原則……

尼古拉對代議民主的敵視態度，並非無知所造成的結果。他曾在一八九五年前往參訪英國國會上下兩院，親自觀察了西方的議會制度；此外，他曾經與妻子的外祖母，維多利亞女王，討論過君主立憲制的優點。然而俄羅斯的革命反對派所進行的炸彈攻擊和暗殺行動，說服他必須不惜一切代價來抗拒改革。之前效力於尼古拉之父、如今又成為新沙皇最親信顧問的保守派人士康斯坦丁・波別多諾斯采夫，非常鼓勵這種觀點。可是就連他也私下承認，公眾輿論對沙皇的頑固態度感到不快：

我擔心沙皇的言論已經引發了各式各樣的牢騷。我聽說我國的年輕人和知識界煩躁不安，並且對陛下感到惱火。……我認為一般鄉間百姓喜歡聽見他不得不講出來的那些話。……但某些人就是抱著完全脫離現實的期望——只有神才曉得他們到底想要他做什麼事情，……所有這一切

1 譯注：尼古拉二世和英國國王喬治五世長得簡直像是雙胞胎。肯特郡麥克親王（Prince Michael of Kent，一九四二－）則是喬治五世的孫子，經常代表其堂姊伊莉莎白女王參加大英國協的活動。

都不是好兆頭。

溫和的自由主義反對派希望用憲法手段來引進民主，他們擔心沙皇的固執己見會正中極端分子的下懷。立憲民主黨按照其黨名的開頭字母縮寫被簡稱為「KaDety」（或「Cadets」），領導人之一的維克托．奧布寧斯基曾經表示：

當他把我們對改革的期望講成是「不切實際的夢想」之後，人們普遍開始對尼古拉不抱幻想。……此事團結了各方反對勢力，甚至讓他們變得更大膽。……他的演說可謂踏上一條光滑斜坡的第一步，而尼古拉在其臣民和整個文明世界的意見當中，仍繼續沿著斜坡向下滑落。

在一年之內，俄羅斯各地的大學就爆發了騷亂，以致有關當局不得不進行武力鎮壓。社會革命黨——恐怖主義團體人民意志黨的後繼者——組織了一個「戰鬥組」，藉由暗殺特定的對象來擾亂政府。他們謀殺了沙皇身邊的高級政府官員（包括在一九〇二和一九〇四年殺害前後兩任內政部長），以及許多較低階的公務人員。社會革命黨人炸死維亞切斯拉夫．馮．普勒韋（兩位內政部長當中的第二人）之後，發表了一篇冗長的公告，解釋其恐怖行動背後的原因。他們表示，暗殺是結束俄國高壓獨裁統治的唯一方法：

馮．普勒韋曾經是支柱，撐起了獨裁政體搖搖欲墜的圍牆。他無所不用其極地鎮壓人民，把人民的血汗錢揮霍在警察、監獄和不公正的法庭上面。在他的命令下，軍隊被用來保護獨裁政體，對抗遭到掠奪和壓迫的人民。工人和農民被毆打、被砍倒、被射殺，以及被流放到西伯利亞。所有這一切都是為了鞏固搖搖欲墜的獨裁政權堡壘。正義看起來像是已經被趕出了地球表面，而不公不義的黑暗統治將在俄羅斯永遠維持下去。可是人民的力量十分強大。那位部長被圍繞在警察所組成的人牆內，以為能夠躲得過人民的審判。然而判決已經執行。人民的憤怒已如雷霆般打擊了這個卑鄙的敵人。馮．普勒韋已用他的生命，償付了千百萬勞動人民的飢餓、苦難、掠奪、折磨、呻吟和死亡。馮．普勒韋曾經是撐起獨裁政權圍牆的支柱之一，而那堵圍牆阻斷了人民通往自由與快樂的路徑。如果你們砍倒支柱，圍牆就會坍塌。

保安警察雖曾滲透那些恐怖組織，但結果適得其反。警方認為是在替他們擔任雙重間諜的人物，其實正利用自己的特權地位展開更進一步的暗殺行動。當中最聲名狼藉者，葉夫諾．阿澤夫，甚至協助謀殺了他自己在內政部的雇主們。阿澤夫對兩邊都完全沒有忠誠，操縱雙方互鬥長達驚人的九年之久，直到假面具終於被戳穿為止。

到了一九〇四年底，俄羅斯已經處於動亂邊緣。政治暴力甚囂塵上、經濟低迷不振、農作歉收、食物價格飆升，越來越激起人民的不滿情緒。聖彼得堡普梯洛夫機械廠的一場罷工行動迅速蔓延至其他工廠，在一個月之內便有十萬名工人放下了生產工具。電力供應時斷時續、基本物資日益短缺，使得聖彼得堡陷入一個不滿的冬天。

一九〇五年一月九日星期天，大約二萬名列隊遊行的工人在工會組織者格奧爾基．加邦神父帶領下，違反示威禁令前往聖彼得堡市中心的冬宮呈遞請願書。那份請願書懇求尼古拉二世體恤捉襟見肘的勞動階級，所使用的言詞雖然犀利，但仍不失對沙皇的尊重：

> 陛下！我們這些聖彼得堡的工人與社會各階層的居民，偕同我們的妻室兒女和無助年邁的父母，特來向皇帝陛下尋求正義與保護。我們一貧如洗，工作量使我們不堪負荷。我們受到非人的待遇，被當成是只能默不作聲的奴隸。……專制主義和獨裁統治讓我們窒息。陛下！我們已經精疲力竭。我們的忍耐已達極限。我們已經到了求死勝於苟活的可怕時刻……

請願書的曖昧語氣——既謙卑萬分又做出要脅——反映出加邦神父本身的奇特雙重性格。他似乎果真希望沙皇成為人民的救星，藉由給予他們較高的工資、更好的工作條件、公民自由，以及立憲會議來避免革命。加邦神父曾經向有關當局保證那場遊行將會和平落幕——於是工人們手持聖像與尼古拉二世的肖像，唱著包括《天佑沙皇》在內的愛國歌曲。但場面還是高度緊張。等到遊行隊伍通過一個指定地點後，緊張的士兵們開了槍，導致一百多名死者倒臥雪地。

俄羅斯總理謝爾蓋·維特伯爵，親眼看見了屠殺發生時的情況：

> 我從陽台上看到一大群人沿著石島街前進。其中有許多知識分子、婦女和小孩。過了不到十分鐘，從特洛伊茨克橋方面傳來了槍聲。有一顆槍彈從我身旁飛過，另一顆便把亞歷山大文學會的守門人打死了。接著我又看到從肇事地點用馬車運走許多受傷的人，人群往各個方向奔跑，到處是女人的哭喊聲。事後我才聽說，在上面提到的那次會議上，決定阻止遊行的群眾到達冬宮廣場，但顯然訓令沒有及時傳達給軍事當局，所以沒有人出來對工人們講話，或試圖讓他們按照理智行事。……軍隊莫名其妙地開了槍。結果死傷了幾百人，其中有許多無辜的民眾。……革命黨徒勝利了，因為工人們從此與皇帝和政府完全決裂了。

這後來眾所周知的「血腥星期日」，對公眾輿論產生了深遠影響。大多數俄國人跟那些遊行者一樣，都把沙皇看成是自己的朋友和保護者：農民們稱之為「小父親」，崇拜他的程度僅次於天父。對過來向他求助的人們進行那樣的謀殺，因而被看成是一次致命的背叛。

但說來諷刺的是，尼古拉並不在冬宮裡面，因為顧問們已經說服他不要收下示威者的請願書。（他在事件發生後所寫的日記中談起了他對殺戮所感到的痛苦，卻不曾對軍隊開火一事做出譴責。）雪上加霜的事情是，加邦神父本身很可能在玩兩面手法。他肯定和秘密警察有所往來，並且不斷地把他自己協助成立和經營的工會運動向警方通風報信。社會主義革命者認為他是臥底的密探，開始流傳的一些民間歌謠則指控加邦神父帶領群眾走向死亡，藉此來誣賴政治反對派。（歌詞那麼唱道：「他假裝成人民的朋友。可是他接著高呼一聲『朋友們，上前迎向自由！……』之後，就腳底抹油溜之大吉了。」）儘管加邦神父廣受懷疑，不過事後看來，他的動機似乎並不像社會主義革命者所以為的那麼卑劣。維特伯爵在他的回憶錄中證實，加邦神父後來就「被同化」了：

（政府）組織了一些反革命的工人團體，以便把工人群眾籠罩在警察局的影響之下。組織工作則委託加邦神父去做。這位神父很快就贏得聖彼得堡總督的完全信任。當然，後來發生了不可避免的事情。社會主義與無政府主義的宣傳逐漸敗壞了工人的風紀，促使他們力圖實現社會主義的最高綱領。加邦不但無能阻止這個運動，連他自己也逐漸被革命精神所感染了……

「血腥星期日」的災難結束以後，加邦神父逃往國外，相繼前往日內瓦和倫敦。他在一九〇六年初返回俄國，與社會革命黨的領導階層接觸，否認自己當過叛徒。他試圖說服其他人和他一起跟警方聯繫，但社會民主黨人沒有相信他。他們進行了一場「革命審判」，在對加邦神父宣判死刑之後把他絞死。

「血腥星期日」在整個俄羅斯帝國境內引發了為時兩年的罷工和騷亂。工人、農民、學生、少數族群、士兵和水手們展開憤怒的抗議行動，政府做出的回應則是進行逮捕和處決。對俄羅斯革命者來說，自從「走向人民」運動的失敗而懷憂喪志以來，「血腥星期日」可以說意外地成為鼓動他們精神的一股助力。他們的領導人本來多半流亡海外並失去活動力，但他們之中的弗拉基米爾·烏里揚諾夫（如今已按照其革命化名被稱作「列寧」），卻興高采烈地歡迎這場悲劇助長了俄羅斯人民的革命意識：

> 無產階級起來反對沙皇制度了，無產階級的起義是政府逼出來的。……軍隊戰勝了手無寸鐵的工人、婦女和兒童。軍隊向倒在地上的工人開槍，制服了敵人。現在，沙皇的僕從和他們歐洲保守派資產階級的走狗極端無恥地說：「我們好好地教訓了他們一頓！」……這就是一月九日彼得堡血腥星期日的結果。……立即推翻政府——這就是那些甚至信仰過沙皇的彼得堡工人用來回答一月九日大屠殺的口號。

對尼古拉二世和他的政府來說，國內的麻煩事又加上了國外的災難。

★ ★ ★

一八九〇年代，俄羅斯帝國西起波蘭，南至阿富汗，向東延伸到符拉迪沃斯托克（海參崴）和堪察加半島。西伯利亞大鐵路的興建，讓尼古拉放膽向滿洲進行領土擴張。等到此事發展到可能與日本衝突，他卻拒絕了部長們建議通過談判來解決爭端。尼古拉的拒不讓步，表明他樂於挑起一場在大多數觀察家眼中可由俄國輕易獲勝的戰爭。擔任總理大臣的維特伯爵寫道，沙皇期待快速贏得一場勝利，藉以轉移人們對國內問題的注意力：

> 陛下本心是擁護侵略政策的，但他的思想一向自相矛盾。他每天都在不斷改變他的政策……。他之所以捲入到遠東的冒險之中，是因為他年輕，因為日本曾一度企圖暗殺他而引起他對日本的仇恨……。最後，則因為他暗中渴望打勝仗。這裡總結起來說一句話就夠了……這場最不幸的戰爭應當歸咎於他。

一九〇四年初，日本偷襲滿洲的旅順口，給俄羅斯海軍艦隊帶來嚴重傷害。尼古拉在驚慌之下做出的回應，是派遣波羅的海艦隊航行一萬八千海里，繞過半個地球前往增援。可是俄國艦隊才剛來到北約克郡的海岸外，就已經災難臨頭。他們的指揮官誤以為在多格爾沙洲附近作業的英國拖網漁船是日本魚雷艇，於是下令開火。於隨後的慌亂中，兩艘俄國軍艦發出信號表示被魚雷擊中，「博羅季諾」號戰艦則報告自己遭到日本海軍陸戰隊員登艦。四艘拖網漁船被擊中，其中一艘沉沒，損失了三條英國人命。英國舉國震怒，甚至有人要求對俄國開戰。根據事後調查結果顯示，雙方之所以沒有發生更嚴重的傷害，完全只是因為俄國人實在是醉得太厲害了，以致最後演變成自己人相互轟擊。[2]

一九〇五年五月十四日，俄羅斯艦隊進入朝鮮和日本之間的對馬海峽。弗拉基米爾・科斯堅科——「奧廖爾號」巡洋艦上的機械工程師——在他的回憶錄中描述了隨後相繼發生的嚴酷事件。那支既過時又裝備不足、由未受訓練的農民來操作大砲的艦隊，在季諾維・羅熱斯特文斯基海軍中將[3]率領的指揮官們犯下一系列的嚴重錯誤之後，即將觸發俄羅斯海軍有史以來的最大敗績：

> 我們的船隻擠在一起，成為一列行動僵硬的縱隊。當日本人接近之際，「奧廖爾號」的艦長違抗命令射出了一發砲彈。敵艦立刻展開還擊。日本人很快便包圍了我們。「蘇沃洛夫號」戰艦首先被擊中……我們馬上就步其後塵。「奧斯利亞比亞號」的船頭被擊中，我們則是船尾中彈。敵方的巡洋艦用六吋砲向我們轟擊，不斷增強他們的砲火。「蘇沃洛夫號」和「奧斯利亞比亞號」面對宛如冰雹般落下的砲彈，遭受可怕的損害。「奧斯利亞比亞號」在十分鐘之內沉沒……「蘇沃洛夫號」則變成了名副其實的一堵火牆。然後就輪到我們。「博羅季諾號」沉了下去；接著是「亞歷山大三世號」。……我方繼續竭盡全力還擊，直到涅博加托夫海軍少將發出俄國艦隊投降的信號為止。

硝煙散盡的時候，俄國人損失了八艘戰艦和四艘巡洋艦，四千人陣亡和七千人被俘。東鄉平八郎海軍上將所統率的日本海軍則僅僅損失三艘魚雷艇。對沙皇和他的國家而言，那是一場空前的災難。弗拉基米爾・科斯堅科將俄羅斯社會幾乎每一個部分都感覺到的憤怒總結如下：

> 雖然沒有人會懷疑我國水兵們的勇敢與獻身精神，可是他們所有的英雄表現和自我犧牲皆已變

得一文不值。我們最好的船隻一艘接著一艘在痛苦和火焰中沉沒。我們現在才看出來，那些漫不經心把我們送向死亡的人，犯下了何等無與倫比的罪行。我們那老朽衰敗的沙皇政體盲目地希望出現奇蹟，結果卻招致對馬海峽的災難。沙皇制度已經被東鄉海軍上將的大砲擊碎。沙皇制度必須承擔戰敗的恥辱。對馬海峽標誌了我國歷史上兩個時代之間的界限，終於無可爭議地顯示出整個專制政體的破產。

對馬海峽的災難發生幾個星期之後，不滿情緒開始蔓延到整個武裝部隊。在南方的敖德薩港口，黑海艦隊的水兵起而抗拒他們所承受的嚴苛條件和殘酷紀律。按照謝爾蓋·愛森斯坦在一九二五年的作品中所提出的著名版本，「波坦金號」戰艦上的水兵們在六月初把事情鬧到攤牌的地步。給他們吃的肉上面長了蛆，水兵們憤而提出抗議，卻面臨行刑隊的威脅。由此激發出的叛亂火花非但蔓延到整個艦隊，還波及敖德薩市內的百姓。該片最馳名的場景是沙皇軍隊在通向碼頭的階梯上屠殺無辜平民。片中的情節扣人心弦，而《波坦金戰艦》是一部強而有力的電影；該片在英國一直被禁演到一九五四年，理由是有可能煽起社會動亂。然而幾乎可以確定的是，「波坦金號」事件就跟許多革命傳奇一樣，並不像事後所描繪的那般具有戲劇性。在俄羅斯，勝利者的歷史從來都不缺乏自我加油添醋。

但無可爭議的是，對馬海峽的敗仗所產生的震波衝擊了整個國家。戰敗不僅帶來財政上和領土

2 編按：實情是俄國艦隊的攻擊能力太差，據說「奧廖爾號」發射了五百多發砲彈，但沒有任何一發命中。

3 譯注：「羅熱斯特文斯基」（Rozhestvensky/Рожественский）往往被誤看成另外一個俄國姓氏，以致被音譯成「羅日傑斯特文斯基」或「羅傑斯特文斯基」（Rozhdestvensky/Рождественский）等等。

上的損失，也造成對尼古拉二世個人的羞辱。革命團體的膽子變得越來越大，甚至連詩人康斯坦丁·巴爾蒙特——那位平常不食人間煙火的象徵主義派領袖——也應景寫出一首苦澀的悲歌：

我們的沙皇是奉天，我們的沙皇是對馬，
我們的沙皇是一個血腥的污點，
是火藥與黑煙的臭味，
是理性蒙昧之處。

我們的沙皇既病態又盲目，
是監獄和皮鞭、囚禁和行刑隊，
是絞刑犯的沙皇，更卑劣的是，
他做出承諾卻不敢兌現。

他是個膽小鬼，想法翻來覆去。
但等著瞧吧，報復的時刻正伺機而至。
在霍登卡當上沙皇的人，
將會上斷頭台結束統治。

經歷了「血腥星期日」的各種事件和對馬海峽的災難之後，尼古拉被迫重新思考其頑固堅持專制獨裁的態度。結果他提議做出讓步，希望藉此緩和日趨緊張的革命形勢。假如在執政之初就採取了此類措施的話，他說不定真的能夠成功。然而他現在的讓步，被看成是因為抵擋不了民間壓力才勉強做出的反應，並非一位改革派君主的自願行為。既然人民能夠迫使政府讓步至此，許多人從中得出的結論是：那麼再加一把勁的話，說不定就能夠將那整個體制推倒在地上。

17 最後一次政治自由化

一九〇五年十月十八日，一名蓄著山羊鬍子、留著濃密黑髮、有著銳利黑眼睛的年輕猶太知識分子，在聖彼得堡技術學院起身向罷工工人大會致詞：

公民們！現在我們已經把統治集團逼得背靠牆壁！尼古拉二世……向我們許諾了自由，許諾給我們投票和立法的權利。他是出於善意才答應那麼做的嗎？還是他真心誠意想這麼做？沒有人可以這麼說他！他在統治之初……謀殺了工人，並且踩著一具具的屍體一直來到一月九日的血腥星期日。坐在寶座上的那個人是個樂此不疲的劊子手，而他之所以表面上同意給我們自由，是因為我們逼迫他這麼做的緣故。

時至今日，白板和電腦螢幕已經取代了革命的旗幟。當我前往參訪的時候，學生們正認真地在聽一門有關核子物理學的講座課程。他們所置身的那個演講廳，就是列夫・布隆斯坦（即後世所知的「列夫・托洛茨基」）在一九〇五年向人群發表演說的地點：

如果你們當中有任何人相信沙皇的承諾，就讓他大聲說出來吧，我們會很樂意看見這樣的稀有

> 人物。公民們！請向四周張望一下，從昨天以來可曾出現過任何變化？我們的監獄大門已經打開了嗎？……我們的兄弟已經從西伯利亞和沙漠回到家裡了嗎？沒有！……（獨裁者）仍然在軍隊的幫助下統治著我們。渾身沾滿一月九日鮮血的警衛部隊，就是他的支柱和他的力量。正是他命令他們，對你們的胸膛和頭部「不要吝惜子彈」。……（血腥星期日）已經沖走了春天，用一個軍事獨裁政權來取代它。

托洛茨基發表如此慷慨激昂演說的那批對象，是聖彼得堡的「工人代表蘇維埃」（Soviet Rabochikh Deputatov）。「蘇維埃」（Soviet）在俄語意為「會議」，所以這個「蘇維埃」就是由工人們自己在工廠裡直選的「工人代表大會」，而且這個蘇維埃非常受到民眾歡迎。「蘇維埃」一詞後來與革命事業十分緊密地合為一體，以致曾經在七十多年的時間內，被使用於稱呼二十世紀最大的帝國——蘇聯。

在聖彼得堡召開的第一次「蘇維埃」受到了好幾代革命派歷史學家的浪漫渲染，而托洛茨基自己首開其端。他的回憶錄讀起來會讓人覺得，「血腥星期日」之後席捲俄羅斯的抗議罷工行動，好像是由蘇維埃一手策動的：

> 隨著十月罷工的繼續發展，蘇維埃的重要性名副其實一小時接一小時地不斷增加。工業無產階級環繞在蘇維埃周圍，蘇維埃則把革命團結在自己周圍。我們決意要把工人階級的大軍轉換成一支革命軍隊。……巨大的罷工浪潮從國家的一端延伸到另外一端，震撼了民族全體。每個罷工的工廠都選出一名代表，給他出具必需的證明，派他過去參加蘇維埃。蘇維埃是一切事件的軸心，每一條線都通到它那裡，所有的行動號召都源自於它。

其實托洛茨基才剛剛結束流亡倫敦的生涯回國，早已錯過那場罷工的開頭，而且他回到俄羅斯僅僅兩個月之後便遭到逮捕。一九〇五年十二月三日，聖彼得堡總督德米特里．特列波夫派兵前往粉碎蘇維埃（其父費奧多爾．特列波夫正是薇拉．查蘇利奇一八七八年企圖暗殺的對象）。他們衝進大樓內，把所有在場者加以逮捕並進行審判。托洛茨基被判處流放西伯利亞，不過流放地的看管非常寬鬆，結果他過了幾個星期便脫逃成功，重新返回英國。列寧則由於密謀反對沙皇而在俄國判處監禁，從一九〇〇年以來就一直流亡海外。他返回聖彼得堡的時間甚至比托洛茨基更晚，那已經是一九〇五年十一月的事情了。他順利地躲過逮捕，可是等到潮流在一九〇六年變得不利於革命的時候，他同樣也被迫逃亡。

蘇維埃沒有收到多少立竿見影的效果。列寧和托洛茨基已重新走上流亡之路，又回到了一九一七年之前革命派所處的懷憂喪志狀態。他們二人都曾經是致力於無產階級革命的俄國社會民主工黨（RSDLP）成員。然而一九〇三年在倫敦舉行第二次大會時，該黨就已經陷入分裂。黨代表們為了革命運動的結構而爭吵不休。其中一派被稱作「孟什維克」（這個字眼在俄文的意思為「少數派」，儘管其成員實際上較多數），鼓吹一個基礎廣泛、以民意為依歸的組織。托洛茨基站在「孟什維克」那一邊；列寧卻領導了「布爾什維克」（多數派），宣稱革命必須由一小群冷酷無情的專業人員出面領導。列寧所主張由革命精英實施的剛性管理（美其名曰「民主集中制」），最後將取得勝利。[1]

一九〇五年的蘇維埃固然失敗，可是那場失敗產生了巨大的衝擊。蘇維埃已經證明，有必要對罷工和抗議活動進行集中協調；蘇維埃分發武器給工人，讓他們擁有實際操作的經驗；蘇維埃還向

1 就連黨名的選擇方式也反映出列寧不擇手段的實用主義。一九〇三年黨大會上的分裂源自狹隘的私人恩怨，而列寧在表決時贏得了些微多數。他立刻把「布爾什維克」這個稱呼據為己有，儘管他的派系在黨代表當中居於少數。

俄羅斯人做出示範，用暴力挑戰政府是辦得到的事情。

對官方而言，一九〇五年的各種事件——從一月的「血腥星期日」乃至於十月的罷工和蘇維埃——都是讓君主再也無法忽視的警告。但若說托洛茨基在回憶錄中的記載過度渲染了反對派的行動，那麼他對「殺人不眨眼的沙皇」所做的描述同樣也誇大其詞。固然有許多人被捕，被處決的人數卻非常少。官方公布的數字是一九〇五年總共有十人被處死——就連激進反對派的律師奧斯卡．格魯森貝格也宣稱只有二十六人被殺。死刑犯的數目暴增至一九〇六年的兩百多人、一九〇七年的六百多人，以及一九〇八年的一千三百多人，接著又在隨後那幾年驟然下降。這些數字顯示，沙皇起先願意努力化解糾紛，最後才訴諸鎮壓手段。尼古拉二世對「血腥星期日」那場悲劇做出的反應，則與他慣常的優柔寡斷作風如出一轍。他在屠殺發生十天後同意接見一個工人代表團，他對他們講話的內容——以及他日記中的文字——所呈現的並非一名冷酷無情、機關算盡的獨裁者，而是一個軟弱的人，已經被那些事件弄得不知所措。

> 我請你們來到這裡，這樣你們可以直接從我口中聽見我所講的話，並且把我必須說出來的事情告訴你們的親朋好友。……我知道你們這些勞動百姓的日子過得不輕鬆。有許多事情必須改進過來和加以糾正，……我請你們要有耐心。……不過你們也曉得自己做錯了——實際上是犯下了罪行——竟然加入叛亂的人群當中，然後過來向我訴說你們的需求和欲望。……我相信你們這些勞動百姓的良善意圖，也相信你們對我的不渝忠誠，所以我還是願意在發生了那些事情以後寬恕你們。

尼古拉和亞歷山德拉捐贈了五萬盧布給「血腥星期日」死難者的家庭。三個星期之後，沙皇的叔父，莫斯科軍事總督謝爾蓋大公爵，在離開克里姆林宮辦公室時被炸得粉身碎骨。叔父斷裂在鵝卵石上的頭顱，以及噴濺到克里姆林城牆上的鮮血和手指，讓尼古拉看了驚嚇不已。隨後八年內沙皇不復出現於公共場合，他那歇斯底里的德國妻子則生活在恐懼中。

亞歷山德拉生下了四個健康的女兒，然而唯一的男性皇位繼承人，出生於一九〇四年的皇太子阿列克謝，卻罹患了危及生命的血友病。在絕望之下，亞歷山德拉皇后求助於一位具有超感應力但卻放浪形骸的西伯利亞「聖人」——讓她相信能夠把她兒子治癒的格里戈里．拉斯普京。尼古拉同樣受到那名江湖術士蠱惑，稱他是「一位善良、虔誠、單純的俄羅斯人，……是百姓的聲音」。他對拉斯普京的醉酒縱慾視而不見，並且告訴他的顧問們：「每當遇到麻煩事或者陷入疑慮的時候，我喜歡跟他談一談，然後我總是會覺得心裡平靜下來。」與此同時，沙皇似乎忘記了越來越多的群眾抗議所發出的真實聲音。帝國總理維特伯爵曾經沮喪地寫道：

> 在與皇帝商討政務的過程中，當我提到輿論的時候，皇帝往往憤怒地罵道：「輿論跟我有什麼關係？」他認為輿論就只是「知識分子們的意見」……。皇帝感嘆道：「我多麼厭惡（知識分子）這個詞啊！我能下令國家學院把它從俄國字典中刪除就好了。」

就像法國大革命爆發前的路易十六一樣，尼古拉二世也被逐步升級的災難牽著鼻子走，缺乏前後一致的想法和行動。維特試圖說服沙皇，除非立即實施一整套的改革方案——引進現代化、立憲民主和對公民自由的尊重——否則無法化解恐怕會把俄羅斯扯爛的那股壓力。一九〇五年八月，他終於說服尼古拉二世接受一個初步的、被稱作「杜馬」(Duma)的議會。尼古拉卻在最後一刻堅持把「杜馬」侷限於諮詢的功能，讓維特驚駭不已：

還真是個典型的官僚機構！這個國家議會享有一個議會的各種特權，但卻缺少最主要的一項。即：它是一個議會，然而作為一個純粹的諮詢機關，它又不是一個議會！這個八月六日的法律不能令任何人滿意，對於不斷上漲的革命浪潮也一點沒有起到阻擋的作用。

八月的改革失敗了；蘇維埃的成立以及總罷工帶來的威脅，迫使沙皇做出更多讓步。於是維特這位自由派人士協助尼古拉起草《十月宣言》，承認了他之前所抗拒的立憲民主。《十月宣言》把立法的權力交給「杜馬」，並且向所有社會階層開放杜馬的選舉權：

朕，尼古拉二世，全俄羅斯的皇帝和獨裁者，特此昭告天下……目前在帝國的京城和許多地區發生的混亂與騷動，使朕心中充滿了憂傷。……當今發生的動亂恐將在民眾中引起嚴重不安，從而威脅到俄羅斯國家的完整與統一。……

因此朕已責令帝國政府貫徹朕的堅定意志：

一、根據真正的人身不可侵犯性，以及信仰、言論、集會、結社等方面的自由，給予百姓不可動搖的公民自由權利基礎。

二、……容許以前未獲得選舉權的各階層百姓參加杜馬議會選舉……

三、建立一套不得改變的準則，規定凡未經國家杜馬批准的法律條文概屬無效，並確保百姓選出的代表有權實地參與，監督朕屬下各機關依法行事。

一九〇五年的《十月宣言》是一個驚人的飛躍。經過數百年的獨裁統治後，俄羅斯在一夜之間變成了一個議會民主國家。那份宣言大致符合溫和反對派昔日的要求，假如能夠更早和更主動地提出來的話，或許還可以奏效。現在卻被看成是內容不足和為時已晚。就連維特也覺得：

一九〇三至一九〇四年期間，在人民的頭腦中已經時常有一個想法：要避免革命的苦難，就必須實行許多跟上時代精神的改革。……當全國意識到……它的尊嚴和需要的時候，就不可能繼續採取那種顯然不公正的政策，鼓勵享有特權的少數人靠犧牲多數人的利益來謀利。君主與政治家如果不明白這個簡單的真理，他們就會親手造成一場革命。政府的力量和權威一旦開始衰弱，暴亂就會爆發以至於不可收拾。

即使在一九〇五年十月，溫和反對派立憲民主黨（或「KaDety」）都還準備歡迎沙皇的建議，接受他所提出的君主立憲制。但多年下來的推諉和延宕，已導致溫和派民主黨人士逐漸遭到架空。現在輪到革命極端主義者——亦即列寧和托洛茨基那批人——大行其道，而他們要求掃除整個沙皇體制。托洛茨基曾經在回憶錄中嘲笑了政府的改革嘗試：

革命無產階級的猛烈進攻，使得我們馬克思主義者從一個所謂的「政治假象」變成了強大的現實……而沙皇的獨裁統治在極度混亂之下，開始做出讓步。……等到沙皇公布他的宣言以後，所有那些自由主義者都高呼「勝利！」。可是我們要說：「不對！那只是半個勝利。沙皇還跟他的軍隊在那裡；他仍然能夠收回他已經讓出或者答應讓出的東西。」沙皇的宣言只不過是一張廢紙，它就在這裡，在我的拳頭內揉成一團！今天他們把它發表出來，明天就會把它撕得粉碎，就像我現在當著你們的面撕毀這份「紙上的自由」一般！

托洛茨基對「那些自由主義者」的批駁，反映出反對派最後已分裂為「立憲派」和「極端派」兩個分支。前者是準備跟沙皇版君主立憲制合作的「自由主義者們」，被後者辱罵成「布爾喬亞」和「資本主義走狗」。後者則是馬克思主義派的社會民主黨——孟什維克與布爾什維克——要求完全破壞舊秩序，並且把絕對的權力轉移給社會主義革命力量。

等到起事者的動能在一九〇六年逐漸衰竭之後，尼古拉老是搖擺不定的意念又一次背叛了溫和反對派。他終於在四月二十三日頒布了讓人期盼已久的憲法，卻在裡面撤銷他之前做出的許多讓步。那部憲法給予沙皇否決「杜馬」決議的權力，並宣布皇帝陛下將保留「至高無上的獨裁權威」。言論自由受到嚴格的規範，而且沙皇有權任免部長和解散「杜馬」。維特認為，尼古拉之所以同意引進議會和憲法，只不過是因為一九〇五年的各種事件把他嚇得出此下策：

陛下的性格中有一種樂觀的傾向，但是他的眼光卻非常短淺……只有當暴風雨真的淋到他身上的時候，他才感到恐懼。但是只要眼前的危險一過，他又坦然了。因此，即使在憲法頒布之後，尼古拉還認為他自己是一個專制君主，他的想法可以表述如下：「我想怎樣做就怎樣做，我想的事總是好的。如果人民看不到那是好事，那是因為他們是一些平凡的人，而我則是上帝授權的君主。」他……往往自陷於泥淖之中或惹出一場血腥的禍亂。

一九〇六年四月的大選產生出一個由左派占多數的議會，要求實施更進一步的改革（包括把所有的農業用地轉移給農民）。結果尼古拉過了僅僅七十三天之後便下令解散「杜馬」。他將維特免職，任命了一位比較強硬的總理，彼得．斯托里賓。[2]斯托里賓同意修改選舉規則，以保證右翼在議會占多數，但他抗拒沙皇有關完全廢除「杜馬」的要求。尼古拉則在寫給他母親的一封信函中表達出自己的煩惱：

一個愚蠢的代表團正從英國過來，準備與杜馬的自由派成員見面。伯蒂姨丈[3]告訴我們，他感到非常遺憾，但他不能阻止他們到來。那當然錯在他們著名的英國「自由」。我敢打賭他們一定會非常生氣，如果我們派一個代表團去愛爾蘭人那邊，祝他們在對抗其政府的奮鬥中獲得成功……。假如在杜馬所說的一切都留在牆壁裡面的話，情況還不至於那麼糟糕。然而每一個字都傳出來上了報紙，每一個人都讀到了，現在百姓又開始變得躁動不安。全國各地都有電報發過來請求我解散那個東西，不過這麼做顯然還為時過早。就讓他們做出什麼真正愚蠢的事情，然後啪的一下，他們都得走路！

2 譯注：斯托里賓（Stolypin/Столыпин）或被音譯成「斯托雷平」，但前者比較接近俄語原音。

3 譯注：「伯蒂」（Bertie）是英國國王愛德華七世（Albert Edward）在家人和親戚之間的暱稱。愛德華的王后亞歷珊德拉是尼古拉的母親瑪麗亞的姊姊。

在接下來的五年內，斯托里賓結合了無情的鎮壓行動和頑強的改革嘗試，以此作風來統治俄國。他引進法規改善了農民的權利，並協助他們獲得土地；但他也加緊處決反政府人士，以致劊子手的絞刑套索被稱作「斯托里賓的領帶」。隨著動亂平息，俄羅斯經濟恢復了元氣：工業化和資本主義開始紮根；鐵路把繁榮帶給百姓；國家財政的復興使得生活水準提高。一九〇五年至第一次世界大戰之間的這個階段，對俄羅斯工業而言是一個短暫的黃金時代，工廠產值每年成長了百分之五。聖彼得堡人口急劇增加，因為這裡已成為一個重要的金屬加工、紡織和造船中心。在南方，冶鐵和煉鋼工業蓬勃發展。煤的產量增加了一倍多；高加索地區的石油開採擴大，給巴庫和其他城市帶來繁榮。

然而斯托里賓做出的努力既無法拯救君主制，也救不了他自己。沙皇俄國的最後一次政治自由化嘗試，在一九一一年九月五日結束於血泊之中。截至那時為止，總理早已多次接到威脅他生命的恐嚇，並至少經歷一次未遂的暗殺行動。可是他不聽隨扈的忠告，沒有遠離公共活動，而且拒絕穿上防彈背心。在那個星期二的晚上，他前往基輔歌劇院觀賞林姆斯基—高沙可夫的歌劇《沙皇薩爾坦的故事》。幕間休息的時候，斯托里賓坐在他的私人包廂，與隔壁包廂內的沙皇及兩個最年長的公主——奧爾加和塔季亞娜——閒聊起來。在他們下方，有個名叫德米特里・博格羅夫的無政府主義革命分子，早已在正廳前排座位窺伺。博格羅夫朝上走到總理身旁，急忙開了兩槍，打中他的手臂和胸部。目擊者表示，斯托里賓從他的座位站起來、解開他的手套、鎮定地脫下他的外套，露出他那件被鮮血染紅的白襯衫。

致命的子彈卡在他的胸膛，他又倒了下去，喃喃說出「樂意為皇上而死」幾個字，並且朝向沙皇與皇室成員劃出十字聖號。斯托里賓被送進基輔中央醫院，在那裡多活了四天。沙皇前往探視許多次，據悉曾經懇求斯托里賓「原諒」他。那些字眼，以及尼古拉下令縮短槍擊案的司法調查一事，導致各種謠言甚囂塵上，宣稱下令刺殺總理的人並非革命分子，而是沙皇身邊想要結束斯托里賓自由主義改革方案的保守派人士。有跡象顯示，刺客博格羅夫與沙皇秘密警察的高層有過接觸，然而他在接受充分偵訊之前即已遭到處決。

斯托里賓安葬於基輔的洞窟修道院。他的去世標誌著改革的結束，以及重返反動之路。下一個十年內的大災難，則意謂所有的改革思想將會在很長的一段時間內遭到棄置遺忘。

18 世界大戰敲響沙皇的喪鐘

柴可夫斯基的《一八一二序曲》譜寫於拿破崙入侵俄羅斯數十年之後。可是當一八七六年他譜出另外一首作品來振奮民族自尊與激情的時候，他所頌讚的衝突事件正如火如荼地進行中。《斯拉夫進行曲》雖然充滿了柴可夫斯基式的強烈熱情，那首曲子卻有一個非常實際的目的。就在同一年，巴爾幹百姓群起反抗統治他們已長達四個世紀之久的鄂圖曼帝國，釋放出一波泛斯拉夫民族主義的浪潮。成千上萬名俄國人志願加入塞爾維亞兄弟們對抗土耳其穆斯林的戰鬥。[1] 柴可夫斯基則寫出《斯拉夫進行曲》為戰事貢獻心力，並選擇在一場替傷患募款的音樂會上首演。

一八七〇年代的巴爾幹危機導致俄國與土耳其之間爆發一場全面戰爭——一八七七至七八年的俄土戰爭。結果塞爾維亞人、保加利亞人，以及大多數南斯拉夫民族的國土得到解放。俄羅斯領導下的泛斯拉夫主義形成了一股強大力量，引起英國和奧地利出面干預。在一八七八年的柏林會議上，他們推翻了俄方的許多成果，並宣布由奧地利接管波士尼亞與黑塞哥維納。這項決定所造成的積怨，發展到最後就是一九一四年六月的著名事件：波士尼亞的塞爾維亞民族主義者在塞拉耶佛暗殺奧地利的法蘭茲．斐迪南大公。維也納將暗殺行動歸咎於塞爾維亞；俄羅斯則支持自己的斯拉夫

1 其中也包括了托爾斯泰一八七七年那部小說中的人物，安娜．卡列尼娜的情人——弗隆斯基（Vronsky）。

盟友。接下來的幾個星期內，各國紛紛祭出各種條約和盟約，於是歐洲進入戰爭狀態。

亞歷山大．索忍尼欽的小說《一九一四年八月》（一九七一）之於第一次世界大戰，就好比《戰爭與和平》（一八六九）之於拿破崙的入侵，是透過數十名虛構角色和真實人物的眼睛來看待一大段歷史。書中透過陷入混戰者所見的情景，描述了俄軍在交戰最初幾個星期遭遇重挫時所承受的慘痛傷亡：

> 有消息傳來，表示「卡什爾團」已經在默爾肯村全軍覆沒。……撤退中的人員與其說是軍隊，倒不如說是既雜亂無章又缺乏防衛能力的吉普賽營隊。……令人驚訝的是，這些拼湊成軍的單位亂成一團，沒有人告訴他們該做些什麼或者該到哪裡去。……還有什麼事情可做呢？……現在為時已晚，而且一切都於事無補了。……沃羅騰采夫昏沉沉的頭腦正在清醒過來，可是他依舊無法完全理解那場災難──實情是根本無法理解。

這裡有著一絲呼應托爾斯泰筆下「皮埃爾．別祖霍夫」的味道──當他茫茫然地徘徊在博羅季諾戰役之中。可是索忍尼欽不斷地針對歷史的本質向托爾斯泰做出反駁：托爾斯泰認為個人無法塑造歷史，索忍尼欽則激烈地辯稱，人們有道德上的義務必須一試。他在一九六〇年代末期著手寫書的時候，把第一次世界大戰的敗績看成是俄羅斯社會在道德意志上的弱化，從而為敗德的布爾什維克鋪平勝利之路。索忍尼欽表示，一九一七年的布爾什維克革命並非不可避免──更大的決心和更好的領導應可產生不同的結果。他還嚴厲批評了俄羅斯將領們那種托爾斯泰式的宿命論：

沃羅騰采夫此際才注意到……薩姆索諾夫將軍臉上那個必死無疑的神情，就像一隻一百多公斤的獻祭羔羊被牽去宰殺時的模樣。……他那沉重的身軀疲憊地坐在馬鞍上，他把帽子掛在搖晃的手裡，臉部表情呈現出的不是權威，而是憂傷與無奈。……這位兵團司令的態度極不尋常。他沒有責備從前線脫逃的士兵、他不想辦法讓他們前往任何地方、他沒有向他們提出任何要求。……降臨到第二兵團——其實是整個俄國陸軍——頭上的災難，本來還是能夠避免的。……在這麼一個防禦良好的地點，部隊怎麼會表現得就像吉普賽的烏合之眾呢？他們怎麼就這樣四散逃逸，變成一個個毫無用處的小單位了呢？

一九一四年給了沙皇政權最後一次機會來拯救自己。那場戰爭曾經普受歡迎。一時之間，捍衛祖國的職責使得農民的不滿和工人的要求變成次要因素。在已更名為「彼得格勒」的首都（因為「聖彼得堡」聽起來太德國化），有大批人潮向沙皇歡呼致敬。開戰後的最初四個月內就有六百萬人入伍。

政治上的內鬥與戰場上的挫敗，卻很快便破壞了民族團結的情緒。坦能堡戰役和馬祖里湖戰役導致俄方陣亡七萬人，並有將近十萬俄國人成為戰俘。那些新聞對公眾的信心產生了毀滅性的影響，其情況可與一九〇五年對馬海峽的災難相提並論。薩姆索諾夫則寧可舉槍射擊頭部自盡，也不願意向沙皇報告俄國陸軍的潰敗。從十八世紀末葉以來一直隸屬於俄羅斯帝國的波蘭，在一九一五年夏天落入德國人手中。俄軍被迫從北邊的拉脫維亞到南邊的烏克蘭，沿著整條戰線全面後撤。

俄羅斯軍隊是由訓練不良的士兵和領導無方的軍官所組成的。槍支嚴重不足，以致許多新兵上戰場的時候沒有步槍。在西南方指揮加利西亞戰線的安東・鄧尼金將軍，曾於回憶錄中辛酸地寫道：

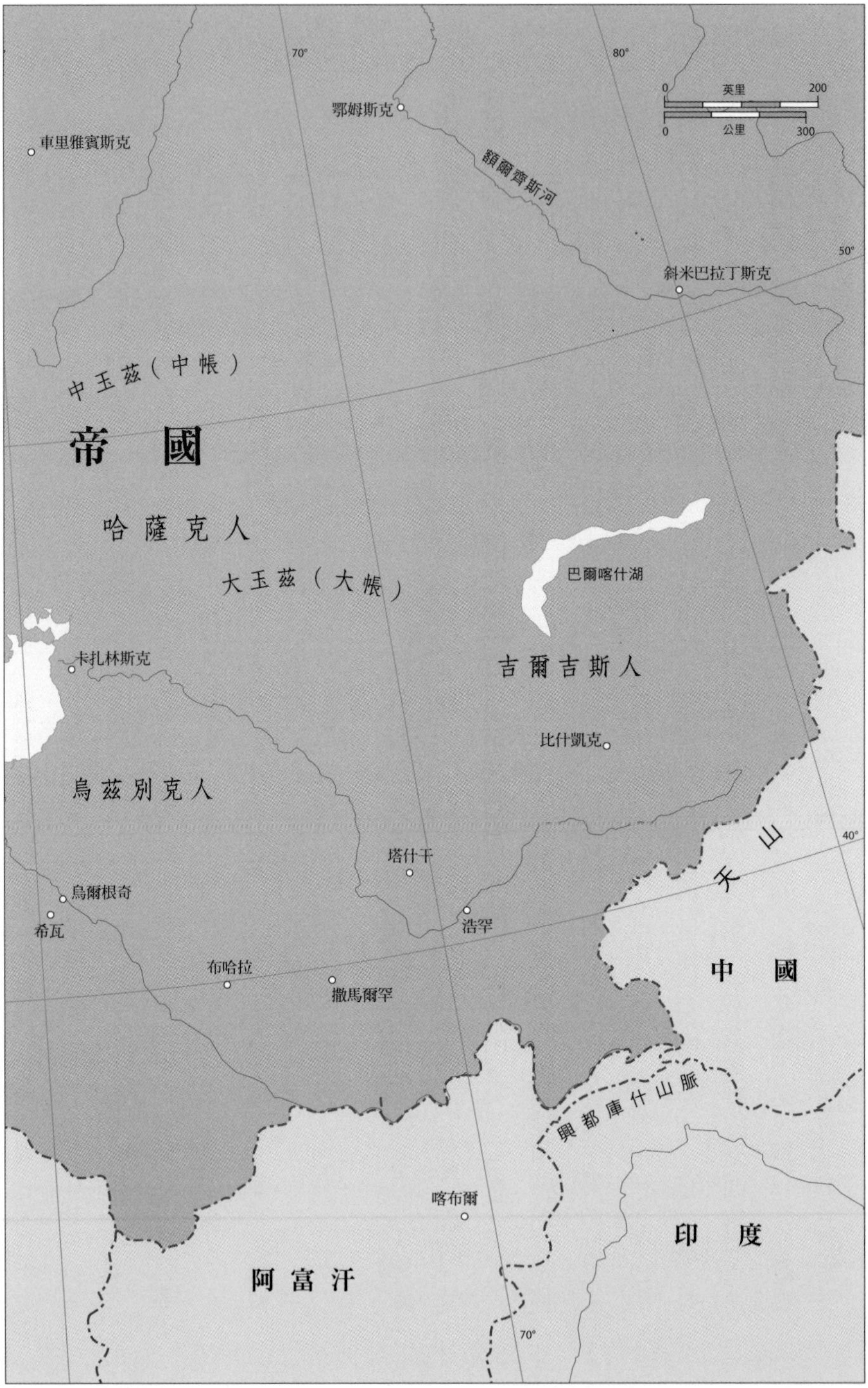
70°
80°
0
英里
200
0
公里
300
車里雅賓斯克
鄂姆斯克
額爾齊斯河
50°
斜米巴拉丁斯克
中玉茲（中帳）
帝國
哈薩克人
大玉茲（大帳）
巴爾喀什湖
卡扎林斯克
吉爾吉斯人
比什凱克
烏茲別克人
40°
天山
塔什干
烏爾根奇
希瓦
浩罕
中國
布哈拉
撒馬爾罕
興都庫什山脈
喀布爾
印度
阿富汗
70°

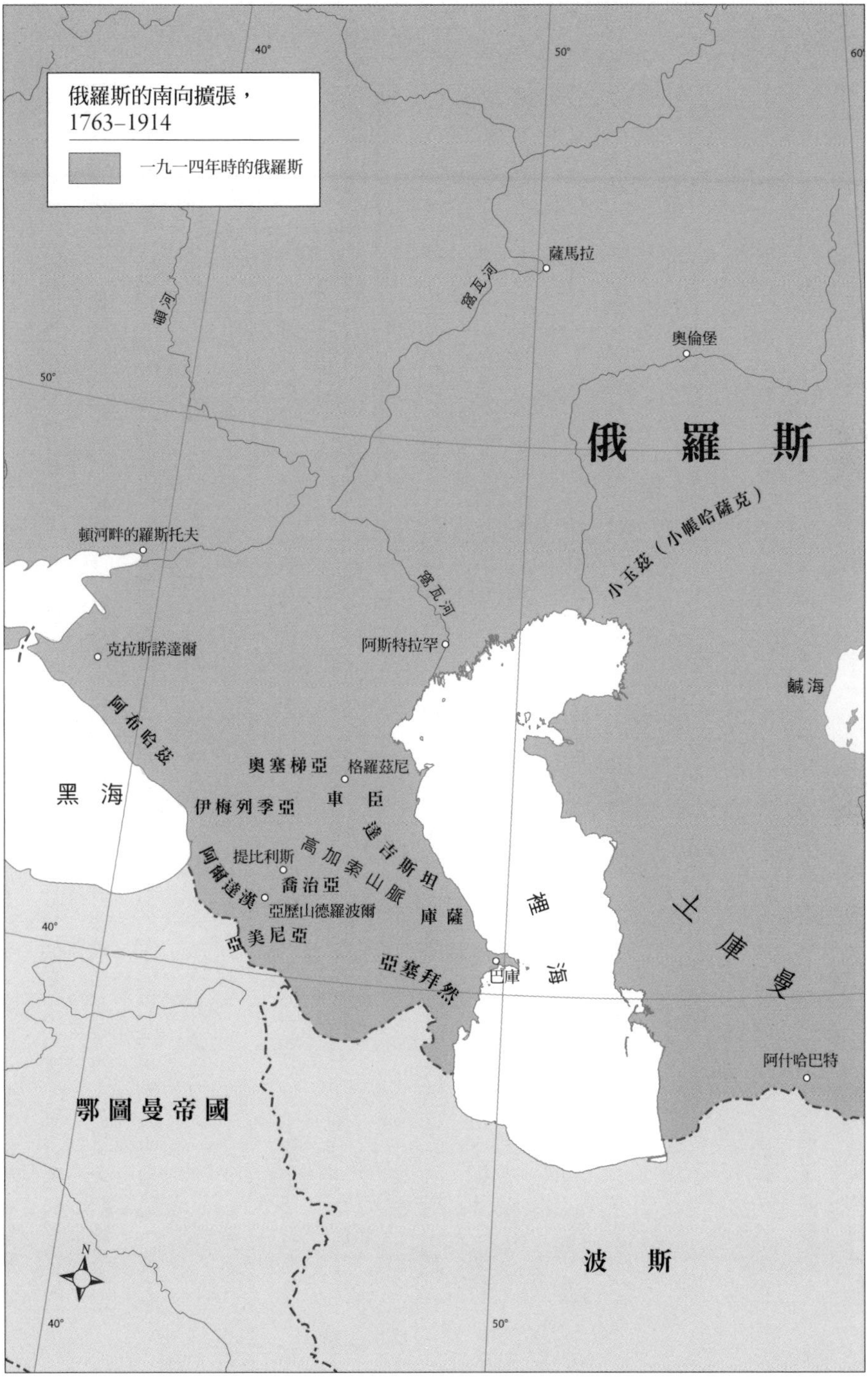
俄羅斯的南向擴張，
1763–1914
一九一四年時的俄羅斯
40°
50°
60°
薩馬拉
窩瓦河
頓河
奧倫堡
俄羅斯
小玉茲（小帳哈薩克）
頓河畔的羅斯托夫
窩瓦河
阿斯特拉罕
克拉斯諾達爾
鹹海
阿布哈茲
奧塞梯亞
格羅茲尼
黑海
伊梅列季亞
車臣
達吉斯坦
提比利斯
高加索山脈
阿爾達漢
喬治亞
亞歷山德羅波爾
裡海
庫薩
土庫曼
亞美尼亞
亞塞拜然
巴庫
阿什哈巴特
鄂圖曼帝國
N
波斯

我永遠也忘記不了一九一五年的悲劇。我們既沒有子彈也沒有砲彈。我們浴血奮戰並展開艱苦的行軍。我們在肉體上和精神上都已經疲憊不堪。我們已從最初的滿懷希望，變成陷入絕望的深淵。……德國人的砲火不斷咆哮，轟掉了我們一排排的壕溝和裡面所有的人員。我們幾乎不曾還擊，因為我們沒有彈藥可供還擊。我們那些完全精疲力盡的軍團只能用刺刀來擊退一波又一波的攻勢。鮮血流個不停，我們的隊伍越來越單薄，墳墓卻一天天增多……

在國內則出現糧食短缺、囤積居奇與通貨膨脹。對政府和沙皇的不滿已達鼎沸。到了一九一五年八月，「杜馬」的中間黨派要求沙皇撤換內閣，由議會任命的政府來加以取代，並要求保障工人權利、依法成立工會、給予農民完整的公民權，以及大赦政治犯。

但尼古拉二世繼續相信世世代代支撐起沙皇統治的「東正教、專制主義、民族性」的價值觀。他拒絕議員們的要求、暫停「杜馬」的運作，並宣布他將親自指揮軍隊，在前線的軍事總部主導戰事。他的決定顯示，他已經不可救藥地脫離了現實。

一九一六年十一月，立憲民主黨領袖帕維爾・米留可夫向俄羅斯國會發表一篇著名的演說，譴責了沙皇政權、政府部長們，以及皇后。譴責竟然來自立場溫和、之前支持過沙皇版君主立憲構想的立憲民主黨，由此即可看出國內的憤怒與失望有多深：

這個政權沒有智慧或能力來因應當前的局面！……先生們！這個政權已經比以往的任何時刻更加向下沉淪！它和我們之間的鴻溝正在擴大，而且變得不可逾越！……流言傳遍了俄羅斯全境，表示背叛來自國家的最高層級……表示有黑暗的勢力正在圖利德國，準備與敵人簽訂可恥的和約。……有一小撮鬼鬼祟祟的人物正在操弄國家大事，懷抱著叛逆的意圖：那個所謂的「宮廷派」環繞在皇后的身旁……。他們的動機到底是源自愚蠢或者背叛呢？你們可以自己做出選擇，但結果都是一樣的！

米留可夫對亞歷山德拉皇后的攻訐，反映出她讓俄國百姓產生的強烈反感。她的德國出身、有關她渴望向德皇投降的謠言，以及她對拉斯普京那名神棍的寵信，都使得皇室威信大受傷害。亞歷山德拉一直是皇家生活中的主導力量，如今隨著尼古拉經常遠在前線的陸軍指揮總部，人們更普遍相信是她和拉斯普京在掌控國政。

俄羅斯在一年多的時間內苦於接受變幻莫測的「女沙皇統治」。亞歷山德拉做出的決定或者是基於心血來潮，或者就是根據拉斯普京冥想而來的「神的訊息」。部長們一個接一個地登台，然後像宮廷走馬燈一般地任意遭到撤換。皇后跟她的「聖人」前後任免過四位總理、五位內政部長和農業部長，以及外交、國防和運輸部長各三位。鄧尼金將軍抱怨那個「德國—拉斯普京集團」，指責他們「包圍了皇帝、癱瘓了政府，使得軍隊有崩潰之虞」。謝爾蓋·維特伯爵則哀嘆「狂熱的神秘主義……亞歷山德拉皇后傳染給她丈夫的那種神秘主義情結」。

一九一六年十二月，一群以菲利克斯·尤蘇波夫親王為首的右翼貴族人士，邀請拉斯普京前往聖彼得堡莫伊卡運河旁的尤蘇波夫宮，猛灌以加了氰化物的葡萄酒。提供毒藥的醫生向他們保證，那樣的分量足以殺死好幾個人。尤蘇波夫卻在他那本渲染過度的回憶錄裡寫道，拉斯普京是一個「惡魔般的人物」，氰化物的影響就只是讓他覺得有一點昏昏欲睡罷了：

拉斯普京一動也不動地站在我面前，把他的頭部低垂下去，目不轉睛盯著十字架。我慢慢地舉起左輪手槍。我該瞄準哪裡，瞄準太陽穴呢，還是心臟？一股寒意籠罩著我，我的手臂變得越來越僵硬，我瞄準了他的心臟然後扣動扳機。拉斯普京發出一聲狂野的嚎叫，跌倒在熊皮地毯上。……醫生宣布，毫無疑問地：拉斯普京已經死了。……我們的心中充滿希望；我們深信，俄羅斯和君主政體將從廢墟和恥辱之中被拯救出來……。然後一件可怕的事情發生了：拉斯普京突然猛力一躍而起，口吐白沫朝著我撲過來，他的手指像鋼爪般地掐住我的肩膀。

那些密謀者最後發射了更多的子彈，還用一根鐵棒敲打他的頭部，最後將他丟進冰冷的運河，這才終於把他解決掉——但拉斯普京宛如「哥德式恐怖小說」般的死亡來得太晚，已經拯救不了君主政體。從前線傳回的消息十分無望，人們對戰爭的支持一去不返，革命的呼聲日益響亮。在彼得格勒的主要軍需製造廠萊斯納工廠，工人們發表聲明以發洩不滿情緒，宣布除非政府接受他們有關公民權利和重新分配土地的要求，否則就不願意為俄羅斯而戰。街談巷議已經預告即將發生暴動。

19 二月革命徹底棄絕舊世界

時至一九一七年初，沙皇體制已經從內部腐爛。點燃「二月革命」的火花，則來自一個看似不可能的源頭。涅瓦大街是聖彼得堡的主要通衢，如今遍布著別致的精品店和昂貴的餐館，當時卻是屠夫、麵包師傅和魚販的棲身之處。就在涅瓦大街和附近幾條街道上的麵包店，不滿的情緒轉變成造反行動。在戰爭的第三年，國民經濟已經崩潰。食物長期短缺，又迫使婦女們每天花上好幾個鐘頭的時間，排隊等候往往一直來不了的麵包。有些人還在麵包店外的人行道上搭起了簡易床鋪。

一九一七年二月二十三日國際婦女節[1]當天，成千上萬名婦女離開她們的工作場所，展開一場自發性的抗議行動。她們走上街頭，與等著買麵包的人龍和來自機械大廠普梯洛夫的罷工工人合流。那些婦女組成了一個個小團體，遍訪首都的各座工廠，敦促工人們放下生產工具。她們的要求事項並無別出心裁之處，簡單說，不過「麵包」、「自由」和「結束戰爭」。一位前往彼得格勒的外國訪客，E·M·赫伯特博士，目睹了這場行動所產生的爆炸性後果：

街頭出現了暴動和騷亂，而我認為對一場革命的最佳寫照就是這個樣子：人們砸毀店鋪、洗劫

1 譯注：二月二十三日是俄國舊曆儒略曆（Julian calender）的日期。一九〇一至二〇九九年之間，儒略曆日期加上十三天等於公曆的日期，所以事發當天的公曆日期為三月八日。

麵包店，尤其那麼做的是婦女。有軌電車的車廂被推倒在地，人們用木塊和鋪路石構築路障。顯然有什麼事情已經迫在眉睫……

如同斯堅卡·拉辛與普加喬夫在十七和十八世紀的大規模農民暴動，一九一七年的「二月革命」也是一場自發性的起事，來反抗一個受到憎惡的政權，而其推動力出自彷彿雪崩般的積怨：農民們要求土地，工人們痛恨剝削，士兵們厭倦戰爭，少數族群爭取獨立，而且幾乎所有的人都因為糧食短缺和物價飛騰而憤怒不已。這場起事沒有計畫、未經協調，職業革命家也只能跟在後頭隨波逐流。亞歷山大·索忍尼欽在小說《列寧在蘇黎世》（一九七五）當中，戲謔地描繪流亡瑞士的列寧如何安穩地觀察事態發展，拒絕相信革命已經爆發。「俄國革命了嗎？」他咕噥說道：「胡扯些什麼！」然後繼續吃他的煮牛肉，確認自己的那一片足夠肥美。

彼得格勒的每日街頭示威變得越來越暴戾，許多俄國人橫死街頭。警方則使用木棍和槍托擊退涅瓦大街上的示威遊行。到了二月二十六日星期天，有二十五萬人聚集在首都的中心地帶——來自各座大型機械工廠的工人們高呼「革命萬歲！」；婦女們抗議麵包短缺；還有成千上萬名學生揮舞著旗幟，唱著配上慷慨激昂的俄文歌詞的《馬賽曲》：[2]

我們要徹底棄絕舊世界！
從腳上抖掉它的灰燼！
我們憎惡那金色偶像，
我們痛恨沙皇的宮殿！……

起來，奮起吧，勞動人民們！
飢餓者，起來打擊敵人！
人民復仇之聲已響起，
前進，前進，前進，前進，前進……
富人是貪婪的狐群狗黨，
掠奪你做苦工的成果……
搶走你最後一塊麵包……
沙皇，吸血鬼，吸你的血管；
沙皇，吸血鬼，喝人民的血。……
起來，奮起吧，勞動人民們！……
反竊賊、反狗盜——反有錢人！
反邪惡的吸血鬼沙皇！
打死那些萬惡的下三濫！
亮起更好生活的黎明！

到了將近傍晚的時候，部隊面臨持續升高的混亂，又無法從政治領導高層那邊接獲指令，於是

2 譯注：此《馬賽曲》即《工人馬賽曲》（*Worker's Marseillaise*），「二月革命」爆發後被臨時政府使用為俄國國歌。「十月革命」後，《國際歌》取而代之，成為蘇俄和蘇聯的國歌（一九一八－一九二二；一九二三－一九四四）。較通用的中譯版歌詞（舊世界一定要徹底打垮，舊勢力一定要連根拔。我們都恨沙皇的寶座，我們都蔑視那十字架……）與俄語原文出入不小。

開火射擊。哥薩克人向來是沙皇部隊當中最殘酷無情的單位，他們用步槍向群眾發射了幾排子彈，殺死大約兩百名男性、婦女和兒童。等到事變終於過去的時候，約有二十萬人死於非命。奧西普・葉爾曼斯基，一位隸屬孟什維克的記者，目睹了軍隊在莫伊卡運河附近攔截示威隊伍時所爆發的一場衝突。

當群眾走近的時候，士兵們奉命跪下舉槍瞄準。前面的人看見了正在發生的事，於是停下腳步。可是隊伍後面的人渾然不覺，繼續把他們往前推。經過片刻的猶豫之後，部隊齊射了兩輪。遊行隊伍前排的平民倒在地上，許多人喪生。示威遊行結束於慌亂之中。人們四下逃竄、在血泊中滑跤、跨過死者和垂死者橫躺在路面的身體。他們臉上充滿了怨恨與憤怒。

此次屠殺讓許多脫離前線戰鬥趕回來鎮壓起事的士兵產生反感。水兵軍團更是達到了近乎譁變的地步。星期日晚上已有數百名士兵投奔示威陣營。幾天之內，全體彼得格勒衛戍部隊就公開叛變反抗沙皇，殺害了試圖制止他們的軍官。沙皇的標誌都被扯下、囚犯遭到釋放、警方的武器庫則被劫掠一空，槍支被分配給了群眾。甚至連哥薩克人也開始叛逃到革命者那邊。[3]

憤怒的人群聚集在街頭，軍隊又四分五裂，彼得格勒已經陷入了無政府狀態。「國務院」——立場保守的杜馬上議院——於是致書尼古拉二世，針對危機向他提出警告。尼古拉卻很奇怪地顯得無動於衷。他寫給其妻亞歷山德拉的信函幾乎不曾提及革命：

軍事總部，二月二十四日。我甜蜜、親愛的陽光！我的頭腦在此地休息——沒有任何部長，沒有任何麻煩的問題需要思索。……我已接獲妳通知我奧爾加和寶寶正在出麻疹的那封電報。我無法相信自己的眼睛，這實在是讓人意想不到。……我在晚餐時遇見的所有外國將軍，在聽到這個令人難過的消息時都表示遺憾。……等到孩子們——尤其是阿列克謝——全部康復了，搬到氣候好一點的環境是絕對必要的事情。……等我回家以後，我們需要平心靜氣地考慮一下這方面的問題。……我非常懷念每晚半小時的接龍遊戲。有空的時候我會重新拿起多米諾骨牌。

愛妳的小老公，尼克

沙皇的顧問們一籌莫展。好幾個星期以來，杜馬和英國大使喬治·布坎南都不斷敦促他做出讓步，以便安撫那些暴民。甚至連尼古拉的弟弟米哈伊爾也警告他說，災難就在眼前（「君主體制已經搖搖欲墜。忠實捍衛『俄羅斯不能沒有沙皇』這個理念的人們，發現地基正從他們的腳下流失。」）然而所有的警告和懇求都被他輕蔑地駁斥。等到杜馬主席米哈伊爾·羅江科前往警告沙皇，表示革命已迫在眉睫的時候，尼古拉卻回答說：「我所得到的消息完全不同。如果杜馬硬是要針對這個主題爭辯不休的話，我就解散杜馬。」當羅江科試圖解釋他心中牽掛著沙皇的利益時，尼古拉將手一揮，說道：「快一點！大公爵正等著跟我一起喝茶。」

3 支持布爾什維克黨的工人伊凡·戈爾季延科（Ivan Gordienko）注意到，這回又是彼得格勒的婦女掌握了局面：「女工們採取主動，宛如厚實圍牆般地把哥薩克人團團圍住。她們大喊說：『我們的丈夫、父親和兄弟都上了前線，而我們在家裡既挨餓又受到侮辱和欺凌！想一想你們自己的母親、妻子和小孩！過來加入我們吧——我們正在要求獲得麵包和結束戰爭。』軍官們不確定哥薩克人可能會做出何種反應，於是命令他們策馬衝刺。那些哥薩克人便騎馬向前，而百姓已準備進行自衛。但哥薩克騎兵只是從一旁通過，根本沒有騷擾我們。……他們有些人面露微笑，有一個人甚至還向我們眨眼示意。從一千個喉嚨裡響起了『哥薩克萬歲！』的呼喊聲。」

二月二十七日，沙皇還遠在前線指揮總部，羅江科發給他最後一封絕望的電報：

情況日趨惡化。必須馬上採取措施，否則明天就太遲了。決定全國和皇室命運的時刻已然到來。政府無力終止暴亂。衛戍部隊無法被信賴。各個禁衛團的後備營正深陷叛亂；軍官已遭到殺害。他們加入了暴民和造反的百姓；他們正朝著內政部和杜馬行軍。陛下，切勿延遲！萬一騷亂蔓延到全軍，……俄國和皇朝的毀滅將無法避免。

尼古拉的反應是下令解散杜馬，以及展開軍事鎮壓行動。這種處理方式的愚昧無知是如此明顯，以致議會成員不理睬他的命令，並且派遣一個由前任杜馬主席亞歷山大．古奇科夫率領的議員代表團過去，設法跟他講道理。那些人找到沙皇的時候，他的火車專列正被卡在普斯科夫市附近的鐵路支線上，時間已是三月二日入夜時分。此際亞歷山德拉已經傳來幾封電報，刻意壓低了首都局勢的嚴重性，還敦促她的丈夫「不要簽署任何文件、或者憲法、或者像那樣的恐怖東西」。可是代表團員告訴尼古拉，他已經別無選擇：現在只有他的退位能夠平息革命者的怒火。

沙皇聆聽他們關於流血事件和混亂局面的報告時，勉強繼續擺出漠不關心的模樣，最後才終於承認大勢已去。他告訴他們：「為了拯救我們的俄羅斯母親，我任何犧牲都在所不惜。我願意放棄皇位。」

羅曼諾夫王朝肇始於一六一三年，而且才剛剛在四年前以盛大排場慶祝了三百週年紀念，如今就這樣在鄉間的一條鐵路支線上遭到終結。

在討論該由誰來接替尼古拉的時候，退位的消息刻意被延遲宣布。理所當然的繼位者本來應該是沙皇的兒子——罹患血友病的阿列克謝皇太子。但尼古拉擔心他兒子的健康，堅持要把皇冠交給他的弟弟米哈伊爾。沙皇的退位詔書隨即被打字出來，然後送回彼得格勒交給了杜馬：

於進行偉大戰鬥、對抗將近三年以來企圖奴役我們祖國的外敵之際，上主不吝賜給俄羅斯一個新的嚴重考驗。……在俄國生活中具有決定性意義的這些日子裡，朕認為自己必須盡良心責任來促進我國百姓的緊密團結，並且凝聚全民力量以盡快取得勝利。

經與國家杜馬協議後，朕同意放棄俄羅斯帝國的皇位，並且放下最高的權力。朕不願與心愛的兒子分離，因此傳位於朕之手足，米哈伊爾．亞歷山德羅維奇大公……朕諄諄告誡朕之手足，處理國政時應充分而牢固地與立法機構中的國民代表保持一致，遵守將由他們確立的原則……朕呼籲祖國的忠實子弟們善盡自己的神聖職責，在國家接受試煉的艱苦時刻，服從（新任）沙皇，並與國民的代表們合力協助他，將俄羅斯帝國帶上勝利、繁榮與光輝之路。原上主保佑俄羅斯！

但最後的羅曼諾夫沙皇永遠也不會君臨天下。米哈伊爾不想接受皇位。杜馬派出的勸進代表團只能說服他簽署一份文件，表示他或許會在事態平靜下來之後登基。代表團的領隊弗拉基米爾．德米特里耶維奇．納博科夫是溫和派自由主義者和立憲民主黨的創黨元老之一，後來曾為了錯失君主立憲的機會而惋惜不已：

米哈伊爾強調，他怨恨其兄將皇位「硬塞」給他，甚至未曾事先徵求他的同意……。當他簽署我事先準備好的文件時，顯得有些尷尬和不悅。或許他不完全明白自己正在採取的步驟所具有的重要意義……。如今站在殘破、土崩、瓦解的俄羅斯廢墟之前，全面經歷過可憎的布爾什維克夢魘以後，我禁不住捫心自問，倘若米哈伊爾．亞歷山德羅維奇接受了皇冠的話，是否有更好的機會可以出現一個快樂的結局……[4]

三月三日，彼得格勒的蘇維埃報紙《消息報》報導說：「尼古拉二世已經退位，將寶座讓給米哈伊爾．亞歷山德羅維奇，後者則已遜位給人民。正在舉行大會的杜馬歡聲雷動。當時的欣喜若狂非筆墨所能形容。」在聖彼得堡的塔夫利達宮裡面，尼古拉的肖像被從杜馬議事大廳的牆壁扯了下來。沙皇體制已死。杜馬的議員們於是宣布，將由一個新成立的「臨時委員會」來掌管國家。

臨時政府是由自由主義者、溫和派社會主義者、立憲民主黨員和其他人士所組成，他們之前曾經同意配合沙皇版的君主立憲構想，這使得他們在百姓眼中顯得很不值得信賴。新總理格奧爾基．李沃夫是一位親王，這件事在工人的集會上非常不受歡迎。在臨時政府擔任部長的亞歷山大．伊凡諾維奇．古奇科夫，發現自己陷入了險境：

古奇科夫在鐵路工人舉行的一場大會上發表演說之後，有一名工人代表起立發言：「同志們，我們該怎麼看待這個新的臨時政府呢？裡面有人民的代表嗎？啥都沒有！看吧，它是由李沃夫親王領導的。我問你們——我們何必多此一舉搞出一場革命呢？我們每一個人都曾經在這些親王和伯爵們的手中吃盡苦頭。……所有這些新的部長們都是錢多得很的地主。同志們，或許我們不應該讓亞歷山大．伊凡諾維奇走出這裡！」人群對那名發言者的要求所做出的反應，就是把全部的門都關了起來。情況變得令人極為不快……

與此同時，另外一個不曾因為向舊政權做出妥協而受到污染的權力中心出現了。一九一七年的塔夫利達宮——昔日波坦金和凱薩琳大帝的宅邸——已轉而容納了兩個議事大廳，在二月革命爆發後的幾個月內，成為俄羅斯權力角逐者分庭抗禮的據點。宮殿的右翼，在華麗的杜馬議事廳內，立憲民主黨人試圖創建一個自由的議會民主體制。再往下走幾步路，穿越一條由金黃的水晶吊燈照亮、兩旁是白色大理石柱的走廊之後，有數百名工人、士兵和農民聚集在宮殿左翼，對俄羅斯的未來做出截然不同的規畫。他們在這裡宣布成立「彼得格勒工人代表蘇維埃」，直接繼承了一九〇五年「血腥星期日」之後紛紛冒出來展現工人力量的各種組織（參見第十六章）。

俄羅斯各地的農民選出了地方委員會（或蘇維埃）、奪走地主的土地，並且自行管理村莊，甚至有人謀殺了昔日的主人並焚毀其莊園。工廠和工坊內的工人們則任命自己的蘇維埃。大部分陸軍單位的士兵們也做了同樣的事情：許多人員依舊允許自己的軍官指揮實際戰鬥行動，但有些人堅持要自行推選軍官，更有人殺害了前任指揮官。

4 納博科夫結束談判回家之後，告訴年方十七、同樣名叫弗拉基米爾的兒子，自己剛剛涉入何等重大的事件。小納博科夫往後將會成為二十世紀最偉大的作家之一，他在自傳體的書寫中深深表達了對父親的敬愛。他談論起他的父親如何獻身於「人道主義、英雄主義、自由主義」的價值觀，隨後如何「毅然決然地投身反專制的政治行動」，以及如何宣揚了自由和民主。小納博科夫指出，當他在英國就讀大學的時候，有一次被要求在「劍橋聯盟」的辯論會上發言反對布爾什維克主義，而他就那麼逐字回憶起父親針對相同主題發表過的一篇演說。我們還會看見，其父英年早逝一事，將不斷迴盪在納博科夫的作品裡面。

此類的蘇維埃全部都派遣代表前往塔夫利達宮：這是典型的直接民主，令人聯想起古代基輔羅斯的「維切」。他們的各種會議既嘈雜又混亂；投票結果則遭到激烈的——時而粗暴的——質疑。當初拒絕跟沙皇合作的革命團體悉數在此齊聚一堂，例如孟什維克、社會革命黨，以及少數幾名布爾什維克黨人。他們都同意，最終的目標必須是工人當家和革命專政；不過他們缺乏組織、四分五裂，而且出乎意料地小心謹慎。經過幾番辯論，他們決定暫且與臨時政府合作——「只要它不對民主革命造成妨礙的話」。「彼得格勒蘇維埃」的領袖有人民的力量在背後撐腰，但他們似乎不願加以使用。

臨時政府害怕「工人代表蘇維埃」的蠻力，蘇維埃卻顯然害怕擔負起執政的責任，於是演變成所謂的「雙重政權時期」。自由派的臨時政府雖然還在執政，卻只能時時提心吊膽地看著革命派蘇維埃的臉色——至少後者還能夠稍微控制住暴民和亂兵，而那批有名無實的國家領導人早就被暴民和亂兵給嚇壞了。

在此情況下，亟需有人搶占先機。但大多數代表們卻還只是坐在塔夫利達宮裡面吵來吵去，不曉得那個人已經在半路上了。

20 有這樣的黨！

一九五七年春天，位於波昂的西德國家檔案館依據「四十年保密規定」，解禁了一箱文件。文件中逐字記錄了德國駐瑞士外交使節與柏林外交部之間的電報往返：

伯恩，一九一七年三月二十三日。此地一些頂尖的俄羅斯革命領袖盼望經由德國返回俄國……。請發送指令……

由於我們樂見激進派革命分子的影響力在俄國占上風，我認為若能允許他們過境德國（並安排火車運輸以及提供他們金錢）將是恰當的做法……

現在我方務必要設法在俄國製造出最大的混亂。……應該暗中竭盡所能，加深溫和派與激進派之間的矛盾。最合乎我方利益的情況是後者居於優勢，因為隨即必將發生劇變……導致俄國根基動搖。……其發展過程可望於三個月後至此地步，屆時僅需我方採取軍事干預行動即足以確保俄羅斯力量之崩潰。[1]

1 譯注：這三段引文的原始發件者各不相同。第一段摘自德國駐瑞士大使的電報（伯恩，一九一七年三月二十三日）；第二段摘自德國外交部長的覆電（柏林，三月二十三日）；第三段則是德軍參謀本部表示贊成之後，德國駐丹麥大使的具體建議（哥本哈根，四月二日）——列寧的火車專列離開瑞士和德國之後，首先會經過丹麥。

自從一九一四年以來，德國特工人員便不斷密切注意流亡到瑞士伯恩與蘇黎世的俄羅斯革命者。等到沙皇政權在一九一七年被俄羅斯二月革命的各方勢力推翻之後，列寧等人迫不及待想要返回故國。這批流亡者看樣子會有辦法為德國的志業效勞。如果柏林能夠幫助他們回家的話，他們幾乎肯定可以給俄羅斯政府搞出許多大麻煩，逼得俄國退出戰局，並簽訂一項遷就德國利益的和平協議。按照溫斯頓．邱吉爾的講法，德國人把列寧送回俄國的目的，「就好比你打算把一管含有傷寒或霍亂菌株的玻璃瓶，放入一座大城市的供水系統那般。而且其作用準確得驚人……」

二月下旬的時候，德國外交部提供金錢和只有一節車廂的火車專列，載運那些革命分子穿越歐洲前往東方。列寧、其妻娜傑日達．克魯普斯卡雅和其他三十個人，從伯恩一路經過法蘭克福、柏林和斯德哥爾摩快速前行。他們無法離開車廂，因為車門深鎖——德國官方把門封了起來，以預防那些革命污染源沿途滲漏蔓延。一九一七年四月三日接近午夜時分，那一節密封的車廂抵達了彼得格勒的「芬蘭火車站」，直到今天依舊停靠在那裡。

我來到一號月台旁的一個玻璃隔間，看見了「二九三號火車頭」停放在有些矯飾的頂棚下面。它被保存至今，在大半個世紀的時間內得到近乎頂禮膜拜的待遇。但現在吸引過來的人群已經比昔日的蘇聯時代少了許多。有一位樂於助人的女性鐵路員工花了二十分鐘找到鑰匙，讓我能夠走進去看看。

列寧在一九一七年四月走出他那一節車廂的時候，仍相當擔心自己會遭到逮捕。他離開俄羅斯已有十二年，而且他自己也承認，他對那裡發生的事情知道得「非常少」。不過他具有一名真正的信徒不可動搖的決心——那是一輩子獻身革命事業所產生的革命狂熱。

★
★
★

列寧生於一八七〇年，來自辛比爾斯克一個生活富裕、思想開明的家庭。在他哥哥涉入反沙皇行動而遭到處決之後，他心中持續充滿著對政府的仇恨。早年的政治激進主義導致他被逮捕入獄和充軍西伯利亞，然後他在那裡娶了革命伙伴克魯普斯卡雅為妻。列寧從一九〇〇年到一九一七年流亡國外，只曾經在一九〇五年短暫回到俄羅斯。他是一名職業革命家，過著活在陰影中的日子，依靠他母親的遺產基金來維持生計。馬克西姆·高爾基指出，列寧缺乏關於日常工作和人類苦難的經驗，以致他「蔑視一般百姓的生命……。他不知道他們。他不曾生活在他們當中。」

列寧在芬蘭火車站走下車廂時並沒有遭到逮捕，反而受到一大群喧鬧嘈雜、略帶醉意的士兵和工人歡迎——他們揮舞紅旗，熱烈歡呼他所講出的每一個字眼。列寧朝著人群宣告：「你們創造出來的俄國革命，已經開啟一個全新的時代！……全世界升起了社會主義革命的曙光；歐洲資本主義已經在崩潰的邊緣。士兵們，同志們！我們必須為俄國的社會主義革命而戰！我們必須戰鬥下去，直到無產階級獲得全面勝利為止！世界無產階級革命萬歲！」

我循著列寧的足跡，剛好在他九十年前接受歡迎的地方，趕上一場鬧哄哄的親共黨示威遊行。那些人高呼著自從列寧抵達當天便不斷喊出的口號，唯一的差別只是現在有擴音器可為奧援。蘇聯時代的列寧雕像依舊矗立於芬蘭火車站前方。即便二〇〇九年時曾有示威抗議者投擲炸彈，在雕像背部炸出了一個洞，造成若干毀損，但那招牌式的手臂照樣向前伸出，他臉上仍然表達出一意孤行到底的決心。

但他的信心在很大程度上是裝出來的。列寧正一腳踏入一個混亂不堪的國家。沙皇體制已經一去不返，革命勢力卻遠遠稱不上團結一致。布爾什維克則還僅僅是次要角色而已，只知道自己打算摧毀什麼，卻不曉得自己想要創造出什麼來。列寧控制不了大局。沒有任何人能夠控制得了。

臨時政府正籌備在全國進行自由公平的選舉，以及推行一系列了不起的自由化改革：釋放了政治犯，保障了公民自由，結束了對宗教與種族的歧視，還同時廢除了死刑和聲名狼藉的沙皇警察。臨時政府的自由理想主義固然無懈可擊，然而當一場世界大戰方興未艾，街頭又陷入革命混亂之際，在這個時刻引進民主制度實非易事。

「彼得格勒蘇維埃」那個工農兵的火爆議會則在等待時機。它的領導階層，亦即社會革命黨人士，正為了土地改革而吵得不可開交，而且分裂成主張馬上把土地分配給農民的一派人，以及希望等到戰爭結束之後再說的另外一派人。孟什維克堅守馬克思主義的教條，認為社會必須先通過資本主義民主階段，然後才由一場真正的革命導引出社會主義。蘇維埃所持的立場因而是，應該讓臨時政府做下去：革命必須再繼續等待，直到俄羅斯走完資產階級自由化的階段為止。

列寧卻另有想法。他在彼得格勒蘇維埃會場上採取的第一個動作，就是宣讀一份名叫《四月提綱》的聲明，為革命列出了一個更急就章的藍圖。他表示，蘇維埃應該停止等待歷史、停止與臨時政府合作，並且立刻向前邁進以便建立無產階級專政。

「一切權力歸蘇維埃！」，這是列寧在一九一七年四月那一天得出的戲劇性結論，而他的回音將在隨後許多年內不斷地響起。其實列寧提出了一個相當怪異的要求，因為布爾什維克在蘇維埃的領導階層當中只是少數派而已。不過列寧曉得，各地的蘇維埃最接近一種能夠真正代表民意的機制，更何況他已經開始策畫一場布爾什維克政變來奪取那些蘇維埃的控制權。他的《四月提綱》則回應了來自社會各階層的呼聲，並且給出他們所想聽見的答案：

> 俄國當前形勢的特點是從革命的第一階段向革命的第二階段過渡，第一階段（在二月）由於無產階級的覺悟和組織程度不夠，政權落到了資產階級手中。第二階段則應當使政權轉到無產階級和貧苦農民手中。
>
> 這個過渡的特點是：一方面有最大限度的合法性（目前在世界各交戰國中，俄國是最自由的國家），另一方面沒有用暴力壓迫群眾的現象，而且群眾對這個資本家政府，對這個和平與社會主義的死敵，抱著不覺悟的輕信態度……
>
> 這個特點要求我們……不給臨時政府任何支持。……要進行揭露，而不是「要求」這個政府——即資本家政府——不再是帝國主義政府……
>
> 要向群眾說明：工人代表蘇維埃是革命政府唯一可能的形式……。不要議會制共和國（從工人代表蘇維埃回到議會制共和國是倒退了一步），而要從下到上遍及全國的工人、雇農和農民代表蘇維埃的共和國……
>
> （要結束帝國主義戰爭），廢除警察、軍隊和官僚體系。……沒收地主的全部土地。把國內一切土地收歸國有，由當地雇農和農民代表蘇維埃支配。……一切官員應由選舉產生，並且可以隨時撤換，他們的薪金不得超過熟練工人的平均工資。……立刻把全國所有銀行合併成一個全國性的銀行，由工人代表蘇維埃進行監督。……發起建立革命的國際！……

列寧當天的演說顯示出，他理解到民間的情緒正趨於激進。二月革命已經給全國各地的工人和農民撐腰壯膽，敢於罷黜沙皇的官員並設置他們自己的權力中心。農民對擁有自己土地的渴望，以暴力方式展現於焚毀地主莊園的舉動上；工人則奪取工廠，組織工人委員會來進行管理；少數民族更要求獨立和結束俄羅斯的帝國統治。更重要的是，儘管臨時政府誓言繼續戰鬥下去，人們已越來越反對那場戰爭，而且大家都對食物短缺感到憤怒。

其他革命人士猶豫不決。列寧卻大膽地向百姓許諾他們所想聽到的東西：土地、和平、麵包與自由。實際上這意味著放棄了自己應該為法律和秩序，或者為崩潰中的俄羅斯帝國，負起的一切責任。然而那是一個高明的公關手法：布爾什維克搖身成為人民意願的代言者，這讓他們爭取到所需的民意支持，讓他們真的有機會來奪取政權。

到了一九一七年六月，列寧已經準備採取行動。當「全俄工兵代表蘇維埃第一次代表大會」在塔夫利達宮大廳內舉行的時候，孟什維克和大多數的社會革命黨人依然言之鑿鑿，堅持認為社會主義革命的時機尚未成熟。孟什維克的領導人伊拉克利．策列鐵里大聲宣稱：「現在俄國沒有一個政黨會〔告訴臨時政府〕說：『你們把政權交給我們，你們走開吧，我們要取而代之。』俄羅斯沒有這樣的黨。」

列寧抓住機會，站起來講了一句名言，指出了布爾什維克主義即將成為一股不容忽視的力量。列寧所講的話是「有這樣的黨！」（Yest' takaya partiya!）：

> 他說，俄國沒有一個政黨會表示決心要掌握全部政權。我回答說：「有的！任何一個政黨都不會放棄這樣做，我們的黨也不會放棄這樣做，它每一分鐘都準備掌握全部政權。」

那是一場高明的政治秀。「Yest' takaya partiya!」這三個字，變成了布爾什維克傳說中的一環，於隨後七十年內不斷地被人重複使用，出現在各種宣言和橫幅標語上、在兒童教科書上，以及在蘇聯文學與音樂作品當中。

時至一九一七年夏天，土崩瓦解的俄羅斯給予列寧可乘之機。李沃夫親王已辭去總理職務，臨時政府找到了一位新領袖。機靈的社會革命黨律師——亞歷山大．克倫斯基——曾致力於社會公義、民主和法治，然而事態發展已經超出了他的能力範圍。立憲民主黨的部長弗拉基米爾．納博科夫雖然支持臨時政府的自由派理念，但他得出結論認為克倫斯基沒有資格擔任這個職務。

此人雖具有天賦，卻不是最優秀的人才。他有著花花公子的外觀、一張演員的臉孔，而且他露出上排牙齒的微笑讓人看得很不舒服。……他那變態的虛榮心結合了對做作、炫耀和排場的喜愛。……很難想像在〔二月〕革命爆發後的幾個月期間，克倫斯基被提升到那樣令人暈眩的高度，究竟會對他的心理產生什麼樣的影響。但他心中想必已經意識到，一切的仰慕和崇拜都僅出自群眾的歇斯底里反應，因為他既缺乏應有的功勞，也沒有為此所需的知識能力和道德修養。他曾經是一個僥倖得志的小人物，歷史指派了一個角色給他，而他注定將會失敗得灰頭土臉、消失得無影無蹤……

身為戰爭部長，克倫斯基履行了俄國向英國和法國做出的承諾，繼續對德國作戰。他在六月發動了新一輪攻勢，打算減輕盟友們在西方所承受的壓力，結果卻大敗而歸。列寧則反其道而行，主張立即退出戰爭。納博科夫因而嚴厲批評克倫斯基未能認清日益增長的反戰情緒，以致讓布爾什維克黨人漁翁得利：

我表達出自己的意見，主張革命迫在眉睫的基本原因之一，就是戰爭讓人厭倦，而且老百姓不願意繼續打仗。……縱使再聰明的人，也無法於結束戰爭之際避免巨大傷害——物質上和精神上的傷害皆然。但若能接受事實，承認那場仗已經輸得一敗塗地，那麼或許還能夠避開災難……。我認為除了必須與德國單獨媾和之外，已經得不出其他任何結論。

歷史證明納博科夫是對的。七月初的時候，憤怒的士兵和工人走上了街頭。一九一七年七月四日拍攝於涅瓦大街的一系列著名照片，呈現出臨時政府的部隊如何在彼得格勒射殺抗議群眾。在一個十字路口的中央，密密麻麻的無軌電車纜線下，平躺著一堆堆屍體，其餘人群則沒命地逃跑求生。納博科夫目睹了那場悲劇上演：

> 裝甲車和各種車輛穿梭街頭，……從不同的方向爆發出射擊。等到槍聲乒乒乓乓地響起之後，擠滿在涅瓦大街人行道上的群眾一哄而散，急忙向一旁流竄而推倒了被他們衝撞的人們。……那幾天既晴朗又暖和；陽光普照，和正在發生的事情所造成的可怕後果，形成鮮明對比……

> 由士兵和工人所組成的激進暴民在首都四處遊蕩。彼得格勒衛戍部隊受到列寧的言論煽動，拒絕開赴前線。喀琅施塔特要塞的水兵們則公然譁變，此外更有二十五萬人包圍了塔夫利達宮，呼籲蘇維埃奪取政權，結束這場戰爭。嚇壞了的臨時政府擔心情況失控，下令繼續效忠的部隊開火。

俄國人如今在街頭死於槍下，布爾什維克因而可以聲稱，克倫斯基和「資產階級自由主義」的政府跟從前的沙皇一樣，也是人民的死對頭。另外一場革命已在成形之中，列寧的時刻眼看著就要來臨——結果令人費解的是，他卻逃跑了。

我一直為了列寧決定放棄七月起事而納悶不已。他在強力鼓動奪取政權之後卻馬上改弦易轍，實在是教人費解。然而一位名叫尼古拉·瓦連京諾夫的記者以列寧老友的身分，從列寧狂躁抑鬱的那一面做出了解釋：

> 他會處於一種暴怒狂躁的狀態，陷入熱烈的激情和極度的精神亢奮……。但他隨即驟然情緒低落而露出疲態，很明顯地委靡不振和抑鬱寡歡。……事後回想起來，這兩種交替出現的狀態顯然是其行為的心理要素。

既陷入自我懷疑，又對自己惹出的事情害怕起來，列寧突然宣布起義的時機在七月仍不成熟，並表示整件事情將會——類似一八七一年「巴黎公社」的短命工人階級政府那般——結束於災難之中。等到政府在七月五日襲擊布爾什維克的總部之後，他便走入地下。

列寧於接下來的三個月內進行躲藏——先是在彼得格勒，然後在市區北郊拉茲里夫湖附近的一棟簡陋茅屋。「列寧的小屋」位於湖岸一百碼外的樺樹林中，一九一七以後被保存下來當作國家級的神壇，在大半個二十世紀期間吸引了共產黨朝聖者前往參訪。然而如今，精心設計出來的遊客中心，以及當地的博物館、看板、涼亭和餐館早已破舊不堪，乏人問津。但即使在北方嚴酷的氣候條件下過了將近一個世紀，列寧曾經在裡面棲息的那個草棚似乎還完好（據稱是原封不動），保存狀況好到令人起疑。博物館內收藏了他的偽造身分證件：照片中的列寧刮掉了他的紅鬍子，光禿禿的頭上則有一頂濃密假髮用於偽裝。那個地點還保存了一根樹樁。據悉列寧曾經坐在上面，寫出《國家與革命》（一九一七）一書來策畫日後的人民起義，接著他才終於逃出境外前往芬蘭，在芬蘭一直停留到十月為止。

列寧躲藏起來之後，臨時政府歡喜過早地慶祝了勝利。克倫斯基告訴他的部長們，那些布爾什維克已錯失良機，現在已是強弩之末。布爾什維克的喉舌《真理報》遭到查禁，還有一個政府委員會宣布列寧及其同志們是德國的奸細。他們搭乘德國火車返回俄羅斯以及接受柏林資助一事，成為各家親政府報紙的頭版大標題：「列寧跟同夥是間諜！」[2]

那些沒有走入地下的布爾什維克黨人——包括新近回來的列夫・托洛茨基在內——都因為涉嫌叛國而遭到逮捕。可是臨時政府恪守法治精神，等到發現沒有充分證據提出指控的時候，又把他們放了出來。弗拉基米爾・納博科夫曾對此做出下列令人絕望的比較：

> 臨時政府原本可以利用（七月的那幾天）來消滅列寧及其同黨。它卻沒有這麼做。政府只是一再向那些社會主義者做出讓步……。臨時政府對真正的權力毫無概念。然而這是兩股力量之間的鬥爭：一邊是既明理又溫和的公眾人物，可是——唉！——他們也既怯懦又缺乏組織；另一邊卻是有組織的不道德行為，及其既狂熱又專制的領袖……。那些列寧們與托洛茨基們對每個人的命運完全漠不關心。「當你砍伐森林的時候，碎屑一定會四散飛揚」，便是他們對每一個問題的標準答案。

臨時政府廢除了國家權力的各項工具——警察、秘密警察，以及死刑（甚至在軍隊裡也一樣）——形同主動放棄自己對社會的強制管控。在一九一七年七月之後的那幾個月，政府實際上只能任由那些所謂的「多數派」革命黨擺布，而這些人否定資產階級自由民主，要求革命專政。於是到了十月，變天的壓力已勢不可當。

2 一九一七年七月五日，親政府報紙《現代言論報》（*Zhivoe Slovo*）刊出前布爾維克黨人格里戈里·阿列克辛斯基（Grigory Aleksinsky）的一篇文章，「揭露」列寧遭到德國人收買。國家檢察署在四天後重覆了這項指控。

21 十月革命根本就是神話

弗拉基米爾·列寧遠遠稱不上是一個令人生畏的演說家。他的講話錄音顯露出，他嗓音高亢，而且無法正確發出「R」的音。[1]在最早期的留聲機片錄音講話之一，我們能夠聽見他做出說明，表示第一次世界大戰——以及一九一七年二月的「資產階級」革命——替一場真正的無產階級革命開闢了道路。

> 工人群眾拋棄了這批社會主義叛徒。全世界開始進入革命鬥爭！戰爭表明資本主義已經完蛋，它就要被新制度所代替……。〔那些自由派〕背叛了工人，……成了社會主義的敵人，跑到資本家那裡去了……
>
> 現在，仍然忠於推翻資本壓迫事業的工人，把自己稱為共產黨人。共產黨人同盟正在全世界成長起來。蘇維埃政權已經在幾個國家取得勝利。在不久的將來，我們就會看到共產主義在全世界的勝利，我們就會看到世界蘇維埃聯邦共和國的建立。

1 譯注：說出俄語「R」的時候，必須輕微顫動舌尖。

列寧的預測只對了一部分。正是自由主義者和社會主義者在「二月革命」之後所進行的激烈權力鬥爭，決定了俄國——乃至於全世界——的命運。關於這段時期的最生動記載，出自親眼見證過「十月革命」的美國記者約翰・里德之手。里德的名著《震撼世界的十天》（一九一九），毫不避諱地支持布爾什維克，以致列寧很快就把該書認可為官方版的真相。他寫道：「我衷心地把這部著作推薦給各國工人。我希望這本書能發行千百萬冊，譯成各國文字。因為它就那些對於理解什麼是無產階級革命，什麼是無產階級專政，具有極端重要意義的事件，做了真實的、異常生動的描述。」可惜歷史總是由勝利者寫出來的。[2]

就一九一七年而言，我們從革命分子這邊——甚至有更多是從落敗的沙皇政權和臨時政府的成員那邊——繼承了各種內容大不相同的記載。十月時究竟發生過什麼事情，以及到底是誰搞出了革命？這方面的問題引發過十分激烈、時而極具破壞性的爭論。

自從七月暴動失敗以來，列寧一直躲藏在芬蘭。他的影響力僅僅侷限於一封封大聲疾呼、敦促發動武裝起義的「遠方來信」。在彼得格勒停留時間最久的史達林，其實是布爾什維克領導人當中的次要角色：他固然曾經跟托洛茨基和列寧一同坐牢及遭到流放，但向來只是被看成很有用的強力執行者與「黨費募集者」（主要是靠搶劫銀行）。另外兩名布爾什維克領導人——格里戈里・季諾維也夫和列夫・加米涅夫——則在十月十日參加那場著名的布爾什維克中央委員會會議時，極力反對重新進行武裝奪權的嘗試（投票結果為十票贊成兩票反對，而列寧已經悄悄回到彼得格勒出席會議了）。

革命的組織工作主要是交由托洛茨基負責進行。七月的時候他曾遭到逮捕，接著在獄中改變了效忠的對象，從小心謹慎的孟什維克跳槽到更加激進的布爾什維克。九月獲釋之後他當選為彼得格勒蘇維埃的主席，並且親自主持「軍事革命委員會」，把昔日的士兵和警員編組成「赤衛隊」。托洛茨基是革命的軍事頭腦，當列寧在十月底結束躲藏、出面進行領導的時候，他早已準備好一套戰略。

然而蘇聯官方對一九一七年的報導，卻給人完全相反的印象。以那場革命為主題的代表性蘇聯電影——謝爾蓋·愛森斯坦在一九二七年推出的《十月》——就是一個很好的例子。愛森斯坦那部電影原本是依據約翰·里德所寫的書，由列寧和托洛茨基擔任主要角色。史達林卻命令愛森斯坦重新進行剪接，並且把托洛茨基描繪成懦夫。於是該片的最終版本呈現出一個相貌頗為陰險、具有誇張猶太特徵的托洛茨基——他拿不定主義是否該發動革命，等到布爾什維克黨人奮勇向前奪取權力的時候，只是有氣無力地蜷縮在門口。

真正的情況是，許多團體在走向十月革命的階段競相發揮影響力：亞歷山大·克倫斯基臨時政府內的自由派人士是名義上的掌權者；然而革命派直接選出的各個工人士兵蘇維埃在民間獲得壓倒性的支持。布爾什維克黨人不僅承諾結束戰爭，提高了自己的公眾支持度，還對彼得格勒蘇維埃的成員資格限制動了手腳，讓自己取得多數地位。等到托洛茨基在九月當選彼得格勒蘇維埃主席時，他立即著手將蘇維埃改造成布爾什維克黨的工具。

保守派勢力也在積極行動。八月底的時候，陸軍總司令拉夫爾·科爾尼洛夫將軍下令剽悍的「高

2 里德一九二〇年死於斑疹傷寒，在一場英雄式喪禮後，安葬在克里姆林宮牆下；但他的書卻承受了非常俄羅斯式的命運。史達林掌權之後，憤怒地指出里德未能提及他在革命中的主角地位，還強烈斥責他正面描述了當時已成為史達林敵人與對手的托洛茨基：「幾乎無須證明的是，這一切類似『天方夜譚』的神話並不符合事實。……然而自從托洛茨基做出最新聲明之後，就不可能再忽略此類的神話故事。……我必須用事實真相來反駁這些荒謬的謠言。」史達林演說完畢不久，里德那本書就在俄國遭到查禁，所有印本都被銷毀。

加索土著騎兵師」[3]六個團的部隊向首都挺進，誓言要粉碎那些蘇維埃、完全重建軍事紀律，並且把列寧和同黨吊死在路燈柱上，藉此恢復秩序。

克倫斯基猶豫不決。他起先支持科爾尼洛夫。可是等到接獲報告，曉得那場政變可能也會推翻他之後，便驚慌失措地提議與彼得格勒蘇維埃進行一場交易。為了爭取他們協助擊退正在向前挺進的科爾尼洛夫，克倫斯基同意完全釋放七月事變結束之後仍然繫獄的布爾什維克黨人，並且向蘇維埃提供來自政府軍械庫的武器。

布爾什維克表示同意。他們運用自己對鐵路工人和通信工人的影響力來擾亂政變、切斷科爾尼洛夫的補給線、岔開載運其部隊前往彼得格勒的火車。可是等到政變已被擊敗，領導人遭到逮捕之後，布爾什維克拒絕交回槍支。這一段插曲使得列寧的黨擁有武裝，並且越來越受到群眾的歡迎。到了十月底，他們已經準備動手。

★ ★ ★

在涅瓦河流經聖彼得堡市中心的地段，有一艘裝甲巡洋艦永久停泊在河畔。如今觀光客群集在甲板上，還有新婚夫妻站在艦旁拍攝婚紗照。當我參觀裝設橡木牆板的艙房和輪機室時，一個俄羅斯流行樂團正在船尾甲板大聲地演奏。這艘「阿芙羅拉號」巡洋艦[4]於一九〇〇年下水，五年後經歷了對馬海戰的敗績（參見第十六章）。它之所以躲過了報廢的命運，是因為它發射艦砲，引發了布爾什維克革命。

十月二十五日晚上，「阿芙羅拉號」的水兵用船上的六吋口徑大砲發了一連串的空包彈。波羅的海艦隊因其革命激情而惡名遠揚，從港區傳來的砲聲於是把躲藏在冬宮內的臨時政府部長們給嚇壞了。按照後來被布爾什維克廣為傳播的故事，「阿芙羅拉號」的砲聲是一個事先安排好的信號，以觸發群眾起義奪權，在整個彼得格勒市區進行激戰。愛森斯坦的《十月》如此寫實地描繪突襲冬宮的場景，並且動用了成千上萬名臨時演員，以致他的黑白連續鏡頭往往被誤認為是真正的新聞紀錄片。昔日沙皇起居之處是舊政權最神聖的象徵，宛如法國大革命時期巴黎的「巴士底獄」般地受到憎恨，因此我們不難理解，為什麼布爾什維克的宣傳想要讓它被攻陷時充滿戲劇性、激情與血腥。

但真正的情況完全不是這麼一回事。冬宮幾乎沒有設防：除了一批由十幾歲的軍校學生和一批女兵組成的雜牌部隊之外，所有的軍隊皆已被抽調一空，或者叛逃到革命者那邊了。人們逕自晃蕩進去，迷失在無數個被遺棄的房間之中，並且在沙皇的酒窖裡大喝起來。約翰・里德也在那裡：

> 冬宮正門兩旁的便門都敞開著，裡面傾瀉出燈光。從那座巍峨的建築物裡，聽不到一點輕微的聲音。我們夾在那狂濤怒潮般的人群裡，湧進了右首的入口。這入口通向一個巨大而空蕩蕩的拱形房間，那是冬宮東廂的地下室……房間裡擺著許多裝東西的大箱子，那些赤衛隊和士兵們猛然撲過去，用槍托把那些大箱子打開，從裡面拿出地毯、窗簾、麻紗、瓷盤、玻璃器皿之類的東西。其中有一個人肩上扛著一架銅製的自鳴鐘，大搖大擺地走來走去；另外有一個人找到一支鴕鳥的羽毛，把它插在自己的帽子上。搶劫剛剛開始，就聽到有人大聲喊道：「同志們！不要動任何東西！不要拿任何東西！這是人民的財產！」……

3 譯注：「高加索土著（山地）騎兵師」（Caucasian Native Mounted Division）也被稱作「野蠻師」（Savage Division）。

4 譯注：「阿芙羅拉號」（Avrora）或被音譯成「奧羅拉號」（Aurora）、「曙光號」、「極光號」，以及「阿芙樂爾號」。

在這當兒，我們沒有遇到什麼阻礙就走進了冬宮。還有許許多多的人湧進湧出，在這宏偉的建築物裡搜查那些剛剛被發現的房間，看有沒有士官生躲藏在裡面，然而實際上那裡面並沒有什麼士官生……

最後，我們鑽進一間塗著金色和孔雀石色、掛著深紅色錦緞帷幔的房間，這就是那些臨時政府的部長們曾經日夜開會的地點；也就是在這裡，他們被宮廷僕役向赤衛隊告發了。那個鋪著綠色呢絨的長桌子，還絲毫未動地保留著他們被逮捕時的情況。在每一個空座位前面都擺著鋼筆、墨水和紙；紙上面胡亂地寫著一些行動計畫、宣言和文告的草稿，然而都只有開頭幾句。那些草稿絕大部分都被塗抹掉了，因為執筆者自己也逐漸明白那些計畫是完全不能實現的。紙頭空白的地方有一些隨興畫出的幾何形圖案，那是執筆者心猿意馬地坐在那裡聽一個部長接著一個部長提出一些虛妄的計畫時信手亂畫的。我撿起一張這樣亂塗亂畫的紙頭，那是（副總理）柯諾瓦洛夫的手跡，上面寫道：「臨時政府呼籲一切階級都來擁護臨時政府……」

克倫斯基已經跑了，他答應會帶著新的部隊回來敉平革命。[5]結果他卻逃之夭夭，終其一生流亡巴黎和紐約，留下他的部長們在冬宮裡等著被逮捕。他們被圍困在皇家早餐室，被不識字的革命分子逼迫寫下自己的逮捕令，然後沒有做出任何真正的抵抗就被押赴監獄。事實上，在聖彼得堡的任何地點都沒有出現什麼英雄事蹟或流血事件。布爾什維克有關群眾奪取冬宮時遭遇激烈抵抗的故事，根本就是神話。愛森斯坦在拍攝那部電影時對冬宮造成的損壞，甚至比突襲事件本身還要來得更多。

最初的兩場俄羅斯革命——一九〇五年以及一九一七年二月的革命——都真正源自民間，廣泛得到人民支持；「十月革命」卻與之相反，在很大程度上只不過是一場宮廷政變和一場政治騷亂。在彼得格勒——更別說是在俄羅斯的其餘部分了——大多數百姓幾乎都不曉得革命已經發生。那場政變在二十四小時之內即告結束，總共只有兩個人被登記死亡。遠遠少於二月革命、七月事變，或者一九〇五年的革命。

當天晚上，列寧在「全俄工兵代表蘇維埃」的大會現身——地點是在斯莫爾尼宮，一座位於市中心邊緣的昔日貴族女子學院。他已經流亡了那麼多年，所以沒有多少位代表認得他的長相，但他們都知道他的名聲。亞歷山德拉·柯倫泰，布爾什維克領導階層當中最有權勢的女性，以「聖徒行傳」所使用的虔敬口吻描述列寧露面時的情景，此種表達方式很快便成為談論那位偉大領袖時的典型作風：

> 列寧就站在會議大廳的門口。室內迴盪著一陣竊竊私語：「列寧！」代表們熱烈萬分的掌聲使得他久久無法開口致詞。然後列寧發表一篇不同凡響且強而有力的演說，名副其實地振奮了蘇維埃代表們的意志……

列寧那篇「名副其實地振奮了」蘇維埃代表們的演說既是勝利宣言，同時也做出承諾要快速採取行動來滿足人民的要求：

5 納博科夫辛辣地評論說：「克倫斯基甚至到最後都完全不了解情況……。布爾什維克發動政變前的四或五天，我問他布爾什維克是否有鬧事的可能。他回答說：『我祈禱會出現鬧事行為……。我就可以徹底把它粉碎。』」

同志們！布爾什維克始終認為必要的工農革命，已經成功了。……這個革命的意義首先在於我們將擁有一個蘇維埃政府，一個絕無資產階級參加的我們自己的政權機關。……我們當前的任務之一，就是必須立刻結束戰爭。可是大家都很清楚，要結束同現在的資本主義制度密切聯繫著的這場戰爭，就必須打倒資本本身。……我們只要頒布一項廢除地主所有制的法令，就可以贏得農民的信任。農民會懂得，只有同工人結成聯盟，他們才能得救。我們要對生產實行真正的工人監督。

……我們擁有群眾組織的力量，它定能戰勝一切，並把無產階級引向世界革命。在俄國，我們現在應該著手建設無產階級的社會主義國家。全世界社會主義革命萬歲！

在類似柯倫泰那樣的蘇聯官方版描述中，列寧被刻畫得既充滿自信又堅毅不拔，正指揮若定地從斯莫爾尼宮內的布爾什維克總部領導革命。他已開始脫胎換骨，成為日後史學著作當中那個永不犯錯的天才。

然而西方的現場目擊者卻講出了一個大不相同的故事——當時根本就沒有人出面為十月的那些混亂事件負責，而且列寧自己從來都不確定一切將會如何收場。摩根．菲利普斯．普萊斯，一位替《曼徹斯特衛報》撰寫報導的英國記者，曾經在布爾什維克政變結束之後，為BBC口頭錄下了他對那些日子的回憶：

那裡當然緊張得不得了。自從列寧躲藏起來之後，他是第一次在此露面。我相信他已經把八字鬍刮掉。但我再也記不得了：要不他已經把鬍子剃光，否則就是重新長出了鬍子，反正他看起來很不一樣。他發表了一篇演說，讓我相當吃驚的是，他在演說時並沒有展現出很大的熱情。他採取這個奪權行動之後，必須面對來自黨內的反對派，而且我覺得他似乎對自己有一點沒把握。大約過了一個小時傳來消息，表示那些軍團已經包圍冬宮並拘捕臨時政府，克倫斯基則在變裝之後乘坐汽車逃跑。接著當然出現了極大的熱情，感覺事情正在取得進展……

列寧在第二天向「全俄羅斯蘇維埃代表大會」發表演說時，孟什維克與右派社會革命黨群起而攻之。他們抱怨說，布爾什維克強行阻擋反對派的代表——特別是在大城市之外的鄉間地區——藉此篡奪各級蘇維埃的控制權。列寧則利用他的黨新近獲得的優勢，成立了一個完全被布爾什維克把持的內閣，而那個所謂的「蘇維埃人民委員會」（Sovnarkom）[6]，其實是一個未經民選的政府。

孟什維克指控布爾什維克黨人非法奪取政權，紛紛離席以示抗議。當他們走開的時候，托洛茨基咆哮地說出了那段有名的話：「你們是些可憐蟲，你們已經徹底破產，你們的角色已經演完了。去你們現在該去的地方，滾進歷史的垃圾堆吧！」

孟什維克的擔憂很有道理。大多數革命支持者多半以為，列寧的「一切權力歸蘇維埃」這句口號，意味著藉由某種形式的社會主義聯盟來組成政府；凡是願意給他們「和平、土地和工人掌權」的革命派系都將包括在內。然而布爾什維克已開始緊緊抓住各級蘇維埃的領導權，一點也不打算鬆手。「蘇維埃人民委員會」最先採取的行動之一，就是創建一個新的秘密警察組織，並取了一個令

6 譯注：「Sovnarkom」是「Soviet（會議）narodnykh（人民的）kommissarov（委員們的）」之縮寫。「蘇維埃人民委員會」雖是通用譯名，但「Sovnarkom」在俄文的真正意思是「人民委員會議」（Council of People's Commissars）。該委員會最後在一九四六年改組成「蘇聯部長會議」。

人毛骨悚然的名稱「全俄肅清反革命和怠工非常委員會」(「全俄肅反委員會」)——很快地這個委員會就以其俄語的兩個開頭字母「契卡」[7]（Cheka）為人所知。

秘密警察奉命追捕與囚禁布爾什維克的對手，其中也包括他們自己昔日在社會革命黨和孟什維克的盟友。壓制政治多元化的行動於焉展開。不過列寧的政府也推行了一些真正受歡迎的措施，諸如頒布《和平法案》，以及有關把土地交給農民的《土地法案》。該政府將銀行國有化、沒收教會財產，並且把工廠交給工人。布爾什維克同時用棍子和紅蘿蔔來鞏固他們對權力的壟斷，而且這種情況將持續七十年之久。

一九一七年發生的事件，長久以來一直被看成俄國歷史上的轉捩點。就某種意義來說，的確如此——「二月革命」結束了沙皇統治，「十月革命」則開創了無產階級社會主義的紀元。不過我認為真正能夠帶來改變的機會，是在那兩次革命之間的短暫階段。列寧自己便曾經帶著一絲嘲諷，將二月至十月之間的俄羅斯稱作「世界上最自由的國家」。臨時政府致力於引進自由的議會民主政體、尊重法治的精神，以及對個人公民權利的保障：這些在俄國都是鮮為人知的東西。

列寧卻對那種「資產階級的」自由嗤之以鼻。他喜歡表示，布爾什維克「不迷信」民主。無產階級專政應該由一小群革命家強加於社會，因為他們比無產階級本身更清楚到底是怎麼一回事；民主則除了有助於促進社會的社會主義轉型之外，根本不具備任何內在價值。按照馬克西姆・高爾基的講法，列寧對一般人民抱持著「老爺式的無情態度」，對他們的生命「絲毫不存顧惜之心」。[8]英國戰地記者摩根・菲利普斯・普萊斯也報導說，列寧計畫在俄羅斯推行的新獨裁統治，甚至讓羅莎・盧森堡等革命領袖感到震驚：

她不喜歡俄羅斯共產黨（布爾什維克）壟斷了蘇維埃的全部權力，並且驅除一切持反對意見者的做法。她擔心的是，列寧的政策不會帶來她所贊同的工人階級對資產階級專政，反而帶來共產黨對工人階級的專政。

從更廣泛的意義來看，一九一七年就不怎麼算是一個轉捩點了。俄羅斯的千年獨裁歷史將會繼續下去，只不過換了個名稱而已。

偉大的蘇聯作家瓦西里．格羅斯曼在史達林死後不久寫道，俄國曾經有過兩次獲得自由的短暫機會——一八六一年的解放農奴，以及一九一七年的「資產階級」革命。然而二者都慘遭踐踏。格羅斯曼人生末期的小說《一切都在流動》（一九六四），將「十月革命」判定為另外一個「命運交關的時刻」，而俄羅斯就在此際再度走了回頭路：

> 幾十種甚至幾百種……學說、主義和方案，宛如求婚者般地找上了剛剛掙脫沙皇鎖鏈的年輕露西亞。當他們從她面前列隊通過時，鼓吹進步的人們含情脈脈地凝視她的臉龐。……看不見的絲縷，將這些人與西方議會政治和君主立憲的理念連接起來。……可是那個奴隸女孩的目光——那個偉大的奴隸女孩尋覓、懷疑、打量的目光——卻停留在列寧身上！那就是她所選擇的人……
>
> 一九一七年二月，自由的道路已經為俄羅斯敞開，然而俄羅斯選擇了列寧。……支持俄羅斯獲

7 譯注：「契卡」是KGB的前身。那兩個俄文字母分別為「Ч」（Che）和「K」（Ka）。

8 譯注：高爾基並且表示：「（列寧）認為自己有權拿俄國人民做一次注定會失敗的殘酷試驗。」

得自由的人們所展開的辯論已告終結。俄羅斯所承受的奴役再一次證明是無法掙脫的……

一九一七年的弔詭讓人感到可怕，因為爭取自由與自治的俄羅斯人民，將把自己交付給一個更新、更壓迫的專制獨裁政體。

RUSSIA

A 1,OOO-YEAR CHRONICLE OF THE WILD EAST

第四部
人民專政，還是一黨專政？

PART FOUR
DICTATORSHIP (OF THE PEOPLE?)

22 列寧悍然解散民選的立憲會議

波里斯・巴斯特納克的小說《齊瓦哥醫生》（一九五七），捕捉了一九一七年革命旋風的殘酷、混亂與暴力。透過尤里・齊瓦哥如同詩人般的靈敏度，我們可以感覺出內在的變動如何撕裂了他祖國的五臟六腑。然而在剛開始的時候，所出現的意象既正面又樂觀，充滿著對一個新開始的希望：

> 周遭的一切都隨著生命的神奇酵母而不斷地發酵、脹大、升起。對生活的深切感受猶如一陣輕風，掀起廣闊的浪潮向前滾去。它漫無目的，沿著田野和城鎮，穿越牆垣和籬柵，透過樹木和人體。……為了不被這股洪流淹沒，齊瓦哥醫生出門走向廣場，想聽一聽集會上的言論……尤里表示：「您也許在想，如今是什麼時候！可是我和您正是生活在這種時候！這是史無前例的機遇。……真是天大的自由！這絕非口頭上的和書面要求中的自由，而是真正的、從天而降的意外之物……」

巴斯特納克卻記述下來，對新世界的各種期待如何快速地遭到暴力粉碎。繼最初對自由和民主的希望之後，尤里・齊瓦哥日益警覺到布爾什維克革命的恣意施暴、胡亂破壞，以及不切實際的狂妄自大：

尤里表示：「我覺得在我們這一片混亂和破壞的情況下，在步步緊逼的敵人面前，進行這種冒險性的試驗不合時宜。應該讓國家有一段清醒的時間，從一個轉折走向另一個轉變之前要有喘息的機會。需要等待出現某種平靜和秩序，哪怕只是相對的也好。」

他的旅行同伴說道：「這太天真啦。您所說的破壞，正像您讚不絕口和喜愛的秩序一樣，也是正常現象……。社會發展得還很不夠。應該讓它徹底垮掉，那時候真正的革命政權就會在完全另外的基礎上把它一部分一部分地重新組裝起來。」

尤里心中覺得很不是滋味，於是就走到過道裡……

齊瓦哥的猶豫不決反映了許多俄國人的態度，不知究竟該把十月革命看成是「愉悅地重生」，抑或是「國家的災難」。

一九一七年二月之後，短命的臨時政府已開始引進西方式的議會民主；甚至當列寧在十月奪得控制權後，他都還繼續答應讓「一切權力歸蘇維埃」，歸於各地直接選舉產生的工農兵代表大會。列寧讓他的反對者和許多支持者大吃一驚，他表示將繼續兌現昔日臨時政府的諾言，召開自由選舉出來的立憲會議——其目的是為一部憲法，以及一個由全民普選產生的議會鋪路。老弗拉基米爾·納博科夫卻感覺出來，那根本就是一種玩世不恭的伎倆：

每個人都預料布爾什維克將採取行動來破壞立憲會議。但已經證明出來的是，他們其實更加狡詐。大家都曉得，他們極力指控臨時政府拖延召開立憲會議，同時大肆渲染他們自己對召開會議所做的承諾。他們正在窺伺，先要確定自己的實力與對手的弱點，……然後再用十分粗鄙和殘暴的方式展開行動。

有千百萬人在一九一七年十一月二十五日前往投票——他們對布爾什維克的計謀一無所知，說不定還以為俄羅斯終於亮起民主的曙光。三分之二的百姓參加了大致和平的選舉，在全俄國各地選出七百零七名男女來代表人民的利益。一九一八年一月五日下午四時，立憲會議在聖彼得堡的塔夫利達宮正式召開。那是俄羅斯有史以來第一個自由選出的國會，無論從任何標準來看，都是一個歷史性的時刻。歷代自由主義者——維特、斯佩蘭斯基、恰達耶夫、洛里斯·梅利科夫、十二月黨人，以及其他每一個人——的改革之夢看似終於成真。

然而正如同以往的許許多多次民主實驗一般，這一次也注定會失敗。

布爾什維克在大選中表現得不好，他們的競爭對手社會革命黨成為立憲會議中的多數派。社會革命黨的席次比布爾什維克多兩倍以上，原本應該居於主導地位。可是列寧早已自行指派一個由他的布爾什維克黨人所掌控的政府；他並不打算讓一場選舉奪走他們的權力：

> 十月革命把政權交給了蘇維埃，並通過蘇維埃把政權交給了被剝削勞動階級，因此引起了剝削者的拚命反抗……。現在，反對蘇維埃掌握全部政權，反對人民所爭得的蘇維埃共和國，支持資產階級議會制和立憲會議，那就是向後倒退，就是要使整個工農十月革命失敗。
>
> ……民主會議並不代表革命人民這個大多數，它只代表妥協的小資產階級上層分子。決不要受選舉票數的騙，問題不在於選舉，……只有布爾什維克政府才……可以而且應當奪取國家政權。

立憲會議只被允許存在十二小時多一點。布爾什維克黨人眼見出現第一個不利於他們的表決結果之後，便離席走出會場。其餘黨派則繼續議事到一月六日早上四點鐘，然後被受到伏特加酒驅動、手中揮舞步槍的親布爾什維克警衛驅趕出去。等到立憲代表們第二天回來的時候，他們發現塔夫利達宮已經大門深鎖，被士兵團團包圍起來。

列寧的布爾什維克黨劫持了處於胚胎期的自由和民主機制。現在他們即將強行實施的中央集權獨裁政體，比被他們推翻的那一個還要來得嚴苛許多。

如同法國大革命的狂熱分子一般，布爾什維克也採取了「元年」政策，宣布國家成為一個共和國、將城市和街道重新命名、變更俄文字母，修改曆法。首都從彼得格勒遷移到了莫斯科。舊政權在國內外的債務則被一筆勾銷。宗教受到迫害，獨立的報紙已遭查禁；自由戀愛、離婚和墮胎皆獲得允許。各種頭銜和級別都被廢除，舊的社會禮儀形式則棄如敝屣——人們被告知要以「公民」（Grazhdanin）相稱，不再使用諸如「先生」或「女士」等講法，黨員之間的稱呼是「同志」（Tovarishch）。

在「保衛革命」的名義下，法治和正義都被拋到一邊。列寧親自簽署聲明，宣布布爾什維克黨的政治對手：自由派的立憲民主黨、孟什維克黨，以及大部分的社會革命黨，都是人民公敵：

> 實際上，在立憲會議外面，右派社會革命黨和孟什維克黨正在進行反對蘇維埃政權的最激烈的鬥爭，它們在自己的機關刊物上公開號召推翻蘇維埃政權，說勞動階級為了擺脫剝削而對剝削者的反抗進行必要的武力鎮壓是非法的暴行。它們替那些為資本服務的怠工分子辯護，甚至還赤裸裸地號召採取恐怖手段……。因此中央執行委員會決定：解散立憲會議。
>
> ……作為人民公敵的立憲民主黨的領導機關成員必須被逮捕，並送交革命法庭審判……

那些人曾經在反抗沙皇制度的鬥爭當中扮演卓越的角色，如今卻被妖魔化，遭到逮捕和殺害。凡是不遵循布爾什維克路線的人（包括昔日一同拿起武器的戰友們在內），都被烙印成「資產階級破壞分子」。所有的反對黨派很快遭到取締，接著出現一黨國家——它將一直延續到一九九一年為止。最可悲的是，當示威群眾遊行聲援民主制度和立憲會議之際，布爾什維克的赤衛隊向他們開火，打死了十二個人。在一個像是預兆般的巧合下，死者埋葬於一月九日，那是沙皇部隊在一九〇五年犯下「血腥星期日」謀殺事件的紀念日。甚至連布爾什維克的御用文人、列寧最喜歡的作家馬克西姆·高爾基也變得義憤填膺起來：

將近一個世紀以來，最優秀的俄國人都活在這個夢想中，把立憲會議看作一個能讓俄國人民自由表現其意志的政治機構。……為了這個神聖的目的，曾經血流成河。現在目的總算達到了，爭取民主的人民也走出來歡舞了，但是「人民政治委員」卻命令開槍。……彼得格勒手無寸鐵的工人……被懦夫和凶手掃倒。……在「人民政治委員」當中應該也有誠實而理性的人，他們難道不曉得……這樣做會導致俄國民主的毀滅？

那正是列寧打算做的事情。他寫道：「一切都朝最好的方向發展。解散立憲會議意味著為了專政而徹底公開地取消民主。這將是寶貴的一課。」

高爾基雖然在公開場合繼續效忠布爾什維克的事業，他當時的私人信函卻顯示出來：他自己對革命領導人的幻想已經破滅，他驀然意識到，列寧根本無意將俄羅斯從其千年的獨裁統治歷史解放出來。

列寧和托洛茨基對自由或人權的意義沒有絲毫概念。他們已經中了權力的骯髒毒素，這展現於他們以可恥的態度來看待言論自由、個人自由，以及民主派曾經奮鬥爭取過的各種公民權利。……俄羅斯顯然正走向一個嶄新而更加野蠻的專制政體。

俄羅斯史學界即便為了蘇維埃體制所犯下的種種罪行而譴責史達林，卻依舊繼續推崇列寧。然而那些罪行都起源於這第一位布爾什維克領導人。列寧顯然比較注重理念，而不怎麼關心人民。他一心一意只是追求革命事業，並不在乎人們將為此付出怎樣的慘痛代價。是他，而非史達林，建立了那個一黨國家；是他創造出受人畏懼的秘密警察，以及後來被稱作「古拉格」的勞改營系統；而且是他首先下令大批處決有嫌疑的政治對手。

瓦西里．格羅斯曼在一九六〇年代進行寫作之際，回顧了列寧宛如惡魔般的吸引力：

列寧的不容異己……他對自由的蔑視、他對己身信念的狂熱、他對敵人的殘酷，諸如此類的特質替他的事業帶來了勝利。……俄羅斯起初心甘情願、深信不疑追隨了他，沿著一條被燃燒中的地主莊園照亮的醉人道路快樂行進。然後她開始踉踉蹌蹌、回頭張望、對在她面前延伸出去的道路倍感害怕。可是他帶領她向前的鐵腕抓得越來越緊。列寧抱持著像使徒般的信念，引導俄羅斯前行。當西方沉浸於自由之中，俄羅斯卻日益陷入奴役。

不過布爾什維克政權仍相當脆弱，受到強大的敵人圍困。公務人員、銀行、金庫、鐵路工人和電信工人都在進行罷工，藉此向新政府表示抗議，以致國家的運作處於停頓狀態。工資已經發不出來，經濟搖搖欲墜。布爾什維克雖然在城市得到支持，農村卻一面倒地擁護其競爭對手——社會革命黨。就國內而言，反布爾什維克的勢力正準備進行武裝對抗；在國外，西方列強因為布爾什維克承諾退出對德國的戰爭而感到驚慌，於是敵意與日俱增。

此刻需要採取各種大膽的措施，而列寧那麼做了。他頒布一項法令，宣布永遠廢除土地私有制而「不付任何贖金」；田莊和土地「一律交給鄉土地委員會和縣民代表蘇維埃支配」。布爾什維克黨沒有講明，那其實是社會革命黨的土地方案。儘管如此，它還是俄羅斯有史以來最大規模的土地使用權轉移，並且說服許多農民加入紅軍作戰，因為他們害怕反革命的白軍把土地徵收回去。（等到布爾什維克黨在一九三〇年代強制推行農業集體化的時候，他們所做出來的當然正好就是那種事情。）

接著在一九一八年初的時候，列寧派遣他的外交人民委員列夫．托洛茨基與德國人進行和平談判。他已經意識到，結束戰爭的做法將會廣受歡迎。托洛茨基表達得更是斬釘截鐵：

> 我們不能、不會也不必，繼續一場由君主們和資本家們聯合了君主們和資本家們所展開的戰爭。我們不會也不必繼續與……跟我們一樣的工人們和農民們交戰。我們不會簽訂一項地主們與資本家們的和約。要讓德國和奧地利的士兵們知道是誰把他們送上了戰場，並且要讓他們曉得自己究竟是在為誰打仗。同時更要讓他們知道，我們拒絕跟他們作戰。

德國人抓住布爾什維克的弱點，堅持要開列出懲罰性的條款，結果在一九一八年三月簽訂《布列斯特—里托夫斯克條約》，給俄羅斯帶來巨大的領土損失。那個新成立的蘇維埃共和國必須放棄波蘭、芬蘭、波羅的海三國、白俄羅斯和大部分的烏克蘭，失去了四分之一人口和大片的煤田、農業地帶與重工業區。列寧雖然飽受批評，卻仍宣稱立刻求和是拯救革命的唯一方法：

> 誰要反對立刻簽訂……和約，誰就是在斷送蘇維埃政權。我們被迫簽訂一個苛刻的和約。它不會阻止德國和歐洲的革命。我們將要開始組織革命軍隊，但不是依靠空談和叫喊……而是依靠組織工作，依靠建立嚴整的、全民的和強大的軍隊的實際行動。
>
> ……在我們面前的是一個用膝蓋壓住了我們胸口的壓迫者，我們將要採取一切革命鬥爭手段進行鬥爭。但是我們現在的處境極端困難，我們的同盟者不能趕來援助，國際無產階級不能馬上前來，但它一定會來的。這個現在不能給敵人以軍事回擊的革命運動正在高漲，它的回擊會遲一些，但它是一定要回擊的。

可是在動腦筋該如何輸出革命之前，布爾什維克必須先設法解決國內日益嚴重的危機。舊秩序的支持者亟欲復仇。一場狂暴的內戰即將爆發，其後果將變得非常恐怖。

23 沙皇全家在俄國內戰時期遇害

沙皇尼古拉二世在一九一七年三月退位之後，他和家人便淪為革命者的階下囚。臨時政府曾經提議把他們送往倫敦，可是尼古拉的表哥喬治五世拒絕了——因為他擔心，他們的到來會在早已糾紛纏身的英國助長革命。[1] 等到布爾什維克黨人上台之後，沙皇家庭被拘禁在西伯利亞葉卡捷琳堡一棟遭到沒收的商人大宅裡。

對新政權來說，只要羅曼諾夫一家人還活著，就是一種令人難堪的負擔。他們必須採取某種行動。

一九一八年七月十六日午夜，皇室成員被臥室房門外的響亮敲打聲吵醒了。兩名葉卡捷琳堡的秘密警察通知他們，現在要帶領他們去地窖，他們「在那裡會比較安全」。沙皇與皇后獲准洗滌和穿戴，最後在凌晨一時走出他們的房間。

一名十幾歲的當地黨員，帕維爾・梅德韋傑夫，是看守沙皇全家的警衛之一，似乎與他們的某些家庭成員建立了友好關係。可以想見他對於一九一八年七月十七日所發生事件，流露出同情的態度：

1 譯注：沙皇的退位讓歐洲王室人人自危。英國王室更因為自己的德國出身背景而深陷危機，被迫在一九一七年七月改稱「溫莎王朝」（原本是德國味十足的「薩克森－科堡－哥塔王朝」和「漢諾威王朝」）；有些王親國戚則把姓氏從德文的「巴頓山」（Battenberg）翻譯成英文，於是得出「蒙巴頓」（Mountbatten）。

沙皇用手臂抱住他年幼的兒子阿列克謝。……二人身穿軍裝上衣，並且戴著帽子。皇后、她的女兒們和其他人等跟隨在沙皇後面，被秘密警察帶進地下室。我待在那裡的時候，沙皇全家沒有問過任何問題。他們既沒有啜泣也沒有流淚……。看樣子他們似乎都猜到了自己的命運，可是他們當中沒有任何人發出一點聲音來……

雅科夫・尤羅夫斯基，一名葉卡捷琳堡的布爾什維克，是負責此次行動的秘密警察。他隨後針對事件所提出的官方報告，非常實話實說：

尼古拉把阿列克謝放在椅子上以後，站著彷彿是準備遮蔽他。我告訴尼古拉，工人代表蘇維埃已經決議要槍斃他們。他說「什麼？什麼？」，並且朝向阿列克謝轉過身子。但我對他開槍，立刻把他殺了。然後展開射擊……子彈開始從牆上彈開。槍聲隨著被處決者喊叫音量的提高而變得更加密集。等到停止射擊後，那些女兒們、皇后和阿列克謝都還活著。[2]阿列克謝繼續坐在那裡，嚇得目瞪口呆。我殺了他。其他人則向那些女兒開槍，卻殺不死她們。於是改用刺刀，然而那照樣無法奏效。最後眾人對著她們的頭部開槍，才總算把她們殺死。

俄羅斯末代沙皇在葉卡捷琳堡殞命的地點，如今坐落著一棟新近建成的教堂——滴血教堂。發生那場謀殺案的昔日商人大宅已被拆毀（諷刺的是，拆除者是一九七〇年代擔任當地共黨領導人的波里斯・葉爾欽），藉此阻止它成為保皇派的朝聖地。但時代出現了變化，尼古拉已經在一九八一年被東正教會晉封為聖人。那棟新教堂的周圍環繞著看板，呈現出真人大小的羅曼諾夫死難者圖像，並要求人們為「神聖的殉難者」祈禱。

射擊完畢後，那些屍體先被拋上一輛卡車的後側，然後塞進市外的一座廢棄礦井。依據尤羅夫斯基的講法，有關屍體位置的謠言開始紛紛流傳。他奉命搬出遺骸，把它們運往別的地方重新埋葬。但他的卡車於前往新地點的半路上拋了錨，他和手下便決定在他們所處的森林內就地掩埋。結果末代沙皇及其被謀殺家人的埋骨之處被湮沒了七十多年。當地的業餘人士在一九九一年終於發現墓地之後，用DNA比對確定了那些皇家遺骸的身分，取樣對象是他們在英國王室的親戚們，其中也包括肯特郡麥克親王在內。與他們一同埋葬者還有志願留在沙皇家庭身旁的御醫波特金，以及一名女傭和兩名僕人。

今日在那個距離市區十二英里的地點，矗立著一棟標示得十分清晰的東正教修道院，以照片展覽、神龕和餐飲店來招待許許多多前往致敬的朝聖者。有些默哀致意者的眼中噙著淚水，那些男男女女正在向這位一度廣受痛恨的沙皇獻上敬愛與尊崇。

從前曾經為了究竟是誰下達處決令而爭辯不休，但最新研究結果表明，相關決定是由列寧親自做出的。布爾什維克黨人起先對那些謀殺行徑沾沾自喜。其紀念日被宣布為公定假日，蘇維埃官員們會前往葉卡捷琳堡，在那一間血污遍布、牆壁彈痕累累的地下室攝影留念。然而經年累月下來，官方的版本變得帶有保留。此後的說法變成：那些謀殺乃出自低階幹部的慌亂反應，因為內戰已蔓延逼近葉卡捷琳堡，沙皇恐怕有可能被保皇派的白軍救駕出去。

發生那次殺戮事件之前，內戰已經肆虐了好幾個月的時間。十月革命早就讓國家陷入分裂。在

2 譯注：皇室成員將大量鑽石和珠寶縫在衣服襯裡內藏匿，無意中產生了防彈的效果。

第一次世界大戰末向德國投降一事，更讓昔日帝國時代的軍官們憤怒難平。他們於是起而領導、進行武裝對抗。各種五花八門的團體紛紛加入他們，其中包括喪失財產的地主、無政府主義者、少數民族（哥薩克人、芬蘭人、烏克蘭人等等）以及從前與布爾什維克為友，如今反目成仇的其他革命派系成員。布爾什維克「紅軍」與反布爾什維克「白軍」之間的衝突極其血腥，雙方皆曾犯下令人髮指的暴行。

詩人瑪麗娜・茨維塔耶娃的丈夫曾經與白軍並肩作戰，但後來變成了紅軍特務；她自己則將那場俄國人對抗俄國人的戰爭勾勒如下：

搖搖晃晃地在曠野中哀嘆——羅斯。
請幫幫忙，我腳下不穩。
這片血漬令我迷茫！
……
他們躺成一排，
中間沒有界限，
放眼一望：都是士兵，
我方在哪？對方在哪？
白的已經變成紅的：
鮮血染紅了他。
紅的已經變成白的：

死亡漂白了他。

……

從右邊到左邊，

從後面到前面，

不分紅白，齊聲仰天高呼：

——媽媽！

反布爾什維克運動（其實是一系列的運動）剛開始時進行得相當順利。新近被列寧命名的「俄羅斯共產黨（布爾什維克）」雖然控制彼得格勒、莫斯科和多數的大城市，可是它的對手們掌握著全國的廣大地區。南方落入了各種哥薩克政府的手中；烏克蘭民族主義者的勢力日益增強；由科爾尼洛夫和鄧尼金等沙俄將領所統率的白衛隊志願軍已開始向北方進逼。高爾察克海軍上將的部隊在東方控制了鄂姆斯克；尤登尼奇將軍的部隊則從位於愛沙尼亞的基地威脅彼得格勒本身。布爾什維克黨人受到了包圍。

西方列強英國人、法國人、美國人和捷克人，以物力與人力援助白軍。數以萬計的外國士兵蜂擁過來打擊社會主義的威脅，引發了一系列充滿憤怒激情的列寧演說：

紅軍戰士同志們！英國、美國和法國的資本家正在對俄國進行戰爭。他們要報仇，因為蘇維埃工農共和國推翻了地主和資本家的政權，給世界各國人民做出了榜樣。英國、法國和美國的資本家用金錢和軍火來援助，派軍隊從西伯利亞、頓河、北高加索進攻蘇維埃政權的俄國地主，期望恢復沙皇政權、地主政權、資本家政權！

在那個流傳至今、沙沙作響的錄音中，我們聽得見列寧呼籲進行全球階級鬥爭時的憤怒之聲。我們能夠體會出來，他如何成為了二十世紀煽動家的原型。儘管言之鑿鑿，列寧私底下卻仍擔心布爾什維克政權沒辦法撐過內戰。布爾什維克宣傳工作的重點，則是妖魔化白軍與外國干預部隊——尤其是英軍。出現反英字眼的歌曲突然廣為流行，而且難以置信地大受歡迎。

我們從前的主人們乞求外國人
幫忙搶救他們的土地和銀行……
狡猾的英國佬便派來軍隊和坦克！
可是我們的人民告訴資產階級惡魔：
我們每一天寧死也不接受奴役。

四萬名英軍對戰爭感到厭倦，一心渴望回家。被派往俄羅斯遠北地區的一個師級部隊，之前雖然被宣布為根本不適合在法國作戰，卻還是成功封鎖了阿爾漢格爾斯克以及莫曼斯克等港口，以防止補給物資從那裡運送到共產黨政府的手中。那些人員痛恨當地的嚴酷氣候，並且對內戰的殘暴作風深惡痛絕。例如一位名叫湯姆．司布真的英國水手在一九一八年三月的日記中寫道：

當我待在那裡的時候，我遇見了一名英語講得比我標準的俄羅斯軍官。有一天我們走在一塊兒，跟平常一樣地談論起西方的生活方式。我們不知不覺漫步進入一座公園，那裡有許多士兵和意見不同人士——婦女和兒童也包括在內。士兵看見我們走近，便把那些平民排成一行。剛剛還在跟我講話的軍官若無其事地沿著那個行列走了下去，逐一朝每個人的背後開槍。然後他又順著那個行列走回來，如果發現還有任何人在呼吸，就向他們的頭部補上一槍。對他來說，那就跟吃早飯一樣稀鬆平常。那裡面有女人和小孩，可是他似乎一點也不為所動。我清楚地記得，有一些軀體在地上抽搐。此種景象讓我永遠難以忘懷。我直到今天都還受到它的困擾。

其他英國部隊則花了幾個星期或者幾個月的時間，等待採取行動。被派往亞塞拜然巴庫市的英軍，還學會了怎麼在當地的市集以物易物，把那種舉動稱作「skolko-ing」（「skolko」——多少錢？[3]——是他們許多人學會的唯一俄文字眼）。此外他們一致痛恨分發給他們當口糧的「魚果醬」（那其實是：魚子醬）。等到終於可以披掛上陣的時候，那些英國人表現得不錯，贏得了在同一邊或另一邊與他們作戰者的尊敬。

托洛茨基後來在回憶錄中寫道：英軍曾經讓列寧感到害怕，因為他們的槍械和裝備遠比紅軍所使用的要來得現代化許多，而且效率更高。一九一九年十月，擔任紅軍指揮官的托洛茨基向陸海軍官兵發布了「哀悼令」，藉以煽起對外國入侵者的仇恨火焰：

紅軍將士們！你們在各條戰線上都能遇上懷有敵意的英國人的陰謀詭計。反革命軍隊用英國武

3 譯注：俄語的「多少（錢）？」（сколько/skol'ko）讀如「斯闊爾卡」。「skolko-ing」則可直譯成「議價ing」。

> 器向你們開火。在……南線和西線戰場上的倉庫裡，你們還可以找到英國製造的軍需品。被你們抓獲的俘虜穿的是英國制服。阿爾漢格爾斯克和阿斯特拉罕的婦女和兒童被英國飛行員用英製炸彈炸死或炸殘，英國軍艦炮轟我們的沿海各地……

法國部隊表現得不像英軍那般積極。他們有許多人在黑海的港口譁變，要求打道回府。七萬名捷克人卻奮勇戰鬥。如同布爾什維克黨人所擔憂的，他們果真攻下了葉卡捷琳堡——時間就在沙皇於當地遇害九天之後。短短幾個月內，他們便協助奪取一連串的西伯利亞城市，並且一路挺進到海參崴。

協約國向鄧尼金將軍和高爾察克海軍上將提供了一百萬把步槍、一萬五千挺機槍，以及八百萬發彈藥。白軍一度占了上風。他們的部隊來到距離莫斯科一百英里的範圍內，甚至迫近彼得格勒。一九一九年十月，白軍的尼古拉．尤登尼奇將軍率領兩萬名士兵攻占了加特契納。加特契納傳統上是保皇黨的據點，其宏偉的皇家宮殿與效忠沙皇的歷史，可一直回溯到凱薩琳大帝時代。如今它成為一個理想的起步點，供白軍向僅僅三十英里外的紅色彼得格勒發動攻勢。布爾什維克政府已經搖搖欲墜；如果無法奪回加特契納的話，那個新政權即將面臨毀滅。

然而當時的紅軍領導人是一位軍事天才。列夫．托洛茨基曾經努力不懈，把赤衛隊從一群烏合之眾改造成適合戰鬥的正規武力。他取消了災難性的軍中「民主化」，那曾經允許士兵們針對軍令進行辯論，並且否決他們的軍官所下達的命令。他還在每一個營裡面強制安插政委來維護軍紀。他引進了徵兵制度，並槍斃那些拒絕參軍的人。時至一九一九年初，紅軍的規模已擴充一倍，擁有一百六十萬人；在年底的時候，其兵力又擴大了一倍。

如今面臨尤登尼奇的威脅，托洛茨基從親革命的彼得格勒郊區徵集新的作戰單位，還連忙用火車從莫斯科運來更多人馬。彼得格勒保衛戰使得托洛茨基成為一個具有指標性的可怕人物。他搭乘自己的裝甲火車從一場戰鬥趕赴另一場戰鬥，發表慷慨激昂的演說來鼓舞士氣，並且就地處決懦夫和逃兵。他下令構築路障和戰壕，來阻擋與白軍協同作戰的英國坦克，並派遣成千上萬名步兵向加特契納推進。激烈交戰三天之後，白軍終於撤退，彼得格勒獲得了拯救。托洛茨基獲得的獎勵是紅旗勳章一枚，以及為了表彰其榮譽而將加特契納更改名稱：它從此被稱作「托洛茨克」(Trotsk)，直到托洛茨基本人在一九二九年失寵為止。[4] 加特契納和彼得格勒的保衛戰成為內戰轉折點。列寧的演說於是又充滿樂觀基調：

> 紅軍已經團結起來，奮起作戰，把地主軍隊和白衛軍官趕出了伏爾加河流域，奪回了里加、奪回了幾乎整個烏克蘭，正在迫近敖德薩和羅斯托夫。只要再努力一把，只要再同敵人打幾個月，勝利就會是我們的了。紅軍所以有力量，因為它是自覺自願地、同心協力地為農民的土地而戰，

4 托洛茨基在自己的回憶錄中指出，彼得格勒的命運已經到了千鈞一髮的關頭：

在這段小插曲中，我不得不充當團長的角色。在整個戰爭期間這是第一次，也是唯一的一次。當退卻的部隊幾乎湧進……師司令部時，我隨便騎上一匹馬東奔西跑，讓部隊向後轉。這在開始時引起了一陣混亂，並不是所有人都明白出了什麼事，有些人繼續後退。我騎著馬把他們一個個地追回來。……我的傳令兵科茲洛夫緊跟在我後面疾馳而來。他是莫斯科近郊的農民，是舊軍隊的士兵。……他手拿納甘手槍在後退的戰士中跑來跑去，一再重複我的命令。他舞動著手槍扯著嗓子高聲喊叫：「弟兄們，別害怕，現在率領你們的是托洛茨基同志！」……現在進攻正以剛才撤退的速度進行。沒有一名紅軍戰士掉隊……年輕的工人、農民、莫斯科和彼得格勒軍校的學員都不怕犧牲，他們冒著槍林彈雨進攻，手持手槍撲上敵人的坦克。白軍司令部曾報導過關於赤色分子的「蠻勇」……

為工農政權而戰，為蘇維埃政權而戰。

德國在第一次世界大戰的落敗，使得布爾什維克黨人能夠大量收回一九一八年簽訂《布列斯特－里托夫斯克條約》時所割讓的領土（參見第二十二章）。即便芬蘭和波羅的海三國已經獨立出去，大部分的烏克蘭、白俄羅斯，以及南方的領土還是又回到了蘇維埃手中。

波蘭卻是另外一回事。波蘭人趁著俄羅斯內戰所造成的混亂，在具有領袖魅力的約瑟夫·畢蘇斯基指揮下展開入侵蘇維埃烏克蘭的行動。其目標是要奪取歷史上曾經屬於過波蘭的土地。他們在反蘇維埃的烏克蘭民族主義者裡應外合下，進展得異常快速，並且攻占了基輔。伊薩克·巴別爾那位曾在蘇俄[5]騎兵隊服役的作家，寫下了「俄波戰爭」（一九一九－二一）的冷酷殘忍：

> 一九二〇年七月二十二日那天，波蘭人以一系列閃電般的行動撕裂了我方後翼。他們撲向第十一師，並且俘虜了許多人。……我既絕望又麻木，於霍京附近捲入了戰鬥。……我的戰馬被打死，到處都響起哭號聲與喊叫聲。……我在黑暗中停下來解放一下。……等到完畢之後，我發現自己剛剛淋濕了一具波蘭人的屍體，而尿液正從其嘴角和空洞的眼窩滑落……

巴別爾在一九二〇年代推出的《紅色騎兵軍》故事集，透過一名戰地記者做出尖銳的刻畫。這是兩國自從十六世紀以來，便一再進行的既猛烈萬分又富於民族色彩的領土之爭。波蘭人獲得的成功讓布爾什維克黨人大吃一驚。他們只得拋開階級鬥爭和國際革命的論調，重新回到俄羅斯民族主義。他們不再敦促各國工人發動戰爭來對抗資本主義；他們轉而敦促俄國人對波蘭人進行戰爭。

十萬名挺身響應的志願者即足以擋下波蘭的進犯，並且將蘇維埃的部隊送往距離華沙只有幾英里的地方。紅軍指揮官米哈伊爾·圖哈切夫斯基將軍的戰報充滿了一片洋洋喜氣。他宣布準備繼續向西挺進，把共產主義帶往倫敦和巴黎的街頭，「越過躺在路上的白色波蘭的屍體，讓革命蔓延到全世界。」可是在一場後來被稱作「維斯瓦河奇跡」的戰鬥中，波蘭擊敗進行包圍的俄軍，贏得一場不可能的勝利。華沙得到了拯救，倫敦和巴黎的街頭暫時也一樣。蘇維埃的部隊被迫撤出波蘭領土後，雙方簽訂停火協議，在彼此之間劃分了受爭議的烏克蘭和白俄羅斯地區。對莫斯科而言，那場戰爭迫使它默默地承認了，必須放棄（或最起碼是暫時放棄）輸出共產主義。蘇俄在當下必須集中精力確保國內革命的勝利。

與波蘭講和以及西方干預部隊撤出俄羅斯，意謂托洛茨基可以把注意力轉移到由彼得·弗蘭格爾將軍所率領，如今困守在克里米亞半島的殘餘白軍部隊。一九二〇年十一月，當紅軍持續逼近、有關凌虐和處決的可怕故事不斷傳來之際，白軍士兵及其家屬競相在英美船隻上面爭奪一席之地，以逃往土耳其。蘇聯作家康斯坦丁·帕烏斯托夫斯基曾經在許多個預示著日後美國撤離西貢的場景畫面當中，描述了最後一批輪船駛離敖德薩港口之際，執意不肯留下的人們所出現的絕望與恐慌：

> 一個個因為呼救而洞開的嘴巴、一雙雙從眼眶凸出的眼睛、一張張鮮明刻畫出恐懼與死亡的臉孔，它們的主人都只看得見一種刺眼的可怕景象：船上的梯板搖搖晃晃、扶手承受不住人體的重量而紛紛折斷、士兵們的槍托往頭頂敲下、母親們伸出雙手將自己的孩子高舉在雜遝人群上

5 譯注：蘇聯（一九二二－一九九一）成立於一九二二年十二月三十日。那天之前不可使用「蘇聯」一詞；那天之後則最好避免使用「蘇俄」一詞。

方……。大家沒來由地相互摧殘，甚至阻止那些已經登上梯板的人們拯救自己。每當有誰握住了木板或欄杆，便有許多雙手緊緊抓著他，於是一串人體垂掛在他的下方……。船身因為攀附甲板欄杆那些人的重量而傾斜……。各艘船隻沒有收回梯板便離港開航，於是一條條梯板帶著仍然扒在上面的人們滑入海中。被留棄在碼頭上、與家屬拆散的人群，發出了令人不忍卒聞的哭喊聲、咒罵聲與哀號聲。

留在後面的五萬名男男女女和小孩，遭到攻打過來的布爾什維克黨人就地處決。米哈伊爾・布爾加科夫一九二八年的《潰逃》那部劇作當中，有兩名白軍軍官在逃離塞瓦斯托波爾港口的輪船上相互交談。他們討論了舊俄羅斯的毀滅，以及可惜未能把它從布爾什維克的枷鎖拯救出來：

你在那裡看見什麼了呢？輪船一艘接著一艘地冒著蒸氣離開，甲板上擠滿了被擊敗的人們……。大勢已去，路已經走到盡頭……。一切的東西和每一個人，都一了百了地被砸成碎片……。你曉得問題出在哪裡嗎？我們大家都曾經陪著演戲。人人都是這樣，只有布爾什維克除外：因為他們始終確切知道自己想要什麼。

24 戰時共產主義帶來了紅色恐怖

一九三〇年代最被廣泛觀賞的蘇聯電影之一，是一部歷史傳記片——《列寧在一九一八》（一九三九）。它是由米哈伊爾・羅姆執導，銜接了那位導演攝製較早、講述該布爾什維克領袖於一九一七年「十月革命」中所扮演角色的《列寧在十月》（一九三七）。這一回的情節卻比較黑暗和更加微妙。在那部電影的中間段落，片中的列寧前往參觀一座莫斯科工廠，向工人們發表了一篇激勵人心的演說。可是當他走到門外的時候，響起了幾下槍聲。鏡頭切換至一名相貌險惡、躲藏在人群當中的婦女。隨著一聲驚叫，人群赫然發現她的受害者就是列寧本人。弗拉基米爾・伊里奇[1]在臉上露出剛毅的表情，緊緊抓住自己的胸口，然後陡然跌入他同伴們的懷抱。

該片改編自一個真實的事件，而我找到了它發生於莫斯科市「莫斯科河畔區」的地點——那裡距離我一九九〇年代居住的公寓只有一石之遙。現在它名叫「弗拉基米爾・伊里奇電機製造廠」，當初是由一位名叫霍珀（Hopper）的英國人創辦於十九世紀中葉。我瞧見牆上有一塊紀念牌匾，記錄

1 譯注：「弗拉基米爾・伊里奇」就是列寧（Vladimir Ilyich Lenin）。俄羅斯姓名分成「名」、「父名」和「姓氏」三部分：「名」加上「父名」則是對俄國人的敬稱。在男性姓名中，「父名」是在父親名字後面加上「evich」、「ovich」或「ich」等音節。列寧的父親名叫伊利亞（Ilya），所以列寧是「弗拉基米爾・伊里奇」。列寧的祖父名叫尼古拉（Nikolai），所以列寧的父親名叫「伊利亞・尼古拉耶維奇」（Ilya Nikolaievich），依此類推。

了列寧對那棟樓房的歷次造訪。它並未提及一九一八年八月三十日的戲劇性事件，不過大門警衛們興高采烈地告訴了我關於「列寧幾乎翹辮子那天」的故事。

羅姆的電影呈現出那名幾乎成功的女刺客（一位名叫芬妮・卡普蘭、幻想破滅的社會革命黨人），如何朝列寧的手臂、頸部和下巴射出三發子彈。保鏢們把列寧塞進一輛汽車，趕緊將已經失去意識、似乎瀕臨死亡的他載回克里姆林宮。慌亂和恐懼席捲了布爾什維克黨。國家正陷入痛苦的內戰、受到外敵的包圍，這個脆弱的新政權到處都面臨著危險。此一事件馬上就被認定是出自敵人的陰謀。隨即又傳來彼得格勒秘密警察頭子摩西・烏里茨基遇刺的消息，這次還真的出了人命。於是許許多多的嫌疑人遭到追捕、拷打和槍殺。[2]

英國於正在進行的內戰中支持白軍而激怒了蘇俄，譴責的矛頭自然就指向倫敦。英國外交官羅伯特・布魯斯・洛克哈特，以及他的間諜同伴西德尼・賴利，被指控代表西方帝國主義者策劃了那場陰謀活動。赤衛隊於是在英國大使館進行徹底的搜索，還槍殺了一名英國官員。布魯斯・洛克哈特則被拖下他的床鋪，遭到逮捕。天羅地網越收越緊，西德尼・賴利只得經由彼得格勒北向逃往芬蘭，最後在十一月八日抵達倫敦。與此同時，布魯斯・洛克哈特正在盧比揚卡監獄接受「契卡」審訊。其回憶錄充分展現出英國人面對脅迫時的冷靜態度。但儘管如此，當時他的性命無疑已懸於一髮。

> 我被囚禁的時間長達整整一個月之久。它可以分成兩個階段：第一階段歷時五天，充滿了不適與恐懼；第二階段則持續二十四天，可稱之為相對較舒適的時期，伴隨著強烈的精神緊繃。布爾什維克的官方報紙成為我的慰藉之一，而看守我的那些獄卒把它們交給我的時候，是帶著一種宣傳員的喜悅。不過就我自己的案件而言，那些報紙當然遠遠無法讓人安心。它們上面依舊

充滿了「布魯斯．洛克哈特陰謀案」。它們刊出工人委員會通過的許多決議，要求對我進行審判，並且把我處決……。此外還有更可怕的報導，敘述當時正在大行其道的恐怖措施。我在被囚禁的第一天就已經確定，如果列寧死了的話，我自己的生命將變得一錢不值。

布魯斯．洛克哈特福星高照——列寧保住了性命。然而他的傷勢非常嚴重，血液曾經從他頸部的傷口噴濺到肺部，導致呼吸困難。外科醫生們認為從他身上取出子彈過於危險，而他們唯一能做的事情就是包紮傷口避免感染。布爾什維克的媒體卻淡化處理列寧傷勢的嚴重性，害怕他生命所遭受的任何威脅都會引起公眾恐慌，或者鼓勵反對勢力炮製政變來反抗新政權。《真理報》的頭條新聞是：「列寧遭到兩次槍擊，拒絕救助。第二天早上他照常閱讀報紙、聽取說明，繼續帶領世界革命的火車頭。」列寧神話正蓄勢待發：《真理報》的字裡行間已可明顯看見「如聖人般堅忍淡泊」之類的講法，以及將在列寧生前和死後一直伴隨著他的極度個人崇拜。

布魯斯．洛克哈特幾乎肯定曾經涉入那個陰謀。他被留置在盧比揚卡監獄、面臨遭到處決的危險，還遇見了嚇得半死的芬妮．卡普蘭：

2 有一個理由可以說明，為何一九三〇年代末期的時候，蘇聯賦予《列寧在一九一八》如此重大的意義。此際恰好是史達林的「獵巫時期」、社會每個角落都出現所謂「圖謀不軌行動」的時期，以及大肅反和擺樣子公審的時期。所以這麼一部描述黑暗勢力企圖推翻蘇聯的電影，正好出自史達林的授意。如果我們仔細觀看的話，即可發現那部電影所呈現的密謀殺害列寧者之一，是布爾什維克領導人尼古拉．布哈林（Nikolai Bukharin）。這同樣並非巧合：當該片在電影院上映時，布哈林正因為莫須有的罪名而接受攸關生死的審判。

> 早上六點鐘的時候，有個女的被帶進了房間。她穿著黑色的服裝。她的頭髮是黑色，她目光呆滯的眼睛下面有著大大的黑眼圈。……她的長相具有強烈的猶太色彩，……我們猜測她就是卡普蘭。布爾什維克無疑希望她會露出某種認識我們的跡象……。她卻只是走到窗前，並且……望著外面的日光。她顯然已經聽天由命，繼續停留在那裡，直到警衛們過來把她帶走為止。她還來不及獲悉她那改變歷史的嘗試是否成功，就已經被槍斃了。

布魯斯・洛克哈特比較幸運。在盧比揚卡待了一個月之後，倫敦就用一名高階的蘇俄外交官把他交換回來。他返國以後，英國媒體很快就把他和西德尼・賴利描繪成西方的英雄特務，努力設法粉碎共產黨的威脅。一部標題為《英國特工》，由埃洛・弗林主演的廣播劇，以及「華納兄弟」由萊斯利・霍華德主演的同名電影（一九三四），都抱持色彩鮮明的反布爾什維克立場，把我國外交官們描繪得膽識十足，成為倫敦所授意的一項大膽行動中的主角。

列寧的傷勢雖然復元了，但還是在五年後導致他死亡。八月槍擊事件的立即效應，是布爾什維克政權展現駭人的強硬作風。一九一八年九月二日，雅科夫・斯維爾德洛夫（布爾什維克中央委員會主席）宣布要毫不留情地「用群眾性的紅色恐怖打擊資產階級和他們的代理人！」他表示：必須對那些妄圖刺殺列寧的人，以及支持他們的人，進行無情的打擊。

斯維爾德洛夫的字句發出了起步信號，「紅色恐怖」接下來將持續好幾個月，奪走成千上萬人的性命。做為對列寧遇刺一事的回應，所謂的「階級敵人」遭到追捕和處決——然而那些人的罪行僅僅在於他們的社會出身背景。如同未來將在德國出現的納粹「蓋世太保」行動，布爾什維克從昔日的沙俄軍官、地主、教士、律師、銀行家和商人裡面挑出人質，以為報復。一位名叫摩根・菲利普斯・普萊斯的英國記者，記錄了他對布爾什維克的方法感到震驚：

我永遠也忘記不了《消息報》在九月七日星期六的一篇報導。它的含義完全沒有遭到誤解。有人提議從昔日沙皇軍隊的軍官、從立憲民主黨，以及從莫斯科和彼得格勒的中產階級家庭抓來人質；每當有一名共產黨員死於白色恐怖的時候就槍斃十名人質。過了沒多久，蘇維埃中央執行委員會便頒布一道命令，要求共和國境內的全體舊軍隊軍官在某個特定日子前往某些特定地點報到。……布爾什維克領導人為紅色恐怖給出的理由是，除非有辦法懲罰他們的敵人，否則謀反者就不會相信蘇維埃共和國強大得足以受到尊重。然而除了對死亡的恐懼之外，別無其他手段能夠說服那些敵人。於是所有的文明束縛都一去不返……

列寧親自簽署了處決名單。其目標顯然是要連根鏟除一整個社會階級。小康家境會讓人變得有罪；不習慣於體力勞動的柔軟手掌可能害人被槍斃。馬丁・拉齊斯（他是「契卡」在烏克蘭的頭子）透露了恐怖行動的真正目的：

不要去檔案中尋找罪證，查看被告是否以武器或言論起來反抗蘇維埃，而要去問他屬於哪個階級，他的背景、教育、職業是什麼。這些才是決定被告命運的問題。這就是紅色恐怖的涵義與本質。

隨著偏執成為常態，布爾什維克黨越來越倚重「契卡」裡面那些殺人不眨眼的爪牙。該組織所使用的方法超脫於法律之外，其狂熱的領導者「鐵腕」菲利克斯·捷爾任斯基玩世不恭地承認說，那就是酷刑逼供之後立刻處決。捷爾任斯基宣稱：「我們本身就代表有組織的恐怖，這點必須說得非常清楚。在革命時代，恐怖是絕對必要的。我們的目標是與蘇維埃政府的敵人鬥爭，建立新的生活秩序。我們判案很快，在大多數情況下，在逮捕罪犯與作出判決之間只需一天。……可別以為我在尋求形式上的革命司法；現在我們根本不需要司法——這是戰爭……」

在列寧烏托邦的名義下，「紅色恐怖」展開之後的最初三年內，據估計共有五十萬人被殺。可是跟同時期死於內戰的九百多萬人比較起來，那個數字也相形見絀。戰鬥行動、斑疹傷寒、饑荒與旱災所帶來的死亡人數令人震驚；再加上另有一至二百萬俄國人逃亡境外，那個國家正瀕臨崩潰邊緣。經濟已被摧毀，貨幣一錢不值，人們被迫返回原始的以物易物。作家葉夫根尼·扎米亞京將彼得格勒描述成：「一座有著許多冰山、猛獁象和荒原的城市……，那裡的穴居人裹著毛皮和毯子，從山洞躲向山洞。」人們為了一些雞毛蒜皮的東西而賣掉自己的所有物和傳家寶，或者用它們來交換薪柴。馬兒、狗兒和貓兒已從城鎮的街頭消失，被製成了「內戰香腸」。哲學家瓦西里·羅扎諾夫則於自己活活餓死之前不久，以先知灼見寫道：

> 隨著一聲鏗鏘、一聲尖叫和一陣呻吟，一道鐵幕降臨至俄羅斯的歷史上：表演已經結束，觀眾起身站立。現在該是人們穿上大衣回家的時候了。然而當他們環顧四周之際，卻發現那裡已經沒有大衣，而且再也沒有了家……

工廠紛紛關門，工資失去百分之九十的價值，就連無產階級也紛紛離棄布爾什維克的志業。彼得格勒的牆上塗鴉寫著：「打倒列寧和馬肉，給我們沙皇和豬肉！」有一些彼得格勒的工廠爆發了罷工，政府則動用沙皇時代的方法來鎮壓他們——大規模開火、逮捕和處決。

眼見手中掌握的權力日益脆弱，列寧乾脆拋棄了他對自由、正義和自決權所做的承諾。從一九一八年五月開始，自由解放的修辭讓位給了日後所稱的「戰時共產主義」——殘酷、奴役和壓迫。列寧曾經利用「和平」、「麵包」、「土地」和「工人控制」等口號，騎著民間動盪不安的波濤順勢而起。然而布爾什維克將在奪得權力幾個月之後，把那些承諾全部撤銷收回。早在一九一七年十一月，無政府工團主義聯盟的機關報《勞動之聲》已針對即將發生的鎮壓提出警告：

> 布爾什維克既然……主張中央集權、專制統治，一旦他們的權力得到鞏固及「合法化」之後，勢必將由黨中央採取獨裁手段，對國計民生重新做出安排。黨中央將會從彼得格勒把黨意強加給全俄羅斯，並且指揮整個國家。你們的各種蘇維埃和你們其他那些地方上的組織，將會一步步地全面淪為執行中央政府旨意的機關。我們將看見一個專制獨裁和中央集權的機構出現，而且它會由上而下採取行動，以鐵腕抹除一切擋在它路上的東西。

後來果真發生了。在戰時共產主義的名義下，社會變成了一個中央指令經濟體系；國家運作得像是一架軍事化的機器，其中的每個人都必須服從，擅離職守者會被槍斃。名義上獨立的各個「工廠委員會」（列寧曾經允諾讓工人對它們享有完整控制權），已越來越屈從於受到布爾什維克掌控的工會。從一九一八年中開始，工人的控制權已被縮減到只剩下監督權，不再有管理權。在一九一八到一九二一年之間，強制勞動被有系統地強加至百姓身上，違反紀律者可被判處死刑。勞改營開始擠滿了「反革命分子」。工業遭到國有化，私人企業已被禁止。食品限量供應，只有工人和士兵可保證獲得適當的給養。政府的每一個動作如今呈現出一種「被圍困心態」。前沙皇軍官的家屬被扣留為人質，藉以逼迫他們出來創建新的紅軍。工人不再被視為革命的代理人，反而被當成了原料，是建設社會主義的偉大實驗當中可供剝削利用的消耗性資源。戰時共產主義的方案不只是具有一點波爾布特（Pol Pot）的味道而已。

列寧帶來的不是和平，而是蹂躪；不是麵包，而是飢餓；不是土地，而是徵收；不是工人代表制，而是恐怖統治。溫斯頓·邱吉爾酸溜溜地評論說，列寧的目標是要拯救世界，他的方法卻是把世界炸爛。英國駐彼得格勒領事基門斯上校，則曾針對戰時共產主義的影響做出報告如下：

> 蘇維埃當局所進行的唯一工作，就是煽動階級仇恨、徵用和沒收財產，以及完全摧毀一切。所有的言論自由和行動自由都遭到壓抑；如今統治該國的獨裁體制，遠比專制的舊政權更加惡劣。司法已不存在，不屬於「無產階級」的人們所做的任何行動都被解釋成反革命，而所受到的懲罰就是監禁，在許多情況下甚至是處決。……蘇維埃當局的目標之一，是推翻現有秩序和資本主義，先是在俄國如此進行，然後推廣到其他所有的國家。為了達到這個目的，只要群眾繼續高興下去，所有的方法都可被接受。……布爾什維克主義蔓延到鄰近國家的危險非常大。萬一此事成真的話，將不可能停止那個危及全世界文明的運動。

昔日中產階級的成員，被貶低成「*bourzhoui*」（布爾喬亞寄生蟲）和「非人」。他們的家園被沒收、他們的家具被奪走、他們的衣物被國家徵用。他們被列入食物配給的最低類別、處於飢餓邊緣，並且被迫從事非常嚴酷，往往會致命的工作。彼得格勒失去了三分之二的居民，因為人們紛紛逃往鄉下，試圖找到食物。市內的街頭充滿了戰爭孤兒和稚齡小偷。乞討要飯、黑市交易與賣淫行為蔚然成風。

在鄉間地區，農民被劃分為三個類別——「貧農」和「中農」，亦即無產階級的盟友；或者「富農」（kulak，字面上意為「抓緊的拳頭」），這些人藉由自己的農業活動賺取了若干財富，因此是人民的敵人。「富農」其實是生活比較好的農民、高效率的商人或村莊的長老，曾經於農村社區中發揮過突出的作用。在布爾什維克統治下，富農是農民當中受到最多損失、被視為最可能起而反抗的一個階級，於是淪為食物供應短缺的替罪羊。他們在一篇又一篇的演說中，遭到列寧妖魔化：

富農暴動的浪潮擴展到全國。富農瘋狂仇視蘇維埃政權，恨不得把千千萬萬的工人斬盡殺絕。我們很清楚，如果富農獲得勝利，他們就會無情地屠殺千千萬萬的工人，同地主資本家聯合起來，恢復折磨工人的苦役，取消八小時工作制，使工廠重新受資本家支配。……這些吸血鬼在戰爭期間靠人民受窮發了財，他們通過抬高糧食和其他各種食物的價格積累了幾萬、幾十萬（盧布）。這些吸血蜘蛛靠戰爭中破了產的農民，靠挨餓的工人被養肥了。這些水蛭吸吮勞動人民的血，城市和工廠的工人愈挨餓，他們就愈發財……要無情地向這些富農開戰！消滅他們！……工人們必須用鐵拳粉碎那些……富農的暴動。

布爾什維克黨人把權力交給武裝的「貧農委員會」，准許他們掠奪和謀殺如今受到憎恨的富農。在好幾個星期內，鄰居殺害鄰居。此舉或許有助於替布爾什維克的志業爭取到窮人，卻也摧毀了從前給鄉村經濟帶來積極性和高效率的那個農民階級。結果農業衰退到災難性的水平。糧食供應減少了，各座城市在挨餓。

饑荒迫在眉睫，布爾什維克所面臨最急切的問題，是應該如何餵養工人和士兵——他們最主要的支持者。萬一飢餓導致這些階級起而反抗的話，布爾什維克政權將會滅亡。於是該黨下令派遣武裝徵糧隊前往鄉間，強迫農民交出手中的糧食。

赤衛隊突如其來索取穀物；農民受到暴虐對待，直到把東西交出來為止。那些膽敢抗拒的人會遭到槍殺，他們的家園遭到焚毀，他們的家人則遭到流放。當布爾什維克指控富農，說他們囤積補給品和蓄意想餓死工人的時候，其實是不分青紅皂白，把辛苦省下了略多於基本生活所需物品的每一個人都牽扯進來。事實上，大多數農民只能夠勉強餵飽自己而已。曉得他們的農作物將被沒收之後，許多人的反應是停止工作以示抗議。有三分之一的土地陷入荒廢，牛隻和馬匹大量遭到屠殺。

從一九一八年開始，該政權的殘暴行徑遭遇到武裝抵抗。農民們殺死了一萬五千名布爾什維克徵糧隊的成員。有一個社區將砍下的頭顱插到竿子上，直到政府出動炮兵把整座村莊夷平為止。在莫斯科東南方三百英里外的坦波夫地區，不斷升級的動亂最終導致農民組成一支七萬人的軍隊，不惜為自由和土地所有權而戰。在將近兩年的期間內，騷動蔓延至俄羅斯東南部的廣大地區，令人回想起拉辛和普加喬夫的大規模叛亂（參見第九章以及第十章）。結果需要動用十萬大軍和毒氣攻擊，來屠殺躲藏在森林內的謀反者。倖存者及其家人則被送入日益擴大的監獄系統。

在一九二一年初，各地的農作物紛紛歉收，饑荒蔓延至俄羅斯全境。窩瓦地區有一千萬人處於餓死邊緣，此外並損失了二千二百萬頭牲畜。英國作家和小說家菲利普·吉布斯爵士親眼看見過當時的情況：

收成已經被兩次可怕的旱災消滅了。農民依照慣例儲備的穀物，已悉數被拿去供養紅軍。有二千五百萬人受到飢餓威脅，其中許多人已經死亡和瀕臨死亡。我走進一棟棟的農舍，只見全家人躺著等死。我看見了一些真正可怕的景象，讓我心中對這個偉大的民族充滿同情。兒童們看起來簡直像是童話中的人物，而看見他們帶著腫脹的肚子餓死，那是最令人扼腕的事情。

列寧顯然無動於衷。在列寧全集裡面，到處都很難找到表達出人性同情或關懷的隻字片語。他反而很快就利用民間的苦難，創造出替罪羊來轉移人民對其政權的憤怒。他親自簽署指令，要求更進一步地大肆進行鎮壓，並且以布爾什維克主義的名義煽起階級仇恨：

……富農暴動必須毫不留情地予以鎮壓。整個革命事業的利益，要求我們必須這麼做。……我們必須樹立一個榜樣。

一、你們必須吊死至少一百名臭名昭著的富農、財主和吸血鬼（我的意思是當眾吊死，不得有誤，讓人人都看得到）。

二、公布他們的姓名。

三、沒收他們全部的穀物。

四、按照我昨天的電報指示處決人質。

要以這樣的方式來做，讓方圓幾百里內的人民群眾都會看見、戰慄、明白，並且高聲喊出：「讓我們勒死和吊死那些富農吸血鬼！」

電文收到之日，立即執行。

又及：找你們最強硬的那些人來辦理此事。

列寧

當僧侶抗拒布爾什維克黨關閉教會和沒收教會財產的行動時，列寧再度以恐怖措施做為回應。他寫道：「我們必須毫不留情採取行動……我們把反動僧侶階層和頑抗的資產階級代表槍斃越多，對我們就越有利。我們必須儘快給這些人一個教訓，讓他們在今後幾十年裡都不會再想要抗拒。」[3]

俄羅斯已經陷入無政府狀態。罷工癱瘓了城鎮；暴亂撕裂了農村。列寧卻回應以更多的恐怖。當另外兩名政府要員格里戈里・季諾維也夫和尼古拉・布哈林試圖節制秘密警察的權力時，列寧駁斥了他們。甚至到了一九二一年，列寧仍然不斷擴大「契卡」濫捕濫殺的權力。

但光靠恐怖是不夠的。俄羅斯已瀕臨另外一場革命。一九二一年三月發生的一個重大事件，將迫使布爾什維克全面重新思考他們行使權力的方式。

3 譯注：這段文字摘錄自列寧寫給政治局的極機密信函（一九二二年三月十九日）。上一段文字——「吊死令」（Hanging Order），則是列寧發給奔薩地區（Penza）黨幹部的秘電（一九一八年十一月八日）。

25 列寧回頭採用資本主義的辦法

當我第一次來到蘇聯的時候，有許多事情讓我感到驚訝，那時我還是一個充滿理想主義，然而孤陋寡聞的中學生。冷戰的溫度已經從深度凍結上升到不冷不熱的溫吞狀態，但該國仍舊是另外一個世界：當地的百姓被剝奪了公民權利，蘇聯電視依然受制於弗拉基米爾．列寧。他夜復一夜躍然於螢幕上。

有一群可愛的小朋友齊聲唱出讚美第一位蘇聯領導人的頌歌：「我們都是年輕的列寧主義者！我們夢想著要像列寧那樣地生活和工作！把我們的愛獻給他和我們的祖國……」。這令人覺得不安，讓我聯想到自己兒時唱過的基督教讚美詩。其中唯一的差別，只不過在於用基督取代了列寧。可是多麼奇怪啊，一名整天簽署處決令和煽動群眾恐怖的男子，竟然會被當作偶像來膜拜，變成小孩子眼中的慈父形象。

收音機隨即響亮地傳出了成年人的版本，其唱腔讓我回想起自己如何站在「安菲爾德球場」的主場球迷看台上，大聲唱著《你永遠不會獨行》。[1]《列寧永遠和你在一起》那首主題歌曲，則是在管弦齊鳴聲中，由一名英雄男高音高亢地唱出了歌詞：「列寧萬古流芳，列寧永遠和你在一起，與

1 譯注：《你永遠不會獨行》（*You'll Never Walk Alone*）是英國利物浦足球隊的隊歌。

你同悲傷、同希望、同歡喜。列寧在你的春天裡，在快樂的每一天，列寧在你和我的心裡！……給世界帶來幸福。……列寧時時刻刻與我們在一起。」

誇張肉麻的列寧崇拜已然淪為笑柄。我新結交的俄羅斯朋友們提醒我，我們永遠不可能獨自一人，即使在最私密的時刻也一樣。然後他們笑哈哈地解釋說：「列寧扶謝疙瘩撕納米」（Lenin vsegda s nami）——列寧永遠和我們在一起。[2]

但廣大人民群眾還是對那種宛如看待聖徒一般的個人崇拜相當認真。於長達數十年的時間內，他的形象和言論在電影、歌曲及海報中受到吹捧。該黨在一個虔信基督的國家摧毀了宗教之後，需要依靠某樣東西來取代宗教在人民心目中的地位，而「神聖列寧」的犧牲奉獻、禁欲苦行和克己忘我，正好與時代的要求齊頭並進。

內戰使得布爾什維克成為握有專制權力的政黨，對辯論或異議完全不感興趣。他們把自己看成是一個準軍事化的兄弟會，周遭圍繞著不值得信賴、必須接受再教育之後才會有辦法瞭解新現實的老百姓。為了實現他們自己的目標，黨的領袖們必須把自己鋼鐵化，變得樸實無華、充滿有紀律的狂熱，超脫於凡夫俗子的情感之外。

列寧承認過，車爾尼雪夫斯基《怎麼辦？》書中的狂熱分子「拉赫美托夫」（Rakh-metov），對他的發展起過示範作用。拉赫美托夫是位拒絕食物、睡釘子床以便磨礪意志的人物。列寧還曾表示：

> 我不能常常聽音樂，它會刺激神經，使我想說一些漂亮的蠢話，撫摸人們的腦袋，因為他們住在骯髒的地獄裡，卻能創造出這樣美麗的東西來。但是現在，誰的腦袋都不能撫摸一下——您的手會被咬掉的。您一定要打腦袋，毫不留情地打，雖然我們在理想上是反對用暴力對待人的。

唔——唔——任務是多麼可怕地艱巨啊！

距離一九一七年已有四年的光景，但革命還遠遠稱不上是已經脫離險境。當革命領袖們於一九二一年三月齊聚莫斯科，參加原本是為了慶祝勝利而召開的第十次黨代表大會之際，動盪不安的大環境充滿了威脅性。農民起義、饑荒和罷工正在癱瘓俄羅斯經濟。曾經是「二月革命」和「十月革命」試金石的彼得格勒工人，又一次走上街頭——這回他們卻遊行反對布爾什維克黨。工人們在罷工宣言中所表達出的不滿，則是對共產黨壓迫的公開抗議：

我們是彼得格勒各座工廠和各個社會主義黨派的代表，已經捐棄彼此之間的分歧，聯合起來爭取下列目標：推翻布爾什維克黨的獨裁統治；透過自由選舉來產生蘇維埃；獲得普遍的言論、新聞和集會自由；以及釋放政治犯。

政府在慌亂中宣布戒嚴。部隊用步槍開火驅散罷工者。但是此刻就在彼得格勒的近郊，正醞釀著另外一場甚至更加危險的風暴，它很快就會撼動該政權的根基。

★　★　★

2 同一個笑話的另外一種講法是：「在蘇聯你買不到雙人床，只有三人床！」

一個狂風大作、鹹濕氣流從海上吹來的秋天日子，我在芬蘭灣的一座島嶼上尋路而行，穿越了一大批廢棄的石製防禦工事。那些搖搖欲墜、如今長滿雜草與藤蔓的壁壘和炮台，是喀琅施塔特[3]要塞的一部分。當地曾經是俄國波羅的海艦隊的母港，以及聖彼得堡的第一道防線，與位於東方的市區之間僅僅隔著三十英里的冰冷海域。

一九一七年「二月革命」爆發後，喀琅施塔特的水兵跟著起事，殺害了支持沙皇的軍官們。那些水兵從此成為革命的突擊部隊，以凶猛的戰鬥熱情於「十月革命」期間協助奪取冬宮。然而時至一九二一年，情況已經丕變。

在喀琅施塔特的地下隧道，以及在停泊於此的巡洋艦和戰列艦上，舉行了各種會議。要塞內的三萬名水兵情緒非常低落，同時他們對布爾什維克黨人感到憤恨不平。蘇維埃式的民主已經被共產黨的一黨專政所粉碎。水兵們派遣一個代表團與彼得格勒的工人見面，結果聽到了令人震怒與絕望的故事，以及不斷催促他們採取直接行動的呼聲。有一位工人發言代表告訴他們說，人民的耐心已瀕臨爆發的臨界點：

> 既然你們來自喀琅施塔特，是他們一直拿來威脅我們的革命水兵，而且你們想要知道真相，那麼真相就是：我們正在挨餓。我們沒有鞋子，而且沒有衣服。我們在物質上和精神上都面臨恐怖威脅。當局用恐怖措施和更多的恐怖措施，來回應我們所提出的每一項請願和要求。瞧一瞧彼得格勒的各座監獄，你們就會發現我們有多少人被關押在裡面。
>
> 那可不成，同志們！現在到了跟共產黨說清楚講明白的時候：「你們用我們的名義做出來的事情已經夠多了。打倒你們那個害得我們走上這條死路的專政！現在閃到一邊去，讓路給不是黨

員的人。自由選舉產生的各級蘇維埃萬歲！只有它們才能夠讓我們擺脫這團混亂。」

代表團返回喀琅施塔特之後曾經多次召開大型會議，討論水兵們該如何因應這場危機。令人怨恨不已的是，列寧「一切權力歸蘇維埃」的口號，已經被堅持「一切權力歸布爾什維克」的做法所取代。為表示抗議起見，有五千名喀琅施塔特水兵焚毀自己的黨證。他們的領導人起草了一份宣言，聲稱那些共產黨員已經「失去人民的信任」，並要求彼等立即做出讓步，其中包括實施對所有政黨開放的自由選舉：

工人階級進行了十月革命，期盼獲得解放；結果卻迎來更大的奴役……。君主政體的權力——以及它所依靠的警察和憲兵——已經落入那批共產黨篡權者手中。他們給人民帶來的不是自由，卻是時時刻刻對「契卡」酷刑室的畏懼，其恐怖程度更遠遠超過了沙皇制度下的警察機關。……那些共產黨人還施加道德上的束縛，甚至強迫勞動人民按照他們所要求的方式來思考……他們通過官方對工會的控制，已經把工人跟他們的機器綁在一起，使得勞動不再是喜悅的泉源，反而成為一種新的奴役形式。他們進行大規模處決，藉此回應自發起義以表抗議的農民，以及迫於生計起而罷工抗議的工人，其血腥程度甚至凌駕於沙皇將領們所造成的流血事件之上。勞動人民的俄羅斯，率先高舉紅旗迎解放的國度，現在沾滿了鮮血……

3 譯注：Kronstadt（Кронштадт）源自德文的「皇冠」（Krone）和「城市」（Stadt）二字（d不發音）。喀琅施塔特（「喀琅施塔得」）或直接按德語發音譯成「克隆施塔特」。

列寧在莫斯科出席黨大會的時候，關於那個宣言的消息傳了過來。他明白布爾什維克黨所面臨的危險，於是命令托洛茨基前往喀琅施塔特鎮壓起義。

一九二一年三月八日，大會開幕當天，海水還凍結得硬邦邦的時候，布爾什維克部隊在冰上行軍了五英里。托洛茨基的炮兵部隊從岸上開火，但水兵們隱藏在喀琅施塔特的堅固碉堡內。我發現那些碉堡依舊矗立海邊。我從裡面可以看出來，叛軍的槍炮手如何目光緊盯向前推進的布爾什維克部隊，他們暴露於無處可躲的荒涼冰原上，就在一英里多的距離內。水兵們以暴雨般的狙擊火力，掃倒了成千上萬名紅軍戰士，迫使殘餘的人員撤退。布爾什維克黨人眼睜睜看著災難迎面襲來。

可是托洛茨基毫不留情。一個星期後，他聚集了四萬五千名生力軍，並且將機關槍排列起來，向任何拒絕上陣者進行掃射。大約有三百名黨大會代表自願請纓前來協助進攻。這一回托洛茨基的部隊在喀琅施塔特周圍取得了立足之地；經過二十四小時的血腥戰鬥、紅軍損失將近一萬人之後，要塞終於落入布爾什維克黨人手中。許多叛軍越過結冰的海面逃往芬蘭，但有一萬五千人成為俘虜，或者立即遭到處決，否則就是終生被關在勞改營。列寧將喀琅施塔特水兵譴責成「白匪」，並且急忙把額外的麵包運送過來，安撫憤怒的群眾。

眼前的危機已告解除，但喀琅施塔特是讓列寧無法忽略的一個警告。這事件突顯出來，工人和農民憤怒地認為布爾什維克黨人搶走了他們的革命果實。當喀琅施塔特海軍基地的水兵正在譁變時，坦波夫地區的農民起義達到了最高潮。列寧承認布爾什維克「幾乎撐不下去了」。他在俄共第十次代表大會的開幕詞中表示，農民戰爭和喀琅施塔特叛變「所包含的危險性比鄧尼金、高爾察克和尤登尼奇之流合在一起還要大許多倍」。人民早已受夠其「戰時共產主義」的壓迫，厭倦了飢餓和經濟崩潰，不願意繼續在任何未來烏托邦的名義下受苦受難。軍事鎮壓和大規模恐怖再也不足以粉飾太平;列寧需要一個截然不同、長期性的解決方案。

喀琅施塔特叛變結束沒幾天後,列寧向黨代表大會提出了解決辦法——「新經濟政策」(NEP)。那意味著放鬆國家的獨裁控制,並且重新引進資本主義的某些元素,試圖藉此舒緩全國所面臨的經濟災難:「當前的基本政治任務是……充分領會和確切執行新經濟政策。黨認為這是一個要在若干年內長期實行的政策。」列寧還做出了著名的承諾:「我們開誠布公地、老老實實地對農民說:為了堅持社會主義道路,我們將對你們農民同志做一系列的讓步,但是只能在一定的範圍和限度以內;……範圍和限度的大小要由我們來決定。」

列寧做出的「一系列讓步」,包括取消了國家強制徵糧,那種深受憎恨的做法曾經引發血腥抵抗,導致俄國農業崩潰。如今農民按規定繳納固定數量的糧食之後,獲准販售超出額度的餘糧來賺取自己的利潤。毫不令人意外的是,農作物收穫量從此暴增。

在工業方面,一些民營企業也獲准成立,被允許以合作社或信託社的方式來替自己而非替國家賺錢。此外也向國外尋求援助和投資,而更好的國際關係有助於降低俄羅斯自一九一七年以來所受到的孤立。銀行、軍工生產和戰略性的工業仍保留在國家手中,但其餘大多數的領域可接受混合經濟體系。小型產業和輕工業則多半委由私人合作社承辦。

新經濟政策是安撫人民的唯一辦法。然而它是一枚意識形態上的炸彈,並且撕裂了黨。許多布爾什維克黨人把新經濟政策看成是背叛。國家的弱化、回頭採用資本主義的辦法,這一切都被視為對共產主義理念的嘲弄,以及向「資產階級分子」投降。甚至連弗拉基米爾·馬雅可夫斯基,那位布爾什維克黨既火爆又具有半官方性質的詩人,也在詩句中對新經濟政策做出嘲諷:

他們問我：「您喜歡新經濟政策嗎？」

我回答說：「喜歡，假如它不那麼荒謬的話。」

……來吧，同志們！

上前與生意人一決雌雄……

儘管（列寧強調它）「認真而持久」，

但誰又曉得呢？

說不定新的十月革命就在眼前……

新經濟政策大獲成功。在短短幾年之內，農業和工業分別返回戰前的水準，生活條件的改善則多方面消除了人民對政府的怨氣。有限度的私營企業，已激勵俄羅斯人民更努力工作來追求個人收益。農民則生產了更多的食糧，因為他們知道這樣做對他們自己有利。

新經濟政策既化解反革命的威脅，同時也鞏固了布爾什維克所掌握的權力。但列寧從來沒有真正喜歡過它。那對他來說是一次戰略性的撤退，是一個必要的把戲，以便在走向真正社會主義的道路上維護共產黨的統治。毫無疑問的是，他同情強硬派的立場——他們對各種重新勾搭資本主義的做法憎恨不已。但列寧也知道他不得不強行實施這項政策。既然新經濟政策在黨內掀起了激烈的辯論，他乾脆悍然壓制一切反對該政策、抗拒黨領導權威的聲音。就在宣布實施新經濟政策，以及喀琅施塔特叛變終於被敉平的同一天，列寧向黨代表大會提出了《關於黨的統一的決議草案初稿》，他表示：「代表大會宣布毫無例外地解散一切按這個或那個綱領組成的派別……，並責令立即執行。凡不執行代表大會這項決定者，應立即無條件地開除出黨。」

這項「黨的統一」決議草案獲得通過，而它將帶來災難性的後果。黨內殘存的多元化作風已被一掃而空。從今以後，辯論遭到扼殺、任何對黨領導人的挑戰都被譴責為大逆不道的「宗派主義」，而史達林日後將以此策略來鞏固自己的獨裁權力。這項決議草案將在此後七十年內，為統治該國的毫不寬容、堅如磐石的共產黨鋪平了道路。

列寧敏銳地意識到，即使是有限度的改革也會造成危險，使得人們要求更多東西。因此當他做出讓步實施新經濟政策之際，同時也鎮壓持不同意見者，而其做法包括了公審政治對手，以及從一九二二年開始放逐俄國知識分子。

如同奧古斯托．皮諾切特統治下的智利，或者今日的中國，列寧在展開經濟自由化這項壯舉的同時，並沒有放鬆政治獨裁的鐵腕（這是戈巴契夫在六十年後未能完全做到之處，結果給他自己和他的黨帶來了嚴重後果）。[4] 新經濟政策給予列寧迫切需要的喘息空間，來鞏固布爾什維克所掌握的大權。但如果一九二一年標誌著黨的「政治健康」已獲改善，列寧自己的健康卻變得日益脆弱。

4 戈巴契夫的「重建」（perestroika）改革模式，很顯然至少有一部分參考了一九二〇年代的新經濟政策。列寧和戈巴契夫都是因為面臨經濟崩潰的威脅，而不得不進行資本主義實驗。在這兩個案例當中，所進行的實驗都改變了社會。「新經濟政策」和「重建」分別創造出一種新類型的投機者——一九二〇年代的「新經濟政策人」（NEP men），以及我們這個時代的「經濟寡頭」（Oligarchs）——而那些人都是利用新的經濟自由來牟利致富。二者都遭到其餘百姓辱罵，都因為毫無品味地炫耀個人財富而臭名遠播，同時二者都對共產主義體制的命脈構成了威脅。我相信戈巴契夫和列寧一樣，把經濟自由化看成是一種手段，藉以維護和強化社會主義——但與列寧不同的是，戈巴契夫未能抓緊政治來阻止改革失控，結果反而摧毀了他原本想藉由改革來拯救的那個體制。

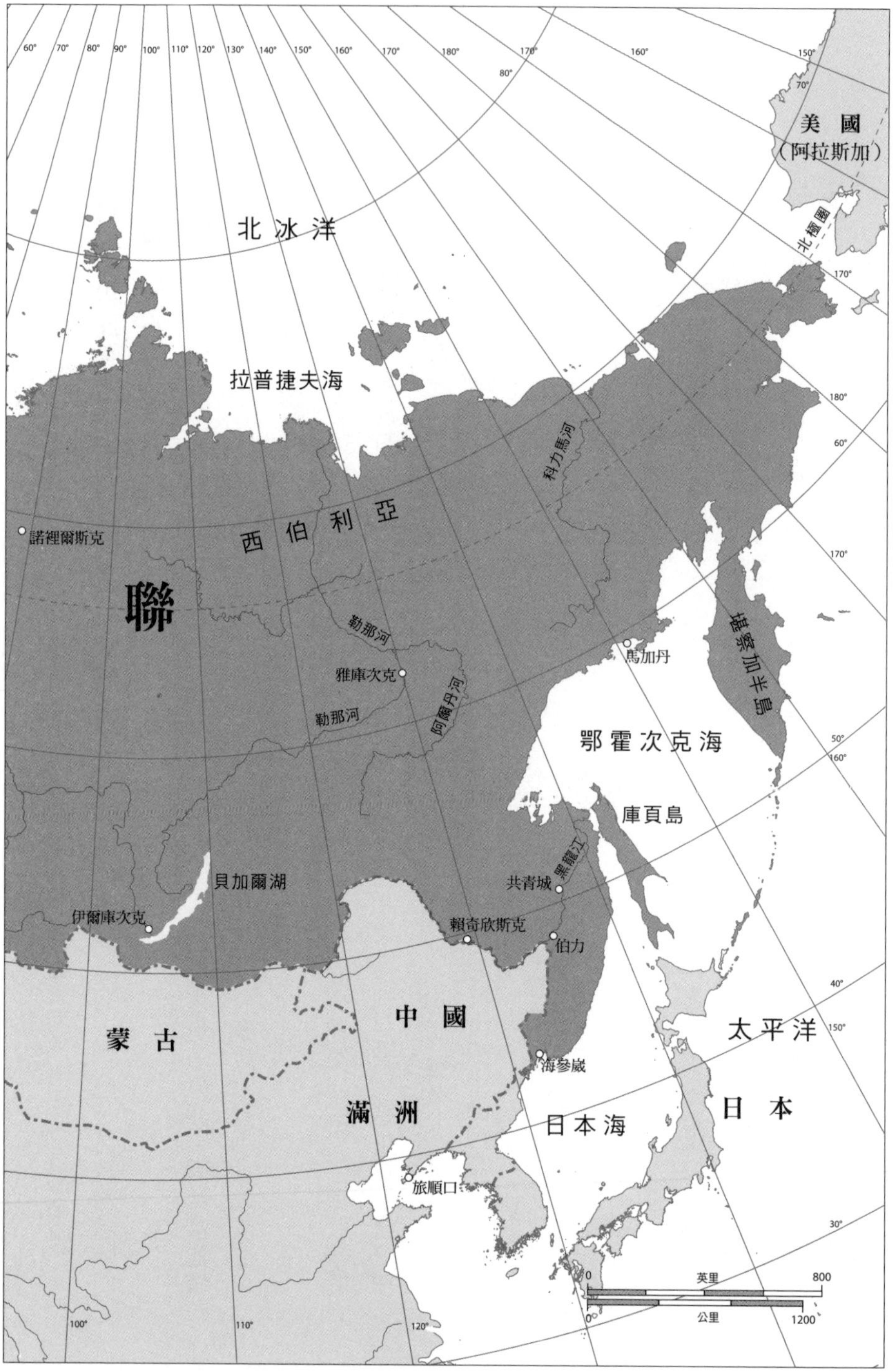

美國
（阿拉斯加）
北極圈
北冰洋
拉普捷夫海
科力馬河
西伯利亞
諾裡爾斯克
聯
勒那河
雅庫次克
阿爾丹河
馬加丹
堪察加半島
鄂霍次克海
庫頁島
黑龍江
共青城
貝加爾湖
伊爾庫次克
賴奇欣斯克
伯力
蒙古
中國
太平洋
海參崴
滿洲
日本海
日本
旅順口
英里
公里
0
800
1200

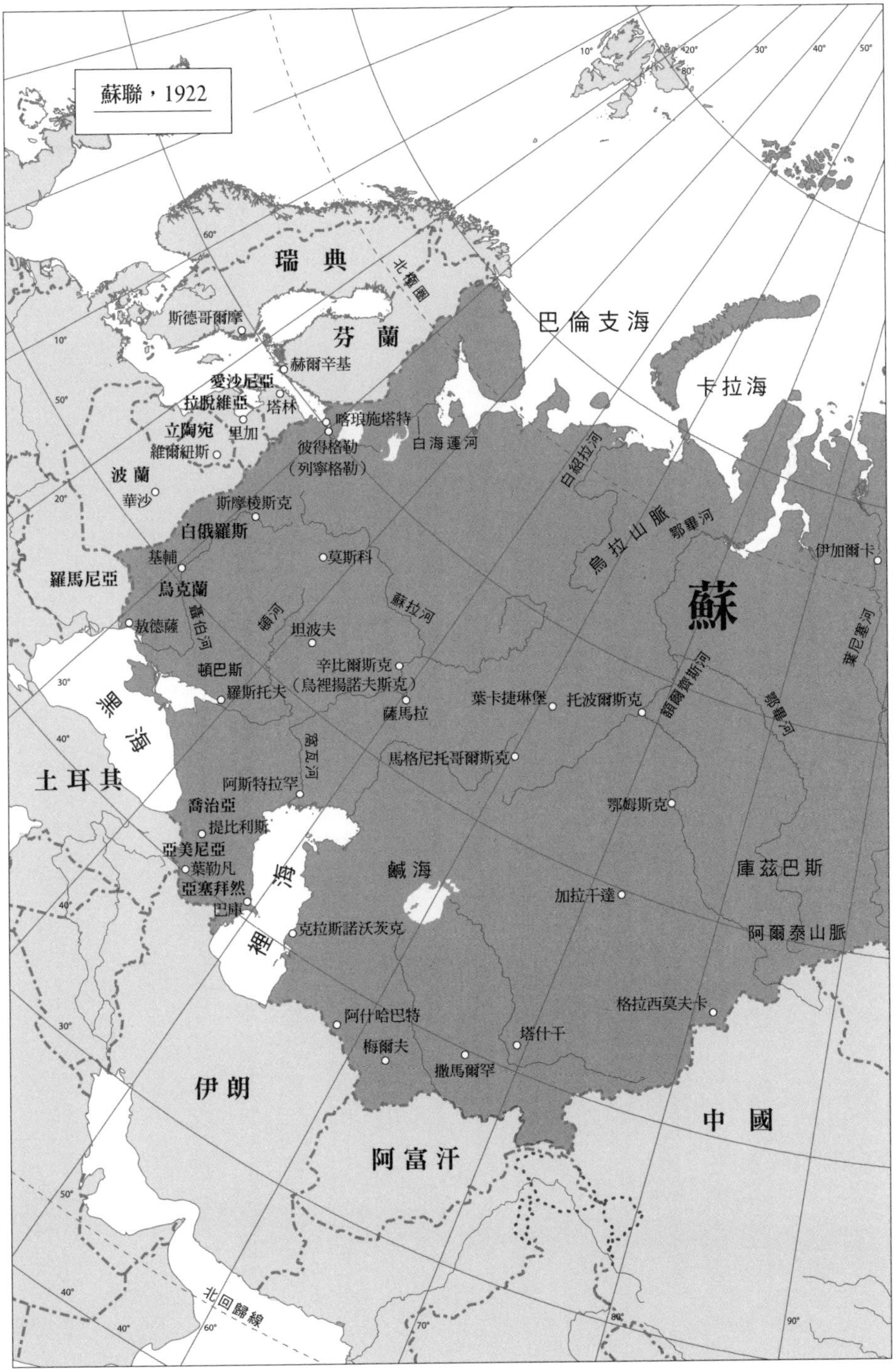
蘇聯，1922
瑞典
北極圈
斯德哥爾摩
芬蘭
赫爾辛基
巴倫支海
卡拉海
愛沙尼亞
拉脫維亞
塔林
立陶宛
里加
喀琅施塔特
維爾紐斯
彼得格勒
（列寧格勒）
白海運河
白紹拉河
波蘭
華沙
斯摩棱斯克
白俄羅斯
烏拉山脈
鄂畢河
基輔
莫斯科
伊加爾卡
羅馬尼亞
烏克蘭
蘇
蘇拉河
聶伯河
頓河
敖德薩
坦波夫
葉尼塞河
頓巴斯
辛比爾斯克
（烏裡揚諾夫斯克）
額爾齊斯河
羅斯托夫
黑
海
薩馬拉
葉卡捷琳堡
托波爾斯克
鄂畢河
窩瓦河
馬格尼托哥爾斯克
土耳其
阿斯特拉罕
喬治亞
鄂姆斯克
提比利斯
亞美尼亞
鹹海
庫茲巴斯
葉勒凡
裡
海
亞塞拜然
加拉干達
巴庫
克拉斯諾沃茨克
阿爾泰山脈
格拉西莫夫卡
阿什哈巴特
塔什干
梅爾夫
撒馬爾罕
伊朗
中國
阿富汗
北回歸線

26 被隱瞞的《列寧遺囑》

與弗拉基米爾・列寧有關的無聲電影短片為數頗多。蘇聯把電影視為最強大的宣傳工具，於是「蘇聯馬列主義研究所」在一九六九年運用導演後製剪接的手法，把它們全部集合在一起。如今觀看起來，這部影片合輯精心按照年代先後做出的排列，讓人得以一窺那位蘇聯領導人公私生活的發展經過。

在一九一七年之後的階段，我們看見列寧對著群眾高談闊論、向黨大會發表演說、侷促不安地在克里姆林宮內聊天（讀唇專家能夠看出他相當不耐煩地說著「這還要拖多久？」）、輕拍他的寵物貓，以及在他的辦公桌旁簽署信函。可是那部影片於一九二一年底戛然而止。接下來就什麼都沒有了，只是一片漆黑。

列寧之所以從公眾的視線消失，是兩次嚴重中風所造成的結果，那或許肇因於一九一八年暗殺行動給他留下的傷勢。隱瞞健康問題的做法，將會成為日後歷代蘇聯領袖令人耳熟能詳的故事。然而列寧的病痛給俄羅斯和世界帶來了許多嚴重後果。

列寧於人生的最後兩年處於癱瘓狀態，幾乎無法言語。他在只有一個腦半球還能夠正常運作的情況下，掙扎著發出攸關國家未來的指令。他退隱至莫斯科郊外「高爾基村」的鄉間別墅之際，在一份後來被稱為《列寧遺囑》的文件中，將排隊等待接替他的那些人品評了一遍。他針對尼古拉・

布哈林那位年輕人使用了溫暖的話語——「全黨喜歡的人物」。他對托洛茨基則不那麼確定，因為此人雖然「具有傑出的才能」，卻「又過分自信」。不過他對史達林抱持最大疑慮：[1]

斯大林同志當了總書記，掌握了無限權力，他能不能永遠十分謹慎地使用這一權力，我沒有把握。……斯大林太粗暴，這個缺點在我們中間，在我們共產黨人相互交往中是完全可以容忍的，但是在總書記的職位上就成為不可容忍的了。因此，我建議同志們仔細想個辦法把斯大林從這個職位上調開，任命另一個人擔任這個職位，這個人在所有其他方面只要有一點強過斯大林同志，這就是較為耐心、較為謙恭、較有禮貌、較能關心同志，而較少任性等等。這一點看來可能是微不足道的小事。但是我想，從防止分裂來看，從我前面所說的斯大林和托洛茨基的相互關係來看，這不是小事，或者說，這是一種可能具有決定意義的小事。

假如列寧有辦法活著向黨代表大會提出警告的話，歷史可能會發展得大不相同。然而列寧的遺囑還擺在他書桌抽屜裡面的時候，他的第三次毀滅性中風便發作，隨即死於一九二四年一月二十一日。列寧活了五十三歲，而革命還只有七歲不到。認識列寧並且傾心於布爾什維克志業的英國小說家亞瑟·蘭塞姆，曾在列寧去世的消息宣告之際，置身於黨代表大會的莫斯科現場：

今天早上十一點召開黨大會的時候，（中央執行委員會主席）加里寧簡直說不出話來，以斷斷續續的簡短字句宣布了列寧的死訊。那座大劇院裡面的幾乎每一個人都潸然淚下，從每一個角落傳來歇斯底里的女人啜泣聲。大會主席團成員的臉上垂掛著淚水。一個淚汪汪的樂團奏出了革命者的葬禮進行曲。較資深的大會成員今晚將前往高爾基，在明早將遺體迎回莫斯科陳列於工會大廳，從六點鐘開始供民眾瞻仰。……他的去世是一個沉重打擊，不僅對共產黨而言如此，對整個俄羅斯來說亦然。甚至與革命勢不兩立的敵人，也無法掩飾自己對俄羅斯歷史上最偉大人物之一的尊重。

列寧的遺體被抬進一個敞開的靈柩，從他的別墅來到高爾基的火車站，然後由一列飾以花環的專車運往莫斯科「基輔火車站」。蘭塞姆在克里姆林宮瞻仰了遺容：

列寧的遺體……躺在一個暗紅色的靈柩台上，由他的一群老同志們在旁護衛。……史達林叉著雙臂站在那裡，模樣就像他的名字那般具有鋼鐵味。[2]布哈林在他身邊一動也不動，看起來宛如一尊蠟像。大廳內逐漸擠滿共產主義者……特地為運動描記器操作員打出的燈光，照亮了蓄留大鬍子農民們和穿著皮夾克工人們的一張張白色面孔。……那裡保持絕對的寂靜：然後響起了喪禮音樂……而士兵們肅立致敬。我驀然出現一種奇特的感覺，彷彿自己正在參加一個新宗教的成立儀式。

地處紅場、位於克里姆林宮圍牆下的列寧陵墓，是一棟外形寬矮，由黑色大理石和暗紅色花崗

1 譯注：譯者引用蘇聯官方資料的標準中譯文時，盡可能維持原樣，因此諸如「斯大林」、「赫魯曉夫」之類的譯名皆不予更動。

2 譯注：「史達林」（Stalin/Сталин）是喬治亞人朱加什維利（Jugashvili）的化名，源自俄文「斯大爾」——сталь/stal'（鋼鐵）——這個字眼，意為「鋼鐵之子」或「鋼鐵人」。

石構成的四方形建築。如今它已成為任何知曉俄羅斯首都的人所熟悉的景象。可是那裡在一九二四年一月的時候別無他物，只有一個搖搖晃晃的木製平台，上面覆蓋著紅色和黑色的布料。列寧的靈柩被抬了出來，頂著嚴冬的酷寒放置在那個平台上，此外並有成千上萬名默哀的莫斯科人列隊從旁走過。

當我站在紅場上的時候，能夠深刻體會亞瑟·蘭塞姆口中「一個新宗教的成立儀式」所指為何。自從以學童的身分首度前往該國以來，我走下陵墓內的階梯參觀列寧遺體少說也有二十次了。但每次看見那張不會認錯的蠟黃臉孔，正宛如聖人遺物般地散發光芒時，我仍然會為之顫抖。幽暗的光線、凜冽的沉寂、肅立致敬的警衛，在在都告訴我們：這裡是那個把觸角伸向全世界的「救世主力量」之核心所在地。

正如同基督教的俄羅斯幾百年來一直相信自己負有神授的使命，要把真理和啟示帶給全人類，俄羅斯共產主義也認為自己的神聖命運在於改造和教育人類，使之成為完美物種。黨將會帶領大家走出嚴酷腐敗的現實生活，迎向潔淨和諧的未來。其交換條件則是追隨者無條件的服從：任何偏差行為或反對意見都會受到無情的懲罰。

亞瑟·蘭塞姆在列寧喪禮上看見有人用「運動描記器」攝製的影片，一直留存至今。光線把遺體和弔唁者們照射得充滿戲劇色彩——其實是相當陰陽怪氣。整個場景被安排得非常巧妙，帶有一絲華格納式的大毀滅風格。但甚至更加令人震驚的事情是：幾乎沒有任何一個畫面不出現幽暗、陰鬱、蓄留濃密八字鬍的史達林身影。他從火車卸下靈柩；他站在棺架旁邊守衛；他擔任首席護柩者。

史達林原本並非黨的高級領導人，不過他的總書記身分讓他負責組織方面的事宜，讓他自己變成了主角。無怪乎有些人看見那場喪禮的影片和照片之後，會以為他就是列寧欽定的接班人。兩相對照之下，托洛茨基則因為缺席而引人注目。他沒有去參加喪禮，是因為史達林耍弄了他，故意不通知舉行喪禮的時間和日期。這是一個可以跟馬基維利相媲美的招術。

《列寧的遺囑》對史達林語多指責（二人曾經在列寧一病不起的時候吵過一架），而史達林則試圖推翻列寧遺孀娜傑日達·克魯普斯卡雅的主張，把那份文件隱藏在公眾的視線之外。克魯普斯卡雅堅持要尊重她丈夫的意願，對外公開發表遺囑。於是黨領導高層私下舉行了一次激烈的討論會。那場會議的目擊者描述說：史達林「坐在講台的台階上，看起來既渺小又可悲。……儘管他刻意表現出自制與冷靜的模樣，但再清楚也不過的事情是，他的命運已經危在旦夕……」。

包括托洛茨基在內的許多出席者，無疑都希望看見關於史達林的評論被公諸於世。他們原本可以趁機擺脫那個狼子野心、最後將他們悉數誅除的傢伙。可是他們沒有利用那次機會。問題在於他們自己也遭到列寧批評，而且他們同樣非常患得患失。結果他們決定不公開發表那篇遺囑，只是向可信任的黨幹部們口述內容摘要。克魯普斯卡雅氣得跳腳抗議，但始終不得要領。托洛茨基後來則表示：史達林靜靜地坐在那裡擦拭額頭上的汗水。

等到大權在握之後，史達林便明令宣布列寧的遺囑並不存在，任何引用該遺囑的企圖都被斥為大逆不道。列寧針對將權力交給史達林的危險所做出的警告，結果被置若罔聞。溫斯頓·邱吉爾曾經表示，「俄羅斯人民最大的不幸莫過於列寧的誕生，接下來第二壞的事情則是他的死亡」，當邱吉爾如此評論的時候，他早已知道史達林恐怖主義的道路從此將暢通無阻。

人們很容易會認為，約瑟夫·史達林意外地當上了獨裁者，是一個以某種手段僭取老闆大位的低階幹部。他起初確實在布爾什維克黨扮演了需要使用蠻力而非腦力的角色：在他的喬治亞家鄉為黨進行搶銀行、綁架和謀殺等勾當。然而當那些搞革命的知識分子藐視史達林的時候，他們嚴重低估了驅策他向上的怨恨心理和辯解欲望，這反映於他把他們清掃一空時的冷酷無情。

史達林在一九一七年的革命當中僅僅扮演了次要角色，後來他卻耗費大量精力來重寫歷史，藉此頌揚他所起的作用，並且貶低其對手們的表現。列寧死後出現過為時五年的內訌，其間史達林由於掌控黨的檔案資料和日常行政，得以有系統地利用這個位置來安插自己的支持者出任要職。昔日庇蔭制度的腐敗作風曾在沙皇時代削弱了法治，如今它又投胎轉世到布爾什維克包山包海的「權貴階層」體系，任由那批人擅自指派黨內與政府的一切關鍵職位。身為主其事者，史達林更以找出每個人記錄中的汙點為己任，用它們來抹黑他的對手。

例如托洛茨基因為從前是孟什維克而受到抨擊；季諾維也夫和加米涅夫則由於在一九一七年起事時的猶豫不決而遭到譴責。邏輯辯論已經被歇斯底里的政治迫害所取代。當托洛茨基在一九二四年出版回憶錄，指出他和列寧是革命的主要創建者之後，就被革除了軍事人民委員[3]的職務。即使是稍微偏離布爾什維克正統觀點的行為也變成彌天大罪，約瑟夫．史達林日益成為對正統觀點做出定義的人。

從一九二〇年代中期開始，史達林和托洛茨基為了一個困擾著領導階層的關鍵性問題而起爭執——該如何確保共產主義的安全。馬克思主義的教條認為，這只能藉由向全世界散播革命來達成，列寧直到死前為止都還認定全球性的革命即將發生。他一九一九年三月底一篇演說的錄音，顯示出他那種不可動搖信念的強度：

「蘇維埃」這個字眼在世界各地不僅成了容易理解的字眼，而且成了通俗的字眼，成了工人和全體勞動者都喜愛的字眼。正因為這樣，不管共產主義的擁護者在世界各國遭到怎樣的迫害，蘇維埃政權必然而且一定會在不久的將來在全世界取得勝利。

如今那是難以想像的事情，可是在一九一七年之後，世界革命的消息開始席捲許多歐洲國家。時隔半個多世紀，前英國共產黨員哈利．楊回想起當初左翼人士的共通信念——資本主義遭到蘇維埃紅旗驅逐一事，只不過是時間早晚的問題：

我們有過一面壯觀的大旗，「在共產國際的旗幟下迎向世界革命」。一九二四年的時候，我們確實相信了那種事情。……相關工作是以英雄式的理想主義精神來進行，具有光榮、浪漫和戲劇性的色彩，而我們每一個人都盼望的是：歐洲最後的資本主義堡壘將在短短幾個月內失陷，各種蘇維埃將在整個歐洲掌權。那個時代充滿了歇斯底里的集會，以及大聲吼叫出來的「行動委員會萬歲！」。我趕赴格拉斯哥、一直跟著《每日工人報》，並且在沒完沒了的會議上致詞。我們以為偉大的革命事件正在發生之中……

一九二六年的英國總罷工與一九三〇年代的西方經濟大蕭條，都強化了那些希望。然而隨著歲月流逝以及共產主義未能實現，熱情便開始消退了。只有匈牙利和巴伐利亞等地曾經拿共產主義政府來做過實驗，但它們很快就重返資本主義陣營。

布爾什維克黨的領導階層隨即出現動搖和分裂。托洛茨基繼續秉持獨斷的教條來鼓吹「世界

3 譯注：軍事人民委員相當於陸軍和海軍部長，一九三四年改稱國防人民委員，一九五三年改稱國防部長。

革命」，使得那個概念成為其姓名的同義詞。史達林卻務實多了。他倡導一種叫做「一國社會主義」的新教義，聲稱蘇聯有辦法自行建設共產主義，並且為此訴諸俄羅斯的民族自豪感。這意味著否定了馬克思主義的意識形態，因為後者主張國際階級鬥爭而拒斥民族主義的價值觀。但史達林對大環境評估得很正確，於是從中獲益。

獻身於古典馬克思主義的托洛茨基則一敗塗地。黨代表大會表決同意，偏離（由史達林及其盟友們決定的）官方政策之行為不可容忍。一九二七年的時候，托洛茨基遭到開除黨籍並且被流放到哈薩克斯坦。時至一九二九年，史達林覺得自己的黨領導人地位已經夠穩固了，乾脆把托洛茨基逐出蘇聯國境。托洛茨基被迫流亡國外，起先是在土耳其，然後在法國、挪威，最後則前往墨西哥。季諾維也夫、加米涅夫和布哈林苟延殘喘了五年的光陰，結果成為一九三〇年代「大清洗」之下的受害者。史達林則開始從歷史記錄中刪除自己的競爭對手。很少有人主動希望他擔任領袖；每個人都知道他善於操弄並且冷酷無情，但沒有任何人曾經強大得足以制止他。

儘管世界革命已遭擱置，國內的共產主義仍然亟需捍衛。新近成立的「蘇維埃社會主義共和國聯盟」是由一百多個民族團體共同組成，其中有許多並不心悅誠服。史達林曾在十月革命爆發後擔任「民族人民委員」（或「NarKomNats」[4]），由此可見列寧希望他會以喬治亞人的身分審慎處理相關問題。歷代沙皇高壓對待帝國內部的各個少數民族，激起了怨恨與反抗，而列寧打算採取比較息事寧人的做法。

早在一九一七年的時候，布爾什維克即已通過一項決議，藉此保障各民族的自決權，他們在語言、文化和行政上的自由，以及至少在理論上享有的脫離聯盟的權力。許多自治區被創建了出來，它們繼俄羅斯、烏克蘭和白俄羅斯之後，陸續被授予「加盟共和國」的地位，號稱彼此一律平等。

最後總共有十五個「加盟共和國」，其中俄羅斯是遙遙領先的最大共和國，占有蘇聯四分之三的領土和三分之二的人口。此外還為一些較小的族裔群體設置了所謂的「自治共和國」，它們絕大多數位於俄羅斯的土地上。

那是一個蘊含潛在爆炸性的混合物。許多民族曾經在沙皇時代竭力爭取獨立，並且期盼革命能夠讓他們如願以償。蘇維埃代表大會通過的《俄羅斯各民族權利宣言》，讓他們深受鼓舞，因為它宣布「俄羅斯各民族享有自決，以至於分離和組織獨立國家的權利」。芬蘭、拉脫維亞、立陶宛和白俄羅斯早在一九一七年便欣然宣布獨立。烏克蘭、波蘭、愛沙尼亞、亞塞拜然、亞美尼亞和喬治亞也不遑多讓。

眼看著俄羅斯社會的解體和內戰造成的國家失序，已搖搖欲墜的帝國煽起了民族主義的熊熊火焰，布爾什維克黨只得馬上改變自己的政策。獨立運動從此被譴責為「資產階級作風」和「反革命行為」。史達林尤其對各地的少數民族充滿猜疑，身為喬治亞人，其直覺告訴他的是：那些人注定會背叛莫斯科，並且將使盡奸詐手段來反對蘇聯的統治。如今若要說服各個不穩定地區的族裔群體，使之相信效忠蘇聯才合乎他們自身的利益，那將需要耐心、體諒和理性，然而此類特質都是史達林所欠缺的。一九二二年的時候，他採取行動粉碎了喬治亞爭取在聯盟內部獲得更大獨立性的希望，從此定下基調。列寧傾向於息事寧人，史達林卻訴諸殘酷暴力。他自己的喬治亞出身背景顯然對此起不了任何作用。

大俄羅斯的主導地位，以及無情地將少數族群及其文化融入蘇聯集體身分的做法，將在隨後三

4 譯注：「NarKomNats」是「民族人民委員」俄文名稱的字首縮寫：Narodny Komissar Natsional'nostey（Народный Комиссар Национальностей）。

十年內成為史達林民族政策的基本原則。當蘇聯在一九二二年十二月剛剛成立的時候，史達林曾經反對列寧的「共和國聯盟」模式，主張另闢蹊徑，強行把昔日沙皇帝國剩餘的全部領地併入俄羅斯聯邦。第二次世界大戰期間，他對各族群的猜疑更是登峰造極，到了偏執狂的地步。主要就是因為史達林擔任黨領導人期間所做出的種種決定，使得民族問題和種族衝突遭到激化，直到二十一世紀都還糾纏著俄國。

對喬治亞的打擊則顯示出，為少數民族爭取自由的論調，與日益中央集權化的黨國統治結構背道而馳。莫斯科擺明是既鼓勵又打壓非俄羅斯的民族運動。這種致命的矛盾將引起悶燒長達數十年的衝突。

27 史達林以集體化向農民宣戰

一九二八至一九四〇年之間的蘇聯農業集體化，以前所未見的規模給人類造成苦難。它帶來了最誇張的共產主義社會工程。千百萬人因之而喪命；在那個國家幾乎沒有任何人能夠躲過它的影響。現年八十四歲的瑪莎·阿列克謝耶夫娜經歷過那一代人最典型的遭遇：

哦，是的，親愛的。它發生於一九三〇年，當我四歲的時候。那是在坦波夫，啊！他們就那麼動手拿走了我們全部的家當、穀物、馬匹、牛隻……把所有的東西都帶去他們的集體農莊。就連已經去集體農莊上工的那些人，也照樣被他們取走一切！那是有關當局，你曉得的……。我的母親有過一口大箱子，在裡面藏了一些零碎的食物。她把我放到箱子上，想要在那些人面前把它隱藏起來。但他們還是找到了箱子裡面的東西，也把它們拿走。什麼都被拿走了，甚至連小小的一塊肥皂也不例外……

俄羅斯社會在漫長的獨裁統治歷史上所承受過的各種烏托邦實驗當中，農業集體化或許是最具分裂性與破壞性的一個。可是當史達林在一九二七年十二月的第十五次黨代表大會上，宣布那項新政策的時候，卻讓一切聽起來彷彿都理所當然：

出路何在呢？出路就在於使農業成為大農業……。要做到這一點有兩條道路。一條是資本主義道路……。我們擯棄了這條道路，因為它是和蘇維埃經濟不相容的。另一條是社會主義道路，就是在農業中培植集體農莊和國營農場，結果是使小農經濟聯合成為以技術和科學裝備起來的大規模集體經濟……。問題就是這樣，或者走第一條道路，或者走第二條道路，或者向資本主義後退，或者向社會主義前進。任何第三條道路都是沒有而且不可能有的。……集體農莊的偉大意義，正在於它是農業中採用機器和拖拉機的主要基地，是用社會主義精神去改造農民、改造農民心理的主要基地。

一九一七年協助促成布爾什維克上台掌權的關鍵性承諾之一，就是「土地將會被交給農民」。幾乎可確定的是，那措施最能夠幫新政權爭取支持。然而該黨的長期規劃從來沒有把私人農業的存續納入考量。列寧的「新經濟政策」固然從一九二一年實施到一九二八年，允許土地耕種者出售一部分的農產品來賺取個人利益，但它在共產黨的圈子裡普遍被看成是種臨時措施，旨在因應內戰之後幾年內的嚴重糧食短缺。對布爾什維克領導階層的強硬派來說，新經濟政策意味著向資本主義靠攏，於是史達林一感覺自己已經大權在握，便拋棄了它。如今他昭告全國，將會全心全意展開邁向真正共產主義的行動：

我們已經使許多地區的基本農民群眾從舊的資本主義發展道路，轉到新的社會主義發展道路。資本主義發展道路僅僅有利於一小撮富翁資本家，而絕大多數農民不得不破產和忍受貧困的痛苦；社會主義發展道路則排擠富翁資本家，按新方式重新武裝中農和貧農，用新工具，用拖拉

> 機和農業機器來武裝中農和貧農，使他們擺脫貧困和富農的盤剝，走上協作的集體耕種制的廣闊道路。……農民向集體化方面的轉變不是一下子開始的。這個轉變也不能一下子開始。固然，黨早在第十五次代表大會上就宣布了集體化的口號。但是要使農民大批轉向社會主義，僅僅宣布口號還不夠。

時至一九二九年底，連續兩年令人沮喪的收成導致農作物產量暴跌。為了補足國家糧食供應所短缺的二百萬噸，只得進行強制徵收，並且針對抗拒者採取懲罰措施。中央委員會在十一月得出結論，唯一的解決辦法就是要急劇加快集體化的腳步，並且強迫農民社區重組成為巨大的集體農莊和國營農場。當史達林宣布相關聲明的時候，那聽起來宛如一個神話般的成功故事，而非面臨困境時的絕望反應：

> 農民加入了集體農莊，而且是整村、整鄉、整區加入的。……現在連瞎子也看得見，如果基本農民群眾還有什麼嚴重的不滿，那就不是由於蘇維埃政權的集體農莊政策……。農民正在大批大批地離開被頌揚的「私有制」旗幟而走上集體制的軌道，走上社會主義的軌道。恢復資本主義的最後一點希望正在破滅……
>
> 大家知道，到即將到來的一九三〇年的春天，我們的田野上將要有六萬多台拖拉機、再過一年將要有十萬多台拖拉機，而再過兩年就會有二十五萬多台拖拉機了……
>
> 儘管各色各樣的黑暗勢力，從富農和神甫到庸人和右傾機會主義者，都進行了瘋狂的反抗……，幾年前認為是「幻想」的事情，現在我們已經有可能把它變為現實，而且綽綽有餘了。

這就是中農轉到「康姆尼」方面來的原因。[1]

集體化是該政權的旗艦政策，對於用社會主義方式來塑造「新蘇維埃人」的工作具有關鍵意義，因而史達林不可能眼睜睜看著它失敗。這個新體制受到最貧窮的農民們歡迎——那些人名副其實是「沒有任何東西可以損失」，更何況國營農場上出現的嶄新拖拉機產生了極大吸引力。但史達林信心滿滿地宣布勝利到來，則未免言之過早。他所指稱的各種反集體化「黑暗勢力」正在不斷增強實力，此外他們絕非資本主義的走狗，實際上反而是由數以百萬計的普通農民所構成，亦即種田成功的許多男男女女。類似瑪莎奶奶及其家屬的人們，根本就不願意把財物上繳給集體。

許多農民把集體化看成是重返農奴制。他們除了必須放棄自己的土地和財產之外，還失去了出售農產品賺取個人收益的權利。從此他們被迫按照被壓低的官方價格，把自己生產的絕大部分糧食賣給國家。農民們被一種「內部護照」的體系束縛在土地上，這呼應了歷代沙皇自波里斯·戈都諾夫時代以來所實施的政策，禁止農業勞動人口從鄉間移居到城鎮。就許多方面而言，集體化意味著用共產國家的新枷鎖，來替換沙皇時代私人地主的枷鎖。

史達林有鑒於其政策所面臨的抗拒正在不斷升高，於是使出他所慣用的誘導與鎮壓雙管齊下的手法，以便加以打擊。集體化所面臨的問題都被歸咎給「富農」，而那些「抓緊的拳頭」被講成是一心只想破壞蘇維埃國家的決心意志。於是「富農」成為史達林的代罪羔羊，正如同他們之前是列寧的替罪羊一般（參見第二十四章）。他們隨即遭到迫害和鎮壓。普通的「好」農民則可幸災樂禍地旁觀「富農」的命運，看著他們有錢的鄰居被搞了下去。但他們也知道，任何反對集體化的人（或者僅僅是針對集體化發聲抱怨的人）也很快被改歸類成「富農」。一九三〇年一月的時候，史達林做出了著名的承諾，以類似列寧十年前的說辭，誓言要「消滅富農階級」：

具有強大的日益增長的反富農的巨浪性質的集體農莊運動，正在自己的道路上掃除富農的反抗，擊破富農，為農村中大規模的社會主義建設開闢道路……

向富農進攻，這就是擊破富農並消滅富農階級。……向富農進攻，這就是準備實際行動，打擊富農，而且把他們打得再也站不起來。這就是我們布爾什維克所說的真正的進攻。……現在我們有可能向富農舉行堅決進攻，擊破富農的反抗，消滅富農階級，用集體農莊和國營農場的生產代替富農的生產。……要排擠富農階級，必須在公開的戰鬥中擊破這個階級的反抗，剝奪這個階級所賴以生存和發展的生產基礎（土地的自由使用、生產工具、租用土地、勞動雇傭權等等）。這就是……消滅富農階級的政策。

蘇聯文化界以信口雌黃的方式呈現出「粉碎富農」行動。繪畫、詩篇、歌曲和電影中充滿了欣欣向榮的麥田，以及坐在集體擁有的新拖拉機上面的快樂農民。以《富裕的新娘》那部一九三〇年代的音樂劇為例，它可謂是烏克蘭版的《奧克拉荷馬！》。劇中肌肉發達的小伙子們將他們的拖拉機歌頌為「巨大的鋼馬」，狂熱地歌頌開墾處女地的榮耀。一群又一群來自社區農場的婦女行進穿越田野，揮舞旗幟，肩上扛著宛如武器一般的農具。《富裕的新娘》歡慶社會主義下的農村田園生活，然而其矯飾的浪漫情節純屬虛構。

1 譯注：康姆尼（Kommunia）就是「共產」或「共產主義」的意思。

真實的情況截然不同。最後雖然有四分之三的蘇聯土地被集體化，史達林大聲疾呼「清算富農」的可怕言論還是遭到濫用，帶來了大規模的痛苦。由於未曾明確定義出到底誰才是「富農」，這個用語便被拿來形容任何成功的農民、任何反對集體化的農民，或者在許多情況下是地方當局所不喜歡的任何人。有好幾萬人遭到處決，數以百萬計的人們被運往西伯利亞和中亞貧瘠地帶的勞動聚落，大批大批地在那裡一命嗚呼。直接死於集體化的農民人數無法估算出來，但西方學界新近得出的數目大致在四百萬到一千萬人之間。

布爾什維克黨人在鄉間一向不怎麼得到支持。農民不信任他們，他們也不信任農民——對一場號稱是基於人民意願的革命來說，這種情況非常尷尬。布爾什維克政權把篤信宗教、立場保守的農民看成是舊秩序的最後堡壘，農民仍然一心孺慕他們的「小父親」（沙皇），對革命的訴求完全無動於衷。因此在鄉間實施集中控制，就變得幾乎和保障糧食供應一樣重要了。集體化運動則形同向負隅頑抗的農民宣戰。時至一九三〇年冬天，蘇聯的農業問題更形嚴重。集體化的努力僅僅取得有限進展，只有百分之十五的農戶被融入新體系。然而社會主義的命運有賴於確保城市勞動人口的糧食供應無缺，史達林於是展開協同行動來逼迫鄉間就範。

以色列・切爾尼茨基是二萬五千名突擊隊員之一——他們是具有階級意識的城市工人，是曾經當過兵的年輕共產黨員——被莫斯科派去向富農宣戰和強制推行集體化：

我們走進屋內以後，黨組織的書記宣布，「依據我們的會議決定，你們這家人必須被『去富農化』。把你們全部值錢的東西都擺到桌上。我警告你們不要做出歇斯底里的反應——我的神經非常強韌。我們會堅持到底的！」一個女人放聲大哭，並且詛咒當局。

布爾什維克中央委員會明令宣布，必須根據個人的組織能力和政治經歷，篩選組成日後所稱的「二萬五千人大隊」。他們接受過基本訓練後，就被派遣到農村地區，負責加強工作紀律、抓緊生產，以及向集體農莊進行交付。

那二萬五千人被標榜成英雄。弗拉基米爾．馬雅可夫斯基曾經寫詩吹捧他們。一九三〇年代初期最暢銷的小說，是米哈伊爾．蕭洛霍夫的《被開墾的處女地》；書中主角「謝苗．達維多夫」則是「二萬五千人大隊」的英雄。他戰勝了「富農」的頑強抵抗與破壞，創造出一個模範集體農莊，直到他在最後一章壯烈成仁為止。一位貨真價實的「二萬五千人大隊」成員，列夫．科佩列夫，在許多年後回顧了當初激勵著他的理想：

> 斯大林曾經說過，「為糧食鬥爭，就是為社會主義而鬥爭。」我深信我們都是戰士，在一條看不見的前線作戰，打擊富農的破壞，以便獲得國家所需要的糧食來實現五年計畫（參見第二十八章）。那固然主要是為了糧食的緣故，但也是替農民們的靈魂著想，因為他們在態度上陷入了無知的泥沼和低劣的政治意識，竟然聽信敵人的宣傳，不願意接受共產主義的偉大真理。

農民們執著於他們自己的方式，不信任外地人。那批陌生人卻過來要求他們解散自己的農莊並且交出自己的財產，以致引發了憤怒。成千上萬個城鎮和村莊紛紛起而抗議，最激烈的叛亂行動則發生在莫斯科東南方二百五十英里外的「皮捷利諾地區」。

我開車來到起事的中心地點，一個叫做「維里亞耶沃」的村落。如今是個冷冷清清、東倒西歪的社區，在鐘樓長滿雜草的一座廢棄磚造教堂周圍，環繞著一些經過粉刷、上方覆蓋鋅皮屋頂的木造房舍和穀倉。然而在一九三〇年二月的時候，那裡的街道擠滿了憤怒喧嘩的農民。集體化的團隊已經開始強徵牛群和沒收糧食。名列「富農」的那些家庭早已被掃地出門。政府的巡邏隊會在夜裡過來突襲當地百姓的房屋，既侮辱男性又侵犯女性。流言蜚語不斷表示：所有的妻子和孩子將被宣布為國家財產，並且運往莫斯科。

農民們很快便把蘇維埃政權講成是魔鬼的代理人；危言聳聽、內容尖酸刻薄的民間歌謠開始廣為流傳：

啊，兄弟們！啊，姐妹們！
別去集體農莊，
因為反基督就在那裡。
他將會給你們烙印出三個標記，
在你們的手上、
在你們的額頭讓人人都看得見，
以及在你們的胸膛深處……

於是出現了各種預言，警告人們將在可怕的集體農莊落到何種下場：在集體農莊，他們將用熱鐵往你們的身上烙印。教堂將會關閉，祈禱將被禁止。小孩子將不准接受洗禮。死去的人們將被火化。老人和病患將遭到殺害。婚姻將被取消，所有的男男女女將被迫一起睡在一條長長的毯子下面。

二月二十二日，維里亞耶沃拿起了武器。起事分子擁有內戰時期留下的機關槍和手榴彈，不惜使用它們。農民長老們敲響教堂的鐘聲，召喚也在進行抗爭的各個鄰近村莊前往增援。好幾百人在結冰的地面上騎馬、乘坐雪橇，或者滑雪趕了過去。一支紅軍分遣隊試圖恢復秩序，卻被憤怒的暴民團團包圍起來。等到一名警員遭到俘虜和毒打之後，暴力行動正式展開。

依據官方的記載，叛亂民眾總共三千人，為首者是名令人敬畏的女勇士，名叫阿廖娜。有兩名政府官員被活活打死。當阿廖娜露出她的胸部來奚落政府軍時，一陣亂槍將她擊倒，於是引發了一場全面戰鬥。

暴民把政府軍趕出小鎮，在裡裡外外所有的道路上設置障礙物。他們乘勝衝進集體農莊、殺死農莊的主席，取回自己的穀物和牛隻。那些被打成「富農」的農民重返自己的家園，已鋃鐺入獄的鄉村神父被釋放出來。牆壁和籬笆上面出現了口號，呼籲「打倒蘇維埃公社！打倒蘇維埃政權！打倒強盜和土匪！沙皇上台！把老方式帶回來！」當局花了好幾個星期的時間才重新控制住局面，隨後仍是鎮壓行動。儘管有數以百計的參與起事者遭到逮捕，怒火和抵抗依然持續了幾個月之久。

維里亞耶沃絕非孤立事件。蘇聯各地的農民都起而反抗集體化。許多人寧可選擇殺掉自己的牲畜，也不願意把牠們交給公社；於是在一九三一年的上半年損失了數以千百萬計的牛、馬、豬、羊，相當於全國總數的四分之一。農民們拒絕耕種莊稼，往往在備受憎恨的集體農莊裡破壞機器設備、搗毀拖拉機，在柴油燃料裡面攙沙子。蘇聯農業受到嚴重衝擊，在二十年的時間內都無法完全恢復元氣。其最直接的後果就是遍地饑荒，令人震驚。馬爾科姆·馬格里奇是少數具有足夠勇氣，敢於前往受災地區報導真相的西方記者之一：

那是一個天大的故事。它發生於一九三二和三三年，當我南下前往烏克蘭以及高加索地區的時候，我的相關報導出現於《曼徹斯特衛報》。之前我從未見過如此恐怖的景象——空無一人的村莊、把農民阻擋在外的火車站。人們正在餓死；人們身體腫脹。那真是可怕極了，況且那是人為製造出來的。

在一九三二和一九三三年大饑荒[2]席捲烏克蘭，共有二百萬至四百萬人死亡。正當蘇聯製片廠推出電影，描繪農民載歌載舞穿越金色麥田的時候，全共和國各地都傳出了人吃人的消息。莫斯科曾經壓制關於饑荒的一切資訊，為時長達五十年之久；然而英國外交官加雷思・瓊斯親眼見證了它所帶來的苦難與死亡：

我在殘酷的現實中看見了那片廢墟。我踩著三月的冰雪，穿越一座座的村莊。我看見腹部腫脹的兒童。我睡在農家的小屋，與我遇見的每一個農民交談。……我獨自徒步經過許多個村落和十二座集體農莊。到處都呼喊著：「沒有麵包；我們快死了。」這種哭叫聲從俄羅斯的每一個角落傳到我這裡。在一列火車上有一名共產黨員向我否認正在鬧饑荒。於是我把自己吃剩的麵包皮拋進一個痰盂罐。有一個農民把它從裡面撈出來，狼吞虎嚥地吃掉了。我接著把橘子皮丟進痰盂罐。那個農民又把它抓起來吞下去。那名共產黨員便默不吭聲了。

可恥的是，有不少西方名流願意聽信莫斯科的天花亂墜宣傳，認為任何相反論點都是「反蘇維埃的誹謗」。瓊斯的報導被斥為謊言和造假，他對那些被蘇維埃公關宣傳耍得團團轉的西方訪客大動肝火：

僅次於史達林，在俄羅斯最被憎恨的人物是蕭伯納。對具有閱讀能力並且讀過蕭伯納的許多人來說，他把正在忍饑挨餓的國家描述成「食物供應豐富」，讓讀者覺得未來會比現在更加黑暗。那裡沒有足夠的種子。許多農民虛弱得無法下田耕作。簡而言之，政府的集體化政策以及農民對集體化的抗拒，給俄羅斯帶來了自從一九二一年饑荒以降的最大災難，席捲了一整個又一整個地區的百姓……。今天到處都在鬧饑荒……

除了喬治·蕭伯納之外，H·G·威爾斯、碧翠絲·韋布，以及《紐約時報》的瓦爾特·杜蘭提，都聽信了，並且繼續傳播克里姆林宮的謊言。加雷思·瓊斯過了兩年以後在外蒙古遭到謀殺，相關的情況卻始終沒有被解釋清楚。

甚至更加令人毛骨悚然的是，史達林顯然蓄意惡化了饑荒，做法是讓烏克蘭境內所謂「反蘇維埃地區」得不到維持生命所需的物資。在基輔市中心「聖米哈伊爾金頂修道院」旁邊的顯眼位置，有一些六英尺高的展示看板吸引著遊客和路人的目光。這些看板於二〇〇六年開始豎立，剛好是在

2 譯注：Holodomor（Голодомор）即「飢餓滅絕」。俄文和烏克蘭文把「飢餓」稱作「голод/golod」，但烏克蘭語「G」的發音自成一格，以拉丁字母拼出時往往寫成「H」——作者也在第三十八章強調，戈巴契夫（戈爾巴喬夫）因為口音的緣故，把自己的姓氏讀成「霍爾巴喬夫」（Horbachov）。

民族主義派的總統維克托・尤先科任內。看板上面以烏克蘭文和英文寫出了「大饑荒——對烏克蘭人民的種族滅絕」這個標題。許多照片令人看得不舒服，照片裡有骨瘦如柴的兒童，以及躺在烏克蘭農舍外的一排排屍體，並有評論文字讓人一眼即可看出，烏克蘭民族主義者認為究竟是誰應該為饑荒負責。最近的學術研究顯示，對史達林及其同僚們的指控有其真實面。例如不可否認的是，烏克蘭共產黨確曾向史達林發出警訊，表示饑荒正在肆虐。羅曼・捷列霍夫，烏克蘭哈爾科夫州委書記，便曾致函蘇聯領導人，請求採取應急措施。史達林卻回覆說：

> 我看得出你是一個很會講故事的人。你顯然發明了這個關於饑荒的故事，打算嚇唬我們。但是我告訴你，那根本不會得逞。

米哈伊爾・哈塔耶維奇，第聶伯彼得羅夫斯克州委第一書記，在一九三二年向負責集體化的政治局委員維亞切斯拉夫・莫洛托夫發出警訊：「農民的最低需求必須得到滿足，否則將不會有任何人留下來播種和耕作。」莫洛托夫雖然向其餘布爾什維克領袖們轉達了哈塔耶維奇的評論，卻還是決定繼續徵收糧食，甚至在受災最嚴重的那些地區也不例外。若有誰要求放寬標準來緩解百姓的飢餓，就會被莫洛托夫講成是「非布爾什維克」：「這種觀點是不正確的，因為我們不能把國家的需求，也就是在黨的決議中明確定義出來的需求，排在第十順位，甚至連第二順位也不可以。」結果是，黨繼續徵收農民的糧食。正當烏克蘭人和俄羅斯人在家中餓死之際，一度有八百萬噸的糧食被賣到國外，那足以餵飽五百萬人長達一年之久。

除了決定繼續出口維持生命所需的穀物之外，還採取措施來阻止農民離開烏克蘭鬧饑荒的地區，說辭是為了「預防疾病蔓延」，然而這種解釋根本站不住腳。禁止旅行的做法，不啻等於政府給大批百姓宣判了死刑。

與此同時，莫斯科所持的態度為：那些陷入饑荒的人，在某種程度上根本是自作自受。他們被形容成「懶人」、「小偷」或「反革命」，尼基塔．赫魯雪夫後來指出，「對史達林來說，農民就是人渣」。史達林的某些信函隱約表示，他刻意鼓勵把「恐怖飢餓」做為一種手段，來懲罰不可靠的人口：

> 除非我們開始採取行動來整頓烏克蘭的情況，否則我們可能會失去烏克蘭。請記住，〔波蘭人〕在烏克蘭的特務，比〔當地領導人〕所想像的多出了好幾倍。也請記住，烏克蘭共產黨——它有五十萬名黨員，哈哈——裡面有許多（是的，有許多！）自覺或不自覺的壞分子……

強徵糧食以及隨之產生的饑荒，原先是反富農階級仇恨運動當中的一環；如今它們在史達林眼中成為對付烏克蘭人的工具，用於打擊其排斥莫斯科統治的民族主義反抗行動。到了一九三〇年代初，史達林已開始不相信非俄羅斯民族的忠誠度，並懷疑外國勢力正在挑起反蘇情緒。他的種種猜忌將不斷滋長，然後激化成為殘酷血腥的「大清洗」，在三〇年代後期的那些年頭深深留下印記。

28 在四年裡完成五年計畫

莫斯科北郊的「全俄展覽中心」是俄羅斯版的迪士尼世界，只差裡面沒有遊樂設施罷了。它由史達林創建於一九三五年，規模極為宏偉——那裡比維多利亞時期「倫敦萬國博覽會」的場地更大，事實上比摩納哥還要來得遼闊。我首度來此的時候還是個小孩子，在一九六〇年代與父母親一同前往。當時它仍然名叫「國民經濟成就展覽館」[1]，正處於最輝煌的全盛期。導遊們驕傲地帶領我們外國人參觀一棟棟裝飾奢華的展亭建築，裡面分別陳列出蘇聯工業與科技的成就：工程、航太、原子能、無線電和電子，以及另外多達七十八個展亭。寬闊的林蔭大道上擠滿了遊客。從幾英里外即可望見入口處的高聳拱門，以及其頂端的史達林時代最著名塑像：《工人和集體農莊女莊員》（一九三七）。男女兩個人像手中分別高舉閃閃發光的錘子和鐮刀，以神采飛揚的姿態展露他們對未來的信心。

可是到了一九九〇年代，那些展亭早就空空如也，灰泥紛紛從牆壁剝落；那尊八十英尺高的塑像已經支離破碎地倒在地上。它大部分的外皮：鋼質的手指、肌肉發達的手臂和裸露的胸部，早已消失不見，內部的骨架則向外暴露，宛如一隻腐爛恐龍的骷髏。拼寫出「CCCP」（USSR）[2]供人瞻望的那幾個六英尺高的字母，如今被棄置堆放在屋頂女兒牆的後面。那個場地一直要等到前幾

1 譯注：VDNKh（ВДНХ）讀如「維登哈」，是「Vystavka（展覽館）Dostizheniy（成就）Narodnogo（人民的）Khozyaystva（經濟的）」字首縮寫。「全俄展覽中心」（1992-2014）已在二〇一四年改回「國民經濟成就展覽館」的舊名。

年才經過整修，恢復到接近原樣的地步。「國民經濟成就展覽館」非常貼切地，或許也同樣令人感傷地，以這個原本用於紀念和榮耀的場所，隱喻了蘇聯從一九二〇年代末期著手實施的大規模工業化方案之興衰。

一九二八年的時候，俄羅斯終於擺脫了內戰和外國入侵等等立即的威脅。革命已經鞏固下來，蘇聯也開始從國際社會獲得心不甘情不願的承認。然而該國的經濟仍舊是一團糟。儘管列寧的新經濟政策激勵了小商販，振興了若干生產部門，重工業卻早已嚴重衰退。大型關鍵產業，例如：製造業、鋼鐵業、機械和造船業、電氣化、採礦和國防工業，歷經沙皇政體的崩潰與第一次世界大戰的蹂躪之後，仍未從混亂中恢復過來。蘇聯的貧弱使得其工業易受傷害，採取激進措施的迫切性變得日益明顯。

一九二八年的時候，史達林宣布實施第一個五年計畫來完成工業化，並且把這計畫形容成一場新的由上而下（由黨領導發動）的革命，跟一九一七年的革命同樣至關緊要。在接下來的四年內，工業化都是史達林演講時的核心主題。他提出警告說，那是一個攸關國家存亡的問題：

> 舊俄歷史的特徵之一，就是它因為落後而不斷挨打。蒙古的可汗打過它。土耳其的〔貝伊〕貴族打過它。瑞典的封建主打過它。波蘭和立陶宛的地主打過它。英國和法國的資本家打過它。日本的貴族打過它。大家都打過它，就是因為它落後。因為它的軍事落後、文化落後、國家制度落後、工業落後，農業落後。大家都打它，因為這既可獲利，又不會受到懲罰。……我們比先進國家落後了五十年至一百年。我們應當在十年內跑完這一段距離。不是我們做到這一點，就是我們被人打倒！

其滔滔不絕圍繞著快步工業化打轉的言論，洋溢著軍事行動的術語。對俄羅斯脆弱性的憂懼，即強敵兵臨城下的魅影，已經連續維持了長達數百年之久，史達林便順勢而上，呼籲在處於壓倒性劣勢之際要來動員全民的力量：

> 你們願意讓我們的社會主義祖國被人打垮而喪失獨立嗎？如果你們不願意，那麼你們就應當在最短期間內消滅它的落後狀況，並且在它的社會主義經濟建設方面展開真正的布爾什維克的速度。別的辦法是沒有的。正因為如此，列寧在十月革命前夜說：「不是滅亡，就是趕上並超過各先進的資本主義國家。」

隨著一九四一年的納粹入侵，上述預言很快得到了終極檢驗。以那種可怕方式測試出的結果，至少部分合理化了史達林在中間那幾年的措施。

內戰的破壞，使得工業產值縮減到只有戰前水準的百分之十三（托洛茨基承認過，「為了打敗白軍，我們也摧毀了國家」）；西方列強進行的反共封鎖，更扼殺了莫斯科的對外貿易與外資引進。於是為工業化籌措資金的時候，只能依靠勞工階層的英勇犧牲，以及毫不留情地沒收昔日特權階級的財富。在第一個五年計畫期間，實際工資急劇下降，此外更引進了連續一星期無休的工作方式。數以百萬計的勞改營囚徒和「Komsomol」（共產主義青年團）成員，則成為免費勞力。歷次五年計畫，及其僵硬的中央控制和經濟計畫體系，在每個工業領域設定了高不可攀的目標和嚴格苛刻的時間

2 譯注：CCCP是「蘇維埃社會主義共和國聯盟」的俄語縮寫，讀如「SSSR」（Soyuz Sovetskikh Sotsialisti-cheskikh Respublik/Союз Советских Социалистических Республик）。

表。儘管如此，蘇聯人民仍奮起迎接挑戰。

最初兩個五年計畫所側重的是重工業，在一九二八至一九三七年之間做出了真正令人印象深刻的結果。蘇聯成為僅次於美國的世界第二大工業生產國。工業產量倍增，巨大的新工業中心幾乎是無中生有被創造出來。一座水電站大壩駕馭了聶伯河，向總共雇用五十萬員工的許多工廠提供動力。長達一百四十英里、連接白海與波羅的海的「白海運河」，則是動用奴工以九千條人命為代價修建完成的。烏拉爾地區「馬格尼托哥爾斯克」煉鋼廠更以閃電般的速度興建了一座座巨大的高爐，激發出一本以「澆灌混凝土世界紀錄」為主題的小說、一部同名的劇情片，以及一首標誌性的曲調《Vremya Vperyod》（《時間，前進》），直到一九九一年為止，這曲調都是蘇聯電視新聞節目的片頭音樂。[3]

那些年頭的澎湃能量，以及對推動蘇聯工業現代化的狂熱，使得機器和科技成為全國最受歡迎的文化主題。例如亞歷山大·莫索洛夫衝擊性十足的《鑄鐵廠》序曲（一九二六），以其華麗的社會主義高調、各種洶湧起伏的節奏和音樂擬聲的手法，反映出工業化運動的迫切性。費奧多爾·格拉德科夫的《水泥》（一九二五），以及尼古拉·奧斯特洛夫斯基的《鋼鐵是怎樣煉成的》（一九三六）之類的小說，則都成為暢銷書。

俄羅斯缺乏關於現代工業方面的經驗，只得招聘西方專家協助製造數以萬計的拖拉機和生產工具，藉以滿足農業集體化所衍生出對機械化的需求。可是萬一沒辦法達到生產目標的話，他們很容易立刻就當了現成的替罪羊，被貼上「破壞者」或「怠工者」的標籤。他們所受的審判則被大肆宣揚，用於提醒百姓：外國人終歸還是敵人。一九三三年三月，電器承包商「大都會維克斯公司」的五名英國工程師遭到逮捕。他們被指控以商人的身分做為掩護，對蘇聯進行間諜活動。經過「契卡」

秘密警察嚴加偵訊後（其字母縮寫如今已更改為「ＯＧＰＵ」[4]），五人之一的萊斯利・查爾斯・桑頓簽署了一份詳細得非比尋常的自白書：

我們在蘇聯領土上的一切間諜行動都接受英國情報局的督導，透過其特工ＣＳ・理查茲來進行，由他充當「大都會維克斯電器出口有限公司」總經理。蘇聯境內的間諜活動，是由……上述英國公司的代表人員實地執行，而依據與蘇聯政府的正式合同，他們都是承包商，負責供應渦輪機組和電氣設備，以及按照協定提供技術援助。……英方人員抵達蘇聯領土之後，便逐步被吸收進入該間諜組織，並遵循指示取得所需情報。

該五個人出庭受審一事，引起了英國的憤怒反應。斯坦利・鮑德溫首相宣布那些被指控者完全無辜，國會議員則紛紛要求斷絕與莫斯科的商務往來和外交關係。英國新聞界更異口同聲譴責俄方對人犯刑訊逼供。《觀察家報》指出：「這是假司法之名進行的一場煎熬，其與文明世界所知道的任何司法程序皆無相似之處。」蘇聯檢察長安德烈・維辛斯基大張旗鼓地登場，開啟了此後一系列史達林政治審判秀的先河。他被《每日快報》描述成一名「胡蘿蔔色頭髮的紅臉俄羅斯男子，既口吐惡言……又猛敲桌子。」《泰晤士報》則憂心忡忡地指出：「每逢兩次開庭之間，人們都十分擔憂獄中的那批囚

3 譯注：蘇聯第一電視頻道的晚間九點新聞節目——《時間》（Время/Vremya）——從一九八七年到一九九一年將《時間，前進》（*Время Вперёд*）使用為片頭曲。自一九九四年起，俄羅斯第一電視頻道恢復相同的做法。

4 譯注：ＯＧＰＵ（Obyedinyonnoye Gosudarstvennoye Politicheskoye Upravleniye, 1923-1934）意為「國家政治保衛總局」，是「國安會」（ＫＧＢ）的前身之一，即昔日俗稱的「格別烏」（ＧＰＵ）。

犯會發生些什麼事情。深諳『契卡』手法的人士認為，他們的生命正處於危險之中。」

莫斯科的回應方式，則是公開發表那些英國人的聲明，他們宣稱自己從未受過更加親切有禮的待遇。五人當中的艾倫．蒙克豪斯更是講得天花亂墜：

> 他們對我好得不得了，在偵訊我的時候都非常講理。我的審訊官們顯然是第一流的人物，十分嫻熟自己的工作。格別烏的監獄則為效率的極致表現，完全清潔、整齊，而且組織有序。這雖然是我有生以來第一次遭到逮捕，不過我曾經參觀過英國的監獄，並且能夠證明格別烏的囚室可要高明多了。格別烏官員們對我的舒適關懷備至……

不過那些遭到指控的英國工程師都在法庭撤回了他們的「自白」。倫敦威脅要實施貿易制裁；結果那個案子的收攤方式為：三人遭到驅逐出境，另外二人則被判處短期徒刑。

蘇聯本國工業從業人員所受的欺凌就要惡劣多了。違反工作紀律的行為可判處死刑，或者配給卡遭到沒收，但後者往往意謂同樣的事情。批評工業化方案之進度或目標的工人，則會被貼上「意識形態不健全」的標籤，儘管那些進度或目標是由遠在莫斯科的官僚們制定出來的，他們對實際情況缺乏了解。殘酷無情的肅反行動不斷地向人們帶來焦慮，那是一個巨大的「激勵誘因」。一九三二年的時候，劇作家亞歷山大．阿菲諾格諾夫便曾在他非常直言不諱的《恐懼》那部劇作當中，對此表述如下：

> 我們生活在一個充滿巨大恐懼的時代……。對百分之八十的蘇聯公民而言，恐懼就是壓倒一切

> 的動機。……現在工人被稱作國家的主人，然而他們心裡害怕：體力勞動者發展出一種受迫害情結，要不斷努力追趕進度和做得更好，在沒完沒了的生產競賽當中喘不過氣來。

不像「大都會維克斯案」那般，針對蘇聯公民進行的公審大會難得只以象徵性的判決收場。在一九二八年三月所謂的「沙赫特事件」審判中，[5]有五十三名未能按照黨的要求達成生產目標的煤礦經理，被指控蓄意破壞蘇聯經濟。他們被誣指勾結蘇聯內部的「階級敵人」和國外的敵對政府，企圖阻撓全國邁向社會主義，此一指控涉及了可判處死刑的叛國罪。史達林在四月十三日告訴中央政治局：

> 一批反革命的資產階級專家按照國際資本反蘇維埃組織的指示活動了五年。……五年來，這批反革命專家在我們工業中進行暗害活動，炸毀鍋爐、毀壞渦輪等等。而我們卻若無其事地坐著。「突然」，好似晴天霹靂——沙赫特事件發生了……

官方之所以會「若無其事地」坐視上述被告進行破壞，幾乎可以確定是因為那種犯罪理由根本不存在；未能滿足生產配額的最可能原因，在於人員無能和設備老舊。然而國家亟需為經濟的失敗找來替罪羔羊，同時還需要採取受到高度關注的懲戒措施以便殺雞儆猴。結果五名「沙赫特案」的被告遭到處決，此外有四十四人被發配至古拉格。「經濟破壞」這項新的罪名被加入了《蘇聯刑法

5 譯注：沙赫特事件（Shakhty Affair）得名自德語的「礦井」一字——Schacht（沙赫特）。「Schacht」變成俄語外來字之後，被拼寫為shakhta（шахта，複數為shakhty/шахты，「礦工」則是shakhtyor/шахтёр）。

典》，成為「第五十八號條款」（反革命罪行）的一部分，相關指控最高可導致犯案者被判處死刑，以及其親戚入獄十年。

兩年以後又有必要搞出另外一場擺樣子公審，這一回輪到了頂尖的蘇聯經濟學家和工程師走上被告席。他們被指控隸屬於一個受到法國和英國政府暗中支持的「工業黨」，意圖推翻蘇維埃政權。那些被告被講成是密謀破壞工業設施和戰略要地的通訊設備，以便給外敵的武力入侵鋪路。又有五個人被判處死刑，[6]其他人犯則被送進勞改營。過了一個月，史達林向「全蘇聯社會主義工業工作人員代表會議」指出，他們應該從國內「猖獗的暗害活動」記取正確教訓。他告訴大會說：「暗害活動的基礎是階級鬥爭。階級敵人會瘋狂地反抗社會主義進攻的。……我們投入對資本主義的戰鬥時必須保持警惕。」

為了讓人民不斷努力實現五年計畫，蘇聯宣傳機器創造出一個新的國家神話。其英雄就是工人們自己，他們在文學、藝術和音樂中受到頌揚。托洛茨基吹噓說，新蘇維埃人「將指點群山，讓群山在何處屹立，或從何處移開。他將改變江河的流向，為海洋定下規則。」有一首流行歌曲幾乎立刻傳遍街頭，以托洛茨基那般的字句神化了工人階級：

……船舶在星空下航行，
橋樑傲然挺立。
這一切並非上帝所創造，
而只是你的成就。
你建造了那些樓房，

你改變江河的流向。
世上沒有任何頭銜，
能比工人更加崇高……

顯而易見的訊息是：工人必須努力達到那個被創造出來的神聖形象，不可辜負那形象。一九三〇年代中葉的焦點，則是一種叫做「突擊隊」的嶄新超級英雄類型，由他們出面領導工業擴張時的衝鋒行動。共產革命的半官方詩人，弗拉基米爾・馬雅可夫斯基，再度為此備妥了響亮的起步信號：[7]

駕起拖拉機在荒地上前進！
用高爐鋪成通向公社的大道！
革命人，今天應在
生產的街壘上逞英豪！
鼓起集體的胸膛
讓口號在工人隊伍中傳揚。
從突擊隊到突擊車間，
從車間到突擊工廠。

6 譯注：「工業黨」（Industrial Party）審判案的特點是，死刑犯最後均改判徒刑，沒有人被處死。
7 譯注：弗拉基米爾・馬雅可夫斯基（Vladimir Vladimirovich Mayakovsky, 1893-1930）自殺於一九三〇年。

讓電燈像楔進的釘子一般，
衝破沒有一點光亮的俄羅斯黑暗！
保持速度，勇往直前！
我們應當走在五年計畫的時間前面！
……加油幹，加緊幹，
不要節日——實行連續生產制度。……
前進！我們在四年裡
把五年計畫一定實現，一定完成。
讓電像洶湧的河水滔滔流淌！
讓它供應轟隆隆的工廠。……
現在活的、真的、正義的
社會主義正在成長。
用嘹亮的詩歌，用絢爛的宣傳畫
把這口號宣揚。
從突擊隊到突擊車間，
從車間到突擊工廠。

《突擊隊進行曲》乃蘇聯最上乘的鼓動宣傳，其俄語原文是一篇具有奇妙創意的詩歌，傳達出既強大又令人陶醉的訊息。既然國家敦促人民在四年內（繼而甚至在三年內）完成五年計畫，「社會主義競賽」的概念遂迫使工廠與工廠、工人與工人互爭高下。

一九三五年八月的時候，頓巴斯地區一個名叫阿列克謝・斯達漢諾夫的採煤工人，在一班工作時間內採煤一百零二噸，遠達超出其七噸的採煤定額。下一個月，他更開採了驚人的二百二十七噸。為了表彰其榮譽，有一個公定假日是以他來命名；電影和歌曲將他稱頌為新一代的工人英雄。斯達漢諾夫被拔擢為一座煤礦的經理，接著更以政府官員的身分來協助管理煤礦業，並當過最高蘇維埃的代表。到了十二月，他的輝煌成就還幫他在《時代雜誌》的封面贏得一席之地。

蘇聯當局用他的例子來激勵其他人超越勞動定額和打破生產紀錄。「斯達漢諾夫工作者」獲得更高的工資，以及公寓和假期做為獎勵；有些人還被授予聞所未聞的奢侈品——一輛汽車。但實際上，他們的表現往往遭到了渲染，或者根本就是杜撰出來的。儘管斯達漢諾夫看樣子果真如同官方所稱，開採了數量驚人的煤，他當班時卻是有另一組礦工和新引進的開採設備從旁協助。他和其他打破紀錄者的壯舉，讓史達林得以提高每個人的生產定額，並譴責那些批評工業化速度快得危險的人。「斯達漢諾夫工作者」列隊參加大型集會遊行，並受到史達林的親自讚揚。一九三八年五月，在表彰斯達漢諾夫運動「奇蹟」的一場克里姆林宮宴會上，史達林幾乎無法壓抑自己的熱情，開口說道：

> 在座的斯達漢諾夫同志和帕帕寧同志，就是科學界毫不知名的人物。他們沒有學位，他們是本行業務的實踐家。但是，誰不知道斯達漢諾夫和斯達漢諾夫工作者在從事自己的工作時，曾把科學界和技術界著名人物所規定的現行定額當作陳腐定額加以推翻，而採用了適合於真正科學和技術要求的新定額呢？……

你們看，在科學中竟有這樣的「奇蹟」。我剛才講的是科學。但是有各種各樣的科學。我所說的科學叫做先進的科學。祝我們先進的科學繁榮！祝先進科學的工作者身體健康！祝列寧永垂不朽，列寧主義萬古長青！祝斯達漢諾夫和斯達漢諾夫工作者們身體健康！

塔季雅娜・費奧多羅夫娜曾經是共青團員，從小就崇拜突擊隊的工人們。等到她的團隊於修建莫斯科地鐵時創下隧道施工紀錄之後，她自己也變成一位「斯達漢諾夫工作者」。她一九三二年發表的感恩演說，反映了那個運動所激發出的能量與熱情：

我們生活得多麼美好，我們的心中多麼快樂，其他任何國家都沒有像我們一樣幸福的年輕人。我們是最幸福的年輕人，而我謹代表所有的年輕人，感謝我們的黨和親愛的斯大林同志讓我們能夠享有這種喜悅。

塔季雅娜・費奧多羅夫娜受到了史達林親自祝賀。縱使時隔六十年，當史達林體制的一切罪惡都被揭露之後，她仍繼續表達出她對「斯達漢諾夫運動」之理念，以及對其創造者的景仰：

斯大林設定了任務，要建造這個或建造那個……多虧人民信任他，再加上年輕人的這種熱忱，事情才成為可能。可別忘記，當時這個國家的人民是文盲、置身在真正的黑暗中，而且穿著樺樹皮鞋。即使到了今天，我仍然覺得那好像是來自童話裡的故事。怎麼可能會有辦法在最困難的時期之一，矗立起那些巨大的建築物呢？它之所以變得可能，完全只是因為人民的團結，以及人民對他們偶像的熱愛。因為斯大林就是我們的偶像。

引人注目的是，五年計畫不斷繼續了下去，直到一九八六年為止。當我在孩提時代前往莫斯科旅行時，我一眼便看見街牆上塗寫著一句列寧的著名口號：「共產主義就是蘇維埃政權加全國電氣化」。到了那個時候，中央計畫體系的掣肘已使得蘇聯經濟深陷危機。但早在一九三四年，當「全聯盟共產黨」[8]召開所謂「勝利者的大會」，藉以慶祝「集體化」和「工業化」所獲致的成就之際，神話背後的現實已經黯淡無光。

一般蘇聯工人距離「斯達漢諾夫工作者」的迷人生活十分遙遠。職務和工作雖然多得很，工資卻非常低。速成的工業化使得城市人口增加了一倍，各個城市正處於擠爆的邊緣。於是國家新修建了一些小房舍，把工人們硬塞進越來越狹窄的空間。昔日資產階級的成員（所謂的「非人民」）則被掃地出門，把地方讓給工人們。為了將空間最大化，還引進一種群居生活體系，把許多個家庭安頓在同一間公寓裡，共同使用廚房、浴室，甚至還有臥室。共同公寓這個概念，呼應了布爾什維克對諸如「私有財產」及「核心家庭」等等資產階級價值觀的排斥。它實施起來卻成為一場惡夢。居民之間出現仇隙、財物遭到偷竊，甚至還發生過謀殺案。警方的眼線無所不在，人們在自己家中感覺受到窺探。相互猜疑之下，緊張關係持續升高。參與大型工業項目的工人則往往被迫住在帳篷內。

為了採取更進一步的控制措施，該黨在一九三二年引進了「內部護照」，上面列出持有者的種

8 譯注：布爾什維克黨在一九一八年改稱「俄國共產黨（布爾什維克）」——俄共（布）；一九二五年改稱「全聯盟共產黨（布爾什維克）」——聯共（布）；一九五二年才改稱「蘇聯共產黨」。

族出身、就業情況和社會地位。一個新的強制性居住許可體系，所謂的「居住地記錄」，讓人很難更改地址或者移居到自己理想中的城市——例如莫斯科或「列寧格勒」（這是「彼得格勒」如今的稱呼）。當一般城市居民不斷痛苦掙扎之際，名列「權貴階層」的共黨官員們卻享盡種種特權，從別墅一直到汽車、高級商品和食物。民怨正在表面之下沸騰。史達林推動工業化來促成國民經濟的現代化，其代價卻是蘇聯人民普遍的受苦受難。那同時引起了欽佩仰慕和強烈譴責，往往在不同世代之間造成齟齬。一九三三年三月，英國外交官加雷思．瓊斯在他寫給倫敦《晚旗報》[9]的一篇文章中，將那種衝突總結如下：

> 幾天前我經過莫斯科郊外一棟工人小屋的門口。那裡有一對父子站著怒目相視，父親是莫斯科一家工廠的技術工人，兒子則是共青團的成員。那位父親氣得發抖、失去了自我控制的能力，並且對著他的共產黨兒子大吼大叫：「現在真是可怕極了。我們這些工人正在挨餓。疾病帶走了許多我們的工作夥伴，那少量食物根本難以入口。這就是你們對我們的俄羅斯母親所做出來的事情。」
>
> 兒子喊了回去：「可是看看我們建造完成的那些巨大工業設施。看看那些新的拖拉機工廠，看看聶伯河大壩。那樣的建設值得我們為它受苦。」
>
> 父親回答說：「那的確是建設！可是你們既然已經摧毀了俄羅斯最美好的一切，建設還能有什麼用處呢？」

9　譯注：倫敦《晚旗報》（London *Evening Standard*）或被翻譯成《倫敦標準晚報》。

29 蘇聯文藝界被掐住喉嚨

藝術長久以來都是俄羅斯自成一格的天地；每當政治論述遭到不容異己的獨裁政權鉗制時，它就會成為一座創造力十足的繁茂花園。它起而對抗並戰勝了審查與迫害，讓俄國人能夠更清楚地看見自己。

一九一七年的兩場革命激發出對一個藝術黃金時代的期盼。畫家、作家和作曲家們發揮熾熱的創新精神，來掌握無拘無束的自由所提供的契機。亞歷山大·布洛克、安德烈·別雷和弗拉基米爾·馬雅可夫斯基等詩人，創造出他們最重要的作品；米哈伊爾·佐先科和米哈伊爾·布爾加科夫等作家，則把諷刺文學的界限拓展到極致，並且扭曲了寫實主義；卡西米爾·馬列維奇和「至上主義派」的畫家們，於追尋純粹抽象幾何形態之際，將繪畫帶入一個新的境界；亞歷山大·羅琴科、弗拉基米爾·塔特林，以及其他的「構成主義派」藝術家們，設法解決建築和攝影的具體造型與「為藝術而藝術」價值觀之間的矛盾；音樂實驗主義則打破和聲學的障礙，拓展進入爵士音樂和無指揮樂隊的領域。

這種前衛趨勢擺脫了老派現實主義的束縛，著眼於更積極地釋放出純粹想像力的能量。新政權起先表現出寬容的態度，專注於處理其他更加急迫的事情。可是到了一九二〇年代中期，共黨領導階層已經對激進主義和抽象主義大不以為然，於是開始定出自己的教條，最後並以此來約束一切藝術都必須為社會主義的目標服務。

從一九三二年開始，文學被納入「蘇聯作家協會」的掌控之下，而主導該協會的官僚們認為自己責無旁貸，必須監督作家、詩人和劇作家的作品，並且遵照黨的要求定義出何者可以接受，何者不可接受。一九三四年的時候，蘇聯作家協會召開第一次代表大會，通過了「社會主義現實主義」的教條。它規定所有的藝術此後要「從現實的革命發展中真實地、歷史具體地去描寫現實；……必須與社會主義精神從思想上改造和教育勞動人民的任務結合起來」。創作藝術家們從此應該以寫實、樂觀和英雄的題材，來為無產階級服務。一切形式的實驗主義都被斥為「頹廢墮落」和「反蘇維埃」。只有官方的藝術，以及走官方路線的藝術家，才能夠受到容忍。

史達林聲稱自己掌握藝術的所有權，並且堅持藝術要為國家服務。這種做法在俄羅斯並非新鮮事。然而專制政權如今以史無前例的方式對社會施加束縛，迫使作家、作曲家和藝術家們面臨嚴酷的抉擇：留下來聽從暴君的吩咐；逃之夭夭；或者留下來進行反抗。在史達林的俄羅斯，一言之失能夠帶來死刑判決；一首詩篇則可以爆發出炸彈一般的威力。詩人奧西普·曼德施塔姆曾經寫道：「俄羅斯是個真正重視詩歌的國度——在這裡他們會因為它而把你槍斃。」他縱情於自己的藝術力量，可是他畏懼那個會開槍的人：

我們活著，感覺不到腳下的國家，
我們的話語，十步之外已不可聞，
而每當可以低聲交談之際，
總會想起克里姆林宮的山地人……

曼德施塔姆絕大多數的詩篇是由精雕細琢的字句所構成，哀嘆著文化和人性在革命新時代蒙受的損失。文字的語氣既含蓄又低調，致力於透過藝術來進行彌補。然而就那麼一次，他以激烈表達方式縱情宣洩了自己對史達林（那名藝術毀滅者和俄羅斯靈魂殺手）的恨意：

他肥厚的手指，像蛆蟲一樣油膩，
他的字句彷彿秤砣那般正確無疑，
他蟑螂似的八字鬍含著笑意，[1]
他的長筒靴亮光熠熠。
……
他炮製的一道又一道命令宛如馬蹄鐵：
釘到人們的鼠蹊、額頭、眉毛和眼眶。
每一次的處決都是樂事，
愉悅他那奧塞梯亞人的寬闊胸膛。

在一九三四年，當革命已年滿十七歲並決意要施展威權的時候，即便最微不足道的批評言論都可能意味著「古拉格」。曼德施塔姆十分明白那種危險。但他依然興沖沖地向朋友和熟人們朗讀那篇〈史達林諷刺詩〉，並以一種近乎勝利的口吻警告他們每個人：「一個字也別說出去，否則他們會

1 譯注：這首著名詩作使用了許多俄國典故和俚語（以致外語翻譯版無奇不有），例如此處的「蟑螂」源自蘇聯作家楚科夫斯基（Korney Chukovsky）的《蟑螂怪獸》（Тараканище/Tarakanishche）——一隻長出八字鬍的怪蟑螂。

槍斃我。」結果曼德施塔姆在幾個星期之內便遭到逮捕。

史達林身為世界上最大帝國之一的統治者，一個肆無忌憚謀害了數百萬百姓的人，卻很奇怪地對個別作家與藝術家的命運抱持濃厚興趣。他親自衡量和裁定應當給予的獎勵或懲罰，似乎心裡一直記掛著：將會有一個更高的權威來評斷他的行動。

儘管曼德施塔姆侮辱和取笑了他，史達林仍然打算請教高明，以求確定那是不是一位真正偉大的詩人，以及他是否可以毀滅曼德施塔姆而不受責難。於是史達林無預警地在深夜撥打電話，向波里斯·巴斯特納克徵詢意見。巴斯特納克被電話線另一端的喬治亞口音給嚇壞了（布哈林曾經把史達林的那種聲音形容為「拿著電話機話筒的成吉思汗」），只是支支吾吾含糊其辭。他做出模稜兩可的回答，並且談起了詩歌的價值。他還反問史達林，他們是否可以討論一下生命和死亡。然而他就是沒有勇氣說出：「是的，曼德施塔姆是一位偉大的詩人。」

史達林失去了耐心，便把電話掛斷。曼德施塔姆在幾天之內就被送進勞改營，最後死在那裡。巴斯特納克的兒子葉夫根尼告訴我說，他的父親終其餘生只要一想起那通電話就不得安寧：

> 史達林打算知道，家父是否清楚曼德施塔姆的那首詩。然而他避免直接回答……他只是告訴史達林，自己想要談一談生命和死亡。他其實是藉此表明，希望談一談目前以史達林之名所犯下的各種罪行。那是一次既恐怖又危險的對話……。幸好史達林在他正準備這麼做的時候掛斷了電話，否則那將意味著家父的死亡。

史達林在音樂和文學等方面的品味都是出了名的古板；他固然博覽群籍並且對藝術很感興趣，

可是卻不喜歡實驗派和前衛派。到頭來他僅僅對能夠促進共產革命事業的東西有胃口。除此之外，為了要有效進行宣傳，藝術必須讓廣大人民群眾覺得淺顯易懂。結果任何比較複雜、創新或原創的事物，都會被定義成「沒有用處」，甚至被斥為「具有潛在的危險性」。

弗拉基米爾・馬雅可夫斯基是未來派詩人的翹楚，這派擁抱了革命，並且鼓吹藝術和想像力的能量。然而這批同路人創作出來的現代主義詩文，並不總是能夠對得上克里姆林宮保守派大老們的胃口。這批自詡的「無產者」雖要求將文學納入黨的控制之下，宣稱自己有資格為黨發聲，但最後就連他們也因為布爾什維克的「標準轉換」而惹上了麻煩。獨立作家們（包括最初歡迎過革命的那些人），則發現自己已經被邊緣化和受到威脅。

最常見的反應就是乾脆停止寫作，如同馬雅可夫斯基所說的「踩住自己歌吟的喉嚨」。伊薩克・巴別爾則桀驁不馴地在一九三四年告訴蘇聯作家協會第一次代表大會：「我正在練習一種新的文學類型……準備當沉默派大師。」那個故意挑釁的聲明突顯出來，該政權正在扼殺創作自由。巴別爾很早便加入布爾什維克黨，他的《紅色騎兵軍》短篇小說集曾經廣受各界好評（參見第二十三章）。但他已變得越來越對史達林不滿，並發現幾乎再也不可能出版自己的作品。除此之外，風趣文雅的巴別爾曾經與秘密警察頭子尼古拉・葉若夫的妻子有染。

巴別爾於一九三九年五月遭到逮捕。他有實無名的妻子安東尼娜・皮洛日科娃，和他一起被押上汽車開往盧比揚卡，幸好在監獄大門口便獲得釋放。一九九六年時，[2]她在一本感人肺腑、以她丈夫為主題的回憶錄《在他的身邊》，將巴別爾最後幾分鐘的自由時光描述如下：

2 譯注：安東尼娜・皮洛日科娃（Antonina Pirozhkova, 1909-2010）是傑出的莫斯科地鐵工程師，與巴別爾育有一女，於巴別爾被捕之後守寡七十一年！

在汽車上，警員之一與巴別爾和我坐在後座，另外一名則在前座跟司機一起。巴別爾開口說道：「最糟糕的事情是，家母不會收到我的信了。」然後出現很長時間的沉默。我怎麼樣也沒辦法逼自己說出一個字來。巴別爾則詢問坐在他旁邊的秘密警察：「我猜想您大概沒有睡多久，對吧？」那個人甚至笑了出來。當我們接近莫斯科的時候，我告訴巴別爾：「我會等著你。那就好比你去了敖德薩，只差不會有信寄過來而已。」他回答說：「我想麻煩妳盡心別讓孩子吃苦。」……

我們駛向盧比揚卡監獄，通過了大門。汽車在緊閉的巨大門扉前面停下，那裡有兩名衛兵站崗。巴別爾用力地吻了我，說道：「總有一天我們會重逢的。」然後他頭也不回地離開汽車，走進門內。我呆若木雞。我甚至哭不出來。我不斷想著：「他們至少總應該給他一杯茶吧？他不喝茶就沒有辦法開始新的一天。」

巴別爾尚未完成的作品遭到沒收和銷毀。他的名字被從所有的參考文獻中刪除，而他自己在蘇聯變成了「非人」。其家屬則接獲通知，他已經被送進西伯利亞的一座勞改營，「沒有通信的權利」。皮洛日科娃獨自留在莫斯科，完全不知道丈夫的命運長達十五年之久，然後才被草草告知，他已經「在一九四一年三月十七日死於心臟驟停。」

然而就連那種講法也是謊言。一九九一年蘇聯解體之後，巴別爾沾染血漬的「供認狀」（他荒謬地承認自己是西方間諜，支領法國秘密情報機構的薪酬），連同他的審訊記錄和判決結果一起被公諸於世。那場審訊在內務人民委員拉夫連季·貝利亞的私人房間內進行了不到二十分鐘，結束時將人犯判處死刑。一份由貝利亞呈閱給史達林的打字文件，說明一九四〇年一月請求同意處決三百五十六名「蘇聯的敵人」。巴別爾在那份清單上名列第十二，而史達林用藍色蠟筆潦草地寫出「如擬」。

一九三〇年代，令人窒息的壓抑氣氛籠罩著俄羅斯，詩歌產生了煥然一新、幾乎帶有宗教性的重要意義。葉夫根尼．巴斯特納克曾經指出，他的父親非常清楚其作品所隱藏的顛覆性力量：

我們意識到的詩歌自由，是唯一能夠替代言論自由的事物。詩歌涵蓋了我們覺得最重要的一切、我們所相信的一切、我們所渴望的一切……。在那些黑暗的年代，當「他們」試圖把我們貶低成廢物的時候，詩歌能夠讓我們維持記憶的自由和思想的獨立。……由於史達林認得家父，這意味著他的命運不取決於那些殺人不眨眼的小官僚——即便他們有辦法粉碎其他許許多多的詩人。可是，您也曉得，恐怖的氛圍是如此濃厚和無所不包，以致誰能夠或者誰不能夠倖存下來，在很大程度上取決於巧合，或者取決於上帝之手……

顯然史達林個人對巴斯特納克作品的興趣，讓他躲過了被毀滅的命運。當內務人民委員會請示應該如何處置巴斯特納克時，史達林在那份秘密警察報告的邊緣寫著：「不要打擾那個住在雲端的人」。但史達林做出的決定既任意武斷又難以捉摸。他自視為藝術、戲劇、音樂，以及甚至語言學等方面的最高權威。正是那種對自己判斷力的狹隘信心，導致他可以放過一位偉大的詩人，卻聲討另外一位偉大的詩人。

★ ★ ★

偉大領袖何時會施展自己的庸俗品味，來影響自從二十世紀初期便一直活力充沛、光芒四射的俄羅斯音樂界，那只是遲早的問題。俄羅斯曾經音樂天才輩出，其中包括亞歷山大・斯克里亞賓、謝爾蓋・拉赫曼尼諾夫、伊戈爾・斯特拉文斯基，以及（在一九一七年革命後的那些年頭）年輕的德米特里・蕭斯塔科維奇。

一九三六年時，史達林首次試圖強迫作曲家跟隨他的社會主義路線，其導火線是一齣受爭議的歌劇。蕭斯塔科維奇那齣樂風大膽、政治立場可疑的《姆岑斯克縣的馬克白夫人》已推出將近兩年，得到了不錯的評價，於是史達林決定親自過去瞧一瞧。結果他對那種現代風格的樂曲和充滿性曖昧的劇情大感驚駭，於是氣沖沖地走出演奏廳。兩天之後，《真理報》以〈混亂取代了音樂〉這個大標題，對該劇做出嚴厲譴責。那篇社論發出了信號，宣布音樂生活中的藝術自由已告結束。從此開始，無產階級的喜悅歡慶變成唯一可被接受的蘇聯文化題材。

當蕭斯塔科維奇閱讀《真理報》專文的時候，他毫不懷疑其執筆者就是史達林本人。他知道自己已經成為人民公敵，他還能活下去的日子已經屈指可數。當我前往鄰近紅場北端的「特維爾大街」，在蕭斯塔科維奇生前居住過的公寓拜訪其遺孀伊莉娜之際，他的大鋼琴依然擺在那裡，而伊莉娜還在分類整理他晚年的文件。伊莉娜告訴我，自從《真理報》進行攻擊以來，恐懼便成為他始終揮之不去的陰影。甚至等到史達林死了以後，他還是繼續惶惶不可終日：

> 藝術家受到迫害，那是多麼可怕的事情。我的丈夫一直處於壓力下。他就像古代俄羅斯詩歌中的那隻小鳥：他們抓住了他、掐著他的喉嚨……，然後他們要他唱歌！……他是一個神經質的人……身體孱弱……而且他討厭公開露面。……但如果說他軟弱，那可就錯了。他具有強大的

內在力量。所有對他的攻擊都讓他深受傷害。不過他堅忍不拔，而且十分正派。他在道德上非常強壯。

蕭斯塔科維奇終其餘生都一直覺得，自己必須不斷把當局的嗜血狂安撫下來。他寫出他們所要求的音樂，卻讓裡面充滿秘密的反抗：凡是仔細聆聽的人，能在他的許多作品中發現一個苦澀嘲諷的音串。他譜寫了該政權要求他完成的勝利音樂，卻拿一個具有諷刺意味的裝飾樂句過來攪局——換句話說，就是堂而皇之套用他自己的姓名開頭字母縮寫「DSCH」，把它轉譯成音符（按照德國記譜法，「S」是「降E」，而「H」是「B本位音」）。[3]他的音樂說的是一回事，卻意味著另外一回事。[4]

發生《姆岑斯克縣的馬克白夫人》醜聞之後，蕭斯塔科維奇上演了一場贖罪秀，譜出一首新的交響曲——他的第五號交響曲。那首曲子既音調優美又振奮人心，能夠符合黨的要求。蕭斯塔科維奇給它起的副標題甚至叫做「一位蘇維埃藝術家對公正批評的回答」。那似乎平息了史達林的怒火。該曲在結尾部分出現轟轟烈烈、號角齊鳴的D大調旋律，表面上看起來樂觀開朗，是一個非常「蘇維埃」的勝利時刻。可是留神一聽，卻聽得出曲中的空虛感觸和被壓抑的憤怒情緒。那位作曲家並不在歡呼，而是對著整個體制放聲尖叫。

3 譯注：記譜時一般使用CDEFGAB等字母，德國記譜法（CDEFGAH）卻把「B」使用於「降B」，把「B本位音」標示成「H」。「DSCH」則源自德米特里・蕭斯塔科維奇（Дмитрий Шостакович）德文拼法的縮寫：(D)mitri (Sch)ostakowitsch。DSCH（Д.Ш.）實際聽起來是：D（Re），S（降Mi，德文稱之為Es-Dur），C（Do），H（Si）——用英文記譜是D，E—flat（降E），C，B。

在他的《第十號交響曲》詼諧曲部分（譜寫於一九五三年史達林死亡前後），蕭斯塔科維奇針對那個曾經打算扼殺他音樂的人，釋放出一輩子鬱積下來的怒火。就譴責史達林及其罪行而言，該曲相當於曼德施塔姆那篇致命詩作的交響樂版本。曲中狂野敲擊出來的節奏，一直要等到下個樂章才被蕭斯塔科維奇自己的「四音符音樂簽名」所取代。此刻那位作曲家似乎正在提出他個人的證詞：「這是我的經歷；我親眼目睹了它。我看見過野蠻暴行，並且倖存下來告訴你們這個故事。」儘管那首交響曲首演於史達林死後六個月，對史達林的畏懼卻依舊折磨著蕭斯塔科維奇。他堅持只在直到他去世為止都必須對外保密的採訪當中，才證實了那部作品真正的圖像意涵。[4]

和蕭斯塔科維奇一樣，安娜·阿赫瑪托娃也知道那名獨裁者暴怒起來可以凶殘到什麼程度。她是各大詩人當中首先被史達林查禁的一位——在一九二五年。她的前夫，詩人尼古拉·古米廖夫，在一九二一年即已遭到處決，成為政府回應憑空想像出來的反革命陰謀，所進行隨機殺戮之下的受害者。[5]她的兒子列夫則在一九三五年被捕，那時正是阿赫瑪托娃詩歌創造力的巔峰時期。她曾耗費許多年的功夫，試圖把列夫從古拉格拯救出來，並以她的偉大詩篇《安魂曲》（一九三五－四〇）刻畫出那種個人的磨難，永久紀念了走過同一條孤寂道路的所有人。在這部作品裡，最令人印象深刻的段落之一，阿赫瑪托娃描述她如何站在一望無際、由母親們和妻子們組成的探監隊伍當中。隊伍裡面有一個人，一位嘴唇發青的女子，認出了她，問道：「妳能把這一幕描寫出來嗎？」

她回答說：「我能。」

正如同蕭斯塔科維奇那般，這位詩人做出了宣示，「我是目擊證人，而且我是作家；說不定我寫出來的某些東西將會殘存下來」：

不，不躲在異域的天空下，
也不在陌生翅膀的庇護下——
我當時是和我的人民在一起，
在我的人民遭逢不幸的地方……
我不僅為自己一個人祈禱，
也為了和我一同站在那裡的人們，

4

既然藝術能夠殺死自己的創造者，那麼在舊蘇聯那個奇特的世界，它似乎同樣也可以殺死自己的折磨者。一九六九年舉行蕭斯塔科維奇《第十四號交響曲》「預首演」的時候（那是私下為蘇聯官員舉行的演奏會，以便政府的音樂執法人員篩選出任何偏離官方社會主義教條之處），曾經長年迫害蕭斯塔科維奇和其他作曲家的一名評鑑員——帕維爾・阿波斯托洛夫（Pavel Apostolov）——也前往參加。蕭斯塔科維奇當時生了病，從他的開場致詞錄音，我們聽得出他的聲音有多麼虛弱。那位病痛纏身的作曲家解說他的新交響曲時，表示他選擇寫出一部以「死亡」為主題的作品，並且責怪蘇聯社會拒絕討論這方面的問題，彷彿它根本就不存在似的。對觀眾當中那批官方的公共品味裁決者來說，此類話題顯然並不受歡迎。等到開始演奏那首交響曲，而且曲中引用的詩句全部都以死亡為主題之後，阿波斯托洛夫站起身來，並且奮力沿著一排排的座位走出大廳。大門在他背後砰地一聲關上，蕭斯塔科維奇和大部分的觀眾都以為，那名評鑑員藉此表達他對交響曲內容的不滿，而且將會出現政治報復行動。

可是當他們走出去的時候，他們發現外面停著一輛救護車。阿波斯托洛夫剛剛心臟病發作，而且在奏出那首交響曲最後一些音符的時候就死了。對莫斯科的知識分子來說，他們在類似阿波斯托洛夫之流的官僚手中吃盡苦頭之後，那是最黑色的黑色幽默。黨的高級幹部被一首交響曲殺死了——這就是藝術的力量。

5

古米廖夫（Gumilev）被誣陷密謀推翻政府，在一九二一年八月遭到逮捕。有許多人為他求情，列寧和捷爾任斯基仍舊不為所動。當捷爾任斯基被問起，他們是否有權槍斃俄羅斯最頂尖的詩人之一時，他回答說：「我們是否有權為了一個詩人而破例一次，卻繼續槍斃其他那些人呢？」

於凜冽嚴寒，於七月酷暑，
在刺眼的紅牆下……
我多麼希望說出她們每個人的姓名，
但名單已被取走，根本無從探詢……
我用無意間從她們口中聽見的可悲話語，
為她們編織出一幅寬大的裹屍布。
無論何時何地，我都會記住她們，
縱使陷入新的災難，也絕不忘記。
倘若有人鉗住我備受磨難的嘴
——億萬人民藉以呼喊的嘴——
願她們也記得我，
在我葬禮的前夕……

《安魂曲》的詩句是如此火力全開，因而不能夠寫下來；阿赫瑪托娃和她的朋友莉迪亞・丘科夫斯卡雅只得把它們背進腦海，然後焚毀手稿。阿赫瑪托娃曾經談論起詩歌的力量，以及在史達林時代俄羅斯的嚴苛條件下，維護詩歌力量的必要性。她寫著：「俄羅斯語言，我們將保護你免於遭受外來的奴役。偉大的俄羅斯語言，我們要讓你維持活力，讓你適合使用於我們孩子的孩子的歌謠……」。阿赫瑪托娃的同仁，娜傑日達・曼德施塔姆（奧西普的遺孀），後來則表示：俄羅斯到處都有在晚上幾乎不敢入睡的小老太太，因為她們害怕會忘記了自己丈夫的詩句。

儘管該政權長年對她進行謾罵，將她感性與聖潔兼具的詩篇譏嘲為「半個尼姑、半個妓女」的囈語，阿赫瑪托娃的作品卻驚人地繼續在蘇聯公眾之間廣受歡迎——其流傳方式主要是靠「薩密茲達」，或者僅僅只靠背誦。

然後到了一九四一年的時候，史達林隨著納粹兵臨城下而做出讓步。他知道阿赫瑪托娃的聲音能夠在一個備受威脅的國家引起多大共鳴，於是允許她公開發表作品，並且在國家廣播電台播出。阿赫瑪托娃突然變得對該政權非常有用；她以《勇氣》（一九四二）那首抒情詩的燦爛愛國詩句做為回應。鑒於她受歡迎的程度，史達林派飛機把她從被圍困的列寧格勒送往塔什干確保安全。阿赫瑪托娃在飛機內意識到，她那遭到流放的兒子曾於截然不同的情況下，沿著相同路徑穿越了下方一望無際的俄羅斯大地。於是她在《沒有主角的敘事詩》（一九四〇–六五）那部史詩作品中寫道：

那條道路向我敞開，
沿著它走過了許許多多的人，
我的兒子也在此路上被帶走。
那是一條漫長的出殯大道，
在莊嚴肅穆的水晶之間，
綿延於寂靜的西伯利亞大地……

正如阿赫瑪托娃所預見的，她的藝術給她帶來了勝利。她寫道：普希金的榮耀在於，其生平細節受到世世代代後人的記憶、熟知與喜愛，而曾經折磨過他的君主們和官員們儘管有過顯赫的頭銜和地位，卻已遭遺忘，或者淪為普希金作品中的註腳。阿赫瑪托娃幾乎不曾懷疑過，她死後也會同樣獲得平反。

阿赫瑪托娃與自稱「中了彩券大獎，讓她能夠過完人生」的娜傑日達．曼德施塔姆一樣，活到了七、八十歲。她們都記憶和保存了一整個世代的詩歌：她們名符其實在自己的腦海中延續了俄羅斯文化的命脈，直到那個巨大的野蠻主義成為過去為止。

對波里斯．巴斯特納克而言，有一個更加公開的審判正等待著他。他那部嘔心瀝血的小說《齊瓦哥醫生》被偷運到西方發表，在一九五八年榮獲諾貝爾文學獎，使得他驟然出現在國際聚光燈下。《齊瓦哥質疑蘇聯共產主義的集體主義理想，因而激怒了克里姆林宮，引發一場批判其作者的公共運動。在巴斯特納克位於莫斯科郊外別列捷爾金諾那座村落的別墅，博物館女館長向我展示了一張桌子。巴斯特納克曾經坐在桌旁接獲通知，欣然接受了諾貝爾文學獎，接著又迫於蘇聯領導階層的猛烈壓力而拒絕領獎。她表示，那場風波讓巴斯特納克身心俱疲。他被逐出蘇聯作家協會、受到威脅，並且被稱做叛徒，因為他在國外，在「敵對」的西方發表了他的小說。葉夫根尼．巴斯特納克告訴我，那種壓力摧毀了他父親原已相當脆弱的健康：

> 他與高采烈地接獲諾貝爾獎得獎通知。他天真地以為能夠親自過去領獎。可是當局對他做出威脅——假如他過去領獎的話，他們永遠也不會讓他返國，……他們會逮捕那些與他親近的人……。我在那一天看見了他，十分清楚他受到多麼可怕的打擊。
>
> 巴斯特納克病倒了。請來醫生以後，診斷出他心臟病發作，並且罹患之前未被檢查出來的末

期肺癌。巴斯特納克去世那天（一九六〇年五月三十日），蘇聯媒體雖然未曾公開宣布，不過莫斯科貼出了一些手寫通告，表示其喪禮將在兩天後在別列捷爾金諾舉行。有關當局把那些通告撕了下來，但又再度出現，然後在六月二日有成千上萬的人前往致敬。那位詩人的兒子葉夫根尼，以及葉夫根尼同父異母的弟弟小列奧尼德，一同抬著他的棺材穿越野外，來到他下葬的當地墓園。

★ ★ ★

曼德施塔姆、巴別爾、巴斯特納克、阿赫瑪托娃和蕭斯塔科維奇等人，選擇在一九一七年以後留在俄羅斯。不過於革命之初，有另一條路開放給那些對新政權抱持懷疑態度的人，許多藝術家、作家和音樂家走上了那條路。布爾什維克關閉該國邊界之前的那幾個年頭，離開俄羅斯的移民浪潮主要湧向西歐。柏林、布拉格和義大利南部紛紛出現了俄羅斯人聚集區。但他們大多數人移往法國，在巴黎的某些市區定居下來，那些地點直到今天仍然具有濃厚的俄羅斯風情。

流亡者把撕裂俄羅斯家鄉社會的各種夙怨與仇恨一起帶了過去。敵對政治團體繼續在巴黎的街頭爭鬥。鄰居們彼此互不信任。更何況在一九二四年之後，每個人都害怕史達林的報復。關於紅色特工進行謀殺和綁架的謠言甚囂塵上，難得有人能夠在床上睡得安穩。

年輕的謝爾蓋·埃弗龍曾經是一名白軍戰士。他具有無可挑剔的反共背景，在流亡者的圈子內受到信任。但他的朋友和家人所不知道的是，他已經被蘇聯情報單位吸收過去。埃弗龍的共產黨指導員要求他參與謀殺一名蘇聯叛逃者伊格納茲·萊斯的行動，他同意了。等到法國警方發現他參與那起陰謀之後，他的蘇聯間諜上司連忙把他偷渡出法國，然後帶回俄羅斯。

埃弗龍的故事絕非特例，畢竟背叛與變節在流亡者之間蔚然成風。然而這位謝爾蓋還娶了最偉大的現代詩人之一瑪麗娜・茨維塔耶娃，瑪麗娜還是一些最非凡和最激情的俄羅斯經典抒情詩篇之作者。

瑪麗娜歷經年輕時代與男男女女的一連串感情糾葛後，和被她稱作「謝廖沙[6]」以及「一生中唯一真愛」的埃弗龍一同逃離俄國。等到埃弗龍與紅派的關係遭到揭發後，茨維塔耶娃在巴黎移民社區的朋友們把她當成敵人看待。她變得孤立無援。她的女兒阿里亞德娜早已返回俄羅斯，如今她的丈夫也離開了。茨維塔耶娃感覺自己別無選擇，只得步上他們的後塵。

她無疑知道其中的危險。她曾經與文學評論家德米特里・斯維亞托波爾克-米爾斯基有過一段情，那人後來返回了蘇聯，結果被布爾什維克處決。茨維塔耶娃如今卻發現自己被迫走上同一條路。那是一九三九年，史達林的大清洗正在吞噬其受害者之際；她即將回到恐怖行動的核心地帶。

埃弗龍起先由於自己為該政權做出的服務而受到獎勵，獲得一棟離莫斯科不遠的別墅。茨維塔耶娃與他共同在那裡度過了一段時間。可是時至一九四〇年初，阿里亞德娜和另外一位朋友遭到逮捕。他們在酷刑逼供之下指控埃弗龍是法國間諜，導致他同樣被捕。茨維塔耶娃的家人都身陷囹圄，她的丈夫很快便遭到處決，她的女兒則被送往古拉格，於是她的生活變得難以忍受。無論在流亡時期或者在返回俄羅斯之後，茨維塔耶娃都一直無法得到寧靜，「自殺」這個主題開始出現於她的作品當中：

啊，淚水盈眶！
憤怒與愛意的眼淚！……

啊，黑壓壓的山巒
遮蔽著——一切光明！
趕快——趕快——趕快
把入場券退還給造物主。

後來她寫道：「世人認為我勇氣十足。其實沒有任何人會比我更膽小，我害怕目光、黑暗、腳步……。一年以來，我都在探討尋死的辦法……」

被奪走了家人、得不到任何支援，沮喪得甚至無法寫詩，茨維塔耶娃於一九四一年八月三十一日，在一個名叫「葉拉布加」的鄉間城鎮上吊自殺——那裡是她為了避開納粹入侵而被疏散過去的地方。

除了像茨維塔耶娃那樣的詩人之外，革命後逃往國外的三百萬俄國人當中還包括了許多偉大的畫家（馬克．夏卡爾和瓦西里．康定斯基）、作家（納博科夫和伊凡．布寧），以及諸如伊戈爾．斯特拉文斯基、謝爾蓋．普羅高菲夫和謝爾蓋．拉赫曼尼諾夫等等作曲家。一項認知讓他們深受困擾：他們既無法生活在自己的祖國，卻又不能沒有它。拉赫曼尼諾夫寫道：「離開俄羅斯以後，我失去了創作的欲望。被剝奪了我的故鄉，我失去了自己。」

流亡者們敏銳地察覺到，真正的俄羅斯已於一九一七年十月之後不再存在，他們必須延續香火，直到那些野蠻人被驅逐出去為止。他們自視為真正的俄羅斯（一個流亡在外的社會與文化）之

6 譯注：謝廖沙（Seryozha/ Серёжа）是謝爾蓋（Sergei/Сергей）的暱稱。

守護者。他們既然被迫遠離了實體的俄羅斯，便創造出一個想像中的俄羅斯，一個從未改變、讓他們能夠活下去的俄羅斯。作家伊凡．布寧把他位於法國南部格拉斯的別墅改造成一個世外桃源——那裡講的是俄語，並且將現代生活排除在外。斯特拉文斯基則不同於拉赫曼尼諾夫，從未失去作曲的意願，然而他一九二〇年代的作品，尤其是《仙女之吻》那齣芭蕾舞劇，顯得像是一種絕望中的嘗試，想要重建一個失去的世界。曲中充滿懷舊之意，出現他兒時的童謠以及柴可夫斯基的旋律，洋溢著對往日愉悅風情的憧憬。

作家弗拉基米爾．納博科夫在自己的回憶錄《說吧，記憶》（一九五一），描述了與那種過去分割後的痛苦——始終說不出口的對回歸之渴望。他談論起一些從未打開行李箱的流亡者，他們「在一座座外國城市模擬一個早就死亡，如今遙不可及、幾乎已成傳奇的文明」。納博科夫在字裡行間歌頌了他兒時所熟悉、於流亡歐洲和美國之際經過理想化的俄羅斯。然而甜蜜懷舊當中夾雜著一絲苦澀的認知：他所熱愛的對象已遭到俄羅斯新統治者們褻瀆。他總是強調自己永遠不會回去，即使有辦法也絕對不回去：

> 革命意味著流血、欺騙和壓迫。現在它所能許諾的都只不過是一些枝節末流的東西：第二手的、鄙俗的價值觀；從西方拷貝過來的小玩意兒，以及供將軍們享用的魚子醬……我討厭它。義大利的任何宮殿都比它〔回國〕要來得好。兒時美好回憶一直縈繞在我的腦海中，我不想破壞那些畫面。

納博科夫於流亡早期寫出的許多故事，果真探討了對回國的期盼與恐懼。在他那部「果戈爾式」

的奇幻小說《博物館之旅》裡面（一九三八），書中的敘事者前往一座法國藝廊尋覓一幅古老的俄羅斯畫作。但此次旅程卻變成了宛如惡夢般的幻境，敘事者漫無頭緒地穿越了許多條不斷延伸出去的可怕走廊，直到他打開最後一扇門為止。但他現身的地點已非法國，而是白雪皚皚的聖彼得堡街頭。如今那裡已被布爾什維克政權轉化成一個駭人的陌生國度：

剛開始時，寂靜而沁涼的雪夜不知何故熟悉得驚人，在我迷途失所之後給了我一種舒暢的感覺……。可是我的心中突然出現一陣刺痛……唉！那並非我記憶中的俄羅斯，而是今日實際的俄羅斯。它是我的禁地，無可救藥地受到奴役，無可救藥地是我的故土……

納博科夫對家鄉遭到蘇維埃化，對布爾什維克摧毀其兒時樂園所感到的驚恐，又因為父親的命運而進一步增強。他的父親曾在一九一七年二月至十月之間的臨時政府擔任要職。納博科夫的作品在字裡行間洋溢著對父親的孺慕之情，以及父親的橫死給他留下的創傷與哀思。老納博科夫在一九一八年帶著家人展開流亡生涯之後，繼續為他的黨「立憲民主黨」（或「KaDety」）宣揚自由民主的價值觀。一九二二年三月，他前往柏林主持「立憲民主黨」的一場會議，該黨昔日的領導人帕維爾．米留可夫預定在會中發表演說。二人曾經起過爭執，如今更是政治對手，但老納博科夫主張寬大為懷，並且為那個同僚發表了一篇溫暖的介紹詞。當他正在致詞的時候，有兩名前沙俄軍官唱著沙皇時代的國歌衝向講台，舉起左輪手槍朝著驚愕不已的米留可夫射擊。老納博科夫時年五十出頭，動作不靈活而且體型過重，但他仍然跳下講台，並將二人之一扭倒在地。他的動作無疑救了米留可夫一命。但老納博科夫自己可就沒有那麼幸運。另外一名刺客向他的胸膛連開兩槍，當場把他打死。

對某些流亡者來說，家鄉的吸引力還是勝過一切。謝爾蓋．普羅高菲夫在革命之後便離開俄國，以鋼琴演奏家與作曲家的身分，在西歐和北美地區為自己開創了成功的事業。然而在一九三六年，當史達林的恐怖作風方興未艾之際，普羅高菲夫堅定不移地拒絕承認他將讓自己陷入危險，選擇返回莫斯科。普羅高菲夫的兒子——斯維亞托斯拉夫——當時是個小孩子，還記得那次前往東方的火車之旅是一場多麼大的冒險。他告訴我說，俄羅斯的誘惑力實在太大，讓他的父親根本抗拒不了：

他指責布爾什維克的恣意破壞……。先父在日記中寫道：「我認為它〔革命〕勢所難免，不過它很快就會停止沸騰，於是那場病痛終將成為過去。」正如同所有居住在國外的俄羅斯人——那些真正的流亡者——他們都患了嚴重的思鄉病，對自己的祖國懷念不已。他曾在自己的日記中表示：「當我的國家非常需要我的音樂之際，我到底賴在西方幹嘛呢？」

普羅高菲夫返國一事，顯示出他對俄羅斯正在發生的情況未免想法過於天真——但或許更可能的是，他在自欺欺人。他和其餘流亡藝術家們覺得，西方世界帶來的疏離感，沉重得令人難以消受，因為他們的作品在那裡受到了誤解，西方知識階層則仰慕史達林而蔑視這批逃離他的人。布爾什維克卻答應普羅高菲夫，如果他回來的話，就能夠享有財富、名望與特權。他相信了他們，於是回去。

他在蘇聯的生活一開始過得相當愜意。他感覺自己備受推崇，是一位正在發揮重要公共功能的作曲家。他起先獲准隨心所欲譜寫任何東西，完全不會受到官方的干擾。他在一九三六年譜出《彼得與狼》，獲得了巨大成功，此外，按照斯維亞托斯拉夫的講法，他相信自己會有辦法保持政治中立，超脫於蘇維埃的現實世界之外。「剛開始的時候他高興得不得了。他遇見自己的老朋友們，並且名副其實地一頭栽進蘇聯的音樂生活。然而很快就來到可怕的一九三七年，以及進行大清洗的那些年頭。當他得知他的一些朋友遭到逮捕之後，不禁感到困惑不已。」

其中最出眾者就是普羅高菲夫的老搭檔，傑出的劇院導演弗謝沃洛德．邁耶霍爾德。當他一九三九年六月被捕的時候，正參與製作歌劇《謝苗．科特科》（一九四〇）。邁耶霍爾德的「罪行」從未被正式確認過，然而他在戲劇方面的工作的確具有實驗性和前衛性。他深深反對社會主義現實主義的教條限制，曾在一篇演說中對文藝所受到的束縛大表感嘆。結果他遭到逮捕並被送進盧比揚卡之後，有身分不明人士闖入他的住宅，搗毀了看得見的一切。他的妻子，傑出又美麗的女演員季娜伊達．賴赫死在廚房地板上，眼睛還被挖了出來。此事形象鮮明地呈現出史達林政權對文化的褻瀆。內務人民委員會長時間施加的酷刑，使得邁耶霍爾德成為殘破的人。他被驚嚇得淪落到寫信求饒的地步，此事一直要等到葉爾欽政府在一九九一年開放了KGB檔案之後，才被公諸於世：

> 調查人員開始對我這個六十五歲的病老頭子用刑。……他們把我臉朝地面壓到地板上，……用橡皮鞭子痛打我的腳後跟和背部。等到我坐上板凳之後……他們用同一條橡皮鞭子猛力從上抽打我的腳。過了幾天，我腳上被打過的地方嚴重內出血……他們又抽打那些腫成紅色、藍色和黃色的瘀傷，……那感覺起來簡直像是他們把滾燙的開水澆在傷口上。我痛得尖叫哭喊。……我趴在地上扭曲著身體，像狗一般地哀號。……死亡會比這更輕鬆嗎？——當然一定會！於是我這麼告訴自己，並且開始自我毀謗，盼望他們趕緊把我送上斷頭台。

據報導說，邁耶霍爾德在一九四〇年二月走上刑場時高呼「史達林萬歲」。他和其他許多人一樣，相信全國的偉大領袖不可能意識到，正有人以他的名義犯下此等罪行。

謝爾蓋・普羅高菲夫自己則倖免被捕。這應該是由於他的國際聲譽，但也可能歸功於他努力按照政府對他的要求，寫出了那種社會主義現實主義音樂的緣故。普羅高菲夫的《紀念十月革命二十週年清唱劇》（一九三六－三七）卻自出機杼，譜寫時沒有受到來自官方的壓力。那位作曲家對此項任務的宏大規模和激起的雄心壯志感到非常興奮，於是使用好幾個管弦樂隊、一個民俗樂團，並以若干援引馬克思《資本論》字句的場景，創造出一首大師之作。然而那部作品一直要等到最近才在西方復活，獲得樂評界的高度讚揚。它曾經無人聞問，被冷落了許多年——按照斯維亞托斯拉夫・普羅高菲夫的講法，那或許是因為它公然散播共產主義訊息的緣故：

> 人們喜歡表示：「哦，他替布爾什維克黨寫音樂」。但他們忘記了，莫札特和巴赫也都曾經奉命譜寫過清唱劇。其實我覺得，那部作品的某些部分聽起來相當諷刺挖苦，甚至是在進行反諷。比方說吧，曲中出現了列寧那號人物，而他正在高呼革命口號。當列寧以他典型的腔調喊出「革命已經開始！」之類的用語時，管樂弦隊同樣非常喧鬧地演奏起來。嗯，黨的領導們當然不會喜歡它……

普羅高菲夫對《紀念十月革命二十週年清唱劇》做出誤判，使用了列寧和史達林的言論。許多黨內高幹早已因為他之前在西方的成功而對他懷恨在心，於是將此做法譴責為「褻瀆放肆」，否定了那部作品。它從未在這位作曲家生前演出過。根據他兒子的講法，普羅高菲夫終於開始理解到，「這個國家正在發生非常糟糕的事情」，然而為時已晚。普羅高菲夫的出國申請遭到拒絕；一九四八年在蘇聯作曲家協會的大會上，史達林的文化人民委員安德烈·日丹諾夫，更對他的音樂做出譴責。幾天以後，普羅高菲夫的妻子在大會舉行期間遭到逮捕。麗娜·普羅高菲娃（斯維亞托斯拉夫的母親）隨即在古拉格度過了接下來的五年光陰。斯維亞托斯拉夫的父親在名譽上以及在健康上，都受到沉重打擊。普羅高菲夫最後和史達林去世於同一天，時間是一九五三年三月五日。他的葬禮上沒有鮮花，原因是為了「偉大領袖和導師」，鮮花早已被徵用一空。

★　★　★

在莫斯科市中心地點最佳的街道之一，坐落著一棟頗不尋常的美麗私人大宅。它具有釉面磚牆、屋楣以「摩登風格」呈現的鳶尾花圖案、富麗堂皇的彩色玻璃，以及一座充滿奇幻風格的拋光石灰石樓梯。它本來屬於一位在一九一七革命後逃離俄國的百萬富翁銀行家；史達林卻在一九三一年把它送給了馬克西姆·高爾基那位作家——蘇聯作家協會總書記和布爾什維克政權的最愛。跟往常一樣，史達林預期他的慷慨大方能夠得到回報。他決意要讓藝術為社會主義服務，而高爾基是一位重要的作家，可以大大為該政權加分。

高爾基起初是革命的狂熱支持者，但後來震驚於布爾什維克對權力的濫用，在一九二一年移居海外。他在義大利南部待了八年，搖擺於兩極之間——既真心對革命的嚴苛暴力深惡痛絕，同時又懊悔自己離開了權力和影響力所帶來的種種好處。史達林則從一九二〇年代中期開始，不斷設法引誘高爾基返回俄羅斯，並承諾給他物質財富和蘇聯文化界的高級職務。那棟巨大的新房子，以及分別位於莫斯科郊外和克里米亞的別墅，都屬於該政權所提供的誘因之一。反正史達林知道該如何滿足高爾基的虛榮心。高爾基早是既出名又富裕的作家，而且毫無疑問將會在俄羅斯文學史上留名。結果他卻同意充當史達林的心腹，儘管他對其政權所犯下的種種罪行心知肚明。

高爾基從一九三四年開始擔任蘇聯作家協會總書記，成為蘇維埃共產主義的袒護者，直到一九三六年去世為止。他聲援集體化、秘密警察和高壓措施。他與嗜血的內務人民委員會負責人根里赫．雅果達有私人交情。他語帶肯定地描寫了「白海運河」工程。然而，這條連接白海與波羅的海的運河是動用奴工，以九千條人命為代價修建完成的。

正如同那些西方應聲蟲讓自己被史達林的天花亂墜宣傳唬得團團轉一般，高爾基也是個一廂情願的盲從者。當他被帶去參觀「索洛維基」勞改營之後（那是最令人畏懼的「古拉格」監獄之一），[7]他興高采烈地描述了那些囚徒所處的良好環境。該營區曾經特地為高爾基的來訪做好準備，犯人配發了額外的食物、服裝和奢侈品，其中包括報紙在內。那些囚犯已事先接獲警告，不准告訴訪客這是專門為他安排的演出，故他們都不敢冒這樣的風險。但如果我們仔細檢視高爾基在營區的留影照片，可以發現那些犯人故意把報紙拿顛倒了，以便間接向外面的世界發出訊號，指出一切都跟表面上看起來的不一樣。

史達林和其他蘇聯領導人對高爾基推崇備至，藉此酬庸他的合作意願，而且他們經常前往他的莫斯科華宅作客。從克里姆林宮通往北方的幹道被更名為「高爾基大街」，以便向他致敬。此外他當上了該政權的頭號作家：他所撰寫的書籍被大量發行，他的作品成為每所學校的教材。

在他官方職務的權限範圍內，高爾基似乎盡了最大努力來保護面臨逮捕或迫害的作家同僚們。儘管他的努力並不總是成功；他從不拿自己的安全開玩笑，不過跟其他人相較，高爾基仍保留了若干程度的人性與正直。繼他之後擔任蘇聯作家協會總書記的亞歷山大．法捷耶夫卻沒有類似的顧忌，他凶殘地親手簽署了死刑執行令來消滅自己的寫作同行們。葉夫根尼・巴斯特納克的父親曾經受到法捷耶夫迫害。他回想起有一次他的母親季娜伊達登門求饒時的情況：

> 法捷耶夫表面上非常友好：他的鄉間別墅就在我們隔壁。當他喝醉時——那是經常發生的事情——他會把家父的詩作倒背如流，並且讚美。可是季娜伊達那天過去找他，懇求他對家父寬大為懷的時候，他卻告訴她說：「聽著，我喜歡妳的丈夫。但如果他們要我毀了他的話，我會毫不猶豫地那麼做。」

在蘇聯，有辦法保住自己性命的藝術家或作家們都能夠獲得體諒。可是靠著迫害別人而活下來的那些傢伙則普遍受到辱罵。

若問誰是史達林政權的同路人，這是一個令人為難的問題。數以千百計沒有原則，缺乏天分的畫家、作家和作曲家，曾經大量製作了毫無價值的宣傳品。類似法捷耶夫那樣的暴君則是犯罪與迫害的幫凶。然而，就連最偉大的藝術家也在某種程度內進行了合作。安娜・阿赫瑪托娃曾經獻給史達林一首詩，希望藉此把自己的兒子從古拉格營救出來。奧西普・曼德施塔姆也做過同樣的事情，那雖然拯救不了他自己，卻有可能保住他的妻子一命。過了許多年後，娜傑日達・曼德施塔姆對那些可怕的年頭說明如下：

7 譯注：索洛維基勞改營（Solovki labour camp）是第一座蘇聯勞改營，位於白海的「索洛維茨基群島」（Solovetsky Islands）上的昔日修道院，地點離北極圈不遠。

有聲音的人們被割掉了舌頭，被迫用剩下的舌根來榮耀暴君。想活下去的欲望勢不可當，以致人們甚至願意那麼做——如果那意味著能夠多活一會兒的話……

亞歷山大·亞歷山德羅維奇·法捷耶夫於他的保護者史達林死後，因為內疚和對報復的畏懼，在一九五六年舉槍自盡。波里斯·巴斯特納克對此評論道：「看來亞歷山大·亞歷山德羅維奇自行恢復了自己的名譽。」

法捷耶夫再也無法接受輿論的審判，可是他在「蘇聯作曲家協會」的那位同僚卻活了九十幾歲，直到二〇〇七年才去世。吉洪·赫連尼科夫在一九四八年獲得史達林親自任命，令人驚訝的是，他在那個位子上一直活躍到一九九一年。他在將近半個世紀的時間內統治了蘇聯音樂，情況就彷彿那位冷酷無情的法捷耶夫統治了蘇聯文學一般。

一九四八年時，赫連尼科夫順從史達林的旨意，在史達林下令蘇聯音樂必須清除反社會主義、具有西方資本主義色彩的元素之後，對蕭斯塔科維奇、普羅高菲夫，以及其他頂尖的作曲家做出譴責。他的抨擊導致蕭斯塔科維奇、普羅高菲夫、尼古拉·米亞斯科夫斯基和阿拉姆·哈察都量必須屈辱地公開認錯。他們被迫為自己的音樂「罪行」道歉，並承諾未來將會譜寫社會主義的音樂。赫連尼科夫死前不久曾在他的莫斯科公寓接受我採訪。他為自己做出辯解，強調他只不過是聽命行事而已：

嗯，是的，我們在一九四八年指名道姓攻擊所有的大人物（蕭斯塔科維奇、普羅高菲夫、哈察都量），說他們寫出非蘇維埃的音樂之前，曾經接獲中央委員會的指令——他們被譴責寫出了具有西方傾向、對蘇聯人民不友善的音樂。就我自己而言，他們便那麼要求我——他們強迫我——宣讀那篇攻擊普羅高菲夫和蕭斯塔科維奇的演講詞。我還能做什麼呢？假如我拒絕的話，那麼我恐怕就完蛋了……難逃一死。史達林所講的話就是法律。

正如同評價高爾基一般，人們對赫連尼科夫的看法也眾說紛紜。跟書面的藝術形式對照起來，在音樂裡面比較不容易辨識出「反蘇維埃」傾向，作曲家們所遭受的迫害因而少於作家和詩人們。我遇到過不止一位俄羅斯作曲家願意出面作證，表示赫連尼科夫盡其所能保護了諸如普羅高菲夫和蕭斯塔科維奇之類的作曲家。[8] 但儘管赫連尼科夫起初隱約有懺悔之意，他仍然對自己掌握過的大權引以為傲：

我所講的話就是法律！大家都知道我是由史達林親自任命的，而且他們怕我。我是史達林的政委。當我說「不！」的時候，那就是「不」。他們對我都十分敬重。不過，您也知道，在我的任內從來沒有作曲家或音樂家遭到處決！在其他的協會，像是作家協會等等，都有人遭到逮捕和處決。在我的協會卻大不相同，沒有任何一個人被處決。

8 赫連尼科夫的自我辯解，甚至在蕭斯塔科維奇的遺孀伊莉娜那邊喚起了有限度的認同：「是的，德米特里常常說：『即使沒有赫連尼科夫的話，換成別人也會這麼做，……或許那個人還會更糟。』然而赫連尼科夫懷有惡意，並且報復心很強。他造成了許許多多嚴重的傷害。赫連尼科夫總是居間策劃。現在卻說那不是他的過錯。……每一次的攻擊都讓德米特里非常受傷。一九四八年的時候真的很慘。他們禁止演出他的音樂，他失去了在音樂院的工作。生活十分艱苦，可是德米特里寫出了他的秘密復仇：他的音樂……」

死刑並非唯一會降臨到俄羅斯藝術家和作家們頭上的悲劇。弗拉基米爾・馬雅可夫斯基和謝爾蓋・葉賽寧兩位詩人的下場，便是許多熱愛革命者，或設法熱愛革命者的命運縮影。對他們當中的佼佼者來說，革命是一種激情四溢、幾乎具有肉慾性質的風流韻事，充滿了興奮、背叛、絕望，以及——往往便是——自殺。在一九一七年之後的那些年頭，這已成為詩人們和作家們之間驚人的共同宿命。那就宛如革命提升了生存的強度，直到一切事務，包括藝術、詩歌、愛情與政治，都變成了攸關生死的問題。

馬雅可夫斯基的詩歌是以滿腔熱愛做為主題——對一個女人的愛，以及對那場革命的愛。他早期的詩作是活力充沛、富有創意的戰歌，向他自己的那個世代發出熱烈呼籲：要奮起反抗舊世界，加快新世界的到來。他的敘事長詩《弗拉基米爾・伊里奇・列寧》和《好！》、他的讚美詩《向左進行曲》和《革命頌》，以及他的響亮政治口號，都成為一整代人的共同資產。他們熱情洋溢地對詩歌的力量，以及對詩歌在建設新社會中所扮演的核心角色充滿了信心：

無論是歌，無論是詩，
都是炸彈和旗幟；
詩人的聲音
可以喚起階級。
今天不和我們一起唱歌的人，
就是反對我們的人。

然而在一九一七年之後的那些年頭，開始浮現了一種若有若無的恐懼。它起先只是產生邊際效應，然後日益明確地演變成一個強烈的主題，以得不到回報的男歡女愛為描述對象，它暗示：詩人對革命的熱愛恐怕也會遭遇到同樣命運。

馬雅可夫斯基的詩作具有創新性、強烈的個人色彩，以及燦爛的技巧。那些未來主義者是摩登時代的詩人。他們表示自己打算「把普希金、杜斯妥也夫斯基、托爾斯泰等等從現代的輪船上拋出去」。馬雅可夫斯基宣布：「現在該是讓博物館的牆壁布滿彈孔的時候了。」未來主義者們想要更新語言、重振社會，以及創造出一種新人類——所以他們的目標似乎跟布爾什維克完美地協調一致。

然而那批革命領導人是文化上的保守派。列寧認為馬雅可夫斯基的詩作「胡說八道、寫得愚蠢、極端的愚蠢、裝腔作勢」。到了一九二〇年代末期，馬雅可夫斯基對革命的愛意已經蕩然無存。他撰寫作品來攻擊蘇聯社會的庸俗，以及官場上扼殺一切的官僚主義作風。一九三〇年的時候，他已經受夠了。他回到鄰近「盧比揚卡大樓」後側的一棟公寓建築，在三樓的一個房間內脫掉鞋子和大衣，然後坐在床上開槍打死了自己。

四分之三個世紀的時間以來，那個房間一直完全維持他去世前的模樣，他的鞋子在地板上、他的大衣在床上，以及《列寧全集》在書架上。他的自殺遺書以詩篇形式呈現出來，那位詩人得不到報酬的愛戀已經壓垮了他：

已經過了一點鐘，妳一定已就寢。
天河在夜裡流瀉著銀光。
我並不急，沒有理由

用電報的閃電打攪妳，
而且，正如他們所說，事情已了結。
愛的小舟已在生活的暗礁上撞碎。
妳我互不相欠，何必再提
彼此的苦痛、不幸與怨懟。
妳瞧世界變得如此寂靜，
夜晚用星辰的獻禮包裹天空。
在這樣的時刻，一個人會想起身
向時代、歷史和宇宙說話。

馬雅可夫斯基之死所產生的衝擊波震撼了全蘇聯。他儼然已成為那個政權的官方詩人，他的詩篇則是革命的原聲帶。如果就連他也希望破滅了……

在此五年之前，葉賽寧那位變幻莫測的農民天才走上了同樣的絕望之路。葉賽寧是一位聒噪喧鬧、喜歡遍訪莫斯科酒吧朗讀自己作品的任性詩人，同樣有著難以遏制的激情。他喝得太多、捲入了鬥毆事件，還曾經跟美國舞蹈家伊莎朵拉·鄧肯短暫結過婚，儘管他們都不會講對方的語言。他竭盡所能地想辦法去愛革命，寫出革命向他要求的詩篇，但他總是不斷回到有關愛情、懷舊和尊重人性的歌謠，回到被認為是應該留在「老俄國」舊世界裡面的東西。

在葉賽寧的詩歌當中，我們可以聽見他如何拼命地嘗試遷就新社會秩序，並且一敗塗地（「我想在蘇聯這個偉大的國家，成為歌手和公民」）。可是到了最後，葉賽寧拒絕再唱出史達林主義平庸無奇的社會主義歌曲，這使得他成為文學傳奇中「被詛咒的詩人」，並且確保了俄國人對他的喜愛至今不衰：

我不是你們的金絲雀！
我是詩人！
並非你們的傑米揚之一。[9]
儘管我不時酩酊大醉，
然而在我的眼中
閃耀著奇妙光輝。

葉賽寧對俄羅斯鄉間風情的抒情描繪，給他帶來了名聲。學童們將他的詩篇倒背如流。然而葉賽寧就像馬雅可夫斯基那般，也失去了對革命的愛意。他的詩作開始表達出對新秩序的懷疑，使得官方對他的作品不滿。酗酒和一系列失敗的愛情，最後導致他在一九二五年用自己的鮮血寫出一首詩之後，在列寧格勒的一家旅館上吊自殺。

葉賽寧位於莫斯科「瓦甘科夫公墓」的墳地，從此一直是人們朝聖之處。他最後的女朋友則於他辭世一週年當天，在他的墓碑上自殺殞命。即使到了今天我仍然可以確定，不管我在什麼時候前往那裡，都會有一群莫斯科窮光蛋迫不及待地背誦葉賽寧的詩句，以便換取一點伏特加酒錢。

9 譯注：「傑米揚」指的是傑米揚・別德內（Demyan Bedny, 1883-1945），蘇聯早年紅透半邊天的烏克蘭無產階級「詩人」。托洛茨基批評他「不是詩人，不是藝術家，只是個詩歌作者，說話帶韻腳的宣傳鼓動家」。

著名作家和評論家維克托・什克洛夫斯基在一九三〇年代感嘆地說道：「藝術就好像人們胸膛裡的心臟那般，必須有機地發展。可是他們〔那個政權〕卻打算把它約束得跟火車一樣。」布爾什維克總是有所偏執。馬雅可夫斯基和葉賽寧等等詩人的愛戀與抒情，讓他們無動於衷。唯有當詩歌成為社會主義詩歌之後，才會產生用處。列寧有句名言說道：「我不擅長藝術。藝術對我來說只不過是一件附屬品。現在我們還需要它，等到它無法起宣傳作用的時候，我們就把那個派不上用場的東西切掉：喀嚓，喀嚓！」

30 列寧的黨慘遭史達林消滅

在聖彼得堡市中心的「彼得格勒區」，有人帶領我參觀了一間相當富麗堂皇的五房公寓。我的導遊是當地一位歷史愛好者，而那套房屋非常引人注目。入口大廳十分寬敞，精緻的鑲木地板通往一連串天花板高挑的房間，其中包括一間藏書豐富的書房，裡面有擺放在桃花心木書櫃內的皮革封面書籍，以及架設於牆上的狩獵戰利品。可是一架柚木外殼的收音機洩露出來：那個地方的時間已遭到凍結，完全保留其最後的居住者在好幾十年前走出門時的模樣。屋內的家具和配備都如此豪華，讓人產生的第一個念頭就是：曾經有貴族或富商家庭在革命的年代之前居住於此。不過牆上為什麼會懸掛列寧和史達林的肖像呢？

答案就隱藏在共產黨歷史上最重大的事件當中。革命來臨前，那裡果真是一名百萬富翁的家；可是一九一七年新成立的布爾什維克政權賦予它一項非常重要的用途。在那個時代，當大多數家庭會為了能夠擁有一個自己的房間而慶幸不已之際，這棟寬敞的公寓卻僅僅被撥交給一個人使用。謝爾蓋·基洛夫曾經是列寧格勒州委第一書記、共黨中央政治局委員，以及蘇維埃領導階層的關鍵人物。基洛夫所屬的精英集團享有各種奢華與特權，那是其餘百姓只能夢寐以求的東西。他們過著養尊處優的日子，遠遠脫離了蘇聯的日常生活奮鬥，除了擁有舒適的宅邸之外，他們更可前往不對外開放的餐館、療養勝地，以及擺滿各式各樣食物與貨品的特殊商店。

然而黨員的身分不足以為基洛夫提供保護。一九三〇年代中期，當基洛夫已經在他的豪華公寓居住了八年多一點的時候，革命開始吞噬自己人。黨內精英會發現，失去了史達林的信任意味著失去他們的工作、他們的住處，往往還會要了他們的命。

基洛夫在一九二〇年代是史達林的忠實盟友。他曾於內戰時期組織過布爾什維克在北高加索地區的行動，因為凶猛壓制白軍的抵抗而聲名大噪。他在一九二六年獲得獎賞，被派去治理「列寧格勒」（這是聖彼得堡如今的稱呼）。基洛夫擔任行政長官時的高效率帶來了聲譽，由於克服糧食短缺而得到列寧格勒平民百姓的真心愛戴。隨著他的人氣越來越旺，基洛夫在黨內領導階層儼然成為不隨波逐流者的聚焦中心，因為他願意公開站出來面對日益獨裁的史達林而深受敬仰。

然而獨立性可以是福分，也可以是禍害。基洛夫的立場終於在一九三四年一月至二月召開的第十七次黨代表大會上受到考驗。此次黨代表大會雖然被稱作「勝利者的大會」，藉以慶祝據稱在工業化與集體化等方面獲得的成功，卻因為城市和鄉村於開會期間出現的動盪不安而蒙上了陰影。史達林自從他的妻子娜傑日達·阿利盧耶娃在十五個月前去世以來，已經變得越來越孤僻暴躁。她在她自己的克里姆林宮臥房內舉槍自盡。之前她曾經在一場晚宴餐會上與史達林高聲爭執，然後衝了出去。雖然官方的講法是娜傑日達死於急性闌尾炎，不斷有傳言把她的死亡直接或間接歸咎給她的丈夫。

各種私人的問題以及困擾著這個國家的不幸，似乎深深地影響到史達林。他的同僚們表示他日益猜忌自己周圍的那些人、他喝酒的次數越來越頻繁，他動輒為了小得不能再小的事情大發雷霆。他怎麼樣都不肯放開手中權力的偏執態度，又沾染了日益強烈的妄想狂。

史達林在此次黨代表大會的總結報告中警告說，現在不是黨內「高枕無憂」的時候。他把矛頭指向黨的某些領導人，批評他們主張放緩對資產階級分子的鬥爭，並且與懷疑黨的路線凌駕一切的那些人和解：

例如有這樣一種危險，就是我們某些同志會因這些成就而沖昏頭腦……開始用一些吹噓的話來安慰自己，說什麼「我們現在可以徒步過海」，「我們一拳就能把敵人打倒」等等。同志們，這種危險並不是絕對不可能有的。這種情緒是再危險不過的，因為它能解除黨的武裝，瓦解黨的隊伍。如果這種情緒在我們黨內占了上風，我們的一切成就就會有遭到破壞的危險。將來還會有困難，將來還要和困難作鬥爭。……不要使黨高枕而臥，而要在黨內提高警惕性；不要使黨酣睡，而要使它保持戰鬥準備狀態；不要解除黨的武裝，而要把它武裝起來；不要使黨渙散，而要使它保持動員狀態以實現第二個五年計畫。

基洛夫卻站起身來，發言另闢蹊徑。他是一名身材矮小、孔武有力的男子，具有公開演講的天賦，當他向黨大會發言時，其自信心已經達到近乎趾高氣昂的地步。他開口歌頌史達林之後便把話鋒一轉，表示現在到了該用更高靈敏度來治理國家的時候。基洛夫擺明是以跟領袖講詞唱反調的方式來告訴他的聽眾：「我們最主要的困難已經過去了。」他呼籲用更包容的態度來面對政治局裡面的雜音，甚至主張向黨內的反對派伸出橄欖枝。

在社會主義建設的各個領域內，適當的社會主義原則現在都已經起了作用。所以我們難道還需要擔心昔日黨內反對派領導人的說法嗎？大會已經聽見了他們的演講……，而我認為我們需要以更人性化的方式來看待那些人的命運。我不打算深入探討他們提出過的理論——更何況他們

> 已不再堅持自己的舊觀點……。現在他們想要加入我們，來贏得社會主義的全面勝利。……黨為了社會主義而戰的時候，他們坐在後面。但我相信他們很快就會回頭融入我們戰無不勝的共產主義大軍。反對派的領袖們已經被打敗了，可是現在他們盼望加入我們的勝利……

基洛夫的的語意模稜兩可。他似乎提議要以和解來取代鎮壓，他的演講引發了熱烈掌聲。當大會代表們投票選舉中央委員的時候，基洛夫只獲得三張反對票，遠遠少於其他任何一位候選人。相較之下，史達林遭到一百名以上的大會代表投票反對（不過真正的人數從未對外公布，根據官方媒體的報導，史達林同樣得到了三張反對票）。[1]

大會接近尾聲的時候，有一小群黨代表私下向基洛夫勸進，希望他能出面挑戰史達林的黨領導人地位。基洛夫加以拒絕，並且把此次談話的內容告訴了史達林。可是總書記對這位潛在競爭對手心生警惕，他心中根本不打算寬恕。

一九三四年十二月一日下午，謝爾蓋・基洛夫離開寓所，驅車前往其辦公室所在的「斯莫爾尼宮」。那是一座昔日的修道院女校，位於市內涅瓦河畔的林木茂密地帶。若是今天的話，那段路程在堵塞的車陣中必須花上半個小時；但在沒有私家汽車的一九三〇年代，他過了幾分鐘以後便抵達那裡。基洛夫來到他的辦公室之後，有一名瘦小的男子對著他走過去、抽出一把「納甘」左輪手槍，朝他的後頸射擊。那位列寧格勒州委書記不到一分鐘就死了。刺客是一個名叫列奧尼德・尼古拉耶夫的年輕工人，他被開除黨籍之後失去了自己的工作，他顯然為此怪罪於基洛夫。

沒有確鑿證據顯示史達林安排謀殺他的那位同僚，然而傳聞已久的是，他曾經插手其中。尼基塔・赫魯雪夫一九五六年時的演說，似乎證實了那種講法。尼古拉耶夫是內務人民委員會早就認識的人；他曾在案發前一個月獲准進入「斯莫爾尼宮」，該地的一名警衛在他的公事包發現了那把手槍。尼古拉耶夫於是遭到拘捕，卻在經過偵訊之後立即獲釋。而且令人費解的是，他獲准保留手槍。基洛夫的安全人員似乎奉史達林之命遭到裁減，以致基洛夫遇害的時候是獨自一人，身旁沒有保鏢。

史達林採取了極不尋常的措施，親自趕赴列寧格勒參與審問尼古拉耶夫的工作。他務必要讓那名謀殺犯在自白書上簽字，承認自己是幫史達林的敵人托洛茨基、季諾維也夫和加米涅夫，進行陰謀活動，並且確保死刑判決立即執行完畢。案發前後曾經置身現場的一名基洛夫親信也遭到殺害，當內務人民委員會押解他前往接受偵訊的時候，竟然讓他在載送他的卡車上被車禍身亡。那起謀殺案僅有的兩名目擊證人都被消音了。

不管基洛夫遇刺案背後的真相到底如何，它所產生的效應是：將連續多年釋放出波及全蘇聯各地千百萬人的偏執狂、大恐怖與大苦難。基洛夫立即被聖化為蘇聯的烈士，列寧格勒芭蕾劇院、一些城鎮和甚至戰艦都以他來命名。蘇聯在他的名義下重新變得「安全」了。「偏離路線」如今與「恐怖主義」混為一談，史達林針對基洛夫遇刺一事所做出的評論，聽在人們耳中帶有「我早就告訴過你了」的味道，藉此反擊基洛夫關於「包容不同政治觀點」的呼籲：

> 基洛夫同志慘遭暗殺，就是第一個嚴重警告。這說明人民的敵人將玩弄兩面手法，他們在玩弄兩面手法時將偽裝成布爾什維克，偽裝成黨員，以便騙取信任和打入我們的組織。……中央委員會……曾堅決地警告過黨組織，要防止政治上的泰然自若和庸俗的粗心大意……

1 譯注：其實史達林在中央委員選舉中得票最少，總共有二百七十名大會代表「跑票」！

必須肅清機會主義的泰然自若，這種態度是從這樣的錯誤假定出發的：隨著我們力量的增長，敵人似乎會變得愈來愈馴服和不傷害人。這種假定是根本錯誤的。它是右傾的死灰復燃，它要大家相信，敵人將悄悄地爬進社會主義，他們最後會變成真正的社會主義者。布爾什維克不應當高枕無憂和粗心大意。我們需要的不是泰然自若，而是警惕性，真正布爾什維克的革命警惕性。……在目前條件下，每一個布爾什維克必須具備的品質就是，要善於識別黨的敵人，不管他們偽裝得如何巧妙。

幾天之內便有數百人遭到逮捕，未經審判就被處決。史達林下令可以省略正規法律程序，藉此保障快速執法。列寧格勒內務人民委員會的地下室堆滿了屍體。「大清洗」的年代於焉開始。

自從一九二〇年代初期以來，共產黨在蘇聯進行黨內「清洗」（chistki / purges）已是司空見慣的事情。黨員被要求繳回黨證，回答許許多多問題，以便證明他們有資格側身特權精英之林。不受歡迎的那些人則被驅逐出黨，失去了黨員的各種福利。一九三三年的一次清黨行動，曾導致八十五萬四千人被撤銷黨證，理由在於他們是「野心家」、「酒鬼」、「遊手好閒者」或「機會主義者」。列奧尼德．尼古拉耶夫那名憤憤不平的刺客，很可能便是其中之一。

不過唯有在基洛夫遇害之後，「清洗」才開始具有今日我們會聯想到的那種更邪惡的形式。一九三五年全年和一九三六年前半段，史達林強化了他對黨的鉗制。那些反對其加速經濟成長計畫的人讓他惱火；內務人民委員會有關「托洛茨基與黨內反對勢力沆瀣一氣」的一份報告，成為他斷然粉碎「反對派」時所需的藉口。他向各地區的黨委會宣布，有大量黨證落入政治敵人和間諜的手中。此後在每一次「清洗」中被逐出黨外的人，都有可能被指控為進行間諜活動，那在蘇聯可是死罪。

昔日參加過（或者如今涉嫌參加）所謂「左派反對勢力」的人，都遭到逮捕和接受往往十分殘酷的審問，直到他們承認自己涉入托洛茨基密謀推翻蘇維埃領導階層的陰謀為止。他們在酷刑逼供之下又被迫招出其他的人，但那些人其實多半都完全無辜。告發的範圍變得越來越大，最後內務人民委員會感覺自己有足夠的「證據」來上演一場政治大戲——而它將成為蘇聯歷史在此時期的標誌性象徵。

一九三六年夏天，先前已因為必須對基洛夫之死負起「道義責任」而入獄的加米涅夫和季諾維也夫二人，再度出庭受審。這回他們被指控領導一個恐怖組織，於誅除基洛夫之後又密謀殺害史達林。此事成為一連串「擺樣子公審」的濫觴。擺樣子公審被設計用來挑動輿論，激起一股偏執妄想和揭密告發的狂潮。

舉行公開審判是相當冒險的事情。由於缺乏任何客觀證據來支撐對陰謀的指控，公審成功與否將完全取決於被告的口供。如果得不到供詞的話，那些公審將會被看成是騙局。最簡單的做法當然莫過於閉門審判，但史達林的目的在於透過公眾輿論的法庭，實質性地粉碎他的「敵人」。為達此目的，他必須讓那些被告改頭換面，從受到吹捧的布爾什維克革命英雄，一轉成為蓄意破壞人民社會主義社會的邪惡陰謀集團。

在審判他們之前，內務人民委員會向加米涅夫和季諾維也夫表示，只要認罪並招出其他的老布爾什維克（包括尼古拉．布哈林、米哈伊爾．托姆斯基和卡爾．拉狄克在內），就會保證他們和他們家人的生命安全。其目標顯然是要清除所有曾於一九一七年各種事件中發揮過關鍵作用的人物，以便讓史達林成為與列寧之間的唯一連結和列寧的單一繼承人。如此一來，所有剩餘的黨員將只能感激史達林賞給了他們身分和地位。

經過幾個月的籌備工作後，從一九三六年八月十九日開始進行審判。場地選在工會大廈[2]的「十月禮堂」。那棟地處莫斯科市中心、興建於凱薩琳大帝時代的藍綠色新古典主義建築物，從前是俄羅斯貴族會議的舉行地點。整齣大戲的「舞台司儀」是安德烈・維辛斯基，亦即曾經主導過「大都會維克斯」審判案的那名蘇聯國家公訴人（參見第二十八章）。他如今正開始拓展自己的非凡事業，成為戰前那些年頭的政治審判驅動力。他最終獲得的獎勵是相繼成為紐倫堡戰犯審判的蘇聯首席公訴人，以及史達林時代末期的蘇聯外交部長。

維辛斯基十分明白，擺樣子公審的目的是要煽起人民對被告們的仇恨。他以充滿憤怒與厭惡的言詞，把季諾維也夫和加米涅夫形容成「瘋狗」、「背信棄義的人民公敵」，以及「最低等的生命形式」：

> 敵人非常狡猾，而狡猾的敵人絕對不可饒恕。這些可怕的罪行讓人民憤慨得跺腳。人民義憤填膺而渾身顫抖。本人——身為代表國家提起公訴者——也把我憤慨的聲音加入千百萬人的隆隆怒吼聲！我提醒各位法官同志們，一旦確認所有這十六個人的叛國罪行之後，各位的職責在於按照檢方起訴法條所訂出的最高罰則來量刑。我要求將這群瘋狗統統槍斃，一個也不能放過！

維辛斯基的惡言惡語在工廠和集體農莊被公開宣讀出來。工人們歡欣鼓舞，慶祝邪惡叛徒的真面目遭到揭穿，從各地紛紛湧來的電報要求動用死刑。[3]

審判的結果從未讓人產生過任何懷疑。引人注目的是，加米涅夫、季諾維也夫和其他十四名被告完美地扮演了自己的角色。他們用似乎早已背得滾瓜爛熟的供詞，相互配合得天衣無縫，對自己的罪行直言不諱。在八月二十四日，經過五天的庭訊之後，法院宣布十六名被告全部有罪。他們都被判處死刑，而且死刑在第二天早上執行完畢。季諾維也夫和加米涅夫率先成為被處決的中央委員會成員，但他們不會是最後一批。

現在已經確立了標準。一九三七年一月，卡爾·拉狄克（列寧最親密的戰友之一）跟其他十六個被指控犯下恐怖主義罪行和進行破壞的人，一同出現在被告席上。除了其中四人之外，他們都被判處死刑，而且立刻執行。拉狄克自己則逃過一死，因為他同意揭發別人——這個舉動將在兩年後引發最大規模的審判秀。但那時拉狄克也早就死了，內務人民委員會的刺客在他被送去服刑的勞改營裡，將他謀殺了。

一九三七年，蘇聯籠罩在恐懼之下。許多人果真相信，間諜和破壞分子正置身他們當中，他們必須不斷保持警覺以便揪出敵人的特務。懷疑的氛圍又被某些人利用來算舊帳，或者用於提升自己在世上的地位。如果他們告發競爭對手或直屬上司的話，就能夠增加接替其職務的可能性——而且人們告發別人，是因為害怕自己先遭到告發的緣故。此外如果有誰被懷疑是「富農」、白色勢力的同情者、非共產主義政黨的成員，或者民族成分可疑（德國人、波蘭人、猶太人等等），現在都處於危險之中。人們不必犯下什麼過錯就會被吸入大屠殺的漩渦。

2 譯注：莫斯科的工會大廈（House of Unions）往往被翻譯成「聯盟宮」。

3 在莫斯科西南方一百英里外卡盧加（Kaluga）的「梅曉夫斯克地區」（Meshchovsky Region），當地工人發出的一封電報以最典型口吻表達出憤怒感和復仇心：「梅曉夫斯克地區的工人們要求毫不留情地懲罰那些恐怖分子和托洛茨基派反黨害蟲集團（原文如此）。必須終結季諾維也夫、加米涅夫等人的反革命活動！殺死工人階級的敵人！消滅所有妄圖推翻無產階級專政的傢伙！戰無不勝的工人階級萬歲！共產黨和黨的偉大領袖斯大林同志萬歲！」

就在倏忽之間，蘇聯再也沒有了「意外事故」。如果發生了火警、工廠的機器或者農場的拖拉機壞了，那麼就會有人受到怪罪和追究責任。一旦被逮捕之後，他們的命運立刻交給令人戰慄的「三人小組」來決定。那是一個司法體制外的速審速決系統，由一名黨幹部、一名檢察官，以及一名內務人民委員會的官員掌握生殺大權。一九三四年新推出的法規，使得家屬必須替親人犯下的罪行負連帶責任，因此列夫．加米涅夫的妻子和年紀還很輕的兒子們只比他多活了幾年。[4] 季諾維也夫的家庭也遭逢類似的命運。

最駭人聽聞的是對年輕一代的洗腦。宣傳鋪天蓋地而來，於是在西伯利亞西部一個叫做「格拉西莫夫卡」的村落，有一名十三歲的學童受其影響，告發自己的父親「與富農勾搭」。此事發生於一九三二年，那個名叫帕夫利克．莫羅佐夫的男孩則在蘇聯各地受到頌揚。

打自己家庭成員的小報告，原本並非什麼稀罕的事情（在一九三〇年代中期，報紙上面充斥著小廣告，宣布「我譴責我的哥哥」或者「我斷絕與母親的關係」等等）；帕夫利克隨後的命運卻使得他成為英雄。他的父親在勞改營平安無事地度過十年，但最後在勞改營遭到槍決，帕夫利克．莫羅佐夫自己則遇害身亡。他被謀殺的經過一直沒有得到令人滿意的解釋，但克里姆林宮的宣傳機器很快便針對其他所有的蘇聯兒童，把它改造成一個具有道德說教意義的故事。

根據那個事件的官方版本，帕夫利克在父親罪有應得入獄之後，慘遭憤怒的父系親屬殺害。他的叔伯和祖父被指控犯下那個罪行，被媒體描繪成「腐敗的富農」。事情傳開之後，有數以千計的電報湧過來要求將那些人處死，於是高層下達處決令。帕夫利克變成黨的烈士，被尊奉為英雄公民和每一個人的榜樣。國家以驚人方式扭曲了自然的道德觀，宣告對家庭的忠誠必須次於對國家理念的忠誠。馬克西姆．高爾基讚揚帕夫利克的「無私無我」，得出結論：「自從克服血親關係之後，他發現了精神上的親屬關係。」

帕夫利克・莫羅佐夫的故事成為學校必讀教材；各種歌曲、戲劇、交響曲和歌劇被創作出來向他致敬。謝爾蓋・愛森斯坦的電影《白靜草原》（一九三七）得名自帕夫利克遇害的地點。格拉西莫夫卡那所學校成為紀念他的聖地，全國各地公園則紛紛樹立起那個被稱譽為「告密者一號」的男孩雕像。

歸功於帕夫利克同志的緣故，家庭成員們依法有了相互檢舉的義務。如果他們對「祖國叛徒」的犯罪意圖知情不報，可能會被送去古拉格勞改五年。但即使他們不知道，照樣也可能遭到流放。在月黑風高之際，人們開始消失得無影無蹤，被秘密警察帶走以後，就再也沒有音訊。敲門的聲音讓人們惶惶不可終日，於是他們和衣而睡，在床底下放好一個已經打包完畢的行李箱。沒有人能夠對黑色的「烏鴉車」感到放心——那些如此得名的內務人民委員會汽車在夜間載著秘密警察四下出沒，悄悄地把他們的受害者押走。

從那些負責執行者本身的命運，即可清楚看出「大清洗」的真實規模。根里赫・雅果達在一九三四年正式成為內務人民委員會的頭子，但他自從該組織的創始人菲利克斯・捷爾任斯基八年前死了之後，早就已經實際進行管理。一九三六年底，雅果達因為揭發「托洛茨基破壞集團」的工作進度落後（其實是因為逮捕的人不夠多），遭到撤換。其繼任者尼古拉・葉若夫（Nikolai Yezhov）是一名身材五短、聲音尖刺、兩腿彎曲的矮個兒男子，[5] 他因為如嗜血般的工作狂熱，很快便贏得了「鐵

4 譯注：加米涅夫是托洛茨基的妹夫，以致全家遭到處決——其幼子死於一九三八年（十七歲）、長子死於一九三九年（三十三歲），其妻則在一九四一年被處決於離前線不遠的森林中。

5 譯注：葉若夫身高一五四公分。

刺蝟」(Iron Hedgehog)這個渾名——「Yezh」在俄文有「刺蝟」的意思。一九三七年初,他以類似制定工業和農業生產配額的方式,宣布了肅反的目標額度。社會的每一個部門都被定出了應逮捕人數,明文規定其中的百分之二十八必須槍斃。葉若夫給自己設立的目標是要逮捕二十六萬名「反蘇維埃分子」;實際的犯罪行為則不如完成配額來得重要。

一九三八年初,葉若夫同意逮捕他的前任,其中有一部分原因在於他想保住自己的性命。根里赫·雅果達憂心忡忡地度過一年的退休生活後,現身於最末一次、也是最著名的擺樣子公審。與他一同出庭受審者包括了尼古拉·布哈林、阿列克謝·李可夫,以及尼古拉·克列斯京斯基等人,他們都曾經是中央政治局委員。此次所謂的「二十一人審判」,被設計用來給前兩次公審收拾殘局,把剩餘的老布爾什維克們全部殺掉。被告遭指控為「托洛茨基右派集團」龐大陰謀的一環,犯下了令人眼花繚亂的各種罪行——包括謀殺基洛夫和馬克西姆·高爾基;試圖暗殺史達林、列寧、斯維爾德洛夫和莫洛托夫;密謀破壞經濟;為西方進行間諜工作,以及與東方和西方的敵人秘密約定要裂解蘇聯。他們全部都招認了,其中十八人並在一九三八年三月十四日被判處死刑,讓維辛斯基以勝利者的姿態宣布:

> 我國人民的要求只有一點:處死這些該詛咒的敗類!時光將流逝,可恨的叛徒們的墳墓上將長滿雜草和野蓬。……而在我們的頭頂上,在我們幸福的國家的上空,我們燦爛的太陽將繼續散發萬丈光芒。我國人民將在我們親愛的領袖和導師——偉大的斯大林——領導下,沿著清除了舊時代最後的垃圾和污垢的道路前進……

說來奇怪的是，雅果達自己安排過歷次審判秀，知道那種不可避免的結局，卻直到最後一刻都還繼續相信史達林不會讓他被處決。亞歷山大・索忍尼欽曾於其巨著《古拉格群島》中（一九七三），對那名酷吏在法庭的最後時刻描述如下：

這個殺害了幾百萬人的兇手根本無法想像，他頭上的那個最高殺人犯在最後時刻不會為他站起來，對他做出保護。就彷彿史達林正端坐在這個大廳裡一般，雅果達滿懷信心地堅決地直接向他請求寬恕：「我向您請求！我為您修建了兩條大運河！」[6] 據在場者說，就在這個時刻，大廳二層樓一扇光線昏暗的小窗戶後面，好像有人隔著薄紗點燃一根火柴。當火柴繼續燃燒的時候，顯出了煙斗的影子。……根據史達林徹頭徹尾的東方暴君性格來判斷，我相信他一定是在觀察著十月大廳裡演出的喜劇。我無法想像他會放棄觀看這個場面，放棄得到這種享受。

蘇格蘭外交官與冒險家費茲羅伊・麥克林恩，曾在他那本精彩的回憶錄《走近東方》（一九四九）提及他的莫斯科時光，並宣稱那名獨裁者——那整場演出的幕後大導演——確實就在現場：

在審判的某種階段，有一盞弧光燈歪打正著，戲劇性地向留神觀看的在場者映照出一個熟悉身影及其濃密下垂的八字鬍——它們正從高高位於審判大廳天花板下方的一扇小窗戶後面，透過黑色玻璃躍然欲出。

6 譯注：在中譯版《古拉格群島》中，這個句子被誤譯成：要是史達林坐在這個大廳裡，雅戈達就會滿懷信心地堅決地直接向他請求寬恕：「我向您請求！我為您修建了兩條大運河！……」。

但無論看見與否，歷次擺樣子公審中的被告們都能夠敏銳地意識到，史達林的手正在操弄著他們的命運。此事或許有助於澄清讓我最感到困惑的那個問題：當我瀏覽訴訟記錄的時候忍不住想問，為什麼這些既聰明又意志堅強的人們願意自己誣賴自己？從老布爾什維克們站在被告席上發言譴責自己時的表現，可以明顯看出他們正在招認莫須有的罪名，供出了自己不可能犯下的各種罪行。他們為什麼要招供，試圖摧毀自己畢生的志業呢？

答案之一是他們連續好幾天承受了無情的折磨，被剝奪睡眠、遭到毆打和審問，直到他們做出交代為止。這無疑是他們絕大多數人身上發生過的事情。除此之外，他們還被警告說：要是他們不聽命行事的話，他們的家人就會被處死。

不過在許多案例當中，他們招供的時候似乎並非僅僅是向肉體上和精神上的脅迫投降。例如布哈林曾經在向法院做出「最後陳述」的時候，為此推論提供了線索（列寧在遺囑中將他形容為「全黨喜歡的人物」，光是這個理由毫無疑問就足以讓史達林必欲除之而後快）：

如果一個人想要不經懺悔就死去，那麼他就是白白地死去。相反地，正在蘇聯發出光輝的每一件積極的事情，都要求一個人應具有新的寬闊胸懷。歸根結蒂，就是這一點使我徹底解除了武裝，使我向黨和國家屈下了我的雙膝。……在這樣的時刻，個人的任何東西，個人的一切身外之物，一切深仇積怨、毀譽榮辱以及許多其他的東西，全都灰飛煙滅了。

一個人渴望讓自己的死亡能夠產生正面意義和做出積極貢獻，這是再自然也不過的事情。可是布哈林和其他人等，為什麼願意替那個現在一心只想摧毀他們的共產黨效命呢？

答案或許就藏在社會主義革命者的心態之中。這些人曾經終其一生致力於那項志業，即便他們對黨的某些路線不敢苟同（其實他們真正的罪過在於不同意史達林），黨的勝利仍舊是至高無上目標。如果他們現在對抗黨的話，將意味著否定自己所曾做過的一切。

阿圖爾・科斯特勒[7]《正午的黑暗》那部小說（一九四〇），把「二十一人審判」做為背景來探討「悔改」這個課題，呼應了該作者自己以政治犯身分瀕臨處決時的經驗。科斯特勒挖苦地指出，布爾什維克革命黨人「變成了殺戮者，目的是為了要廢除殺戮；犧牲羔羊以便再也不必有羔羊被犧牲；用鞭子抽打人民，使得他們學會不讓自己任人鞭打；在更高原則的名義下，讓自己喪盡一切原則」。布爾什維克已經為了「更崇高的福祉」而犧牲數以百萬計的生命，並且創造出這樣一個信條：黨比任何個人的疑慮都要來得重要許多。儘管布哈林和其他人並沒有犯下他們被指控犯過的那些荒唐可笑的反黨罪行，他們已經變得不再完全支持革命所走上的方向。於是按照黨的邏輯，按照那些人自己賴以生存的邏輯，黨的制裁是他們必須接受的事情。

布哈林似乎自覺地同意扮演叛徒這個角色，希望藉此協助黨及時找到返回正確道路的途徑。（《正午的黑暗》故事中的被告盧巴肖夫接受了相同的命運。）布哈林的妻子在史達林的勞改營度過二十年光陰之後證實說，「他在被告席做出荒謬供詞的原因之一，正在於他希望他效力了一輩子的理念將會獲得勝利。」布哈林告訴庭上：「同志們，要知道，在你們高舉著向共產主義勝利進軍的旗幟上，也灑有我的一滴血！」在他去世前，他的妻子把他寫的最後一封信背誦了下來，信中有云：「我向未來一代黨的領導者們呼籲！歷史賦予你們的使命，是把駭人聽聞的各種罪行的一團亂麻解

7 譯注：阿圖爾・科斯特勒（Arthur Koestler/Artúr Köszler, 1905-1983）是匈牙利猶太人，或被音譯成「亞瑟・庫斯勒」。

開，在這些可怕的日子裡，這團亂麻越來越擴大，像火焰一樣越燃燒越厲害，勒得我們黨喘不過氣來。」

雖然必須等上五十年，不過那位下一代的共黨領導人回應了他的呼籲。一九八八年的時候，布哈林在米哈伊爾．戈巴契夫任內獲得平反，對他的一切指控都遭到撤銷。

★ ★ ★

「二十一人審判」結束後，處決的速度已開始放緩。不過那個恐怖階段仍有待兩個指標性時刻的到來。

一九三八年底，尼古拉．葉若夫似乎瀕臨精神崩潰。其內務人民委員會的同僚官員們報導說，他再也不管那個部會裡的工作，他在會議上表現得相當奇怪，光是凝視窗外和把玩紙飛機。看樣子多年以來的拷打和謀殺已經把他逼瘋了。其他人則推斷他是裝瘋賣傻，藉此避開工作中的驚悚，或者他打算在自己也被清除之前脫逃出去。

史達林撤換了葉若夫，宣布葉若夫「請求免除」其內務人民委員的職務，由他的副手拉夫連季．貝利亞那個快速竄升的明星加以替補。過了一年，等到貝利亞在盧比揚卡坐穩了大位之後，葉若夫也被逮捕，受到他曾經施加於他前任身上的同樣處罰。就如同已經一命嗚呼的根里赫．雅果達那般，他也被剝光衣服、反覆遭到毆打，最後在後腦杓挨了一槍。這開始看起來簡直像是：歷任秘密警察頭子都活在死刑判決的陰影下。由於他們每個人都幫史達林做過骯髒的勾當，他們所積累的秘密和所掌握的權力，使得他們成為日益沉重的負擔，那種潛在的威脅最後大得讓史達林不能再聽任他們活下去。

葉若夫死後，史達林竭盡所能把恐怖主義都歸咎給他，宣稱：大清洗時的過度狂熱是因為內務人民委員會被「法西斯分子」滲透了的緣故，以及源自葉若夫個人的嗜血狂，而他如今已為此受到懲罰。貝利亞奉命清洗內務人民委員會本身，於是它的許多高級成員也遭到處決。

直到今天，一九三七和一九三八年，大恐怖達到巔峰的年代，仍然以「葉若夫時期」之名留在俄羅斯百姓的記憶當中。就像早已發生在老布爾什維克們身上的事情那樣，葉若夫的形影也從官方照片中消失，《蘇維埃大百科全書》關於他的記載遭到了刪除（此前卻把他標榜成「革命的捍衛者之一」）。為求填補版面空白起見，於是針對「刺蝟」那個主題插入了一篇很長的報導。[8]

隨著葉若夫的死亡，大恐怖時期似乎已接近尾聲。但史達林還必須把最後一名對手處理掉。列夫・托洛茨基（蘇聯的頭號人民公敵）流亡墨西哥之後繼續跟史達林爭論不休。托洛茨基透過措辭強硬的信函和公然詛咒的聲明，以讓人聯想起安德烈・庫爾布斯基親王抨擊伊凡雷帝的方式（參見第六章），不斷指控譴責史達林殺人不眨眼政策和擺樣子公審。他在廣播和新聞影片中昭告國際：

斯大林對我的審判是建立在不實招供之上，那些招供則是藉由現代偵訊手段，為了統治集團的利益而榨取出來的。歷史上沒有任何罪行的犯罪意圖或執行方式，能夠比莫斯科的審判秀更加恐怖。它們既非共產主義的產物，亦非社會主義的產物，而是斯大林主義的產物——換句話說，就是人民頭上不負責任的專制官僚集團之產物……。真正的罪犯們便躲藏在指控者的外衣

8 葉若夫下一任的秘密警察頭子拉夫連季・貝利亞（Lavrenty Beria）在一九五三年垮台後，同樣的事情又發生了一遍。就其案例而言，《蘇維埃大百科全書》的讀者將會發現自己獲得關於「白令海峽」（Bering Strait）的詳盡知識。

後面。……斯大林的秘密警察已經墮落到納粹蓋世太保的水平。

一九四〇年夏天的時候，托洛茨基正在撰寫一本痛批史達林的傳記。但這本書永遠無法完成。八月二十日那天，歷經多次失敗的刺殺嘗試後，史達林終於實現了他的目標。托洛茨基邀請一名年輕的西班牙人來到他位於墨西哥城的別墅，他相信該人是自從他離開俄羅斯之後，聚集在他身旁的眾多政治仰慕者之一。然而拉蒙・麥卡德是蘇聯特務，於西班牙內戰期間（一九三六－一九三九）就已經被內務人民委員會招募過來，在莫斯科接受過暗殺技巧的訓練。當托洛茨基正在他的書房工作時，麥卡德用一把藏在雨衣下面夾帶進來的冰鎬猛力襲擊他的後腦杓。那位昔日的俄國內戰英雄倖存了夠長的時間，曉得自己是死於其最大敵人所下的毒手。據悉他第二天在醫院去世之前所說出的遺言是：「我知道我就是逃不過這一天。斯大林終於完成了他之前失敗過的嘗試……」

麥卡德在監獄裡關了二十年。他獲釋之後被封為「蘇聯英雄」，前往莫斯科度過餘生。他的事蹟仍然在盧比揚卡KGB博物館的展覽中享有突出地位。

★ ★ ★

一九三〇年代的歷次肅反行動改變了蘇聯的面貌。在政治方面，它們讓史達林得以達成目標，清除了所有真實的或潛在的權力競爭對手。它們對共黨較高層人士所產生的影響，反映在參加了一九三四年第十七次黨代表大會（所謂「勝利者的大會」）的那些人的下場。他們當中的一千一百個人（超過出席者的一半以上）遭到逮捕；到了一九三九年，那些被捕者已有三分之二遭到處決。中央委員會的情況甚至更糟：十七大選出的一百三十九名中央委員和候補委員有一百十九人被處決。「勝利者的大會」變成了「死刑犯的大會」。

根據內務人民委員會自己的記錄，他們在一九三七年和一九三八年拘留了一百六十萬人，其中有六十八萬一千六百九十二人因為「反革命和叛國罪」遭到槍決。真實的數字無疑還要高出許多。相較之下，從一八二五到一九一〇年的八十五年之間，沙皇政權總共處決了三千九百三十二名政治罪犯。

肅反年代的大規模逮捕動搖了蘇聯經濟。工業和農業的生產急劇下降。一九三九年時，古拉格的囚犯數以百萬計。那些所謂的「ＺＫ們」[9]被迫做苦工，在礦坑、林場和工地服勞役而成為計劃經濟的一部分。好幾十萬人死於過度勞累和飢餓。俄羅斯傳統的共同責任制遭到濫用，於是他們只有在自己的工作小組達成每日目標之後，才能夠獲得全部的口糧。一名犯人後來寫道：「我們肚子越餓，就工作得越差。我們工作得越差，肚子就變得越餓。那種惡性循環讓人根本無法逃避。」

或許「大清洗」所造成最具災難性的後果，就是對國家安全的損害。史達林不只是把血腥殺戮侷限於他的政治對手而已。軍方指揮高層也蒙受了慘重的損失。史達林在一九三六年宣稱，紅軍有人密謀反對他。那項指控的真假虛實從來沒有被查證出來，日後有關克里姆林宮遭到納粹造謠矇騙的講法同樣無法得到確認。但儘管如此，在一九三七年六月仍有八名高階的紅軍指揮官遭指控與德國勾結。他們都被定罪處決，其中包括首席軍事戰略家，米哈伊爾·圖哈切夫斯基元帥。對叛徒的搜捕迅速蔓延至較低的階級，結果從一九三七到一九三九年之間，大約總共有一萬五千名軍官和政

9 譯注：俄文的「囚犯」（Zaklyuchonnyj/Заключённый）簡稱ZK（ЗК），讀如zeka——複數形式為zeki。（與之對立的「契卡」則是ЧК，讀如cheka。）

工人員被槍斃。軍事委員會的八十五名成員當中，則有六十八人遭到處決。

就時間的選擇而言，史達林不可能做出更具災難性的決定。當他摧毀蘇聯武裝力量的精英之際，世界大戰的烏雲正密布在地平線上。但他似乎並不以為意。他與謝爾蓋・愛森斯坦引人注目的談話記錄顯示出來，史達林自視為現代的伊凡雷帝，為了國家福祉而做出一切必要的事情，不去計較正義與道德方面的世俗考量。史達林贊同伊凡雷帝蓄意謀殺其對手的做法，僅僅責怪了他的「祈禱和懺悔」。史達林所得出的結論為：「神在這些事情上面對他干擾得太多。他應該表現得更加堅決果斷才對！」史達林在他自己擁有的一本成吉思汗傳記當中，給一個句子畫上了底線：「戰敗者的死亡，是勝利者的寧靜所必需之條件。」

31 史達林和希特勒達成暗盤交易

一九三九年八月二十三日晚間拍攝的一些照片，呈現史達林在「大克里姆林宮」的接待大廳內，笑容可掬地站在德國外交部長約阿希姆．馮．里賓特洛甫身旁。他們的背後有一幅列寧肖像從牆壁向下俯瞰；在前景部分，蘇聯外交人民委員維亞切斯拉夫．莫洛托夫坐在桌邊，簽署歷史上最臭名昭著的國際協定之一。根據莫洛托夫的外孫維亞切斯拉夫．尼科諾夫的講法，莫洛托夫還記得，當里賓特洛甫進入會場向眾人致意的時候，猛然喊出了一聲「希特勒萬歲！」他回憶說：大廳內頓時變得鴉雀無聲，然後史達林笑了幾下，裝模作樣地行了個屈膝禮。

納粹德國與蘇聯簽訂的「互不侵犯條約」做出保證，若簽約國之一遭到第三方攻擊（或者向第三方進行攻擊）雙方都將繼續維持中立。這項日後所稱的《莫洛托夫—里賓特洛甫協定》，將會導致千百萬人的死亡和歐洲的分裂。

該協定被倉促地用薄薄的白紙打字出來，上面沒有常見的印信和裝飾圖案。那整件事情看起來有一點像是權宜之計——或許因為它實在太讓人意想不到了。希特勒在之前那些年頭不斷地把史達林政權斥為「一群國際罪犯」。蘇聯的宣傳則一直為正面對抗「納粹的威脅」鋪路。雙方彼此存有如此深厚的敵意，以致他們於西班牙內戰時期形同進行了代理人戰爭，各自支持敵對的一方。

可是那年八月二十三日以後，德國不再是敵人。希特勒在剎那之間儼然成為朋友，蘇聯公眾輿論則不得不被告知，納粹如今是一個好東西了。攻訐希特勒和納粹黨的書籍與專論，紛紛從蘇聯的圖書館下架。新聞界從此不再談論法西斯主義。各大城市開設了德國文化中心，德國的音樂、電影和戲劇開始到處出現。謝爾蓋．愛森斯坦的《亞歷山大．涅夫斯基》那部電影，曾經奉史達林之命描繪俄羅斯如何在過去的歷史時代抗拒德國侵略，如今卻於一夜之間從電影院下片。愛森斯坦則遵從指示，執導了一部華格納《女武神》（一八七〇）的新版本。在之前那幾年，蘇聯還曾經以法西斯特務或間諜的罪名處決了成千上萬人。那麼史達林怎麼會選擇跟昔日的「魔鬼」締結盟約呢？

蘇聯百姓和其餘世人所不曉得的是，該條約還在後面附加了一項秘密的協定。《莫洛托夫—里賓特洛甫協定》的「秘密協議」涉及史達林和希特勒之間達成的一筆交易，由他們來瓜分東歐和中歐。其條款勾勒出雙方的「勢力範圍」，讓那兩名獨裁者能夠分別在其中恣意行動。史達林可獲得拉脫維亞、愛沙尼亞、立陶宛的一部分、芬蘭，以及比薩拉比亞，而且正如同俄德條約所經常出現的情況，最大的輸家將是波蘭：

> 一旦波蘭國家所屬地區發生領土和政治變動，德國和蘇聯的勢力範圍將大致以納雷夫河、維斯杜拉河和桑河為界。維持波蘭獨立是否符合雙方利益，以及如何劃界，只能在進一步的政治發展過程中才可確定。

希特勒如今得以放手入侵波蘭西半部；史達林則可任意併吞該國的剩餘部分，亦即維斯杜拉河以東的全部地區。讓史達林稱心如意的是，莫斯科將收回它在一九一九至一九二一年「俄波戰爭」期間失去的土地，而且還能夠得到更多。就像十八世紀進行了瓜分之後，波蘭這個國家注定將再度被從地圖上抹除（參見本章後面）。

即便附加的秘密協議未曾對外公開[1]，該條約還是震驚了全世界。《時代雜誌》堅持稱之為「共產納粹協定」，並將簽約雙方稱作「共產納粹黨徒」。邱吉爾宣布，「這個不幸的消息，好像爆炸一般地震撼了全世界」，他的確有充分的理由感到驚訝。蘇方準備簽訂《莫洛托夫－里賓特洛甫協定》的同一個時候，也正在與倫敦和巴黎進行談判。七月二十三日（史達林向里賓特洛甫行屈膝禮剛好一個月之前）克里姆林宮領導高層在莫斯科告訴英法兩國大使，他們願意做一筆交易。一時之間看起來簡直像是：三國準備在德國似乎執意要發動的那場戰爭中並肩作戰。

但史達林總是同時跟兩名潛在的追求者調情。對希特勒來說，避免兩線作戰可以帶來極大的好處（至少當下如此）。柏林相信第一次世界大戰之所以落敗，是因為己方兵力在兩個主戰場之間被分割開來的緣故，希特勒因而準備向史達林開出看起來極為慷慨的條件。相形之下，同盟國卻不曾以同樣熱絡的態度來打動史達林。

當德國用專機讓包括里賓特洛甫本人在內的高級官員飛往莫斯科之際，英國首相內維爾·張伯倫卻顯然認為事情並沒有那麼急迫。他未派出他的外交大臣，而且他派過去的官員們還搭乘了英國海軍速度最慢的船隻之一：那艘「埃克塞特城號」在五天以後才來到列寧格勒，接著英國代表團又花了兩天時間才終於抵達莫斯科。代表團團長雷金納德·德拉克斯海軍上將，則僅僅勉強具備談判的資格而已（英國大使館曾經發函詢問，為什麼沒有派遣更資深的官員過來）。德拉克斯不怎麼讓克里姆林宮看得上眼。蘇聯和德國簽訂協定後的第二天，英法兩國代表團要求與蘇方軍事談判代表

1 蘇聯官方直到一九八九年都否認秘密協議的存在。那年波羅的海三個共和國的兩百萬名百姓舉行示威行動，抗議該協議簽約五十週年，促使戈巴契夫成立一個調查委員會，最後並且向受到該協議波及的國家表示歉意。

克利門特・伏羅希洛夫元帥舉行緊急會議。但伏羅希洛夫直截了當地告訴他們說：「鑒於政治形勢已經改變，繼續進行這方面的談話不會產生任何助益。」

與西方列強達成協議的主要障礙，在於自從俄國內戰以來便缺乏的互信。史達林還沒有忘記，英法兩國曾經站在白軍那邊進行干預；同盟國則對布爾什維克公開表達過的願望，即煽起世界革命和推翻資本主義，繼續保持警惕。除此之外，莫斯科基於不難明白的理由，懷疑同盟國果真具有強烈的決心，願意挺身而出對抗納粹。史達林沒有被邀請參加一九三八年的慕尼黑會議，隨後的「綏靖政策」更助長了克里姆林宮的猜疑，認為西方或許打算與納粹勾結，要不就是準備讓德國和蘇聯打個兩敗俱傷。

一九三九年時，史達林感覺時間已經所剩無幾。他想要確保蘇聯免於受到德國的擴張主義侵害。既然他無法與法國和英國就此達成協議，那麼他寧可跟德國這麼做。

史達林果真相信希特勒的承諾嗎？蘇聯歷史學家們爭辯說，納粹與蘇聯的協定是史達林刻意做出的安排，藉此爭取時間來重新武裝和完成戰備——他歷次的「大清洗」嚴重削弱了蘇聯軍隊，況且他或許希望德國在跟同盟國作戰的時候元氣大傷。然而他接下來兩年內的表現實在無法讓人看出，他已經做好因應戰爭爆發的準備。史達林不信任希特勒，卻自以為有辦法治得了他。他告訴政治局說：「希特勒想要訛詐我們，可是我們已經占了上風。」那是一廂情願的想法。

★ ★ ★

一九三九年九月一日，德國入侵波蘭。法國和英國在兩天後對德宣戰。紅軍不打算被看成是與德國聯手行事，等待了兩個星期才向波蘭東部進軍——所使用的理由是「為了協助和保護居住在波蘭領土上的烏克蘭人和白俄羅斯人」。其他歐洲各國觀察莫斯科的舉措時，都毫不掩飾地表達出自己的困惑。還不清不楚的是，俄國人到底準備抗衡正在向前推進的德軍呢，抑或只是想從波蘭的混亂中坐收漁翁之利？一九三九年十月一日，英國海軍大臣溫斯頓．邱吉爾向下議院發表演說時指出：「我無法向你們預測俄羅斯的行動，那是包裹在謎中之謎裡面的一個謎團。但在此或許有跡象可尋。其關鍵就是俄羅斯的國家利益……俄羅斯奉行了冷冰冰的利己主義政策。」

邱吉爾表達得言簡意賅。蘇聯很快便逼迫波羅的海三國簽署「互助」條約，允許紅軍在其領土上建立基地。在拉脫維亞、立陶宛和愛沙尼亞，以及在烏克蘭和白俄羅斯西部的選舉都被操控，於是產生了受到共產黨主導的議會，「自發」表決同意成為蘇聯的一部分。從一九三九年到一九四一年，史達林於將近兩年的時間內向其「勢力範圍」施加嚴厲的蘇維埃統治。波羅的海三國的反對派遭到粉碎，潛在的民族主義領導人士則被鎮壓。成千上萬名政界人物、工會積極成員、知識分子和教師遭到逮捕、流放，或者處決。他們的家園與職缺都被交付給俄羅斯人，因為史達林以最誇張惡劣的方式，恢復了舊沙皇時代的「俄羅斯化」政策。那些年頭進行的高壓迫害，將在幾年後德國人過來驅除蘇聯人之際決定許多人的態度。

在波蘭，反抗蘇聯統治的行動，甚或只是反抗的跡象，都會引來凶猛無情的鎮壓。四十萬波蘭人遭到逮捕。其中的兩萬人（陸軍軍官、公務人員、醫生和知識分子）被遞解到俄羅斯西部斯摩棱斯克市附近的監獄營地。蘇聯秘密警察偵訊了六個月之後，那些人只有死路一條。內務人民委員會的頭子拉夫連季．貝利亞告訴史達林，「這批囚犯都是危險分子，涉入了反革命活動和反蘇維埃宣傳。他們每一個人都只是在等待獲釋，以便立刻對蘇維埃政權進行鬥爭。」

史達林毫無手下留情之意。一九四〇年四月三日展開了處決波蘭社會精英的行動，他們每個人的後腦杓都在近距離挨了一發左輪槍子彈：二萬一千八百五十七發子彈，死了二萬一千八百五十七人。那些謀殺發生在幾個不同的地點，但已被統稱為「卡廷森林大屠殺」。一九四一年，當德國人的背信使得波蘭反而成為莫斯科的盟友之後，蘇聯就不斷被要求解釋，那批失蹤的波蘭軍官到底發生了什麼事情。史達林先是暗示他們被送到滿洲去了；後來則乾脆把罪責全部都推給納粹。一直要等到一九九〇年，才終於由米哈伊爾·戈巴契夫承認蘇聯罪行的真相。

但莫斯科不只是打算在西方進行新的征服而已。一九三九年十月的時候，史達林提議與芬蘭締結「互助」協定，要求將兩國位於列寧格勒北方僅僅二十英里外的邊界繼續往西北方向挪移。芬蘭政府拒絕了那項要求；莫斯科稱之為敵意表現。

一九三九年十一月下旬，將近五十萬蘇聯大軍開拔進入芬蘭領土，與對手的人數比例是三比一。紅軍對勝利充滿了信心，以致要求自己的部隊不可過於冒進，免得打到了瑞典。德米特里·蕭斯塔科維奇還奉命譜寫《芬蘭主題組曲》，供蘇聯軍樂隊於行軍通過赫爾辛基時演奏。然而紅軍面臨低達攝氏零下四十五度的氣溫，表現得遠不如七個世紀之前亞歷山大·涅夫斯基的人馬在冰封的楚德湖上那麼有效率。

芬蘭部隊沿著所謂的「曼納海姆防線」，[2] 挖掘了稱不上是固若金湯的防禦陣地。那些戰鬥工事相當簡陋，而且芬蘭人缺乏許多基本軍事裝備，可是他們頑強抵抗，證明自己擅長游擊戰。[3] 許多俄羅斯入侵者沒有冬季制服，在白雪中不難被發現，輕易成為芬蘭狙擊手的靶子。他們當中的一員，席摩·海赫，打死了五百多名紅軍戰士，以致俄羅斯人後來將那名狙擊手的子彈稱作「白色死神」。經過一個月的戰鬥之後，有一位蘇聯將軍苦澀地指出：「我們所征服的土地只容納得下我方陣亡者的墳墓。」

一九四〇年一月，史達林命令在謝苗．提摩盛科元帥[4]的指揮下重新發動攻勢。到了三月底的時候，紅軍已經深入芬蘭境內，足以促成按照蘇聯的條件來簽訂和約。[5]史達林獲得了他所要求的大部分土地，不過蘇聯損失十萬人，並且遭到一個「小」國的軍隊羞辱。一九三九和一九四〇年之交的「冬季戰爭」進一步損傷了莫斯科的國際聲譽。蘇聯被逐出國際聯盟，並且與德國、日本和義大利一同列入該聯盟的侵略者名單。

「冬季戰爭」顯示出來，紅軍遠遠稱不上是一支戰無不勝的武裝力量。當法國在一九四〇年六月崩潰，而英國只能孤立無援地對抗納粹之際，史達林所面對的前景是：德國將可隨心所欲攻擊蘇聯，進行一場單線戰爭。他早已下令採取措施來強化武裝部隊，擴大徵兵把軍隊人數從二百萬增加到五百萬，並且加速生產飛機、大炮和步槍。可是他還需要更多時間。史達林曾經向莫洛托夫表白，他們「直到一九四三年之前，都無法在平等的基礎上對抗德國。」

2 譯注：曼納海姆（Carl Gustaf Emil Mannerheim, 1867-1951）是瑞典／德國後裔的芬蘭元帥、最高指揮官和芬蘭民族英雄，十月革命之前曾在俄軍服役三十年，晉升至俄羅斯帝國陸軍中將。

3 蘇聯人赫然發現自己遭到一種威力驚人的簡易武器襲擊——裡面裝滿汽油、頂端有一根超長棉芯的玻璃瓶。它在近距離被拋擲出去，能夠十分有效地讓卡車和坦克著火。芬蘭人給它起了「莫洛托夫雞尾酒」這個綽號，使得它從此揚名於世。當初莫洛托夫因為蘇聯轟炸芬蘭城鎮而受到質疑時，宣稱莫斯科投下的並非炸彈，而是用於救濟飢餓百姓的食物包裹。芬蘭人於是決定慷慨地回報蘇聯，讓紅軍「吃飯的時候有酒喝」。在戰爭結束前總共製造了五十萬瓶「莫洛托夫雞尾酒」，有數百輛蘇聯坦克被它們摧毀。

4 譯注：提摩盛科（Timoshenko/Тимошенко）這個烏克蘭姓氏也被音譯成季莫申科，或者「鐵木辛哥」。

5 在戰鬥的最後幾個星期，英國和法國已經積極籌備派遣部隊幫芬蘭人打仗。如此一來的後果，極可能將是一場災難性十足、介於蘇聯和西方盟國之間的戰爭。幸好挪威人拒絕讓盟軍部隊借道通過他們的領土。

莫斯科被一個浮士德式的協定綁住了手腳。為求安撫納粹起見，蘇聯向德國供應成千上萬噸的石油與穀物。一九四一年初，史達林同意增加物資協助，而那只不過是希特勒使用它來入侵蘇聯幾個月之前的事情。英國遭遇《莫洛托夫—里賓特洛甫協定》的挫敗後，曾試圖改善與克里姆林宮的關係，卻發現蘇聯領導人由於害怕做出任何可能會疏遠希特勒的事情，斷然拒絕了英方的努力。

史達林似乎已讓自己相信，希特勒不會冒險跟莫斯科打一仗（或者至少是當他仍然跟西方盟國作戰的時候如此），完全不理會與此相反的證據。邱吉爾在一九四一年初通知他，英國情報部門發現，有跡象顯示德國正準備立刻攻擊蘇聯，但史達林將那個消息駁斥為誘騙蘇聯出面幫助英國的伎倆。德國駐東京大使館內的蘇聯間諜理夏德·佐爾格報告說，他看見了入侵蘇聯的計畫書。五月初，他向莫斯科送交攻擊計畫的大綱，甚至列出發動攻擊的確切日期。但史達林仍然拒絕動員國家西部邊境的部隊，甚至在六月二十一日還告訴國防人民委員提摩盛科：「那一切根本都是庸人自擾。」可是尼基塔·赫魯雪夫日後在報告中指出，人人都早已曉得襲擊就要到來。他在一九五六年回憶說，「每一個十字路口都有麻雀唧唧喳喳地談論此事」，藉此表示史達林受挫於芬蘭之後已經喪失勇氣，並且刻意欺騙自己。在入侵前一天的夜裡，有一名德國中士泅水越過波蘭的布格河向紅軍提出警告，卻被當成敵方的奸細而遭到槍決。

然後「巴巴羅薩行動」（有史以來最大的軍事行動）在一九四一年六月二十二日凌晨開始了。蘇聯軍隊完全沒有針對這種大規模的猛烈攻勢做好防備。入侵者以四百萬人、超過七十五萬匹馬、四萬七千門火炮、五千架飛機和將近三千輛坦克，快速向陷入混亂的蘇聯部隊進攻。希特勒將蘇聯形容成一棟朽爛的大廈，表示只需要把門一腳踢開，整棟樓就會崩塌下來。僅僅在第一天早晨，德國空軍的轟炸機群就摧毀了地面上的一千二百架蘇聯飛機、德國特種部隊破壞了紅軍的通訊設施，猛烈的炮擊嚴重削弱了紅軍的前線防禦。

當史達林接獲通知的時候，他拒絕相信希特勒已下令攻擊。他告訴參謀總長格奧爾基・朱可夫元帥，在與德國大使館洽談之前不得採取反制措施。他向地面部隊發出的指令是，「不要理會任何挑釁行為，不要開火」。隔了沒有幾分鐘，西部軍區的副指揮官博爾金將軍已和克里姆林宮通上了線。他隔著電話大聲吼道：「這怎麼可能？我們的部隊正被迫撤退。各座城市正在燃燒；已經死了很多人了！」

蘇聯的中央集權、基層的主動精神遭到剝奪，以及人們對「大清洗」年代的記憶，再再都意味著如果沒有獲得層峰授權的話，什麼事情都辦不了。一切都取決於史達林，可是他在關鍵時刻出了毛病。等到總算確認德國果真已經宣戰的時候，史達林於絕望之下陷入崩潰，無力採取行動。結果只好交由莫洛托夫來宣布戰爭爆發：

> 蘇聯公民們！今天凌晨四點，在事先未對蘇聯提出任何要求和未經宣戰的情況下，德國部隊開始進攻我國，對我國邊界許多地點發起攻擊，並用飛機轟炸了我國城市……。這是文明民族歷史上沒有先例的背信棄義行為。……當年我們的人民以衛國戰爭抗擊拿破崙對俄羅斯的進攻，拿破崙失敗了、垮台了。……紅軍和我國全體人民為了祖國、尊嚴和自由將再次進行勝利的衛國戰爭……

一直要等到六月二十二日下午，入侵行動開始了八個多小時之後，前線指揮官們才奉命「進行強力反擊以摧毀敵軍主力，轉而在敵方境內展開行動。」但那是根本不可能的要求。許多蘇聯單位已經遭到孤立和包圍，然而紅軍英勇奮戰。在修建於十九世紀的布列斯特－里托夫斯克要塞（亦即托洛茨基一九一八年三月跟德國簽署停戰協定的地點），進行了特別激烈的抵抗，三千名蘇聯守軍與占壓倒優勢的德軍血戰了十天，直到全體陣亡為止。布列斯特的英勇捍衛者們證明，德軍並非所向披靡，德軍參謀長曾經指出：「俄軍到處都戰鬥到最後一人。他們難得投降。」可是在其他地區，紅軍倉皇撤退。

史達林則繼續置身在驚駭的狀態下，於六月二十八日躲進他的莫斯科近郊別墅。他在三天的時間內與世隔絕，既不發出命令，也沒有接獲多少新的消息。他拒絕為戰爭做好準備，以致擴大了那場災難的規模；他對紅軍最高層級的大清洗，早已閹割了蘇聯的軍事指揮體系。最後莫洛托夫、米高揚和貝利亞驅車到城外去探望他。據悉史達林在他們抵達之際喃喃自語說道：「你們為什麼過來？」他似乎認為，他們去那裡是為了要逮捕他。當莫洛托夫提議創設一個國防委員會的時候，史達林怯生生地問道：「該由誰來主導它呢？」莫洛托夫的立即答覆，當然應該由他——史達林，來負責主導，似乎讓他從痲木中振作了起來。七月三日，他在戰爭爆發十一天之後向全國發表了第一篇演說：史達林以之前對人民演說時從未使用過的措辭，開口說道：

「同志們！公民們！兄弟姐妹們！我們的陸海軍戰士們！我的朋友們，我現在向你們講話！……歷史表明，無敵的軍隊現在沒有，過去也沒有過。拿破崙的軍隊曾被認為是無敵的，可是這支軍隊卻先後被俄國的、英國的和德國的軍隊擊潰了。……希特勒法西斯軍隊也是能夠被擊潰的，而且一定會被擊潰。」

在廣播演講錄音中，他的聲音聽起來既模糊又疲憊。他的口氣起初充滿挑戰意味，接著卻滲入一絲懷疑，以繞圈子的自我辯解洩露出一種內疚感：

也許有人要問：「蘇聯政府怎麼會同像希特勒和里賓特洛普這樣一些背信棄義的人和惡魔締結互不侵犯條約呢？蘇聯政府在這方面是不是犯了錯誤？」當然沒有犯錯誤！互不侵犯條約是兩國之間的和平條約。一九三九年德國向我們提出的正是這樣的條約。蘇聯政府能不能拒絕這樣的建議呢？我想，任何一個愛好和平的國家都不能拒絕同鄰國締結和平協定，即使這個國家是由像希特勒和里賓特洛普這樣一些吃人魔鬼領導的……

我們同德國締結了互不侵犯條約，贏得了些什麼呢？我們保證我國獲得了一年半的和平，使我國有可能準備自己的反擊力量，如果法西斯德國膽敢冒險違反條約進攻我國的話。……所有歐洲、美洲、亞洲的優秀人士，以及德國所有的優秀人士，都譴責德國法西斯分子的背信棄義行為而同情蘇聯政府。贊同蘇聯政府的行為，並且認為我們的事業是正義的……

同法西斯德國的戰爭，絕不能看成普通的戰爭。這個戰爭不僅是兩國軍隊之間的戰爭。它同時是全體蘇聯人民反德國法西斯軍隊的偉大戰爭，……反法西斯壓迫者的全民衛國戰爭……

共產黨昔日關於階級戰爭的論調已被捨棄。史達林的演說又回歸到愛國主義的語言，回歸到一八一二年的民族主義精神，呼籲一個分裂的國家團結起來保衛祖國。

那顯然收到了效果。如同在一八一二年一般，全國各地組成了民兵，志願者紛紛湧向募兵站，光是在莫斯科就有十二萬人報名從戎。史達林要求在被占領區必須「使敵人及其所有走狗無法安身，步步追擊他們，消滅他們，破壞他們的一切設施。」在敵後紅軍部隊的協助下，到處都冒出了游擊隊活動。年輕的工人和學生接受訓練、從事破壞德軍的戰鬥行動。其中最著名的一員名叫卓雅·科斯莫傑米揚斯卡雅，當她切斷德軍野戰電話線和放火燒毀馬廄而被捕獲的時候，還只有十八歲。卓雅受到極為殘酷的拷問，甚至讓一些納粹士兵們都看得大起反感。但她堅持不肯透露她自己或其同志們的身分。當她站在臨時搭建的絞刑架前，脖子已經套上吊索的時候，對著奉命過來觀看她被吊死的平民百姓呼籲說道：

> 唉，同志們！你們為什麼愁眉苦臉地看著？你們壯起膽子來，奮鬥吧……！我不怕死！為自己的人民而死，這是幸福啊！他們可以把我絞死，但我不是一個人，我們有兩萬萬，兩萬萬人是絞不盡的！永別了，同志們！不要害怕！

卓雅·科斯莫傑米揚斯卡雅是第一位在「偉大的衛國戰爭」期間被追贈為「蘇聯英雄」的女性。納粹拍攝的照片呈現出她受刑時的情景，以及她半裸的身體如何被丟棄在雪地。那些照片在蘇聯人手中成為一種功能強大的工具，無可否認地證明了侵略者的野蠻行徑。一九三九年八月匆匆撤除的反納粹宣傳品，現在都被從儲藏室裡翻找出來；愛森斯坦的《亞歷山大·涅夫斯基》那部電影則重新上映，受到熱烈歡迎。

可是後勤補給方面的問題妨礙了戰備工作。沒有足夠的時間來訓練大量志願者，沒有足夠的槍支來武裝他們。尼基塔·赫魯雪夫回憶起來，當他設法為基輔新兵申請步槍的時候，卻被告知「什麼也沒有」。他得到的建議是發給他們「長矛、刀劍、土製武器，或者你們工廠裡能夠造出來的任何東西」。如果把訓練不良、裝備不佳的志願者送去對抗德國國防軍，那根本就是不顧死活；可是每當戰線之間有縫隙需要填補的時候，領導當局毫不遲疑地就那麼做了。指揮官們懾於史達林的淫威，將幾千幾萬人送上幾乎注定的死路，於是隨著一波又一波的自殺式反擊行動，有一個又一個紅軍的師級單位遭到殲滅。

希特勒早在一九四一年三月即已告訴他的將領們：「對俄戰爭所具備的特質，使得它不可能以騎士精神來進行。那是一場意識形態之爭和不同種族之爭，必須毫不手軟地採取前所未見的冷酷無情作風。」所有被俘虜的政委（亦即附屬於每一個軍事單位的政工官），須就地槍決。史達林在八月做出的回應，是宣布任何被俘虜的紅軍官兵都做出了不法行為。戰俘們如果還回得來的話（而且不管是在什麼時候回來）都必須接受懲罰；而當他們被俘虜的時候，其家屬的眷補證一律予以沒收。在史達林眼中「根本沒有什麼蘇聯戰俘，只有叛徒」。

德國人沒有費心餵飽俘獲的蘇聯士兵：一九四一年底之前被俘的三百萬人當中，到了一九四三年二月的時候已有二百萬人死於飢餓、疾病或粗暴待遇。少數倖免於難者則只能等著進史達林的勞改營。「巴巴羅薩行動」意味著拼個你死我活，比西線戰場發生過的任何事情都更加殘酷和恐怖——或許甚至在整部戰爭史上也一樣。

德國國防軍的三路攻勢進展快速，分別指向北邊的列寧格勒、中央的莫斯科，以及南方的基輔和「頓河畔的羅斯托夫」。到了七月中旬，他們已攻抵斯摩棱斯克，來到前往莫斯科的半路上。在八月底的時候，北方集團軍直接威脅到列寧格勒，而基輔已在九月陷落。希特勒明白自己不可能長時間進行消耗戰。國防軍所使用的燃料，截至目前為止都是由蘇聯提供的，然而供應不會持續下去。德方必須儘快把敵人打垮，而這意謂攻佔莫斯科、列寧格勒，以及高加索地區的主要油田。

儘管有過初期的潰敗，紅軍卻出乎希特勒的預料之外，並未一蹶不振。大多數蘇聯百姓也沒有像接待救星那樣地歡迎德軍。固然某些人曾經與納粹沆瀣一氣（尤其是在遭到占領、把德國人視為抗俄伙伴的愛沙尼亞和立陶宛），不過大多數蘇聯人民依然忠於史達林。納粹對待當地百姓的方式十分殘暴，根本難以贏得群眾的擁護支持。在烏克蘭，千百萬憎恨蘇維埃統治的人們曾經盼望希特勒給他們帶來自由，許多村莊起先還以傳統「麵包與鹽」的招待方式來歡迎德軍。他們所得到的報償卻是暴力。

德國人沒收了食物和牲畜，強迫農民們繼續在深受痛恨的社區農莊工作。撤退中的紅軍則沿用了一八一二年時讓拿破崙大軍挨餓的焦土政策，於是焚毀的原野上種不出什麼糧食來，讓納粹占領者大動肝火。每一次反德破壞行動所受到的報復，就是「蓋世太保」的圍捕和槍殺人質。游擊隊每殺死一個德國人，便有五十至一百名「共產黨員」（通常只是隨機抓來的普通平民）遭到處決。

當德軍上級向普通士兵解釋為什麼要大肆殺害蘇聯猶太人時，殺害的行動被講成是「反游擊隊」的一環，其口號為：「猶太人就是布爾什維克，就是游擊隊員」。其所產生的結果駭人聽聞。當一些德國軍官在一九四一年九月遇刺身亡時，立即成為一連串最嚴重屠殺事件的藉口。九月二十六日，基輔的報紙和街頭出現了告示，宣布當地猶太人即將被重新安置到烏克蘭的其他地方。

> 基輔市內和周邊地區的猶太佬[6]必須在九月二十九日星期一上午八點鐘，集合於梅爾尼科夫街和多克切里夫斯基街的拐角（在公墓附近）。他們應該隨身攜帶自己所有的金錢、證件、貴重物品、保暖衣物和內衣等等。凡是疏於遵守此項規定並且置身其他地點的猶太佬，將一律遭到槍決。

隨即出現了整個「大浩劫」過程當中規模最大的單一屠殺案。數萬名回應了那個告示的人們，被編組步行前往基輔近郊的「娘子谷」。納粹關於那次行動的報導充滿著沾沾自喜的口吻：「我們原本預期只會出現五千至六千人，結果卻來了三萬多人。歸功於我們的聰明安排，他們直到被處決為止都還相信自己將被重新安置……」。當那些隊伍接近「娘子谷」的時候，猶太人被導引到一個深谷的邊緣，被迫脫光衣服，並且把財物堆放在旁邊。一名德國士兵觀察了接下來發生的事情：

> 一切都進行得極為快速。烏克蘭警衛們又踢又推地驅趕那些猶豫不決的人……。猶太人沿著狹窄的小徑被向下帶入山溝。當他們到達那裡之後，保安警察便一把抓住他們，強迫他們躺在已被槍殺者的屍體上面。這花不了多少時間。猶太人才剛一躺下，一名保安警察便拿著機關槍過來朝他們的後腦掃射。正在向下走進山溝的猶太人驚懼莫名地發現，他們已經失去了任何希望。他們當中的某些人甚至選擇主動躺到地上，等待子彈打過來……。屍體總共有三排，每一排長約六十公尺左右。但是我看不出來，每一排的下面還有多少層。那些屍體仍在抽搐，並且覆滿鮮血。

等到戰爭結束時，有超過一百萬名蘇聯猶太人死於大浩劫。二〇一〇年秋天，烏克蘭大屠殺發生六十九週年之時，我前往了曾經有那麼多人慘遭謀殺的「娘子谷」。一座小小的紀念碑標示出那個地點，可是今日鮮少有人關注那次大屠殺。烏克蘭族裔在一九四一年九月對猶太人進行迫害，直

6 譯注：所使用的俄文字眼為「*zhidy*」（жиды）。

接參與殺戮行動，使得這裡發生過的事情有些令人難以啟齒。

在基輔西方七十英里外的別爾季切夫市，[7]我卻無意間與大屠殺活生生地連結在一起。市內「加爾默羅修道院」附近，有一小群年邁的猶太人正在舉行儀式，哀悼蓋世太保開始「清理」那座城市的紀念日。他們是此地昔日三萬名猶太人的殘餘部分。一九四一年九月和十月之交，別爾季切夫的猶太人隔離區遭到了清除，有兩萬多名居民遇害。[8]

週年紀念會上的發言者之一，本身曾在一九四一年十月跟著猶太人的隊伍一起被帶去屠殺。她的聲音在顫抖，她解釋自己如何躲過處決者的子彈，活生生地跌進亂葬坑。她在那些屍體的覆蓋下，默不作聲地靜靜躺著，等到天黑以後才爬出坑外，步履蹣跚地躲到安全地帶。她的憤怒未曾隨著歲月流逝而稍減。她大聲喊道：「我們絕不能忘記法西斯主義者對我們和我們的國家做過什麼事情！人們在談論寬恕，但我們怎麼能夠原諒那些怪物的所做所為呢？年輕人！永遠不要忘記，永遠不要原諒！」

在別爾季切夫的邊緣，依然殘存著追憶這個被謀殺世代的事物。那是已被遺棄的猶太公墓，市內猶太人數百年來的最後安息之處，有著精雕細琢的墓碑和雕塑。可是驀然沒有人活下來照管它了，如今它已湮沒於荒煙蔓草中，只有隆隆駛過的火車以及墳上的啁啾鳥鳴聲才會暫時打破寂靜。

德國人在一九四一年夏季和秋季取得了令人印象深刻的軍事進展。波蘭東部、愛沙尼亞、拉脫維亞、立陶宛、白俄羅斯和西烏克蘭皆已落入納粹手中。不過德國在截至九月為止的三個月內傷亡了十八萬人，已超過國防軍在一九四〇年整個西歐戰役期間的損失。蘇聯的傷亡雖然遠較慘重，但德國人已開始相信對方有著源源不絕的人力補充。德國陸軍參謀長哈爾德將軍曾經針對紅軍持續凶猛戰鬥的能力苦澀地評論道：

整個情況已經變得越來越清楚：我們低估了俄羅斯巨人……。他們部隊的武器和裝備並不符合我方對那些名詞的理解，他們的戰術領導不很高明。然而每當我們摧毀了十二個師，俄國人便又多送了十二個師過來。他們靠近他們自己的資源，我們卻離我們的資源越來越遠。我們的部隊散布在遼闊的前線，持續不斷地遭到敵人攻擊。

希特勒催促他的將軍們加快行動來攻佔莫斯科和列寧格勒。他在九月二十二日發出的指令清楚地顯示出，他打算用後者來展現納粹的戰無不勝：

元首已決定把彼得堡從地表抹除。我們無意讓這座大城市於蘇維埃俄羅斯戰敗之後繼續存在……我們應該嚴密封鎖這座城市，用各種口徑的火炮和連續的空中轟炸把它夷為平地。

列寧格勒陷入圍困的九百個日子就這麼開始了。那整座城市在接下來兩年半的時間內處於恐怖狀態，非但日以繼夜遭到轟擊，同時還嚴重短缺燃料與物資。唯有依靠車隊穿越冰封的拉多加湖面把食物運送過來，才勉強能夠向百姓提供維持生命所需的最基本口糧。可是一等到春天來臨、貨運卡車開始跌進冰窟窿的時候，情況變得更加危殆。市內的二百五十萬居民將會餓死三分之一左右，

7 譯注：別爾季切夫（Berdichev）或被音譯成「柏地雪夫」。

8 死者當中包括了著名蘇聯作家瓦西里·格羅斯曼的母親。那時格羅斯曼正擔任紅軍報紙的隨軍記者而遠在他方。他永遠也無法原諒自己，未能做出更多努力來拯救他的母親。他在其最著名的小說《人生與命運》（一九五九），想像了母親在接近死亡之際可能會寫給他的信函。

而列寧格勒的命運，將取決於希特勒的偏執狂暴與市內百姓的英勇耐力之間的較勁。

德國北方集團軍猛烈打擊列寧格勒的防禦之際，中央集團軍正沿著一百二十九年前拿破崙「大軍」所走過的同一條路線前進。他們的目標是莫斯科。他們並沒有忘記歷史的教訓。十月發動的「颱風行動」旨在攻占首都，並於冬季來臨之前為入侵的部隊提供宿營地。許多德軍指揮官們都閱讀過相關記載，知道拿破崙撤退時的慘狀，一心不想遭逢同樣的命運。「颱風行動」展開後的第一個星期，中央集團軍在維亞濟馬和布良斯克贏得驚人的勝利，包圍了防守部隊並且俘獲五十萬名蘇聯士兵。

通往莫斯科的道路已經敞開，首都的陷落看來只是時間早晚的問題。城內已處於一片恐慌之中，於是史達林下令立即將各個部會、政府官員、工業管理人和主要經濟人員疏散出去。一隊隊的飛機把他們載往安全地點，來到莫斯科東南方五百英里外，位於窩瓦河畔的古比雪夫。政府文件與機密檔案被匆匆焚毀，發電廠、橋樑和公共建築都裝設了炸藥，出現的各種場景讓人聯想起一八一二年拿破崙即將抵達之前的那些日子。一般莫斯科人把能夠帶走的東西打包起來，搶著在駛離這座城市的火車上得到一個位子。在一項驚人的物流壯舉中，工業設備、機械裝置，甚至整座工廠都被拆除，向東運往烏拉山區，然後於破記錄的短時間內重新組裝起來和恢復生產。等到那個行動結束之後，據估計共有五百座工廠和二百萬名工人撤離首都。列寧是最早離開者之一。他的遺體在七月初被秘密移出紅場的陵墓，運往西伯利亞西部的秋明市安全放置。

十月中旬的時候，德軍攻抵博羅季諾。沒有任何人忘記得了那裡的歷史意義。蘇聯第三十二步兵師在波洛蘇欣上校的率領下，拼死阻擋兵力占優勢的德軍五天之後才被迫撤退。如今在戰役發生的地點矗立一座紀念碑，幾乎和紀念一八一二年的那一座同樣宏偉。博羅季諾捍衛者的英勇表現則立刻受到一首激勵人心的流行歌曲頌揚：

博羅季諾！你根基穩固屹立不搖！
光是你那莊嚴的名字，
就足以讓陣亡者從死裡復生，
激勵在世者做出偉大事跡。
但願列祖列宗能夠
穿透墓地的恆久陰暗，
看見他們的榮譽
如何在其子孫的極力維護下
永垂不朽！

然而到了十一月初，德國人已推進到距離莫斯科五十英里的範圍內。史達林於是命令之前組織過列寧格勒保衛戰的格奧爾基・朱可夫元帥前來拯救首都。朱可夫就像庫圖索夫在一八一二年所做的那般，權衡了棄守莫斯科的利弊得失，但他最後告訴史達林說，這座城市能夠（而且將會）守得住。史達林身為名義上的紅軍最高指揮官，於是向全國廣播表示，他將留在莫斯科督導防務。五十多萬莫斯科人響應了他的號召，協力構築市區周邊的工事，此外更有數十萬人自願參加防禦行動。莫斯科百姓如今在沒有暖氣供應，食物短缺的情況下，抓住自己的機會來進行反擊。四十萬名婦女（她們許多人的丈夫正置身前線），前往兵工廠工作，製造莫洛托夫雞尾酒、火焰噴射器和機關槍。

作家康斯坦丁・西蒙諾夫在戰爭爆發之初就已經意識到，人們並非幫史達林、革命和蘇聯去打仗，而是為了俄羅斯大地的緣故，為了他們視為家園的城市、鄉鎮或村落，以及居住在那裡的人們。

那些村莊都很小，有著年久失修的狹小教堂和寬闊墓地，以及許多看起來一模一樣的老舊木製十字架。此際我體會出來，家園在我心目中產生了多麼重大的意義、我多麼強烈感覺到這就是我自己的土地，以及所有居住在這片土地上的人們是多麼深深地根植於此。戰爭最初兩個星期的苦痛使我深信，這片土地永遠也不可能變成德國的。在這些墓地有著許許多多祖父們和曾祖父們，我們從未謀面的祖先們——這是俄羅斯的土地。它不只是在地表如此，而且還一尺又一尺地向下，一直來到地層深處。

史達林也知道過去的重要性，以及民族主義愛國主義所具有的感染力。他在十一月七日發表革命紀念演講之際，背景音效是德軍的槍炮聲。參加閱兵的部隊隨即直接從紅場開赴不到四十英里外的前線。[9]史達林致詞的時候，把一九四一年的戰士與昔日的俄羅斯民族英雄連結到了一起：

> 我們全國，我國的各族人民都一致支援我們的陸海軍，幫助它們粉碎德國法西斯分子侵略匪幫。我們有源源不斷的人員後備。……讓我們偉大的先輩——亞歷山大·涅夫斯基、德米特里·頓斯科伊、庫茲馬·米寧、德米特里·波扎爾斯基、亞歷山大·蘇沃洛夫、米哈伊爾·庫圖索夫——的英勇形象，在這次戰爭中鼓舞你們！……徹底粉碎德國侵略者！消滅德國占領者！我們光榮的祖國、我們祖國的自由、我們祖國的獨立萬歲！

德國人對莫斯科的攻勢由於每年固定出現的「道路泥濘時期」而放慢了速度，那種雨水和爛泥的季節使得俄羅斯的道路在冬季冰封之前變得難以通行。等到氣溫在十一月中旬下降之後，德國坦克又可沿著結冰的道路繼續前進。但蘇聯人還享有一項重要的優勢，紅軍已從前一年芬蘭戰爭所犯的錯誤中學到教訓。蘇聯的士兵接受過滑雪橇戰鬥的訓練，有了白色的偽裝、毛皮外套和溫暖的氈毛靴，大多數德國士兵卻根本沒有那些東西，因為柏林做出孤注一擲的盤算，認為他們有辦法在嚴冬來臨之前攻下莫斯科。結果卻如同一八一二年時那樣，冬天趕著過來向俄羅斯人施予援助。當凍瘡給德軍帶來成千上萬的傷亡之際，朱可夫的部隊盡可能以最慢速度向首都後退。蘇方雖然損失慘重，可是德軍的攻勢終於在十一月十九日被阻擋下來——其前鋒部隊做出報告：他們已經看得見克里姆林宮的圓頂。

每一個飛往莫斯科「謝列梅捷沃國際機場」的訪客，都可以看出德軍曾經離莫斯科有多麼近。通往市區的主要道路旁邊，幾個來自一九四一年的巨大反坦克障礙物依舊標示出德軍推進的最遠點——距離紅場只有十英里。德國國防軍已在連續兩年的時間內勝利橫掃歐洲各地，卻未能於關鍵時刻拿下莫斯科。德軍已經深入蘇聯領土六百英里，所占領地區的面積相當於英國、法國、西班牙和義大利的總和。蘇聯五分之二的百姓處於敵人控制之下；蘇聯已經傷亡將近四百萬人。但蘇聯在莫斯科前沿擋住了德軍的攻勢。德國的部隊如今幾乎已成強弩之末，面對著酷寒的冬天和漫長的補給線，缺乏諸如冬季服裝、靴子、毛皮帽和防凍劑之類的重要物資。蘇聯原已接近覆滅，可是它活了過來。正如同法國將軍安東莞・亨利・若米尼在拿破崙入侵前夕所指出的，「俄羅斯是一個進去容易……但很難出來的國家。」

9 基於安全理由，傳統上舉行於閱兵前夕的會議只得改在「馬雅可夫斯基地鐵站」召開，將列車車廂當作衣帽間和餐廳來使用。

32 從「一步也不能撤」到攻占柏林

莫斯科挺住了。但是那座首都元氣大傷，耶誕節和新年的慶祝活動都沉寂下來。不過史達林的「急性躁鬱症」似乎已一轉而成為「狂躁樂觀主義」。他告訴英國外相安東尼・伊登，戰爭已經來到轉捩點：

德國陸軍早已精疲力竭。其指揮官們希望在冬季來臨前結束戰爭，並沒有為冬季戰役做好適當的準備。他們穿得很差、吃得很差，而且士氣渙散。蘇聯卻有大量的增援部隊，現在正紛紛投入行動……我們將繼續在各條戰線上全面出擊。

軍方卻不像史達林那樣充滿信心。朱可夫元帥的部隊雖然迫使德軍後退了約莫八十英里，但蘇聯方面依然缺乏後勁。朱可夫主張紅軍需要花時間來進行整補；史達林卻下令全面反攻。他要求他的將軍們必須仿效一八一二年時的庫圖索夫，把入侵敵軍趕出俄羅斯的土地。可是在一九四二年一月發動的攻勢收效甚微。蘇聯軍隊的實力還太過於薄弱，不足以驅逐德國人。到了四月，反擊攻勢便在春季「道路泥濘時期」的爛泥中陷入停頓，又有四十多萬人被俘或受傷。史達林不得不放棄行動。戰事隨即短暫處於僵持膠著的狀態。

並非只有上前線者才會吃盡苦頭。留在後方的人們同樣也歷盡艱辛。家中沒有父親、兒子或兄弟出去打仗的人十分罕見，等到戰爭結束時，難得有家庭會不失去親屬。康斯坦丁·西蒙諾夫以〈等待著我吧〉一詩，捕捉了人們分離時的相思與焦慮，而那首詩作在俄羅斯受歡迎的程度，可與薇拉·林恩的歌曲之於英國，以及瑪琳·黛德麗之於德國一般地相提並論。[1]其催眠性的節奏表達出一種半安慰、半絕望的祈求，盼望數百萬永遠無法回來的人們安然重返：

等待著我吧，我一定會回來。
不過妳要耐心地等待。……
那些口口聲聲嘮叨著
「該忘記了吧」的人們，
妳別去理睬。
讓兒子和母親
相信我已不復存在。
讓朋友們疲於久候，
傍依著爐台
痛飲苦酒
向我的亡靈致哀。……
要等待啊，切莫急著與他們一起
舉杯澆愁懷。……

比其他任何人
更耐心地等待我歸來。

但蘇聯的婦女們不只是在等待而已。填補工業與農業縫隙的重責大任已然落到她們肩上。一九四一年十二月時，一項新的法律動員了全體未被徵召入伍的勞動人口從事戰時生產。超時工作成為常態、例假日遭到取消、每日工作時數增加成十二個鐘頭。年齡在十六至五十五歲之間的婦女接替了戰鬥人員所留下的工作：給鍋爐生火、駕駛拖拉機和操作重型機械等等。

有越來越多的工廠被拆除和搬遷到東部，倉促地在烏拉山區、西伯利亞、哈薩克斯坦和中亞地區重新組裝起來。數百萬人跟著它們一起疏散過去，在一個未知的地區投入新生活。生活條件非常嚴苛：先是重新蓋起工廠，然後才修建住房。整個一九四一和四二年之交的隆冬，有數十萬人棲身於泥屋和帳篷內，「一切為了前線！」的口號到處在海報、報紙，以及各種演說中出現。在某些情況下是立刻先把機器組裝完畢，等到可以開始生產之後，才圍繞著機器設備修築工廠牆壁。然而到了一九四三年中，蘇聯工業產值已經超過德國；一九四〇至一九四四年之間，彈藥生產量增加了四倍。在蘇聯工業的弱勢項目，例如卡車、輪胎和電話的製造，由來自美國和英國的租借物資彌補了

1 譯注：薇拉・林恩（Vera Lynn, 1917-）是英國歌星和二戰時期的英軍「甜心」；瑪琳・黛德麗（Marlene Dietrich, 1901-1992）則是一九三九年歸化美國的德國電影明星。二戰時期有一首名叫〈莉莉瑪蓮〉（*Lili Marleen*）的德國情歌同時廣受德軍和英軍喜愛（歌詞描述一位少女站在軍營大門外的路燈下，等待心上人歸來）。英國官方查禁不了那首德文歌，只好給它配上英文歌詞交由薇拉・林恩演唱。當初把那首情歌唱紅的德國歌星其實是拉蕾・安德森（Lale Andersen, 1905-1972），並非瑪琳・黛德麗。瑪琳・黛德麗在二戰時期其實是為美軍唱歌。

不足。

然而食糧依舊是讓人擔憂的大問題。德國人如今控制了許多最肥沃的蘇聯土地。蘇聯需要設法迅速因應，否則便沒有辦法養活軍隊，更遑論是其餘的人口。農業生產已經災難性地下降；一九四二年的穀物收成只有一九四〇年的三分之一。克里姆林宮向集體農莊強加了苛刻的配額，但與內戰時期不同的是，農民獲准保留面積有限的自耕地，並可出售自己的農產品。如同在工廠一樣，婦女們也必須扛起重擔來填補集體農莊的縫隙。費奧多爾．阿布拉莫夫那位作家描繪了社會各界如何做出超人般的努力，來維繫蘇聯農業於不墜：

他們把已經勞碌一生的老頭子找了出來、他們把青少年從課桌旁拉走，他們把拖著鼻涕的小姑娘送去冷杉林工作。還有婦女們——帶著小孩的婦女們——她們是如何撐過了那些年頭！那些人無論年齡和其他條件如何，都得不到任何的津貼。你可以在森林裡倒下去翹辮子，但是你不敢在完成自己的配額之前回來！你這輩子都甭想！……前線正這麼要求！」

城市居民耕種每一片空餘的土地，用自家種出來的蔬菜補充他們微薄的飲食，盟國則以「午餐肉罐頭」的形式大量提供了肉類。口糧如今只配發給過來工作的那些人。整個蘇聯社會都被看成是一架戰爭機器，未經許可擅自缺勤的行為都被歸類成「開小差」，可如同臨陣脫逃一般地被判處死刑。地方防衛分隊和民間消防單位，是由徵召過來的婦女、青少年和老年人所組成。民兵則是由工廠工人編組而成，在街頭匆匆構築了防禦工事。私有收音機在戰爭全期遭到沒收，未能將收音機交出的人們將面臨懲處。「稱讚美國技術」的行為成為可讓人遭到逮捕的罪行（儘管美國或許已經成為盟友，但舊有的戒心和猜疑很難消除。）

一整套可判處勞改的全新「罪行」類別被創造出來，其中包括「散布謠言」和「傳播恐慌」。定罪之後被發配到「古拉格」的那些人，加入了先前從波蘭和波羅的海三國遞解過來的數十萬人。他們被迫一起做苦工，支援負責在遙遠的北方和東方修建機場、跑道和道路的各個單位進行戰備。

一九四二年春天時，納粹侵略者已經損失一百多萬人。希特勒承認他不可能再度發動「巴巴羅薩行動」那種三管齊下的攻勢。他決定轉而側重於奪取高加索油田。如果德軍要有足夠燃料來繼續作戰的話，那是一個重要的目標。德方的首要任務是攻打到頓河與窩瓦河，藉此切斷蘇聯部隊的補給路線，並且於往南朝向格羅茲尼和巴庫等石油城市挺進之際掩護自己的側翼。到了初夏，希特勒的部隊擊退蘇軍在烏克蘭重新發動的攻勢，並開始東向進入頓河草原。時至六月底，他們在歐洲的最高點厄爾布魯斯峰插上了卐字旗。德國國防軍已經比此前的任何西方軍隊更加冒險深入俄羅斯，攻占了將近二百萬平方公里的蘇聯領土。七月的時候，希特勒信心十足地告訴他的將軍們：「俄羅斯已經完蛋了」。

史達林的樂觀態度在一九四一年底開始動搖。一九四二年七月下旬，他訴諸極其殘酷無情的手段來確保紅軍戰鬥到最後一滴血。他的「第二二七號命令」被分發給所有的軍方單位，並且規定要向每一位戰士大聲朗讀出來：

……我們國家的人民曾經是熱愛、尊敬紅軍的，但他們現在開始對紅軍感到失望，開始失去了對紅軍的信心。很多人詛咒紅軍向東逃跑，把我們的人民遺棄在德國的奴役下。一些愚蠢的人爭辯說，我們可以繼續向東撤退，因為我們還有廣大的領土……。我們必須做出一個結論：

> 是停止撤退的時候了。一步也不能撤！從現在起，這就是我們的口號。必須頑強地保護每一個據點、保衛蘇聯的每一塊領土，直到流盡最後一滴鮮血。我們必須抓住蘇聯的每一寸土地，盡最大努力堅持到底。……我們必須不惜一切代價擊退敵人。……擅自撤退的人，就是祖國的叛徒。……恐慌製造者和懦夫必須就地滅絕……

史達林下令，凡未得到軍事指揮總部明確指示便擅自允許部隊撤退的指揮官，一概送交軍法審判。違犯者將被革除軍銜、收繳勳章，以及遭到槍決。為求嚇阻「懦夫和恐慌製造者」，還組成了懲戒營。史達林在命令中指出，要「將那些因表現怯懦而觸犯紀律」的一干人等，「投入到前線的危險地段，以給他們機會用血來洗刷對祖國犯下的罪行。」為了防止有人敵前退卻，不可靠單位的後面還部署了配備機關槍的阻攔部隊。萬一師級部隊「出現恐慌性撤退或零星撤退」的時候，那些「阻攔部隊」必須「就地處決恐慌製造者和懦夫，……只有這樣，才能幫助部隊裡忠誠的戰士為祖國盡忠。」

「第二二七號命令」借鑒了俄羅斯歷史上的行為準則：個人必須願意為了國家的更大利益而犧牲自己。其字句中的「用血來贖罪」（redemption through blood，在俄語是「iskupit' krov'yu」〔искупить кровью〕）實為中世紀編年史的用語，讓人回想起波里斯與格列布殉難時代的俄羅斯歷史（參見上冊第二章）。那些懲戒營被指派進行最危險的任務，例如在出擊的蘇聯部隊前面清除地雷區，或者在德國坦克挺進的路線上埋設地雷。勞動營的囚犯們獲得了機會，藉由在懲戒營服役來消除自己的罪名。然而那些單位的陣亡率高達百分之五十，以致他們贏得救贖的機會往往只是一個假設性的問題而已。

有超過十五萬人因為「製造恐慌、表現怯懦，以及未經指示擅自脫離戰場」而被判處死刑。史達林並親自打電話給指揮官們，質問他們為什麼不執行他的命令。結果「第二二七號命令」收到了預期的效果。它強制帶來紀律與團結，提升了部隊的士氣；其雙重口號「不准後退一步！」和「勝利或死亡！」，會在戰爭的後續階段定義出紅軍的精神特質。

國家更十分樂意運用恐懼來獲致必要的結果。當尼古拉·拜巴科夫（日後的「國家計畫委員會」負責人）被任命主管高加索石油設施的時候，史達林警告他說：「即使你只留給德國人一噸石油，我們也會把你給斃了。但如果你摧毀設施，不留燃料給我們自己使用的話，我們照樣還是會把你給斃了。」

不過自我犧牲的精神既可以被恐懼催生出來，也能夠被愛意激發出來，而且克里姆林宮善於汲取俄羅斯愛國主義的深井。那場軍事衝突被正式命名為「偉大的衛國戰爭」，讓人聯想起反抗拿破崙的「衛國戰爭」。新創設的各種勳章得名自歷代民族英雄——「蘇沃洛夫勳章」、「庫圖索夫勳章」和「涅夫斯基勳章」，並在軍裝上面重新引進了金色穗帶。政委的地位變成居於軍事指揮官之下；部隊奉命於上戰場時高呼「為了祖國和斯大林！」的口號。針對「俄羅斯屬性」做出訴求之後，同時也拋出了另個問題：這形同將也在軍中作戰的各個非俄羅斯民族排除在外。可是訴諸「蘇維埃屬性」的做法聽起來不那麼強而有力；對許多少數民族來說，甚至還明顯具有負面的含義。

宣傳機器於是拐彎抹角地設法解決這個難題。官方鼓勵非俄羅斯民族「加入你們的俄羅斯兄弟」。他們被告知，「俄羅斯人的家園也是你們的家園。烏克蘭人和白俄羅斯人的家園也是你的家園！」本身是喬治亞人的史達林，將俄羅斯人民形容為「蘇聯各民族當中的傑出力量」和「具有領導地位的民族」。未向其他少數民族講明的承諾似乎是：如果他們在戰時盡心盡力的話，將來會有辦法享受自由與平等。那在某種程度上產生了效果。面對共同敵人的時候，各民族之間的合作得到

蘇聯的反攻，1942–45
蘇聯戰線，1941年12月
蘇聯戰線，1942年11月
蘇聯戰線，1944年12月
德軍投降時的蘇聯戰線，1945年5月7日
德軍投降時的盟軍戰線，1945年5月7日
挪威海
北極圈
挪威
瑞典
波特尼亞灣
芬蘭
拉多加湖
阿尼加湖
列寧格勒
沃洛格達
芬蘭灣
塔林
愛沙尼亞
諾夫哥羅德
蘇聯
波羅的海
拉脫維亞
1941年12月
高爾基
里加
西德維納河
博羅季諾
莫斯科
立陶宛
維亞濟馬
里亞贊
卡廷
斯摩棱斯克
1942年11月
普魯士
維爾紐斯
白俄羅斯
窩瓦河
明斯克
奧德河
維斯杜拉河
布良斯克
沃羅涅什
柏林
華沙
1944年12月
布列斯特－里托夫斯克
德國
庫斯克
波蘭
1941年12月
窩瓦河
克拉科夫
別爾季切夫
基輔
史達林格勒
布拉格
1942年11月
多瑙河
利沃夫
聶伯河
頓河
斯洛伐克
烏克蘭
聶斯特河
頓河畔的羅斯托夫
匈牙利
摩達維亞
敖德薩
亞速夫海
羅馬尼亞
克羅埃西亞
雅爾達
多瑙河
塞爾維亞
黑海
蒙特內哥羅
1944年12月
保加利亞
伊斯坦堡
阿爾巴尼亞
義大利
希臘
土耳其
愛奧尼亞海
愛琴海
0 英里 200
0 公里 300
N
10°
20°
30°
40°
50°
70°
70°
60°
50°
40°
20°
30°
40°

強化。之前二十年的時間內，革命所設想出來的「兄弟民族情誼」只不過是空話而已，可是於偉大的衛國戰爭時期，乍看之下這情誼好像正在實現之中。

儘管如此，俄羅斯始終處於核心地位。在一九四三年的時候，中央政治局決定不再將〈國際歌〉使用為國歌（它所宣揚的價值觀，是凌駕於國家之上的階級鬥爭），而以一首宣布俄羅斯在蘇聯領導地位的新國歌取而代之。

自由共和國的牢不可破聯盟，
永遠因偉大的羅斯而凝聚。[2]
亙古長存，由人民意願所創建，
統一而強盛的蘇維埃聯盟！
歌頌著祖國，我們的自由祖國，
民族友誼是堅固的堡壘。
蘇聯的旗幟就是人民的旗幟，
將我們從勝利引向勝利。

史達林的優先考量，是必須把國家團結起來，因此他向各民族暗示將會做出讓步，而且他還在其他的社會領域做出了妥協。他在文化上允許更多的自由。藝術家們可以創作出自己所想要的任何

2 譯注：「偉大的羅斯」（Великая Русь/Great Rus’）往往被翻譯成「偉大俄羅斯」（Great Russia），但「Русь」（Rus’）實為俄、烏、白三國對古代「羅斯」的共同稱呼（「偉大俄羅斯」在俄語則叫做Великая Россия/Velikaya Rossiya）。

東西，只需要避免在他們的作品中直接批評馬克思–列寧主義即可。之前遭到查禁的詩人們獲准重新公開發表。安娜．阿赫瑪托娃在蘇聯的廣播電台朗讀了她那熱情萬分、洋溢著愛國情操的詩篇。不很久以前還被克里姆林宮譴責的作曲家們，則為國家大業獻上自己的音樂作品。蕭斯塔科維奇開始譜寫他的《第七號交響樂》；當他藉此向其故鄉列寧格勒致敬的同時，還在那座被圍困的城市兼職擔任消防員。

後來他和阿赫瑪托娃一樣，也被疏散到安全地點，等到在古比雪夫那座城市完成該作品之後，他透過廣播電台宣布：「如今我們都是戰士，那些致力於文化工作和藝術工作的人們，與列寧格勒其他所有的公民們一同盡忠職守。」一九四二年八月九日在列寧格勒愛樂大廳演出這首交響曲的時候，那座城市已經被封鎖了將近一年，聽眾和樂團成員都處於餓死邊緣。銅管部分的團員們必須獲得額外口糧以便進行演奏。蘇聯領導階層宣布，該交響曲代表著藝術界對納粹主義罪惡的控訴。他們下令轟擊德軍陣地，以便在演奏期間阻止他們對城內的炮擊。那首樂曲則用街頭的揚聲器播放出去，最後傳遍了全世界。《列寧格勒交響曲》遠遠稱不上是蕭斯塔科維奇最傑出的作品，他後來表示該曲譴責了所有的獨裁政權——共產政權以及法西斯政權，但它有力地鼓舞了蘇聯的士氣。

甚至連長年遭到共產黨辱罵排斥，並且被迫走入地下的東正教會，也獲准重新公開舉行宗教儀式。被沙皇政權廢除了的「俄羅斯大牧首」職務，也得到恢復。教士們被鼓勵為蘇聯軍隊的勝利祈禱，為戰備募款。即將開赴前線的坦克車經常受到祈福。史達林堅持神父和主教必須由官方任命，他們必須向蘇聯政府宣誓效忠。不過教會並沒有抗拒他的要求，於是教會和國家彼此心照不宣地締結了盟約，有些人稱之為「一鼻孔出氣」，那種關係一直持續到今天。當時的莫斯科大主教尼古拉，則習慣將史達林稱做「我們共同的父親」。

克里姆林宮做出的種種讓步，以及精心營造出來的全國和解氛圍，讓許多人覺得他們終於至少針對自己國家的命運有了發言權。本身是退伍老兵的小說家維亞切斯拉夫·孔德拉季耶夫寫道：「對我們來說，戰爭在一個世代的時間內是最重要的事情。……你會覺得，彷彿在自己手中掌握了俄羅斯的命運。那是對公民身分、對效力祖國所產生的既真實又誠摯的感覺。」

德國第六軍團在資深將領弗里德里希·包路斯的指揮下，於一九四二年八月來到窩瓦河畔的史達林格勒。希特勒毫不掩飾，他執意要奪取那座以他的死敵來命名的城市。那簡直像是兩名獨裁者即將進行一場私人的生死決鬥。

史達林告訴他的將軍們，「史達林格勒保衛戰……對蘇聯的各條戰線都具有決定性的重要意義。最高司令部命令你們不遺餘力、不怕犧牲地守住史達林格勒和摧毀敵人。」幾天前溫斯頓·邱吉爾與美國代表埃夫里爾·哈里曼的莫斯科之行，更增添了這場戰役的緊迫性。二人搭乘美國「解放者」轟炸機從開羅飛往莫斯科的時候，引擎噪音顯然使得對話成為不可能，他們只得用鉛筆在便條紙上寫字來進行溝通。如今閱讀那些字跡潦草的頁面，能夠很清楚發現他們帶來了壞消息：邱吉爾與哈里曼通知史達林，西方盟國還不準備在歐洲開闢第二戰場。至少於未來一年的時間內，紅軍必須獨自在東戰場面對德國人。

史達林格勒的防務被託付給蘇聯新近組成的第六十二軍團，其指揮官是頭髮斑白、時年四十二歲的瓦西里·崔可夫將軍。他參加過一九一七年十月革命期間以及後來在波蘭和芬蘭的戰鬥。崔可夫的回憶錄《本世紀之戰》（一九六三），對他自己在戰鬥中扮演過的角色做出了相當低調的描述，我們幾乎無法感受到他的英雄表現。但崔可夫還是讓自己閃現出奇特的情緒反應。第一次是在戰役前夕，當他親口向史達林做出個人承諾的時候，他信誓旦旦地表示：「我們會拯救這座城市，否則我們每一個人都將死在自己的崗位上。」

第六十二軍團的那些政委當中（他們是安插在每個單位的黨代表，負責根除顛覆和灌輸紀律），有一個人叫做尼基塔・赫魯雪夫。赫魯雪夫之前擔任過烏克蘭共黨領導人，因為勤於協助整肅和處決他自己的同僚而表現特出。他曾經隨著紅軍入侵波蘭東部，而後在一九四一年協助組織了基輔的防務工作。

德軍地面部隊抵達史達林格勒之前，德國空軍早已將那座城市炸得殘破不堪。蘇方賴以進行補給的窩瓦河畔港口設施亦已遭到摧毀。一位名叫尼古拉・拉祖瓦耶夫的蘇聯士兵在日記中寫道：

一個聲音轟隆隆地從擴音器響起：「空襲警報！」又過了兩三分鐘，高射炮已開始射擊。五分鐘之後便開始落下數以千計的炸彈。十分鐘後已經看不見太陽。土地在我的腳下震動。一切都被煙霧和灰塵所覆蓋。四面八方不斷傳來呼嘯聲，炸彈破片和碎石紛紛從空中掉落。情況就這樣一直持續到天黑為止。這座城市陷入了火海之中。隨著黎明的來臨，空襲又重新開始。

史達林決定不疏散史達林格勒的百姓，因為他相信軍隊會比較不願意捍衛一座已被遺棄的城市。遭到轟炸的頭兩天內，有二萬五千位平民遇害。在隨後的六個月，將有二百萬名士兵爭奪這座已成廢墟的城市。德方起初擁有較多的人員、坦克和飛機，可是崔可夫兌現了他的承諾。他的部下在每一棟房屋和每一碼被炸得坑坑洞洞的道路進行戰鬥。這座城市越是被夷為廢墟，就越給入侵者增加了困難。德國國防軍不適合進行巷戰；它的坦克車和機械化部隊在狹窄的空間內施展不開。蘇聯部隊卻很快就學會如何利用己方的優勢條件，拆解出一個個行動靈活的小單位，快速從一地轉移到另外一地來騷擾敵人。崔可夫指示他的部下要「緊緊擁抱敵人」，始終保持雙方的戰線彼此重疊，讓德軍無法要求炮兵提供火力支援，以免打到了自己的部隊。

史達林催促朱可夫元帥展開反攻，以便阻斷德國部署在史達林格勒周圍和南方高加索地區的兵力。但是朱可夫告訴他說，至少在兩個月的時間內都無法採取此類行動。否則正在防衛史達林格勒的崔可夫將無法得到增援，因為所有的預備部隊、坦克和飛機都將投入即將來臨的攻勢。

此際戰鬥陷入了最殘酷的白刃戰。有時德國人控制住一棟建築物的上層，而俄國人扼守地下室，彼此爭奪位於他們上方或下方的各個樓層。一名德國士兵寫道：「史達林格勒再也不是一座城市。白天的時候，那裡燃燒出的滾滾濃煙遮住視線。夜幕低垂後，狗兒一隻又一隻地跳進窩瓦河，拼命游向對岸。[3]動物紛紛逃離這個地獄。就連最堅硬的石頭也不堪負荷。只有人們還堅持不懈。」

婦女擔任通信兵、信號兵，以及前線的戰鬥人員。其中最負盛名的則是那些「暗夜女巫」團隊——在夜幕掩護下駕駛老舊蘇聯雙翼飛機的女飛行員們。那些飛機幾乎不發出聲響，然後無預警地投下炸彈。她們的首選目標是橋樑和前方機場，以突如其來的攻擊行動給德國人製造恐怖。

狙擊手以瓦礫堆做為掩護，殺死了成千上百人並且受到吹捧。年輕的西伯利亞男子瓦西里·扎伊采夫據稱殺敵三百餘人，他的事蹟曾被蘇聯宣傳機器廣為頌揚。柳德米拉·帕夫利琴科的記錄可與扎伊采夫相提並論，德國人稱她為「俄羅斯的女武神」。他們覺得是她決定了戰場上的誰生誰死。帕夫利琴科不但在蘇聯各地參加集會遊行，還被送往英國和美國巡迴露面。她替克里姆林宮傳達的訊息是：同盟國應該展現出跟她一樣多的勇氣，趕緊在西歐開闢第二戰場。

3 狗兒有很好的逃跑理由，因為德軍已經接獲命令，只要一看見牠們就開槍。蘇聯人訓練亞爾薩斯犬在汽車下面尋找食物，讓狗兒習慣汽車下面有東西吃，之後便派遣牠們背負炸藥去德國坦克下面引爆。

作家瓦西里・格羅斯曼曾經置身史達林格勒，經歷過那六個月的戰役，並且於《人生與命運》一書描寫了令人心酸的細節（一九五九）。在一篇較不為人知的報導〈史達林格勒的一個日常故事〉（一九四二）中，格羅斯曼則敘述自己如何跟著十九歲的狙擊手阿納托利・契訶夫一同外出，觀察他進行他那致命的行業：

一個德國人端著搪瓷盆子拐過街角。契訶夫早已曉得，士兵們總是在這個時刻拿容器出來為長官打水。他轉動步槍表尺輪、把瞄準器的十字線向上移動、將前置量設定在那名士兵鼻子前方四公分處，然後開火。士兵的軍帽下方霎時冒出一個黑點，他的頭部猛然向後一仰，那個容器噹啷一聲從他手中跌落。契訶夫感覺到一陣興奮的顫慄。一分鐘之後，有另外一名德國人出現在街角，手中拿著一副雙筒野戰望遠鏡。契訶夫扣下了扳機。

全世界都在注視這場戰役，一種信念與日俱增：只要能夠守得住史達林格勒，就可以打贏那整場戰爭。

德軍慢慢地擴大了自己在城內的據點。蘇聯軍隊則死守東部城郊，以及史達林格勒與窩瓦河之間的狹長條狀地帶。包路斯已經通知希特勒，納粹的旗幟正飄揚於史達林格勒上方；現在只需要把最後的守軍驅趕到河對岸即可。然而德國人沒有考量到將近一千年來推動俄羅斯人保衛自己家園的毅力和自我犧牲精神。「我們在窩瓦河後面已無退路！」，這就是灌輸給部隊的口號。「一步也不退！」既是警告也是一種勸誡，撤退過河的人將會遭到報復。蘇方承受了巨大的人員傷亡。例如亞歷山大・羅季姆采夫將軍所統率的近衛步兵第十三師，在九月底已經損失其一萬人當中的百分之九十五。崔可夫在回憶錄中表示，軍隊的慘重犧牲帶來了勝利：

攻勢結束的時候，敵軍僅僅前進了一英里。他們的收獲並非來自我方的撤退，而是因為我方人員陣亡的速度快於人員補充的速度。德國人只有越過我方的陣亡者才能前進，而我們已阻止他們突破窩瓦河。德軍在半英里的土地上損失了數萬人，他們已經難以為繼。他們還來不及向部隊補充新兵，我們就發動了全面反攻。

蘇聯人沒有撤退到窩瓦河對岸。整場戰役中最具英雄色彩的事蹟，或許就是防衛「巴甫洛夫大樓」的行動，區區二十幾名士兵在雅科夫．巴甫洛夫中士的指揮下，守住了那個位於市中心的公寓建築。他們從九月底開始進駐那棟四層樓房，在一波波的敵軍攻勢下苦撐了兩個月之久。德國軍方的電訊稱之為一座要塞，並推斷它能夠得到源源不絕的兵員補充。巴甫洛夫後來驚訝地發現自己被譽為英雄，獲頒各種勳章。其實他發乎自然的勇氣，承襲了《戰爭與和平》書中「圖申」那名炮手的傳統，以及托爾斯泰視為歷史推動力的所有那些「小人物」之事蹟。崔可夫曾經表示，德軍試圖奪取「巴甫洛夫大樓」之際所陣亡的人數，比攻占巴黎的時候還要來得多。此類事蹟決定了史達林格勒的命運。

由於史達林格勒捍衛者的頑強抵抗，朱可夫贏得了所需要的時間來集中兵力，然後蘇軍於一九四二年十一月十九日展開代號為「天王星」的反攻行動。瓦西里．格羅斯曼把它形容成「兩個巨大的鍾子，一個在北邊，一個在南邊，每一個都是由幾百萬噸的金屬和人類的血肉所構成」。神奇的是，紅軍順利集結了成千上萬的坦克、大砲和人員，沒有被德國人發現。就這麼一次，史達林沒有匆匆催促他的指揮官們，攻勢因而得到了充分準備。

希特勒執意要攻下史達林格勒，於是把兵力從自己部隊的兩個側翼抽調過去，導致它們遭到嚴重削弱。朱可夫的鉗形攻勢利用了這個機會。時至十一月二十三日，大約三十萬德軍及其羅馬尼亞盟友已經牢牢陷入一個被他們稱呼為「Kessel」（大鍋子）的包圍圈。希特勒指示第六軍團的指揮官們不得嘗試突圍，必須固守原地等候空軍運來武器和補給品。結果證明那是一個災難性的決定。德國空軍運過來的物資根本就不敷所需，被圍困的部隊很快便發現自己孤立無援，到了快要挨餓的地步。對其中大多數人來說，一九四二年聖誕節將是他們的最後一次。困處包圍圈內的那些人在日記和信件中談論起雪景、聖誕樹，以及在鋼琴上彈奏的舒伯特曲調，讓心酸的閱讀者意識到，他們感覺已被任由自生自滅。

飢餓和凍瘡造成了人員損失。包路斯在一月初報告說：「部隊正在餓死和凍死。再也沒有了彈藥。再也無法移動坦克。」當一位德國空軍將領飛往包圍圈，宣布再也不可能進行運補作業的時候，包路斯告訴他說：「你難道不明白，那些人員已經挨餓到了撲向馬匹的屍體，劈開頭部生吞馬腦的地步！」[4]

一九四三年二月二日，他們終於不顧希特勒的威脅而投降，結果，當初的三十萬人只剩下九萬人還活著。他們在戰後繼續被囚禁於蘇聯戰俘營，結果只有五千人能夠重返家園。曾經勝利行軍通過比利時和法國的德國第六軍團，如今已被消滅。史達林格勒戰役總共陣亡了一百多萬人。但其結局使得同盟國反敗為勝。蘇聯人確保德軍從此開始只能進行撤退戰。

★ ★ ★

位於北方的列寧格勒則繼續遭到封鎖。那座城市自從一九四一年八月以來就被無情地炮擊，光是在一九四二年即有二百五十四天遭到轟炸。它的居民承受了可怕的苦難。在市中心的主要幹道涅瓦大街仍可看見來自那個黑暗時期的警示，其中包括塗在牆上的一個標語。其內容是：「市民們，空襲來臨時，馬路的這一側比較危險！」

德國人的距離是那麼近，以致可以聽見他們擴音器中傳出的音樂；此外還有呼籲列寧格勒人投降的俄語喊話。在那座城市的郊區，納粹部隊摧毀了雄偉的皇家宮殿：彼得大帝的夏宮、位於「沙皇村」的凱薩琳宮，以及「加特契納」的皇家莊園。反覆進行的突圍行動相繼失敗，每個月都有數千人死於飢餓。人們把狗和貓吃了；禽獸則從列寧格勒的動物園消失。衰竭而死的屍體繼續留在他們倒下去的街頭。剛開始遭到封鎖時的二百五十萬市民當中，據估計大約有八十萬人餓死，另有二十萬人死於轟炸。物質上的破壞十分巨大，彼得的城市僅僅剩下了一個空殼子。阿赫瑪托娃在一九四四年五月重返列寧格勒的時候，寫下了她如何痛苦地發現「一個可怕，可怕的鬼魂，假裝是我的城市」。

但是列寧格勒並沒有陷落。俄羅斯人民的英雄表現和「亞洲式」的頑強作風驅除了納粹大軍。我記得自己於學童時代住在市內著名的「阿斯托利亞飯店」之際（那時它尚未恢復其傳統的、昂貴的金碧輝煌面貌），看見飯店大廳裡有一些用玻璃框起來的斑駁文件。它們是希特勒的邀請函，而他已經信心十足地計畫在「阿斯托利亞」舉辦勝利慶祝會。它們早已印製妥當，甚至還列出了預定在一九四二年舉行慶祝會的日期。[5]

4 史達林格勒戰敗後，希特勒催促包路斯自殺，但他拒絕了。他在蘇聯當戰俘時成為尖銳的納粹批評者，最後在一九五三年獲釋。

就在德軍被擊退之際，希特勒下令發動了他在東戰場的最後攻勢。蘇聯軍隊在各個區段以不同的速度向西方前進，而莫斯科南方三百英里之外的庫斯克一帶的單位，比北方和南方鄰近的友軍推進得遠了許多，此地於是形成蘇聯軍隊的突出部，讓希特勒覺得是一個易受傷害的目標。一九四三年七月四日，九十萬名左右的德國士兵和將近三千輛坦克展開了「堡壘行動」。他們的目標是從南北兩側對突出部展開鉗形攻勢，切斷蘇聯的先頭部隊。這將成為歷史上最大規模坦克會戰的初步行動。朱可夫接獲有關希特勒意圖的情報，並且順利組織了動用一百萬人、四千輛坦克和三千架飛機的防禦陣地。這場戰鬥持續了五十天。之前的德國閃電戰總是能夠突破敵軍防線，但這一次蘇聯人屹立不搖。正如同一八一二年在博羅季諾那般，俄方的人員損失比敵方慘重，可是心理上的勝利無疑屬於他們。德方的攻勢停頓下來之後，蘇方先是派遣懲戒營過去清除敵人的地雷區，接著由數千輛T－34坦克往前衝向德軍防線的縫隙。希特勒再度被迫撤退。

蘇聯在庫斯克獲勝的時候，正值美軍和英軍於一九四三年七月登陸西西里島。軸心勢力如今同時在東方和南方遭到圍攻，而同盟國對勝利越來越充滿信心。一九四三年十一月，西方三大盟國的領導人在德黑蘭舉行他們的第一次戰時會議。史達林重複了他原先的要求，希望邱吉爾和羅斯福在西歐開闢第二戰場，二人於是同意最遲在一九四四年五月之前那麼做。

更具爭議性的問題，則是戰後應該如何處置波蘭。史達林堅決地宣稱，蘇聯必須擁有西烏克蘭和西白俄羅斯，以及波蘭東部曾經屬於古代羅斯的地區。他主張可以用波蘭國境西側的德國土地來補償波蘭。邱吉爾和羅斯福則暫時同意，一九一九年的「寇松線」將成為戰後的蘇聯－波蘭邊界。這讓蘇聯得以保留在《莫洛托夫－里賓特洛甫協定》的秘密協議下所兼併的大部分波蘭領土，包括利沃夫、布列斯特－里托夫斯克，以及維爾紐斯等城市在內。流亡倫敦的波蘭政府雖然是同盟國正式承認的合法政府，卻不曾被徵詢意見。波蘭政府對提議割讓波蘭領土所感到的憤慨，並沒有得到多少同情。

一九四四年夏天，德軍已經完全被逐出蘇聯國境。登陸諾曼地兩個星期之後展開的「巴格拉基昂行動」[6]，成功地將軸心國部隊驅離白俄羅斯和波蘭東部。五萬七千名德軍戰俘被迫遊街，在人群的嘲笑聲中列隊通過莫斯科。[7]紅軍從羅馬尼亞、匈牙利和斯洛伐克橫掃而過，在八月初已經攻抵華沙東郊。

眼看著戰役即將到來，與共產黨沒有瓜葛、效忠於倫敦流亡政府的抵抗運動——「波蘭家鄉軍」，齊心協力上演了一場反擊納粹占領的行動。他們把起事時間選定於八月一日，打算為波蘭的獨立取得發言權：那些戰鬥者希望在解放華沙的行動裡面插一手，以防止莫斯科聲稱是它獨力解救了波蘭。波蘭人知道紅軍正集結在維斯杜拉河東岸，而且他們預期蘇聯方面會加入他們來驅逐德國人。「莫斯科廣播電台」果然大聲呼籲波蘭人挺身而出。但俄方什麼事情都沒做。隨後兩個月內，紅軍坐下來眼睜睜看著波蘭人單槍匹馬作戰。波蘭家鄉軍在市內平民百姓的支援下，起先享有一定程度的成功，獲得廣大地區的控制權。但他們人力有限而且裝備不足。到了八月中旬，形勢已開始

5 當我最近再度前往那家大飯店的時候，他們告訴我說：希特勒的慶典邀請函已在德國客人提出抱怨之後被移除。如今可以在「國立列寧格勒圍城紀念博物館」裡面看見它們。

6 譯注：彼得．巴格拉基昂（Pyotr I. Bagration, 1765–1812）是拿破崙戰爭時期陣亡於博羅季諾的喬治亞裔俄軍上將。喬治亞人史達林刻意選用他的名字，在一九四四年六月二十二日發動「巴格拉基昂行動」，擊潰了德國中央集團軍。

7 這些人將在戰爭結束許多年後繼續留在蘇聯，致力於建築工程和其他公共建設來「贖罪」。倖存的少數人一直要等到一九五五年才返回德國。昔日ＢＢＣ莫斯科辦公室所在的大樓就是德國戰俘建造的，而我記得俄國人對其高品質羨慕不已。由「那些德國人」建造的公寓樓房，比蘇聯人自己蓋出的房子更受歡迎許多。

逆轉：德軍經過重新整編後，給波蘭人帶來嚴重的損傷。

在海因里希．希姆萊的指示下，納粹黑衫隊（SS）宣布城內所有的居民都是合法軍事目標，並且挨家挨戶射殺男女老少。有多達五萬平民遭到納粹處決，還有更多人死於轟炸和交火。波蘭家鄉軍呼籲提供援助，但莫斯科不予回應。邱吉爾懇求史達林幫助波蘭人，而他拒絕了。在九月初的時候，起事行動氣數已盡。游擊隊員企圖從華沙的下水道脫逃出去，但其中許多人遭到圍捕和槍決。[8]殘餘的反抗軍投降後，納粹決定有計畫地摧毀該城做為對波蘭人的懲罰。等到蘇聯軍隊終於在一九四五年一月抵達時，這座都城已有大約百分之八十五形同廢墟，以致華沙成為二戰期間受損最嚴重的城市。在廢墟裡發現了一名年輕波蘭游擊隊員約瑟夫．什切潘斯基所寫的一首詩，詩中向讓他和他的同伴們面對死亡的蘇聯人傳達出挑戰的訊息：

你們傷害不了我們！
你們可以選擇幫助我們，讓我們得到拯救，
或者繼續拖延下去，看著我們遭到毀滅……
死亡並不可怕；我們知道如何去死。
可是要曉得：從我們的墓碑
將在勝利中誕生一個新的波蘭，
而你將永遠不會踏上我們的土地，
你這個烏合之眾的紅色統治者！

可悲的是，什切潘斯基搞錯了。史達林刻意延遲攻佔華沙，藉此讓波蘭民族主義的拔尖人物被清掃一空。波蘭家鄉軍的競爭對手——規模小了許多的共黨反抗團體「人民軍」，則按照莫斯科的指示不參加起事行動，能夠完整保留實力。在史達林堅持之下，他們將會組成該國戰後的親蘇聯政府，為此後四十多年內束縛著波蘭的共黨枷鎖奠定了基礎。

攻占華沙之後，紅軍重新快速向前挺進，一九四五年二月已來到距離柏林五十英里的範圍內，面對德軍的殊死抵抗。在戰爭的最後幾個月，德國境內共有多達三十萬蘇聯士兵陣亡，一百多萬人受傷。蘇聯人一心想要報復納粹在蘇聯做出的暴行，於是強暴、搶劫和殺害平民的事件頻傳。蘇軍指揮官鮮少進行干預，只有當此類行動危及紀律的時候才會介入。史達林自己也曉得紅軍士兵強暴了成千上萬的德國婦女，並且在一九四五年四月與南斯拉夫領導人約瑟普・狄托會談時，試圖為此進行辯解。

我相信您應該讀過杜斯妥也夫斯基？所以您一定知道人類的心靈是個多麼複雜的東西吧？那麼請想像一下，有個人從斯大林格勒一路攻打到貝爾格勒——穿越數千公里遭到蹂躪的本國土地，跨過他的同志們和親愛人們的屍體。您怎能期待這樣的一個人做出正常表現呢？但無論如何，經歷過這樣的恐怖之後，他跟一個女人歡樂一下難道會是那麼可怕的事情嗎？紅軍不是由聖人組成的，而且也不可能變成那樣……重要的是，它能夠打德國人。

8 安杰依・瓦依達（Andrzej Wajda）一九五六年拍攝的電影《下水道》（*Kanal*），以令人不寒而慄的方式呈現了起事的最後一天。在共產黨統治下的波蘭，瓦依達無法完全說出蘇聯的背叛故事，他的電影卻仍足以讓波蘭人感覺他們的犧牲並沒有遭人遺忘。

作家伊利亞．愛倫堡與瓦西里．格羅斯曼齊名，是最偉大的蘇聯戰地記者之一，曾經在之前那些年頭記錄了德國人的暴行。他為紅軍的報紙《紅星報》撰文時，傳達出強烈的復仇訊息：

> 德國人不是人……如果你殺了一個，就再殺另外一個。沒有什麼東西會比德國人的屍體更好。不要計算你所走過的里程；要計算你所殺掉德國人的數目。殺德國人——這就是你的母親對你的懇求。殺德國人——這就是你的孩子對你的乞求。殺德國人——生養著你的土地大聲疾呼要你這麼做。千萬不要錯過。千萬不要猶豫。殺！

愛倫堡和格羅斯曼一樣也是猶太人，而且二人曾經聯手進行一個專案，詳細記述了納粹對蘇聯猶太人犯下的罪行。他們關於蘇聯猶太人大浩劫的《黑皮書》鉅細靡遺地見證了屠殺與迫害，可是許多年來一直未能公開發行。蘇聯官方面對反猶太主義時模稜兩可的態度，以及不願將注意力從蘇聯人民所受苦難轉移開來的立場，導致《黑皮書》被禁止出版。

紅軍從一九四五年一月開始解放中歐的納粹集中營：奧許維茲、貝烏熱茨、海烏姆諾、索比布爾[9]以及特雷布林卡。瓦西里．格羅斯曼在一九四四年撰寫〈特雷布林卡的地獄〉時，曾經為此採訪了倖存者和當地居民。這篇專文後來成為紐倫堡大審的證據，用於協助將必須為犯行負責的那些人定罪。

蘇聯軍隊向柏林挺進的時候，同盟國再度舉行會議。在史達林堅持下，此次會議召開的地點是黑海度假勝地雅爾達，從一九四五年二月四日開始進行。在該地終於決定了歐洲的命運，並且為此後持續將近半個世紀之久的東西方分裂奠定基礎。羅斯福當時已經病入膏肓，只能再多活兩個月。

雅爾達會議的新聞報導短片顯示出來，他的模樣顯得孱弱不堪，幾乎無法舉起臂膀和其他與會者握手。史達林趁機占了上風，迫使羅斯福接受他對歐洲未來的觀點，並且在邱吉爾提出異議的時候加以封殺。

會中同意波蘭流亡政府從倫敦返國，加入已在華沙被扶植成立、受到共產黨把持的臨時政府。史達林眼見親共勢力已經大權在握，於是胸有成竹地答應儘快舉行選舉。除此之外，「寇松線」被確認為波蘭和蘇聯之間的邊界——會中定出的各項措施都偏離了波蘭的利益。即使時至今日，波蘭人仍然將「雅爾達」視為「背叛」與「兩面手法」的同義字。

四月中旬展開了對柏林的最後攻勢。朱可夫和科涅夫元帥的部隊競相角逐大獎，不斷以密集炮火轟擊納粹的首都，所發射彈藥的噸數超過了盟軍轟炸機在戰爭全期向那座城市投擲的炸彈。經過一星期逐街巷戰之後，蘇聯軍隊在五月二日攻抵柏林市中心。希特勒已在兩天前自殺於總理府的地下掩體。據悉發現其焦屍（再加上愛娃・布勞恩，以及約瑟夫・戈培爾全家人遺體）的蘇聯部隊，已經銷毀了一切證據，藉此防止那些遺物成為納粹同情者的焦點。

當天下午還拍攝一張著名的照片，呈現蘇聯士兵在德國國會大廈升起共產黨的錘子鐮刀旗。這張照片是重覆了前一天晚上已經發生過的事情，因為那時沒有攝影機在場。然而就連這張裝模作樣拍出的照片也無法完全讓蘇聯檢查人員滿意。在照片上面可以清楚地看見，兩名士兵之一戴著兩隻手錶，這是他曾經打劫的鐵證。要等到將手錶從圖中清除之後，才向全世界發表了那張照片。

9 譯注：奧許維茲（Auschwitz）今日位於波蘭西南部，或音譯成「奧斯維辛」（Oświęcim）——但波蘭語讀音實為「奧許文琴」。貝烏熱茨（Belzec）或音譯成「貝爾澤克」；索比布爾（Sobibór）或音譯成「索比波爾」。海烏姆諾（Chelmno）則往往被音譯成「切姆諾」，位於今日波蘭西北部，德文名稱是「庫爾姆霍夫」（Kulmhof）。

五月八日早上，德軍簽字向西方盟國無條件投降。史達林在克里姆林宮接見了紅軍指揮官，舉杯慶祝勝利：

同志們，我要為我們蘇聯人民的健康舉杯，而且我尤其要為俄羅斯人民舉杯。（響亮而持續的掌聲；歡呼「萬歲！」）我特別要為俄羅斯人民的健康乾杯，因為他們是蘇聯各民族當中最傑出的一個……是我們國家所有民族的主導力量。

在六月二十四日，也就是納粹如潮水般越過蘇聯邊界四年又兩天之後，朱可夫騎著白馬帶領勝利遊行的隊伍穿越紅場，戲劇性十足的策馬奔馳場景以及震耳欲聾的「萬歲」呼聲，構成了一個奇觀，使得痛失親人的劫後餘生者充滿了喜悅。（史達林原本執意要親自帶領遊行隊伍，可是他被那匹駿馬掀下來兩次以後只能咒罵道：「去他的，就讓朱可夫來做吧！」）當紅軍部隊列隊通過列寧陵墓，將虜獲的納粹標誌和敵軍軍旗成堆扔到地上時，蘇聯慶祝了它最輝煌的勝利時刻。

全民已經展現出自己的英雄氣概，現在希望獲得相對應的回報。就像一八一二年的時候那般，俄羅斯百姓等待政府表彰他們的犧牲，給予他們自由以及參與治國的權力。然而他們對戰後公民參政的期盼將再度落空。史達林打算回到他的老方法。

33 民族敵人取代了階級敵人

蘇聯在第二次世界大戰期間損失了二千萬至二千五百萬人，超過總人口的百分之十。相形之下，德國損失了七百萬人、英國損失了五十萬人，而美國損失了三十萬人；蘇聯光是在史達林格勒戰役期間所承受的傷亡，便相當於美英兩國在戰爭全期的人員損失。巨大的死亡人數導致男女比例嚴重失衡，以及戰後一代的出生率大大降低。先前遭到占領的蘇聯土地滿目瘡痍。紅軍撤退時的焦土政策導致土壤貧瘠和農業生產不振；德軍撤退時則水淹礦場、破壞鐵軌和炸毀工廠。俄羅斯西部的許多地區一片荒蕪，千百萬無家可歸者流落於城鎮和鄉村的廢墟之間。

史達林索取巨額賠償。一九四五年七月中下旬和八月初舉行波茨坦會議時，同盟國將德國與奧地利以及二者的首都，切割成四個占領區，分別交由美、英、蘇、法四國來管理。每個戰勝國皆可獲得一份德國的資產，而蘇聯立刻將一萬一千噸的工業設備運往東方。

史達林待在波茨坦的時候，是三巨頭當中唯一仍然掌權的人。哈利・杜魯門已經接替新近去世的羅斯福，克萊門特・艾德禮則在波茨坦會議期間舉行的國會大選中擊敗了邱吉爾。[1] 史達林認為自己已經摸透了那些新手伙伴們的斤兩，所以他談判時的立場非常強硬。紅軍在戰爭最後幾個月的

1 大選舉行於七月五日，但選舉結果遲至七月二十六日才公布——部分原因在於海外英軍的選票仍需清點。於是邱吉爾出席了會議的前十天，在最後一個星期被艾德禮替換。

進展，使得它占領了波羅的海三國、波蘭、捷克斯洛伐克、匈牙利、保加利亞和羅馬尼亞。歐洲的分裂已然是既成事實，史達林則在波茨坦迫使英美兩國於法律上加以承認。他套用了那個古老的論點，強調俄羅斯必須保護其易受侵犯的邊界。為求這麼做，俄羅斯必須要有能力影響那些圍繞著它的地區，因此中歐和東歐各國將成為莫斯科的「緩衝國」，在此勢力範圍內，西方盟國沒有什麼置喙的餘地。

對於像波蘭那樣有士兵與盟軍並肩作戰長達將近六年之久的國家來說（而且其流亡政府將不在他們新近獲得「解放」的祖國扮演任何角色），那是一種無法形容的背叛。就拉脫維亞、立陶宛和愛沙尼亞等波羅的海三國而言，它們都將完全失去自己的國家地位，僅僅變成「兄弟民族情誼」之下的蘇聯加盟共和國。

來自蘇聯各民族、不侷限於俄羅斯族的男男女女，曾經英勇作戰以確保蘇聯的生存；現在他們普遍期盼能夠生活得更好，社會能夠變得比較自由。史達林的公開言論曾經一度令人振奮。他在一九四六年二月九日播出的一篇演講中，一反常態讚美了各民族於戰時的齊心協力，聲稱：「蘇維埃國家制度是多民族國家的模範，蘇維埃國家制度是把民族問題和各民族合作的問題解決得比其他任何一個多民族國家都好的國家組織體系……」

然而那些既冠冕堂皇又自賣自誇的字句掩蓋了黑暗的現實。如今外敵已被擊敗，史達林於是把注意力轉移到——真實存在或者想像出來的——「內部敵人」身上。

★ ★ ★

戰爭才剛爆發的時候，莫斯科就已經按部就班地在蘇聯境內實施一項民族工程計畫，逮捕、驅逐和遷移被史達林視為潛在納粹合作者的族群。一九四一年八月，他已經開始向「伏爾加德國人」下手。那些人都是將近兩百年前受到出生於德國的凱薩琳大帝邀請，移民至俄羅斯定居的學者、藝術家、工程師和軍事顧問之後裔。其家庭在俄羅斯居住了這麼長的時間，以致他們除了名字之外早就是不折不扣的俄國人。一九三〇年以後的那些年頭，他們更曾因為走在集體化運動的前列而到高度讚揚。然而史達林說服自己，這些人將會歡迎希特勒的軍隊，並且協助摧毀蘇聯，於是下令撤銷「伏爾加德意志人蘇維埃社會主義自治共和國」，並且強制遷移該地的居民。大約有四十萬人遭到圍捕、被逐出家園，並且被強行運往中亞哈薩克的沙漠或西伯利亞的阿爾泰地區。抵達目的地之後，他們大多數人被徵調加入「勞動軍」，一個旨在提振戰力的工作營網狀組織。[2]

史達林顯然把戰爭當成藉口，使用於箝制他所猜疑的任何族群。納粹在一九四二年占領高加索和克里米亞，加劇了他對那些地區百姓的偏執印象。他在一些保密的備忘錄中宣稱當地各民族不可被信任，並明確表示他將會對那些人採取嚴厲措施。[3]如同他一九三九年在波羅的海三國所做過的那般，史達林也決定蘇聯南部邊區需要由「更可靠」（俄羅斯或烏克蘭裔）的百姓來居住。從一九四四年初開始，數十萬名車臣人、印古什人、巴爾卡爾人、卡拉恰伊人、卡爾梅克人[4]和克里米

2 遲至一九八〇年代，我某些莫斯科朋友的家庭仍舊處於被流放狀態。其中一人的父親是伏爾加德國人報紙《重生報》（*Vozrozhdenie*）的編輯，該報四十年來不斷呼籲獲得返鄉的權利。這個問題在戈巴契夫時代被用奇怪的方式解決了一部分，當時伏爾加德國人獲准移民出去後，西德大使館突然受到大排長龍、擁有聽起來像是德國姓氏的人群包圍。他們都立刻獲得了簽證，被問到的事項不多，而且沒有移民配額限制。西德當局對他們於歷史上任何時期——從十八世紀直到第二次世界大戰——被「困」在俄羅斯的同胞們所處的境遇感同身受。西德條件寬鬆的「回歸法」替成千上萬人開啟了在西方的新生活。

亞韃靼人被驅逐出他們位於北高加索和克里米亞的歷代家園，藉口是以此做為他們與納粹合作的懲罰。事實上只有少數人真正通敵，比例不會比烏克蘭或蘇聯的其餘地區高出多少。[5]

高加索地區絕大多數的男性就跟其他每個人一樣，已經被徵召加入紅軍，為了自己的解放而勇敢地戰鬥。當他們正在為蘇聯作戰的時候，他們的家屬（婦女、兒童和老人）被塞進運牛的卡車，以便「無限期地被重新安置」在西伯利亞、烏拉山區、烏茲別克斯坦和哈薩克斯坦。遞解行動完成得非常快速，往往沒有事先警告。生了重病或是拒絕上路的人們會遭到槍殺。一名被放逐的車臣人曾於一九四四年二月，在他未公開發表的日記中記載著：

> 有一位村蘇維埃主席——八十歲的圖沙——協助運走他的村民，他自己的家人也在其中。圖沙身邊只剩下了他的兒媳婦和她還在吃奶的嬰兒。
>
> 圖沙以拙劣俄語告訴一名喬治亞裔的軍官：「我這裡生，我這裡死，我不去哪裡！」圖沙伸開雙臂站在他家的大門外。他的兒媳婦曉得大事不妙。她號啕大哭，一面把嬰兒抱在胸口，一面伸手抓住了她的公公。她拉了他一把，又拉了一把將他朝我們人群的方向拽過來，不斷哭喊著：「爹爹，爹爹來吧！不然他們會把你殺了。」這一切都發生在一瞬間。
>
> 軍官指示一名手持衝鋒槍在旁待命的俄羅斯士兵：「開槍！三個都打。」
>
> 士兵臉色慘白，開始顫抖起來。他開口說道：「我會打死那個男的，但是不殺女人和小孩。」
>
> 軍官拿著的手槍迸發出閃光。那名士兵還沒講完最後一個字就倒在地上，頭部已被射穿。軍官還一口氣殺死了圖沙、他的兒媳婦，以及她的孩子。
>
> 他們匆匆把我們沿著小徑向下驅趕到大馬路上。那裡的一輛輛卡車已經等待著我們。拖泥帶水

的人會被一槍打死。事情就是那個樣子。

往東方的旅程持續了一個多月，途中有許多人死於飢餓和疾病，死者被就地掩埋在公路或鐵路的旁邊。倖存下來的人們抵達目的地之後，發現那裡沒有為他們做出多少準備，甚至全無準備。他們被侷促在「特別聚落」的最原始生活條件下，而內務人民委員會的統計數字顯示出來，那些人在一年之內便死了百分之二十。克里姆林宮所懲罰的那些族裔群體，往往都是拒絕融入蘇聯生活方式的穆斯林。被遞解者禁止使用他們自己的語言，接受教育的機會也受到嚴格限制。

3 最典型者是史達林針對克里米亞韃靼人頒布的《5859ss號密令》（一九四四年五月十一日）：「許多克里米亞韃靼人背叛了祖國、從捍衛克里米亞的紅軍單位開小差、與敵人合謀，並且加入德國人所組織的志願軍單位來對抗紅軍。德國法西斯軍隊占領克里米亞期間，克里米亞韃靼人加入了德軍執行懲罰行動的分遣隊，尤以對蘇聯游擊隊進行野蠻報復而著稱。此外他們曾協助德國侵略者組織殘暴的圍捕行動，藉此將蘇聯公民交由德國奴役，以及大規模滅絕蘇聯人民。鑒於上述事實：韃靼人將悉數被驅離克里米亞的土地，並以特殊移民的身分，永遠被安置在烏茲別克蘇維埃社會主義共和國。重新安置的工作將交由人民內務委員會負責。蘇聯人民內務委員會（貝利亞同志）必須於一九四四年六月一日之前完成重新安置。」

4 譯注：巴爾卡爾（Balkar）和卡拉恰伊（Karachai）都是北高索地區的突厥語民族。卡爾梅克（Kalmyk）則是定居窩瓦河下游與裡海西北岸的蒙古部落（衛拉特／瓦剌），列寧的祖母就是卡爾梅克人。

5 車臣獨立運動團體確曾利用德國入侵的機會，起而反抗蘇聯統治。但儘管如此，積極通敵的行為其實在蘇聯的其餘地區才更加普遍。波羅的海三國、西白俄羅斯、西烏克蘭和摩達維亞，之前都曾經有過反對蘇聯統治的抵抗運動。德國人打過來之後，其中某些團體自願投靠了過去，誤以為可藉此重新建立自己的國家地位。有些地區的民族主義勢力更試圖同時與雙方作戰，徒勞無功地希望從共產黨和法西斯手中解放自己的家園，甚至在德國戰敗之後繼續反抗蘇聯的統治。在一段比較不為人知的歷史插曲中（蘇聯當局完全禁止談論此事），「烏克蘭民族主義者組織」（Organisation of Ukrainian Nationalists）和「烏克蘭起義軍」（Ukrainian Insurrectionary Army）於大戰結束很久之後仍然長期進行全面軍事行動，設法阻止烏克蘭重返蘇聯。戰鬥的規模十分驚人：一九四六年時，紅軍部署了三百五十多萬部隊來對抗游擊隊，而且於實施另一波大規模遞解之後才終於結束烏克蘭的抵抗。

在蘇聯全境，民族問題變得具有至關重要的意義。戰爭期間的仇外氛圍，以及有關外國邪惡勢力在蘇聯社會搞鬼的傳言，意味著每個人都涉有重嫌。官方宣傳針對個別的族裔群體做出了譴責——克里米亞韃靼人、車臣人、德國人，以及日益頻繁地針對猶太人——敦促蘇聯公民要提防他們。舊有的「階級敵人」講法，已經被「民族敵人」的論調取而代之。瓦西里·格羅斯曼在《人生與命運》一書中突顯出，民族身分如何取代了社會出身，成為國內身分證件上面最敏感的一欄：

> 第五欄：「民族」……在戰爭爆發前，那原本是完全稀鬆平常、無足輕重的事情；現在它卻產生著頗不尋常的反響。
>
> 維克托用力按住他的筆，大大地清楚寫出：「猶太人」。他還渾然不知，千百萬人將因為回答了「卡爾梅克人」、「巴爾卡爾人」、「車臣人」、「克里米亞韃靼人」或「猶太人」，於是很快就會付出怎樣的代價。他還料想不到，何種黑暗的激情將年復一年圍繞著這一欄打轉。
>
> 他沒辦法預見，怎樣的恐懼、忿怒、絕望與流血即將從鄰接的第六欄（「社會成分」）溢滿過來。他沒辦法預見，短短幾年之後將有多少人在回答這第五欄的時候，會出現「完蛋了」的感覺——正如同哥薩克軍官、教士、地主和工廠老闆的子弟們昔日填寫第六欄的時候，所出現過的那種「完蛋了」的感覺。

官方媒體挑起公眾對各種「外來因素」的憤怒情緒，宣稱它們破壞了人民的祖國意識，並且把一些出問題的族裔群體譴責為「世界主義者」。結果那個用語越來越和猶太人畫上了等號。在跟納粹德國修好的階段，反猶太主義曾經一度死灰復燃，但接著又暫時淹沒於戰爭的混亂和同仇敵愾的氛圍之中。一九四一年後，史達林曾經以克里姆林宮的名義，認可了各種反納粹的猶太組織。其中最具影響力的，是由著名演員所羅門．米霍埃爾斯主持的「猶太反法西斯委員會」（JAC）。

米霍埃爾斯擔任過「莫斯科國立猶太劇院」的藝術總監，並且因為他一九三六年在《大馬戲團》那部歌舞電影所飾演的角色而享譽全蘇。該片內容在於宣揚蘇聯各民族的兄弟情誼。米霍埃爾斯和其他的「猶太反法西斯委員會」成員前往西方各國旅行，為蘇聯爭取海外猶太人的支持，並募集了千百萬元的軍費。然而在國內有不祥的事物正在成形之中。一九四三年時，猶太人被有系統地清除出軍中政治部門，而且有關猶太人「懦弱」和「開小差」的無稽謠言甚囂塵上。一九四八年新成立的以色列國被視為西方盟邦之後，更使得舊有的偏見繼續加深。占領區內劫後餘生的猶太人則被指控曾經勾搭納粹——不然他們怎麼會有辦法倖存下來？蘇聯的戰前猶太人口大約有一半死於「大浩劫」，為數超過一百萬人；猶太反法西斯委員會想要凸出那場悲劇的做法，引來莫斯科的不快。如同格羅斯曼與愛倫堡的《黑皮書》一般，猶太反法西斯委員會將焦點集中在猶太人所受迫害的做法，被視為不合乎蘇聯的官方路線，因為全蘇聯所承受的苦難是相同的。於是，大浩劫的相關資訊遭到壓制，而戰後幾年內高張的民族主義使得猶太人再次受苦。

一等到戰爭結束，猶太反法西斯委員會的宣傳價值便消失了。其成員與世界各地其他猶太組織建立起來的聯繫，使得它成為官方猜疑的對象。結果史達林在一九四八年下令關閉猶太反法西斯委員會，所使用的藉口為：它是一個「反蘇宣傳中心」。接著官方宣布米霍埃爾斯在明斯克遭到卡車輾過不幸殞命，並且在莫斯科的頓斯科伊修道院為他舉行國葬。其實他是在莫斯科的直接授意下，被白俄羅斯國安單位毆打致死。謀殺米霍埃爾斯一事，預告了受到國家贊助的反猶太主義時期即將密集開展，這時期將一直持續到史達林死去為止。

一九四九年六月，猶太反法西斯委員會執行委員會的另外十五名成員，包括著名演員、詩人、作家和醫生，遭到史達林下令逮捕，被帶往盧比揚卡的地下室。他們在那裡被隔離關押了三年，遭到毆打和虐待。他們的審訊記錄顯示出來，在幾年前還被譽為忠貞盟友的那些男男女女，已經讓克里姆林宮氣憤到了什麼樣的地步。一個名叫弗拉基米爾·科馬洛夫上校的偵訊官向那些囚徒吼叫道：「猶太人又懶又髒。所有的猶太人都是一文不值的敗類。整個反黨集團都是由猶太人組成的。全蘇聯各地的猶太人都在向蘇維埃政權吐口水。猶太人想要消滅每一個俄羅斯人。」有一名遭到逮捕的男子據悉被毆打了兩千多下。一九五二年八月，那十五人被指控犯下「叛國謀反」、「從事間諜活動」和「大搞資產階級民族主義」等罪行。隨著國營媒體掀起了一波反「無根的世界主義者」運動，判決結果已不言自明。一九五二年八月十二日，在日後所稱「被謀殺的詩人之夜」，被告當中的十三人被判處死刑並立即執行完畢。

反猶太主義如今已然是半官方的國家政策。許多工作職務不再對猶太人開放；他們接受高等教育的機會受到了嚴格限制。教科書不再提及卡爾·馬克思是猶太人。包括歌舞片《大馬戲團》在內的電影被重新進行編輯，剪掉了出現米霍埃爾斯的畫面。此外還陸續出現了更進一步的迫害。

如果有哪一個族群果真期待戰後情況可望有所改善的話，那就是俄羅斯人。自從一九三〇年代中期以來，俄羅斯人已經脫穎而出，成為蘇聯百姓當中受到優待的民族。一九三六年的一篇《真理報》社論，以典型的官方論調指出：

> 所有的民族——偉大社會主義建設的參與者——都可以為自己的工作成果感到驕傲；從最小的到最大的每一個民族都是蘇聯愛國者。但這些平等民族當中的佼佼者是俄羅斯人民……他們在

整個偉大的無產階級革命中所扮演的角色，從最初的勝利直到今天的輝煌發展時期，都重要得非比尋常。

正如同工人曾經被譽為階級鬥爭的先鋒一般，俄羅斯人現在已成為蘇聯居領導地位的民族。所有非俄羅斯的共和國都必須進行俄語教學；俄羅斯則在大戰期間被標榜為楷模，藉以激勵和團結蘇聯的各個民族。在《人生與命運》一書中，那位正派、勇敢、但被納粹俘虜的葉爾紹夫少校，總結了他和無數其他人所爭取的目標：

> 他非常確定自己不僅僅是抵抗德國人而已，更是為了一個自由的俄羅斯而戰：可以確定的是，戰勝希特勒就意味著戰勝死亡集中營，而那裡是他的父親、母親和姐妹們喪命之處……

不過史達林並沒有獎勵俄羅斯人民的打算。他學過俄羅斯歷史，並且決意要避免他的前輩們於其眼中所犯下的錯誤。就在攻占柏林幾天後，史達林曾經告訴小說家康斯坦丁·西蒙諾夫，他不打算重蹈俄國戰勝拿破崙之後的那種覆轍。西蒙諾夫寫道：「史達林害怕一個新的十二月黨人運動。他覺得自己把伊凡介紹給了歐洲，也把歐洲介紹給了伊凡。就像亞歷山大一世在一八一三至一八一四年之間所做過的那般……」

史達林知道，亞歷山大一世的部隊於占領巴黎期間對所見到的自由與繁榮印象深刻，那激勵了他們起而爭取自己國家內部的改變。「十二月黨人」對改革的嚮往，根源自他們在國外的經歷，而紅軍才剛剛有過同樣的經歷。一九四五年的時候，在德國的蘇聯士兵已經收集了他們所能拿到的任何消費品，從手錶直到收音機和地毯。他們已跟英軍和美軍、跟西方的處事方式，以及跟西方的各種自由有過接觸。在史達林眼中，他們無疑已受到他極力想阻擋在蘇聯境外的危險價值觀感染。他決意不讓這個傳染源在他的統治區擴散蔓延。

最容易受到獨裁者怒火波及的人，則是那些曾經被德國人俘虜的紅軍士兵。蘇維埃政權堅持自己的路線，認為投降是犯罪行為，將所有被俘的軍人都視為叛徒。克里姆林宮拒絕簽署《日內瓦公約》，形同拋棄了它自己的那批人員，並阻止國際紅十字會對他們進行保護。結果將近六百萬名蘇聯戰俘當中，只有不到一半的人在戰爭結束後倖存下來。

納粹則利用那些俘虜的恐懼、飢餓和絕望，表示願意提供食糧和衣物給他們——如果他們同意換邊加入德國軍隊的話。有些人接受了那筆交易，其中最引人注目者是莫斯科戰役的英雄之一，安德烈·弗拉索夫將軍。納粹於是展開一項主要宣傳行動，委託弗拉索夫創建一支由前戰俘組成的「俄羅斯解放軍」，而他將率領這支軍隊與蘇聯作戰。弗拉索夫表示，他的目標是要打造「一個沒有布爾什維克和資本家的俄羅斯」，譴責共產黨採取了殘暴的集體化措施、迫害了農民（他自己是受迫害的富農之子），以及踐踏了他所稱的「俄羅斯的一切事物」。

歷史已經把弗拉索夫評價為叛徒和機會主義者，可是其一九四四年十一月的「布拉格宣言」明白顯示出來，他的觀點是反對布爾什維克，但不反對俄羅斯。他前往各地的戰俘營傳播一項訊息，表示德國進行的是一場反共產主義，但不與他們祖國為敵的戰爭。然而他未能獲得廣泛支持。儘管面對著餓死的威脅，只有不到十分之一的戰俘報名加入。弗拉索夫的單位只跟蘇聯軍隊進行過小規模的遭遇戰，而且最後再度倒戈向納粹開戰。

不過對史達林來說，少數紅軍士兵背叛了蘇聯一事，足以讓他們全部受到牽連。按照他的二元對立想法，每一個被釋回的戰俘都是潛在敵人。內務人民委員會設置了許多座「過濾營」，在那裡盤問他們當初是怎麼被俘虜的，以及他們為什麼沒有像真正愛國者一般地奮戰至死。沒有人受到信任，一九四六年年底的時候，已有數以百萬計的蘇聯公民在過濾營進進出出，並有三十萬人於判刑後或被立即處決或長年囚禁於古拉格。超過五十萬人被關入苦役營來重建殘破的蘇聯，此外有一百多萬人被送回去繼續在紅軍服役。他們所有的人，甚至那些免於受到懲罰的人，終其一生都將生活在「曾經被德國人俘虜」的污名之下。[6]

許多戰俘已經意識到，在蘇聯可能會有怎樣的命運等待著他們，於是大量設法繼續留在英國人和美國人占領的地區。可是在雅爾達會議上達成的各種協議當中，包括了一項承諾：所有被認定為蘇聯公民的那些人（平民和軍人皆然）都將被強制遣返。一九四六至四七年實施「嚴責行動」的時候，盟軍曾經將二百多萬人交付給蘇聯當局。此行動的不祥名稱已明白指出，盟軍知道那些人的身上可能將發生什麼事情，然而他們一心只想讓自己的公民從蘇聯回來。例如法國於戰爭結束時，在所控制的土地上總共有蘇聯公民將近十萬人，其成員包括曾加入德國國防軍者、被迫勞動者，以及脫逃後幫助法國抵抗運動打仗的戰俘。巴黎迫於壓力而必須安撫蘇聯，因為它亟欲讓一萬三千名法國公民返國。這群法國公民主要來自德法邊境的亞爾薩斯－洛林地區，當初於德國國防軍在東線的戰鬥中遭到俘虜。結果法國人不對所管轄的蘇聯公民做出任何區分，把他們一概送了回去，任憑他們接受命運的擺布。

6 直到一九八〇年代，求職申請的時候仍必須回答：「你或你的家人是否曾經住在敵占區，或者當過俘虜？」那個問題明顯地表示出來：肯定的答覆將意味著曾經犯下罪過，或者涉嫌犯下罪過。

史達林還要求遣返所有的俄羅斯移民，包括那些已經在國外生活了數十年的人。[7] 令他吃驚的是，盟國同意配合。內務人民委員會獲准在巴黎郊外的「博爾加爾宮」設置一座拘留營；成千上萬名拒絕自願返國的戰俘和其他人等，就在那裡交由蘇聯控管。內務人民委員會的特工穿梭巴黎街頭，將俄羅斯人強行帶走，法國當局則睜一隻眼閉一隻眼。那些逃離了革命，並且於中間那幾年反對過布爾什維克統治的人們，返回蘇聯之後恐將難逃一死。安德烈・弗拉索夫則在向美國人投降後，於運送過程中遭到蘇聯部隊包圍，被移交了過去。他在盧比揚卡接受了一年的審訊，接著和其他七位將軍在一九四六年八月被絞死。蘇聯為了回報法國、英國和美國的合作，釋回了他們先前在德國東部的納粹戰俘營解放的盟軍人員。

被遣返的蘇聯戰俘多得有些出乎意料之外，給莫斯科帶來不少問題。古拉格迅速擠滿了紅軍軍官和士兵，以及重新占領波羅的海三國之後來自當地的囚犯——他們都有過憎惡蘇維埃政權的好理由。戰爭時期往往在絕望條件下的同舟共濟，教導他們學會了自我紀律、獨立思維，以及彼此的極度忠誠。他們拒絕被史達林的勞改營擊倒。他們不相互告密，他們無情地對待那些與勞改營當局合作的單獨個人。到了一九四〇年代末以及一九五〇年代初，古拉格內的騷動和起義事件發生得越來越普遍。

在勞改營外面，那些返國之後未受史達林「特別措施」波及的士兵們，同樣也覺得生活艱難。他們發現自己是在一個飽受戰爭蹂躪的國度遭到遣散。食物與生活必需品長期短缺，沒有足夠的住房或工作。許多退伍軍人被迫挖土構築臨時棲身之處，情況相當類似他們從前在前線做過的事情。為蘇聯的志業奮戰了四年之後，他們返鄉時只見自己的城鎮被毀，自己的妻兒子女無法理解他們所曾有過的遭遇。無論是上過前線還是留在後方的人們，悲慘的遭遇使得他們往往無法與被迫中斷的過去重新銜接起來。[8]

在某種程度上，退伍士兵們被視為對政權的威脅。那些男性的共同經歷，已在他們之間創造出一種情感上的紐帶，克里姆林宮擔心那種連結可能會凌駕於他們對國家的忠誠之上，退伍軍人團體因而被禁止成立。士兵們受到積極勸阻，不要去參與公共生活、不要表達自己的意見或寫出自己的回憶錄。有感於不可談論他們自己的經歷（那隱約暗示著此類的經歷應當受到某種譴責），於是許多人覺得受挫折和被遺棄。國家現在試圖壓抑在打仗的那幾年曾經提倡過的一些個人特質。諸如勇氣、主動和進取心等等特質，在作戰的時候極為重要；如今它們又被視為毫無價值。更糟糕的是，在一個堅持從眾、服從和順從的社會，它們甚至被看成是危險。隨著幻滅感與日俱增，酗酒的比率在退伍士兵和平民百姓之間都同樣驚人地上升。

對尋常百姓來說，戰後生活也同樣充滿了失望。戰爭似乎並未改變多少東西；無論在物資供應或公民權利等方面都沒有什麼進步。一九四六年時饑荒來襲。由於可耕地減少、強健男子短缺和生產陷入停頓，以致有將近一億百姓挨餓。餓死者多達二百萬人，其中包括窩瓦河流域傳統農業地帶的五十萬俄羅斯人。在戰爭年代改善了的宗教自由已告結束，虔誠的基督徒又重新面臨歧視。曾經多方面激發愛國效忠精神的藝術自由，如今遭到限縮。一九四六年八月的時候再度明令宣

7 他們當中有許多人出生於革命之前的俄國，而且從未當過蘇聯公民，所以其實不受《雅爾達協定》的規範。

8 醫院病床和醫生的嚴重短缺，給照顧傷殘士兵的工作帶來了困難；他們有許多人得不到醫藥治療和社會關懷。一九七〇年代的時候，俄羅斯城市街頭肢體殘缺的退伍軍人多得讓我吃驚。他們在戰爭結束後沒有得到什麼救助，不少人淪為乞丐。最令人痛心的是所謂的「茶炊」（samovar），亦即失去了雙臂和雙腿、被放在簡陋木板車上面到處推來推去，往往有手寫牌子懇求施捨的男性。克里姆林宮沒有向那些為了蘇維埃的志業而犧牲自己的人提供適當照料，反而無情地把他們許多人送往遙遠的北方，讓大眾比較不會注意到他們被國家遺棄的狀態。

布，所有的文學、藝術和音樂必須為馬克思—列寧—史達林主義服務，並且拒絕一切來自西方世界和資產階級的影響。（後來按照當時文化政策負責人安德烈・日丹諾夫的姓氏，將此次的迫害稱作「Zhdanovshchina」——日丹諾夫主義。）安娜・阿赫瑪托娃於短暫獲得國家接納之後，實際上又被禁止發表作品，而諷刺作家米哈伊爾・佐先科受到了嚴厲批判。「形式主義」這項罪名（亦即違反了國家所規定的簡單明瞭、振奮人心的從眾風格），則被用來指控蕭斯塔科維奇、普羅高菲夫，以及哈察都量。史達林親自訓斥作家和電影導演們，其中包括早已飽受驚嚇的謝爾蓋・愛森斯坦。各種希望皆已破滅，蘇聯又回到了舊有的刻板模樣。

34 東西方陷入冷戰

一九四五年五月二十二日，德國投降僅僅兩個星期後，溫斯頓・邱吉爾收到他先前委託「英國武裝力量聯合計畫參謀部」研擬的一份絕對機密文件。該文件以「不可思議行動」這個大標題，針對重新形成的嚴重敵對狀態制定了攻擊計畫。在其封面出現墨水筆跡手寫的「俄羅斯：對西方文明的威脅」幾個字眼，接下來便開門見山點明該計畫的宗旨：「向俄羅斯施加美利堅合眾國與大英帝國的意志」。

那份文件探討了先發制人攻打蘇聯的可能性：「快速的成功或可迫使俄國人屈服於我方的意志之下——至少暫時如此。但如果他們想要進行總體戰的話，他們會有能力那麼做……。唯一能夠讓我方確保目標實現並長久維持成果的做法，就是打贏一場總體戰。」它在諸如「決定性地擊敗俄羅斯武力」和「佔領俄羅斯重要地區」等等標題下，討論了英國和美國進行這種「總體戰」的利弊得失。無怪乎此一計畫需要嚴加保密了。該報告列出的附注則是：「基於保密上的需求，未曾向各相關部門的一般人員徵詢意見。」

這種攻擊行動從來都沒有出現過。英國將軍們以典型的輕描淡寫態度得出結論，表示入侵蘇聯的行動「會有危險」。不過此事的意涵已很明確：歐洲以及全世界再度面臨分裂，而這一次是共產主義與資本主義陣營之間的分裂。親蘇聯的政權已經在波蘭、捷克斯洛伐克、匈牙利、南斯拉夫、保加利亞、羅馬尼亞和阿爾巴尼亞等國上台。西方雖然保住了希臘，但即使在那裡也施展不開。共產主義運動則正在義大利和法國取得一席之地。

蘇聯和西方盟國曾經圖一時方便而並肩作戰，可是一等到法西斯的威脅遭到擊敗，戰前的相互猜疑便悄然重返。邱吉爾個人對史達林的不信任固然無庸置疑，但「不可思議行動」背後的理由卻不光只是直覺而已。一九四五年時，蘇聯部署在歐洲的兵力非常龐大；史達林已經擺明不肯放開如今被莫斯科牢牢掌握的歐陸東半部。而且十分令人擔心的是，史達林或許對西歐亦有所圖、同樣也想著「不可思議」的行動。

七月底的時候，邱吉爾下台了。帶領英國贏得勝利的那個人，已經被克雷門特·艾德禮的改革派左傾工黨政府所取代。但邱吉爾沒有默不吭聲地走開。他曾經在一九三〇年代針對日增的納粹威脅發出怒罵，警告西方文明國家不可盲目自滿；現在他又以同樣方式，將他那預言者的目光轉向了共產主義的威脅。一九四六年三月五日，他在密蘇里州的富爾頓發表一篇標題為《和平砥柱》的演說，刻畫出一個深植世人心中的圖像，此圖像將在接下來四十年內定義出戰後歐洲的現實：

> 從波羅的海的斯德丁到亞得里亞海邊的的里雅斯特，一幅橫貫歐洲大陸的鐵幕已經降落下來。在這條線的後面，坐落著中歐和東歐古國的首都。華沙、柏林、布拉格、維也納、布達佩斯、貝爾格勒、布加勒斯特和索菲亞。所有這些名城及其居民，無一不處在蘇聯的勢力範圍之內，不僅以這種或那種形式屈服於蘇聯的勢力影響，而且還受到莫斯科日益增強的高壓控制。……在所有這些東歐國家原來都很弱小的共產黨，已經上升到同它們黨員人數遠不相稱的主導的、掌權的地位，到處爭取極權主義的控制。……這肯定不是我們進行武裝鬥爭所要建立的解放的

歐洲，也不是一個具有永久和平必要條件的歐洲。

那項警告毫不含糊，史達林做出了憤怒的回應。三月十二日接受《真理報》訪問的時候，他以火藥味十足的口吻指控西方帝國主義者渴望發動戰爭，宣稱「邱吉爾先生和他的朋友們在這方面非常像希特勒及其同伴。……硬說只有講英語的民族才是最優秀的民族，負有決定世界命運的使命。」絕大多數蘇聯百姓所能獲得的新聞和資訊，都只是來自充斥著史達林言論的官方媒體，以致認為英國和美國現在是戰爭販子，極有可能就是將來的敵人。史達林針對邱吉爾口中「蘇聯擴張主義」所做出的答覆，則合乎每一個俄羅斯人的理解：鑒於俄羅斯漫長的外敵入侵史，在東歐創造出一些「緩衝國家」是再自然不過的做法。

邱吉爾先生把這一切都認定是所謂蘇聯「無限制的擴張傾向」。……不要忘記以下的情況。德國人侵入蘇聯是經過芬蘭、波蘭、羅馬尼亞、保加利亞和匈牙利的，德國人所以能夠經過這些國家侵入蘇聯，因為在這些國家中，當時存在著敵對蘇聯的政府。……蘇聯為了保證自己將來的安全，力求在這些國家內能有對蘇聯抱有善意態度的政府。試問，這有什麼奇怪呢？假使沒有發瘋的話，那怎麼會把蘇聯這些和平的願望看作是擴張傾向呢？……我不知道，邱吉爾先生和他的朋友們……是否能夠組織新的進軍來討伐東歐。但是，如果他們能夠組織起來……那麼，可以肯定地說，他們將像二十六年前（於革命爆發後對布爾什維克政權進行武裝干預時）一樣被擊敗的。

那是一個直言不諱的警告，然而史達林的虛張聲勢掩蓋不了內心的恐慌。儘管蘇聯紅軍聲勢浩大並且打了勝仗，蘇聯卻缺乏美國已經擁有的東西：原子彈。那種新式美國武器在一九四五年八月對廣島和長崎兩座日本城市展現的奇觀，讓史達林確定紅軍的數量優勢如今已變得毫無意義。一項駭人聽聞的認知驀然席捲了蘇聯社會：倫敦和華盛頓的戰爭販子有辦法抹除莫斯科、列寧格勒和無數的其他城市。《星期日泰晤士報》駐莫斯科特派員亞歷山大・沃斯在報導中指出，核恐懼無所不在：

那則〔關於廣島和長崎的〕消息讓人人產生一種劇烈的壓抑感。大家清楚地意識到，這是世界權力政治中的一個新因素，這種炸彈對俄羅斯構成了威脅。當天和我交談過的一些俄羅斯悲觀主義者沮喪地表示，俄羅斯辛辛苦苦擊敗德國贏來的勝利，現在「等於白白糟蹋掉了」。

沃斯獲准向史達林詢問有關炸彈的事宜，那位獨裁者刻意做出樂觀的回答。他告訴採訪者說：「原子彈只是用來嚇唬那些神經衰弱的人，但它自己決定不了戰爭的結局。原子彈機密的壟斷性則確實造成了威脅。儘管如此，補救的辦法至少有兩個：炸彈的壟斷性不可能持續很長時間，而且原子彈的使用將會遭到禁止。」

不過史達林顯然對「禁止」並沒有把握。莫斯科已拒絕參加華盛頓新創設的「原子能委員會」，該機構被賦予的任務是管控核子武器。所以只剩下了一個選擇：蘇聯必須開發出自己的炸彈，而且動作要快。時至一九四七年三月，相關需求甚至變得更加急迫，因為杜魯門總統宣布了他的政策，美國將對爭取自由與民主的國家提供援助。那個「杜魯門主義」最初旨在防止希臘和土耳其落入共產黨手中，但後來還更廣泛地把已經在蘇聯掌控下的東歐國家列為目標。這確認了美國和蘇聯已經走上衝突之路。

三個月後，華盛頓宣布了一個方案，準備向奮力進行戰後經濟重建的歐洲國家提供經濟與技術援助。那個歐洲復興方案，俗稱「馬歇爾計畫」，提議向鐵幕兩邊的國家進行協助。它最終提供的金額超過了一百三十億美元，等於美國年度國內生產總值的百分之五，可是華盛頓的慷慨解囊另有附帶條件。受援國必須提交其國家經濟的細節，並且與美國顧問合作實施一項著眼於現代化和結構調整的方案。正當西歐國家迫不及待地簽約接受馬歇爾計畫之際，史達林變得焦慮不安。參加對美談判的蘇方代表之一，弗拉基米爾·葉羅費耶夫，覺得史達林巴不得能夠拿到那筆錢，卻又不相信杜魯門的動機。

葉羅費耶夫寫道：「史達林總是疑神疑鬼，而且他打從一開始就不熱衷於此。他表示說：『你們等著看吧。這種情況截然不同於美國在《租借法案》下向我們提供的戰時援助。更何況其中有『杜魯門主義』在作祟，他們並不是真心想幫助我們。這根本就是杜魯門的伎倆。他們打算把各個人民民主國家從我們的勢力範圍撕裂出去、攏絡他們、滲透他們、將他們從蘇聯這邊拉走。』」當捷克斯洛伐克和波蘭表示他們或許會收下美國人的錢之後，史達林命令他們拒絕接受。他執意要改造他那些「緩衝國」此前的資本主義經濟，使之成為蘇聯模式的社會主義中央計畫經濟；來自美國的影響則被視為敵對的干擾。

為了反制馬歇爾計畫，莫斯科在一九四九年一月創建「經濟互助委員會」。這個新機構向西方列強發出了一項強硬的聲明：

> 美國、英國，以及某些西方國家的政府，已經向各個人民民主國家和蘇聯實施貿易制裁——因

為這些國家不認為自己應該屈從於「馬歇爾計畫」的專斷獨行，讓它來侵犯他們的主權和他們本國的經濟利益。鑒於上述情況，各個人民民主國家（保加利亞、匈牙利、波蘭、羅馬尼亞、捷克斯洛伐克）和蘇聯認為，必須創設一個建立於各成員國之間的平等代表權基礎上的經濟互助委員會，以加速本國經濟的重建與發展。

東方集團已經拉起了吊橋。可是對史達林來說，唯有在莫斯科擁有原子彈的情況下，社會主義才能夠得到安全。

★　★　★

蘇聯在一九三〇年代末期即已開始進行核分裂的實驗，然而對科學家的整肅和戰爭的爆發阻礙了進展。蘇聯間諜促成史達林於戰爭初期驚覺到西方原子彈的進展，接著蘇聯在一九四三年成立自己的研究計畫。主其事者是傑出的物理學家伊戈爾·庫爾恰托夫。他因為毛茸茸的長鬍與和藹可親、不拘小節的個性，被他的同僚們稱為「博羅達」（boroda）——「鬍子」。

美國投下原子彈結束東方的戰事還不到一個星期，史達林就把庫爾恰托夫和他的團隊叫進了克里姆林宮。他告訴那些人說：「同志們，我對你們只有一個要求。請在最短時間內製造出我們的核子武器！廣島震撼了世界。權力的平衡已經遭到摧毀。你們必須造出炸彈，讓我們免於陷入嚴重的危險。」

他們正準備離開的時候，史達林又把他們叫了回去。「同志們，不管你們想要什麼都可以開口要求。你們絕對不會遭到拒絕的。那就像俗話所說：如果孩子不哭叫的話，媽媽不會知道他到底需要什麼。」

蘇聯科學界所處的情況一點也不樂觀。革命爆發前，俄羅斯曾經出過一些世界級的偉大科學頭腦——從發明「化學元素週期表」的德米特里．門捷列夫，一直到「太空航行之父」康斯坦丁．齊奧爾科夫斯基。然而正如同蘇維埃生活中的諸多領域一般，科學已經飽受意識型態教條主義的摧殘。例如蘇聯的小麥耕作幾乎已遭到毀滅，因為史達林堅持要把農經專家特羅菲姆．李森科[1]天馬行空的狂妄理論付諸實施。由於李森科自己是農民出身，極力譴責「科學界的富農」才引起了那位獨裁者的注意。在另一方面，愛因斯坦的《相對論》則被斥為「走資產階級反動路線，與馬克思–列寧主義不相容」，而這或許因為其發明者是一位德裔美國猶太人的緣故。一直要等到庫爾恰托夫通知克里姆林宮，他們若無愛因斯坦的研究結果便不可能開發原子彈之後，史達林才做出讓步，告訴貝利亞說：「別去干擾他們，將來我們總還是有機會槍斃他們的。」

為求加快研究速度，一九四六年創設了一個新的原子武器實驗室。它所在地點的代號是「阿爾扎馬斯–十六」（Arzamas-16），亦即位於莫斯科東方二百五十英里、不對外界開放的「薩羅夫」小鎮。庫爾恰托夫把他的新家戲稱為「洛斯阿爾扎馬斯」（Los Arzamas），藉此隱喻「曼哈坦計畫」位於新墨西哥州「洛斯阿拉摩斯」（Los Alamos）的實驗室——那是投在日本的兩枚原子彈誕生之處。全蘇聯各

1 譯注：特羅菲姆．李森科（Trofim Lysenko, 1898-1976）是惡名昭彰的烏克蘭「生物學家」，將其偽科學運用於蘇聯農業計畫，號稱可使荒漠變成良田，但其實從未成功。李森科把孟德爾的基因遺傳學斥為「反動學說」，認為只有後天獲得的特徵才可傳給下一代。他在史達林與赫魯雪夫的加持下，以政治手段迫害學術上的反對者。蘇聯直到一九六〇年代中葉才終於清除其遺毒，但蘇聯生物遺傳學已因「李森科主義」走了三十多年冤枉路！

地為此興建了支援設施，那些物理學家得到良好的照顧，隨著其工作越來越受青睞，他們的薪資增加了兩倍或三倍。他們免於遭受其餘百姓在戰後所面臨的物資匱乏和糧食短缺，以致政治局委員拉扎爾・卡岡諾維奇抱怨說道，那些原子城鎮「簡直像是療養度假村」。

但那些科學家所過的生活遠遠稱不上是度假。「阿爾扎馬斯－十六」一帶被設置成禁區，薩羅夫鎮被從對外公開的地圖上抹除，此外有警衛沿著該設施周圍的鐵絲網巡邏。即使想離開阿爾扎馬斯也一點都不容易。主要科學家們所到之處都有安全人員陪同，工作團隊內部並安插了眼線，以便嚴密監視員工。基地本身以及遍布全國各地的外圍單位被稱作「白色群島」，是一個舒適許多、享有特權的「古拉格群島」版本——儘管其幽閉恐懼的程度並不會比較低。

科學家們知道，假如無法交出史達林所想要的東西的話，他們將會面臨嚴酷的報復。庫爾恰托夫的同僚當中有許多猶太人，而國家授意的反猶太主義在戰後甚囂塵上，給他們帶來了加倍的威脅。阿爾扎馬斯的關鍵人物之一，科學研究主任尤利・哈里頓，更特別容易受到傷害。哈里頓不僅是猶太人，戰前還曾經花了兩年時間在劍橋大學進修。他的父母親逃離蘇聯之後，他被禁止與他們取得任何聯繫；他的父親最後被抓了回去，死在勞改營裡面。

在阿爾扎馬斯工作的工程師和科學家多達一萬人，保密至關重要。日後的蘇聯氫彈之父安德烈・薩哈洛夫剛來到阿爾扎馬斯之際，有位科學家同事提醒他說：「這裡到處都是機密，跟你無關的事情知道得越少就對你越好。我們幸運的地方是，哈里頓已經擔負起責任，必須曉得所有的事情。」

蘇聯物理學家們致力於核子計畫時的動機非常複雜。其中固然潛藏著對史達林和內務人民委員會的畏懼。可是對國家在戰時所承受的可怕苦難記憶猶新，更何況他們的心中也有愛國主義。薩哈洛夫日後將為自己的核彈工作在道德上和政治上所產生的影響感到憂心，但他在當時完全無此顧慮。他寫道：「我們相信過，我們的工作是絕對必要的。那是達到世界權力平衡的憑藉⋯⋯。我自己曾經為此志業做出那麼多的奉獻，並且完成了那麼多的事情。當時⋯⋯國家、民族和共產主義的理念在我心中分毫未損。」哈里頓同意，開發原子彈是「保障國防安全的必要工作」，那是戰爭的延續，是保護祖國免於受到不斷存在的外來威脅侵害的一種工具。庫爾恰托夫未曾在戰時參加過戰鬥，現在他則表示，「我自視為這場新式科學戰爭中的士兵」，而且他在信函中往往署名為「士兵庫爾恰托夫」。

一九四八年時，第一座能夠製造武器級鈾的蘇聯核子反應爐，在新建立的烏拉山區城鎮「車里雅賓斯克─四十」設置完畢。庫爾恰托夫於是在他的慶祝演說中引用了普希金的〈青銅騎士〉那首詩作：

> 你們記得，彼得大帝曾經（在創建聖彼得堡的時候）說過：「這裡要興建起一座城市，教那傲慢的鄰人難堪。」但很不幸的是，我們仍然有一些傲慢自大的鄰國。所以為了要讓他們難堪，我們也興建了一座城市。在你們的時代和我的時代，我們將擁有一切：幼兒園、優質的商店、一座劇院，而且，如果你們喜歡的話，還有一個交響樂團。接著過了三十年後，你們出生在這裡的孩子們，將把我們所做出的一切承接到自己手中。我們的成就將在他們的表現前面相形見絀。如果到了那個時候都還沒有一顆鈾彈在人民頭上爆炸的話，你們和我都可以感到快樂！我們的城市則可以成為一座和平紀念碑。難道不值得為此而活嗎？

若想製造出許多核子武器，蘇聯就需要擁有數量龐大的鈾和鈽。這正是史達林式的指令經濟所特別擅長的那種專案，而勞改營內儲備的奴工勞力，意味著有成千上萬的人員能夠動手幹活。從一九四六年開始，囚犯們於缺乏輻射防護的情況下，在中亞挖掘鈾礦。東德和捷克斯洛伐克也徵召工人來做同樣的事情。美國中央情報局一九五〇年的一份報告估計，光是在受到蘇聯控制的東德境內就有十五至二十萬人為核子計畫「工作」，而在蘇聯本土的人數更遠多於此。暴露於放射性氡氣之下所引發的疾病，給許多人帶來緩慢而痛苦的死亡。居住在車里雅賓斯克反應爐附近的百姓開始出現核輻射疾病的症狀，因為該地區的河流正不斷遭到污染。一九五一年時，「車里雅賓斯克－四十」已排放了七千五百萬立方米以上的放射性廢物。所有這一切仍然不對外公開，患者則不被告知他們生病的原因。勞動者死了以後，就直接送更多的人過來。

蘇聯情報單位也從美國和英國核子計畫參與者當中招募同情共產主義的人，在整個一九四〇年代不斷傳遞有價值的資訊過去。例如克勞斯·富克斯那位出生於德國、參加過曼哈坦計畫的物理學家，便曾向蘇聯提供長崎原子彈的設計圖。他的數據必須經過嚴格的驗證，因為莫斯科擔心西方可能會故意釋出假情報。不過富克斯的資訊無疑有助於加快製造蘇聯的第一件核子武器。

一九四九年八月二十九日，蘇聯進行代號為「第一道閃電」的測試，在哈薩克沙漠中的「斜米巴拉丁斯克」引爆了該國的第一枚原子彈「ＲＤＳ－１」。[2] 曾經參與研發引爆裝置的弗拉基米爾·科梅爾科夫教授，從北方六英里外的觀察站看見了地上試爆的情形：

> 塔的頂端閃耀出一道令人難以忍受的亮光。它暗下來了一會兒，接著又以新的力量快速滋長。白色的火球吞沒了塔身，並且迅捷地擴散、改變顏色、一直往上衝。在底層的爆炸波橫掃了各

種結構、石屋、機器，就像浪濤一般地從中心向外滾動，夾雜著石塊、木頭、金屬殘片和塵土，成為一團混沌。火球繼續上升、旋轉；變成了橘色、紅色。流動的粉塵、磚瓦和木板的碎塊被吸附在它後面，形成漏斗狀。衝擊波追趕上洶湧的火球，穿越許多層向內翻滾的波濤，到達了大氣層的高處，然後水氣在那裡的雲端開始凝結……。傳進我們耳中的聲音宛如雪崩發出的轟隆聲響。

蕈狀雲冉冉升起的時候，拉夫連季·貝利亞（蘇聯秘密警察頭子與該計畫的政治監督者）親吻了庫爾恰托夫和哈里頓的額頭。對哈里頓而言，那是一個勝利與救贖的時刻。他寫道：「我們感覺鬆了一口氣，甚至欣喜若狂。現在蘇聯已經擁有這種武器，我們知道別人再也沒辦法肆無忌憚地用它來對付我們了。」

蘇聯的測試震驚了美國人。中央情報局曾經告訴杜魯門總統，莫斯科不可能在一九五〇年以前完成原子彈，甚至更可能直到一九五三年都是如此。史達林刻意沒有針對斜米巴拉丁斯克的試爆做出公開聲明；他在答覆外國猜測的時候，則宣布蘇聯早在一九四七年就有了原子彈。他的目的是要讓美國人相信，蘇聯已經儲備許多原子武器。[3]

蘇聯的核彈鞏固了新出現的兩極世界格局，並且給國際舞台帶來緊張的對峙狀態。這兩個超

2 這些字母縮寫的意義從未得到官方確認，但許多人相信其意思是「俄羅斯自己做出來的」（Rossiya delayet sama）。

3 那麼做的時候，他也播下了懷疑的種子，讓人以為蘇聯在方興未艾的軍備競賽中，或許已經走向下一個目標——氫彈的開發。對新核武的追求一直持續到一九六一年。蘇聯在那年測試了一枚當量超過五千萬噸的氫彈，其威力是美國所測試過任何東西的兩倍以上，更相當於廣島原子彈的四千倍。那枚所謂的「沙皇炸彈」（Tsar Bomb）足以抹除面積相當於「大倫敦區」的地帶。

級大國沒有領土爭端，可是資本主義與共產主義教條之間的碰撞，將在隨後那些年導致敵對關係和「代理人衝突」。核毀滅的威脅如今籠罩著世界，帶來了一個從此被稱作「相互保證毀滅」（MAD）的黯淡前景——它保證沒有任何一方能夠全身而退獲得勝利，因此雙方都望而卻步，不敢發動一場戰爭。

第一場正面衝突來自被佔領的德國。英國人、法國人和美國人覺得越來越難跟蘇聯人合作，四國佔領區的交界地帶則不斷發生對抗和衝突。西方的目的是恢復穩定和振興德國經濟，以之做為歐洲戰後復興的堡壘。但史達林傾向於讓德國保持衰弱，部分原因是為了對它做出懲罰，另一部分原因則在於確保它再也不會有能力發動一場戰爭。一九四八年初，西方盟國提議在法國、英國和美國的佔領區創建一個獨立的「德意志聯邦共和國」（Bundesrepublik Deutschland）。蘇聯人指責西方打算迎合前納粹分子。他們表示自己的佔領區不會加入那個新國家，反而將另外成立一個獨立的國家——「德意志民主共和國」（DDR），社會主義可在那裡提供保障，避免出現法西斯復仇主義的傾向。

六月十八日，盟國宣布將在西方佔領區推出一種新的貨幣——西德馬克。蘇聯做出的回應是，西德馬克不得在四個佔領國共管的柏林市流通。於短短幾天內，東德宣布它將採用自己的貨幣東德馬克，而且它將成為整個柏林的官方貨幣。為了強調這一點，蘇聯當局阻止西方對市內的一切運補行動，其藉口是交通聯繫上出現了不明的「技術問題」。西方盟國的補給品原先必須用火車運送過去，一路穿越將那座首都城市與西方分隔開來的一百英里蘇聯控制區。如今鐵路交通已遭蘇聯封鎖，柏林市的西部開始短缺食物和燃煤。那個「共產主義大海中的資本主義孤島」已成為史達林的眼中釘，他的目標是要把西方趕出那座城市。赫魯雪夫後來承認：「我們想要向西方施加壓力，在東德裡面創造出一個統一的柏林市，然後關上它的邊界。」他表示史達林「用刺刀尖戳了戳西方世界」。可是他低估了西方的決心。

杜魯門下令B－29轟炸機飛往德國和英國的美軍基地，虛張聲勢地暗示轟炸機配備了核子武器。與此同時，英國和美國空軍開始向那座被封鎖的城市運送補給品。在一九四八年的下半年和一九四九年的最初幾個月，他們完成了幾近三十萬架次的飛行，載運超過二百三十萬噸的貨物過去。那足以防止西柏林人向蘇聯求救，導致盟國失去對自己佔領區的控制權。蘇聯軍方試圖阻撓空運，於是騷擾飛過來的飛機，並且用炫目的強光照向飛行員的眼睛，只差沒有把那些飛機打下來。一九四九年春季，柏林空運大告功成。莫斯科在五月十二日宣布解除封鎖。戰爭結束以來的第一次摩擦留下了憤懣和不信任。冷戰時期於焉開始。

★　★　★

在一九四〇年代末期，史達林還面臨了構成其東歐緩衝區的那些「人民民主國家」內部暗藏的一波不滿情緒。南斯拉夫聯邦人民共和國是它們當中最不聽使喚的一個。該國總統約瑟普・布羅茲・狄托曾在戰時擔任共產黨游擊隊運動的領袖，勇敢地為了把國家從納粹手中解放出來而戰。南斯拉夫不同於其他東歐國家，無需仰賴紅軍提供大量援助，而且南斯拉夫的新政府雖然自視為共產主義者，卻感覺自己有資格比「共產黨情報局」（Cominform，得到莫斯科贊助的共黨國家組織）的其他成員國享有更多自主權。

狄托日益拒絕向莫斯科俯首聽命。他違反史達林的指示，試圖奪取若干靠近南斯拉夫邊界的義大利城市，並在希臘內戰中積極支持希臘共產黨。史達林大發雷霆地告訴中央政治局說：「我會搖一搖我的小手指，然後明天就不會再有狄托了。」一九四八年時，南斯拉夫被逐出「共產黨情報局」，因為莫斯科指控它「搞資產階級民族主義」，並且「與托洛茨基派的運動掛鉤」。狄托持續遭到蘇聯媒體的貶抑，而南斯拉夫政府被習慣性地指稱為「狄托及其嗜血的一小撮人」。[4]按照蘇聯陸軍將領和軍事史學家德米特里．沃爾科戈諾夫的講法，曾經有人擬定計畫要用腺鼠疫桿菌來暗殺他。但那項陰謀從未付諸實施。

狄托繼續追尋他所稱的「南斯拉夫社會主義道路」，他所展現出來的獨立性被看成是對正統共產主義的侮辱。他曾在一九四八年五月的一封信函中，向莫斯科告知他的意圖：

> 我們研究蘇聯體制並且以之做為榜樣，然而我們在我國發展出形式稍有不同的社會主義。我們之所以這麼做……是因為我國的日常生活條件使得我們不得不然……[5]

被逐出共產黨情報局之後，南斯拉夫對本國共產黨展開了一場野蠻的整肅行動，有多達五萬名親莫斯科人士遭到酷刑折磨和殺害。狄托追尋「南斯拉夫社會主義道路」，通過實施一項激進的政治不結盟政策，[6]使得他得以同時向共產主義者和資本主義者爭取支援。（莫斯科試圖在史達林死後引誘狄托回到社會主義陣營，但他繼續從美國的經濟援助中獲益，還於一九七二年在白金漢宮接受伊莉莎白二世女王款待，並且獲頒「巴斯勳章」。）

史達林執意不讓其他國家步上狄托的後塵，下令在整個東歐集團清除潛在的叛徒。於是匈牙利和捷克斯洛伐克針對黨的領導高層進行審判秀，讓人聯想起一九三〇年代的蘇聯大清洗。在布拉格，包括共黨總書記在內的十四名中央政治局成員，被打成是犯下顛覆罪和叛國罪的「托派分子」。

儘管相關證據純屬偽造，他們還是有十一人遭到處決，其餘人等則被判處終生監禁。

共產主義在其他地方則似乎正在加快前進的步伐。毛澤東領導的共產黨在中國內戰時期（一九四七－一九四九）擊敗國民黨，於一九四九年十月成立中華人民共和國。馬克思主義的這場勝利卻在克里姆林宮引起複雜的情緒反應。史達林原本並不認為毛澤東的起事能夠成功，於是在中國共產黨內部支持了其他的人物。甚至等到毛澤東大權在握之後，史達林依舊吝於向他提供援助。當毛澤東在一九四九年十二月來到莫斯科時，儘管他已經把全世界人口最多的國家拉入共產主義陣營，卻未曾獲得相對應的禮遇。赫魯雪夫還記得，他起先只是聽說有個名叫「麻擦凍」（Matsadoon）的傢伙想要過來拜訪他。當他問起「那是誰？」之後，有人告訴他說：「你曉得的——那個中國佬。」毛澤東等了六天還一直無法走進克里姆林宮跟人會面。他十分清楚自己受到了侮辱，氣得對著一位蘇聯官員喊道：「你們讓我來莫斯科什麼事也不辦。幹什麼？難道我來這兒就是為了吃飯、拉屎、睡覺嗎？」

然而在一年之內，史達林便尋求毛澤東的協助。一九四五年的時候，朝鮮半島被沿著北緯三十八度線一分為二，由蘇聯軍隊占領北半部，美國軍隊占領南半部。過了三年，北邊成為「朝鮮民主主義人民共和國」，南邊則成為「大韓民國」。朝鮮領導人金日成徵得史達林同意，在一九五〇年入

4 這導致一個令人莞爾的例子，可用於說明蘇聯輿論界如何使盡全力——但有時笨拙萬分地——來支持官方的政治路線。在一九五六年，當兩國關係短暫出現改善之際，群眾曾經手持寫著「狄托及其嗜血的一小撮人萬歲！」的橫幅標語，熱情地迎接那位前往莫科訪問的南斯拉夫元首。

5 狄托從莫斯科分離出去卻能夠逃過一劫，巧妙地完成了匈牙利和捷克斯洛伐克將於隨後二十年內一敗塗地的嘗試。事實上幾乎可以確定的是，南斯拉夫的挑戰讓克里姆林宮記憶猶新，以致後來下定決心要粉碎在其他地區出現的造反行動。

6 早在一九四五年的時候，狄托即已警告那兩個超級大國：「我們要求每個人都被允許在自己家裡當主人……我們不希望大國將我們捲入與勢力範圍有關的政策……」。

侵南方。蘇聯答應向朝鮮提供武器和裝備，但是表明蘇聯軍隊不會直接參與戰鬥行動。一九五〇年六月二十五日爆發了朝鮮戰爭。金日成的軍隊快速贏得一連串的勝利，在三天之內便攻下漢城，迫使南韓部隊撤退到半島東南端的一小片地區。

不過讓蘇聯人大吃一驚的是，美國竟然過來援助南韓。華盛頓利用蘇聯駐聯合國大使缺席的機會，[7]推動通過一項決議，由聯合國出兵幫南韓撐腰。美軍協助南韓奪回漢城，並越過北緯三十八度線攻入半島北部。史達林明白自己錯估了形勢：現在他必須決定是否願意承擔與美國全面開戰的風險。金日成呼籲莫斯科施予援手，但史達林拒絕了。按照赫魯雪夫的講法，當史達林被問及有關美國軍隊來到蘇聯邊界的前景時，他聳聳肩回答說：「那又怎樣？就讓美國過來遠東地區當我們的鄰居。他們將會來到那裡，但我們不跟他們打仗。我們還沒有做好戰鬥的準備。」

史達林轉而找上中國。他向毛澤東施壓，要求以「志願軍」的名義派遣中國部隊參戰，而毛澤東同意了。戰鬥持續了一年多，然後於一九五一年底陷入僵局。接著又過了兩年才簽署停戰協定；正式的和約則從未談妥。北緯三十八度線再度切割兩韓，從此形成的緊張對峙局面一直持續到二十一世紀。

當中國總理周恩來於一九五二年訪問莫斯科時，史達林聲稱戰爭已經獲得成功，因為它暴露了美國人的弱點。史達林告訴他說：「美國人根本沒能力打大規模的戰爭，特別是在這場朝鮮戰爭以後。……美國已經打了兩年，卻對付不了小小的朝鮮。假如他們打一場大規模戰爭將會怎樣呢？他們全國的百姓將會嚎啕大哭。」

事實上，朝鮮戰爭是史達林的戰術失敗。據估計傷亡的二百萬人當中雖然沒有多少蘇聯人，可是莫斯科顯然並未得到它在朝鮮半島所想要的東西。這是冷戰時期的第一場代理人衝突，而共產主義侵略者已被阻擋下來。除此之外，史達林未能出兵援助朝鮮一事，傷害了他與金日成的關係，更重要的是，傷害了他與毛澤東的關係。

★　★　★

儘管在柏林和韓國受到挫折，蘇聯在世界上的地位卻從來沒有如此之高。它已在戰爭中證明了自己的軍事實力，而且它已經開發出核子武器。但蘇聯的「偉大領袖」似乎失去了他的鋒芒。一九五二年時，史達林七十三歲。他的記憶力和天生的狡詐開始離他而去；他時而會顯現出茫然若有所失的模樣。赫魯雪夫曾經回憶起一段插曲：那時史達林似乎沒注意到周圍還有許多人，只是喃喃自語說道「我完了。我不相信任何人，甚至不相信我自己……」。

弗拉基米爾．維諾格拉多夫醫師曾經長年擔任史達林的私人醫生。史達林在一九四五年夏季心臟病發作之後，維諾格拉多夫曾經給予治療，並協助對外界隱瞞他的病情。可是維諾格拉多夫如今面臨一個甚至更加嚴峻的挑戰。那是在一九五二年一月十九日，而近幾個月以來偉大領袖出現了諸如記憶力衰退、情緒不穩、非理性行為與疲弱無力等現象。維諾格拉多夫告訴史達林，他患上了高血壓和動脈硬化。那兩種病症必須及時醫治，為了取得療效，就需要完全的靜養。他表示，換句話說：如果那位蘇聯領導人想要避免可能即將出現的死亡，他就必須退出公共活動。

史達林出現了暴怒反應。他下令把維諾格拉多夫趕出房間。他告訴自己的親信們，那位醫生必

7　莫斯科針對台灣在聯合國安理會擁有席次一事提出抗議，從那年年初開始便一直抵制聯合國。

須被開除職務，並且遭到逮捕。可是維諾格拉多夫講得沒錯。那位獨裁者的生活方式正在跟他算總帳。他很少做運動；他雖然只是偶爾喝喝酒，但他的夜間生活方式意謂他難得在凌晨以前上床。所有這一切，以及領導時所產生的壓力，都造成了損害。從前他在舉辦遊行活動的日子大步邁上列寧陵墓的階梯，現在卻變得步履維艱、氣喘吁吁。史達林的健康狀況越是惡化，他就越淪為妄想症的犧牲品。他曾在一九二〇年代的時候，利用列寧的久病纏身來篡奪那名老領導人的權力；如今他顯然擔心自己周圍那些人也會對他做出同樣的事情。

史達林於是從怪罪自己的醫生進而猜疑所有的醫生。他多年來早已擔心遭到暗殺，現在他甚至相信，那些設法維護其健康的醫生執意要殺害他和他所有的同志們。一些布爾什維克領導人相繼死於自然原因之後，他告訴一位政治局的同僚說：「他們一個接一個地走了，謝爾巴科夫、日丹諾夫、季米特洛夫——他們都死得那麼快！……我們必須用新的醫生來替換舊的！」

在史達林的瘋狂想像中，維諾格拉多夫勸他應該退休的建議，變成了打算罷黜他的大逆不道陰謀。接下來幾個月內，他下令逮捕其他曾經治療過黨領導高層的醫生們。不令人意外的是，他們當中猶太人的比例很高——一九五二年是戰後俄羅斯反猶太主義的最高潮：在八月，猶太反法西斯委員會的成員被撲滅；在十二月，布拉格審判中被莫斯科挑選出來處決的那些被告也都是猶太人。[8]

史達林病態的猜忌心理鎖定了醫學界人士和猶太人。他冠冕堂皇地宣布破獲了一個牽連甚廣的陰謀：蘇聯的安全正受到猶太醫生的陰謀破壞。一九五三年一月十三日，《真理報》發表了一篇標題為〈披著教授與醫生外衣的卑鄙的間諜和殺人犯〉的社論：

> 塔斯社今天發表了關於逮捕一批醫生，即破壞者的消息。……這個集團的目的就是以有損健康

的治療來縮短蘇聯活動家的生命。……這個集團的成員利用他們的醫生地位並妄用病人的信任，處心積慮地、惡毒地毀壞病人的健康，給他們做出不正確的診斷，然後以不正確的治療殺死病人……

已經確定：這個醫生恐怖集團的全體成員都是為外國情報機關服務的，出賣了他們的靈魂和肉體，當了外國情報機關雇傭和豢養的特務。

這個恐怖集團的大多數成員……都被美國情報機關收買了。他們被美國情報機關的分號——國際猶太資產階級民族主義者組織……組織招募去了。這個……從事卑鄙活動的「猶太復國主義」間諜組織的骯髒面目已被徹底揭露……

斯大林同志不止一次地提醒我們說……要消滅破壞行為，就得鏟除我們隊伍中的馬馬虎虎作風。

隨即有數百人遭到逮捕，其中大多數是猶太人。頂尖的猶太作家和知識分子被告知，他們必須簽署一封已經由克里姆林宮為他們草擬妥當的公開信，呼籲對「密謀破壞者」採取嚴厲措施。許多人同意這麼做，但有些人（包括作家伊利亞．愛倫堡在內）卻有勇氣加以拒絕。跟往常一樣，秘密警察使用酷刑從他們的囚犯那邊逼取口供。史達林打電話給承辦法官，告訴他要「打他們、打他們、再打他們」，並且警告國家安全部長說：如果那些醫生不全部都招認的話，他自己會「變成矮一個頭」。等到那些被逮捕的人屈打成招之後，史達林又指責政治局的成員們：「看呀！你們就像是瞎了眼睛的小貓！假使沒有我的話，那還得了？國家將會滅亡，因為你們不知道該如何鏟除我們的敵

8 捷克斯洛伐克總統克萊門特．哥特瓦爾德（Klement Gottwald）宣布：「在調查和審判反國家陰謀中心的過程中，我們發現了一個新的渠道，而叛徒和間諜就藉著它滲透進入共產黨——那個渠道就是猶太復國主義。」

人！」

下一回合的大清洗正在籌備之中。一場針對醫生而設的擺樣子公審已經準備就緒，不過其目的是要進一步把更多的受害者牽扯進來，包括黨的高層領導幹部在內。在一九五二年十月舉行的蘇共第十九次黨代表大會上，史達林抨擊了米高揚和莫洛托夫的「惡質工作」，看樣子已經想要用比他們年輕、較不具威脅性的人物來加以替代。貝利亞也有理由擔心那名獨裁者打算把他撤換。史達林似乎正打算複製兩年前所謂的「列寧格勒案件」。在那個案件中，史達林視為競爭對手的黨領導人被指控貪汙和挪用公款，他們當中的六個人已經被處決，此外還有二千多人遭到免職。

但是維諾格拉多夫、他的醫生同僚們，以及其他數百名遭到逮捕者永遠也不會接受審判。史達林在一九五三年三月五日死了。

★ ★ ★

二月十七日，史達林離開克里姆林宮前往他位於莫斯科西郊孔策沃地區的別墅消磨時間。接下來十天內，處理一切國家事務的方式都是透過與莫斯科通電話，以及由公務車輛來回運送文件。時至今日，那棟無人居住的大型綠牆別墅矗立在莫斯科的樺樹林中，它的兩道圍牆和安全警衛人員阻擋了任何好奇的遊客。那裡在史達林時代甚至受到更嚴密的保護，有經過偽裝的高射炮和機關槍陣地，由內務人民委員會特別部隊一天二十四小時駐守。在二月二十八日（星期六），史達林告訴他的警衛們，他不準備出門，但後來又改變了想法。他命令他的司機開車載他進城，接著與他的政治局同僚們馬林科夫、貝利亞、赫魯雪夫、布爾加寧共度一個晚上，在克里姆林宮的私人電影院觀賞了一部美國西部片。

他們五個人在晚上十一點鐘抵達別墅。根據保安人員的講法，「老闆」心情愉快，並且通知廚房工作人員準備晚餐。史達林往往會拿黃湯來招待他的客人，等待他們說出任何可以被用來對付他們的醉話，做為他們不忠的證據。當他心情惡劣的時候，他會嘲諷他那些同事們的暴飲暴食和酗酒無度。有時他還強迫肥胖的赫魯雪夫跳一跳傳統的烏克蘭「戈帕克」舞。那天，這位老闆叫來兩瓶葡萄酒，稍後又搖鈴叫來更多。他在凌晨三點鐘左右送客，過了一個小時之後回到自己的房間，並且告訴安全人員說：「你們統統去睡覺吧。我也要睡了，今天我不需要你們。」

史達林醒來以後通常會搖鈴提醒注意。但三月一日星期天早上卻是一片寧靜。工作人員進退兩難：老闆的指示是，鈴聲響起以前不得進入他的房間，可是隨著時間一個小時接一個小時地過去，他們開始擔心起來。下午六點鐘，他的房間內亮起了燈光，讓每個人如釋重負。不過史達林仍然沒有現身或者呼叫他們進去。最後在晚上十點鐘的時候，帕維爾．洛斯嘎切夫（那棟別墅的副督察長）受到推派，拿著一包郵件走進史達林的房間。他發現史達林倒在地板上，幾乎失去意識地躺在他自己的一大灘尿液中。那位蘇聯領導人無助地躺了好幾個小時；一場中風讓他徘徊在生與死之間，可是卻沒有人膽敢違抗他的命令進去探望他。

根據洛斯嘎切夫的講法，史達林仍有意識，不過無法說話。他們把他抬回他之前從上面摔下來的那張長沙發椅，並且打電話通知克里姆林宮。這個消息引發了恐慌。最先接到電話的一位部長拒絕相信此事。最後輪到貝利亞接電話，並且要求更多的細節。但等到他和馬林科夫終於來到別墅之際，時間已經過了兩個多小時。[9]到了這個節骨眼，史達林已經不省人事地閉上眼睛躺著，而那兩個人踮著腳尖悄悄地靠近他。

洛斯嘎切夫記得貝利亞曾經告訴馬林科夫：「叫醒他！」。馬林科夫拒絕這麼做以後，貝利亞轉身朝著在現場的那些人說道：「你們在張望什麼？難道你們看不出來斯大林同志正在睡覺嗎？你們都在那邊窮緊張。如果真的發生了什麼事情，你們可以打電話通知我，然後我們會帶著醫生過來。」

時間已是凌晨兩點鐘，那位獨裁者正逐漸一命嗚呼。別墅工作人員懾於他的淫威，呆在那裡拿不定主意。一直要等到三月二日接近中午的時候，醫生才終於被請了過來，然而為時已晚。[10] 又昏睡了三天之後，史達林腦溢血發作，而後在三月五日早晨吐血出來。在場者相繼獻上他們最後的敬意。按照史達林女兒斯維特拉娜的講法，貝利亞吻了吻那名垂死者的手，哭得如喪考妣，但隨即似乎立刻又充滿喜悅。斯維特拉娜並對她父親的最後時刻做出駭人的報導：

在過去十二個小時內，缺氧的情形變得非常嚴重。他的臉部和嘴唇由於他慢性窒息而發黑。臨死的痛苦非常可怕。他名符其實是在我們注視下慢慢噎死的。在顯然是迴光返照的時候，他睜開眼睛看了房間裡的每個人一眼。那種目光非常恐怖，樣子像是發了瘋或者生了氣，此外還瀰漫著對死亡的畏懼。他突然舉起他的左手，那就彷彿他指著上方的某樣東西，然後向下給所有的人帶來詛咒。那種手勢讓人無法理解，並且充滿了威脅性。

晚上九點五十分，約瑟夫．維薩里昂諾維奇．朱加什維利——一名喬治亞鞋匠的兒子、曾經統治世上最大帝國將近三十年的那個人——以七十四歲之年去世了。在第二天（三月六日），報紙上面都印有黑色邊框，蘇聯的廣播電台則以喪禮音樂取代節目播出。尤里．列維坦，蘇聯最著名的新聞播報員，椎心泣血地宣布了史達林的死訊：

親愛的同志們和朋友們。蘇聯共產黨中央委員會……萬分悲痛地宣布……約瑟夫．維薩里昂諾維奇．斯大林，蘇聯部長會議主席和蘇聯共產黨中央委員會總書記，在罹患重病後去世。列寧的戰友和列寧事業的天才繼承者、共產黨與蘇聯人民的英明領袖和導師——約瑟夫．維薩里昂諾維奇．斯大林——的心臟停止了跳動……。斯大林這個不朽的名字，將永遠活在蘇聯人民和一切進步人類的心中。戰無不勝的馬克思、恩格斯、列寧、斯大林的偉大學說萬歲！

在宣布進行哀悼的四天期間內，公眾人物競相以最誇張的方式來歌頌那名已故的獨裁者。許多年來供使用於奉承其巨大虛榮心的各種稱呼，被一次又一次地反覆使用：「世界工人階級的領袖和導師」、「人民的父親」、「所有勞動人民的朋友和導師」、「蘇維埃人民聰明睿智的領導人」、「所有時代和所有民族最偉大的天才」、「人類的光輝太陽」、「今天的列寧」以及「山鷹和所有兒童的最好朋友」。

在三月九號，一個寒氣逼人、天色灰暗的日子，九名護柩者將史達林的棺木從工會大廈（他舉行審判秀的地點）抬去紅場上新近重新命名的「列寧─史達林陵墓」。馬林科夫帶領行進的隊伍，他身旁是中國外交部長周恩來。貝利亞和赫魯雪夫跟在後面，莫洛托夫、貝利亞和馬林科夫則宣讀悼詞。然後約瑟夫．史達林被安葬在他的「戰友」旁邊——那個人曾經在自己的遺囑中，白費苦心地針對史達林所代表的危險提出警告（參見第二十六章）。

9 這段路程在那個年代所需要的時間大約是十五分鐘，他們的延宕因而成為此後各種猜測的主題。貝利亞和他的同事們究竟是因為太害怕了而不敢過去呢，或者他們暗中希望給史達林足夠的時間，讓他在他們抵達之前死掉？

10 具有諷刺意味的事實是：史達林自作自受，已經把全國許多最頂尖的醫生關進了盧比揚卡的牢房。

對蘇聯百姓而言，他們在謳歌偉大領袖的宣傳下生活了數十年後，史達林之死帶來了真正的哀傷。冒著惡劣天候前來參加葬禮的龐大人群，用鮮花鋪成的地毯覆蓋紅場。[11] 許多人表示自己感覺由於史達林之死而「成為孤兒」，擔心蘇聯於沒有他出面領導的情況下，將在一個受到資本主義勢力威脅的世界中遭到淹沒。小說家亞歷山大·季諾維也夫後來做出評論，對支撐起全民悲痛的集體歇斯底里說明如下：

> 蘇聯人民早已適應了幾十年下來的謊言和矯飾，於是毫不費力地、自願地和樂意地讓自己感覺到由衷的哀傷……。其輕易的程度，正如同他們日後將以訓練有素的共產主義動物之姿，由衷對他們的昔日偶像和他的狠毒爪牙所做過的邪惡勾當感到憤怒——他們表面上看起來曾經對此毫無所知，但事實上正是他們幫助了史達林的爪牙們做出那些勾當。

就宛如給尼古拉二世的政權蒙上陰影的「霍登卡慘劇」一般（參見第十六章），在史達林的葬禮上也發生了它自己的慘劇。警方試圖控制住匯聚於紅場上的數十萬群眾，於是將卡車設置成為首都主要幹道上的障礙物。可是就在人群湧向那些瓶頸地帶之際出現嚴重壅塞，結果他們當中有五百多人被推擠致死。有關那場災難的消息被壓了下來，而且它像霍登卡那樣，也成為一個禁忌話題。詩人葉夫根尼·葉夫圖申科表示，他在那個時候意識到，自己的國家出了很大的差錯：

> 成千上萬群眾呼出的空氣攢聚成一團，向上形成一片白色雲霧……。新的人流從後面源源不斷湧入，帶來了越來越大的壓力……。我們被困在一側的房屋牆壁與另一側的一排排軍用卡車之

間。人們吼叫道：「卡車擋住路了！把它們開走！」一名非常年輕、不知所措的警官喊了回去：「我不能。我沒有得到任何命令。」他絕望得幾乎哭了出來。人潮不斷地把群眾擠向卡車；許多人的頭部被壓碎了；那些卡車的側面淌著鮮血。我霎時陷入狂暴的憤怒，對造成那一切的東西憎恨不已——它竟可在人們正因為某人的愚蠢而喪命的時候，讓人說出「我沒有得到命令」！這是我人生中第一次對我們正在埋葬的人產生恨意。他不可能在此災難中保持清白。正是那種「我沒有得到命令」的態度，造成了混亂和流血事件。

葉夫圖申科所憤怒的對象就是蘇聯的獨裁體制，這種體制向社會灌輸不需為自己著想的態度，然後邪惡的無動於衷將給社會帶來混亂和流血。關於史達林時代死亡人數的各種統計數字差異極大。亞歷山大．索忍尼欽聲稱，史達林的暴行，從內戰、饑荒、酷刑直到處決，曾導致多達六千萬人喪命。羅伯特．康奎斯特這位具有開創性的「大恐怖時代」記錄者，將死亡人數定在二千萬；英國歷史學家諾曼．戴維斯運用最新的研究成果進行撰述時，則推估出五千萬人。

史達林死去的時候，蘇聯嚴重缺乏年輕男子。那固然主要是由於戰爭的緣故，但也因為有許多人已經消失在古拉格。重工業雖已恢復到戰前的水準，但整體經濟還是陷於水深火熱之中。蘇聯農業正在竭力養活與日俱增的城市人口；消費者商品與服務業沒有獲得多少改善，運輸業仍然是一團混亂。住房依舊極度不足，勞動人口則生活在嚴峻的條件下，缺乏誘因來改善他們的工作品質。史達林的繼任者們將會面臨根深柢固的物資供應問題，以及人數銳減、心靈受創的百姓。而一切事物

11 謝爾蓋·普羅高菲夫跟史達林去世於同一天，在他的葬禮上卻沒有鮮花，因為所有的鮮花已被徵用一空，供使用於那個官方儀式。幸好有一位善心的鄰居帶著她的盆栽植物來到普羅高菲夫的墓前，確保他沒有被完全遺忘。

的上面都籠罩著一個問題：應該如何處理那個人留下來的遺產——在他如此殘暴地掌管這個國家那麼久之後？

35 如何處理史達林的沉重遺產？

史達林不允許談論有關繼承人的問題。在他死後的一片混亂中，拉夫連季·貝利亞、維亞切斯拉夫·莫洛托夫、格奧爾基·馬林科夫、尼基塔·赫魯雪夫等人，匆匆承擔起國家的集體領導。他們最先採取的行動之一，就是停止「醫生陰謀案」的司法程序，並且設法給反猶太主義言論降溫。他們開始對史達林的文件進行「必要的整理」——對於本身也涉入了史達林主義種種越軌行為的這批人來說，那是一個既敏感又具有潛在危險的任務。他們全部都有見不得人的東西，他們每個人都關注於保護自己的利益。有許多故事流傳開來，表示貝利亞從史達林的別墅偷走了文件保管箱，以便銷毀那名獨裁者所積累的有關他的負面資料（並且窩藏有關其同僚們的負面資料）。那個「集體領導班子」雖然表面上看似樂於分享權力，其實他們每一個人都迫不及待想成為唯一的當家作主者。

馬林科夫那名史達林的忠誠追隨者、被葉夫圖申科描述成「有著女人臉孔和學者措辭」的男子，乍看之下是最強有力的候選人。他迅速被任命為「部長會議主席」——其實就是總理。到了九月的時候，赫魯雪夫接掌馬林科夫之前在黨內的第一書記職務，於是展開一段「雙頭執政」時期。貝利亞卻繼續不祥地以安全部門首腦的身分躲在後台，暗中知道骨頭埋藏在哪裡（這同時包含了字面上和隱喻上的涵義）。人們心中存在著難以言喻的恐懼，擔心會有另外一名獨裁者掌握跟史達林同樣多的權力，貝利亞被看成是最可能的潛在暴君。斯維特拉娜曾經描述過貝利亞在史達林死後所表現出的喜悅，而這種講法後來得到赫魯雪夫證實，助長了有關貝利亞曾經給史達林下毒的流言蜚語。[1] 雖然曾經進行過解剖驗屍，結果檢驗報告卻不見了，於是正式的死亡原因始終無法確定。

史達林死後，貝利亞立即宣布大赦所有刑期在五年以下的罪犯，但政治犯不包括在內。一九五三年夏天的時候，街頭已經充滿了從勞改營釋放出來的雞鳴狗盜之徒，有關貝利亞打算利用他們來幫自己奪權的傳言甚囂塵上。赫魯雪夫沒有坐視下去。他警告馬林科夫說，「貝利亞正磨刀霍霍準備對付我們」，並且提議他們應該結成同盟來排除威脅。馬林科夫曾在大清洗的最後幾年與貝利亞密切共事，有許多事情必須隱藏起來，於是答應了。赫魯雪夫並爭取到朱可夫元帥，以及一些「中央主席團」（這是「政治局」當時的名稱）成員的協助。[2]

在下一次，即六月二十六日，舉行的中央主席團會議上，赫魯雪夫發言指責貝利亞是英國間諜。他提出臨時動議，要求免除貝利亞在中央主席團的職務，而那項動議迅速獲得通過。貝利亞大驚失色，只能喃喃說道：「怎麼了尼基塔·謝爾蓋維奇？你怎麼抓起我褲子裡的虱子來了？」朱可夫隨即和一群全副武裝的軍官衝進房間將他逮捕。

貝利亞於一九五三年十二月出庭受審時，被宣判犯下了叛國、恐怖主義和反革命等罪行。聽到判決之後，他膝蓋一軟癱了下去，徒勞無功地乞求饒他一命。他馬上被帶出去交由行刑隊槍決。他的屍體被燒成灰，撒在莫斯科的郊外。赫魯雪夫的一句風涼話，隱約透露出一種如釋重負的感覺：「貝利亞死在他原本預料將把他推向權力巔峰的那一次主席團會議。」安全部門從此納入黨的控制之下，並且更名為KGB（國家安全委員會）。貝利亞昔日的盟友們則被拔除職務。[3]

貝利亞擔任秘密警察頭子的時候，曾負責把無數的人們發送到勞改營，以及掌管古拉格的運作。全國各地營區的犯人們聽聞他的死訊之後，興奮得把自己的毛皮帽拋向空中以示慶祝。自從戰爭結束以來，一群又一群被囚禁的士兵和游擊隊員已經在古拉格製造出許多麻煩，貝利亞的垮台更引發了一連串的起義事件。其中規模最大的一次發生於哈薩克的「肯吉爾勞改營」。那裡在一九五四年夏天的時候，有一萬三千名囚犯進行罷工。根據亞歷山大・索忍尼欽的《古拉格群島》，史達林死後的政治不確定性讓監獄當局不知道該如何回應才好。

索忍尼欽寫道：「那正是一個叫人捉摸不定的時期：既不知道應該怎麼辦，可是犯了錯誤又很危險！如果過分賣力氣而向群眾開槍，過後很可能被說成貝利亞的幫凶。但如果不賣力氣，不能堅決地迫使囚犯上工，那也可能被說成貝利亞的幫凶。」

主管當局還在投鼠忌器的時候，造反派奪取了營地的控制權。他們成立自己的臨時政府，由昔日的陸軍軍官來負責領導，並且要求縮短工作日數、獲得更佳的生活條件，以及對所有的判決重新進行審查。他們不僅僅是暴亂的罪犯而已；他們還想爭取公平正義的體制，以及國家對待自己人民時的人性化態度。經過四十二天的遲疑後，紅軍部隊與T－34坦克被派遣過來鎮壓騷動，殺死了七

1 莫洛托夫在回憶錄中宣稱，貝利亞曾經吹噓是他自己毒死了史達林，並且告訴中央主席團說：史達林已準備鏟除他們，而他——貝利亞——「救了我們所有的人」。

2 譯注：蘇聯共產黨的中央政治局在一九五二至一九六六年之間改稱「中央主席團」；總書記則在一九五三至一九六六年之間改稱「中央第一書記」。

3 貝利亞當然絕對不是英國間諜，但他的下場並不值得同情。一九九八年一個令人毛骨悚然的發現，告訴了我們他到底是怎麼樣的貨色。貝利亞出庭受審的時候，被指控曾經多次犯下強姦和性侵等罪行。不過類似的指控經常在史達林時代被使用於羞辱被告，因此並未得到普遍採信。

等到貝利亞位於莫斯科「花園環路」（Garden Ring）的舊居變成突尼西亞大使館之後，卻在整修花園水管時發現了五具年輕女子的骨骸。經過解密的檔案證實了許多人的懷疑：貝利亞的保鏢們作證指出，他會帶著他們在莫斯科坐車閒逛，指定他們綁架哪些少女過來供他強暴。過於奮力反抗或者威脅要揭發貝利亞惡行的那些女子，最後就被埋在他妻子的玫瑰花園裡。

百名造反分子。但是「肯吉爾」和全國各地的勞改犯們並沒有完全白白犧牲。那些暴動事件已經向蘇聯領導階層表明，司法體制裡面存在著嚴重的問題。於是在中央委員會書記彼得·波斯佩洛夫的主持下，成立了一個調查委員會。它在一九五六年初提出的調查報告，表明了蘇聯自從一九三〇年代以來對簡易審判程序的濫用，沒有任何現任黨領導人在那個時期全然無辜。

《波斯佩洛夫報告》讓黨的領導階層進退兩難。如果他們把它秘而不宣，他們等於是掩蓋史達林主義的罪行，很可能會幫未來的新獨裁者鋪平道路。但如果把它公布出來的話，將會揭發自己而被指控為那些罪行的共犯。第二十次黨代表大會，即史達林死後的第一次大會，即將在一九五六年二月召開，只剩下了不到一個月的時間，必須馬上做出決定來。

赫魯雪夫做出了決定。

尼基塔·謝爾蓋耶維奇·赫魯雪夫不怎麼像是一個馬基維利主義者。他以牧羊人的身分展開人生，而後在頓巴斯盆地擔任礦工。他在第一次世界大戰期間積極參與勞工運動，於革命期間為左派戰鬥，於一九一八年加入了布爾什維克黨。赫魯雪夫在地方黨組織內部逐步上升，一九三八年被任命為烏克蘭共產黨第一書記。一九四九年時，他已在莫斯科被任命為中央委員會書記。

威廉·海特爵士，一九五〇年代的英國駐蘇聯大使，發現赫魯雪夫充滿了天生的機智、精力和野心。時隔三十年後海特告訴我說，他不是知識分子，而且其個性粗鄙不文，但赫魯雪夫具有堅韌的毅力，讓他自己獲益良多。他在談話中夾雜著民間用語，其烏克蘭背景有時會使得他的措詞讓人摸不著頭緒。不過就連這一點也被他拿來出奇制勝，用色彩繽紛但往往粗魯不雅的評語來讓對手方寸大亂。

海特在回憶錄中寫道：赫魯雪夫「像是一頭小公牛，如果對準了正確方向的話，就橫衝直撞地抵達目的地，扳倒擋在他路上的任何東西。可是海特起初低估了赫魯雪夫，受到其農民般的粗魯舉止誤導。在一九五四年的一場晚宴上，赫魯雪夫似乎不怎麼跟得上一次談話的內容，需要馬林科夫用「簡單的字眼」來向他解釋某些東西。海特與英國大使館的其他工作人員一致認為，在集體領導班底的成員當中，馬林科夫那個有著貴族出身背景、能言善道而且學術資格傑出的人物，最有可能贏得權力鬥爭。他們很快就會發現自己錯得多麼厲害。

甚至在召開一九五六年二月的黨代表大會之前，赫魯雪夫即已挫敗了他的競爭對手們。如同史達林在他之前所做過的那般，赫魯雪夫利用自己的中央第一書記職務，把他的支持者安插到掌握實權的位置。馬林科夫則被迫辭去部長會議主席一職，由赫魯雪夫的盟友布爾加寧接任。察覺到危險以後，馬林科夫便與他的史達林主義老戰友莫洛托夫和卡岡諾維奇等人，聯合起來阻擋赫魯雪夫的權力之路。

赫魯雪夫必須做出反制，而《波斯佩洛夫報告》是一件很有用的武器。他的對手們全部都跟一九三〇年代的整肅行動有所牽連瓜葛；如果報告公布出來的話，他們將會是最大的輸家，於是赫魯雪夫開始極力主張把它對外公布。他告訴他們：「如果我們不在大會上講出真相的話，將來的某個時候我們還是得把它說出來。到了那個關頭，我們將不再是發表演說者——我們會變成接受調查的人。」但馬林科夫和其他人表示反對，於是等到黨大會在二月十四日揭幕的時候，領導高層仍未達成共識。

在黨大會的最後一天，二月二十五日，赫魯雪夫宣布舉行一場未經事先敲定，並且排除外國代表團的閉門會議。赫魯雪夫在「大克里姆林宮」走近麥克風，猶豫了一會兒才終於開口。他手中拿著的講詞，在歷史上將被稱作《關於個人崇拜及其後果》演說——或者直接稱之為「秘密講話」。那篇講詞是以波斯佩洛夫提供的草稿為基礎，不過赫魯雪夫加深和擴大了揭露的範圍。對史達林語多譴責的《列寧遺囑》，以及列寧威脅要跟史達林斷絕一切關係的信函，首度被大聲朗讀出來。大廳內出現了一陣騷動，但赫魯雪夫繼續堅持下去。他表示，史達林主義「極其嚴重地歪曲黨的原理」；對史達林的個人崇拜，以及個人獨攬大權、由個人決定一切的做法，則「破壞黨的集體領導原則而帶來巨大的危害」。

> 同志們！……誇大某個人的作用，把他變成具有神仙般非凡品質的超人，是和馬克思列寧主義的精神相違背的，是不能容許的。這個人似乎無所不知，洞察一切，能代替所有人的思考，能做一切事情，他的行為沒有半點錯誤。多年來，我們養成了用這樣的觀點去看待人，具體地說就是這樣看待斯大林的。……現在，我們關心的，是一個對我們黨的現在和將來都有重大意義的問題，那就是對斯大林的個人崇拜是怎樣逐步形成的，它怎樣在一定階段上變成一系列極其嚴重地歪曲黨的原理，歪曲黨的民主和革命法制的根源。……

赫魯雪夫指出，其結果是無節制的非法和不公正行為，其中包括大規模的迫害和謀殺。此際大廳內出現了雜音，那篇演說變得更加火爆。

> 同志們！……斯大林是個非常不信任旁人的人，有病態的疑心。……他會看著一個人說：「你的眼睛今天為什麼躲躲閃閃的？」或者說：「你今天為什麼扭轉頭去，不敢正眼看我？」……他到處都看到「敵人」、「兩面派」、「間諜」……

斯大林首創「人民敵人」這個概念。……實施最殘酷的迫害，以對付在某一點上不同意斯大林的人，對付那些只是被懷疑有敵意的人，對付那些受到誣陷的人。……定罪的主要依據……就是被告本人的「自供」，然而這種「自供」……乃是對被告施行肉刑逼出來的……。於是就導致明目張膽地破壞革命法制，使許許多多過去維護黨的路線的無辜的人成了犧牲品。……一個人的專橫也就慫恿了另外一些人的專橫，把成千的人大批逮捕和流放，不經法庭審訊和正規調查就處以死刑等等。它產生了人和人的不信任，引起了不安、恐怖和絕望狀態。

赫魯雪夫宣稱，史達林曾經插手謝爾蓋．基洛夫謀殺案，而「醫生陰謀案」和「列寧格勒案件」二者都純屬揑造。一九三〇年代的血腥整肅，以及對一九三四年「勝利者的大會」出席代表們進行的恐怖報復，都是在史達林授意下進行的。戰爭初期他「領導黨和國家的錯誤方法」，甚至使得國家危在旦夕。赫魯雪夫強調史達林是個懦夫，在干預戰事的過程中表現得「神經質和歇斯底里」，而且「在整個衛國戰爭時期，他沒有到過一個戰線的區段，也沒有到過一個解放了的城市」。

大會代表們在接近休克的狀態下聆聽了四個多小時。[4] 那篇講話結束時出現了「死寂的沉默」，然後與會者紛紛站起身來，開始四散離開，不知道彼此該講些什麼才好。一些出席者為了獨裁者的瘡疤（至少是部分的瘡疤）正在被揭開而興奮不已；其他人則擔心自己所涉及過的濫權行為將被公諸於世。在隨後幾天和幾星期內，陸續出現了有關黨代表們心臟病發作或自殺身亡的報導。那篇講詞沒有在蘇聯的報刊上發表，但是曾於特別會議中向黨員們宣讀。沒有被允許聽講的外國共產黨員

4 譯注：蘇共「二十大」於二月二十四日晚間閉幕後，赫魯雪夫突然在十一點半通知大會代表返回克里姆林宮，接著他從午夜一直報告到二十五日凌晨。

很快就獲悉此事，將其大部分的內容向國外洩露。波蘭代表團則把講詞寄給了《紐約時報》和《觀察家報》。

赫魯雪夫無疑十分勇敢地面對了史達林主義的遺產，然而那篇講話的內容是一種妥協。它把焦點集中在對共產黨員的迫害，而非一般人民所受的苦難；它只談論起一九三四年以後所發生的事件，並且把所有的責任都歸咎給史達林。赫魯雪夫表示，他和其他一些黨領導人對史達林當時的作為所知有限，無法進行干預和加以制止。不過他還是刻意指責貝利亞，並暗示馬林科夫與史達林的惡形惡狀關係密切。

此次演說是赫魯雪夫的一場豪賭。那是冒著讓共產黨起而反對他的危險，更何況他自己也可能因為過去的所做所為而受到批判。全國各地紛紛出現狂風暴雨般的討論，並且舉辦一些激烈的示威遊行，抗議那篇講話「誹謗」了史達林的美好名聲。米哈伊爾．戈巴契夫年輕的時候，曾經震驚於他的斯塔夫羅波爾老家對那篇講話的反應，因為當地有許多人依舊把史達林看成是人民的保護者，而非他們的迫害者。在喬治亞，示威者走上街頭捍衛已故領袖的榮譽。成千上萬人齊聲高呼「榮耀歸於偉大的斯大林！」以及「打倒赫魯曉夫！」最後那些抗議活動升級成為暴亂，導致數十人喪生或受傷。長年的宣傳和誤導給百姓帶來了困惑，使得他們無法分辨真相與謊言。

儘管面臨各種抗議，赫魯雪夫的行動還是為他贏得了基層的支持。低階和中階的黨國官員們多半還太年輕，不必為史達林時代的種種罪行負起直接責任，因此樂於看見恐怖統治和「個人崇拜」遭到摒棄，由「集體領導」和「社會主義法制」取而代之。[5]他們想要確保從前的濫權行為再也不會重返，而且民主化將會成為日後的方向。赫魯雪夫在一九五六年獲得的穩固支持，將對他接下來的權力鬥爭產生助力，同時削弱了他未來的對手——莫洛托夫、馬林科夫和卡岡諾維奇等等史達林主義的老班底。

「秘密講話」在中歐和東歐產生了立即而負面的影響。史達林死後不久，捷克斯洛伐克和匈牙利都曾出現過騷亂，因為人們察覺到有機會擺脫蘇聯宰制來贏得更大的自由。東德的罷工工人於要求親史達林的政府下台之際，有五百人遭到殺害。如今赫魯雪夫的講話又給東歐各國的改革勢力和反對派團體注入了新生命。在波蘭，知識分子要求改變，工人進行了罷工；示威者與警方在波茲南爆發的衝突導致三十八人喪生。赫魯雪夫於是提出威脅說，要是主政當局無法恢復秩序的話，他將派遣坦克開入華沙。

一九五六年十月，瓦迪斯瓦夫·戈慕卡成為波共領導人、取代了之前的史達林主義政府，並且引進一種比較自由化的「國家共產主義」之後，緊張局勢得到緩解。農民獲准離開集體農莊，天主教會則不再被禁止在學校裡教導宗教課程。或許是有鑑於史達林的尖酸結論──「向波蘭施加共產主義，那就好比想給奶牛套上馬鞍一般」──莫斯科做出了讓步。

匈牙利出現的危機卻更加嚴重許多。自從戰爭結束以來，該國便一直在「史達林最好的匈牙利門徒」馬加什·拉科西的獨裁統治之下受苦受難。可是波蘭人贏得的讓步導致人們希望大增，以為匈牙利也能夠獲准享有一定程度的自主性。就在波蘭出現變化的同時，拉科西於一九五六年夏天遭到罷黜。但這還不夠。

有限度的改革激發了更多的要求。十月二十三日那天，有二萬名學生湧上布達佩斯街頭，要求

5 四十年後，米哈伊爾·戈巴契夫舉辦了一場會議來紀念第二十次黨代表大會。他讚揚赫魯雪夫的「政治勇氣」，並且對其所承擔的「巨大政治風險」驚嘆不已。戈巴契夫指出，赫魯雪夫藉由開啟揭露史達林罪行的過程，表明自己是一個「有道德的人」。一位現代的蘇聯改革者，承認了那位志同道合的老前輩給他帶來的啟發。

獲得言論自由、開放真正的反對派政黨參加選舉，以及撤出蘇聯的佔領軍。到了傍晚時分，群眾已暴增至將近二十萬人。他們推倒了一尊高達三十英尺的史達林銅像、手中揮舞著已在中央切除共黨標誌的匈牙利國旗，並且攻擊匈牙利秘密警察總部。警察向群眾開槍，接著示威者與蘇聯和匈牙利軍隊之間爆發了街頭戰鬥。匈牙利總理伊姆雷·納吉的手中掌握著一場革命。納吉本身是改革派，早已或多或少同情抗議者的要求，如今在與他的內閣進行激烈討論之後，宣布政府支持人民的事業。納吉繼續與莫斯科保持聯繫，似乎在十月二十八日促成了一項協議，於是雙方宣布停火，蘇聯軍隊撤出布達佩斯。

在克里姆林宮，主席團意見分歧。為了努力維護共產黨的團結來對抗西方，赫魯雪夫曾經向狄托示好，設法修補蘇聯與南斯拉夫之間的關係。他也已同意在波蘭做出妥協。可是現在匈牙利恐怕會破壞所取得的一切進展。幾經猶豫之後，主席團決定動手。「華沙公約組織」的成員國接獲通知，蘇聯即將採取軍事行動來反制對匈牙利造成威脅的「反革命勢力」。（有一次在與狄托交換意見的時候，赫魯雪夫哀怨地問道：「我們還能有什麼選擇呢？如果我們讓一切事情都順其自然的話，西方會把我們講成是『愚蠢』或『軟弱』，那其實是同一回事。無論以共產主義者或國際主義者的身分，或者就蘇維埃國家的立場而言，我們都絕不可讓它發生。否則我們將會眼睜睜看著資本主義者出現在蘇聯的邊境上。」）

「華沙公約組織」由蘇聯創建於一九五五年，做為在軍事上對「北大西洋公約組織」的回應，以及把東歐國家跟蘇聯綁在一起的手段。華沙公約組織的創始憲章承諾將「尊重各成員國的獨立與主權」，以及「不干涉其內部事務」。匈牙利很快就會發現那些字句有多麼空洞不實。

十一月四日那天，科涅夫元帥（柏林戰役的英雄之一）率領配備三千輛坦克的紅軍部隊，展開了旨在奪回布達佩斯的「旋風行動」。（蘇共中央委員會通過的決議為此行動做出辯護，表示如果蘇聯「不協助匈牙利工人階級向反革命勢力進行鬥爭」的話，將是「不可原諒」的行為。）入侵行動讓匈牙利人大吃一驚。伊姆雷·納吉之前曾經與莫斯科駐匈牙利大使尤里·安德洛波夫進行過談判，卻忽略了坦克已經上路這個事實。他立即宣布匈牙利退出華沙公約組織，並呼籲聯合國提供援助。然而西方世界被捲入了蘇伊士危機，再加上英法兩國的部隊正在入侵埃及，以致美國幾乎不可能譴責蘇聯。

匈牙利人在必須單獨面對紅軍的情況下，勇敢地進行戰鬥。抵抗軍的口袋陣地堅守了一個星期。可是到了十一月十日，隨著數千人的死亡和布達佩斯市中心的許多地點淪為廢墟，革命已經遭到窒息。納吉被蘇聯當局逮捕囚禁了十八個月，然後在一九五八年六月被絞死。[6]曾與蘇聯入侵者進行合作的匈牙利共黨總書記亞諾什·卡達爾，被指派為政府領導人。莫斯科用匈牙利來殺雞儆猴，完全保住自己的各個「緩衝國」。可是其行動惹惱了許多西方的共產主義者，並且傷及赫魯雪夫在國內和國外的地位。

赫魯雪夫的「秘密講話」在蘇聯創造出不確定性，給東歐帶來動蕩。它對史達林主義的譴責疏遠了那些傳統派的共產主義國家，例如阿爾巴尼亞，以及更重要的——中國。北京版共產主義走的是強硬路線和教條主義，呼應了史達林主義的意識形態。赫魯雪夫越是談論與西方的和平共存，毛澤東就益發擔心正統共產主義遭到削弱，以及缺乏決心來支持他對抗美國。過了沒有幾年，北京將正式譴責「赫魯曉夫修正主義集團篡奪了蘇聯黨和國家的領導」。

6 一九八九年悼念納吉被處決三十一週年之際，我在布達佩斯市立公墓參加了重新安葬其遺體的儀式。出乎意料地有數十萬名匈牙利人現身，一同見證共產黨從前犯下的錯誤得到了糾正。那個儀式所產生的衝擊，協助加快了匈牙利推翻共產主義的進程。

赫魯雪夫在莫斯科集體領導體制中的主宰地位，看樣子已經開始岌岌可危。他顯然沒有意識到暴風雨正蓄勢待發，依舊以近乎傲慢的方式，繼續表現出早年曾經讓他獲益匪淺的誇張自信。儘管他攻擊了「個人崇拜」，卻務必要讓報章雜誌每天都出現他的照片。他要求廣播界、電視界和電影界做出諂媚的表現。他堅持要賣弄自己的權威，並且很高興地聽見他的孫子問他說：「爺爺，你是沙皇嗎？」但他恃強凌弱、趾高氣昂的作風疏離了潛在的支援者，他對酒精和粗俗笑話的喜好，令人擔心他會讓蘇聯在國際舞台上出醜。

莫洛托夫更早之前已處心積慮想要擺脫赫魯雪夫。身為史達林的親密盟友，他既憎恨又害怕當時正在自由化過程中進行的揭發工作。一九五七年六月，莫洛托夫與馬林科夫和卡岡諾維奇聯手說服絕大多數的中央主席團成員，要求赫魯雪夫辭職。在主席團的一次會議上，他們跟赫魯雪夫當面槓上，並且逼迫他下台。但赫魯雪夫表示拒絕。為了拖延時間起見，他辯稱自己是由中央委員會全體會議選舉出來的，故不肯在未經其同意的情況下離職。他贏得了喘息空間，但他需要爭取到足夠的奧援，以便撐過即將舉行的表決。他再一次向如今已擔任國防部長的朱可夫元帥求助，請他出動空軍，盡可能把贊同他的中央委員們從全國各地載送過來。結果他們的支持足以拯救赫魯雪夫，並且鞏固了他的蘇共第一書記職位。

赫魯雪夫隨即向對手展開反擊，指控他們是史達林罪行中的共犯，並斥之為「反黨集團」。朱可夫也共襄盛舉，譴責莫洛托夫和馬林科夫是史達林「大清洗」的主要幫凶。二人與拉扎爾・卡岡諾維奇一同被逐出中央委員會，而這種命運在之前的年代通常會伴隨著逮捕，甚至有可能是處決。（當卡岡諾維奇向赫魯雪夫求情時，赫魯雪夫興高采烈地回答說：「你所講的話又一次確認出來，你們打算為你們的卑劣目標使出何種手段。……你們以自己的標準來衡量別人。可是你們低估了我。」）

赫魯雪夫宣布把莫洛托夫送去當蘇聯駐蒙古國的大使，讓馬林科夫去西伯利亞掌管一座發電站，卡岡諾維奇則去斯維爾德洛夫斯克擔任水泥工業的頭頭。他們三人都被貶謫到無足輕重的職位，其政治生涯實際上已告終結。但赫魯雪夫拒絕把他們送進監獄，藉此表明史達林主義的那一套方法再也行不通了。

布爾加寧曾在那個陰謀中參了一腳，於是被迫辭去部長會議主席一職，赫魯雪夫從此同時擔任蘇共中央第一書記和政府總理。他的最高統治者地位雖安然無恙，可是在此後的那幾個年頭，赫魯雪夫反覆無常又不可預測的性格，將更明顯地展現於他那個國家反覆無常又不可預測的進程當中。

RUSSIA

A 1,000-YEAR CHRONICLE OF THE WILD EAST

第五部 膽怯的民主人士

PART FIVE DEMOCRATS WITH COLD FEET

36 赫魯雪夫想要趕上和超越美國

一九六一年四月十二日，莫斯科時間上午九點零六分的時候，宇航員[1]尤里・加加林將「東方號」太空船的發射鑰匙轉到啟動位置，然後喊出一聲「Poekhali!」（「我們出發了！」）[2]，從哈薩克斯坦的「拜科努爾」太空發射場一飛衝天。他後來寫道：「我聽見一陣呼嘯聲和越來越響的轟隆聲。我感覺得到整個巨大的火箭在抖動，然後它緩慢地、非常緩慢地開始掙脫發射台。那種喧囂聲不比在噴射機裡面聽到的聲音來得響亮，可是它具有一系列音樂般的音調和音色。作曲家連想都別想把它譜寫下來，而且沒有任何樂器或人聲能夠重現它的富麗堂皇。」

加加林環繞地球軌道一百零八分鐘，以一萬八千英里的時速飛快地東向穿越他的祖國，接著跨過太平洋和北美洲。抵達西非上方之後，東方號的反推進火箭猛然噴發了四十秒，於是這艘太空船放慢速度、轉了個方向，並且開始下降返回地球大氣層，來到它在科學探索和人類成就上的不朽歷史地位。

當蘇聯媒體宣布任務順利完成的時候，蘇聯人民第一次聽說曾經有過這麼一個專案。克里姆

1 譯注：蘇聯和俄羅斯的「太空人」（astronaut）叫做宇宙航行員（cosmonaut/космонавт），簡稱「宇航員」。

2 譯注：Poekhali（Поехали）的俄語讀音像是「巴葉哈里」。這個經典名言如今在俄國口語中使用於出門以前（「咱們走吧」），或者舉酒乾杯之際。

林宮領導當局不怎麼信得過自己的太空科技水準，於是對載人火箭的存在一直秘而不宣。加加林的父母親直到聽見了收音機新聞報導之後，才知道他們的兒子已經成為第一個上太空的人。在發射之前，有三個信封被送交給蘇聯的新聞機構「塔斯社」，每個信封裡面各自擺放了不同的聲明，依據任務的實際結果供人選用：一個使用於任務成功、一個使用於萬一加加林被迫降落在蘇聯境外，還有一個供使用於任務徹底失敗。

當他的座艙從「東方號」彈出，並且安全地降落在俄羅斯中部薩拉托夫市的郊外時，加加林發現他四周圍繞著滿懷恐懼與猜疑的村民。那些人以為加加林是間諜，非要等到他指了指自己頭盔上的「CCCP」字樣之後，才消除他們的疑慮。加加林很自豪地告訴他們說：「我是俄羅斯人。你們剛剛遇見了全世界第一個來自太空的人！」

尤里．加加林立即名噪一時。他被封為「蘇聯英雄」，乘坐一輛敞篷轎車在莫斯科街頭接受歡呼，赫魯雪夫就在他身旁。繼「斯普特尼克」於一九五七年發射成功之後，蘇聯再度擊敗了美國。對赫魯雪夫而言，這是一個做出辯解的機會。他向那位新出爐的宇航員敬酒時說道：「傲慢的說三道四者告訴我們，穿著樺樹皮鞋和裹腳布[3]的俄羅斯人將永遠無法組成一個大國。然而昔日不識字的俄羅斯開拓了通往太空的道路。那便是你所做出的成就，尤里！要讓每一個磨利了爪子打算對付我們的人曉得這件事情！要讓他們曉得，咱們的好小子尤里上了太空、他看見了一切、他什麼都知道！」

加加林被派往全球進行勝利之旅。當他在白金漢宮與伊莉莎白二世女王會面時，有數以萬計的人們過來向他致意。《泰晤士報》報導說，他受到了「近乎歇斯底里的歡迎」。加加林是一個不做作的人，在與媒體打交道時展現出個人魅力和善良本性。此外他是蘇維埃集體主義價值觀的有效代言人，一再強調他固然曾經置身太空艙內，但假如沒有成千上萬位蘇聯科學家、工人和技術人員許多年來的辛勤工作，他根本不可能獲得成功。

甚至早在革命之前，俄羅斯就已經展開了探測太空的歷史。例如高瞻遠矚的康斯坦丁・齊奧爾科夫斯基（生於一八五七年卒於一九三五年），是多節火箭的先驅，被公認為太空航行之父。蘇聯科學家們在一九三〇年代承接他的工作，他們當中的謝爾蓋・科羅廖夫，將繼續開發出載運加加林進入太空的火箭，以及蘇聯的第一枚洲際彈道飛彈。然而在史達林統治下，科學是一個危險的行業，任何不忠的跡象都會受到無情的懲罰。一九三八年時，一名對科羅廖夫懷有敵意的物理學家舉報了他：科羅廖夫被判處勞改十年，他接受偵訊之際遭到痛毆，被打斷了下巴和失去大部分的牙齒。此後他終其一生張嘴和轉頭都感到困難。

第二次世界大戰爆發後，科羅廖夫被轉移到一個專門為工程師設置的勞改營，他在那裡參與研發軍用飛機。等到戰爭結束時，他又回去開發火箭。他和他的科學家同僚們身分保密，以致科羅廖夫在加加林的勝利中所起的作用不曾受到公開讚揚。為了維護設計上的秘密，「東方號」太空船的外觀也對外隱藏。一直要等到過了好幾年之後才發現，原來蘇聯的太空船幾乎完全自動化；宇航員需要執行的任務不多，而且過程中無人鼓勵他們發揮主動精神來解決問題。沒有任何記錄顯示加加林在升空以後觸碰過控制設備，科羅廖夫曾經誇耀地表示：東方號是如此的精巧，甚至連「兔子都能夠開著它飛行」。

宇航員在莫斯科郊外秘密的「星城」訓練中心接受培訓，重點是重複動作、穩定情緒，以及在

3 譯注：俄國軍人從十七世紀末開始使用長方形的裹腳布（portyanki/портянки），二〇一三年才全面改成穿襪子。「裹腳布」也是彼得大帝西化下的產物，他把當時荷蘭陸軍的做法帶了回去。

壓力條件下保持冷靜的能力。加加林成為第一個上太空的人之前，其主要競爭對手名叫戈爾曼．季托夫，是一個受過良好教育的人，喜歡在隔離室背誦普希金。但最後是加加林成為首選，其中部分原因在於他的農家出身背景，這可以更佳反映出蘇聯的「無產階級國家」形象。

一九六三年時，瓦連京娜．捷列什科娃成為第一位上太空的女性，讓赫魯雪夫得以自賣自誇「男女在我國的平等地位」。可是與美國搶先送人上月球的競賽，迫使克里姆林宮要求自己的科學家們取得更大進展，甚至讓宇航員承擔更大的安全風險。科羅廖夫奉命進行首次多人太空任務，為此只得拆除東方號太空船一切的安全設備，讓三個人能夠擠進原本僅設計容納一人的太空艙——送他們上太空的時候，甚至連發生緊急狀況之際的逃生裝置也沒有。

一九六五年三月，阿列克謝．列奧諾夫出「上升二號」任務時，成為第一位在太空「漫步」的人。可是科羅廖夫又一次在妥善解決技術問題之前，就被迫匆匆發射太空船。結果一個構造不結實、連接到太空艙側面的可伸縮過渡艙，意味著列奧諾夫的太空衣膨脹起來之後，幾乎讓他被困在太空而無法返回艙內。列奧諾夫被迫手動放氣來降低太空衣的氣壓，等到他終於擠進過渡艙的時候幾乎已經昏厥過去。[4]接下來輪到自動導航系統失效了，艙內的兩名宇航員只得手動返航。最後他們偏離預定目標一千五百英里，著陸於西伯利亞冰天雪地的林木之間，在下方的狼群嚎叫聲中受困了一個夜晚。

截至當時為止，蘇聯的整個太空計畫都是既讓人捏把冷汗又差強人意。同年十月的時候，列奧諾夫、加加林與季托夫聯名發函向蘇聯領導人提出警訊：「情況已有所改變：美國已經迎頭趕上，甚至在某些領域超越了我們……。不幸的是，我國在重要工作的規劃、組織和管理等方面，具有許多缺陷。」他們沒有收到回覆。一九六六年一月，謝爾蓋．科羅廖夫以五十九歲之年去世。他在古拉格群島所遭受的無情毆打縮短了他的生命。那是結束的開始。太空科學家們一直致力於將兩艘「聯盟號」飛船在太空進行對接，然而技術問題不斷糾纏著那個計畫。克里姆林宮堅持要照常進行任務，以便配合一九六七年的五一勞動節慶祝活動。於是經驗豐富的宇航員弗拉基米爾・科馬洛夫被挑選過來主導此項工作。

但科馬洛夫知道那艘飛船不適合上太空。他的KGB隨扈，文雅明・魯薩耶夫，曾經在發射前不久與他交談，後來魯薩耶夫回憶起那次的對話：

（科馬洛夫）向我們告辭時，直截了當地說道：「這次飛行我不可能再活著回來了。」於是我問他：「既然你確定自己活不了，為什麼不拒絕這次任務呢？」他回答說：「因為如果我不飛的話，他們會把尤拉（加加林的暱稱）送上去，而他將會替我而死。我們必須照顧他。」

一九六七年四月二十三日拍攝於發射台的影片，呈現出面無笑容的科馬洛夫、垂頭喪氣的加加林，以及一些愁眉苦臉的技術人員。升空沒多久之後，太空船的導航電腦即告失靈，機械故障開始陸續出現。科馬洛夫向地面控制中心抱怨說：「這艘鬼船！我碰觸的東西沒有一樣能夠正常操作。」二十六個小時後宣布中止任務，科馬洛夫被通知重新進入大氣層。可是當他設法改變航道時，發現無法讓太空船正確行進。美國國家安全局的一名特工人員，在監聽科馬洛夫與地面控制中心的通訊

4 譯注：倉促新改造出來的多人版「東方號」（Vostok）被命名為「上升號」（Voskhod，或譯為「日出號」）。阿列克謝・列奧諾夫（Alexei Leonov, 1934-）曾兩度獲頒「蘇聯英雄」稱號，最後以空軍少將軍階退伍。

時，聽見了戲劇性的發展。

科馬洛夫死前大約兩個小時，他們曉得出了問題，並且努力設法矯正。總理阿列克謝．柯錫金親自與科馬洛夫對談。他們進行了視頻通話，而且柯錫金在哭。他稱讚科馬洛夫是一位英雄……。科馬洛夫的妻子也過來，與丈夫交談了一會兒。科馬洛夫告訴她應該為孩子們做出怎樣的安排。情況非常可怕。到了最後幾分鐘，科馬洛夫已經崩潰。

當「聯盟號」以每小時四百英里的速度對著草原墜落時，科馬洛夫向那些用一艘不可靠的宇宙飛船把他送上太空的人喊道：「你們把我殺了……」

「聯盟號」的悲劇落幕之後，加加林返回原先工作崗位擔任戰鬥機飛行員，隔年隨即在一次例行訓練飛行中，因為幾乎與另一架飛機碰撞而墜毀地面。他的遺體被火化後，骨灰安葬在克里姆林宮牆下──靠近他的好朋友與好同伴科馬洛夫。蘇聯的太空計畫正在衰退。中央計畫的「死亡之手」、領導階層的過度插手干預，以及關注於宣傳上的勝利而犧牲長期發展的做法，再再都抹殺了所有的科學成就和所有的個人英雄表現。一九六九年時，美國人率先登上月球；蘇聯宇航員將永遠無法跟隨他們的足跡。

★　★　★

太空競賽很典型地代表著赫魯雪夫時代最好與最壞的一面：前景頗佳，但以失敗收場。身為第一書記，赫魯雪夫力圖在史達林的黑暗日子過後振興蘇聯，讓那個被數十年高壓迫害扼殺了發展機會的國家走上現代化。然而他被過去的遺產，以及他所繼承體制的致命缺陷壓垮了。

一九五六年赫魯雪夫「秘密講話」所產生的結果波及整個蘇聯社會。千百萬名史達林的受害者最終將恢復名譽，但其中許多人是死後才獲得平反；全國幾乎沒有任何一個家庭不受到影響。勞改營釋放出來的囚犯開始返回家園、敘述他們的親身經歷，並且揭露不公不義和欺凌虐待的嚴重程度。安娜．阿赫瑪托娃描寫了那個被分割成受害者與施暴者的國家：「如今被拘禁者就要回來，兩個俄羅斯將會直視對方的眼睛：把人送進勞改營的那一個，以及被送走的那一個。」「秘密講話」讓整整一代共產黨員深深相信，黨中央正準備放棄把壓迫使用為控制的手段，並且回歸到赫魯雪夫口中所稱「正確的列寧道路」。（過了許多年後，米哈伊爾．戈巴契夫將會把他自己和他的改革派盟友們形容為「第二十次黨代表大會的孩子」。）

各式各樣的期望很高，赫魯雪夫快速地讓它們變得更高。他在一九六一年宣布，蘇聯已從無產階級專政的國家變成全民的國家，蘇共已成為「全體人民」的黨。自從史達林在一九三六年宣布「社會主義已經在蘇聯取得了勝利」以來，克里姆林宮的領導階層便不斷敦促蘇聯人民努力建設共產主義；共產主義的完美狀態則被視為仍在遠方的「涅槃境界」。沉不住氣的赫魯雪夫卻宣布「涅槃境界」已伸手可及。他還公開宣示，蘇聯將在一九八〇年「建成共產主義」。一部全新的蘇聯共產黨綱領（《第三個黨綱》），甚至訂出了一個具體的二十年時程表：

在一九七〇年代期間，將免費向全體公民提供住房、公共運輸、自來水、瓦斯和暖氣。使用醫療服務、療養院、藥品時，將不收取費用。將開始在工廠和集體農莊過渡至免費餐食。物價將會下降……所得稅將被取消……。一週將工作三十四小時（從事艱苦工作者則是三十小時）……生產量將增加百分之五百，使得蘇聯獲得全球最高的人均產值。實質收入將提高三點五倍，於是蘇聯人民將享有世界最高標準的生活。

《第三個黨綱》結尾的那個句子則變成了全國性的口號，並且出現在海報和橫幅標語上：

黨莊嚴地宣布：當今的一代蘇聯人將生活在共產主義制度中！[5]

赫魯雪夫繼續進行他的去史達林化運動，將新近披露的各種暴行歸咎於史達林一個人，淡化了他自己和他的盟友們在其中扮演過的角色。那名獨裁者的遺體被移出列寧陵墓，埋葬在克里姆林宮牆旁邊的一尊大理石半身像下方。街道和城鎮被重新命名：史達林格勒，蘇聯在「偉大的衛國戰爭」期間的抵抗象徵，變成了伏爾加格勒。法律體系也經過改革，那些就地組成、曾經將許許多多無辜者定罪的「臨時法庭」，已遭到廢止。史達林大搞擺樣子公審時最喜歡使用的罪名，諸如「進行反革命活動」或「恐怖主義意圖」，則從《刑法典》中刪除了。

然而有一個機構不曾進行改革，那就是KGB。蘇聯還照樣是一個警察國家。言論和結社的自由仍舊受到嚴格限制，批評政權的人則有可能被迫流亡，或者日益頻繁地被宣布為精神失常。於是為此創造出一種被稱作「漸行性思覺失調」的症狀。[6]由於不可能證明一個人沒有這種問題，政府遂得以把受害者關在醫院裡面接受「精神治療」。[7]莫斯科「謝爾布斯基研究所」便是此類「杜鵑窩」——精神病院——當中的一個，因為迫害異議人士而獲得了可怕的名聲。其結果是，赫魯雪夫有辦法在一九六一年宣布：蘇聯已經「再也沒有政治犯」。

史達林時代的蘇聯不怎麼在乎西方對其國內政策的看法。光是軍事力量就已經意味著足夠的聲譽。蘇共壟斷了訊息的傳播，使得蘇聯人民被蒙在鼓裡，不清楚西方所獲致的成就和歐洲與北美的優越生活水準。赫魯雪夫為了讚美共產主義的好處，繼續嘲弄資本主義的失敗（他曾以特色十足的簡潔有力風格，將資本主義描繪成「月光下的死鯡魚，閃閃發亮地腐爛著」）。但他同時也展現出一種新的熱情，要跟西方爭個高下。

一九五七年五月，他在一場農業專家的會議上宣布蘇聯將會「趕上並超越美國」。當西方報導這句話的時候，以為那是在不斷升級的核子軍備競賽中擺出的咄咄逼人姿態。但從上下文其實可以清楚看出，赫魯雪夫是在談論經濟方面的事宜。他的目標是要把蘇聯的生活水準提高到凌駕於美國之上；於是出現各種海報懇求蘇聯人民齊心協力，「讓肉類、奶類和黃油的人均產量趕上並超越美國」。但蘇聯的自豪感已面臨危機——「擊敗美國人」這個目標，著眼於在所有的經濟領域提振表現。那是赫魯雪夫的一場賭博，身為蘇聯領導人，他對鐵幕兩邊的經濟現實至少也有最起碼的全面理解，他曉得莫斯科落在後面有多遠，可是他自己的洋溢熱情與好鬥作風蒙蔽了他。

5 蘇共一直要等到一九八六年二月的第二十七次代表大會，才終於承認赫魯雪夫的主張已樂觀得不近情理。米哈伊爾·戈巴契夫將會承認：「自從二十五年前通過《第三個黨綱》以來，我們的生活當中已經出現許多改變。當初的估計和結論並非全部都正確。把理想任務中的『全面建成共產主義社會』直接轉化成實際行動的做法，已被證明為時過早。……就本黨必須完成目標的各種期限先後順序而言，它們似乎沒有必要。」——共產主義的到來已經被無限期延遲了。

6 譯注：「思覺失調症」（schizophrenia），過去被翻譯為「精神分裂症」。

7 雖然從未如此公開聲明過，但這種做法的基本出發點是：「若有誰反對注定將給全人類帶來幸福的『人民的國家』，那麼這樣的男男女女都只能被定義成瘋子。」

赫魯雪夫必須兌現他所吹噓的事情。一九六〇年代初，他展開一項大規模住宅建設方案。全國各地矗立起成千上萬的混凝土高樓建築物，於是到了六〇年代中期，城市住房的供應情況已大大改善。赫魯雪夫後來在其回憶錄中聲稱：「套用約翰・里德的講法，我們用我們為人民進行的大規模住房建設行動『震撼了世界』。」不過成功只是相對的，按照美國的標準來看，其結果依然乏善可陳。蘇聯城市居民的平均生活空間還只有九平方公尺，更何況在一九六五年的時候，一半以上的城市人口繼續居住在擁擠不堪的「社區公用住房」。

新公寓修建得非常快速，但也為此而遭殃。那批使用預製組件的多層樓房建築群往往過了沒幾年就需要大肆整修，此外它們很快便獲得了「赫魯曉比」[8]這個渾名，指的是「赫魯雪夫的貧民窟」。[9]住房建設的熱潮給許多笑話和城市神話帶來了靈感，甚至蕭斯塔科維奇也大為所動，以此為主題譜寫了一齣輕歌劇——《切廖穆什基》[10]（一九五八）。劇中有一對年輕的夫婦為求保住新公寓而對抗蘇聯官僚體系，最後出現了充滿諷刺意味的結局。

蘇聯經濟只是慢吞吞地回應了赫魯雪夫的催促。他早已多方廢除史達林時代的嚴苛勞動法規：工人再也不可能因為未經官方許可任意變換工作，或者因為上工遲到超過二十分鐘，而被當作罪犯處罰。但由於缺乏財務誘因來激勵人民努力工作，結果「他們假裝付錢給我們，而我們假裝工作」那個著名的笑話，就變得不只是有一點點符合事實了。在一九六一年，赫魯雪夫已不得不重新拾起史達林式的脅迫手段。其《共產主義工人道德規範》恢復使用舊有的「不勞動者不得食」那項警告，並且新增設了「寄生蟲」這個罪名，藉以懲罰逃避工作或工作不夠努力的那些人，將他們下獄或送往偏遠地區做苦役。人們再度被鼓勵「絕不容忍侵犯公共利益的行為」，這實際上就是要求他們告發沒有盡本分的工作同僚。

農業是赫魯雪夫所面臨的最大挑戰。他自己出身於農民家庭，而且他以改善全國災難性的糧食生產為己任。他在「趕上並超越美國」的競賽中設定了具體目標，可是集體農莊對此反應冷淡。一九五七的時候，他要求在三年內將肉類的產量增加三倍。但那個目標太不切實際，以致大多數農業專家都表示根本不可能。赫魯雪夫需要一個例子來證明自己是對的，結果他找到了莫斯科東南方里亞贊[11]地區的黨領導。那裡的州委第一書記阿列克謝·拉里奧諾夫承諾將在一年內達成目標，於是赫魯雪夫一九五九年一月在《真理報》公開那項承諾，鼓勵其他地區也跟進實施。

拉里奧諾夫被授予列寧勳章，被推崇為別人的榜樣，然而他實在不曉得該如何履行自己的承諾。他的解決辦法是屠宰當地所有的肉牛和很大一部分的乳牛；集體農莊工人自有的牛隻也遭到徵收，此外還從鄰近地區買肉過來應急。那些措施拖垮了里亞贊的財政，並使得該地區的農業基礎設施淪為廢墟。赫魯雪夫卻在一九五九年十二月的蘇共全會上，興沖沖地宣布目標已經達成，並且把下一年的額度設定得甚至更高。拉里奧諾夫的不負責任做法很快便原形畢露，該地區的肉類產量驟然降到只有原先的一小部分。他被炒了魷魚，不久以後就自殺身亡。

8 譯注：赫魯雪夫的俄語讀音是「赫魯曉夫」（khrushchov），而貧民窟在俄語叫做「特魯曉比」（trushchoby/трущобы）。這個文字遊戲將二者湊在一起後，得出了「赫魯曉比」（khrushchoby/ хрущобы）——「赫魯曉窟」。

9 赫魯雪夫進行他的建築計畫時，曾經拆除莫斯科具有歷史意義的「阿爾巴特區」，造成許多珍貴建築物的損失。此後不協調地聳立在該區主要幹道兩側的樓房建築群，至今依然被稱作「赫魯雪夫的假牙」。（譯注：那條大馬路在蘇聯時代名叫「加里寧大街」，蘇聯解體之後改稱「新阿爾巴特街」）。

10 譯注：切廖穆什基（Cheryomushki/Черёмушки）是莫斯科市西南部的住宅區，通常也直接意譯為「稠李區」。同名的輕歌劇或被音譯成「車尤姆席基」。

11 譯注：里亞贊（Ryazan）往往被音譯成「梁贊」。

赫魯雪夫那種愛麗絲夢遊仙境般的神奇招數，也被施展到許多範圍更廣的農業專案。例如他在一九五四年推出「處女地運動」，打算開墾西伯利亞西部和哈薩克斯坦北部未經耕作的草原。為此進行了自從一九三〇年代以來便不曾見過的大規模動員行動，讓二十五萬年輕人移居過去，以便為蘇聯創造出一個新的主要穀物生產地區。那場運動在小說和歌曲中受到頌揚；還有一些讓人聯想起集體化時期的電影和海報，呈現出田野間快樂工作的年輕男女，正欣喜萬分地確保蘇聯再也不會挨餓。那些表達了俄羅斯拓荒精神所自然流露的高昂熱情與理想主義。但宣傳中沒有顯示出來，除了主要是斯拉夫人的志願者之外，戰時被史達林強制遷移過去的各個族裔群體同樣受到利用。車臣人、伏爾加德國人、印古什人與克里米亞韃靼人，都曾經為赫魯雪夫那項專案計畫早期的成功做出了貢獻。儘管他們有些人在一九五六年的「秘密講話」之後獲准返回故土，韃靼人和德國人卻被視為對該專案的成功不可或缺，必須繼續留下來。

一九六〇年時已經耕種數千萬公頃的新土地，全國小麥產量增加了百分之五十以上。「處女地運動」因此被吹噓為一個成功的案例。然而過了沒幾年後，成功就已經走味。新的農地固然肥沃，可是它們位於中亞沙漠的邊緣。當初為了收到立竿見影的效果，土壤未曾經過適當的準備和施肥，於是形成類似一九三〇年代在美國出現過的那種「沙塵暴」效應。隨著土壤的崩壞，越來越大片的土地變得貧瘠荒蕪。一九六二年春夏兩季的惡劣氣候在蘇聯全國各地造成了歉收，此外用於耕種玉米的三千七百萬公頃土地，更只有七百萬公頃成功地收穫。儘管赫魯雪夫對自給自足做出了承諾，莫斯科仍不得不從加拿大購買二千萬噸穀物以避免面臨饑荒的威脅。

除了「處女地運動」之外，赫魯雪夫同時還著手進行另外一項冒險計畫。派往美國的蘇聯代表團，帶回了有關美國中西部龐大而高產量玉米田的驚人消息。美國種植者的高收穫量歸功於一種雜交玉米，其開發者名叫羅斯威爾．加斯特，是一位農民和愛荷華州一家種子公司的執行長。加斯特隨即應邀前往蘇聯訪問、與那位蘇共中央第一書記建立起不可能的友誼，並且說服赫魯雪夫購買五千噸雜交玉米種子在全國各地耕種。

當赫魯雪夫在一九五九年成為第一位赴美進行國是訪問的蘇聯領導人時，他堅持要參觀加斯特的農場，被拍攝到笑容可掬地站在高聳的玉米田，手中揮舞著玉米芯表示蘇聯農業將取得更卓越的成就。他宣布說：「到目前為止，你們美國人工作得比我們好。所以我們將向你們學習。一旦等到我們學習完畢，我們甚至會工作得比你們更好。到時候你們將不得不踩著踏板，跳上這一列正要開往未來的社會主義火車。否則你們會被遠遠地拋在後面，而我們將從最後一節車廂尾部的平台上，揮手跟你們道別。」

赫魯雪夫對玉米的熱情，為他在民間博得了「庫庫魯茲尼克」（「玉米小子」或「玉米棒子」）這個綽號。[12]他的樂觀態度雖然具有傳染性，他的剛愎自用卻使得他對任何違背其信念的忠告不予理睬。蘇聯農業專家勸告他只能在蘇聯溫暖的南方地帶種植玉米，赫魯雪夫卻拒絕聽從，下令在歐俄氣候不適合的地區加以栽種。那個決定帶來了慘不忍睹的收成；農地轉作玉米之後，更進而導致其他較傳統的作物，例如小麥和馬鈴薯，出現災難性的短缺。

赫魯雪夫拿了一些禍害多端的計畫來進行豪賭，結果其錯誤的規模太過龐大，把蘇聯農業帶到災難的邊緣。從此再也沒有了蘇聯人民習以為常的便宜食物。等到肉類和奶製品的價格調漲之後，一波不滿的浪潮蔓延至全國各地。俄羅斯南部「新切爾卡斯克電氣機車廠」的數千名工人進行罷工，

12 譯注：庫庫魯茲尼克（kukuruznik/кукурузник）得名自俄語的「玉米」一詞——庫庫魯扎（kukuruza/кукуруза）。

他們有許多人在一九六二年六月走上街頭，要求恢復便宜的食物價格和提高薪資。工人拒絕散去，軍隊於是不分青紅皂白地向人群開槍，造成至少十六人死亡和數十人受傷。有一百多人遭到逮捕並且接受審判；七名所謂的「帶頭滋事者」因為煽動「盜匪行為」而被判處死刑。[13]

各國各地出現了排隊買麵包的人龍，以致政府不得不花費寶貴的外匯儲備從國外購買食糧。俄羅斯在革命之前一直是穀物淨出口國，如今蘇聯甚至無法餵飽自己。赫魯雪夫的兒子謝爾蓋回憶說，糧食危機使得他的父親確信，蘇聯體制存在著嚴重的問題。

> 父親不曉得究竟是哪邊出了差錯。他越來越緊張、變得憤怒起來，還吵著要找出罪魁禍首，卻一直找不到他們。他內心深處開始不自覺地明白，問題並不出在細節上，而是因為那整個體系根本就行不通。然而他無法改變自己的信仰。

經濟危機迫使赫魯雪夫斷然做出決定——削減軍事預算來支付進口糧食的開銷，以及一九六〇年代大規模建屋計畫所需的經費。赫魯雪夫得出的結論是，蘇聯負擔不起同時在所有的戰線上與美國競爭。他因此宣布，將以「和平共存」這個新教條來取代史達林晚年的「東西方對抗」。此一政策很難向蘇聯軍方領導高層解釋說明，赫魯雪夫簡直是以一種不明事理的方式告訴武裝部隊指揮官們：他們現在多半已成多餘，既然蘇聯已經開發出了原子彈，那麼就不再有必要把金錢「浪費」在常規武器上面。

為了取代蘇聯傳統上對自身強大常規武力的依賴，赫魯雪夫發展出一套雙管齊下的國際關係策略。他一方面在新獨立的非洲和亞洲國家當中尋找盟友，於一九五五年巡迴出訪印度、阿富汗和緬甸，並且藉著協助修建阿斯旺大壩拉攏了埃及總統納瑟。一九五九年菲德爾．卡斯楚的共產黨勢力在古巴革命中獲勝，給莫斯科帶來了另外一個具有重要戰略意義的盟友，可用於向華盛頓施加壓力。

就另一方面而言，赫魯雪夫試圖透過虛張聲勢的威嚇行為，來掩飾蘇聯所承受的國防預算壓力。他在莫斯科告訴齊聚一堂的西方國家大使，共產主義的勝利勢所難免。他說道：「不管喜歡與否，歷史是站在我們這邊的。我們將會埋葬你們。」那種講法重申了《共產黨宣言》裡面的古典馬克思主義信念──「無產階級是資本主義的掘墓人」。可是赫魯雪夫沒有做出多少努力來化解西方的疑慮，西方認為他正在以核子衝突做為要脅。

謝爾蓋．赫魯雪夫回想起來，他的父親在一九五六年四月前往英國訪問時，「曾經若無其事地詢問，……他的東道主們知不知道需要多少枚核彈頭，才能夠把他們的島嶼從地表抹除。隨即出現了一陣尷尬的沉默。可是父親並沒有轉移話題，他臉上堆滿笑容地告訴那些在場者：如果他們不曉得的話，他可以幫助他們。接著他說出了一個特定的數字，然後興高采烈地補充指出：『我們有許多那樣的核彈頭，以及用來載運它們的導彈。』」赫魯雪夫並以他慣用的多彩多姿語言宣布說，蘇聯「製造導彈就像生產香腸一樣」。可是他的兒子後來寫道，這也是虛張聲勢：

> 我問他怎麼可以那樣子講話，因為蘇聯的洲際彈道導彈總共不超過半打。父親聽了只是笑著表示：「反正我們不打算發動戰爭，所以我們到底有多少枚導彈根本無關緊要。最重要的事情，是讓美國人以為我們有能力進行大規模的反擊。這會使得他們在攻打我們之前考慮再三。」

13 蘇聯媒體從未提及「新切爾卡斯克事件」，那次屠殺的相關細節直到一九九二年才被解密。

一九五九年時，在莫斯科市郊「索科爾尼基公園」的展覽廳舉辦了一場美國商展會，令人眼花繚亂地擺設出包括電冰箱、洗衣機、電視機和洗碗機在內的嶄新美國家用科技產品。結果赫魯雪夫以極度缺乏外交辭令和非常開門見山的做法，與前來主持揭幕儀式的美國副總統理查·尼克森交流了意見。赫魯雪夫拒絕相信尼克森關於「一般美國家庭都有能力配備展出的各項裝置」的講法，並且以不怎麼令人信服的方式極力辯稱「蘇聯電視機比美國的更好」。他嘲笑美國人對「小玩意兒」的癡迷，質問他們是否已經發明了一種能夠「把食物塞進人們嘴裡」的機器。隨著爭論變得越來越激烈，赫魯雪夫向他的客人說出了一句名言：「我們會讓你們看看庫茲瑪的母親！」（We'll show you Kuzma's mother!）——那是俄羅斯俚語，大致意為「我們會給你們顏色看的！」

蘇聯電視台播出了一部分的意見交流內容，結果惹惱許多觀眾，讓他們由於自己領導人的失態行為和不文明表現而感到羞愧。美國展品的先進程度給那些親眼看見它們的人留下了深刻印象，免費向訪客們提供的一杯杯百事可樂更是大受歡迎。有一個流行的笑話描述人們被問及對這種資本主義飲料的看法時，如何在回答了「噁心」之後，連忙跑到隊伍末端準備再拿一杯過來。[14]

那年稍後，當赫魯雪夫前往美國進行訪問的時候，他很自豪地一心一意要歌頌宣揚蘇聯的成就。他在自己的回憶錄中寫著：「誰又能料想得到，世界上最強大的資本主義國家會邀請一個共產黨員前往訪問？誰會想到資本家將邀請我，一名工人？這實在令人難以置信。今天他們不得不正眼看待我們。他們不得不承認我們的存在和我們的實力。看看我們取得了哪些成績……。我們已經把自己從一個殘破、落後、文盲的俄羅斯，改造成一個以它的成功震撼了全世界的俄羅斯。」

在匹茲堡的一次演講中，赫魯雪夫重申了他對「趕上並超越美國」的誓言，並且笑容可掬地補充說道：「我相信你們有些人被這個口號給嚇著了。可是為什麼呢？……我們會自己站立起來，而且我們將會超越你們。我們正在提醒你們該振作精神了——如果你們不想遠遠落在我們後面的話……」。赫魯雪夫雖然因為記者們針對他三年前入侵匈牙利一事做出攻訐，被惹得老大不高興，但那次的訪問整體而言還算是心平氣和。他極力控制住自己的脾氣，不對他所看見的事物表現出太多傾慕之意。待在洛杉磯的時候，他前往「二十世紀福斯電影公司」遇見了法蘭克．辛納屈、賈利．古柏、伊莉莎白．泰勒，以及瑪麗蓮．夢露（她事先曾被要求穿上最緊身、最性感的衣服，還要把亞瑟．米勒留在家裡）。但令赫魯雪夫十分懊惱的是，他不被允許參觀迪士尼樂園，因為洛杉磯警方表示無法保證他的安全。

蘇聯對赫魯雪夫的訪美之行做出了鋪天蓋地的報導。他在東道主面前的爭強好勝表現，讓強硬派民族主義者感到大快人心，其他人卻覺得那令人難堪。他凡事不落人後的態度更普遍受到譏諷。有一個流行的笑話憑空想像出來：艾森豪回應了赫魯雪夫的嘲諷，建議二人賽跑分個高下，看看「到底誰會趕上誰和超越誰」。等到體格健壯的艾森豪輕易贏得勝利之後，蘇聯媒體被迫以別出心裁的方式來粉飾太平。結果《真理報》的報導是，「在一項世界級的田徑賽中，我國領導人尼基塔．赫魯曉夫同志榮獲第二名，美國總統則屈居倒數第二名。」

赫魯雪夫的訪美之行固然給冷戰降低了一點熱度，可是溫度很快就會再度上升。一九六〇年五月一日，一架來自巴基斯坦美軍秘密基地的美國U－2間諜飛機，於飛越西伯利亞拍攝洲際彈道飛彈設施之際遭到擊落。機上的飛行員蓋瑞．鮑爾斯彈射出去，被蘇聯活捉。這給予赫魯雪夫一個完美的機會，可以在道德上採取高姿態。他宣布擊落了一架間諜飛機，卻沒有提及飛行員的下落。艾森

14 十三年後，百事可樂將與蘇托力伏特加（Stolichnaya Vodka）簽署互惠協定，分別在對方的國家銷售自己的產品。在整個布里茲涅夫時代，百事可樂屬於少數幾樣可以在蘇聯自由買賣的西方商品之一。

豪假定鮑爾斯已在爆炸中喪生，便下令編造一個故事，表示有一架美國「氣象飛機」墜毀於「土耳其以北的某個地點」。華盛頓宣稱：「絕對沒有蓄意侵犯蘇聯領空的意圖，之前也從未出現過此等情事。」

五月七日的時候，赫魯雪夫在向「最高蘇維埃」發表的一篇演說中，以誇張的勝利者姿態揭露了真相：「我必須告訴你們一個秘密。……當我第一次做出報告的時候，我故意沒有講明那個飛行員還好好地活著。……現在大家看看，美國人說出了多少愚不可及的東西！」[15]

美蘇領導人兩個星期之後在巴黎舉行「和平高峰會議」。其間赫魯雪夫利用U－2事件來指責艾森豪，要求他道歉、正式承諾再也不會發生這種事情，並且懲罰必須為此負責的那些人。美方加以拒絕之後，赫魯雪夫發表了一篇慷慨激昂的演說來抨擊艾森豪的「背叛行為」，接著便快步衝出會場。蘇聯代表團的許多成員覺得其表現非常令人不安；赫魯雪夫後來則聲稱，U－2危機標誌著各種問題的開端，而那些問題最後將終結他的政治生涯。他在一九六九年告訴一位來訪的美國醫生說：「直到發生那件事情為止，情況都還進展得相當順利。可是從蓋瑞・鮑爾斯被擊落的那一刻開始，我就再也無法完全控制大局。覺得美國具有帝國主義意圖，主張軍事實力至上的那批人（克里姆林宮強硬派），已經得到他們所需要的證據。發生U－2事件之後，我就再也沒有能力來克服他們的那種感覺了。」

關於赫魯雪夫行為反覆無常的進一步證據，呈現於一九六〇年十月的聯合國大會上，當他一再干擾英國首相哈羅德・麥克米倫發表演說的時候。等到麥克米倫開口批評蘇聯在東歐的高壓政策時，赫魯雪夫拿出一隻鞋子敲打桌面以示抗議。（報導該事件的影片顯示，赫魯雪夫似乎仍然穿著兩隻鞋子，這意味著他或許是從某位助理那邊借了一隻鞋子過來。）他顯然對自己的大聲咆哮所產生的效果相當滿意，於是告訴他的顧問奧列格・特羅揚諾夫斯基：「你真的錯過了好戲！那有趣極了！」赫魯雪夫後來聲稱，其靈感來自他從前聽到過有關一九〇五年「國家杜馬」的故事：杜馬裡面的那些人不怕使用各種極端手段來突顯自己的觀點。但蘇聯代表團的許多成員，以及赫魯雪夫在莫斯科中央委員會的對手們都嚇壞了。他們日益取得共識，覺得他的行為已開始損及他自己和蘇聯的聲譽。

一九六一年六月，赫魯雪夫在維也納遇見了下一任美國總統——新近當選的約翰·甘迺迪。他裝模作樣想要讓那個年輕許多的人明白，到底誰才是老大。他擺出居高臨下和盛氣凌人的姿態，毫不留情地對剛剛發生的「豬灣事件」大發怨言。在該次失敗行動中，曾接受美國中情局訓練的古巴流亡者部隊被派遣過去，徒勞無功地試圖推翻卡斯楚的共黨政權。

隨著赫魯雪夫不斷要求把柏林併入東德，那兩位領導人也因為柏林地位問題起了爭執。自從德國在第二次世界大戰結束後遭到分治以來，東德百姓便一直利用柏林敞開的邊界投奔西方。東德共黨領導人瓦爾特·烏爾布里希特因而敦促赫魯雪夫，必須採取行動來阻止這種人口外逃。赫魯雪夫表示同意：一九六一年八月，在西方和蘇聯佔領區之間架設起了鐵絲網。眼見西方國家未曾設法將它移除，他於是授權修築一堵固定的圍牆，從四面八方把西柏林環繞起來，封鎖了從東德各地通過的路徑。西方再度沒有做出回應。赫魯雪夫於是從中得出結論，認為他已經把甘迺迪給難倒了。柏林圍牆的成功建設帶來虛妄的信心，以為莫斯科可以若無其事地隨意欺負那位年輕的美國領袖。

事實上，甘迺迪及其政府越來越對赫魯雪夫不可預測的行為和爭勝好鬥的言論感到擔憂。一九六一年十月的時候，蘇聯試爆了迄今所製造過最大的核武器，所謂的「沙皇炸彈」（參見第三十四

15 鮑爾斯在莫斯科出庭受審，因為從事間諜活動被判處入獄三年，以及隨後進行七年勞動改造。他在一九六二年獲得提前釋放，用於交換一名被捕獲的蘇聯間諜。

章），加深了全球緊張局勢：「世界末日時鐘」看似正在接近午夜。赫魯雪夫的回憶錄表明，他把核子軍備競賽看待成一場他個人與美國領導人的老鷹抓小雞遊戲。

我記得甘迺迪總統曾經說過，美國擁有的核導彈能夠把蘇聯從地球上清除兩次還有餘，而蘇聯的原子武器只夠把美國從地球上清除一次。……有記者要求我對這段話表示意見，我開玩笑地說：「是的，甘迺迪非常正確。但是我並不感到遺憾……能夠在第一回合中消滅美國，已經讓我們滿意了。一次已經足夠。把一個國家消滅兩次有什麼好處？我們又不是一個嗜血的民族。」

赫魯雪夫看樣子只是準備把核武器使用為討價還價的籌碼，並沒有真正動用的打算。但他一再出現的火爆動作讓美國政府認為他的性格怪誕孤僻，或許還很不平衡。華盛頓相信莫斯科說不定會在某些情況下引發一場核子衝突，演成冷戰中的最危險時刻。

卡斯楚在古巴的奪權，使得蘇聯有機會在美國人的家門口進行挑戰。美國之前已經在土耳其部署了能夠打到莫斯科的飛彈，而赫魯雪夫希望重新建立核子均勢。一九六二年十月中的時候，美國間諜飛機發現蘇聯基地正在進行不尋常的建築工程，並且監測到地對空飛彈陣地，以及似乎能夠攜帶核彈頭的中程彈道飛彈。美軍參謀聯席會議主席強烈主張先發制人摧毀飛彈基地，但是甘迺迪躊躇不前。到了十月中下旬，世界已處於核子戰爭的邊緣；甘迺迪明確表示他不想打仗，但如果蘇聯強迫他的話，他會毫不猶豫地開戰。他的弟弟羅伯特・甘迺迪後來證實美國的威脅並非虛張聲勢：

我們必須在明天得到承諾，否則那些基地將被清除。我向他們提出的並非最後通牒，而是一項事實陳述。他們一定要明白，如果他們不清除那些基地的話，我們會把它們清除。或許〔他們〕會覺得有必要採取報復行動；然而在此事結束之前，死的不光是美國人，俄國人照樣也會死。

赫魯雪夫後來寫道，他的目標是要「捍衛古巴的社會主義國家地位」，並且「向該地區的其他國家提供一個榜樣」。赫魯雪夫個人的信譽已深陷危機，但他似乎仍執意要把事情進行到底。他回憶說：「我們沒有足夠時間來全面完成我們向古巴進行船運的工作。不過我們已經裝設的導彈即足以摧毀紐約、芝加哥和其他的工業城市，更遑論是像華盛頓那般的小村落。只要我們有任何大型導彈躲過了攻擊，那麼紐約就不會有多少東西能夠留下來……。我不認為美國曾經面臨過如此真實的毀滅威脅。」

自從他在柏林圍牆這件事獲得成功之後，赫魯雪夫顯然預期將出現另外一個不流血的勝利。他反問道：「我怎能認真看待一個比我自己的兒子還年輕的人呢？」但他低估了甘迺迪。白宮宣布由美國軍艦圍繞古巴設立一個禁區，任何試圖突破禁區的蘇聯船隻都將遭到摧毀。一個據推斷正載運更多飛彈前往島上的蘇聯海軍編隊，眼看著即將在幾天之內引發軍事對抗。但就在面臨攤牌的時候，華盛頓和莫斯科同時提議化解危機。如果蘇聯拆除導彈，美國將保證永遠不再發動類似入侵豬灣那樣的行動；蘇聯的回報則是答應不攻擊土耳其——如果美國清除駐紮在當地的核子武器的話。十月二十八日，莫斯科廣播電台宣讀了赫魯雪夫的一項聲明，表示正全面撤出蘇聯在古巴的飛彈。美國也遵守承諾，清除了自己部署在土耳其的飛彈，不過卻沒有公開宣布此事，以致讓莫斯科顯得好像是甘拜下風。甘迺迪告訴他的幕僚說：「我們已經把K先生的蛋蛋切掉了」，美國新聞媒體則聲稱美國已獲得勝利。

蘇共中央主席團對赫魯雪夫處理此事的做法頗有微詞。他從一開始誤判形勢堅持要部署飛彈，他錯誤地以為能夠逼迫甘迺迪就範，結果導致莫斯科在世人眼中顯得軟弱；他們的盟友卡斯楚因為無人徵詢其意見便決定了他國家的未來而大發雷霆；中國依然對莫斯科去史達林化所帶來的羞辱耿耿於懷，於是把那整個事件貶低成「先是冒險主義，後是投降主義」。

古巴的災難和農業計畫的失敗破壞了赫魯雪夫的威信。等到太空計畫開始萎縮的時候，他已經是過氣的人物了。他以蘇聯領導人身分做出的最後一件官樣文章，是在一九六四年十月十二日祝賀「上升號」乘組人員順利進行首次多人太空任務。他從位於黑海沿岸的假日住所打完電話之後，當天稍晚就接獲主席團從莫斯科傳來的一則訊息。他們表示已經安排好一場中央委員會緊急會議來討論農業現況，要求他為此返回莫斯科。他抵達那裡後，受到粗魯的接待。政變操盤者是赫魯雪夫自己的徒弟，列奧尼德·布里茲涅夫，而主席團的其餘成員都支持政變。官方意識形態的掌門人米哈伊爾·蘇斯洛夫宣讀了一份控訴書，列舉出赫魯雪夫於蘇共第一書記任內所犯下的各種錯誤，抨擊他反覆無常和自我膨脹的作風，並且譴責他失敗的農業政策、古巴飛彈危機，以及與中國的決裂。最後更要求他辭職下台。

赫魯雪夫孤立無援，他要求獲得寬恕，就像他一九五七年對待那些密謀者一般。他表示：「同志們，我若犯了過錯的話，那麼請原諒我。工作中什麼都可能發生……〔我們的確未能完成自己所希望的每一件事情〕。顯然，現在是你們說怎麼辦就怎麼辦。我還能夠說什麼呢？我是罪有應得。我做好了一切準備。」接著他以「健康理由」提議辭職。提議被主席團接受之後，蘇斯洛夫早已爭取過來的中央委員會隨即在第二天加以表決通過。[16]

十月十六日的《真理報》社論談起了赫魯雪夫「唯意志論的行為」所造成的嚴重偏差、輕率地提出計畫、過早地下結論、匆匆忙忙地做出決定和行動、背離現實、自我標榜和吹噓、喜歡剛愎自用，以及全然不顧科學研究與實務經驗早已確定的事項。

這是很大的羞辱。赫魯雪夫被許多人看成是一個粗野的農民，不但讓蘇聯在國際舞台上丟臉，還幾乎釀成一場恐將毀滅全世界的戰爭。他漫無止境的自信，結合了中央第一書記職務帶給他的無限權力，導致他追尋各種災難性的計畫。

然而他已設法從史達林主義的黑暗惡習，過渡到一個開放了許多、比較不籠罩在恣意壓迫陰影下的社會。他在被罷黜當天的晚上告訴一位朋友：「我已經老了，也累了。讓他們現在就自己去幹活吧。我完成了主要的任務。我們之間的關係、領導作風都發生了根本的變化。難道誰會異想天開地認為，我們可以對斯大林說我們覺得他不合適，建議他退休嗎？那樣一來，我們就得徹底完蛋。現在一切都不同了。恐懼心理沒有了，講話都是以平等的身分。這是我的功勞。」

16 一九六四年時，蘇聯的「民主集中制」體系仍然運作順利：黨的統治網絡從克里姆林宮輻射出去，確保全國各地都服從蘇聯共產黨（CPSU）的命令。凡是控制了共產黨最高機構的人，也就控制了向下延伸至社會各階層的龐大行政結構，這又帶來公家機關、軍隊、警察和國安單位的俯首聽命。所以只需要像一九六四年十月那般規模有限的「宮廷政變」，便足以導致權力的全面自動轉移。值得注意的是，等到下一次——在一九九一年八月——進行類似的政變嘗試時，外在條件已經出現根本的改變，以致政變者所期待的同樣順利的政權轉移，將以戲劇性方式一敗塗地。

37 布里茲涅夫的停滯時期

新政權一心一意要把自己跟之前發生過的事情切割開來。新上任的黨領導人，列奧尼德·布里茲涅夫，則是一個缺乏特性、沒有明確意識形態目標的人物。他做出決定之前會先跟自己的顧問們商議一下——那些人包括了：尤里·安德洛波夫、康斯坦丁·契爾年科、米哈伊爾·蘇斯洛夫、阿列克謝·柯錫金和安德烈·葛羅米柯。

赫魯雪夫既色彩鮮明又脾氣古怪，布里茲涅夫則性格灰暗、索然乏味。赫魯雪夫力圖改變事物，藉以推動國家向前；布里茲涅夫卻寧願讓國家停滯不前而陷入困境。人們一度認為他只不過是個臨時替補的領導人而已。很少有人能夠預料得到，他的統治時期將長達十八年之久，僅次於史達林。

列奧尼德·伊里奇·布里茲涅夫是一名烏克蘭煉鋼工人的兒子。他出生於一九〇六年，年輕時代既挺拔又英俊，完全有別於那個在人生晚期體態臃腫、濃眉如帚、演講起來顛三倒四的老朽。布里茲涅夫曾經接受工程師訓練，於一九二九年入黨。一九四一年之後的那些年頭，他在烏克蘭擔任紅軍政委，這個職務使得他與該加盟共和國的黨領導人赫魯魯夫保持密切往來；赫魯魯夫自己在戰時的角色則是史達林與紅軍指揮官們之間的代表，必須每天與克里姆林宮溝通聯繫。

布里茲涅夫自己沒有見過幾次直接的軍事行動，可是他與赫魯雪夫的往來，以及透過赫魯雪夫而與史達林的接觸，給他帶來了許多益處。拜赫魯雪夫之賜，戰爭結束後他在黨的隊伍中平步青雲，接著於一九五二年當上中央委員。赫魯雪夫在史達林死後成為總書記，指派布里茲涅夫擔任哈薩克加盟共和國第一書記，他在那裡督導了「處女地運動」早期的成功階段。一九六〇年時，赫魯雪夫發揮關鍵性的作用，促成布里茲涅夫被任命為「蘇聯最高蘇維埃主席團主席」。[1]

把自己的恩師趕下台之後，布里茲涅夫便著手撤銷赫魯雪夫的改革，使得國家返回從前的故步自封，並且開始了一個衰敗的過程。這最終將導致蘇聯陷入癱瘓。布里茲涅夫的年代後來被稱作「停滯時期」——政治上、經濟上和文化上皆如此。

在赫魯雪夫統治下的「解凍時期」，蘇聯百姓於一定程度內享有相對的自由，因為「去史達林化」放寬了對思想和表達所設下的限制。赫魯雪夫親自批准出版發行亞歷山大・索忍尼欽的《伊凡・傑尼索維奇的一天》（一九六二），那是史達林時代一座勞改營內的生活記錄。然而自由化始終只是隨意拼湊出來的。赫魯雪夫並不打算讓人大肆批評當下的蘇聯政權，到了最後那幾年，他的自由主義已經開始動搖。索忍尼欽的後續作品遭到禁止，其他作家們則繼續受苦。安德烈・沃茲涅先斯基和葉夫根尼・葉夫圖申科之類的詩人固然狂受歡迎，有辦法在座無虛席的足球場進行朗讀，他們對該政權的模稜兩可態度卻為自己在克里姆林宮樹立了敵人。

在一九六三年的一場現代藝術展覽會上，赫魯雪夫公開表示：那些畫作「比驢子用尾巴畫出來的東西還要糟糕」。當一位藝術工作者——雕塑家恩斯特・涅伊茲維斯特尼——告訴他說，第一書記的身分並不會讓他成為藝術評論家之後，赫魯雪夫聽得大發雷霆，結果氣憤得當場衝了出去。

赫魯雪夫對待創作自由的態度雖然反覆無常，可是相較於布里茲涅夫年代的高壓鉗制，他的統治時期反而令人懷念。文學與藝術在布里茲涅夫當家時，從此受到嚴格審查，凡是拒絕寫出「社會主義現實主義」那種單調乏味東西的作家們，只能被迫轉入地下。「薩密茲達」於是大行其道；用複寫紙費力打字出來的詩歌、小說和回憶錄被手手相傳，越是靠近下面的拷貝就變得顏色更淡。在一個受到高壓統治的社會裡面，獨立的聲音可以藉此讓人聽見。可是「薩密茲達」的作者們必須承擔很大的風險。資深異議人士弗拉基米爾．布科夫斯基寫下了那個行業帶來的隔離與焦慮：「我自己撰寫、自己編輯、自己審查、自己出版、自己分發，並且自己為此坐牢。」

當列寧格勒詩人約瑟夫．布羅茨基在一九六四年出庭受審時，法官們輕蔑地說他是一個「色情狂」和「未能善盡職責替祖國工作、穿著天鵝絨褲子的冒牌詩人。」他被指控的罪行，是他「不曾發揮有用的社會功能」，於是法庭針對詩歌的本質進行了一場超現實主義的辯論。

法官問道：「誰認證了你是一個詩人？是誰委派你成為詩人的？」

布羅茨基回答說：「沒有任何人。有誰曾經委派我來當人呢？」

「你學習過怎麼當詩人嗎？你可曾在專門傳授這種技能的高等學校完成過相關課程？」

「我不認為我能夠在高等學校把它學會。」

「好吧，那麼你是怎麼學會的呢？」

「我覺得……那來自神意。」

布羅茨基被判處五年苦役。他受到的迫害固然造成了不安，不過兩年以後對安德烈．西尼亞夫斯基和尤利．丹尼爾兩位作家進行的審判，才引發國際社會的譴責，促成異議運動的蓬勃發展。二人被指控進行「反蘇維埃的煽動和宣傳」，但唯一對他們不利的證據，只是他們作品當中一些虛構人物所表達出的意見。開庭時他們拒絕認罪，極力否認國家公訴人所打算證明的論點：作者一定贊

1 譯注：赫魯雪夫擔任的其實是蘇共「中央第一書記」。此頭銜在一九六六年被布里茲涅夫改回「總書記」的舊稱。「蘇聯最高蘇維埃主席團主席」則是蘇聯名義上的國家元首。

同其筆下人物的看法。

西尼亞夫斯基在法庭做出最後陳述的時候，質疑怎麼會有進行這種審判的必要。他承認說：「我與眾不同，但我並不認為自己是敵人。……在此地光怪陸離、情緒亢奮的環境下，任何『另類』的人物都有可能被當成敵人看待，但這不合乎邏輯。我看不出為什麼有發明敵人的必要，為什麼要讓怪物堆積如山——而所憑藉的只不過是咬文嚼字對書中角色做出的詮釋。」結果丹尼爾被判處勞改五年，而西尼亞夫斯基被判刑七年。[2]

西尼亞夫斯基與丹尼爾出庭受審一事，成為蘇聯異議人士的歷史關鍵時刻。從此開始，奮鬥的方向將著重於披露人權問題和國家缺乏法治的狀態。有一封針對「丹尼爾-西尼亞夫斯基審判案」而發、由物理學家安德烈．薩哈洛夫和其他許多頂尖知識分子共同署名的抗議信函，透過「薩密茲達」廣為流傳，此外還多次舉行了公開示威活動。抗議者聚集在莫斯科市中心的普希金廣場「靜坐守護」，小心翼翼不做出任何非法的舉動，手持上面寫著「請尊重憲法，蘇聯的基本大法」的橫幅標語。其言外之意，是指控蘇維埃政權不尊重法律，甚至不尊重它自己頒布的法律，恣意進行極權專制統治。

簡直像是為了證明示威者有理一般，克里姆林宮的反應是創造出一個新的罪名，叫做「違反公共秩序罪」，讓警方有權驅散政府所不喜歡的任何公眾集會。參加示威活動的作家和學者都被告知，他們的職業生涯將受到傷害；凡是不聽警告的人只會發現自己失去了原先的職務，被迫從事幹粗活的工作，像是清潔工、衣帽間服務員或者鍋爐司爐工等等。KGB日益利用各種線民滲透進入異議團體，把它們的領導人舉報給有關當局。

蘇聯在一九六八年入侵捷克斯洛伐克之後，鎮壓措施變得更加惡劣。亞歷山大．杜布切克在捷克推動的國家政策（「自己的社會主義道路」），著眼於增加言論自由、中央下放權力，以及考慮建立多黨制度。「布拉格之春」開始威脅到東歐共黨統治的穩定，布里茲涅夫提出警告卻不被理睬之後，變得越來越焦慮不安。到了一九六八年八月二十一日凌晨，「華沙公約組織」來自蘇聯、保加利亞、波蘭與匈牙利的二十萬部隊和二千輛坦克長驅直入捷克斯洛伐克。有七十位平民於試圖抗拒入侵者之際被殺；為了混淆向前挺進的部隊，道路標誌遭到塗抹，一些城鎮被更名為「杜布切克」或「斯沃博達」（〔Svoboda〕意為「自由」，也是捷克斯洛伐克總統的姓氏）。不過戰鬥的規模遠遠小於十二年前在匈牙利的情況，於是克里姆林宮很快就宣布已經重建了秩序。

落敗的杜布切克被押解到莫斯科之後，布里茲涅夫責備他搖撼了「社會主義的船」，抱怨說道：「我相信了你，我在其他人那邊為你辯護。我說我們的沙夏〔亞歷山大〕是一位好同志。可是看哪：你卻使我們如此難堪！」[3]危機結束不久之後，一篇《真理報》的社論明白指出，獨立的政治思維仍然在東歐受到嚴格限制。該報表示：「獨立的社會主義道路只有在一種狀況下才合情合理，那就是它既不妨礙到自己國家的社會主義，又不干擾到其他社會主義國家以及全球工人運動的根本利益。」所謂的「布里茲涅夫主義」由那位總書記本人在十一月的一篇演說中親口加以證實。它明確地指出，華沙公約組織成員國「能夠在自己的國家自由運用馬克思—列寧主義和社會主義的基本原

2 西尼亞夫斯基服刑完畢後移民法國，在一九八九年才獲准返回俄羅斯參加丹尼爾的葬禮。葬禮結束後，我在丹尼爾的莫斯科公寓與他交談。他告訴我說，他們所犯下罪行的真正本質，就在於揭露了蘇維埃體制的脆弱性和非法性。他表示那個政權需要敵人和「怪物」做為自己失敗的替罪羊，就連具有創造性和想像力的作品也成為國家進行迫害的合法目標。但他並不對自己做過的事情和接受的懲罰感到後悔。戈巴契夫的改革讓他感到鼓舞，但他堅持俄羅斯將一直需要詩人和作家自願站在專制政體的對立面。

3 不同於一九五六年匈牙利反抗運動的領導人，杜布切克保住了一命，接著長年在斯洛伐克鄉間擔任林務官員，並於一九八九年的「天鵝絨革命」之後短暫重返政壇。

則，但是不可偏離這些原則」。

在莫斯科，入侵行動受到異議人士的「薩密茲達」出版物嚴詞譴責。此外有八名抗議者於八月二十五日企圖在紅場靜坐示威——在這個受到嚴密警力監控、非常光天化日的場所，那是一個前所未見的行動。他們才剛舉起上面寫著「別碰捷克斯洛伐克」以及「為了你們和我們的自由」的橫幅標語，就被手中揮舞棍棒的警察包圍起來，被毆打和拖走。示威者當中有四人被判處監禁、三人遭到流放，以及一人被送入精神病院。可是他們的勇氣多方面激發並鞏固了日益充滿自信的異議人士團體。在一九六八年時，蘇聯媒體不斷大幅報導巴黎的五月學生暴動，以及美國和英國的反越戰示威。但諷刺的是，那些報導對蘇聯的反對勢力產生了鼓勵作用，使得他們相信也應該想辦法讓自己的聲音能夠被人聽見。

捷克斯洛伐克遭到入侵一事，也導致共產主義陣營內部一些比較有主見的成員國對蘇聯做出譴責——其中包括南斯拉夫、羅馬尼亞和阿爾巴尼亞。而蘇聯與中國的關係早已不佳，從此更加惡化。在一九六九年三月，莫斯科與北京之間的緊張關係引發俄中邊境上一系列的武裝衝突，導致雙方有數百名官兵受傷，以及數十人陣亡。最後雖然透過外交談判化解了威脅，但兩國彼此之間的不信任感依舊強烈。中俄的拆夥使得雙方各自另外尋覓潛在的盟友，莫斯科和北京隨即分別展開與他們迄今的共同敵人——美國——修好的動作。

在布里茲涅夫任內，美蘇兩國簽訂了一系列有關限制生產與部署核子武器的協定，其中包括一九六九年的《不擴散核武器條約》、第一輪和第二輪的《戰略武器限制條約》（SALT I與SALT II），以及一九七二年的《反彈道飛彈條約》。布里茲涅夫在一九七三年前往紐約訪問，理查・尼克森和傑拉德・福特兩位總統曾在「低盪」（détente）——或俄文所稱的「緩和」（razryadka）——時期前往蘇聯回訪。冷戰的緊張局勢開始鬆弛，但雙方都不相信會出現持久的和平。

克里姆林宮追求和解的主要動機與財政密不可分。布里茲涅夫自從上任以來，便把在軍事上與美國並駕齊驅視為優先考量，使得國防預算在他掌權的最初六年內增加了百分之四十。停滯不前的蘇聯經濟幾乎無法承受這種緊繃的壓力，民生部門更是吃盡苦頭。布里茲涅夫厭惡改變，結果促成一系列違反常理的決定，加劇了對工業的損害。技術的改進，例如在工廠引進新的機器設備，都遭到推遲或者被完全避免，因為安裝新機器和工人接受相關操作訓練而短暫造成的產量下降，是僵化的計畫經濟所擔負不起的。更何況許多企業把生產力的提高看成是不利因素：萬一產量增加了，下一年的目標額度將被調高，要不然就是有工人被抽調出去。

人們知道，如果他們工作得更加努力或者更有效率，他們將有更多的工作要做，卻得不到更多獎勵；所以大多數人只把精力保留給下班後的時間，以便排隊購買食物和商品，想法子多賺一些外快。隨著百姓依靠「左手邊」（po-levomu）的工作來補充自己的收入，彼此交換服務和商品，官方經濟便籠罩在第二經濟——「黑色」經濟——的陰影下。當大家那麼做的時候，往往是跟自己的上司同流合汙。他們使用從自己工作地點取得的器械，或者拿走自己工廠的產品來進行交換，並賄賂自己的上司換取掩護。此種不端行為廣為人知，卻普遍受到容忍。甚至連布里茲涅夫也承認：「誰都沒有辦法只靠他自己的那份工資過活。」

官方的宣傳給一九七〇年代貼上「發達社會主義階段」這個標籤，表示已經又接近了共產主義一步——不過官方的宣傳也警告說，這有可能只是一個「歷史延伸階段」。布里茲涅夫與赫魯雪夫不同，他沒有說出他自己也曉得實現不了的偉大承諾，僅僅對消費品和生活水準的逐步改進做出了預測；對工資和生產力的提升則支吾其詞。然而外面的世界對蘇聯經濟的秘密所知有限，莫斯科過分樂觀的宣傳又一口咬定，一切都是「為盡善盡美的社會主義世界取得的最佳結果」，成功地讓許多人相信蘇聯正在蓬勃發展。「石油輸出國組織」（OPEC）的成員國降低產量，在一九七三年釀成石油危機之後，更幫助莫斯科調高了它自己的石油價格（此外它依舊是全球鋼鐵和水泥生產的龍頭老大）。只可惜在表象的下面，真實情況就沒有那麼樂觀了。

當布里茲涅夫把第九個五年計畫吹噓為驚人成就的時候，喬治亞第一書記，愛德華・謝瓦納澤卻回應以一個更切合實際的評估。他在一九七六年二月的《真理報》撰文表示：「我們生產的消費品當中，每四件就有一件的品質無法令人滿意。在五年計畫的最初四年，全蘇聯各地平均只為每一萬人建造了九十一棟公寓。」布里茲涅夫宣布，在下一個五年計畫將會把一千七百二十億盧布使用於農業，謝瓦納澤卻指出：「我們在農業方面每投資一盧布，所得到的總收益只有三十九戈比。」[4]

蘇聯的勞動生產力比美國低了百分之五十；農業生產力則低了百分之七十五。安德烈・薩哈洛夫估計出來，蘇聯工人的平均購買力大約只有美國工人的十分之一。有時嚴重的商品短缺甚至讓多賺來的那幾個盧布變得毫無價值：既然沒有東西可買的話，再多的錢又有什麼用呢？唯一有辦法確保食物和消費品供應無虞的人，就只有蘇聯「權貴階層」的成員。那些黨幹部和政治人物有資格進入一系列的特別商店，此類商店都被小心翼翼地隱藏在沒有標示的大門後面，以免惹惱無處可去的絕大多數人。蘇聯經濟的全面崩潰，只能藉由肆無忌憚地出口原物料來加以遏止，其情況類似俄羅斯在一九一七年之前對石油和天然氣的仰賴。

然而不同於革命之前的年代，再也沒有充足的穀物可供使用於養活百姓和出口賺取外匯；如今蘇聯已成為糧食淨進口國。集體化的農業一如既往地生產力低落；集體農莊員工獲准在閒暇時耕種的少許自留地則產量高出許多，儘管它們只相當於全國可耕地的百分之一，卻占了全國總產值的百分之二十八。為了替城市人口壓低物價，國家被迫向集體農莊支付巨額補貼：例如在一九八一年全年的金額竟然高達三百三十億美元。

隨著生活水準暴跌，酗酒、精神疾病，離婚和自殺率都不斷攀升。一九六四年時，立陶宛人平均每年消費八公升的伏特加酒；到了一九七三年，其數量已增加至二十八點五公升。婦女必須同時設法操持家務和外出工作，更承受了雙重負擔。對第二份收入的需求導致婚姻面臨壓力，墮胎和離婚的人數激增，而且許多城市家庭由於居住空間有限，僅僅養育一個小孩。出生率於是繼續下降。俄羅斯、烏克蘭、白俄羅斯和波羅的海各共和國的人口持續不斷減少，斯拉夫族群在蘇聯的主導地位已逐漸受到威脅。一九五九年時，俄羅斯族裔占總人口的百分之五十五，到了一九七七年已降低至百分之五十二。與此同時，塔吉克、烏茲別克和哈薩克人口正在迅速增多，使得某些俄羅斯人擔心「東方人」的數目將會凌駕於他們之上。

負面的民族主義情緒不斷增強：少數族裔人士對他們眼中「克里姆林宮的俄羅斯沙文主義」心生不滿；俄羅斯民族主義者則指責克里姆林宮，認為它漠視他們自己的文化和社會利益。那種組合充滿了潛在的爆炸性，可是在布里茲涅夫的統治下，這個問題就像其他許多問題一樣，沒有受到關注。各地區的領導人都是土皇帝，貪腐大行其道，掌管各共和國的那些「部落沙皇」把家庭和家族成員們安插到關鍵職位。地方上的精英開始日益跟隨民族主義路線，自從一九三〇年代以來便居住在各共和國的俄羅斯人則遭到排擠和歧視。幾乎每一個共和國，以及包括俄羅斯人在內的每一個民族，都對中央心生不滿。一九六〇年代末期，在亞美尼亞的葉勒凡、愛沙尼亞的塔

4 譯注：一百戈比（kopek/копейка）等於一盧布（rouble/рубль）。

爾圖和烏克蘭的基輔，紛紛出現騷亂。到了蘇聯最後那些風雨飄搖的年頭，各種若有若無的斷層線已經開始綻裂。

★ ★ ★

布里茲涅夫或許不打算直接處理民族問題，可是他並不反對尋找替罪羊。各種電視節目、書籍和電影，把「猶太復國主義」描繪成對蘇維埃國家的一大威脅；蘇聯科學院並且組織了一個常設委員會，來協調以「揭露和批判猶太復國主義之歷史、意識形態與實際活動」為主題的研究。一九六七年的「六日戰爭」之後，猶太人日益成為一個引人注目的靶子，承受著在工作場所的歧視、限制重重的高等教育名額，以及街頭的人身攻擊。越來越多的蘇聯猶太人想盡辦法移民以色列，可是他們發現有許多令人怯步的障礙擋在路上。蘇聯政府一向不願意批准大規模移民，部分原因在於它破壞了蘇聯所亟需的「社會主義天堂」形象——一個能夠讓百姓安居樂業的國度。然而官方拒絕把出境簽證發給許多猶太人的理由卻是：他們「對國家安全構成危險」。[5]

儘管莫斯科在西方的壓力下，很不情願地向能夠證明有國外親屬的猶太人核發出境簽證，其他的申請人卻加入了「被拒絕移民者」（Otkazniki）的行列——或者當時西方所稱的「Refuseniks」。[6] 光是申請移民出國這個舉動，就足夠讓一個人在官方的眼中顯得可疑，那些「被拒絕移民者」於是淪為賤民、丟掉了自己的工作，受到當局的騷擾和報刊的誹謗。

「被拒絕移民者」和異議人士，都被官方媒體影射成西方帝國主義的特務，處心積慮想要破壞蘇聯。自由思想者（諸如安德烈·薩哈洛夫、安德烈·阿馬爾里克、弗拉基米爾·布科夫斯基、羅伊・梅德韋傑夫和亞歷山大・索忍尼欽等人）則被誹謗為極端分子——說不定還支領了邪惡外國勢力的薪酬。

其實他們二者都不是。他們給自己和像他們那樣的人所取的名稱為「inakomyslyashchie/инакомыслящие」——字面上的意思是「持不同意見者」，亦即那些想要在蘇聯帶來正面改變的人。一九七〇年，薩哈洛夫協助創辦了「人權事務委員會」（那個團體宣布自己是「一個依據國家法律行事的創意協會」）。他們譴責非法使用精神病院和藥物來處理政權反對者的做法，並極力倡導為那些受審判者提供充分辯護的必要性。他們的實務工作著眼於揭露官方的非法行為，並且按照有關當局自己頒布的蘇聯法規來進行追究。克里姆林宮則還以顏色，進行更多的逮捕和鎮壓。KGB主席尤里・安德洛波夫並為此做出了喬治・歐威爾式的詭辯。他高聲指出：「凡是個人利益與整體社會利益一致的蘇聯公民，都能夠享有最高程度的民主自由。可是對個人利益與整體利益不那麼一致的那些人來說，情況就大不相同了。」換句話說，那就是：「你可以自由地想著你所喜歡的任何東西——如果我們希望你那麼想的話。」

亞歷山大・索忍尼欽毫不掩飾自己的信念：蘇維埃共產主義注定將會失敗。一九七三年時，他撰寫了《致蘇聯領導人的信》，[7] 敦促布里茲涅夫及其同僚「丟掉那個在軍事上和經濟上摧毀我們的

5 著名的猶太異議分子納坦・夏蘭斯基（Nathan Sharansky）曾經講過一則笑話來嘲諷那個荒謬的藉口。笑話內容是這樣的：一名猶太人向KGB官員提出詢問，為什麼他被拒發出境簽證。KGB官員表示：「我們不能讓你離開，因為你知道太多國家機密。」猶太人繼續問道：「哪裡有什麼機密呢？在我工作的地方，我們比西方落後了十年。」官員回答：「沒錯！那就是機密。」

6 譯注：這兩個字眼分別源自俄文和英文的「拒絕」——「Otkaz」（Отказ）和「Refuse」。

7 譯注：《致蘇聯領導人的信》（*Letter to Soviet Leaders*）或被翻譯為《致俄共領袖書》或《致蘇維埃領導們的信》。

腐朽意識形態」。他挑戰克里姆林宮的意識形態專家們：「當你們翻開報紙或者打開電視的時候，難道你們果真會有片刻時間相信你們在那裡發現的言論？當然不會，你們自己很久以前早就不再相信它了。我對此十分確定。假如你們不是這樣的話，那麼你們肯定完全跟國內的現實生活脫了節。」

索忍尼欽指出，俄羅斯人於自己的國家陷入一團混亂之際，卻想方設法要解決全世界的問題，那根本是狂妄自大的荒唐行為。他自覺地呼應了十九世紀「斯拉夫派」的論點，聲稱俄羅斯獲得救贖的希望寄託在其傳統的農村——亦即做為真正集體主義精神的泉源，被阻隔在毒性十足、給祖國帶來諸多苦難的「進步與現代理念」之外的古老農民村社（自治議會）。

索忍尼欽是名傳統主義者、正統的民族主義者，他的想法與十九世紀晚期的保守派有許多共通之處。如同沙皇時代為專制獨裁政體做出辯解的康斯坦丁·波別多諾斯采夫那般，索忍尼欽也主張民主不是解決俄羅斯困境的辦法，必須由威權統治給她帶來福祉。他表示：「對一個沒有做好準備的民族來說，直接從〔極權主義的〕懸崖跳到民主將意味著粉身碎骨，墜入無政府主義的深淵。」

第二年索忍尼欽就遭到逮捕，並且被放逐到西方。官方媒體散播虛假謠言，把他說成是猶太裔的「被拒絕移民者」，而且是他自己要求離開俄羅斯。

索忍尼欽離開之後，蘇聯異議運動的精神領導權交棒給了安德烈·薩哈洛夫。薩哈洛夫支持「低盪」的原則並且強調，蘇維埃國家因為限制知識分子的自由而傷害自己，導致科學與技術落後於西方。他寫道：「反民主的傳統和建立於斯大林時代的公共生活規範，直到今天都還沒有被徹底清除。……知識分子嘗試為自己爭取更多自由的做法，既合情合理又十分自然。」

儘管面對著當局的恐嚇，薩哈洛夫拒絕退讓。他做出結論說：「一個人可以被剝奪所有的希望。但即便如此，他還是必須把話講出來，因為他沒有辦法，根本就沒有辦法保持沉默。」持不同意見者的責任，就在於「要誠實、有原則、不自私，而且準備犧牲自己。」

薩哈洛夫在一九七五年獲頒諾貝爾和平獎，而那個獎項將會很不協調地與他的「列寧獎」、「斯大林獎」，以及三枚「社會主義勞動英雄勳章」並列——後者全部都用於表彰他之前為開發蘇聯原子彈做出的貢獻。他如今的行動則有助於吸引全世界對蘇聯異議人士所處困境的注意。等到西方在同一年發起《赫爾辛基協議》時，該協議堅持在條文中加入一個章節，約束各簽署國必須「尊重人權與基本自由」。莫斯科之所以同意了人權方面的義務，純粹只是由於它全心全意要保住該協議的其餘條款，因為它們可促使西方承認二戰結束後的東歐疆界。

布里茲涅夫後來會把外界要求蘇聯遵守《赫爾辛基協議》的嘗試斥責為「干預社會主義國家的內政」。然而該協議使得四面楚歌的蘇聯人權團體有了國際法規可為奧援。薩哈洛夫和一些同道們在它的激勵之下，創辦了「莫斯科赫爾辛基小組」來督促蘇聯政府信守所做出的承諾；該協議也給予前往莫斯科訪問的西方領袖們一個適當的著力點，藉此舉發違反協議的案例。羅納德·雷根和瑪格麗特·柴契爾二人都曾經那麼做過，他們促成了克里姆林宮在核發猶太人出境簽證，以及在釋放個別政治犯等方面做出讓步。

薩哈洛夫最終將因為拒絕保持沉默而受到懲罰。一九八〇年的時候，他與他那積極參與維權運動的妻子葉蓮娜·邦納被放逐到「高爾基」那個省級城市。[8] 他在西方的高知名度和之前建立起來的蘇聯軍事科研英雄聲譽，保護他不至於被送進勞改營或精神病院。

克里姆林宮對薩哈洛夫的寬宏大量，部分也反映出蘇聯對西方日增的依賴。莫斯科現在需要的

8 譯注：高爾基（Gorky）現名「下諾夫哥羅德」（Nizhny Novgorod），是窩瓦河中游的國防工業中心，在蘇聯時代不對外開放，因而適合流放異議人士。

不僅僅是糧食而已。西方科技和外國專業知識已對蘇聯經濟的運作變得不可或缺，更何況蘇聯必須仰仗西方銀行的巨額貸款來保持國家的償付能力：一九七四年時，蘇聯借貸了一百三十億美元的外債，這個數字在一九七八年上升至五百億美元——其中有三分之一來自英國銀行。

資本主義世界和蘇聯已因為金融上的往來而擁抱在一起，使得雙方都在態度上出現改變。歐洲和美國已經扭轉態度，從西方在革命早年企圖出兵推翻布爾什維克政權，並拒絕給予國際承認的做法，轉而必須努力維護社會主義世界的穩定，以便莫斯科能夠繼續償還債務。

就蘇聯而言，在一九七〇年代初期簽署限武條約之後，軍費開銷所造成的經濟危機仍一直難以解決。原本可讓蘇聯削減長程洲際飛彈支出的ＳＡＬＴ II協定，更因為蘇軍在一九七九年十二月入侵阿富汗而被華盛頓撕毀。那個入侵行動導致「低盪」戛然而止，意味著兩大超級強國重啟軍備競賽——當美國決定又一次大肆增加軍事預算之後，克里姆林宮覺得自己也必須做出同樣的事情。麻煩百出的佔領阿富汗行動，將在未來十年內成為掛在蘇聯脖子上的大石頭，甚至更進一步限縮了原本可使用於改善國內生活條件的經費。

蘇聯極權主義所面臨的下一個挑戰來自波蘭。一九八〇年的時候，暴增的糧食價格導致波羅的海格但斯克港口的碼頭工人上街示威。罷工行動更在夏季蔓延至其他行業和該國的其他地區。反抗運動的精神領袖是一個留著小鬍子、名叫萊赫．華勒沙[9]的造船廠電氣工人：他的「團結工聯」出面領導與共產黨的對抗，並且把一個著眼於物質要求的造反行動，轉化成為爭取自由、自決與民族尊嚴的鬥爭。布里茲涅夫曾經考慮過，但最後放棄了另一次的軍事入侵行動，而只是交由波蘭總統——沃伊切赫．雅魯澤爾斯基——宣布戒嚴，由波蘭自己的武裝部隊強制執行。戒嚴法從一九八一年十二月生效至一九八三年七月，其間有數以千計的反對派積極分子被關進監獄，並有一百名上下的示威者死於街頭衝突。後來雖然看似恢復了秩序，但人民的不滿情緒繼續發酵，最後在一九八〇年代末期浮上表面。

波蘭出現危機之際，布里茲涅夫已經日薄西山：他的健康狀況不佳，體態臃腫並且往往於公開露面時陷入混亂，在演講的時候則顛三倒四而忘記了他的台詞。蘇聯人民於是以殘忍的黑色幽默來嘲弄他。

布里茲涅夫一直是個愛慕虛榮的人。在一九七〇年代末期，他開始熱衷頭銜和勳章，宣稱國家領導人不該僅僅以中將的軍階為滿足。他向中央政治局指出：「人們寫信給我，要求我應該具有一個能夠符合國家最高領導人地位的軍階……。公眾輿論方面的壓力——特別是來自軍方的壓力——非常強大。」

其實根本沒有人會片刻相信曾經出現過那樣的「請求」，但儘管如此，布里茲涅夫還是在一九七六年當上蘇聯元帥。在一九七九年的時候，他總共聚斂了六十多枚勳章，把朱可夫元帥那位英雄遠遠拋在後面。等到布里茲涅夫的回憶錄出版之後，該書「披露」出來，他戰時在俄羅斯西南方「新羅西斯克」一帶參加過小規模軍事行動，那是反法西斯鬥爭的決定性時刻。回憶錄本身更堂而皇之獲得了「列寧文學獎」。布里茲涅夫的個人崇拜使得他淪為笑柄。曉得了他在蘇聯公眾那邊引來的訕笑之後，布里茲涅夫心平氣和地告訴同僚們：「既然他們講得出關於我的笑話，那就表示他們一定很喜歡我。」

吸菸過多與飲酒無度的一生，給年邁的布里茲涅夫留下身體上和認知上的問題。蘇共中央委員

9 譯注：萊赫·華勒沙（Lech Wałęsa）的波蘭語讀音其實是萊赫·瓦文薩。

會的辯論他根本無從參與。每當他步履蹣跚地出現時，便成為他所統治的那個政體之化身：不論一切再怎麼殘破不堪或百孔千瘡，改弦更張的風險都顯得太大，結果到了一九八〇年代初期，中央政治局成員的平均年齡接近七十歲。例外之一是活力充沛的米哈伊爾・戈巴契夫。他對國家領導人的老朽狀態大感震驚。可是當他向安德洛波夫提及此事時，卻被告知：總書記不得不繼續留任，因為「這件事情既攸關黨內和國家的安定，也影響到國際關係的穩定發展」。一九八二年的大部分時間，布里茲涅夫都未能公開現身，最後死於十一月十日。當《太陽報》發現他在執政的最末幾星期已成植物人之後，所刊出的大標題是：「真相已經揭曉：紅色包心菜統治了俄國」。

★ ★ ★

停滯時期將會持續下去；政治局任命了昔日的KGB主席尤里・安德洛波夫來接替布里茲涅夫。那時他已經六十八歲。他曾經主導過鎮壓匈牙利起義的行動，這個記錄不可避免地一直將他與舊政權的原則綁在一起。儘管如此，他還是以自由派人士、改革家和爵士音樂愛好者之姿，出現在西方媒體的面前。他當權的十五個月期間的確做出了一些努力，來杜絕布里茲涅夫時代的貪汙腐敗和管理不善。可是等到他在一九八四年二月去世之後卻顯示出來：其自由主義只是KGB高級幹部的自由主義、其改革只不過是對一個亟需徹底改造的經濟體制所進行的嘗試性修補，而且他痛恨爵士音樂。

然而甚至連安德洛波夫在任內做出的最微小改變，也被他的繼任者逆轉了回去。七十二歲的康斯坦丁・契爾年科曾經是布里茲涅夫最親密的盟友，依舊忠於布里茲涅夫的停滯政策。他已經病得非常嚴重，幾乎無法在安德洛波夫的葬禮上致悼詞。過了僅僅十二個多月後，他自己也死了，成為在不到三年之內去世的第三位蘇聯領導人。當羅納德．雷根聽到契爾年科死亡的消息時，他對他的妻子南茜打趣說：「如果這些俄國人不斷一個個在我前面死掉的話，讓我該怎麼跟他們打交道！」

自從阿富汗在一九七九年遭到入侵以來，美蘇之間的關係便處於冰凍期；兩國相互抵制對方主辦的奧運會（一九八〇年在莫斯科和一九八四年在洛杉磯），美國繼續向阿富汗的聖戰士游擊隊提供武器和訓練。雷根還決定繼續推動一個結合了雷射技術的飛彈防禦系統——所謂的「戰略防禦計畫」（ＳＤＩ），或者通稱的「星戰計畫」。ＳＤＩ給中央政治局帶來了焦慮：如果該防禦系統讓華盛頓有能力擊落來犯的蘇聯彈道飛彈的話，那麼「相互保證毀滅」的原則將被打破，使得蘇聯容易受制於美國的第一次核打擊。蘇聯的國家預算捉襟見肘，意謂它無力捲入與美國這項新科技的競賽。然而對ＳＤＩ的畏懼是如此之大，以致安德洛波夫和契爾年科都同意增加政府支出。算總帳的時刻近了。

38 戈巴契夫只在西方受崇拜

「克里姆林學」從來都不是一門精確的藝術；每當判斷誰正在克里姆林宮的排名上升，或者誰正在失寵下滑的時候，都需要解讀一些幾乎難以察覺的跡象——例如誰在官方發布的政治局照片中站立於何處、誰在紅場的遊行典禮上距離總書記最近，以及誰被《真理報》提及的次數最多。領導階層所極力維護的「一致同意」表象，讓人難以辨識出來「或許誰在態度上對黨的路線有所保留」。私人生活、興趣愛好、家庭狀況，有時甚至連誰已婚誰未婚，都是不透明的主題。

於是當一位中央政治局委員在一九八四年十二月抵達英國進行正式訪問，並且帶著他那魅力十足的年輕妻子展開非常公開的觀光行程時，此舉引起了詫異和期盼。米哈伊爾與蕾依莎．戈巴契夫[1]連袂前往列寧與馬克思在倫敦經常出入的地點致敬，然後當米哈伊爾與英國首相瑪格麗特．柴契爾夫人會晤時，蕾依莎去牛津街購物。那似乎暗暗承認了，資產階級拜物社會儘管長年遭到莫斯科嘲笑和譴責，但或許終究還是有可取之處。柴契爾夫人長於識人，很快便從那位訪客的動作中看出其重要意義。她後來在回憶錄中指出：

1 譯注：戈巴契夫之妻蕾依莎（Raisa/Раиса）往往被音譯成「賴莎」，但俄語讀音是 Ra-yi-sa。

蕾依莎．戈巴契娃是第一次前來西歐參訪，而且她只會一點點英語——據我所知，她的丈夫則完全不會。然而她穿著體面的西式服裝，一件做工講究的白條紋灰色套裝，屬於那種我想我自己也會穿上的服飾。……當時我們獲悉，戈巴契夫夫人是黨性堅強的馬克思主義者。……不過後來——在我離職以後——我從她那裡曉得，她的祖父是史達林強制農業集體化時期被殺害的數百萬富農之一。她的家人沒有任何理由對共產主義抱持幻想。

就蕾依莎的丈夫而言，柴契爾夫人察覺他在其正統保守的、甚至路線強硬的共產主義背後，同樣也別有洞天：

戈巴契夫先生堅持蘇維埃制度的優越性。他說這個制度不僅創造出較高的經濟成長率，而且如果我去蘇聯的話，我會看見蘇聯人民生活得多麼「快樂」……假如我只注意戈巴契夫先生講話的內容——多是標準的馬克思主義路線——我的結論一定是他和一般的共產主義者沒什麼兩樣。但他的個性與制式化的蘇聯領袖是那麼不同；他或微笑或開懷大笑、比出手勢來強調語氣、音量控制得宜、立論前後一致，是個鋒利的辯論家。他充滿自信——儘管他談話時必恭必敬地引述了契爾年科先生的論點，可是等到進入具有高爭議性的政治主題後，卻完全看不見侷促不安的表現……。他的觀點與我所期待的並無不同；他的風格卻出乎我的預料之外。……我發現我開始喜歡他了。

當他離開的時候，我希望我剛剛是和下一位蘇聯領導人進行過談話。因為正如我後來向媒體指出的，這是一個我可以一起共事的人。

瑪格麗特·柴契爾初步發現了戈巴契夫性格中所隱含的複雜性，而那種複雜性將在接下來幾年內決定他的許多行動。她已經正確地辨識出來，戈巴契夫是共產主義體制的真正信仰者（她確認說道：「我們兩個都相信我們自己的政治制度。他堅定地相信他的；我堅定地相信我的……」）。不過她也暗暗指出，戈巴契夫對克里姆林宮裡面那些布里茲涅夫時代恐龍的「敬意」，顯得有些勉強。此外柴契爾夫人觀察了出來，有兩個關鍵因素已經在說服戈巴契夫，必須做出巨大的改變來拯救和強化共產主義體制：他「整體上對雷根政府的各種意圖都不信任，而且對戰略防禦計畫更是特別如此。」

柴契爾夫人向BBC表示，戈巴契夫之所以如此看待「戰略防禦計畫」，原因在於它掀起的一波軍事支出競賽將會摧毀蘇聯經濟。克里姆林宮領導人歷來都認為，必須與每一代新式的美國武器裝備並駕齊驅；戈巴契夫卻看出那種做法正在扼殺國民經濟、降低生活水準，使得國家面臨破產。他告訴蕾依莎以及與他關係密切的戰友們：「我們再也不能這樣子生活下去了」。若想脫離衰退的漩渦就需要做出各種大刀闊斧的決定，而米哈伊爾·戈巴契夫即將面臨挑戰，做出那一類的決定。

康斯坦丁·契爾年科於一九八五年三月十日去世後，中央委員會在二十四小時內召開了特別全體會議來任命其繼任者。可供選擇的對象要嘛大同小異（例如維克托·格里申是個年邁的保守派，跟之前三位領導人簡直是同一個模子裡刻出來的）否則就是一位年輕了許多的候選人。米哈伊爾·戈巴契夫才剛剛過完他的五十四歲生日，而且他精力充沛。不過，他並沒有被看成是一位激進的改革者。提名戈巴契夫的人是克里姆林宮保守派要角之一，前任外交部長安德烈·葛羅米柯，他談論起戈巴契夫強烈的「黨意識」。

等到獲得一致表決通過之後，戈巴契夫發表了一篇讓他自己聽起來像是共黨強硬派的演說：「我們的黨具有巨大潛力……。我們不可以改變我們的路線。它是真實的、正確的、道地的列寧主義路線！」葛羅米柯讚許地評論說：「同志們，這個人笑得很甜，可是他有一口鋼牙。」那種評語剛好和柴契爾夫人的結論大異其趣——微笑開朗的性格比正統共產主義的特質來得更加重要。

戈巴契夫隱藏在性格中的兩面特質，是個重要的概念。他的國家在他轄下所走過的軌跡固然有目共睹，例如從受到高壓控管的一黨專政國家，走向混亂失序、類似民主的自由放任狀態；從中央集權的指令經濟，走向資本主義肆虐下的不受管制市場；從一個用嚴苛紀律結合起來的多民族、多種族的聯盟國家，走向一個由許許多多打對台的共和國與準共和國所組成的鬆散集合體。然而對於怎麼會從A走到了B，卻是眾說紛紜、人言人殊。

一些西方歷史學者辯稱，戈巴契夫從一開始就是個開明的改革家。他接掌大權的時候心中已經抱持著改革目標，當他督促那個國家進行轉型之際，他即使沒有依循預先確定的總體計畫，至少也秉持他自己的自由民主信念。這種詮釋呼應了柴契爾夫人的預感，主張戈巴契夫所表現出對正統共產主義教條的忠誠只不過是一種偽裝，是一種遮蔽了他的社會民主黨人本質的障眼法。換個角度來看，俄羅斯的論述者們則傾向於贊同葛羅米柯的觀點，認為戈巴契夫是一個共產主義者，而且繼續是一個共產主義者。他的一些作為固然有利於改變的力量，可是他的意圖僅僅在於讓蘇聯共產主義體制得到現代化和強化，就此而已。[2]

我在俄羅斯完整經歷過戈巴契夫的年代，覺得戈巴契夫是因為蘇聯百孔千瘡的經濟才不得不推行改革政策——但戈巴契夫打算讓它只是「體制內的」改變，藉由在一定程度內激發主動性、活力與進取心來振興一黨制國家。在那種拒絕承認自己缺點的政治文化當中，他甚至不願意使用「改革」一詞，而只是稱之為「烏斯科列尼也」（Uskorenie，「加速」）或「別列斯特羅伊卡」（Perestroika，「重建」）。

當他的政策面臨來自黨內既得利益階層的阻力時，戈巴契夫又越過他們而訴諸公眾輿論：其「格拉斯諾斯特」（Glasnost，即「公開性」）政策是為了要讓蘇聯百姓獲得他們所需的資訊，以便看出他的倡議是一件好事情，藉此譴責那些反對「重建」的人。他的目標是要動員社會，來支持他有關經濟現代化和組織現代化的措施。然而事與願違，人民運用了新近被賦予的權力，以遠甚於戈巴契夫所預期的方式，要求進行更激烈和更快速的改革。

從這一刻開始，戈巴契夫便不再領導變革的進程。他反而被正在快速行駛、由他自己添加燃料的「輿論火車頭」拖在後面跑。一旦發現深受痛恨的專制政體能夠被改變之後，欣喜若狂的感覺便傳遍社會，直到那整個架構崩塌下來為止——此事完全違逆了啟動這一切的那個人的意圖。他原本希望可以繼續主導一個經過強化、注入新的活力，並且團結一致的共產蘇聯。

不少領導過那個國家的人（包括戈巴契夫自己在內）都曾經針對一九八五至一九九一年之間所發生的事情，做出了許多事後加油添醋的辯解。但儘管如此，我們若追根究柢回溯那幾個年頭的日常情況，仍然有可能發現各種計畫、策略和指令是怎樣被托爾斯泰眼中的那些歷史推手——人物和事件——預先決定出來的。

★　★　★

戈巴契夫剛開始執政時，還不怎麼讓人意料得到日後的驚天動地變化。選出了新領導人三個星

2　歷史學家阿奇．布朗（Archie Brown）辯稱，戈巴契夫自覺地促進了蘇聯體制的轉型改變，並得出結論，認為他是一個「體制變革者」。德米特里．沃爾科戈諾夫（Dmitry Volkogonov）則完全相反，認為戈巴契夫曾經是——而且一直繼續是——正統的共產主義者；他不經意地啟動了一個進程，導致他從未打算帶來的變化。

期之後，美國駐莫斯科的大使亞瑟·哈特曼向雷根總統進行簡報時指出，「戈巴契夫是個目光狹窄的傢伙」，其主要關注是如何鞏固自己的權力。事後回顧起來，那種評斷顯得光怪陸離，可是一九八五年的時候，我們沒有人能夠知道，我們正在迎向穿插於俄羅斯千年歷史當中、有機會帶來持久改變的「命運交關的時刻」。

米哈伊爾·戈巴契夫在一九三一年出生於南俄「斯塔夫羅波爾邊疆區」的一個農民家庭。他一直保留了該地區口音所特有的軟綿綿的「G」（他把自己的姓氏讀成「霍爾巴喬夫」[3]），並且維持了南方的溫暖性格——例如他的親切微笑和坦率幽默。他在孩提時代表現得異常聰明伶俐和循規蹈矩。他在校內因為「發達的政治意識」而深受讚揚，並且是「共產主義青年團」的模範成員。他極不尋常地以十八歲的稚齡正式入黨。他的父親和外祖父都是集體農莊的積極分子，而年輕時代的米哈伊爾曾經因為學校放假時在農田的工作而獲頒紅旗獎章。

一九五〇年的時候，他進入「莫斯科國立大學」攻讀法律學位，而蕾依莎已經在撰寫以集體化之下的農民生活為主題的學位論文。他們在一九五三年結婚後，她成為馬克思主義理論的講師，他則展開黨內的職業生涯。斯塔夫羅波爾共青團領導人的職務，讓戈巴契夫有機會證明自己的行政才能，並且爭取到一些具有影響力的朋友。他三十五歲時出任該邊疆區的第一書記，負責農業；一年後他成為蘇共中央委員，定期前往莫斯科參加會議。他會見了當時的KGB主席尤里·安德洛波夫，而安德洛波夫把那位正在竄起的年輕新星收納到自己的羽翼下。安德洛波夫的目標是要對蘇聯經濟進行現代化改造，而他在戈巴契夫身上找到了一位現成的門徒。時至一九八四年，當時已擔任蘇聯領導人的安德洛波夫曾在去世前不久，試圖讓那位徒弟被推選為他的繼任者，但沒有成功。

等過了一年，戈巴契夫果真成為領導人的時候，其言辭並沒有洩露出多少改革的傾向。一九八五年四月，他在任內第一次中央委員會全體會議上的講話，是正統的、而且顯然是真心誠意的馬克思–列寧主義之縮影。他告訴與會代表們：「整個人生和整個歷史進程，都證明了列寧學說中的普遍真理。它始終是我們一切行動背後的指導原則，它給我們帶來啟發，在戰略上和戰術上是我們如今向前邁進時的真正指南針。」戈巴契夫明確地贊同列寧創造出來的國家原則：一黨體制、指令經濟，以及為了實現全球共產主義而致力於階級鬥爭。[4]

不過戈巴契夫在剛走馬上任總書記之際發出了一個信號，預告該黨將以不同的方式來運作。戈巴契夫想要表明自己跟布里茲涅夫或契爾年科不一樣，而他這麼做的方式是攻擊二人的統治風格。他在一九八五年四月告訴中央政治局，必須結束近來已成為黨領導高層行為特質的「愛講排場、傲慢自大、歌功頌德與溜鬚拍馬」等等作風。對領導人的巴結奉承和溢美之詞都應該成為過往雲煙。戈巴契夫向黨內權貴階層的貪汙腐敗宣戰，宣布削減黨官所不應該得到的福利與特權。在他執政的

3 譯注：戈巴契夫的俄語帶有烏克蘭口音，而烏克蘭「G」（Г）的發音自成一格，是從喉嚨裡滑出來的（以拉丁字母拼寫時通常被寫成「H」）。戈巴契夫（Gorbachev/Горбачёв）的俄語讀音為「戈爾巴喬夫」，烏克蘭語的讀音則是「霍爾巴喬夫」（Horbachov/Горбачов）。

4 戈巴契夫在整個政治生涯當中，一再強調他始終是共產黨員和列寧主義者。當戈巴契夫第一次與羅納德·雷根見面時，他向自己的同僚們表示，那位美國總統是「我們正在交戰的階級敵人」。他在一九八七年十月告訴中央政治局：「列寧的辯證法是我們解決當前問題所必備的關鍵能力。」過了兩年，他慶祝列寧誕生紀念日的方式，是斥責那種盛極一時、全面揭發蘇聯首任領導人所犯下各種罪行和錯誤的風氣。他在一九九〇年四月的一篇演說中進而強調：「不要列寧，就等於砍掉我們社會和我們國家的根、斲喪了整整好幾代人的心靈。」

甚至在一九九一年八月，當他遭到共黨保守派監禁和羞辱之後，戈巴契夫仍然拒絕譴責共產黨，並且針對波里斯·葉爾欽的「反共歇斯底里和政治迫害」提出警告。他的共產主義信仰表白並非裝腔作勢。身為改革者，他的目標在於振興和強化共產主義，而不是要破壞它。

最初幾年裡，黨工幹部的更換率相當可觀。

在這個早期階段，「重建」主要靠的是試驗和錯誤。戈巴契夫毫不隱瞞自己的目的——他想要重振蘇聯經濟和蘇聯社會；只可惜他不曉得到底該怎麼進行這項工作。一九八五年四月向黨的幹部發表講話時，他聲援安德洛波夫未能實現的計畫，同意給予工廠更多財務上的獨立性，卻又極力維護從史達林時代繼承過來的中央集權經濟和計畫控管。戈巴契夫明確地表示出來，他反對不受約束的市場經濟機制，並且告訴莫斯科各個東歐「兄弟國」的代表：

你們許多人以為，用市場機制來取代直接計畫就能夠解決你們的問題。你們有些人把市場看成是你們的經濟救生圈。可是，同志們，你們應該忘掉救生圈而去考慮這艘船的本身：這艘船就是社會主義。

戈巴契夫很快便在中央指令經濟的框架內推出了程度有限的自由企業。一九八七年，他的《國有企業法》給予工廠經理人員更多決策自由，允許他們在決定售價和生產配額的時候保留若干迴旋餘地。這麼做的目的在於提升效率，然而無所不包的中央計畫經濟結構繼續存在，依舊缺乏推動資本主義制度所需的「利潤動機」。結果照樣還是成效不彰。

一九八八年的時候，戈巴契夫又前進了一步。他的《合作社法》明文規定，在經濟活動的某些領域內（主要是服務性質的行業），允許成立私人擁有的小型企業。那些企業的規模和營業額受到很大約束；其雇員的人數面臨嚴格限制，而且他們都必須是共同擁有者，除此之外，所有的「合作社」必須繳納重稅。但儘管如此，馬上就可以發現一種新的創業精神已經被釋放出來。在莫斯科和其他城市的街頭都看得見新餐館開張；私營的麵包店、理髮店和計程車公司紛紛湧現。

正如同外國記者團的其他成員一般，那些合作社令我著迷。在我所去過的每一家新店面，我都發現了之前我從來沒有在蘇聯看見過的東西：人們決心要努力工作，並且想把事情做好。[5]自從一九二一至一九二八年之間的列寧「新經濟政策」結束以來，資本主義第一次抬起了它的頭，一切都顯得極為樂觀。

人們期待經濟限制能夠逐步放寬，自由企業將會揚眉吐氣。可是戈巴契夫卻另有別的想法。他宣布中央計畫經濟仍然會保留下去，國家將繼續擁有生產工具。他的目標並不在於市場經濟，而只是要小心翼翼地通過資本主義手段，來振興已陷入停滯的中央指令經濟。但那顯然是一個不太可能的混搭組合。

但即便只是這麼有限度地跟「資本主義」眉來眼去，此舉仍舊激起黨內保守派陣營的強烈反對——那就好像列寧「新經濟政策」於一九二〇年代所處的情況一般（參見第二十五章）。戈巴契夫的改革工作在軍事和外交政策等方面遭遇到同樣的阻力。身為第一位認真看待災難性軍事支出的蘇聯領袖（全國超過三分之一的資源被運用於國防），他面臨著一個艱巨的任務。他越是跟美國人針對裁減軍備和限制武器生產進行談判，強大的蘇聯軍事工業綜合體代言勢力就越是反對他。

戈巴契夫決定要從阿富汗撤出蘇聯軍隊之後，他們對他批評得更加厲害。蘇聯為了一場比第二次世界大戰耗時更久的國外冒險，已經花費上百億的盧布和損失數以千計的人員。戈巴契夫早在一

5 我也發現了有組織犯罪日益猖狂的證據。蘇聯一直存在著強大的犯罪團體，如今黑道更藉由向新出現的小企業收取保護費而蓬勃發展。拒絕支付的那些人會成為報復對象。我去過的一家新開張的合作麵包店，後來遭到燃燒彈攻擊；另一家商店的擁有者則不得不賣掉一切，以便籌錢向罪犯贖回他被綁架的女兒。

九八六年即已發出指令，要求研擬撤軍計畫。國防與安全部門的反對勢力卻認為，要等到一九八九年二月才會有辦法撤出最後的蘇軍單位。但即使到了那個節骨眼，軍方還是難掩自己的憤怒。[6]

有鑒於保守派對其改革政策的抗拒，戈巴契夫走出了史無前例的一步：他直接呼籲公眾輿論支持他的政策。赫魯雪夫和安德洛波夫固然也都有過「加速」和「重建」的先例，戈巴契夫卻更甚於此，讓「公開性」從根本上背離蘇聯的傳統。布爾什維克長久以來一直把對資訊的控制視為權力的支柱，不願讓人民知道與自己的歷史或現狀有關的事實，因為那可能會導致他們起而反對政權。從革命的早期階段開始，媒體便受到嚴格審查；報紙僅僅印出克里姆林宮視為「有用」的新聞；文學和藝術則被迫替蘇維埃政權的事業服務，此外歷史遭到厚顏無恥地改寫，刪除了令人尷尬的真相。

米哈伊爾·戈巴契夫卻沒有浪費多少時間，便鬆開了新聞界被套上的緊箍咒。他允許出版之前被查禁的著作，其中包括索忍尼欽的《古拉格群島》、巴斯特納克的《齊瓦哥醫生》，以及格羅斯曼的《人生與命運》。但這只是比較簡單的部分而已，因為那些書籍所探討的都是蘇共早已疏遠的史達林主義過去。問題更大的是與當前政局有關的事項。在先前的年代，共產黨對資訊的壟斷意味著：各種難堪的事實、工業或農業生產方面的問題，以及有關災害、失敗、政治不滿情緒、國家罪行和貪汙腐敗等等的消息，永遠也找不到進入公共領域的門路。涉及西方成就的資訊遭到隱瞞，做法是禁止外國出版物，以及干擾BBC俄語廣播和美國的「自由電台」與「美國之音」。

結束了最初的猶豫不決階段之後，戈巴契夫開始放寬許多限制。他曾經大吐苦水批評黨內反對其政策的勢力（「為了逃避行動而不斷講出漂亮空話的一個新幫派」），如今則把「公開性」看成是繞過那個阻力的一種辦法。他告訴蘇共第二十七次代表大會：「擴大公開性是一項關鍵措施。這是一個政治問題。公開性將在群眾中建立民主意識和政治創造力，並鼓勵人們積極參與政府的決策過程。」戈巴契夫知道自己在做什麼：他鼓動公眾的真正用意，就是要消除黨內的改革阻力。只不過他事先沒有料想到，一旦解除了束縛之後，公眾輿論將會成為一股難以駕馭的力量。

隨即有兩個突發事件促成戈巴契夫擴大他的攻勢。一九八六年四月二十六日，車諾比爾核電廠[7]的反應爐爆炸，不但導致若干名工人喪命，並且向大氣層散發放射性塵埃。各相關單位做出的反應與往常如出一轍：它們實施全面新聞封鎖。一直要等到過了兩天以後，蘇聯電視台才終於提及此次爆炸事件。那時已有成千上萬人受到致命的汙染，外國監測站已經檢驗出飄浮到蘇聯境外的輻射物。車諾比爾突顯了蘇維埃制度中早已飽受戈巴契夫抨擊的諸多結構性弱點。戈巴契夫於是利用這個悲劇——以及它給克里姆林宮帶來的困窘——極力強調更大透明度的必要性。他表示：「車諾比爾已經照亮了我們整個體制當中的許多壞毛病。長年下來所積累的一切，已經匯聚到這次事件當中，例如隱瞞或掩蓋意外事故和其他的壞消息、不負責任與粗心大意、懈怠工作，以及大規模的酗酒。」

接著，在一九八七年五月二十八日，一個名叫馬提亞斯·魯斯特的德國年輕人駕駛一架「賽斯納一七二」輕型飛機，從赫爾辛基飛往莫斯科中心，降落於紅場盡頭的「瓦西里斜坡」。魯斯特在蘇聯空域飛行了好幾百英里，然後嗡嗡來到克里姆林宮上空，既沒有被偵測出也沒有遭遇攔截。在

6 我還印象鮮明地記得跟隨最後一支蘇聯車隊離開阿富汗時的情景。「聖戰士」曾經轟擊早我們之前出發的車隊來慶祝勝利，等到我們抵達鐵爾梅茲（Termez）那座蘇聯邊境城鎮時，年輕的義務役士兵們終於鬆了一口氣。軍團司令波里斯·格羅莫夫（Boris Gromov）步行通過邊界，成為最後一名離開阿富汗領土的蘇聯軍人之際，我向他的高級助手之一詢問回家的感覺如何。那人以苦澀厭惡的表情告訴我說：「這是奇恥大辱，叛徒戈爾巴喬夫出賣了我們。」我和每個人一樣，早已見識過戈巴契夫的改革遭遇反對；然而我要等到那一刻，才親身體驗了蘇聯某些部門的人士發自內心深處對他的鄙視。

7 譯注：車諾比爾（Чернобыль /Chernobyl'）核電廠，或被音譯成「切爾諾貝利」核電站。

西方的眼中，那似乎只不過是一個大男孩自己的冒險故事；然而對蘇聯領導高層來說，突破蘇聯空防系統一事意味著奇恥大辱。

戈巴契夫於是把全國的軍事要員叫過來訓斥。他詰問彼得・盧舍夫將軍[8]：「入侵的飛機在第六軍團的防區停留了兩個半小時，你們怎麼可能沒有偵測到它？曾經有人向你報告過這件事情嗎？」將軍回答說：「沒有，飛機在莫斯科降落以後，我才曉得了這件事情。」

戈巴契夫反唇相譏表示：「我猜想是交通警察通知你的吧！」

那場會議結束之前，莫斯科防空區的負責人、國防部長，以及蘇聯邊防軍司令都遭到免職。整肅行動還會繼續下去。到了一九九〇年，已有一百多名將軍和上校被撤換，使得戈巴契夫能夠大量晉用同情「重建」目標的軍官。

戈巴契夫被推舉為總書記幾個月之後，便開始將自由派的盟友擢升至具有影響力的位子。葛羅米柯和格里申那般的恐龍則紛紛被解除職務。一些受到信任、曾經協助戈巴契夫完成「重建」和「公開性」大方針的助手，則被帶進中央領導階層。愛德華・謝瓦納澤（喬治亞共黨領導人和戈巴契夫的親信）在一九八五年七月接替葛羅米柯成為外交部長，儘管他缺乏或者根本沒有外交政策方面的經驗。八月的時候，亞歷山大・雅科夫列夫（前任蘇聯駐加拿大大使和堅定的西化主義者）成為意識形態與外交政策方面的高級顧問。波里斯・葉爾欽則取代格里申，成為莫斯科市委第一書記，他是一名具有群眾魅力的政治人物，來自烏拉山區的斯維爾德洛夫斯克（那座城市後來恢復了舊名「葉卡捷琳堡」）。戈巴契夫在一九七〇年代中期就已經與葉爾欽有所往來，並且認為他精力充沛、時而不可預測，但是站在改變的這一邊。在一九八五年的時候，他看起來似乎是「重建」勢力理所當然的盟友。

雅科夫列夫、謝瓦納澤和葉爾欽，再加上格奧爾基・沙赫納扎羅夫、阿貝爾・阿甘別吉揚、塔季雅娜・扎夫斯拉夫卡雅、阿納托利・切爾尼亞耶夫等顧問人員，共同構成了克里姆林宮領導階層的改革先鋒。但是其他比較不那麼自由派的人物也在累積影響力。葉果爾・利加喬夫，一名銀髮藍眼、比戈巴契夫年長十歲的西伯利亞人，被任命為蘇聯共產黨第二書記，實際上成為了全黨和全國的副領導人。利加喬夫有著和善的微笑以及樂於跟外國記者攀談的不尋常意願，但儘管和藹可親，他的政治立場卻明顯屬於強硬派。利加喬夫雖然支持戈巴契夫打擊貪腐的努力，對「重建」的理念卻口惠而實不至，於是日益被視為共黨保守派勢力的領袖。利加喬夫甚至反對那些只是有限度私有化、依據戈巴契夫《合作社法》獲准成立的民營企業。他將在兩年後的一篇演說中開門見山地表示：

公共擁有制帶來團結，私人擁有制則造成人民利益的分歧。它會導致社會的階層化……。那麼啟動「重建」時的目的到底是什麼呢？它的目的是要發揮社會主義的全部潛力！私營企業能不能促進社會主義潛力的發展呢？它不能。在社會主義復興道路上向前邁進的唯一途徑，就是我們的黨必須繼續起領導作用。要是沒有共產黨的話，「重建」注定將會一敗塗地……我國內部有一些勢力正在進行反對社會主義體制、反對共產黨的鬥爭。他們採取有力的行動，他們利用了大眾媒體。他們大肆讚揚破壞社會主義和破壞黨的種種做法。他們把這種事情稱作「重建」。

8 譯注：彼得・盧舍夫（Pyotr Lushev）之前擔任蘇聯駐東德部隊的指揮官，當時擔任國防部第一副部長，最後成為華沙公約組織的末代總指揮官。

一九八〇年代末期才出現了此類公然反對「重建」的言論。在早期的那些年頭，改革派與強硬派之間的鬥爭只是幕後進行著，但其激烈的程度並不會比較遜色。自由派的聲音在波里斯．葉爾欽領導下，要求加快激進改革的步伐；利加喬夫和其他的保守反對派人士則處處抗拒他們。戈巴契夫被迫面對互別苗頭、分別來自政治光譜兩極的要求，而他自己的「中間路線」似乎無法滿足任何人。

一九八六年，安德烈．薩哈洛夫正在對外封閉、位於莫斯科二百五十英里以東的高爾基市，度過國內流放的第六個年頭。薩哈洛夫和他的妻子葉蓮娜．邦納已然成為對抗蘇聯專制的象徵，吸引了國際的聲援並且動員了國內的反對勢力。戈巴契夫起先是以散發出濃厚老派共產黨味道的強硬語言，來合理化對薩哈洛夫的懲罰。一九八六年二月，他告訴法國共產黨的報紙《人道報》：「薩哈洛夫博士做出了非法行為。在他的案件中已按照正常司法程序，採取恰當的處罰措施。」可是到了那年的年底，戈巴契夫在自由派和保守派之間來回猶豫了好幾個月之後，決定擺出戲劇性的姿態。

一九八六年十二月十五日，一名水電工出現於薩哈洛夫的公寓，表示他奉命過來安裝一部電話。第二天早上鈴聲響起之後，電話線另一端傳來戈巴契夫的聲音，宣布他的流放生涯已告結束。薩哈洛夫談論起其他政治犯的狀況，並要求釋放那些人。戈巴契夫對此不置可否，薩哈洛夫便放下了話筒。他將在新的一年返回莫斯科，立刻恢復政治活動，最後更與波里斯．葉爾欽和其他的激進派人士結盟，聯手為蘇聯爭取充分的民主與自由。

安德烈．薩哈洛夫獲得釋放一事，引起了保守派的強烈反彈。有越來越多的報導指出，黨機關的強硬派成員正在蓄意抵制戈巴契夫的政策——那些黨內官僚控制了蘇聯生活中的一切領域，只需要靠著陽奉陰違就足以挫敗任何政策的施行。戈巴契夫則向中央委員會抱怨說，「重建」正在放慢速度，並且點名指出了各個阻撓改革的部會。到了一九八七年初，他公開呼籲工人支持他的各種積極措施，來對抗試圖破壞改革的那些黨內官僚。在一場對莫斯科工會的演講中，他坦率地提及黨內領導高層針對改革的速度而起的爭執。

葉果爾·利加喬夫做出的回應，是在薩拉托夫發表一篇演說，幾乎毫不掩飾地要求停止「重建」的進程。他非但沒有譴責老式共黨領導作風所帶來的「停滯時期」，反而表示當代政治人物應該承認其正面的成就。在一月的全體會議上，戈巴契夫提議舉辦由多名候選人參加的無記名投票，藉此選出工廠廠長。但這種措施遭到保守派的反對，結果戈巴契夫做出退讓。

現在輪到由波里斯·葉爾欽帶頭的自由派人士對戈巴契夫展開攻勢。在一九八七年十月舉行的蘇共中央委員會閉門會議上，他們二人起了激烈爭執。葉爾欽聲稱戈巴契夫未能呼應他對「重建」的期待，並且針對那位蘇聯領導人的性格做出了猛烈的人身攻擊。他表示：「近來有一種現象日益滋生，我只能稱之為『某些政治局委員對總書記的阿諛奉承』。我認為此風不可長……這種拍馬屁的趨勢絕對不可被接受。……對歌功頌德的喜好恐怕會再度成為常態，恐怕會演變成個人崇拜。我們不能容許此事發生。」

戈巴契夫做出了同樣惡狠狠的回覆。他說道：「波里斯·尼古拉耶維奇，……你是如此虛榮和如此傲慢，以致將個人野心置於黨的利益之上，愚昧得只想看見整個國家繞著你一個人打轉，而且是在重建的這個關鍵階段！」葉爾欽對此大為光火，表示他在政治局裡面感到不自在，所以必須辭職。[9]

戈巴契夫卻沒有把葉爾欽趕下政治舞台，反而表示願意給他一個副部長級的職務，讓他擔任國

9 譯注：葉爾欽曾在一九八六年三月至一九八八年二月之間擔任蘇共中央政治局候補委員。

家建設委員會第一副主席。葉爾欽接受了那個提議，但他在全體會議的衝突中所感受到的羞辱，已經發展成為個人的仇恨。在接下來三年內，他對戈巴契夫的攻擊和他對馬上做出激進改變的要求，都變得越來越極端。已經劍拔弩張，攤牌的時刻很快即將來臨。

★ ★ ★

自由派和強硬派都對「重建」感到不滿，雙方都處心積慮想把戈巴契夫拉到自己的方向來。一九八八年三月，當蘇聯領導人出國訪問南斯拉夫之際，《蘇維埃俄羅斯報》刊登了一篇形同要求強硬派奮起抗拒「重建」的宣言。那封投書的署名者是一位名叫妮娜．安德烈耶娃的列寧格勒教師——不過幾乎可以確定，此事其實出自利加喬夫及其盟友們的授意。它以〈我不能放棄原則〉這個標題，總結出數百萬名共產黨員對「重建」的深惡痛絕：

重建……與公開性已針對一些問題，在群眾之間（尤其是在我們的年輕人之間）激起熱烈情緒。但那些問題其實是西方的廣播電台——或者若干不明白社會主義真正本質的我國同胞——發聲炮製出來的，例如：多黨制、宗教宣傳的自由、移民國外、在報刊上公開討論性問題的權利、取消文化管制的必要性、廢除義務兵役制等等！有關我國過去的事實，在學生當中引發了爭論……

不久以前，我的一個學生直言不諱的態度使我不知所措，她說什麼「階級鬥爭」還有「無產階級的領導作用」都是過時的概念。……難道國際工人階級不再反對體現於〔資本主義〕國家和

> 各種政治機構的世界資本主義了嗎？……目前在國內進行討論的主要根本問題是，承認還是不承認黨和工人階級在社會主義建設中，也就是說包括改革中的領導作用。

過了三個禮拜之後，《真理報》才刊出一封回函來譴責妮娜．安德烈耶娃的投書。這使得許多人做出猜測，認為強硬派已在克里姆林宮的權力鬥爭中占了上風。戈巴契夫於是決定必須採取主動。他迄今是以「蘇聯共產黨中央總書記」的身分來統治蘇聯，那個職務是由黨交給他的，黨同樣也能夠讓他下台走人。為了搶先一步避開來自強硬派的挑戰，他需要擴大自己的權力基礎，從一個比較不可能，或者比較沒辦法，隨意把他攆走的來源那裡，獲得統治的資格。

在一九八八年六月舉行的蘇共第十九次代表會議上，戈巴契夫提議應該由一個新的機構（他所稱的「人民代表大會」）來取代舊有的「最高蘇維埃」那個「橡皮圖章」議會。代表大會將選出主席一名，由他擔任蘇聯國家元首，其正式頭銜是「總統」。為了讓新體制具備若干民主正統性，蘇聯人民代表大會將通過部分自由的全民選舉產生出來。它將每年集會兩次；在兩次會期之間的空窗期，則由大會成員所委派的一個較小型機構發揮作用，成為半永久性的國民議會。

新選出的國家總統將接管許多原先由蘇共領導人掌握的權責，包括主導外交政策、安全與國防，負責實施新通過的法案，制定經濟策略，以及有權任免總理等等。候選人當選之後（每個人都認為那將是戈巴契夫）可以同時兼任共黨總書記，但是如今只有整個議會才能夠免除其國家元首的職務。他再也沒有了面臨跟赫魯雪夫同樣命運的危險：當初赫魯雪夫是以共產黨領導人（因而也是國家領導人）的身分，遭到一小批黨內高層人士罷黜。

儘管有若干人抱持疑慮，蘇共第十九次代表會議還是原則上通過了戈巴契夫關於「蘇聯社會民主化和政治制度改革」的提議。保守派的代表們繼續希望，將來能夠藉由繁文縟節和拖泥帶水等等慣用的手法，讓那個提議不了了之。但戈巴契夫使出了一個高招：在代表會議的最後階段，當每個人都準備回家的時候，他從口袋裡掏出一張皺巴巴的紙條。他以不慍不火的口氣說道：「順便講一下，同志們，我為我的提議定出了這個時程表。我們要不要對它進行表決？」

那些代表便紛紛舉手投下贊成票，顯然沒有完全意識到他們正在對自己做出什麼事情來。戈巴契夫向他們表示感謝，隨即宣布會議閉幕。蘇聯歷史上第一次（有多名候選人參加）的差額選舉，將在一九八九年三月舉行，由此產生的議會接著將立即開會選出新任總統。

為「人民代表大會代表」（人大代表）選舉訂下的規則明白顯示出來，這絕非西方式的民主。除了蘇聯共產黨之外，沒有任何政黨獲准推出候選人，而且三分之一的席次將保留給蘇共正式認可的各種組織。戈巴契夫強調指出，他的目標在於「社會主義多元化」——在共產主義社會裡面發展出不同的政治平台，[10]不是要全面多元化（亦即建立多黨制度，讓蘇聯共產黨只是許多個政黨當中之一）。

戈巴契夫在黨大會上的靈巧手段讓人產生了一種印象，以為他仍然領導和控制著改革的進程。但是一九八九年的選舉結果將標誌出一個轉捩點，從此他將失去掌控權，只能任由大眾輿論的力量取而代之。[11]

在選舉日之前幾個月內進行的選戰活動，令人吃驚地充滿著源源不絕的能量、激情和憤怒，而那一切都來自昔日卑躬屈膝的人民。當我在莫斯科的廣場、運動場和停車場，參加由薩哈洛夫、葉爾欽、謝爾蓋·斯坦克維奇、加夫里爾·波波夫，以及自由派運動的各個明日之星發言致詞的大規模群眾集會時，我感覺蘇聯亮起了某種形式的全民民主的曙光。每一個大量散發政治傳單的維權人士都被身旁好幾百人圍繞起來，伸手搶著想要閱讀他的觀點；每一個發言者，不管所講的內容有多麼晦澀，人們都熱烈地聆聽、討論、讚揚或喝倒采，他們正在發現公民權利能夠如此不受羈絆。人民革命的浪潮很快就會拍打到克里姆林宮。

如果戈巴契夫曾經把人大代表的選舉看成是一種手段，被拿來強化他和黨的正統性，那麼他所得到的東西將會讓他大失所望。在莫斯科、列寧格勒、基輔和明斯克，黨提名的許多候選人受到了羞辱。在共產黨禁止獨立參選人過來打對台的那些選區，選民往往乾脆劃掉選票上出現的唯一一人名，讓那個候選人得不到當選所需的百分之五十選票。[12]在一心一意想要獨立的那些共和國，分離主義團體的候選人更是大獲全勝。立陶宛「薩尤季斯」運動的追隨者贏得該共和國四十二個席次當中的三十一席；在拉脫維亞，「人民陣線」的支持者獲得二十九席當中的二十五席；在愛沙尼亞，他們拿下二十一席當中的十五席。在莫斯科，戈巴契夫最醒目的批評者——波里斯．葉爾欽，則秋風掃落葉般地囊括了百分之九十的選票。

從此開始，戈巴契夫面臨的最強勁對手再也不是共黨強硬派，而變成那些激進分子——他們想要更進一步和更快速地把改革推動到他所容許的範圍之外。蘇聯人民聽見了激進改革派對自由民主的要求，並且為這個志業凝聚起力量。

10 這從而取消了列寧在一九二一年第十次黨代表大會對「宗派主義」（factionalism）下達的禁令。

11 戈巴契夫自己也知道亞歷克西．德．托克維爾那句至理名言的準確性——專制政權做出的任何讓步，都會被百姓拿來做為要求更大改變的理由。一九八九年，當「重建」處於全盛期之際，戈巴契夫告訴他的顧問阿納托利．切爾尼亞耶夫：「我注定要向前走，而且只能向前。對我來說，退路已經關閉。如果我後退的話，我自己將被毀滅……」。可是當改革正在加快步伐時，戈巴契夫忘記了他自己的字句。他非但沒有向前走，反而優柔寡斷和模稜兩可地試圖阻擋改變的潮流。

12 譯注：因此在那次大選中，有不少同額參選（只有一人參選）的候選人由於得票率未能過半而落選，必須舉辦補選。

戈巴契夫對此結果反應得非常緩慢。選舉過了三天以後，他仍然試圖捍衛黨，試圖為黨的糟糕表現做出辯解。他依舊相信共黨體制能夠得到改革，而且他一口拒絕了政治多元化的可能性。他表示，在我們所處的條件下，多黨體制在蘇聯是「荒誕不經的事情」。

一九八九年五月，新選出的人民代表大會在克里姆林宮舉行了開幕會議。在蘇聯歷史上，這是一個比較多樣化和更加強大的議會。但儘管如此，大多數的人大代表還是來自老班底。他們當中的百分之八十六是共產黨員——在那二千二百五十名人大代表裡面，只有大約三百人真正支持自由主義的改革。

大會選舉戈巴契夫擔任主席（亦即任命他擔任總統）的工作，完全按照原定計畫進行。不過許多自由派人士的心中繼續存在疑慮。根據戈巴契夫提出的理由，之所以必須引進新的國會和總統體制，就是為了要創造出一個法治國家，由對人民負責的領導當局來進行統治。如今人民選出那個代表大會的方式，固然是老派共黨高級幹部們所從未見過的，但戈巴契夫本人從未接受過任何民主考驗：他是黨內獲得「名額保障」的人大代表之一，接著由人民代表大會推選他出任總統。自由派人士不禁開始質疑：為什麼那個口口聲聲談論民主的人，不願意面對全民普選呢？

人民代表大會選出五百四十二名代表，組成一個規模較小的常設議會（它繼承了那個名譽掃地的前身組織的名稱——「最高蘇維埃」）。它和它的母機關一樣，也受到共產黨主導。波里斯・葉爾欽未能贏得足夠的選票，僅僅因為另外一名代表把席次讓給了他，他才得以遞補進入「最高蘇維埃」。

人民代表大會的各屆會議令人感受強烈。第一屆會議持續了兩個星期，由國家電視台實況轉播。人們紛紛留在家中觀看聞所未聞的言論自由奇景，以致各工作場所出現了大規模曠職的現象。那些來自全國各地的人大代表，突然在字句中講出了一般百姓早已敢怒不敢言的事情。一個又一個發言者針對蘇維埃體制的罪過和失誤提出抱怨，發言攻擊了KGB、軍方、新聞檢查人員、對歷史的捏造，甚至戈巴契夫本人。對一個西方觀察者來說，度過那些在「克里姆林大會堂」聆聽辯論、在走廊上漫步、與昔日的異議人士（薩哈洛夫、葉爾欽，羅伊・梅德韋傑夫）以及與從前高不可攀的克里姆林宮要員公開見面，是令人驚異連連的經歷。但更令人難以置信的是，我們長年以來所報導的那個高壓極權體制，竟然一下子就打開閘門。自由的精靈已經從瓶子裡跑了出來，我們認為無論再怎麼施壓，都不會有辦法把它塞回去。

儘管反對黨遭到禁止，以葉爾欽、薩哈洛夫和自由主義派歷史學家尤里・阿法納西耶夫為首的激進代表們，組成了一個名叫「跨地區人民代表組合」（IRGD）的改革者陣營。它在七月舉辦創始會議，吸引了二千二百五十位國會成員當中的三百十六人——那些男男女女因為對全面民主化的支持而團結在一起。他們都同意，他們的主要方案包括了政治多元化、廢除一黨制國家、讓那些以分離主義為念的蘇維埃共和國享有自決權，此外再加上建立市場經濟和私人財產所有權。

戈巴契夫畏懼「跨地區人民代表組合」。他表示：「他們的那些聲明既不負責任又煽動性十足」，他們的那批領導人則「比一幫盜匪好不了多少」。戈巴契夫明確地表達出來，不會容忍除了蘇聯共產黨之外的其他任何政黨。

當我在一九八九年與波里斯・葉爾欽交談時（那時他正開始成為反對派最耀眼的代言人），他拐彎抹角地承認了自己的真正目的。他告訴我說：「有些人宣稱，我並不打算改善這個體制，而是要廢除它。嗯，我不能證實那種講法。但我可以表示的是，我贊成一系列名副其實具有『革命性意義』的東西。」如同我之前與他進行過的大多數對話一般，葉爾欽在此次談話中再度使用了隱晦的語言。這是異議人士由於害怕該政權而迫不得已採取的做法——即便那個政府如今已不再握有全權。

數以萬計的人民正在莫斯科街頭示威遊行，表達出他們對葉爾欽的支持；沃爾庫塔和頓巴斯的礦工則進行罷工，要求獲得政治上與經濟上的讓步。葉爾欽在被問起是否準備響應他們有關推翻共產主義的呼聲時，小心翼翼地回答說：

多黨民主是一件非常嚴肅的事情，所以我們不僅需要聽取戈巴契夫和葉爾欽的觀點——這並沒有那麼重要——更應該傾聽人民的意見。如果整個社會都想要它〔多黨民主〕的話，那麼它就是一個必須嚴正以待的問題。多黨民主不應該成為禁忌：一定要允許人們談論它；然後我們就可以得出必要的結論……

葉爾欽和其他激進派人士所極力鼓吹（但遭到戈巴契夫、利加喬夫和克里姆林宮高層堅決反對）的多黨民主，正在成為決定該國未來的主戰場。自從一九三〇年代以來，共產黨對權力的壟斷就已經被寫入了蘇聯憲法。現行憲法的第六條指出：

蘇聯共產黨是蘇聯社會的領導力量和指導力量，是蘇聯社會政治制度以及國家和社會組織的核心。蘇共為人民而存在，並為人民服務。

用馬克思列寧主義學說武裝起來的蘇聯共產黨規定社會發展的總的前景，規定蘇聯的內外政策路線，領導蘇聯人民進行偉大的創造性活動，使蘇聯人民爭取共產主義勝利的鬥爭具有計劃性，並有科學根據。

各級黨組織都在蘇聯憲法範圍內進行活動。

要求刪除蘇聯憲法第六條的行動，是由安德烈．薩哈洛夫領導的。他的相關呼籲在全國各地獲得支持。他在一九八九年十二月十二日起身向人民代表大會發表了演說。在一場政治大戲中，薩哈洛夫拿出一份有六萬人簽名的請願書，以及擺放在一些紙箱裡面的電報，藉此挑戰戈巴契夫，迫使他承認人民訴求的正當性。薩哈洛夫開口表示：「蘇聯必須決定，自己到底打算成為一個帝國呢，還是成為民主體制。」

人民代表大會正在進行電視實況轉播，而戈巴契夫在那種公然伏擊下顯得驚慌失措。他對著薩哈洛夫喊道：「過來這裡，我可以向您展示成千上萬份不同的〔支持保留憲法第六條的〕電報。讓我們不要試圖相互嚇唬對方，安德烈．德米特里耶維奇；讓我們不要媚俗，不要操弄輿論。」當戈巴契夫奮力切斷薩哈洛夫的發言之際，[13]議事大廳內響起了稀疏的掌聲。可是隨著戈巴契夫極力主張保留一黨體制，人代會內建的保守多數派發揮了作用——關於刪除憲法第六條的提案以一一三八比八三九的票數遭到否決。表決結束後，薩哈洛夫在走廊上告訴群聚的記者：「如果有必要的話，我們將會為了『重建』的緣故，起而對抗『重建』的創始者——如果他們的立場變得反動，或者他們無理取鬧扯後腿的話。」

兩天以後，安德烈．薩哈洛夫離開了人世。十二月十四日晚上，當他在書桌旁，正準備一篇講稿來回應戈巴契夫的頑固態度之際，致命的心臟病發作了。宣讀悼念詞追憶那位「民族良知之聲」的時候，我和八萬名哀悼者一同在薩哈洛夫的靈柩旁邊肅立致敬。葉夫根尼．葉夫圖申科將薩哈洛夫與俄羅斯歷史上的偉大人道主義者們相提並論——托爾斯泰、杜斯妥也夫斯基，以及契訶夫。葉

13 譯注：薩哈洛夫嚴重超出了規定的發言時間，結果戈巴契夫切斷他的麥克風，以致激起民怨。

夫圖申科指出：「他體現了偉大的俄羅斯知識分子傳統當中最美好的一切。」莫斯科百姓舉起出現「薩哈洛夫，原諒我們」字樣的手寫標語，為了自己沒有勇氣挺身響應他爭取公民權利而表示歉意。在他的棺木上擺放著一份他爭取多黨民主的演講稿。

那是一個充滿強烈情緒反應的時刻，戈巴契夫自己似乎也為之動容。他走過去向薩哈洛夫的遺孀葉蓮娜・邦納弔唁致哀，並且讚揚那位昔日的異議人士為改革做出的貢獻。由於聲援刪除憲法第六條的示威遊行日益頻繁，包括一九九〇年二月二十五日在克里姆林宮外面的二十五萬人集會，戈巴契夫接受了無法避免的事情。三月十四日，憲法的相關條文被修改成：「蘇聯共產黨與其他政黨、工會組織、青年組織，以及其他社會組織和群眾運動……參與制定蘇維埃國家的政策。」過了七十多年的光陰之後，蘇聯儼然已成為一個多黨制的國家。

★ ★ ★

時至一九九〇年春天，已可明顯看出戈巴契夫失去了對政治進程的控制權。我們大家跟往常一樣，為了一年一度的五一勞動節遊行而聚集在紅場上。國家領導大員們已經沿著階梯登上位於列寧陵寢頂端的觀禮台，我們這些通訊記者則在克里姆林城牆的正前方擠到列寧陵寢的旁邊。遊行隊伍剛剛通過的時候並無異狀，一如既往出現了快樂的兒童和歡慶蘇聯生活喜悅的花車。可是繼續行進下去之後，我們注意到隊伍中出現了騷動。開始響起「打倒戈巴契夫」的吼叫聲，而且我們不斷聽見有組織的爭取民主和自由的吶喊。傳到我們這邊的消息指出，有一批葉爾欽支持者混進了正式工人遊行隊伍的後側，令人吃驚的是，他們獲准一直走上紅場，名副其實來到中央政治局的鼻子底下。

我們能夠瞧見，戈巴契夫正在我們頭頂的上方，激動地用手指頭敲擊陵墓護欄。然後他於一瞬間快步走下階梯，帶領他的同僚們退回克里姆林宮，在屈辱之中消失不見了。

從此開始，戈巴契夫已經不大跟得上各種事件的發展腳步。他於是提議繼續強化總統一職：新的規定將賦予任職者類似美國和法國總統所享有的那些權力。但他再度拒絕為這個強化後的職位進行選舉。戈巴契夫反而在人民代表大會的另一次會議中，讓自己重新被任命為總統。事後回想起來，這是他最末一次有機會參加競選，並在全國獲得真正的民意基礎。如果他能得到民意支持，將使得波里斯．葉爾欽或其他任何對手都不可能挑戰他的統治權。但到頭來卻演變成這樣的情況：他繼續當一個未經選舉的政治人物，沾染了他原本亟欲改革的老式共產主義的味道。

戈巴契夫日益讓自己受到一個由保守派和強硬派人士所組成的政府包圍。最高蘇維埃曾經投票否決了他所提出的若干部長人選，例如被提名為國防部長的德米特里．亞佐夫元帥，以及被提名為副總統的根納季．亞納耶夫。可是戈巴契夫堅持非要繼續投票下去不可，直到他達成自己的心意為止。內政部長波里斯．普戈、總理瓦連京．巴甫洛夫，以及蘇聯最高蘇維埃主席阿納托利．盧基揚諾夫等人，也都是因為戈巴契夫個人的強力推薦才獲得晉升。幾乎在每一個任命案當中，都有許多重要的自由派人士發聲警告，反對讓那樣的人物掌權。有些人大代表已經談論到：那批人進入克里姆林宮之後，恐怕會有出現軍事政變的危險。

激進派批評他阻擋了改革之路，強硬派則指責他正在背叛蘇聯和蘇共，戈巴契夫夾在中間既左右為難又裹足不前。他試圖同時安撫那兩大陣營，但無法讓任何一方滿意。於是戈巴契夫開始以令人擔憂的頻率來更換自己的顧問團隊。

相形之下，葉爾欽卻展現出政治洞察力。一九九〇年五月底的時候，他獲選為俄羅斯最高蘇維埃主席。在戈巴契夫一九八九年的改革下，十五個蘇聯加盟共和國分別被授予自己的議會機構，獲得了有限但真實的權力。雖然戈巴契夫仍然自行主導國家的議會（全蘇聯的最高蘇維埃），但某些權責已經移交給各個單獨的加盟共和國。葉爾欽如今是俄羅斯事實上的領導人，而戈巴契夫是蘇聯的領導人。蘇聯總統名義上是位階最高的角色——他統治所有十五個加盟共和國，而葉爾欽僅僅統治其中之一。但那是一個新的體制，沒有人真正曉得分界線何在，而政治的發展只能通過試驗和錯誤繼續下去。俄羅斯是蘇聯內部的主導力量（它比其他任何共和國都要來得大，人口也更多），葉爾欽發覺他能夠進一步擴大自己的權力範圍。在類似一九一七年時的情況下（參見第十九章），一個新的「雙重政權時期」已日益成形，葉爾欽和戈巴契夫都將竭盡所能、各顯神通。

葉爾欽的最大武器就是他的政治手腕，再加上一個事實：早在一九八七年十月，當葉爾欽於中央委員會會議上爭吵不休的時候，蘇聯人民就已經知道他挑戰了共黨當局。從那時開始，他就把自己重新包裝成一個民粹主義政治人物，大搖大擺地乘坐公共交通工具、在排隊購買麵包的人龍當中詢問一般百姓所希望和所關注的事項，並且極力抨擊共黨權貴的濫權與貪腐。當戈巴契夫依然在捍衛蘇聯共產黨，堅信該黨可被改革和獲得重生之際，葉爾欽卻不斷對它進行譴責。

在一九九〇年七月的蘇聯共產黨第二十八次代表大會上，葉爾欽宣布自己再也無法留下來當黨員。他對著鴉雀無聲的大廳說道：「既然我已當選為俄羅斯最高蘇維埃主席，我必須聽從全體俄羅斯人民的意願。鑒於國家正在向多黨制過渡，我再也不能僅僅執行蘇聯共產黨的決議。因此我宣布停止自己的黨籍……」。接著葉爾欽在會場響起的竊竊私語聲中步下講台，緩緩沿著「克里姆林大會堂」漫長的走道，通過一排又一排的人民代表走向會議大廳後側的出口。一路伴隨他的是譏笑聲、喝倒采聲，以及叫喊著「丟臉」的聲音。他自己的前途和國家的未來已不復掌握在蘇聯共產黨手中。

葉爾欽升高他與戈巴契夫的爭鬥，公布了（基本上屬於象徵性質的）「俄羅斯主權宣言」。[14] 二人為了哪一種法律（蘇聯法律或俄羅斯法律）應該在俄羅斯共和國境內享有優先地位而不斷爭執。但他們同意共同研擬策略來拯救正在崩解的經濟。一九九〇年八月，一個由戈巴契夫和葉爾欽任命的經濟學家聯合團隊定出一項激進改革計畫，立意在五百天內奠定現代市場經濟的基礎。那個「五百天計畫」提議進行大規模的私有化、結束國家的補貼、由市場而非國家來決定價格、快速融入世界經濟體系，以及將許多經濟權力從聯盟的層級下放給各個共和國。葉爾欽熱情萬分地接受了那個方案，並宣布俄羅斯將予以實施。戈巴契夫的態度卻模稜兩可。他的保守派顧問們將那個計畫譴責為「走資本主義的後門」，於是戈巴契夫放棄了它。葉爾欽想要大刀闊斧的改革，希望立刻進行；戈巴契夫也想要改變，但他主張採取比較漸進的做法。二人未能合作成功，於是給共黨強硬派的復仇主義勢力敞開了大門——他們的那些敵人如今正在策畫戲劇性的行動。

十一月下旬，國防部長德米特里・亞佐夫在國家電視台現身，宣布擴大軍方的權限範圍。由於近來發生了騷擾蘇聯部隊的事件，更因為波羅的海三國分離主義者的示威行動變得日益狂暴，亞佐夫表示軍方已被授權動用武器來保護自己和蘇聯的國家財產。政治局勢高度緊張，蘇聯軍隊向蘇聯平民開槍的可能性更產生了火上加油的作用。

十二月初的時候，KGB主席弗拉基米爾・克留奇科夫發表一篇冗長的電視演說，使用了自從布里茲涅夫年代以來便難得聽見的冷戰言論。克留奇科夫聲稱，蘇維埃祖國面臨著立即的危險：反共分子正在國外邪惡勢力的教唆下，不斷挑起動亂和暴力。全國上下應該知道，KGB已經做好準

14 譯注：那項聲明通過於一九九〇年六月十二日，全名為《俄羅斯蘇維埃聯邦社會主義共和國國家主權宣言》。

備，要動用手中所掌握的一切力量來挫敗這些「敵對勢力」，並且把他們的「外國主子」攆走。第一步的工作，將在主要城市的街頭部署由警察和軍人組成的聯合巡邏隊，以防止犯罪和騷亂。其言外之意十分清楚：示威者和抗議者都將被看成是合法的目標。

那種針對未來鎮壓行動所做出的暗示很難讓人忽略，戈巴契夫卻忽略了它。十二月中旬，總統的自由派顧問亞歷山大．雅科夫列夫在《莫斯科共青團員報》撰文提出警告：「保守反動勢力正在毫不留情地尋求報復。他們正準備發動進攻。我對民主勢力所表現出的惰性深感不安。」

愛德華．謝瓦納澤十二月二十日在人民代表大會登場時的情景，甚至更充滿了戲劇性。他在講台上表示：「改革派已經隱遁歸山，專制獨裁即將來臨。我是以完全負責任的態度告訴你們這些事情。誰都不知道那將是怎樣一種獨裁，也不知道誰將成為獨裁者……。我來這裡是為了告訴你們，我將辭去政府職務。……我想讓這項警告成為我的貢獻，成為我對即將來臨的獨裁統治所做出的抗議……」。謝瓦納澤沒有直接批評蘇聯總統——他們二人是長年的朋友和同僚。不過他隱約暗示出來，戈巴契夫其實應該採取更果斷的行動來對抗強硬派的崛起：「我向米哈伊爾．謝爾蓋耶維奇．戈巴契夫表示衷心感謝。我是他的朋友和志同道合者。然而我已經別無選擇，只能辭職。……我無法說服自己眼睜睜看著我的國家正在發生的事情，以及正等待著我們國民的試煉。」

當時我曾經詢問亞歷山大．雅科夫列夫，有關軍方即將發動一場反戈巴契夫政變的謠言是否值得相信。他於是拿出一份宣傳小冊子給我過目，表示它正在蘇聯陸軍的士兵之間流傳。那份小冊子宣布：「我們要的是一個新的希特勒，而不是戈巴契夫。迫切需要一場軍事接管來拯救我們的國家。在西伯利亞有足夠的空間，來容納帶給我們這個該死的『重建』的那批人……」。自由派評論家阿列斯．阿達莫維奇補充說道，強硬派「導致總統的身邊圍繞著上校們和將軍們，使他自己成為人質。」

一九九一年一月，出現了第一個跡象顯示雅科夫列夫和謝瓦納澤正確無誤；被選定的戰場則是波羅的海三國。讓強硬派感到震驚與憤怒的事情是，蘇聯的統一已因為各共和國滋生蔓延的分離主義運動而飽受威脅。第二次世界大戰結束之後才併入蘇聯的愛沙尼亞、拉脫維亞和立陶宛，已經宣布獨立。昔日遭到強力扼殺的民族主義情緒，已在「公開性」之下被釋放了出來。

混亂與暴力的幽靈，成為採取行動的藉口。在軍方報紙《紅星報》的一篇文章裡，前任總參謀長謝爾蓋．阿赫羅梅耶夫元帥呼籲武裝部隊「採取行動來維護我們祖國的統一……」。他寫著：「現在到了用勇氣和決心來捍衛我們國家的時候。」蘇聯內政部長波里斯．普戈本身則是拉脫維亞人，之前他在自己的共和國擔任KGB負責人之際，曾因為壓制民族主義思想而聲名大噪。如今更有將近五十萬名內政部特種部隊的人員供他差遣。

那時正好全世界都把注意力轉移到迫在眉睫的波斯灣戰爭，莫斯科便趁此機會派出了部隊。在拉脫維亞的首都（里加）有一家被用來幫分離主義者發行報紙的印刷廠遭到突襲和占領。在維爾紐斯，立陶宛議會的周圍爆發了武裝衝突，迫使民族主義者的政府負隅頑抗。特種部隊奪下了包括立陶宛電視總部在內的若干建築物，並且有十三個平民被打死。過了僅僅一個星期之後，戈巴契夫獲頒諾貝爾和平獎，而他曾經主導對他自己國民的屠殺。波里斯．葉爾欽譴責他是殺人兇手。他在全國電視上說道：「一九八七年的時候我曾經提出警告，表示戈巴契夫沉迷於權力。現在他有了一個名字很好聽的獨裁政府……我們要求他立刻辭職。」

暴力挑釁事件最後導致戈巴契夫憤而採取行動。殺戮行動發生一個星期後，莫斯科下令部隊撤出。戈巴契夫為在維爾紐斯和里加動用暴力而道歉，並且告訴最高蘇維埃：「我們從來都不希望發生這種事情」。儘管如此，他卻沒有趕走那些下令攻擊的人。普戈、亞佐夫、亞納耶夫、巴甫洛夫和阿赫羅梅耶夫依然留在自己的位子上，繼續把流血事件怪罪給分離主義分子。他們下一次的奪權嘗試，將會產生更加嚴重的後果。

39 戈巴契夫變成蘇聯的掘墓人

總理瓦連京·巴甫洛夫在一月宣布，所有面額五十和一百盧布的鈔票都將停止流通：百姓可以在國家銀行兌換數量有限的那些大鈔，超過額度的部分則將全面作廢。當局聲稱這麼做的目的，是為了要懲罰利用高面額紙幣來隱匿非法所得的黑市商人。然而犯罪分子想得出辦法來規避相關措施，尋常百姓卻只能眼睜睜看著自己的畢生積蓄被一掃而空。公眾對政府的顢頇無能憤慨不已，共產黨的強硬派則怪罪於米哈伊爾·戈巴契夫。

但更糟糕的事情還在後頭。莫斯科的商店由於基本食物一再短缺而深受衝擊；麵包曾經兩度完全從城內消失，導致一直等不到補貨的麵包店大排長龍。等到少量的補充品終於出現時，便演成了恐慌性的搶購，接著就是激烈爭吵和揮拳鬥毆。公眾的騷亂看似發生在即，而政治人物們不斷聯想起來，一九一七年時聖彼得堡的麵包短缺如何導致「二月革命」爆發（參見第十九章）。之前莫斯科選出了一個新的市政委員會，由改革派的市長加夫里爾·波波夫出面領導，於是有人宣稱，商品短缺是被設計用來破壞波波夫的威信。負責生產莫斯科所需食糧的鄉間老派共產黨幹部因而受到指控：是他們故意把供應物資剋扣了下來。首先是牛奶，接著是雞蛋，然後是肉類都突然消失不見。有些時候，市中心大型食品商店的貨架上面只剩下了沙丁魚罐頭，其餘一無所有。

不時傳出有關部隊正在莫斯科郊外集結的謠言，讓市政當局陷入了恐慌。葉爾欽向俄羅斯議會報告說，他對軍方的意圖感到擔憂，波波夫一度更召開新聞發表會來表達自己的恐懼。他指出：「我們有消息顯示，一群極端分子正準備採取軍事行動。因為他們曉得，強硬派政治勢力將以此為藉口來實施國家緊急狀態。」

隨著國家預算陷入赤字，工資已經發不出來，退休金和各項福利的調整遭到取消；公眾的不滿情緒與日俱增，輿論紛紛對蘇聯總統做出指責。當戈巴契夫前往倫敦，遊說七大工業國集團向蘇聯進行經濟投資時，他受到了冷遇。在美國、英國和日本的敦促下，七大工業國集團拒絕提供任何金援。回到莫斯科，戈巴契夫的敵手則極盡羞辱之能事。在他們的描繪中，是戈巴契夫使得蘇聯一蹶不振，害得它從超級強國變成了破落戶；是他踐踏了民族自豪感，並且閹割了昔日強大的蘇聯軍隊。強硬派暗暗指出：這一切都不是意外，實乃出自戈巴契夫對國家的蓄意破壞，因為他是被收買的間諜，是一名為惡毒的西方服務的陰險叛徒。在美國、英國和其他歐洲國家，興奮的人群熱烈歡迎這位蘇聯領導人來訪而出現的「戈比狂」電視畫面，[1]則被使用為證據來強調他是西方的傀儡。戈巴契夫越是在西方受到崇拜，蘇聯百姓就越是討厭他，因為自從他掌權以來他們只能眼睜睜看著自己的生活水準驟然下降，自己的國家尊嚴蕩然無存。

在一九八九年後的那幾年「失去」東歐一事，對許多人而言是一個巨大的打擊。他們認為，蘇聯的強權地位體現於莫斯科對那些「兄弟國家」的支配；主導拆解「華沙公約組織」的那個人，則被嘲諷為意志薄弱（或者居心叵測），因為他竟然願意讓那些國家落入西方的魔掌。當戈巴契夫的發言人開玩笑地表示，布里茲涅夫主義已經被「辛納屈主義」取代了的時候（那表示東歐獲准「走自己的路」），[2]西方記者團認為此一舉動優雅地承認了地緣政治的現實；[3]然而那句話卻被共產黨支持者憤怒地引用，做為戈巴契夫勾結資本主義敵人的證據。他未能阻止柏林圍牆的倒塌、德國的統一和昔日蘇聯衛星國的「叛逃」，這一切都起了關鍵性的作用，刺激保守派挺身反對戈巴契夫和反對「重建」。

等到蘇聯加盟共和國紛紛開始效法東歐集團國家的榜樣，向莫斯科施壓要求也讓他們「走自己的路」，戈巴契夫似乎這才意識到局勢已危險地失控。他的對手們早已猛烈抨擊他對波蘭或匈牙利等外國的寬大為懷，如果他進而束手看著蘇聯失去諸如愛沙尼亞、拉脫維亞、立陶宛等等不可分割領土的話，那麼他們只會更加怒不可遏！

「民族問題」早已存在於沙皇帝國，在整個布爾什維克統治時期也一直如此。不過當國家繼續維持一體化的獨裁統治之際，這個問題還能夠受到控制，即便莫斯科有時候必須訴諸極端的措施——例如史達林的大肆鎮壓和強制遷徙。可是一旦戈巴契夫的「新思維」讓人民對國家「進行謀殺和迫害的意願」產生了懷疑，一旦「公開性」讓被壓迫的百姓知道了自己的歷史真相，分離主義者便找到新的勇氣。於是從波羅的海三國到喬治亞、摩爾多瓦、亞美尼亞和烏克蘭，要求脫離蘇聯這個「自願」聯盟的呼聲日益高漲。

蘇維埃國家崩潰在即的前景，更成為引發保守派怒火的最強大因素。早在鎮壓拉脫維亞和立陶

1 譯注：戈巴契夫前往西方國家訪問時，一再受到高呼「戈比」、「戈比」(Gorby, Gorby!)的人群狂熱迎接，西方媒體於是發明了「戈比狂」(Gorbymania)這個字眼來形容他受歡迎的程度。

2 譯注：法蘭克・辛納屈有一首改編自法國流行歌的著名曲調叫做《My Way》，其每一段歌詞的結尾都是「……照我自己的方式做／走我自己的路」(…… did it my way)。

3 事實上，中央政治局曾經討論過武裝干預的可能性，藉以阻止那些「兄弟國家」脫離蘇聯集團。但戈巴契夫清楚表明，他不會同意使用武力。早在一九八八年六月，他即已告訴蘇共第十九次代表會議，「我們所構想的『新思維』意味著致力於自由選擇的原則……。武力干預的政策已經過時了。」

宛之前，克里姆林宮領導高層的強硬派即曾派遣軍隊，粉碎了喬治亞和亞塞拜然的民族主義示威。一九八九年四月，在提比利斯有二十名支持獨立的示威者遭到部隊殺害；亞塞拜然首都（巴庫）爆發屠殺亞美尼亞人的事件之後，蘇聯軍隊更在一九九〇年一月殺死了上百名亞塞拜然人。[4]在爭議百出的「納戈爾諾-卡拉巴赫」飛地、摩爾多瓦「外聶斯特」地區，[5]以及在烏茲別克斯坦爆發的種族騷亂，讓保守派更加警覺蘇聯正在解體之中。暴力給軍方帶來了壓力，部隊指揮官們則心生怨恨，因為在其眼中軟弱無能的那批文職政客把他們推上了第一線。

為了突顯將愛沙尼亞、拉脫維亞和立陶宛畫歸蘇聯的《莫洛托夫-里賓特洛甫協定》簽訂五十週年，一九八九年八月二十三日有二百萬人手牽著手，組成一條貫穿那三個共和國的人鏈。時至一九九一年一月，那三國都已經宣布獨立，其他共和國也開始步其後塵。

俄羅斯本身正在變得躁動不安。俄羅斯加盟共和國傳統上是蘇聯的支柱：俄羅斯人在其他十四個加盟共和國擔任高級官員，藉此確保它們對莫斯科的忠誠；俄羅斯人是蘇聯各民族當中的「老大哥」，享有其他群體所缺乏的權力與特權；蘇聯全國各地都進行俄語教學，俄羅斯文化被使用為一種工具，藉此來削弱地方性的（潛在具有民族主義性質的）身分認同。然而同時令俄羅斯人怨恨不已的是，俄羅斯的主權附屬於支配一切的蘇聯威權體制之下，固有的「俄羅斯屬性」在若干程度內，淹沒於不容異己的「蘇維埃屬性」之中。

戈巴契夫還在努力把蘇聯團結在一起的時候，葉爾欽早已沒有那方面的顧慮了。「雙重政權時期」使得他投入與蘇聯領導人的霸主之爭，他把俄羅斯民族主義看成是自己的王牌之一。兩人的交鋒與各個共和國對中央的反抗日益糾纏不清，同時葉爾欽更將俄羅斯的獨立自主（以及所有蘇聯加盟共和國爭取獨立的權力）列為其政治綱領的核心主題。這蓄意挑戰了戈巴契夫想要維繫蘇聯於不墜的目標，最後將帶來一個狂暴的結局。

★ ★ ★

當葉爾欽談論起自己早年的人生經歷時，他喜歡把自己描繪成一個違抗權威的小夥子。他跟他的老師們、跟他的同輩們，以及跟他政治上的導師們都起過爭執。不過他在自己的回憶錄中特別表明：他在所有那些衝突當中自視為正確的一方，而別人總是錯的。如果葉爾欽吵不過別人的話，那都是因為他成為了「不公平」待遇下的犧牲者；他為此耿耿於懷，不斷找機會報仇雪恨。他充滿著一種目空一切的自我信念，而那很容易轉變成蠻橫無理；他具有一種熾熱的決心，務必要糾正別人對他施加的惡行——不管那是基於事實或者出自想像；他產生一種渴望，務必要讓自己得到認可贊同，甚至受到阿諛奉承；一旦敵人被打垮之後，他則對他們表現出一種冷酷無情的態度。

葉爾欽體格孔武有力，是個散發出狂野氣息與吸引能力的西伯利亞大熊。女性為他傾倒，男性則欣賞他天生的架勢。他長了一張宛如被痛毆過的重量級拳擊手面孔，然而當他露出笑意的時候，那是一個淘氣男孩的微笑。米哈伊爾·戈巴契夫有著學者的風度與靈活的頭腦，但他缺乏葉爾欽隱含的威脅性。葉爾欽的眼睛彷彿在說：「如果你不同意我，我會把你碾碎。」在生氣的時候，戈巴

4 發生提比利斯大屠殺的時候，戈巴契夫前往倫敦訪問而不在國內，由葉果爾·利加喬夫主持中央政治局。在巴庫採取的措施則是由克里姆林宮特使葉夫根尼·普里馬科夫所策動的。

5 譯注：納戈爾諾–卡拉巴赫（Nagorno-Karabakh）位於亞塞拜然境內，百姓泰半為亞美尼亞人。外聶斯特地區（Trans-Dniestr region）名義上屬於摩爾多瓦，居民卻以俄羅斯人和烏克蘭人為主。

契夫會漲紅了臉；葉爾欽卻保持平靜，冷冷地壓抑住自己的怒火，眼睛一眨也不眨地望著自己的對手。葉爾欽懂得用高超的技巧來跟人群打交道；他能夠以同等程度激發出罕見的忠誠和無盡的仇恨。

葉爾欽出生於一九三一年二月，只比戈巴契夫年長四個星期。他年輕時加入了他的國家唯一允許存在的那個政黨。他憑藉自己特有的衝勁和對認可的需求，在蘇共的隊伍裡面快速竄升；一九七六年時他已經成為其家鄉（斯維爾德洛夫斯克）的州委第一書記。在他一九七〇年代和一九八〇年代初期的演說當中，完全看不出日後的激進自由主義跡象。他曾經告訴斯維爾德洛夫斯克的五一勞動節遊行隊伍：「布里茲涅夫同志付出的無比努力，讓廣大人民群眾充滿了感激。我們感謝他所起的傑出作用，完善地執行了我們國家的內政和外交政策……」。

但是要靠一位作風新穎的蘇聯領導人，波里斯·尼古拉耶維奇·葉爾欽才得到了他多年來一直夢寐以求的升遷。米哈伊爾·戈巴契夫在一九八五年把他找去莫斯科，讓他擔任蘇共中央委員會書記、莫斯科市委第一書記，而後在一九八六年二月成為中央政治局候補委員。葉爾欽在兩年的時間內屈居戈巴契夫工作團隊的一分子，直到他按捺不住自己的野心為止。

一九八七年十月他們二人在中央委員會全體會議上的激烈爭端，至少有部分原因來自葉爾欽的過分敏感，以為自己受到了怠慢。[6]他曾在之前寫給蘇聯領導人的一封訴苦信中清楚表達出來，他覺得戈巴契夫沒有對他或對他的想法給予充分重視：「我能夠感覺到一種顯著的變化，友好支持的態度已經一轉而成為對莫斯科相關事務的無動於衷，以及對我個人的冷漠以待。」

葉爾欽身邊的同僚們表示，他在那次大會出醜之後曾經試圖自殺。過了幾個星期，他從醫院病床被傳喚過去解除其黨內職務。[7]他為了這個侮辱的緣故，永遠也無法原諒他昔日的提拔者。在接下來的三個年頭，葉爾欽燃燒著復仇的渴望。他對戈巴契夫的徒勞無功感到幸災樂禍，並且藉由抨擊改革的緩慢步伐來火上加油。當戈巴契夫指出政治與經濟改革所面臨的障礙時，葉爾欽以最尖酸刻薄的言語來嘲弄他。葉爾欽煽動人心的民粹主義，是建立在永遠履行不了的承諾之上；其動機則是要羞辱和貶低他的那位對手。在機密文件中，美國政府把葉爾欽形容為「古怪瘋癲」(flaky)。

然而葉爾欽得到了百姓的支持。克里姆林宮的官方媒體曾對他進行攻訐，批評他在美國進行巡迴訪問時喝得爛醉，他在大多數俄國人心目中的地位反而上升。當他手中拿著一束鮮花，從一條小河裡被撈出來之後，人們微笑著點了點頭，調皮地暗示：他想必是在進行某種英勇的夜間行動時，被一位嫉妒的丈夫發覺了。有一次我們前往拍攝他視察傘兵部隊進行日常訓練的情形，其中包括從高樓飛躍進入一灘燃燒中的汽油的壯觀場景。他若有所思地對著攝影機說道：「我還在想，我自己是否會跳進那個火堆裡面。或許不會，可是你永遠也沒辦法曉得——在我心底有著這樣的一個小流氓，說不定我還是會跳進去。」

正是那種隱隱約約的流氓作風，讓葉爾欽得到許多俄羅斯人垂青。他們仰慕他挺身抗拒共產黨欺凌時的勇氣，推崇其思想上的獨立性。當軍隊被派去拉脫維亞和立陶宛的時候，葉爾欽特地飛往里加，重申俄羅斯對自決權的支持。他呼籲士兵們不要向平民開槍，並且贏得了各地獨立運動的向心，他告訴他們：「你們能吞下多少主權，就拿多少主權好了」。葉爾欽決意要貶低戈巴契夫和他的

6 譯注：葉爾欽在會議中表現得近乎無理取鬧。戈巴契夫憤而斥責說：「你是個政治文盲嗎？難道我們必須從基本的政治ABC開始教你？……你如此虛榮和如此傲慢，以致將個人野心置於黨的利益之上，而且愚昧得只想看見整個國家繞著你一個人打轉……」。接著二十七名發言者輪番對葉爾欽進行了長達四小時的抨擊。

7 譯注：戈巴契夫於十一月十一日親自主持蘇共莫斯科市委會會議，正式宣布免除葉爾欽的莫斯科市委書記職務。葉爾欽在會前兩天以剪刀割破胸口「自殺」，意圖逃避攤牌。戈巴契夫不為所動，仍下令將他從醫院病床押赴市委會免職（而且又有二十三名發言者對葉爾欽猛烈抨擊了四個小時）。葉爾欽從此成為戈巴契夫的死敵。

政策，宣稱克里姆林宮如今代表著高壓迫害、改革的結束，以及強行施加的蘇聯統治。他告訴他的俄羅斯人代會：「不過我們有力量來阻擋那股反動勢力。我們將盡全力制止蘇聯當局變得無法無天和動用武力。我們必須展現出來，民主是不可逆轉的。」

葉爾欽宣布，他將會以民主之劍來回應對民主的威脅。他願意在一個自由而開放的選舉中，出面角逐俄羅斯總統的職位。那個新的職務將給予在任者範圍廣泛的行政權力，而且（有別於米哈伊爾・戈巴契夫）那位民主選戰的贏家能夠以民意支持做為後盾。

戈巴契夫很快便意識到其中的危險。他動員俄羅斯人代會的共產黨勢力，設法挫敗那項倡議，結果雙方的角力在一九九一年三月二十八日鬧上了街頭。[8] 創設總統職位的提議雖然遭到政敵抵制，葉爾欽卻在俄羅斯人民代表大會召開的特別會議上，促成它具有約束力。[9]

數以萬計的葉爾欽支援者曾於會議期間聚集街頭。當天接近傍晚的時候，憲法危機仍懸而未決，莫斯科的主要通衢「高爾基大街」上面已經擠滿了二十五萬人，威脅要向克里姆林宮進軍。

群眾順著斜坡向下走的時候，一隊隊的防暴警察各就各位，阻斷了他們的路徑。醞釀已久的戈巴契夫和葉爾欽之間的攤牌，眼看著即將爆發成暴力衝突。但就在最前面幾排人對著警察擺開陣勢的時候，危機神秘地平息下來。雙方似乎都在最後一刻奉命退讓，即便當天晚上出現過一些警棍飛舞的場面，潛在的流血衝突已然蛻變成為一個政治分水嶺。

葉爾欽贏得所需要的多數支持，於是有辦法舉辦總統大選，而選舉的日期定在一九九一年六月十二日。他在民眾的歡呼聲浪中，擊敗了與他角逐的對手們，其中包括克里姆林宮推出的候選人，前任蘇聯總理尼古拉・雷日科夫。葉爾欽所主張的民主、自由市場經濟，以及蘇聯加盟共和國享有自決權等等綱領，幫助他從俄羅斯人民那邊贏得了壓倒性的勝利。戈巴契夫再也無法漠視事實：俄羅斯議會已經授予葉爾欽權力，可以用行政命令來治國，而如果必須在葉爾欽的行政命令和戈巴契夫的行政命令之間選擇服從對象的話，那次選舉的結果已經表明了大多數人將會怎麼做。蘇聯總統別無選擇，只得尋求結盟。

休戰所帶來最具體的成果，就是戈巴契夫同意向各個共和國釋出更多權力。他跟葉爾欽和另外八個加盟共和國的領導人進行談判後（波羅的海三國、摩爾多瓦、喬治亞和亞美尼亞拒絕參加），在七月向蘇聯最高蘇維埃提出他針對一個新聯盟結構所訂出的計畫。戈巴契夫的《聯盟條約》提議成立一個寬鬆許多、被稱作「蘇維埃主權共和國聯盟」的邦聯；各成員國將享有廣泛的國家自主權，可控制包括石油、天然氣和礦產在內的本國天然資源，以及保證其本國的法律優先於聯盟的法律。身為新聯盟的總統，戈巴契夫將保留國防與外交的掌控權，不過他將多方面失去立法的權限，僅僅更像「歐盟主席」那般地發揮協調作用。

儘管保守派的最高蘇維埃代表們表達出疑慮，最高蘇維埃還是批准了那項計畫，戈巴契夫宣布將在八月二十日正式簽署《聯盟條約》。他將利用中間的空檔，帶著蕾依莎、他們的女兒和兩個外

8 譯注：在親共議員的安排下，俄羅斯人代會在三月二十八日舉行特別會議，準備彈劾罷免葉爾欽。中央政府的強硬派人士甚至在克里姆林宮周圍大量部署了坦克和裝甲車輛。結果街頭的親葉爾欽集會演變成反戈巴契夫示威遊行；人民代表們則拒絕於受包圍的情況下進行辯論，憤而投票決定休會。最後葉爾欽彈劾案未能過關。

9 譯注：戈巴契夫之前在三月十六日舉行全民公投來決定蘇聯的未來──「您是否認為有必要將蘇維埃社會主義共和國聯盟保留下來，成為各共和國主權平等的一個新聯盟，而在此新聯盟內，各民族人民的權利與自由將得到充分保障？」結果三分之二的選民表示贊成。葉爾欽卻在俄羅斯的公投選票上面夾帶了一個問題：「您是否贊成設立經直接選舉產生的俄羅斯總統這一職位？」由於公投已獲通過而彈劾案無法成立，葉爾欽得以順利舉行總統直選。

孫女前往克里米亞的黑海度假勝地福羅斯，在當地總統別墅一同度過難得的假日。

戈巴契夫的敵人們利用了他不在的機會。蘇聯領導階層的強硬派人士被他們眼中蓄意摧毀蘇聯的行為，以及背棄共產主義目標的做法給嚇壞了（那個新聯盟的名稱用「主權」來取代「社會主義」，更成為最大的眼中釘），[10] 他們於是炮製出最後的攻勢。蘇聯最高蘇維埃主席阿納托利·盧基揚諾夫積極鼓吹反對那項條約，並且多方面與同僚們進行接觸，以便確定他們到底願意跟著走多遠。老派忠貞共產黨員的核心人物舉行一系列秘密會議，使用了充滿愛國主義情操和自我犧牲精神的言論：他們的父祖輩當初奮戰維護的那個國家，如今正在遭到肢解；他們有責任來捍衛它，甚至為此犧牲自己的生命也在所不惜。

隨著簽訂《聯盟條約》的日期不斷逼近，他們當中有十幾人共同署名為一個「國家緊急狀態委員會」效勞，而該委員會自稱是國家的合法政權，並且準備重建老式的布爾什維克統治。委員會的成員們都是在戈巴契夫的拔擢下，才晉升至位高權重的職務：他的副總統根納季·亞納耶夫、KGB主席弗拉基米爾·克留奇科夫、總理瓦連京·巴甫洛夫、內政部長波里斯·普戈，以及國防部長德米特里·亞佐夫元帥。他們即將背叛的那位先生，曾經對他們每個人都做出好評，並且信賴有加。

八月十八日星期天下午，戈巴契夫正在假日別墅的書房工作時，他的侍衛長過來告訴他，莫斯科派出的一個代表團剛剛到達。戈巴契夫起了疑心。他決定在接見那些人之前先打電話進行查詢。他後來回憶說：「我有一大堆的電話，一台公務電話、一台普通電話、一台戰略電話、一台衛星電話等等。當我拿起話筒的時候，我發現電話機全部都斷訊了。甚至連內部的電話線路也被切斷。我已經遭到孤立。」

戈巴契夫把他的妻子、女兒和女婿叫了過來，因為「我知道有人正打算恐嚇我，或者試圖拘捕我，並且把我帶去不曉得什麼地方。反正任何事情都有可能……，他們什麼都做得出來，甚至對我的家人不利。」現在別墅已經被效忠於政變者的KGB部隊和蘇聯邊防軍包圍起來。戈巴契夫在屋內有三十名自己的隨扈，而且他們宣布願意誓死保衛他。一場武裝對抗眼看著就要爆發。蕾依莎認為自己的丈夫死亡在即，於是陷入了昏迷；孩子們則被匆匆帶到樓上。

等到政變者代表團被領進門之後，他們偽稱葉爾欽已經遭到逮捕。那些人表示，「緊急狀態」是把國家從災難中拯救出來的唯一途徑，他們向戈巴契夫提出了最後通牒：要不然由他自己簽署「緊急狀態聲明」（這麼一來他就可以繼續擔任總統，但必須於監護下留在克里米亞），否則就只能把權力轉讓給自稱的新任總統根納季·亞納耶夫。

按照戈巴契夫針對他的回應所做的記載，他使用了如此凶狠的字眼，甚至讓那些前來廢黜他的強硬派政治人物大感震驚：「我告訴他們，他們以及把他們派過來的那些人，都只是不負責任的賭徒和罪犯而已……他們的行動將意味著他們自己的毀滅和整個國家的厄運。……只有一心想要自殺的人，才會提議在我們國家引進這樣的一個獨裁政權……」。

戈巴契夫拒絕簽署任何東西。他的處境顯得毫無指望，可是他立場堅定地告訴政變者們，他們的行動將引發內戰，必然會造成流血和死亡。他表示，蘇聯人民將證明自己不再是被壓迫的奴隸——「公開性」和自由已經改變了那一切。「我告訴他們：『你們可別以為，人民會照著做出你們命令他們所做的一切事情。如果你們認為，人民在第一個獨裁者冒出來之後就會一心歸順，那可是大錯特錯。』」

10 譯注：蘇聯的全名是「蘇維埃社會主義共和國聯盟」。新的聯盟則擬改稱「蘇維埃主權共和國聯盟」，雖然依舊簡稱為「蘇聯」（CCCP／USSR），其實質意涵卻將截然不同。

在接下來的三天內，戈巴契夫和他的家屬都乏人問津。他飛回莫斯科的要求被置若罔聞。他擔心政變者打算毒害他，拒絕食用他們送過來的餐飲。他與外面世界的唯一聯絡工具（以及他後來所稱，在最黑暗時刻強化其信心的憑藉），是他的保鏢給他們留下來的一台短波收音機。他使用它來收聽BBC關於莫斯科各種事件的報導，並且很欣慰地聽見，政變策動者進展得並不順利。

★ ★ ★

八月十九日早晨，當我開車經過莫斯科市中心，發現了駛向克里姆林宮的坦克縱隊之後，便前往任何企圖控制該國的人都必須奪取的地點——位於莫斯科郊區「奧斯坦金諾」的蘇聯廣播電視總部。裝甲車輛已經包圍了廣電總部的主要建築，可是俄羅斯「白宮」（亦即葉爾欽的俄羅斯議會所在地），似乎並沒有受到影響。軍車縱隊駛向市中心的時候，只是從它旁邊通過。

克里姆林宮周圍是部隊最集中的地點。在「民族大飯店」對面的克里姆林宮圍牆下，有一圈坦克車和裝甲運兵車已經封鎖了通往紅場的道路。我帶著一絲忐忑走向正在車輛之間來回打轉的士兵們、出示了我的記者通行證，並且禮貌地詢問我是否可以走過去。跟我交談的一名年輕軍官露出歉意，但解釋說：他奉命不得放行任何人。我問他是否有人告訴過他，為什麼他的單位會部署在這裡。他回答道：「其實並沒有。」儘管如此，他仍然證實說，他的人馬都是真槍實彈，如果軍方指揮官命令他們開槍的話，他們會那麼做。

上午十一點鐘，「國家緊急狀態委員會」在廣播中發布新的通告，宣稱緊急狀態將為期六個月。「我們的祖國正處於危亡關頭。米·謝·戈巴契夫所實施的改革政策已經走入死胡同……。現任有關當局失去了人民的信賴。政治操作已完全取代對祖國命運的關懷。政府機關遭到公然戲弄，國家已經變得無法治理。緊急狀態委員會的宗旨是要「克服深重而全面的危機；消除政治、種族和民間的紛爭，以及威脅到蘇聯公民生命安全的無政府混亂狀態。」

當我在首都街頭與莫斯科市民交談時，發現有些人贊同政變領導人的目標：人們受到了吸引，是因為他們承諾要振興經濟、結束物資短缺，並且重建蘇聯的世界超級大國地位。但我也遇見越來越多的反抗場景。有些平民出面指責軍隊，或者擋住坦克的去路。在一個案例當中，示威群眾爬上一輛裝甲運兵車，試圖從車頂的洞口把駕駛兵拉出來。十幾歲的義務役士兵臉上的驚恐模樣顯示著，有些部隊或許根本無意戰鬥。

到了下午稍晚的時候，軍隊已無所不在。此刻有一縱隊的重型裝甲車輛正轟隆隆地駛向「白宮」，沿著莫斯科河畔的堤岸排放出刺鼻的廢氣與濃煙，在柏油路面留下它們的履帶痕跡。謠言開始四下流傳，表示波里斯·葉爾欽已經避開政變者派去拘捕他的部隊，並且成功地躲進了那棟大樓。當我看著坦克車在議會大樓階梯前面排成一列時，我深信他們過來這裡，是為了要逮捕葉爾欽和所有那些反抗他們克里姆林宮主子的人。

但是攻擊令並沒有下達。在關鍵的時刻反而是葉爾欽自己採取了主動。他大搖大擺地走出國會大廈的主要入口、步下台階，直直朝著車隊中的第一輛坦克走去。我們頓時不禁屏住了呼吸。葉爾欽很容易受到傷害，沒有東西能夠幫他擋下狙擊手的子彈，或者攔阻協調一致的逮捕行動。他在坦克後側用力撐起自己的魁梧身軀，然後爬上炮塔。他氣喘吁吁地彎下身來，與大驚失色、從車內向外張望的坦克乘員握手。他隨即帶著一抹微笑完全挺直了身子，並且以堅定的聲音敦促俄羅斯人民團結起來反抗政變：

俄羅斯公民們！合法選出的總統已經被剝奪了權力。我們正面臨一場右派反憲法的反動政變。原本應該在明天簽訂的《聯盟條約》……激怒了反動勢力，把他們推向一個不負責任、違法亂紀的行動。這場政變讓蘇聯在世人的眼中蒙羞。它使得我們回到冷戰的時代。所謂的「國家緊急狀態委員會」用非法手段奪取了權力。戈巴契夫已經遭到孤立，而我沒有辦法與他取得聯繫。我們呼籲俄羅斯公民們唾棄這場政變。我們呼籲所有的軍人和戰士們善盡自己的公民責任，拒絕參加這場反動政變。我們呼籲進行全國總罷工，直到我們所有的要求得到滿足為止。

在流血看似無法避免的那個時刻，葉爾欽呼籲反制的講演產生了驚人效果。那是一種壯舉，那將激發出接下來幾天內起了決定性作用的抵抗運動。反對派勢力雖然沒有媒體可用（他們彼此之間的通訊僅僅侷限於「白宮」內部時斷時續的無線電廣播），可是葉爾欽的言詞宛如電波一般地在市內傳播開來。一等到葉爾欽把話講完之後，那些坦克便調頭駛離，引發謠言宣稱它們已被說服，叛逃到反對派那邊。一個小時之內，群眾已開始聚集在那棟建築物的周圍，其人數在接下來的三天還會不斷地增加。「白宮」已然成為民主的精神象徵，俄羅斯人民決心要守護它。

在市區的另外一邊，政變者們正打算說出自己的故事版本。蘇聯外交部會議廳裡面，新任「總統」（根納季．亞納耶夫）和他的四名共謀者，面無表情地坐在全世界媒體面前。當我幾個星期之前採訪亞納耶夫的時候，他還曾經笑容可掬地表示自己忠於戈巴契夫和「重建」的理念。當時他讓我感覺到，他是一名典型的共產黨員，被迫口頭上支持開明改革的政策；如今他已篡奪了主子的大位，於是完全展現出自己對戈巴契夫的蔑視。[11]他告訴聽眾說：「這個國家正在分崩離析。我們決心要採取最嚴正的措施來重建法理和秩序，把罪犯從我們的街頭清掃出去。……我們堅定地申明立場：我們絕不容許外國勢力侵犯蘇聯的國家主權和領土完整。我們不怯於表達我們的自豪感與愛國心，而且我們決意要讓今後幾代人也在這種精神下成長茁壯。」

亞納耶夫呼籲蘇聯人民支持「國家緊急狀態委員會」的時候，他似乎具有信心，而且能夠控制住自己。可是一等到進入有關葉爾欽要求抵抗政變的問題時，他的臉孔開始抽搐起來，他的手指頭緊張地扭曲在他面前的桌子上。他說道：「如果葉爾欽呼籲進行罷工的話，那麼他就表現得非常不負責任。這是我們不能允許的事情。葉爾欽和俄羅斯領導階層正在玩一個非常危險的遊戲，那可能會導致武裝挑釁。國家緊急委員會有義務向全體蘇聯人民警告此類行動所將帶來的危險。」

亞納耶夫承諾，國家緊急委員會承擔起責任之後，經濟將立即出現改善——更多的公寓、更好的食物供應、更便宜的物價，以及加倍的工資、養老金與福利。對那些在一九六四年推翻赫魯雪夫的人來說，收買民心曾經是很管用的做法，而這一次它似乎也軟化了某些人對亞納耶夫及其同黨的態度。

但除此之外也宣布了嚴厲的宵禁措施，禁止晚上十一點至早上五點鐘之間的一切活動。莫斯科將被切割成三十三個軍事管制區，分別由一位獲准自行打擊反政變活動的軍事指揮官加以控管。軍方將有權占領任何威脅要進行罷工的工廠、完全掌控大眾交通運輸，以及監督各方面的公共生活。來自市外的車輛將被阻止進入莫斯科，而且軍隊將奉派對公寓、汽車和行人進行搜查。所發現的任何武器，以及「鼓動違反公共秩序的印刷品或手寫資料」，都將導致「嚴厲的法律措施」。集會、示

11 亞納耶夫於訪問結束時對我說出的話語，事後回想起來簡直像是某種警告。他表示：「我在三十年前加入了共產黨，而我繼續相信自己做出了正確的選擇。我仍然是，而且將一直是共產主義者。共產主義並沒有在蘇聯死去……。讓我告訴您：如果您認為共產主義理念在這裡已經死了的話，就是妄下斷語。」

威、會議、遊行和罷工，當然也都已經被禁止了。從此甚至連體育活動以及公眾娛樂場所的演出（包括劇院和電影院在內），也將需要獲得軍區指揮官的批准。凡是被視為對「正常化進程」具有敵意的政黨或政治團體，都將立刻被迫停止活動。

夜幕低垂之際，我回到葉爾欽的「白宮」。我發現數以千計，甚至數以萬計的平民已經將它圍了起來。各種男男女女、年幼的學童、粗線條的工人、年邁的退休者和殘疾人士，都過來挺身維護自己的權益——那些民主的捍衛者是活生生的例證，顯示出多年來的改革沒有白費功夫。這在一九八五年之前根本就不可能發生。可是「公開性」的經驗已經向百姓表明，生活可以變得不一樣，而且他們可以自己做出改變來，更何況他們不打算讓自由的果實被奪走。

現在人們搭建臨時路障和反坦克障礙物，來抵擋大家都認為迫在眉睫的攻擊行動。從公園長椅、混凝土板和鋼製水管，一直到建築工地的各種物品，全部都派上了用場。在午夜的時候，通往國會大樓的每一條道路都遭到某種形式的阻斷。它們雖然遲滯不了組織良好的攻擊行動，但有助於提振士氣；有它們擋在我們和我們擔心已經在半路上的坦克車隊中間，讓我們都感到比較安全。

群眾當中已經燃起一團團的篝火；人們在那邊烤香腸，彼此分享食物和飲料。巨大的俄羅斯三色旗（革命之前的國旗）已然成為反抗運動的標誌，它被「白宮」的捍衛者們高高舉起，懸掛在白宮的窗戶和陽台上。活動式的野戰醫院被設置起來，以便因應預料中將會帶來傷亡的暴力行動。儘管如此，人們的情緒十分高昂。在我們上方，「白宮」本身看起來宛如黑暗中的白色鬼魅一般。

當天深夜，詩人葉夫根尼·葉夫圖申科從「白宮」來到BBC辦公室——之前他剛剛和葉爾欽一同出現在「白宮」的陽台上，看著葉爾欽給群眾加油打氣，以及呼籲俄羅斯人民起而捍衛自由與民主。葉夫圖申科隨身帶了一首詩過來（詩被潦草地書寫在一張傳單的背面，那張傳單轉載了葉爾欽宣布政變純屬非法的行政命令），並且請求為英譯版的某些部分提供協助。一個小時之後，他已開始向全世界進行廣播：

八月的這個日子
將在歌謠和傳奇中受到頌揚。
今天我們是人民，不再當那種
樂意被愚弄的傻瓜。
薩哈洛夫已經重新活過來，
與我們一同站在路障旁邊，
羞澀地揉搓著
被人群擠破的眼鏡。
就連坦克裡面也已良知覺醒。
葉爾欽登上了炮塔，
他背後沒有克里姆林宮的鬼魅，
而是我們的尋常百姓
——看似平凡、依然未曾散去的百姓，
以及疲憊的俄羅斯婦女們
——排不完隊伍的受害者。
不，俄羅斯再也不願卑躬屈膝！

普希金、托爾斯泰與我們同在；
人民與我們同在，
已經永遠覺醒的人民。
俄羅斯的議會，
像一隻受傷而自由的大理石天鵝，
在人民的護衛下，
游向永恆不朽。

葉夫圖申科在十五年後回想起那一刻，笑了笑告訴我說：這幾行文字是他所寫過「最好的爛詩」。他表示，自己被八月那些日子的激情弄得神魂顛倒，以致發出了虛幻不實的豪言壯語。然而一九九一年的時候，這些文字是在正確時間的正確用語。當天晚上置身莫斯科的每一個人都感覺到，俄羅斯正前所未見地走上一條自由、寬容和民主的新路線。儘管這些希望已在隨後的年代相繼破滅，可是我們二人都同意，那個時刻依舊閃耀於人們的記憶和詩人的字句當中。

葉夫圖申科告訴我說，他同時覺得驕傲和羞恥：「是啊，假如我依舊浪漫色彩十足地，甚至有些傻乎乎地，把俄羅斯國會大樓比擬成一隻白天鵝——一隻受傷的白天鵝——那麼你乾脆把我殺掉算了！那種講法今天聽起來愚蠢至極（原意如此），然而它在當時卻聽起來非常完美。你曉得，那首詩就像火花一般，在一時之間宛如閃亮的星星，接著它跌落下去接觸到地面之後就死滅了……」。

★ ★ ★

波里斯・葉爾欽的戲劇性時刻，標誌著權力平衡已經開始出現決定性的轉變。戈巴契夫在共黨體制內的改革時代，以及在蘇聯架構內的重建工作，即將告一段落，葉爾欽的時代正要展開。從一九九一年起，那整個進程將不再意味著改革，而是成為了劇烈的變化。它將掃除整個黨、整個體制，再加上蘇聯本身。

政變者與莫斯科百姓之間的僵局，在接下來兩天內讓全國和全世界屏息以待。亞納耶夫、亞佐夫、普戈和巴甫洛夫命令更多的坦克上街。有一支沿著莫斯科「花園環路」行進的裝甲車隊被判定是正準備前往「白宮」，而捍衛那棟大樓的群眾很快就接獲這個消息。不過那些坦克在美國大使館附近的一個地下交流道，被一群平民阻擋下來。於隨後爆發的衝突中，有三名年輕男子遭到射殺或者被輾壓致死。

現在已經發生了流血事件。在「白宮」那裡，波里斯・葉爾欽和其他的反對派領袖走到陽台上，對著聚集過來保衛他們的五萬群眾發表演說。愛德華・謝瓦納澤、亞歷山大・雅科夫列夫、加夫里爾・波波夫和謝爾蓋・斯坦克維奇也跟葉爾欽在一起。斯坦克維奇表達出群眾的憤怒。他說道：「我很高興出現了這個政變行動。我很高興，因為現在我們終於知道誰是我們的敵人；現在我們已經看清了那些想要摧毀民主的混蛋的真面目！等到我們打敗這次的政變之後，請相信我，我們會把他們收拾得乾乾淨淨！」隨即響起了熱烈喧鬧的喝采聲。

波里斯・葉爾欽開始做出比較沉重的聲明；人群安靜了下來。

黑暗的陰影已經籠罩著我們的國家、籠罩著歐洲和全世界。但我可以告訴你們一件事情。我已經下定決心要對抗那些人！我已經下定決心要打敗克里姆林宮裡面的那些篡權者！[12] 我已經下定決心要這麼做，而且我呼籲你們大家都做出同樣的事情來！要是沒有你們的幫助，我什麼事情都做不了……，但是與你們在一起，與俄羅斯人民在一起，我們可以做出最偉大的英雄壯舉！同心協力，我們就能夠打敗那些叛徒！同心協力，就我們能夠確保民主的勝利！

當天晚上，葉爾欽的幕僚邀請外國記者進入「白宮」。BBC和CNN仍繼續在莫斯科播放節目，透過人造衛星把我們的報導傳回蘇聯。我們被帶去四下參觀已經做好防禦準備的辦公室。葉爾欽顯得只像是一個快速閃現於不同走廊之間的身影。有人告訴我們，他和他最親近的助手們在裡面擁有一間密室，而那座加固的掩體可供使用為萬一軍方進攻時的最後避難所。有少數幾名國會成員在那裡拿著機關槍，可是他們大多數的人看起來非常害怕，並且驚慌失措。

葉爾欽的副總統亞歷山大·魯茨科伊，一名退伍的蘇聯空軍中校軍官，則似乎比較沉得住氣。魯茨科伊在八月那些日子所表現出的勇氣無可非議——他組織了「白宮」內部的防禦行動，教導示威者們如何在那棟大樓的周圍組成人盾。然而俄羅斯的政局就是變動得如此快速，結果兩年之後他將被列為波里斯·葉爾欽最凶猛的敵人之一。[13]

在白宮外面，糾察人員不斷向百姓解釋，假若坦克開過來的時候應當如何反應，並且告訴他們必須把手臂緊緊勾在一起，站在原地形成一條又一條的人鏈。人群所不知道的是，葉爾欽已經與空降部隊司令帕維爾·格拉喬夫將軍達成了共識，並且至少已得到一部分蘇聯軍隊的合作。有半打裝甲車輛於群眾的熱烈歡呼聲中開了過來，在人牆之間擺出防禦陣勢。

人群又等待了二十四個小時。八月二十一日星期三的時候，開始出現審慎的樂觀態度。政變者曾經有機會派遣部隊攻打過來，但他們並未那麼做。現在他們顯然見識了聚集在「白宮」的數萬百姓，察覺到軍方內部的分裂以及他們勢必將面對的激烈抵抗，於是信心動搖起來。已有傳言表示政變者們正在鬧內鬥、巴甫洛夫心臟病發作、亞納耶夫和普戈酒醉得一塌糊塗，亞佐夫則已經辭職。

下午兩點鐘的時候，有人在列寧格勒大街看見了坦克（那條馬路是高爾基大街的延伸，通向莫斯科的市郊），而這一回那些坦克正在遠離克里姆林宮。一個小時後，已可看見裝甲車隊沿著伏努科沃大街駛出城外。又過了一小時，莫斯科廣播電台證實正在全面撤軍。亞佐夫元帥顯然已經做過衡量，萬一攻擊白宮的話將會造成何種後果，並且在出現不可避免的流血事件之前退縮了回去。他於是命令坦克撤回營房。

在俄羅斯國會一個受到嚴密防護的房間內，葉爾欽將忠誠的自由派人民代表召集到一起，做出一個造成騷動的宣布。他表示：「發現有一群觀光客正在前往飛機場的半路上。」葉爾欽指出，那些政變策畫者已經倉皇逃命，其車隊正在當初奉他們命令駛上街頭的坦克縱隊之間穿梭進出。

稍後才真相大白，原來他們正準備飛往福羅斯，設法與仍然遭到囚禁的米哈伊爾・戈巴契夫進行一筆交易。他們一抵達那裡就表示歉意，並且為自己求情。然而戈巴契夫對他們不屑一顧，命令警衛將他們逮捕。大多數「國家緊急狀態委員會」的成員（再加上阿納托利・盧基揚諾夫和其他幾十個人）都被拘捕入獄。波里斯・普戈擔心自己的背叛會受到可怕的報復，於是先射殺他的妻子，然後舉槍自盡。支持政變但沒有親自涉入的謝爾蓋・阿赫羅梅耶夫元帥，則在辦公室內自縊身亡。

12 葉爾欽使用了「samozvantsy」一字（譯注：самозванцы，冒牌貨們）。該字眼在俄羅斯歷史上充滿著「冒名頂替者」或「覬覦王位者」的色彩——此類被指稱的對象敢於篡奪合法統治者的權力，並且收割其叛逆行徑的血腥果實。

13 譯注：一九九三年「俄羅斯憲政危機」期間，魯茨科伊以代理總統的身分再度防守「白宮」，葉爾欽則以總統身分派遣坦克砲轟「白宮」，把魯茨科伊等人押解出來。（可參見第四十章）

八月二十二日星期四凌晨，米哈伊爾・戈巴契夫在莫斯科郊外的機場走下一架蘇聯空軍噴射機的舷梯。他穿著領子敞開的襯衫、服裝不整而且精神疲憊不堪，似乎對所發生的巨大變化已經力不從心。他強調，蘇聯人民抗拒了這次的政變，是因為多年下來的「公開性」和「重建」已教會他們該如何為自己著想。「我們自從一九八五年以來所進行的一切工作都已經開花結果。人民和社會已出現改變，而那構成了政變獲勝的最主要障礙。……我祝賀蘇聯人民。這是『重建』的偉大勝利。」

戈巴契夫的評斷正確無誤；但他似乎太急於把功勞攬到自己身上，未能及時承認其競爭對手波里斯・葉爾欽所扮演的關鍵角色。那看起來簡直像是，戈巴契夫期待政治生活能夠就這麼回到從前的樣子。

當天稍後舉行的記者招待會上，戈巴契夫表現得相當情緒化，不時在演說中停頓下來，而且很明顯地正在強忍淚水。他似乎果真感到驚訝，因為那場反對他的政變，是由他從未懷疑會不忠於他的人所領導的。他說道：「結果他們竟然來自領導中樞，接近總統本人。那些都是我親自提拔、相信和信任過的人。」

但他過了一會兒之後又繼續為共產黨辯護，似乎無法接受事實，承認蘇共本身就是政變的炮製者：「我不能同意某些人譴責整個黨，把它稱作『反動力量』的做法。有成千上萬的共產主義者都是真正的民主人士……。我認為在我們〔為蘇聯共產黨〕提出的新綱領基礎上，我們有可能把社會中所有最好的和最進步的人士團結起來。」

戈巴契夫拒絕批評中央委員會，後來卻發現它曾經指示蘇聯各地的黨部支持政變。他拒絕譴責黨內領導高層，即便已有證據表明他們曾經參與政變陰謀。他強調自己是終身的共產主義者，繼續忠實追隨黨和它的締造者（弗拉基米爾・列寧）之理念。戈巴契夫未能意識到，共產主義的日子其實已經過去了。

葉爾欽抓住自己的機會，在莫斯科街頭的一連串場合以勝利者之姿現身。他在政變期間的神勇表現，給他帶來一波感激和吹捧的熱潮，葉爾欽充分利用了這熱潮。當戈巴契夫針對反共「獵巫行動」發出警告的時候，葉爾欽正在慶祝民主的勝利，並回應了要求復仇的呼聲。他承諾說：「所有涉入政變的人都會依法受到嚴懲。凡是支持過政變或者未能反對它的官員，將得不到任何憐憫！」他下令大量開革高級黨工，宣布：蘇聯國家電視台曾經播出政變者的宣傳資料，因此將受到整肅並由他直接控管。共產黨在軍隊和KGB裡面的組織都將被解散，因為它們曾經敦促與政變者合作。此外將創建獨立的俄羅斯國民衛隊，以便「保護俄羅斯來對抗獨裁」。葉爾欽將八月二十二日公布為國定假日，宣布以舊俄羅斯白藍紅三色平行的國旗，來取代飾以共產黨錘子和鐮刀圖案的蘇聯旗幟。

當天傍晚，在KGB總部外面的盧比揚卡廣場上，深受痛恨的該組織創始人菲利克斯·捷爾任斯基的高聳雕像，遭到揮舞錘子和十字鎬的群眾攻擊。他們無法推倒那尊雕像，莫斯科市長加夫里爾·波波夫於是派來一組專業的拆除隊，用鋼纜纏繞雕像的脖子，然後把它拖曳到地面。盧比揚卡本身就是幾十年來的鎮壓、酷刑和謀殺之象徵，如今它的窗戶遭到搗破，牆壁上面布滿塗鴉。反共產主義的怒火所產生的動能，與之前沖走了東歐共黨政權的洪流同樣達到了最高潮。

接近週末時出現的政治攤牌，將決定國家的未來。八月二十三日（星期五）下午，葉爾欽邀請戈巴契夫向俄羅斯人代會的全體會議致詞。那是一個陷阱：葉爾欽已經將他長年的對手牢牢套住，利用全國電視實況轉播的機會，發難羞辱了那位蘇聯領導人。當戈巴契夫固執地重覆他為蘇聯共產黨做出的辯解時，葉爾欽大步走向講台，並且把一疊文件放到他的鼻子下方。

葉爾欽毫不留情地表示：「米哈伊爾·謝爾蓋耶維奇，您應該讀一讀這些文件裡面包含了什麼東西。」

戈巴契夫不知所措地望著那些紙張，發現它們是政變第一天的內閣會議記錄。紀錄顯示出來，戈巴契夫自己任命的內閣成員們全部都支持政變者的要求。戈巴契夫簡直難為情死了，黯然說道：「讀了以後，我同意內閣必須全面改組；我們必須挑選一個新的……」。

但葉爾欽還是不肯放過他，繼續指出：既然所有那些丟人現眼的部長們當初都是由蘇聯總統親自任命的——那麼他現在是否願意承認整個共產黨都罪有應得呢？

戈巴契夫依然對黨不離不棄。他回答說：「不，我無法同意蘇共是罪犯的黨。黨裡面固然有一些反動派，那些人必須被驅逐出黨。但我絕對不會同意，千百萬計的工人——良好的共產主義者——都是罪犯。我不會！」

葉爾欽走過來使出殺手鐧。他俯身面對前方桌子上的一張紙，開口說道：「現在我要在那張紙條上面簽署一項法令，停止俄羅斯共產黨繼續在國內進行任何政治活動。」戈巴契夫試圖提出抗議——他結結巴巴，以幾乎被大廳內如波濤般響起的叫好聲淹沒的音量說道：「我確定最高蘇維埃不會同意這麼做的。我認為禁止俄羅斯共產黨進行活動的做法將是一個大錯……」。然而為時已晚。禁止共產黨的想法（儘管只涉及其俄羅斯分支機構，並非蘇聯共產黨本身），已經被公諸於世，得到了熱烈的喝采。更重要的是，在電視上被數以千百萬計的一般百姓聽到，他們多半歡迎這項建議。

俄羅斯議會內的戲劇性事件發生幾個小時之後，葉爾欽的盟友們已經貫徹了他的行政命令。加夫里爾．波波夫市長命令警察單位進入莫斯科各地的黨支部，將裡面的人員攆走。共產黨官員們的反應則令人難以置信：那些人曾經統治俄羅斯長達七十多年，而且直到六個月之前，他們進行統治的權利都還明文規定於法律中。如今黨的辦公室遭到沒收、門上貼了封條、抽屜和保險櫃被搜索翻找犯罪證據。莫斯科黨部所在的蘇共中央委員會大樓外面，人群聚集圍觀深受痛恨的高級幹部被從屋內轟了出來。那批昨日的統治者獲准走出大門之前，被迫打開自己的公事包和清空自己的口袋，藉此證明他們沒有帶走任何有關過去不端行為的證據。波里斯．葉爾欽的代表人員隨即紛紛進入占領他們的辦公桌。

葉爾欽和戈巴契夫都在第二天（八月二十四日星期六）的早晨，前往參加試圖阻止坦克向「俄羅斯白宮」推進時喪生的那三位年輕人的喪禮。沿路排滿成千上萬的群眾，葉爾欽發表了一篇情緒化的演說，請求三人的父母親原諒他未能挽救他們兒子的生命。那看起來宛如一個在精神上獲得重生的時刻：一個原本不需要道歉的人扛起了責任的重擔，幾十年來的共產苛政卻找不到什麼人願意為最黑暗的罪行承擔責任。

葉爾欽一躍而扮演民間英雄角色的同時，戈巴契夫返回克里姆林宮跟自己的想法搏鬥。星期六下午接近傍晚時分，他錄製了一篇向全國播出的簡短演說。鑒於過去一個星期所發生的事件，戈巴契夫宣布：他認為自己再也無法繼續擔任蘇聯共產黨的總書記；他建議蘇共中央委員會做出解散該黨的決定。對蘇聯共產主義而言，已經持續了七十四年的政治主導權，於僅僅六天之內便一去不返。

★ ★ ★

在我書房的牆壁上，我框出了兩張《真理報》的頭版頁。第一張來自一九九一年八月二十日，刊登出「國家緊急狀態委員會」的公告，宣布全國已進入緊急狀態、實施軍事統治，並呼籲世界各國政府與聯合國承認他們的權力。頭版頁頂端是傳統的《真理報》刊頭，幾十年來都以下列字樣點綴著那份報紙：「《真理報》，蘇聯共產黨中央委員會機關報；全世界工人團結起來！」。此外在左邊，在那位偉大領袖的素描側面畫像下方，寫著：由弗·伊·列寧創辦於一九一二年五月五日。

第二張頭版頁則來自兩天以後。如今其刊頭宣布，這是一份「一般性的政治報紙」；頭條新聞刊登了戈巴契夫面露微笑而葉爾欽神色嚴肅的照片。頭版右上角並出現有史以來最嚴正的道歉新聞稿之一。它寫著：

> 〔《真理報》編輯部通告〕。近幾日來，有一批人士妄圖在我國進行一場非法違憲的政變行動。如同其他報紙一般，《真理報》的相關報導缺乏客觀性〔該報支持了政變〕。我們坦白承認，長年遵奉上級命令來撰稿發刊的做法，正是此事背後的原因。本報由於缺乏誠信而受到的非難，大部分應歸咎於資深編輯團隊。在未來的日子裡，編輯團隊將遭到替換。

於如此短暫的時間內，事情已經出現無法逆轉的改變。政變失敗後的那幾天，十五個加盟共和國都公開宣布了脫離蘇聯的意願。戈巴契夫在任（但已不復掌權）的最後三個月，絕望地試圖至少也要把昔日強大的蘇聯搶救一些下來。在十月的時候，他與八個加盟共和國的領導人簽署了一項經濟合作協議；可是到了十二月一日，烏克蘭人民壓倒性地公投決定脫離蘇聯，使得他保存蘇維埃帝國的最後一點希望也告破滅。（正如戈巴契夫自己所承認的，「沒有烏克蘭就不會有聯盟。」）

波里斯·葉爾欽未經諮詢蘇聯總統，便與烏克蘭和白俄羅斯領導人在明斯克附近會面，同意三國將組成一個聯合體，即日後所稱的「獨立國家國協」（CIS）。葉爾欽在公報中邀請其他共和國加入「獨立國協」，並宣布說：「做為國際法主體和地緣政治實體的蘇聯已經停止存在。」戈巴契夫雖然辯稱葉爾欽的舉動純屬非法，但他在十二月十七日終於接受了不可避免的事情——他奮力加以維護和強化的那個國家已經不復存在。然後十二月二十五日在一篇充滿感性的電視演說中，戈巴契夫宣布蘇聯解體並辭去自己的蘇聯總統職務。他告訴千百萬的觀眾：

我離開自己的崗位時憂心忡忡。但我同時也懷抱著希望，懷抱著對你們、對你們的智慧和精神力量的信心。我們是一個偉大文明的傳人，現在正有待大家、有待我們每一個人來決定，這個文明能否得到振興，能否享有既現代化又體面的新生命。

一九九一年十二月三十一日午夜時分，蘇聯的錘子鐮刀旗早已從克里姆林宮的塔頂降下，被俄羅斯的三色旗取而代之。波里斯．葉爾欽已經坐進了米哈伊爾．戈巴契夫的舊辦公室，準備帶領俄羅斯進入他自己的民主、自由和市場經濟新時代。他是俄羅斯的未來，但他重新塑造這個國家的機會，是他前任那位先生所做出的結果。

戈巴契夫曾經是而且繼續是忠貞的共產主義者。他試圖改革和振興共產黨，以強化該黨的獨裁權力行使者的地位。然而他所提出的有限度改革計畫，已在民間釋放出一波波對政治轉型的要求，最後那種浪潮超出了他的控制能力。正如俄國陸軍上將和歷史學家德米特里．沃爾科戈諾夫所言，戈巴契夫歷史角色上的矛盾在於：「他是一位正統的共產主義者，卻有違自己的初衷變成了共產制度的掘墓人。」

40 寡頭竄起的葉爾欽時代

一九九一年聖誕節當天，米哈伊爾・戈巴契夫發表了他最後的電視演說沒有多久之後，喬治・布希總統便接著向美國百姓致詞。布希的聖誕節文告完全沒有那種瀰漫於戈巴契夫語氣中的憂傷與不安。它反而帶著洋洋得意的味道，宛如一名棒球教練在自家球隊剛剛贏得世界盃之後的口吻：

> 晚安，並且祝我們偉大國家的全體美國人聖誕快樂！最近這幾個月內，你們和我目睹了二十世紀最重大的戲劇性事件之一。那就是一個專制獨裁國家——蘇聯，具有歷史意義的革命性轉型，以及其各個民族的解放……
>
> 四十多年來，美國領導西方對抗共產主義，以及抗拒它對我們最珍惜的價值所構成的威脅。這場對抗形塑了所有美國人的生活。……現在對抗已經結束！核子威脅……正在消退。東歐獲得了自由，蘇聯本身則已不復存在。這是民主與自由的勝利！這是我們價值觀的道德力量之勝利！每一個美國人都可以為這個勝利感到自豪——從千百萬曾經穿著制服為我國效勞的男性和女性，一直到九位總統任內支持自己國家、支持強大國防的千百萬美國人皆如此！……

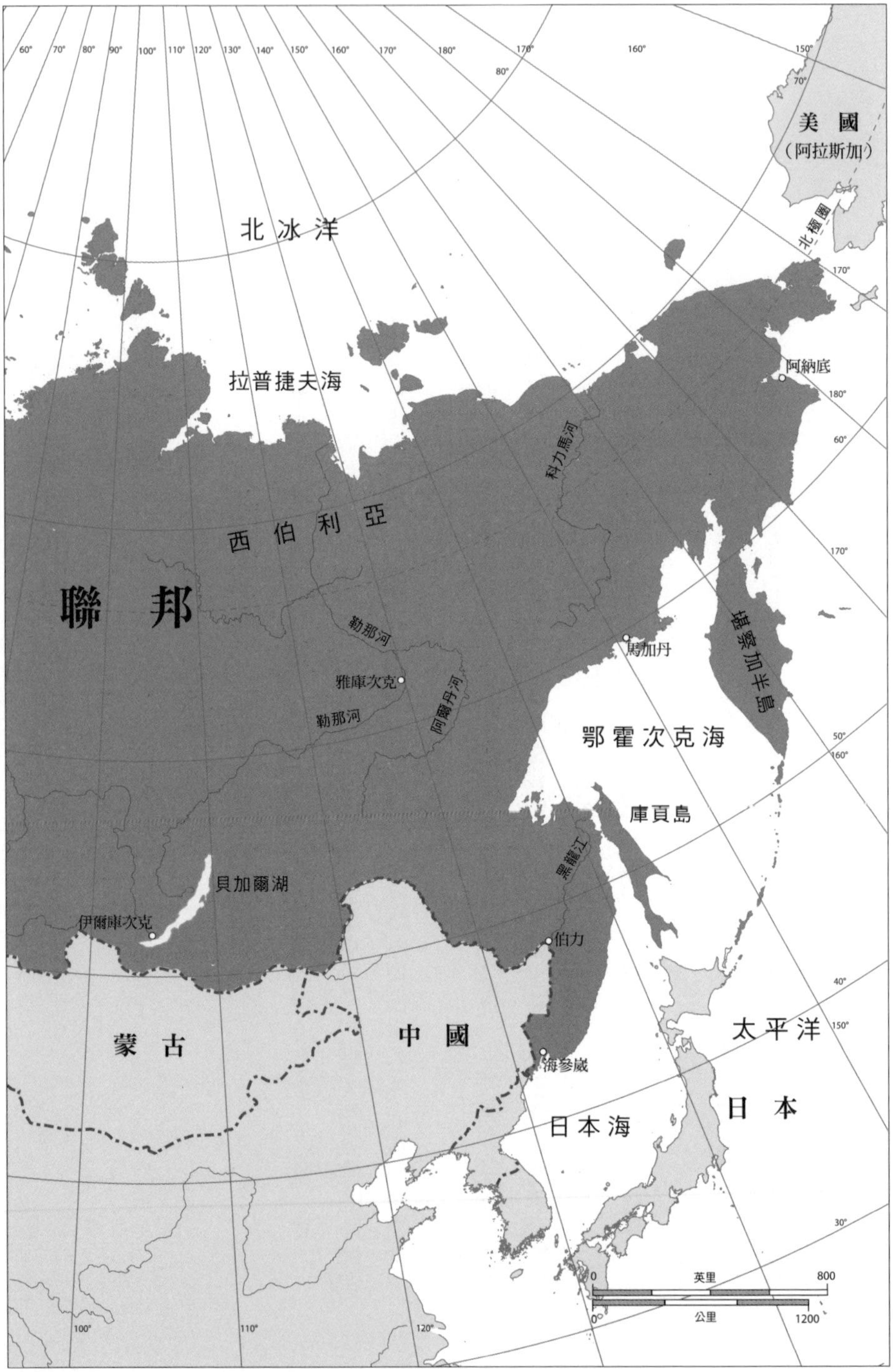
北冰洋
拉普捷夫海
美國
（阿拉斯加）
北極圈
阿納底
科力馬河
西伯利亞
聯 邦
勒那河
雅庫次克
阿爾丹河
勒那河
馬加丹
堪察加半島
鄂霍次克海
庫頁島
黑龍江
貝加爾湖
伊爾庫次克
伯力
蒙古
中國
海參崴
太平洋
日本
日本海
英里
0
800
公里
0
1200
60° 70° 80° 90° 100° 110° 120° 130° 140° 150° 160° 170° 180° 170° 160° 150°
80° 70° 60° 50° 40° 30°
170° 180° 170° 160° 150°
100° 110° 120°

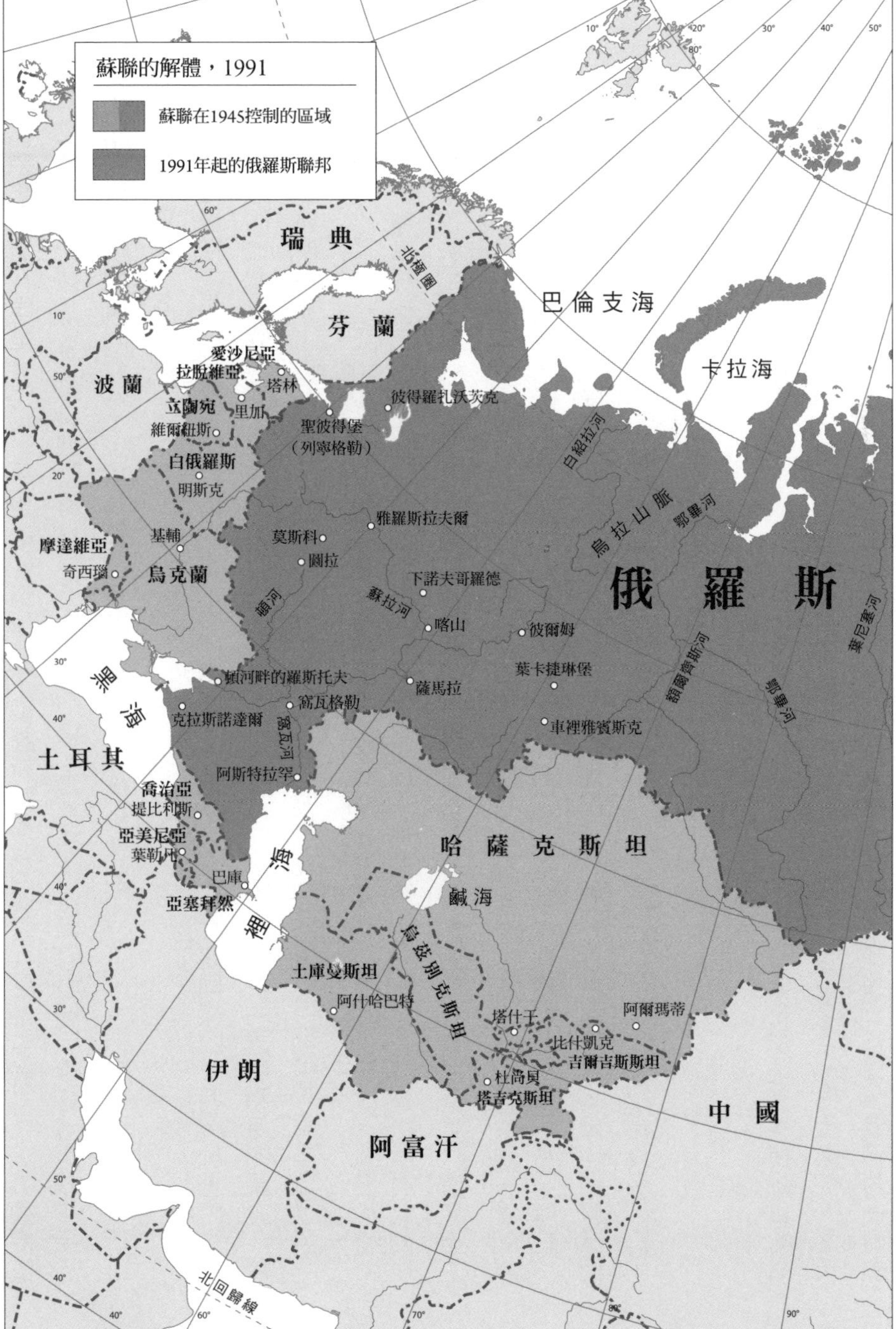
蘇聯的解體，1991
蘇聯在1945控制的區域
1991年起的俄羅斯聯邦
瑞典
北極圈
芬蘭
巴倫支海
卡拉海
愛沙尼亞
拉脫維亞
塔林
波蘭
立陶宛
里加
維爾紐斯
聖彼得堡
（列寧格勒）
彼得羅扎沃茨克
白紹拉河
白俄羅斯
明斯克
雅羅斯拉夫爾
莫斯科
圖拉
摩達維亞
基輔
奇西瑙
烏克蘭
頓河
下諾夫哥羅德
蘇拉河
喀山
烏拉山脈
鄂畢河
俄羅斯
葉尼塞河
彼爾姆
黑海
頓河畔的羅斯托夫
薩馬拉
葉卡捷琳堡
額爾齊斯河
鄂畢河
克拉斯諾達爾
窩瓦格勒
窩瓦河
車裡雅賓斯克
土耳其
阿斯特拉罕
喬治亞
提比利斯
亞美尼亞
葉勒凡
哈薩克斯坦
巴庫
裡海
鹹海
亞塞拜然
土庫曼斯坦
烏茲別克斯坦
阿什哈巴特
塔什干
阿爾瑪蒂
比什凱克
吉爾吉斯斯坦
伊朗
杜尚貝
塔吉克斯坦
中國
阿富汗
北回歸線

那聽起來簡直像是，美國曾經單槍匹馬抹除了俄羅斯的獨裁政體。其言下之意為，「美國價值觀」已經贏得勝利，從今以後俄羅斯也只能依樣畫葫蘆。這種沾沾自喜的心理，標誌出西方在接下來十年內對待俄羅斯的方式——以為輕輕鬆鬆就可以指點俄羅斯的領導人，讓他們變成「跟我們一樣」良好的資本主義者。

許多俄羅斯人早已對西方的自由與繁榮有所聽聞，他們免不了也想要同樣的東西。於是大家連忙剷除殘餘的共產主義象徵，來讓路給新登場的資本主義社會：如今有了新的國歌和新的國旗，舊地名又成為新的地名——「列寧格勒」變成「聖彼得堡」、莫斯科「高爾基大街」恢復其「特維爾大街」的舊稱、「馬克思大街」則變成了「獵人商行大街」，全國各地都紛紛採取同樣做法。

我在高爾基公園出席過一個怪異的活動。莫斯科市內來自共產主義時代的雕像，所有的列寧們、布里茲涅夫們，以及曾經聳立於盧比揚卡廣場、而後被群眾拉倒的捷爾任斯基銅像，都被隨意堆放在那裡的一片雜亂草坪上。莫斯科市長加夫里爾·波波夫鄭重宣布，這裡將成為一座「社會史露天博物館」。他告訴聚集的人群說：「歷史上的一個時代已經結束，現在我們必須建立新的時代。」

然而從俄羅斯社會袪除共產主義的工作並沒有那麼簡單。蘇聯共產黨遠遠不止是一個政黨而已；在過去七十年的發展下，它儼然早就變成了那個國家。戈巴契夫的發言人維塔利·伊格納堅科，曾對亡黨之後在國家運作上和國民心目中所留下的「真空」做出說明：

> 這個社會裡的資源分配和需求滿足，幾十年來都由黨負責進行。一切事情都是直接間接由黨完成的。我甚至記得一個年輕女孩在共青團報紙上發表的一首詩。詩中寫著：「冬天去了，夏天來了——這要感謝黨。」如今這聽起來既幼稚又滑稽。可是在當時那些日子裡，我們的一切都

必須感謝黨。接著你驀然意識到，再也沒有黨過來告訴你該怎麼過你的生活，該如何創造你的未來……

儘管俄國人普遍對一個建立在民主和資本主義之上的新社會滿懷憧憬，但還是有其他人深深思念共產主義的過去——主要是（但不完全是）老一代的人。愛德華．謝瓦納澤警告說，共產主義者不會輕易走開，復仇的勢力仍然蠢蠢欲動。他表示：「一九九一年八月的時候，我們打敗了那批傻瓜。可是現在他們已經找到更精明的領導人。那些共產黨員依舊強而有力，我們若以為他們已被掃出歷史舞台的話，那就未免太天真了。如果我們讓自己遭到分化，他們將會比我們更加強大。」

有感於新政權的脆弱性，又眼見它很容易受到隨時可能捲土重來的強大共產主義勢力危害，葉爾欽於是拼命鞏固自己的權力，以及他在俄羅斯社會架構中所代表的價值觀。這意味著他在有關「如何於最短時間內奠定市場民主的基礎」那方面，非常樂意聽從華盛頓提供的意見。

蘇聯解體之後幾個月，所謂的「華盛頓共識」風行一時：它主張資本主義經濟模式已經取得了勝利，從此將成為全球新興經濟體的唯一出路。學院派理論家於是被派往東歐傳播福音，宣揚著眼於自由價格機制、削減政府赤字、解除外貿管制、出口帶動成長，以及融入世界經濟等方面的教義。哈佛大學教授傑佛瑞．薩克斯所領導的一個西方經濟學家團隊，之前曾在波蘭進行工作並取得令人鼓舞的成果。如今他們來到了莫斯科，葉爾欽便在其影響下致力於「經濟休克療法」（又譯「經濟震撼療法」）的方案。

該政策背後的基本論點，是要把俄國帶離共黨中央計畫所造成的經濟停滯，並以自由競爭和私營企業給國家注入新的活力。哈佛經濟學家們在俄羅斯政府內的經濟自由主義者（尤其是總理葉果爾・蓋達爾和經濟教父阿納托利・丘拜斯）之加持下，說服葉爾欽相信：延遲行動將會增加任務的困難度，更何況必須趕在共產黨能夠重整旗鼓和走回頭路之前完成轉型的工作。唯獨藉由創造出一個新的商業精英階層，以及一個在新體系內享有股權的中產階層，他們才會有辦法確定共產黨將永遠不可能重新掌權。

那些改革者們承認，迅速的變革（有史以來規模最大、速度最快的私有化運動）固然會造成短暫的痛苦，但辯稱長期的收益將使得它值得一試。

痛苦很快就來臨了。克里姆林宮在一九九二年一月宣布全面開放物價，只有民生必需的商品和服務除外。經過好幾十年下來的國家嚴格控管，以及進行了數十百億盧布的補貼之後，那種突然掀開蓋子的做法導致物價騰飛。實施後的第一個月，通貨膨脹率就高達百分之四百；[1]有些人的畢生積蓄只足以購買區區幾天的食物。沒多久之後，大街上的乞丐即已成為司空見慣的景象，人們被迫變賣財產來養活一家人。政府試圖平衡國家預算，於是大幅削減支出並且提高稅收。免費醫療保健的範圍縮小之後，很少有人負擔得起收費的醫療服務。患病率和嬰兒死亡率居高不下，再加上酗酒和自殺的增多，男姓平均壽命在一九九〇年代中期跌落至五十七歲。

葉爾欽在一九九一年八月做出神勇表現之後所享有的高支持度，如今已開始下滑。「休克療法」所產生的影響普遍激起民怨，政府卻無法講清楚為何需要那麼做——國家在共產主義的最後那些日子已接近破產；俄羅斯的國債太多，以致世上不再有人願意借錢給她；現在到了必須吞下苦藥的時候。

指責的矛頭主要是對著蓋達爾、丘拜斯，以及他們的年輕經濟學家團隊而來。葉爾欽的副總統，即曾於「俄羅斯白宮」被圍困期間表現得勇敢萬分的亞歷山大・魯茨科伊，如今也加入批評者的陣營，把那群改革派描述成「穿著粉紅色短褲和黃色靴子的年輕男孩」。

葉爾欽將國有財產的私有化列為第一優先，認為它能夠發揮關鍵作用，既釋放出事業心與活力，又深化市場民主價值。他決定不可以把國有資產出售給外國買家；然而在本土投資者當中，罕有人掌握足夠資金來購買他所拋售的龐大國有企業。因此一九九二年底，在蓋達爾和丘拜斯的籌劃下，首度進行私有化的嘗試時，所採取的策略是「認股權證方案[2]」，旨在將俄羅斯的國有企業「交付給」人民。每一位公民都領到了一張價值一萬盧布（約合六十美元）的「認股權證」，它們每一張都代表著全國經濟當中非常小的股份。

這是一個唐吉訶德式的企圖，奢望連夜創造出一個持有股權的中產階級。可是它失敗了。因為那些果真有錢、有辦法獲得內部消息的人士，如：波里斯・別列佐夫斯基、羅曼・阿布拉莫維奇、米哈伊爾・霍多爾科夫斯基等等企業大亨，都知道認股權證是通往未來無限財富的鎖鑰，紛紛收購了數以十萬百萬計的認股權證。每個街角都有小販拿著廣告看板，表示「高價購買認股權證」，於是那個行動的理想主義隨之蕩然無存。甚至連那整個方案的數學計算方式也荒謬得不合邏輯。俄羅斯的人口接近一億五千萬，也就是說總共發出了約莫一億五千萬張「認股權證」——這表示俄羅斯經濟主體部分的價值，顯然被低估成只有九十億美元左右！無怪乎那些未來的經濟寡頭們恨不得把「認股權證」收購一空。

私有化留下了最大的爛攤子；有一小撮人富裕的程度變得超乎想像。別列佐夫斯基後來將大言

1 譯注：譯者曾在莫斯科實地完整經歷了那種瘋狂的通貨膨脹：從一九九二年起的三年內，通貨膨脹率平均每年高達四位數——超過百分之二千五百。

2 譯注：用於將前蘇聯國有財產私有化的認股權證（voucher），往往也被翻譯為「私有化債券」。

不慚地吹噓：俄國名列前茅的七大商人控制了百分之五十的俄羅斯經濟。那批經濟寡頭普遍受到一般俄羅斯百姓的鄙視，指責那幫傢伙「肆意掠奪國家資產」；而經濟寡頭們絕大多數是猶太人一事，更為民眾的憤怒情緒火上加油。

起初被賦予高度期望的葉爾欽時代，如今正在變酸。一九九二年的糧食生產下降了百分之九；工產產值則跌落百分之十八。大多數俄羅斯人都面臨著自從第二次世界大戰以來最惡劣的生活條件。工資遭到拖欠，而且通貨膨脹失控；困頓與貧窮已上升至前所未見的程度。副總統亞歷山大·魯茨科伊從此一馬當先發聲反對葉爾欽，把他的政策形容為「經濟種族滅絕」。可是有一小部分人卻正在趁機聚斂神話般的巨額財富。那些所謂的「新俄羅斯人」穿戴他們的「古馳」和「普拉達」、帶領著他們的保鏢、乘坐車窗貼上黑膜的「梅賽德斯」[3]和「勞斯萊斯」，在一貧如洗的莫斯科街頭招搖過市，成為對新自由主義的隱性控訴。既然有大量的財富可供攫取，犯罪組織、貪汙腐敗與暴力作風隨之大行其道。

非但經濟自由化走偏了方向，新時代的另外一項承諾：民主化，同樣也遇上麻煩。葉爾欽的私有化方案遭到肆無忌憚的利用，已將巨大的金融權力放入寡頭們手中，那批人過不了多久也開始覬覦政治權力。他們當中的一些人提出了要求，並且獲得了政府的職位。波里斯·別列佐夫斯基變成克里姆林宮的密友，從陰影中指揮政治決策，稱得上是葉爾欽寶座背後的權力樞紐。一個由財閥主導的新秩序已然成形，將商界和政界的精英們緊密糾結在一起。它會變異成為一筆浮士德式的交易，交易的雙方都覺得自己吃定了對方。

一九九一年以降的那幾年，是俄羅斯「命運交關的時刻」之一。當時她已擺脫了專制獨裁的枷鎖，並且拿自由民主的價值觀做過了實驗。可是繼最初的熱情之後，百姓已開始不再抱持幻想。經濟搖搖欲墜、俄羅斯失去了超級強國的地位，種族暴亂正在俄羅斯聯邦境內的少數民族聚居地區醞釀之中。葉爾欽顯然找不出解決辦法。對其政策的不滿在一九九二年底達到沸點之際，葉爾欽要求延長他繞過國會審查逕自簽發總統令的權力，讓他如同獨裁者一般地治國。那位民主先知如今伸手攫取的治國方式源自專制政體，而那正是他之前奮力推翻的對象。其中的諷刺意味並非沒有引起注意；不過根深柢固的獨裁統治傳統擺脫起來確實很不容易。

俄羅斯議會（「人民代表大會」）以及它的常設立法機關（「最高蘇維埃」），卻不僅拒絕延長葉爾欽的權力，還不同意重新任命蓋達爾擔任總理。這兩個拒絕動作都是對經濟政策的抗議，因為它給國家帶來了這麼多的苦難，卻看不見短空長多的跡象。葉爾欽於是舉辦全民公投，要求俄羅斯百姓在他和國會之間，以及在「進一步經濟自由化」和「回到老路子」之間做出選舉。一九九三年四月進行公投時，公投問題所使用的措辭方式，簡直把替代葉爾欽政策的方案呈現為必將帶來災難的做法。葉爾欽贏得了大多數選民的支持；但國會議員們在魯茨科伊和最高蘇維埃主席魯斯蘭・哈斯布拉托夫領導下，繼續阻擋他的各項改革。

葉爾欽威脅要解散國會。總統與立法機關之間的對峙，癱瘓了政府的運作。《消息報》尖酸地評論道：「總統頒布法令，彷彿沒有最高蘇維埃一般；最高蘇維埃則擱置法令，彷彿沒有總統一般。」九月下旬，葉爾欽宣布停止繼續針對新憲法進行協商、將舉辦另外一次公民投票，並且解散最高蘇維埃。國會的反制動作是對他進行彈劾，並且宣布亞歷山大・魯茨科伊成為代理總統。「雙重政權時期」已驀然重返，俄羅斯的未來岌岌可危。

3 譯注：梅賽德斯（Mercedes）也被稱作「朋馳」、「賓士」、「平治」或「奔馳」（Benz）。

十月初的時候，示威者遊行聲援國會議員們，響應其有關停止經濟改革、恢復國家控管，以及穩定物價的承諾。莫斯科街頭爆發了武裝衝突，警察和軍方在效忠總統與支持造反派的勢力之間陷入分裂。爭奪位於「奧斯坦金諾」的俄羅斯電視中心之際，激烈的戰鬥導致六十二人喪生。[4]

現在議員們固守國會大樓（那是葉爾欽在一九九一年八月對抗共黨強硬派時成功防衛過的同一棟「俄羅斯白宮」），呼籲莫斯科市民前來增援。一九九一年的時候，葉爾欽曾經受到五萬平民百姓保護，這一次挺身出來幫助哈斯布拉托夫和魯茨科伊的人數卻明顯少了許多。一九九一年的時候，共黨強硬派不敢對「白宮」發動攻擊，葉爾欽卻完全沒有這樣的顧忌。

一九九三年十月四日早晨，俄羅斯陸軍的坦克車隊向那棟建築物展開持續炮擊，以致它頂端的那些樓層在上午即已陷入火海。到了中午時分，「信號旗小組」和「阿爾發小組」的特種部隊人員攻入國會大樓，逐層實施掃蕩。有數百名全副武裝的叛軍躲在屋內，但他們不是特種部隊的對手。幾小時之內，死者已被堆放於走廊上，被圍困的國會議員們則躲在設置障礙物的議事大廳內，一籌莫展地討論著他們的下一步行動。等到他們在黃昏揮動白旗走出來的時候，已經死了二百多人，並有許多人受傷。那是自從一九一七年以來，在莫斯科街頭出現過的最嚴重暴力事件。

波里斯·葉爾欽指控那些造反的國會成員，進行一場「由共產黨復仇主義者、法西斯分子，以及冒用蘇維埃名義的前任議員們所共同炮製的陰謀」。他宣布說：「那些陰謀組織者是罪犯和土匪。他們是一幫政客，僱用了習慣於暴力和謀殺的傭兵，試圖以武力把他們的意志強加給全國……。手中揮舞紅旗的人們再度讓俄羅斯沾滿血跡。」

然而那些造反派議員既非復仇主義者，也不是法西斯分子。他們更不是曾在一九九一年主導八月政變的共產主義恐龍們。這些政治人物反對葉爾欽在俄羅斯引進的自由主義改革，而且他們在一個民主議會論壇表達出的意見遭到了蔑視。儘管波里斯・葉爾欽曾經鼓吹自由與民主，但他已淪落到依靠高壓手段來強制施行自由與民主的地步；儘管他曾經對抗昔日的獨裁統治，如今他卻使用獨裁統治的手段。俄羅斯「白宮」，曾經在一九九一年成為俄羅斯民主象徵的那棟大樓（葉夫圖申科的白色天鵝）已然被炸成了碎片。

十月事件結束後，魯茨科伊和哈斯布拉托夫雙雙入獄。葉爾欽按照自己的計畫通過了一部新憲法，並且設置了一個兩院制的立法機關——兩院分別稱作「國家杜馬」和「聯邦委員會」。其權限遠遠小於舊有的議會：總統保留了以行政命令治國、任免總理，以及解散杜馬的權力；他再也無法遭到彈劾，他有權否決下議院以簡單多數通過的法案。

總統集大權於一身而國會遭到弱化，波里斯・葉爾欽昔日所宣揚的民主，於是在俄羅斯只剩下了一個截頭去尾的版本。如同凱薩琳大帝那般，葉爾欽也覺得各種民主理念都好得不得了——直到它們堅持非要分享權力不可為止。拿西方自由主義價值觀進行的試驗因而被稀釋淡化。可是更糟的還在後頭。

一九九三年十二月為新成立的「國家杜馬」舉行的選舉中，葉爾欽和蓋達爾的黨被打到第二位，輸給了主張極端民族主義、反西方的「自由民主黨」——該黨領袖弗拉基米爾・吉里諾夫斯基是一個長於煽動的民粹主義者，誓言要派遣俄羅斯部隊行軍通過阿富汗和波斯，直到其人員可以「在印度洋洗他們的靴子」為止。兩年以後，在一九九五年的國家杜馬選舉中，最大贏家是經過重組而恢復生機的俄國共產黨。山崩似的選舉結果則充分展現出來，百姓對政府和總統的幻想已經破滅。[5]

4 死者當中包括之前曾經任職於BBC的自由電視攝影師——羅瑞・佩克（Rory Peck）。

不負責任、由西方贊助的「休克療法」結合了波里斯・葉爾欽災難性的經濟管理，導致驚人的財政赤字。國家只能徵收到稅金的一小部分而無力償債；學校教師、公務員和警察持續沒有薪水可領；退休者拿不到養老金；工業生產正在陷入停頓。

在西北部莫曼斯克港的一座核子潛艦基地，海軍未能支付燃料費六個月之後發現電力遭到切斷，導致艦上的核反應爐恐有熔毀之虞。俄羅斯正處於一團混亂。雪上加霜的是，下一年即將舉行總統大選，而共產黨在其新任領袖根納季・久加諾夫的主持下，聳人聽聞地有重掌政權之虞——而這一回是通過投票箱。

葉爾欽和他的盟友們陷入了恐慌。如果他們還想有機會打贏選戰的話，就必須挹注大量現金以維持經濟的運轉。為此他們需要那些現在已控制了全國大多數媒體的經濟寡頭，拔刀相助來擊退共產黨的挑戰。對寡頭們而言，共產黨贏得選舉，以及該黨所承諾的再國有化、貪腐審判和政治報復等等恐怖前景，同樣讓人快樂不起來。兩名主要的寡頭，弗拉基米爾・波塔寧與米哈伊爾・霍多爾科夫斯基，於是建議由俄羅斯大亨們向總統提供相當於十八億美元的貸款。這使得克里姆林宮可以減少拖欠工資和退休金，並且讓全體選民嘗到一些經濟甜頭。除此之外，寡頭們並將進行媒體造勢，在選戰中為葉爾欽背後撐腰。

但波塔寧和霍多爾科夫斯基索取很高的回報。他們要求政府將剩餘的俄羅斯國有企業做為貸款抵押擔保，連冶鐵、煉鐵、瓦斯和石油等關鍵工業項目也包括在內。那種方案後來將以「貸款換股份」（loans for shares）之名著稱於世——既然已經破產的政府很難有機會償還貸款，所以一直都非常清楚的事情是，俄羅斯經濟的那些關鍵項目將會落入寡頭們的手中。不過他們首先必須運用自己的金錢和影響力來讓葉爾欽當選連任：萬一共產黨回來的話，舊秩序也將跟著重返。那麼就再也不會有私人財產、不會有寡頭們，而且再也不會有葉爾欽。

挹注的現金以及媒體的鋪天蓋地支持，幫助葉爾欽在一九九六年七月的第二輪總統選舉中，擺脫災難性的民調數字、擊敗久加諾夫那名共產主義者。[6] 寡頭們於是認領自己的報酬。在九月的時候，政府組織了一系列極不尋常的拍賣活動，拍賣對象是之前提供給寡頭們做為貸款抵押擔保的國有企業。在每一個案例當中，唯一的出價者都是在大選之前貸款給葉爾欽的寡頭。波塔寧把全國最大的鎳礦公司納入囊中，僅僅為此支付了象徵性的代價；別列佐夫斯基和他的合作夥伴與徒弟羅曼·阿布拉莫維奇，獲得「西伯利亞石油公司」；霍多爾科夫斯基則花費了少得可笑的三點零九億美元，便取得巨大的「尤科斯石油企業集團」（當時俄羅斯第二大石油生產商）之多數股權。[7]

與寡頭的協定使得葉爾欽名譽掃地。圍繞著他的顧問群和家人們打轉的貪腐指控甚囂塵上。他顯然是一個按照一時衝動來行事的政治人物——其行為模式就像赫魯雪夫那樣變化莫測。美國中央情報局當初對他做出的「古怪瘋癲」評語，似乎得到了證實：正如同波蘭的萊赫·華勒沙一般，葉爾欽適合出現於戲劇性的時刻，但絕對不宜從事耗時費力的日常政治。

長期嚴重酗酒導致許多令人尷尬的時刻，其中包括：訪問德國時醉醺醺地打算指揮一個警察樂隊、在與世界各國領導人舉行的一次新聞發表會上顯得搖搖欲墜，以及在發表演說時將同一段內容

5 譯注：在一九九五年的國會選舉中，俄國共產黨的得票率為二二·三%，葉爾欽的黨僅僅獲得了十·一三%的選票，屈居第三。

6 譯注：第一輪總統大選無人過半，葉爾欽的得票率（三五·八%）只略高於久加諾夫（三二·五%）。在第二輪大選中，葉爾欽（五四·四%）才終於挫敗久加諾夫（四〇·七%），獲得連任。

7 譯注：波塔寧僅僅支付一點七一億美元，便取得價值四十億美元的諾里爾斯克鎳礦公司（Norilsk Nickel）；霍多爾科夫斯基二〇〇三年被逮捕下獄的時候，身價超過一百五十億美元，是當時的俄國首富。

讀出了三遍──直到他的助理們打斷他為止。（當我在一九九六年總統大選之前訪問葉爾欽的時候，他臉部浮腫、講話含混不清，而且似乎不確定自己到底向選民做過哪些承諾。沒多久之後，他就從公眾的視線消失了。）

儘管克里姆林宮極力否認有關葉爾欽重病纏身的傳言，可是在一九九六年大選選戰的第一個星期，那位總統沒有露面。然後他突然回來了，出現於他家鄉斯維爾德洛夫斯克的一場選舉音樂會──他以狂躁的精力和令人難忘的節奏感，在舞台上蹦蹦跳著倫巴舞。要等到許多年後我們才發現了真相：葉爾欽有過一次嚴重的心臟病發作，而且未來四年內他還會多次心臟病發作。醫生早已勸告他應該長時間遠離政治，然而在其選舉團隊的堅持下，他被注射了好幾劑腎上腺素，以便恢復行動能力。長此以往，這種治療方式將會造成災難性的後果。在他任期的剩餘時間內，從來沒有人搞得清楚他究竟實際負責過哪些事情，以及在多大程度內受到他從寡頭當中獲得的強有力「顧問」們的擺布。

葉爾欽對自由民主的投入，隨著經濟與政治環境的惡化而縮水。他曾經答應協助俄國的少數民族爭取自由，這個承諾同樣陷入了尷尬的境地。他從前向各民族提出「能吞下多少主權，就拿多少主權」的建議，現在反而回過頭來讓他不勝其擾；許多少數民族地區果真聽信他所講的話之後，種族動亂從一九九一年開始不斷升高。車臣選出了一位新總統。那個名叫焦哈爾．杜達耶夫的前蘇聯空軍將領宣布與莫斯科分道揚鑣，接著就歧視對待居住在該共和國境內的俄羅斯人，以致演成暴力衝突。

葉爾欽在三年的時間內避免使用武力，只是透過代理人與分離主義分子進行談判，可是到了一九九四年十二月，車臣已瀕臨內戰邊緣。克里姆林宮於是宣布要派兵來「恢復秩序」。國防部長帕維爾．格拉喬夫吹噓說，戰鬥將在區區幾天（如果不是短短幾小時）之內結束，然而他的地面部隊遭遇了一連串令人難堪的挫敗。隨著傷亡人數不斷增加，以及被俘虜的俄羅斯士兵一再遭到對方凌虐和處決，莫斯科展開地毯式轟炸做為報復——自從盟軍在第二次世界大戰摧毀德勒斯登以來，那是最嚴重的轟炸行動。等到俄軍過了一個月攻占車臣首府的時候，那座城市幾乎到處都是斷垣殘壁；總統府已成一片廢墟，有數萬平民被打死。

俄羅斯早已從數百年的經驗得知，降伏北高加索山區不是一件簡單的任務。如今零星戰鬥在此後兩年的大多數時間內持續不斷。伊斯蘭教士們將車臣的反抗行動宣布為「吉哈德」(jihad)——陣亡者將在天堂得到獎勵的「聖戰」，於是穆斯林戰士從中東蜂擁而至。游擊武力不斷騷擾莫斯科的部隊，造成慘重傷亡。雙方普遍出現各種殘暴行為；戰俘得不到憐憫，平民所受的痛苦幾乎與軍人不相上下。車臣分遣隊不時出去扣留人質，其中最引入注目的一次行動，是一九九五年六月在俄羅斯南部的「布瓊諾夫斯克」攻占一家醫院。杜達耶夫在一九九六年四月被一枚俄羅斯的導彈狙殺，但戰事一直持續到八月，然後才簽署了停火協議。第一次車臣戰爭（一九九四－一九九六）導致以平民為主的十萬車臣人，以及五千至一萬名之間的俄羅斯士兵喪生。葉爾欽的「民主人士」形象已經蕩然無存；自由主義政府治理俄國的可行性也顯得大有問題。

在一九九〇年代大多數的時候，支持俄羅斯進行民主實驗似乎符合西方的利益。畢竟那帶來了冷戰的結束、停止了異常昂貴的軍備競賽，使得莫斯科從令人恐懼的對手變成了心甘情願的盟友。西方數十年來針對結束極權統治與政治迫害所提出的要求，已經得到了回應；葉爾欽的各項大膽改革則受到華盛頓和倫敦讚揚。現在他陷入困境以後，免不了會期待西方能夠助他一臂之力。可是喬治．布希一九九一年的聖誕節文告，以及其他領導人在類似聲明中所承諾的事項，都只是強調再也不必擔心俄羅斯，而非願意花大錢來資助俄國政府——不管它再怎麼親西方。

俄羅斯被接納為「七大工業國組織」的一員（這組織從此成為「八大工業國組織」），並且獲得「國際貨幣基金組織」（IMF）提供價值一百億美元左右的經濟刺激方案。然而進一步的援助姍姍來遲。葉爾欽早在一九九二年十月，即已開始表明莫斯科對缺乏西方支援一事所感到的沮喪。當克里姆林宮表達出渴望快速融入西方體系的意願時，葉爾欽特別指出：「俄羅斯不是一個可以被留在會客室枯候的國家」。葉爾欽並曾多次建議，俄羅斯不妨成為「歐洲聯盟」或「世界貿易組織」的會員國，甚至加入「北大西洋公約組織」亦無不可。但他提出的所有建議都遭到斷然拒絕。北約繼續不斷向東歐的前蘇聯衛星國擴張，將波蘭、匈牙利和捷克共和國納入旗下，卻僅僅願意跟俄國簽署合作協定。前蘇聯加盟共和國（包括烏克蘭、喬治亞和波羅的海三國）也被收編過去的可能性，更讓莫斯科感到震驚。

到了一九九〇年代末期，雙方的關係已很冷淡。葉爾欽譴責北約未經聯合國安理會授權，便對塞爾維亞和科索伏進行軍事干預；比爾．柯林頓的回應，則是攻訐克里姆林宮重新在車臣採取軍事行動。在「歐洲安全與合作組織」的一次會議上，柯林頓總統用他的手指頭對著俄羅斯總統，要求他停止轟炸格羅茲尼；葉爾欽憤而離開會場。不久之後，他發洩了自己的沮喪情緒，說道：「昨天，柯林頓總統試圖對俄國施加壓力。他似乎在一分鐘、一秒鐘、半分鐘的時間內，不記得俄國擁有全套的核武器。他忘記了這件事。」那迴盪著赫魯雪夫和甘迺迪之間令人不安的言語交鋒。

一九九八年的世界經濟危機嚴重暴露出俄羅斯的經濟失衡。石油、天然氣、金屬和木材價格的崩跌，意味著莫斯科再也不能無節制地依賴天然資源的出口，藉此彌補日益擴大的預算赤字。八月的時候，克里姆林宮宣布將盧布貶值，並且暫停償還外債。俄國違約的前景使得金融市場陷入恐慌，導致股價暴跌。在同年年底，紛紛倒閉的銀行使得千百萬人失去了畢生積蓄；數以百計的公司和企業從此一蹶不振；通貨膨脹率高達百分之八十八，商店的貨架再度空空如也。示威者走上莫斯科和其他大城市的街頭，要求結束自由主義的經濟改革。葉爾欽做出的回應，是讓總理和內閣下台。他宣布中止改革，於是俄羅斯的西方式自由民主實驗陷入停頓。

一九九九年八月，當危機仍然沒有消退跡象的時候，葉爾欽任命了另外一位新總理。他名叫弗拉基米爾・普京，是一位鮮為人知的官員，在前一年剛剛被任命為「俄羅斯聯邦安全局」（FSB，即KGB的後繼單位）之負責人。很少有人預料他會有辦法久居其位。可是他給克里姆林宮帶來了新的冷酷無情。就持續動盪不安的車臣而言，他是昂首闊步的霸王，而且他在支持葉爾欽改革的言論背後，深深相信，俄羅斯需要強大和穩定，更甚於對民主的需求。

★　★　★

在一九九〇年代大多數的時候，克里姆林宮鬆開了獨裁權力的轀繩，允許政治參與和經濟自由。葉爾欽時代曾經開啟了前景，讓人覺得俄羅斯有辦法擺脫它的「亞洲」過去，加入「歐洲」國家的陣營。但結果一事無成。一九九九年除夕夜，波里斯・葉爾欽在電視上發表了一篇戲劇性的演說來迎接新千禧年。那位又老又病的總統宣布他將提前六個月下台。

他開口說道：「親愛的朋友們！我親愛的大家！今天我最後一次向你們發表新年講話。但這還不是全部。今天我最後一次以俄羅斯總統的身分向你們致詞。我已經決定……今天，在即將過去的一個世紀的最後一天，我辭職。」葉爾欽的講話感性十足，他時而氣喘吁吁地猛吸一口氣。雖然他談論起對未來的希望，主要傳達的卻是失敗的訊息——他從一九九一年八月那些令人亢奮的日子開始著手進行的實驗已告失敗，即便俄羅斯起先看似正在擺脫千年專制的束縛，邁向自由民主的新道路：

今天，在這個對我重要得非比尋常的日子。我想稍微多談一點與平時不同的心裡話。我想請求你們原諒。原諒我們共有的許多夢想沒有成真；原諒本來對我們似乎很簡單的事情，結果卻困難得使人痛苦。對於那些相信我們輕易就可以從灰暗、停滯的極權過去，一躍而進入光明、富裕、文明的未來的人們，我請求他們原諒我未能實現他們的希望。我自己也曾認為一切會一蹴而就，結果發現我在一些事情上太天真了。有些問題非常複雜，我們是在錯誤和失敗中強行前進，很多人在這困難時期遭受到衝擊。我要讓你們知道，你們每一個人的痛苦都引起了我內心的痛苦……。

現在我要離開了……根據憲法，我在決定辭職時簽署了把俄羅斯總統職權交給政府總理弗拉基米爾．弗拉基米羅維奇．普京的命令。在未來三個月時間裡，他將依據憲法成為國家元首，三個月之後將舉行總統選舉……

一個臃腫的老頭子瞇起眼睛看著自動提詞機，講話時口齒含混而且眼瞼下垂：那是二十世紀俄羅斯最後一大「命運交關的時刻」令人遺憾的墓誌銘。改革又一次讓路給死灰復燃的獨裁統治傳統。

41 普京重新建立起強力沙皇形象

電視台播放了移交的過程：那是一個低調、笨拙的小小儀式，其間老國王已經穿上他的軋別丁大衣並且急著離開舞台，揮手讓那位年輕的覬覦者進入他的新辦公室，口中喃喃說道：「這是你的辦公桌。」在俄羅斯東正教大牧首的目光注視下，核按鈕手提箱被移交完畢，波里斯・葉爾欽拖曳腳步向外朝著他的汽車走去，跟他的毛皮帽子奮鬥了一番，然後坐上後座。

普京向全國發表新年賀詞的時候，要求全體俄羅斯百姓舉杯迎接他們國家的「新時代」。他表示：「將不會出現權力真空，任何試圖逾越憲法規範的人都將被粉碎。……最重大的工作是要維護俄羅斯國家的強大與獨立……」。他的語氣令人耳目一新，而且斬釘截鐵，有異於葉爾欽的叨叨絮絮；俄國人早已明白，他們的代理總統是個硬漢。

弗拉基米爾・弗拉基米羅維奇・普京在一九五二年出生於列寧格勒。他的祖父當過史達林的廚師，他的父親曾在「偉大的衛國戰爭」時期表現英勇而獲頒勳章，他的母親則在德國封鎖列寧格勒期間有過可怕的回憶。普京表示，他成長於一棟擁擠的集體公寓，必須在那裡把老鼠打跑。

年幼時期與不良少年有過牽扯之後（「我是個小流氓，不是少先隊員」），他決定要把自己的一生奉獻給祖國的防衛。十六歲那年，他走進列寧格勒的KGB總部，表示願意效勞。在二〇〇〇年總統選舉期間分發的簡短自傳裡，普京聲稱此一決定是基於他對武術的激情（這讓他學會了自我紀律與勤奮工作的重要性），以及他對一個廣受歡迎、名叫《劍與盾》的電視連續劇系列之喜愛（勇敢的KGB人員在劇中冒著生命危險抵抗納粹來捍衛蘇聯）。

然而對普京不幸的是，KGB告訴他說，他還太年輕；他應該先去大學就讀，等候他們的通知。他完成法律學業之後，KGB在一九七五年錄用了他，但他的職業生涯遠遠稱不上出色。他只被外派過一次，前往東德不怎麼吸引人的KGB德勒斯登工作站。一九八九年柏林圍牆倒塌的時候，他在那裡焚毀敏感文件，直到焚化爐壞掉為止。所受到的屈辱改變了他對蘇聯共產主義的看法，使得他堅信必須讓俄羅斯重新強大起來。他在一九九一年離開KGB，但他在那裡學會的價值觀將一直跟隨著他。他後來表示：「一位KGB官員永遠不會退休。你可以加入，但你永遠也離不開。」

在經濟與政治充滿不確定性的一九九〇年代，普京為聖彼得堡市長工作，由於做事幹練而聲譽鵲起。那說服葉爾欽相繼於一九九八年任命他擔任「俄羅斯聯邦安全局」的負責人，於一九九九年擔任總理。之前的幾任總理多半都當不了幾個月，普京則決定要讓人刮目相看。一九九九年九月在莫斯科和俄羅斯南部發生一連串的公寓爆炸案，導致數百人喪生。於是他的機會來了。

克里姆林宮立刻把公寓爆炸事件歸咎給車臣恐怖分子。一九九四至一九九六年葉爾欽在車臣進行的戰爭既未打破該共和國對獨立的追求，也不曾撲滅當地的無法無天狀態。被承諾用來重建格羅茲尼的金錢，遭到了貪官污吏和有組織犯罪集團的竊取；成千上萬的綁架事件，更已使得車臣變成了勒索和謀殺的中心。俄國人將它視為暴力犯罪的淵藪。

普京在九月十七日召開「聯邦委員會」緊急會議。他主張採取果斷行動來「保護俄羅斯」，包括沿著車臣邊界設立封鎖線，以及在車臣境內的空中轟炸。他出現在電視上，宣布將採取「絕不妥協的行動」來對付位於車臣的「土匪基地」。他表示：「土匪必須被消滅。就此而言，別無其他可能的行動。」

雖然沒有任何嫌犯因為公寓爆炸案遭到逮捕，而且通常會宣稱對自己行動負責的車臣游擊隊團體一直保持沉默。但普京確定車臣人就是罪魁禍首的言論，給選民留下了深刻印象：他原本落在百分之二的民意支持度，隨著其言辭的激烈而步步攀升。在經過仔細排練，聽起來宛如滑稽地模仿了邱吉爾一九四〇年〈在海灘上和他們奮戰〉那篇演說的講話中，普京誓言「不管恐怖分子跑到哪裡，我們都會窮追不捨。如果他們在機場，我們就在那裡處置他們；但是如果——很對不起——如果發現他們坐在馬桶上，我們就在茅房把他們斃了。就是這樣，問題便解決了。」

一九九九年十月四日，俄羅斯軍隊展開其第二次入侵車臣的行動。格羅茲尼在十二月受到圍攻、分離主義分子被迫採取守勢，而且再也沒有了公寓爆炸事件。普京的支持率飆升到百分之六十以上，他在二〇〇〇年三月舉行總統選舉時獲得大勝。選民們把他看成是步履蹣跚、酒精成癮的葉爾欽之對立面，是一位年輕而堅決的禁酒主義者，在俄羅斯自由主義實驗失敗造成了混亂之後，將用鐵腕來恢復秩序。

普京的王牌在於強力地進行車臣戰爭。但某些俄羅斯媒體免不了會質疑，重新引發那場衝突的公寓爆炸案是否有一點「過於順理成章」？當一名來自進行調查報導的報紙《新報》的記者直接詢問普京，是否蓄意炸毀公寓來合理化那個入侵行動的時候，他語氣強硬地做出了答覆。普京反唇相譏：「什麼！你說是我們炸毀了我們自己公寓？胡說八道！徹頭徹尾的垃圾！特勤單位裡面沒有任何人會犯下那樣的罪行。這種想法是無理取鬧，是對我們的詆毀。」

可是各種相關指控並未就此停歇。突然傳出有三名FSB人員在另外一棟公寓大樓裝設炸藥時遭到查獲——這回的地點是位於莫斯科東南方向的里亞贊。那附近遭到疏散，有三萬多人露天過了一夜。因為這件事而受到質疑後，FSB局長尼古拉．帕特魯舍夫表示那些炸藥是假的，用來做為安全部隊「測試」的一部分。他還祝賀當地居民具有很高的警覺心，使得那項「演習行動」曝光。但克里姆林宮的聲明遭到其政治對手嘲笑，其中包括前任特勤人員——亞歷山大．利特維年科。

利特維年科宣稱：「FSB打算在里亞贊、圖拉、普斯科夫，以及薩馬拉炸毀住宅大樓。對FSB來說重要的是，應該盡可能讓俄國快速地捲入一場車臣戰爭，這樣便可以在重大武裝衝突的背景下舉行總統選舉。此項陰謀的目的是要讓昔日的KGB奪取政權……，以及FSB讓自己的候選人成功當選總統。普京完全符合《蘇維埃大百科全書》所列出的『暴君』定義：『一個將權力建立在專橫決定和暴力行為之上的統治者』。」利特維年科是陰謀論者當中最刺耳的一個，他的指控為自己贏來了新總統的持續仇恨。

★　★　★

普京誇耀地表示，他從小就在臥室牆上掛著一張菲利克斯．捷爾任斯基的相片，而且他永遠不會忘記自己在KGB的根。參加FSB官員慶祝他大權在握的一場聚會時，普京開玩笑說道：「負責將政府納入其控制之下的特務小組，已經初步完成了被指派的任務。」

普京願景中「被指派的任務」，出現在他撰寫於二〇〇〇年的一份文件。《千年之交的俄羅斯》清楚表明，他認為自由民主已經在俄羅斯失敗了，俄羅斯需要強有力的國家統治來促進繁榮。他寫道：「俄羅斯即使想成為美國或英國的翻版，也不可能馬上做到這一點。在那兩個國家，自由主義價值觀有著深厚的歷史傳統。而在我國，國家及其體制和機構在人民生活中一向起著極為重要的作用。對俄羅斯人來說，一個強大的國家不是什麼異己的怪物，不是一件要去反對的事情。恰恰相反，它是秩序的源頭和保障……」。

這個訊息非常清楚：葉爾欽時代是不受歡迎的畸變。在葉爾欽的時代拿西方政府模式進行的試驗，就和之前的每一次實驗一樣，只能證明俄羅斯根本不適合那樣的體制。俄羅斯需要一個強大的政府來維護秩序，因為那個國家已經展現出來，若它失去了獨裁統治的羈絆之後會變得多麼難以駕馭。普京的字句類似康斯坦丁·波別多諾斯采夫的話語，或者也可以出自請求維京人留里克過來管理他們的古代斯拉夫人之口。但他添加了一個重要的附帶說明：「俄羅斯當代社會不把強有力的和有效的國家，與極權主義國家混為一談。」俄羅斯或許會重返其固有的獨裁統治傳統，然而它無需回到過去的恐怖。

普京的立即目標是把國家從葉爾欽年代的經濟崩潰拯救出來、恢復社會秩序、制止街頭的暴力與犯罪，以及讓俄羅斯回到它昔日的世界大國地位。（葉爾欽把蘇聯的終結視為其畢生最偉大的成就，普京則認為蘇聯的覆亡是「上世紀最大的地緣政治悲劇」。）他將會實現所有那些目標，並且贏得絕大多數俄羅斯百姓的感激。但普京的批評者抱怨說，他的成就是以犧牲民主做為代價。在他的任期內，議會的權力被削弱，總統的權力被增強；俄羅斯八十九個「聯邦主體」的領導人將不再經由選舉產生，而是由克里姆林宮直接任命。全國性的杜馬選舉和總統大選仍照常舉行，但反對派政黨受到了歧視和騷擾，並且被媒體排斥；政治集會遭到驅散，示威抗議者鋃鐺入獄。新聞自由會受到限制，電視新聞則是由克里姆林宮加以控制。

普京將他自己的施政風格形容為「管理式民主」。有些批評者，像是「莫斯科卡內基中心」的莉麗亞·謝夫佐娃，卻做出了不同的描述。她指出：我們的國家正在建立一種「模仿民主」。

民主的外包裝都還存在（例如選舉、議會、政黨等等），其本質卻截然不同。我們在俄羅斯案例中所面對的情況，並非許多人認為的民主「崩壞」，而是蓄意將民主體制使用為波坦金村（參見第十章），藉以遮掩傳統風格的權力操作……。已經……穩固下來的那個政權，十分類似一九六〇和一九七〇年代拉丁美洲各國的「官僚威權主義」（bureaucratic authoritarianism）。它具備它們的一切特點：個人化的權力、官僚化的社會、對公眾參與的排斥……，以及特勤機關的積極角色（在拉丁美洲則是軍方勢力）。

普京本人對這一類的講法模稜兩可。他繼續將自己描述成民主人士，卻毫不掩飾自己的信念：唯獨一個強有力的政府才能夠讓俄羅斯重返失去的大國地位。如果在此過程中失去了若干公民自由的話，那是必須付出的代價。他寫道：

> 俄羅斯正處於其最困難的歷史時期之一。這大概是俄羅斯近二百至三百年來，首次真正面臨淪為世界上二流國家，甚至三流國家的危險。為了避免陷入這種窘境，全國必須付出巨大的腦力、體力，以及道德力量。我們需要開展協調一致的建設性工作，任何人都無法代替我們完成這項任務。現在一切都取決於我們——而且只取決於我們——能否認清危險的程度、能否團結起來、能否承擔起長期而又艱巨的任務。

當普京發表二〇〇一年新年賀詞的時候，已有資格表明「國家主義」新政策獲得的最初成功。他指出：「這是充滿高興和悲慘事件的一年，做出困難決定的一年。然而不久以前幾乎顯得不可能的事情已成為我們生活的現實：國家出現了明顯的穩定跡象，而這對政治、對經濟、對於我們每一個人都是十分珍貴的。我們已經懂得國家的尊嚴多麼寶貴，多麼神聖……」。

普京在國際的昂首闊步得到了俄羅斯愛國主義者的認可，因為他們歷經十年的經濟與政治衰頹之後，終於獲得一位強有力的領導者。他恢復了許多蘇聯時代的象徵，包括舊蘇聯的國歌（但是填上新詞），以及紅場閱兵典禮上列隊通過的導彈、坦克，再加上向總統歡呼致敬的大量士兵們。普京的照片被懸掛在教室和公共建築的牆上；他還養成了喜歡排場與儀式的習慣，於是如帝王般在喧天的喇叭聲中沿著紅地毯出場。他對媒體的批評做出憤怒的反應。當一個頗受歡迎，類似英國《惟妙惟肖》的電視諷刺節目把他比擬成老鼠之後，普京禁止了這個節目。

對他的個人崇拜並未達到史達林那般的程度，但他樂於穿著軍服出現在陸軍和海軍基地、坐在戰鬥機的後座，或者站在坦克旁邊。一系列官方拍攝的照片呈現那位總統赤裸著上半身，在陽光普照的河畔釣魚和騎馬穿越山區，引起了女性選民的興奮——或許是在無意之中，這些照片也被發布於俄國的男同性戀網站。有一家報社《共青團真理報》，以〈要跟普京一樣！〉的標題，把那些照片刊登於頭版。一首名叫〈普京是一個強壯的人〉的流行歌曲，則在排行榜快速竄升。一名超級粉絲甚至呼籲把聖彼得堡更名為「普京堡」（Putinburg）。

普京「強力沙皇」的形象給他帶來幫助，若是其他領導人恐怕很難躲過這樣的公關災難。二〇〇〇年夏天，當他在南方的休閒勝地「索契」度假時，庫斯克號核子潛艦與艦上的一百一十八名官兵沉沒於巴倫支海。英國和挪威海軍提議協助進行救援任務，但是遭到拒絕——最可能的理由是因為莫斯科不想讓西方國家接觸到該艦的核子技術。普京繼續度假了五天，沒有發表任何公開評論；等到那艘潛艦被打撈起來之後，所有的人員都已經罹難。已在波里斯・葉爾欽任內被私有化、罕見地處於獨立階段的俄羅斯媒體，嚴厲批評普京把政治利益放在人命之上。當一名年輕水兵的母親試圖在電視簡報會發言，針對她兒子的死亡發表意見時，一名官員強行對她進行皮下注射，導致她失去知覺。那個事件的畫面傳遍了世界各地；普京於是被指責為不容異已和進行壓迫。

庫斯克號的災難帶來了對俄羅斯媒體的鎮壓。克里姆林宮處理那個悲劇的方式所承受的最尖銳批評，來自弗拉基米爾．古辛斯基那名寡頭所擁有的電視頻道。普京已經看見過，有關第一次車臣戰爭的不利報導如何傷害了葉爾欽，他決心要阻止這種事情再度發生。古辛斯基被迫同意把他的媒體股權交給國家，然後被捕下獄，直到他在所有文件上面的指定位置都簽了字為止。不久之後，他就移民到以色列。

普京願意向寡頭開刀一事，同樣有助於提高他的支持率。那些掌控俄羅斯工業，並且被認為暗中影響了政府的大亨們，深受大多數俄國百姓鄙視。所以當普京刻意參考史達林威脅「富農」的方式，宣布他打算「消滅寡頭階級」的時候，贏得了普遍的讚揚。起初他不得不謹慎行事：最大的寡頭們曾經資助他競選總統，而且波里斯．別列佐夫斯基以往是他的「俄羅斯團結黨」之主要贊助者。別列佐夫斯基盼望當上普京的「灰衣主教」，成為幕後掌權的人，如同他在葉爾欽任內所做過的一般；其他人則期待他們在競選時提供的協助，能夠帶來感激和敬重。但他們的期望將會落空。

二〇〇〇年七月，普京把主要的經濟寡頭們叫進克里姆林宮，向他們解釋應該遵守的遊戲規則。他表示既不會干預他們的商業活動，也不會逆轉當初讓他們發大財的私有化進程——只要他們同意遠離政治的話。他們絕對不可資助政黨；他們絕對不可追求個人的政治權力；而且最重要的是，他們絕對不可挑戰或批評總統。

某些寡頭的反應相當尖刻。例如別列佐夫斯基就覺得普京那個狂妄自大的新貴侮辱了他——別列佐夫斯基宣稱當初是他促成普京掌權，誓言要永遠反抗到底。結果他在二〇〇一年步古辛斯基的後塵流亡國外，在倫敦設立陣地，從那裡繼續漫罵克里姆林宮的主人。羅曼·阿布拉莫維奇則接受了普京的條件，成為繼續在莫斯科受歡迎的人物，此外他還花錢在英國買來名望，經營一支排名居中的足球隊。然而普京的最大眼中釘還在身旁——米哈伊爾·霍多爾科夫斯基認為自己有辦法挑戰總統，並且獲得勝利。

霍多爾科夫斯基自從利用波里斯·葉爾欽一九九六年的私有化舞弊，收購了「尤科斯石油公司」之後，已在幾年內將該公司建設成俄羅斯石油業的佼佼者，以及全球最大的石油公司之一。他運用神話般的財富，不但資助俄羅斯國會中的一些政黨，甚至還公開表示打算把這些政黨使用為讓他進入克里姆林宮的槓桿。他邀請如今已被視為全球競爭對手（甚至敵人）的美國人買進「尤科斯」的石油股份，更加激怒了普京。他進而開始準備出馬競選俄羅斯總統。在發生於普京辦公室內的一次攤牌行動中，二人相互辱罵、憤怒地指責對方貪腐。

普京固然知道，如果他粉碎霍多爾科夫斯基和沒收「尤科斯」的資產，將使得他成為自由主義者和西方世界眼中的妖怪；讓他看起來像是一個反覆無常的暴君，以致把投資者嚇走。不過他也曉得，石油是國家未來的關鍵。二〇〇三年十月，他派遣攜帶機關槍的部隊，在西伯利亞一座機場的跑道把霍多爾科夫斯基的飛機攔阻下來。俄羅斯最有錢的那位先生於是戴著手銬、頭上罩著黑色帆布套，被押解回到莫斯科。克里姆林宮以不實的逃稅指控讓「尤科斯」破產，並且由國家扣押其資產，霍多爾科夫斯基本人則被判刑八年，進了勞改營。這麼做是為了阻止他搞政治，不要擋在普京的路上。

濫用司法體系一事，引來了西方世界與俄羅斯自由主義反對派的諸多批評。但普京基於純粹的實用主義，需要把俄羅斯的石油資源收歸國有。飆升的能源價格非常有助於提升他的權威：俄羅斯的經濟原本毫無指望，現在卻有了搖錢樹；莫斯科能夠重新在國際舞台上顯示出自己的分量，再度坐回貴賓席。

與「尤科斯」的交鋒產生了重要的政治後果。普京剛上台的時候，繼承了波里斯·葉爾欽團隊的部長和官員們。他們絕大多數是改革者。普京自己的第一任政府，在親西方的米哈伊爾·卡西亞諾夫總理領導下，曾經具有同樣的自由派性質。但普京很快就開始在克里姆林宮到處安插他自己的人馬——那些盟友曾經與他在聖彼得堡共事，其中許多人從前是KGB官員。他們在維克托·伊凡諾夫和伊戈爾·謝欽兩位總統助理，以及新任國防部長謝爾蓋·伊凡諾夫的率領下，組成一個強大的派系，被稱呼為「西羅維基」或「強力集團」。[1]他們很快便與克里姆林宮的自由派人士起了衝突。

「西羅維基」（Siloviki）是「國家主義者」的急先鋒——他們將國家利益視為最主要的（甚至是唯一的）決策指導原則。他們認為葉爾欽的私有化方案給俄羅斯帶來了一場災難，他們一心仇視那些從葉爾欽「世紀大賤賣」中獲取暴利的寡頭。普京指派他的朋友伊戈爾·謝欽負責清理石油大亨們。他被任命為國營「俄羅斯石油公司」的董事會主席，其核心任務就是要使全國的物資供應回到國家控制之下。

以卡西亞諾夫為首的克里姆林宮自由主義派，繼續爭取自由市場以及與西方的經濟整合。他們辯稱，富商是一個正常運作經濟體當中的自然成分。可是到了二〇〇三年的時候，他們的對手已佔上風。謝欽和普京一同決定要粉碎霍多爾科夫斯基，這個行動決定了「西羅維基」的勝利。從今開始，戰略性產業將由政府控制，並且被用來挑戰西方，而非向西方靠攏。普京「讓俄國變得偉大」的使命，形成國際關係中新的剛強態度：莫斯科的措辭變得更加咄咄逼人，俄羅斯的鄰國則被切斷

（或者被威脅要切斷）石油和天然氣供應。

沒收「尤科斯」資產一事，讓公眾鼓掌叫好；克里姆林宮剩餘的自由主義派（包括卡西亞諾夫在內），則辭職以示抗議。發生「尤科斯事件」之後的那些年頭，克里姆林宮處理國內反對派的時候，在態度上明顯變得強硬了許多——米哈伊爾．霍多爾科夫斯基的命運，已讓許多知名人士打消走入政壇的念頭；試圖進行抗議或組織活動的平民百姓，則發現自己站在警棍的對面。

★ ★ ★

普京在一九九九年入侵車臣的行動，讓俄羅斯捲入另外一場漫長而殘酷的戰爭。俄羅斯的飛彈再次將格羅茲尼打成廢墟，殺死了男人、婦女和兒童。數十萬平民逃往隔鄰的印古什共和國；留下來的那些人則被當成恐怖分子看待。阿爾卡季．巴布琴科，一名參加過兩次車臣戰爭的俄國士兵，在二〇〇七年告訴我說：車臣已經把他（和許多跟他一樣的年輕人）改造成冷酷無情的死亡代理人。離開軍隊三年之後，他仍然睡不著覺。在他那本後來被公開發行、同時受到好評和漫罵的日記中，巴布琴科描述了其單位在車臣首府發現的殺戮旋渦：

戰鬥繼續肆虐於格羅茲尼。再也沒有人收集屍體了。它們躺在柏油路面、人行道上、斷裂的樹木之間，彷彿本身就是市容的一部分。裝甲運兵車轟隆隆地從它們上面高速駛過；連續的爆炸

1 根據二〇〇二年時的估計，前KGB和FSB特工占據了聯邦機構一半以上的高階職位。

將它們拋擲得四處飛散。焚毀的車輛周圍遍布著焦黑的骨頭……。我們整整一個世代死在車臣，整整一個世代的俄國人。但即使像我們這般仍然活著的人，果真還有辦法跟當初從軍時一樣，是笑嘻嘻的大男孩嗎？沒有辦法，我們已經死了。我們都在那場戰爭中死掉了。

地獄般的環境助長了絕望情緒與貪腐作風。酗酒和苦難培養出玩世不恭的態度。凌虐、強暴和搶劫被視為正常狀態，很少有人被繩之以法。一名陸軍上校尤里．布達諾夫，曾被指控姦殺了一個叫做艾爾莎．昆加耶娃的十幾歲車臣少女。布達諾夫卻聲稱她是敵方狙擊手。異乎尋常的是，他的案子上了法院，結果來自退伍軍人和右翼政客的抗議之聲使得它成為備受關注的爭議事件。布達諾夫的律師抱怨說道：「我們派遣我們的軍人前往車臣清理下水道；他們親手把它清理乾淨以後，任何人都無權說他們聞起來很臭。」布達諾夫服刑期滿之前便獲得釋放。[2]

雙方都不時進行綁架，向受害者們的家屬進行勒索——若不支付贖金的話，他們便遭到折磨和殺害。有一名俄羅斯軍官估計過，百分之二十的「失蹤事件」是車臣游擊隊下的手，百分之三十歸咎於罪犯，百分之五十則要怪俄羅斯部隊。被俄方俘虜的車臣男性很少能夠活著回去。

儘管十分殘酷，卻難得有人公開反對那場戰爭。設法報導俄羅斯軍方所造成苦難的少數幾名記者，看樣子都已經被迫保持緘默。安德烈．巴畢茨基反駁了莫斯科有關「在格羅茲尼只有游擊隊員被殺」的講法，因而被普京譴責為「俄羅斯的叛徒」和「不再是俄羅斯記者」。安娜．波利特科夫斯卡雅曾經為《新報》進行著名的報導，撰文揭露在車臣的腐敗和暴力——結果她於二〇〇六年普京生日當天遭到謀殺。[3]

做為對俄羅斯占領行動的回應，車臣極端分子開始把俄羅斯城市當成攻擊目標。二〇〇二年時，一組為數四十人的男女恐怖分子，在莫斯科的「杜布羅夫卡劇院」挾持了八百五十名人質。經過兩天毫無結果的談判之後，俄羅斯特種部隊向劇院注入有毒氣體，並且衝進大樓。恐怖分子悉數被殺，但也有一百三十名人質死於這種氣體。[4]

二〇〇三年的時候，莫斯科扶植艾哈邁德．卡德羅夫成為車臣共和國的傀儡統治者，並賦予他全權來強力維護秩序。當過了一年他被暗殺之後，由他的兒子繼續接手。那位拉姆贊．卡德羅夫以凶狠出名，有人指控他以政府殺手部隊、酷刑和謀殺來粉碎其政權的反對者。一個名叫莫夫拉迪．拜薩羅夫，曾經在他手下擔任過軍事指揮官的人指出，「卡德羅夫表現得就好像一個中世紀的暴君。他可以為所欲為。他可以對任何女人做出他想做的任何事情。……他的行為完全不受懲罰。我知道有許多人被他下令處決，而且我知道他們被埋葬在哪裡……。假如有誰說出其所做所為的真相，那就等於是給自己簽署了催命符。」二〇〇六年十一月，拜薩羅夫在莫斯科遇刺身亡，暗殺地點距離克里姆林宮還不到一英里。

卡德羅夫繼續獲得普京支持。其政權的暴行受到了容忍，因為那被看成是確保俄羅斯安全的必要之惡。卡德羅夫告訴一名英國記者，他的工作在於「保護整個俄國，以便莫斯科和聖彼得堡的人們可以過和平的日子」。他表示：「普京好極了，應該成為終身總統。我們就需要強而有力的統治。民主只不過是美國人的幻想罷了。」

2 譯注：布達諾夫在二〇〇三年被判刑十年，二〇〇九年獲得假釋，二〇一一年被兩名槍手朝頭部連開四槍斃命。

3 像波利特科夫斯卡雅這樣的記者命運，變得驚人的類似。「記者保護委員會」指出，普京上任十年以來，俄羅斯總共有二十五名記者和特派員遇害——其中一半的人根本就不在交戰地帶附近。此外還有更多人慘遭毆打或受到威脅。

4 傷亡的部分原因在於：俄羅斯軍方拒絕向醫生透露所使用氣體的性質，他們聲稱這屬於軍事機密。

但卡德羅夫不能永遠保護俄羅斯。二〇〇四年的時候，車臣「黑寡婦」（丈夫被俄羅斯部隊打死的婦女）在莫斯科地鐵、一列火車，以及兩架飛機上引爆炸彈，殺害了好幾百人。不久之後，游擊隊在別斯蘭（北奧塞梯亞的一座城鎮）占領了一所學校。在三天時間內，恐怖分子將一千名學童和老師挾持於校內的體育館，焦急的父母親（其中一些人配備了武裝）則與特種部隊一同圍繞在外面等待。九月三日下午，使用坦克、火箭和重型武器的俄軍部隊在學校展開攻堅。於隨後的槍戰中，那棟體育館被烈火吞沒。超過三百名人質（其中大多數是兒童），失去了他們的生命。

弗拉基米爾・普京指責地方當局必須為別斯蘭慘案負責，並呼籲加強安全措施。他指出：「我們表現得軟弱無力，就會挨打。」他聲稱若干劫持人質者是阿拉伯人，並且強調，這證明了俄國和西方進行的是同一場國際反恐戰爭。這讓他能夠不理睬西方針對俄羅斯在車臣的殘暴行為所做的批評。在二〇〇六年的一場聯合新聞發表會上，喬治・布希總統表示：「我對普京總統說了我們的想法，希望推動一些國家在制度上有所改變，就像伊拉克那樣。現在伊拉克有新聞自由和宗教自由，我們美國許多人希望俄羅斯可以做同樣的改變。」普京當即反駁道：「我可以非常坦誠地告訴你，我們肯定不想要伊拉克那樣的民主。」

不過車臣依舊是普京的最大挑戰。攻擊俄羅斯平民目標的行動繼續了下去，其中還包括更多對莫斯科地鐵的炸彈襲擊。但普京拒絕針對該地區的自治權進行談判。他試圖說服西方，他打擊車臣「恐怖分子」的行動，與美國和英國在阿富汗和伊拉克的干預行動具有同等的道義正當性，但這樣的說服並不成功。

西方擺明要在昔日蘇聯各加盟共和國以及東歐附庸國家（俄羅斯的「近處的外國」）插手進行干涉，更增加了莫斯科的不滿。北約在二〇〇四年東擴到波羅的海三國之後，不旋踵又有受到美國撐腰的候選人在烏克蘭和喬治亞的總統大選中獲勝。俄國憤而指責華盛頓插手其傳統的「勢力範圍」。針對五角大廈計畫在波蘭和捷克部署美國飛彈防禦系統一事進行激辯之後，普京告訴「慕尼黑國際安全政策會議」：

美國在各個方面都逾越了它的國界。這從它強加於其他國家的經濟、政治、文化與教育政策上都明顯可見。誰喜歡這樣？誰對此感到高興呢？……

這當然是極其危險的事情。其結果是沒有任何人會感到安全。我想要強調這一點——沒有任何人會感到安全！因為沒有任何人能夠感覺到，國際法像一堵石牆那般地為他們提供保護。這樣的政策當然會挑起軍備競賽。

歷經葉爾欽年代的逆來順受之後，普京領導下的俄羅斯已經恢復了昔日的自信。二〇〇八年夏天，親美國的喬治亞政府在備受爭議的阿布哈茲和南奧塞梯亞兩地奪取控制權之後，克里姆林宮揮軍深入喬治亞本土，並且轟擊喬治亞首都提比利斯。俄羅斯針對烏克蘭「叛逃」（到北約和西方）所做出的回應，是提高俄國石油和天然氣的供應價格。烏克蘭的親西方總統維克托·尤先科則於二〇〇四年總統大選期間遭到下毒，以致健康受損、臉上布滿疤痕。有人堅稱（但未獲證實），克里姆林宮與此事脫離不了關係；此外人們日益相信，莫斯科正重新回到蘇聯時代在境外消滅敵人的做法。

★ ★ ★

二〇〇六年十一月，亞歷山大．利特維年科在倫敦被謀殺身亡。他指控普京製造了一九九九年的莫斯科公寓爆炸案之後，便逃跑到英國，起初受雇於波里斯．別列佐夫斯基那名流亡海外的寡頭。二人繼續以最激烈的措辭攻訐普京，在一家獨立的俄羅斯廣播電台呼籲進行革命。英國警方的調查顯示，利特維年科的死因是攝入了含釙的液體，而兩名前FSB特工——安德烈．盧戈沃伊和德米特里．科夫通——案發期間在倫敦去過的場所都被檢測出釙元素的殘留物。

「蘇格蘭場」（即倫敦警察廳總部）發出引渡令後，莫斯科拒絕交出盧戈沃伊。普京宣稱英國表現得活像是一個殖民強權：「他們告訴我們，我們應該修改我國的憲法，以便允許引渡。我認為那是對我們國家和我國百姓的侮辱。他們才應該改變自己的想法，而非告訴我們要修改我國的憲法！」過了沒有多久，盧戈沃伊當選為親政府黨派的俄羅斯國會議員，從而享有不被引渡的豁免權。[5]

俄羅斯國家電視台的評論員將「利特維年科謀殺案」比擬成史達林下令制裁托洛茨基。此種論點的用意是為了要抹黑那些反對克里姆林宮的人，但同時也反映出普京年代的一種新意願——希望修正人們對那位獨裁者的記憶。普京成為總理沒有多久之後，便在一九九九年十二月舉杯為史達林敬酒來慶祝自己的勝利；二〇〇三年三月的時候，他還允許在紅場上紀念那位昔日領導人逝世五十週年，有成千上萬人前往致敬。學校的歷史課本不再只是詳細講述史達林時代的暴力和苦難，反而寧願強調它的各種成就。[6]

西方為了俄國在人權問題上硬化立場而感到的不安，已因為歐洲對俄羅斯能源供應的依賴而被淡化。德國、希臘、芬蘭、義大利、奧地利和法國，以及所有前「東歐集團」的成員國，都大量地使用俄羅斯天然氣，所以很少有人願意過於公開批評。國際能源價格的上揚，以及俄羅斯的龐大供應量，也強化了普京與美國人打交道時的力度。

歷經一九九〇年代的衰頹之後，經濟在他的領導下獲得復甦，讓俄羅斯在國際舞台上有了真正的影響力。一九九八年的經濟崩潰雖曾導致國內生產總值急劇下降，但普京已力挽狂瀾，使得生活水準回到了相對較高的一九九〇年水平。工資已經上升，通貨膨脹則維持在可控制的範圍內。百分之十三的低單一稅率更鼓勵人們規規矩矩納稅，而非操作地下經濟，國家的財政收入於是增加。

不過問題繼續存在。儘管平均財富水準提高了，貧富之間的差距仍持續擴大。俄羅斯經濟依舊固執地依賴原材料的出口，並沒有做出多少努力來實現產業多樣化，或者改善其他部門的生產力。尤其農業方面的效率更是一直低落。在二〇〇八年的時候，石油和天然氣占俄羅斯預算收入的一半，是一九九九年水準的兩倍以上。

經濟上的成功使得普京維持了令人印象深刻的受歡迎程度——其支持率習慣性地徘徊在百分之八十左右，從未跌破百分之六十五。在二〇〇七年的國會選舉中，他的「團結黨」贏得了令人印象深刻的三分之二席次。其間固然明顯出現過選舉舞弊的跡象（包括在車臣的百分之九十九得票率），不過普京真正受到了歡迎。假如修改憲法允許他連任三個總統任期的話，應該也不會有多少人感覺奇怪。結果他卻選擇任命一個王儲——那位不怎麼出名的德米特里·梅德韋傑夫。他們宣布，如果梅德韋傑夫選勝的話，將由普京出任總理；選戰海報呈現出兩人肩並肩站立的模樣，上面寫著：「在

5 我在二〇〇七年二月前往克里姆林宮訪問時，曾經詢問普京的助理德米特里·佩斯科夫（Dmitry Peskov），俄羅斯總統是否曾親自下令殺死利特維年科。他雖然對我的猜測嗤之以鼻，卻掩飾不住他的老闆對那個人產生的強烈個人仇恨。他告訴我說：「總統很不高興。〔利特維年科〕對他做出的那些指控讓他十分生氣。他根本沒辦法相信，怎麼可能會有人針對他本人說出那些東西來……。他從來沒有試圖掩蓋或隱瞞，他確實非常不喜歡利特維年科先生。」

6 諸如名為「紀念」（Memorial）之類的組織正面臨越來越嚴重的騷擾，因為該組織的工作是爭取人權，以及確保蘇聯時期的暴行不被遺忘或重覆。二〇〇八年時，「紀念」人權組織的整個資料庫（含史達林各次大整肅的受害者名單），遭到警方沒收。

一起，我們將獲得勝利。」權位繼承被安排得十分巧妙，無怪乎梅德韋傑夫在二〇〇八年三月的總統選舉中，贏得了百分之七十的選票。他順利當上俄羅斯聯邦的第三位總統，並且以四十二歲的年紀，成為尼古拉二世之後最年輕的俄羅斯領袖。

梅德韋傑夫就像普京那般，是一位來自聖彼得堡的律師，他也曾經任職於市長辦公室，然後才在二〇〇五年成為普京的副總理。他無疑是普京的親信之一，而且他身高五呎二吋（一五八公分），令人滿意地比他的贊助者來得矮（五呎六吋，換算為一六八公分）。但他缺乏普京的KGB背景，這似乎影響到他總統任內的風格，甚至他的實際做法。梅德韋傑夫上任之初，所指出的最迫切政策目標之一是「依法行政」。他公開宣示：「我認為本人最重要的目標，將是保護公民自由與經濟自由。我們必須為法律的真正尊嚴而戰，以克服嚴重妨礙了現代化發展的法律虛無主義。」

從表面上看來，那彷彿是回到了較自由時代的「公民社會」論點。「法律虛無主義」所指稱的，就是各級法院俯首聽命於官員和政客的古老傳統。在涉及政府事務或國家經濟的案件上，克里姆林宮總是享有最後決定權——這種實務被普遍稱作「電話司法」，因為法官們守候在電話旁邊，以便曉得自己到底該做出怎樣的判決。如今梅德韋傑夫似乎願意讓出一些克里姆林宮的獨裁權力，允許更多的司法獨立。

隨著米哈伊爾．霍多爾科夫斯基在二〇〇九年第二度出庭受審，梅德韋傑夫的誠意受到極大考驗。由於二〇一二年將會舉行總統大選，克里姆林宮不願看見一個潛在的政治對手獲釋出獄。於是霍多爾科夫斯基遭到新的指控（說他從自己的公司偷走了上百萬噸石油），因而被判處更長的刑期。相關的指控非常牽強附會，甚至連俄羅斯新聞媒體都覺得那是政治起訴。如果梅德韋傑夫認真看待司法自由，而法官們被允許公正審案的話，應該會做出無罪判決。然而各項罪名依舊成立。法官的判決逐字引用了檢察官的起訴書，並且按照檢察官的具體求刑，將刑期從原先的八年追加至十四年。梅德韋傑夫一直不願意，或許是沒有辦法，改變舊有的做事方法。

官員腐敗的現象並不侷限於司法體系。在俄羅斯政府新的「國家主義」模式下，克里姆林宮的「西羅維基」官員們被任命掌管經濟關鍵部門。「俄羅斯石油公司」接收了米哈伊爾・霍多爾科夫斯基所屬「尤科斯公司」的資產之後，伊戈爾・謝欽繼續擔任該公司總裁；謝爾蓋・伊凡諾夫經營俄國最大的軍火製造商；德米特里・帕特魯舍夫（FSB局長之子）主持國家出口銀行；弗拉基米爾・亞庫寧掌管鐵路；梅德韋傑夫本身則是全國天然氣壟斷者「俄羅斯天然氣工業公司」的前任董事會主席。所有這些企業的財務狀況依然十分不透明，它們每日經手的金額多達數十億美元之譜。中飽私囊的機會一直存在，俄羅斯評論員便指控克里姆林宮的人手充分利用了機會。人們更特別相信普京已經預先為自己保留了遠遠多於所需的退休基金。[7]

梅德韋傑夫總統和普京總理之間的關係，曾經是許多猜測的主題。梅德韋傑夫的言論表明，他傾向於民主自由價值和自由市場經濟，普京則仍舊是強硬的國家主義者。但這種講法很難得到驗證，而且梅德韋傑夫上台之後，克里姆林宮的政策大方向並沒有出現明顯變化。那可能在於

7 昔日克里姆林宮圈內人斯坦尼斯拉夫・別爾科夫斯基（Stanislav Belkovsky）與他的「西羅維基」朋友們分道揚鑣之後，聲稱普京儘管只正式支領微薄的薪水，卻擁有四百億美元的銀行存款。他在二〇〇八年一月告訴我說：「我探討這個問題已經有兩年半的時間，所以它對我來說並不是一個新的話題。據我估計，弗拉基米爾・普京有效控制的資產至少價值四百億美元。那其中包括百分之三十七點五『蘇爾古特石油天然氣公司』（Surgutneftegaz）、百分之四點五『俄羅斯天然氣工業公司』，以及在海外進行石油和金屬貿易的『貢沃爾公司』（Gunvor）之股份。此事在距今九年之前仍不為人知，並且與普京最親密的朋友和商業夥伴之一——根納季・季姆琴科（Gennady Timchenko）——有所關聯。因此我可以想像，在普京控制下的資產可能比我所知道的還要多，它們至少多達四百億美元……。俄羅斯精英圈子有好幾百個局內人能夠證明這些數字……」。

梅德韋傑夫的「自由主義」遭到政治評論員誇大，或者是因為普京保留了做出關鍵決定的最後權力。普京稱呼梅德韋傑夫的時候，使用較親暱的「*ty*」；梅德韋傑夫回應普京時，卻使用更恭敬的「*vy*」[8]——此一事實暗示出來，普京仍然是資深合夥人。妮娜・赫魯雪娃（尼基塔・赫魯雪夫的孫女），便將梅德韋傑夫形容成「第一夫人……，只是在那邊用來充場面的」。

梅德韋傑夫用於標誌其總統任期的口號是「現代化」。他為了俄羅斯持續依賴石油和天然氣的出口而感慨不已，並要求更大的多樣化，尤其是進入新的高科技產業。他前往加州參觀訪問後，帶著赫魯雪夫那般的熱情回來，下令俄羅斯必須建立自己版本的矽谷。有時他會表示，經濟現代化將伴隨著政治自由和民主改革。他在二〇〇九年十一月指出：「我們不要原始的原材料經濟，應該創造出靈活的新經濟，來產生獨特的知識、新的有用的事物和技術。由領袖為每一個人思考和做出決定的社會已經過時，我們要變成一個由聰明、自由和負責任的百姓所組成的國家。」

那種新論調受到華盛頓的歡迎：歐巴馬總統呼籲做出「重新調整」來改善與莫斯科的關係，並且放棄了廣受憎恨的美國飛彈防禦系統。然而在梅德韋傑夫統治下，俄羅斯的人權記錄並無明顯進步，克里姆林宮向國內政治對手施加的壓力也並未減輕。他口中的「法律虛無主義」依然在俄國社會大行其道、俄羅斯的經濟表現改善得非常緩慢，而北高加索地區的動亂繼續造成傷亡，包括二〇一一年一月的時候，喪生於莫斯科主要國際機場自殺炸彈攻擊事件的三十五名俄國人和外籍人士。

★ ★ ★

歷史學家的工作並不在於預言未來。本書追蹤了俄羅斯歷史上的一些基本模式，而我認為合情合理的做法，是詢問它們還會不會繼續下去。

俄國人將自己民族身分中的二元對立，形容成「在歐洲的吸力和亞洲的拉力之間搖擺不定」。二者分別體現出一套社會價值觀——在「歐洲」是參與式政府，以及享有個人自由和經濟自由的公民社會；在「亞洲」則為中央集權的獨裁統治，以及相對欠缺的個人自由。

為什麼「亞細亞式的暴政」會在俄羅斯如此頑強？基輔羅斯曾經享有過仍處於胚胎階段的「參與式政府」——讓人驚鴻一瞥的「歐洲」公民價值觀。可是它失敗了。基輔之所以覆亡，是因為大權旁落到各個城邦的王公手中，然後隨著他們而散落民間，以致沒有強力的掌權者來確保國家的統一和全國的自衛。蒙古人卻帶來一種截然不同的國家概念，除了國家的權利之外不承認其他任何權利。蒙古人離開之後，莫斯科由於採用了與他們相近的模式而繁茂發展。俄羅斯人對強大統治者的渴望，便起源於那些年頭。

專制獨裁成為俄羅斯預設的統治模式之後，不發達的公民社會阻礙了「由下而上」的自發改變。除非搞出一場革命來，否則人民就沒有辦法促成改變發生。所以幾乎每一次的改革嘗試都「來自上面」（來自俄羅斯的統治者），而被迫出此下策的理由都是因為獨裁政體的地位受到了威脅。

等到一場真正「來自下面」的革命在一九一七年二月爆發之後，它答應要做出巨大改變，從俄羅斯歷史上的既定模式轉換到自由主義的議會制度。然而它遭到另外一種形式的專制獨裁政體劫持，陷入列寧式社會主義意識形態的專政。列寧和史達林重新拾起有關俄羅斯「彌賽亞使命」的神話；莫斯科「第三羅馬」則變成了莫斯科「第三國際」，注定要藉由共產主義這個新的宗教來救贖世界。

8 譯注：「ty」（ты）是俄文的「你」，「vy」（вы）則是俄文的「您」。「ty」主要只使用於熟人之間，以及跟小孩子講話的時候。

戈巴契夫的改革同樣是迫於無奈。正如同彼得和凱薩琳的改革都著眼於鞏固沙皇獨裁統治那般，戈巴契夫的目標也是為了要維護和振興共產黨獨裁統治。然而現在的某些事情已有所不同。俄羅斯百姓不再滿足於追隨來自上面的旨意，他們已經學會了要有自己的意見。長久以來有關「不可能由下而上改變」的定見早已煙消雲散，在一九九一年八月的時候，正是人民主動要求自由與民主。那是一種根本結構上的改變，表明未來可能會出現不一樣的情形。

促成改變的因素是全球化、資訊革命，以及戈巴契夫藉由「公開性」對此的認可。當我剛開始在莫斯科工作的時候，我不被允許帶著一台辦公室用的影印機過去，免得萬一有壞分子利用它來拷貝他們的反蘇宣傳資料。我若想收聽自己的「ＢＢＣ全球服務」報導，就只能在手中拿著一架短波收音機，從我六樓公寓的窗戶把身子探到窗外——否則蘇聯的電波干擾會讓人聽不見西方的廣播節目。

克里姆林宮不斷讓人民處於對外面世界一無所知的狀態，以便讓他們繼續相信蘇聯是天堂，而資本主義世界是一個地獄般的地方。但科技打破了黨對資訊的壟斷。戈巴契夫被迫允許人們使用電腦，藉以防止俄羅斯陷入經濟落後。但銅牆鐵壁已開始崩落。俄羅斯人很快就有機會使用衛星電視，接著是網際網路；他們開始旅行到西方，民主和自由市場的成功再也無法被隱瞞。俄羅斯人看見各個前東歐共產國家轉向西方，提高了他們的繁榮程度。於是在一九九〇年代，俄國似乎也在走上同樣的路線。

但俄羅斯所得到的並非繁榮與自由，而是經濟的崩潰、猖獗的犯罪和種族衝突。其結果是匆匆回到了過去行之有效的方法。俄國人想要秩序，他們並不在乎普京是否為此而限制了一些公民權利，以及撤銷了葉爾欽的自由放任經濟。鐵腕——強大的統治者——驀然重返，而俄國人樂見於此。

一九九〇年代自由主義實驗的結束，暴露出一些新的問題。這一次，獨裁統治的重新抬頭是經過人民同意，而非強加給他們的。普京政府和普京—梅德韋傑夫政府繼續受到真心歡迎。在俄國沒有人急著想重返葉爾欽時代；俄羅斯的自由主義反對派影響力很小，追隨者也不多。自由主義在一九九〇年代的失敗，難道只是因為引進它的方式不恰當？因為它受到舊體系的掣肘？因為西方疏於支持它？或者說，其失敗是更深層的因素所造成的結果？莫非具有向心趨勢的俄羅斯果真只能靠鐵腕來統治？

西方的樂觀主義者們表示，俄羅斯對歐美投資和歐美科技的依賴，將會使得她受到西方的政治與文化價值觀束縛——如果俄羅斯想要我們的錢，她就必須符合我們的法律規範與人權標準。那是一個引人入勝的想法，但並沒有事實根據。

弗拉基米爾．普京選擇攫取尤科斯石油公司的資產，並且將該公司的擁有者下獄之後，出現了來自倫敦、柏林和華盛頓的批評。評論家們做出預言，西方的資本將會逃離那個法治不彰、私營企業可被任意沒收的國家。就連德米特里．梅德韋傑夫似乎也承認那種論點。然後「尤科斯」還是被宣布破產，霍多爾科夫斯基則受到審判和定罪——不是一次而是兩次。這是對「西方價值觀」的斷然拒絕，西方投資者們卻依舊前往俄羅斯尋求快速的利潤。ＢＰ與「俄羅斯石油公司」簽訂了價值數十億美元的交易，而後者正是出售「尤科斯」資產的主要受益者。國際貿易上的聯繫顯然無法說服俄羅斯表現得像是一個歐洲國家，反而讓她相信自己喜歡怎麼做都可以。

俄羅斯將近一千年來都是一個擴張的帝國，起先受到獨裁君主們，然後受到一個獨裁政黨統治。其面積和實力既是對鄰國的挑戰，也是一種警告。其歷代統治者要求並且獲得了百姓的服從，百姓則反過來從自己國家的遼闊土地和豐富文化得到慰藉。然後帝國土崩瓦解，留下了萎縮殘破的俄羅斯，而她的統治者們表現得軟弱無力，既無法理解更無法主導事態的發展。

一九九一年的民眾革命並沒有帶來自由。之後的經濟「波雅爾大貴族們」竊取了國家財富，將之使用於扶植一名小丑總統。那是一個新的「混亂時期」，而其終結者是一位身材矮小卻駭人聽聞的先生。弗拉基米爾・普京給國家帶來的並非大國地位的重建，而是對重建大國地位的幻想；他並未在國內重建和平與安全，而只是讓人產生對那種安全的錯覺，但此錯覺會不時被炸彈和伊斯蘭攻擊小組扯破。克里姆林宮強勢、遙遠和腐敗的程度，與羅曼諾夫王朝統治時期沒有兩樣，而不知道其他統治形式的俄國百姓即使到了二十一世紀之初，仍然心甘情願地對它俯首聽命。喬治・布希在一九九一年耶誕節認為俄羅斯將會變得「跟我們一樣」——那種觀點非但在當時顯得受到了誤導，現在看來也是如此。

譯者跋　那一年，我也在莫斯科

本書作者是以ＢＢＣ前任駐莫斯科特派員之姿，用蘇聯末年八月政變期間的親身遭遇導出全書核心思路（「本書的宗旨，是要把我在一九九一年親眼目睹的各種事件，放入歷史脈絡當中，藉此突顯之前在俄國歷史上出現的一些轉捩點」）。出版社有鑑於此，希望譯者利用《俄羅斯：一千年的狂野紀事》改版機會，將自己在莫斯科的實地見聞整理成跋語，跟作者的導言遙相呼應。

譯者對導言中引用的詩篇──「造訪這個世界的人是有福的，在這命運交關的時刻！諸神召喚他來參加饗宴。讓他見識他們的大戲……」──心有戚戚焉，二話不說便接受了這項任務。因為我相繼在一九八九年十一月經歷柏林圍牆倒塌和兩德邊界開放、一九九〇年十月經歷東西德統一之後，於一九九一年一月從德國紐倫堡前往莫斯科任職，一直停留到一九九八年初。其間除鐵幕崩塌、冷戰結束、德國統一、蘇聯解體之外，還發生過各式天災、人禍、戰亂、政變、變天、改國歌、改國號等等事件，使得我見識到不少相當荒謬的大戲。

開始構思後，譯者想起自己二〇〇六年的一篇初稿（〈俄羅斯魔咒〉），稍加增刪即可用為開場白。或許長年在俄國待過的人都會有類似反應吧，該文雖草擬於本書英文原版推出六年以前，筆法卻接近作者的〈導言〉，也把俄羅斯比擬成天體，同樣引用了邱吉爾的名言和丘特切夫的詩作：

俄羅斯魔咒

俄國在世人眼中彷彿一個黑洞，連光線到了那邊都會彎曲或遭到吞噬。她超強的重力將一切訊息牢牢牽引，使之無法向外發散。於是我們往往只能透過傳了好幾手的資料來接觸她。可惜即使內行人也未必曉得該如何描繪這個國度。像邱吉爾就因為摸不透俄國的行為方式，一九三九年十月一日在廣播節目中公開宣稱：「她是包在謎中之謎裡面的一個謎」。俄羅斯人對自己的國家同樣一頭霧水，大半生擔任外交官的俄國詩人丘特切夫於是在十九世紀下半葉提筆寫道：

> 俄羅斯無法憑理智了解，不能用一般尺度來衡量：
> 她那裡存在獨特的事物——對俄羅斯只有相信的份。

丘特切夫與邱吉爾的說法很快深植人心，成為談論俄國時必備的兩大法寶。此類不可知論的觀點固然一針見血，卻很容易成為「魔咒」與託辭，讓人相信俄國反正無從理解，於是懶得進一步花功夫認識她。如此一來，縱使鐵幕早已崩塌，今日的俄羅斯聯邦依舊是地球上的一個大黑洞。

那麼，我們究竟該如何認識俄羅斯、該相信什麼呢？

俄國的確不是一個光靠理智就能了解的國度，當地的突發狀況層出不窮、處處充滿矛盾和不確定性，甚至連邏輯也只聊備一格，不能老是當真。既然此路不通，我們何不另闢蹊徑，從感性的一面來接近她？俄國人非常重視感情，在日常生活中所強調的是「感覺」（чувство/chuvstvo）與「心靈」（душа/dusha）。說不定二字正可成為打開俄羅斯之門的鑰匙。當代俄國名作家耶洛費耶夫（Victor

Yerofeyev）便基於類似的出發點，提出了一個積極的解決辦法：

> 俄國是會讓人緊張的。想要了解俄國，就必須先放鬆心情。……想要了解俄國，就必須將理性思考撇開，把自己當成一塊方糖，讓它溶解於俄羅斯日常生活的川流之中。

作者西克史密斯先生所採取的正是上述方式，現身說法帶領讀者一同體驗俄羅斯日常生活的川流。譯者從一九九一年（蘇聯邁向解體）至一九九八年（俄國經濟崩盤）旅居莫斯科的經驗，除了讓我同樣對俄國「不能用一般尺度來衡量」產生深刻領會之外，更得以不斷「溶解於俄羅斯日常生活的川流之中」。作者與譯者都在一九九一年置身莫斯科，同年八月政變爆發時，譯者恰巧回德國休假而與它失之交臂，作者的政變遭遇則啟發出本書。時至一九九三年，作者已調任至華盛頓，譯者卻在莫斯科經歷了總統砲轟國會的怪事，得以針對蘇聯解體後的發展做出一些補充報導：

從一九九三年的政變講起[1]

一九九三年十月三日星期天，蘇聯解體快滿兩年時，我走出莫斯科「斯摩棱斯克地鐵站」，前往俄國外交部大樓附近的「阿爾巴特街」吃午飯。一九九〇年代譯者住在莫斯科七年多期間，幾乎每週日中午都會去同一家餐館進食。這麼做的理由之一是它的位置極佳，坐落於圍繞莫斯科市中心的「花園環路」西側邊緣，我吃完即可從那裡朝著老城區隨興散步，調劑身心，以便迎接下一個星

1 主要部分撰寫於二〇一三年底，即開始翻譯《俄羅斯一千年》（初版中文書名）之前不久。

期的艱苦生活。另外一個理由則是，那家餐館可讓人略微產生「回到西方」的感覺。

打開天窗說亮話，它的店名叫做「麥當勞」，而我每次點的食物都是「大麥克」。雖然當時我還沒聽說過什麼「大麥克指數」，可是碰到通貨膨脹率連年高達四位數的時候，[2]想必任誰都會找一樣東西作為衡量物價的標準。像我在莫斯科就再自然也不過地發現，「大麥克」那一項全球各地大同小異的商品，恰好是使用起來非常方便的指標。反正不管其盧布價格再怎麼飆升，只需要把售價除以最新美元匯率，即可曉得整體物價大致又跑到哪裡。然而當天我沒想到自己的「大麥克指數」，因為有個突發事件把我的思緒給擾亂了。

面對窗戶坐下後，我發現街頭的人流已不知去向，只見保安警察魚貫現身，一字排開不讓人從餐館前門出入，更不讓任何人走向西邊的路口。我眼看苗頭不對，一吃完就從後門溜走，茫然沿著唯一的小徑北向前行，來到一個滾滾濃煙瀰漫天際的十字路口。在我左前方是背對「花園環路」嚴陣以待的鎮暴警察，右前方則是殺氣騰騰的示威群眾，正準備從市中心繼續向西挺進。對陣雙方之間則是簡陋的路障和燒個不停的廢棄輪胎。此刻我終於明白到底是怎麼一回事：

當時俄羅斯國會——最高蘇維埃——所在的「俄羅斯白宮」，位於我西北方一公里處；俄羅斯總統府所在的「克里姆林宮」，則位於「白宮」東方三公里外。不久前葉爾欽總統解散了俄羅斯國會，國會的反制措施則是任命副總統魯茨科伊擔任臨時總統。「俄羅斯憲政危機」如今已激化成總統府與議院的正面對決！雙方人馬中間雖還隔著五公尺左右的距離，但已可確定馬上會出亂子。於是我彷彿穿越象棋棋盤一般，硬著頭皮快步通過那道不斷冒煙的「漢界楚河」。

我才剛離開，兩邊就扭打成一團。鎮暴警察哪敵得過幾千人的怒火，很快便不支潰退。示威群眾突破「花園環路」，浩浩蕩蕩來到「白宮」與國會支持者會合之後，繼續乘勝追擊，在晚間攻占市區北郊的「奧斯坦金諾」電視中心，導致各家電視台的節目全部中斷。最後葉爾欽連夜調兵遣將，在第二天早上出動十輛坦克砲轟白宮，接著由特種部隊逐層掃蕩。攻堅行動結束之際，議員們紛紛舉手出來投降、魯茨科伊和國會議長哈斯布拉托夫遭到活捉、「白宮」門外堆滿了從裡面搬出的屍體、「白宮」頂端三分之一的樓層燒成焦黑、莫斯科實施宵禁一個月、街頭不時有人放冷槍……

說來諷刺的是，一九九〇年五月至翌年七月之間，葉爾欽本身就是俄羅斯最高蘇維埃主席，並以此身分與蘇聯總統戈巴契夫打對台。一九九一年八月政變時，葉爾欽更以首任俄羅斯總統的身分，與新上任的魯茨科伊副總統和哈斯布拉托夫議長協力捍衛「白宮」，抗拒保守派政變者的坦克。此後葉爾欽在國內外聲勢大漲，戈巴契夫則落到「令不出克里姆林宮」的地步，只得在一九九一年十二月二十五日黯然帶著蘇聯走下歷史舞台。

葉爾欽比戈巴契夫幸運許多：他只需要面對一位國會議長，戈巴契夫卻必須同時面對十五位國會議長——他們所屬的民族各不相同，而且後來多半當上了總統兼國父。

蘇聯是個中央集權、以黨領政的「聯盟國家」，由十五個加盟共和國共組而成。其中三個以斯拉夫人為主體、三個位於外高加索、五個在中亞、三個瀕臨波羅的海、一個在羅馬尼亞旁邊。他們都既「姓蘇」又「姓社」（蘇維埃社會主義共和國）。但俄羅斯太大，面積占蘇聯的百分之七十六，只有它被稱作聯邦：俄羅斯蘇維埃聯邦社會主義共和國（即我們習稱的「蘇俄」，和日後的「俄羅斯聯邦」）。蘇聯的全名則是「蘇維埃社會主義共和國聯盟」，亦簡稱「蘇維埃聯盟」。

一九八五年戈巴契夫成為蘇共總書記的時候，蘇聯早已百病叢生，「在官僚指令體制的束縛之

2　一九九二年：二五〇〇%，一九九三年：三〇〇〇%，一九九四年：二五〇〇%，一九九五年：一五〇〇%。

下幾近窒息。它注定要為意識形態服務，注定要背負軍備競賽的重擔，已經精疲力竭。」戈巴契夫決定從根本上改變一切，於是推出了「重建」、「開放性」，以及國際關係的「新思維」——以協商取代對抗。起初他的外交工作進行得相當順利。譯者仍住在西德的時候，戈巴契夫曾經前來訪問，受到口中高呼「戈比」、「戈比」（Gorby, Gorby!）的人群夾道熱烈歡迎。英美語言甚至必須發明「戈比狂」（Gorbymania）這個新字眼，否則無以形容他在西方受歡迎之程度。

戈巴契夫的對外開放政策使得譯者能夠拿到蘇聯簽證，從一九九一年一月中旬開始在莫斯科工作，幾乎完整經歷了蘇聯的最後一年。此外我抵達之後，曾在位於莫斯科河南岸、距離高爾基公園不遠的「十月飯店」（Hotel Oktyabrskaya）住了兩個月，親身體驗德國「蠍子合唱團」《改變之風》那首著名歌曲的情境：「我沿著莫斯科河，一直來到高爾基公園，聽著改變之風……」

可惜蘇聯沉痾已深，再加上戈巴契夫優柔寡斷、希望取悅每一個人的性格，讓「改變之風」吹得並不徹底，而我很快就學會了戈巴契夫的口頭禪——「Protsess poshyol」（Процесс пошёл）。它的意思雖然是「工作程序已經開展」，實際上卻只是空話一句。例如莫斯科合夥人安排我們住宿的「十月飯店」是蘇共黨中央的賓館，由KGB第九局負責維安。結果不管外面再怎麼改革開放，還是沒有人願意在「十月飯店」的室內談正事，因為裡面依舊到處裝設竊聽器。

戈巴契夫的經濟改革更是完全不成功，舊體制已遭破壞，新體制卻遲遲無法建立，蘇聯的民生反而更為凋敝。一九八七年時的蘇聯消費品產量僅占工業產量的四分之一，一九八八年以後的工農業生產又繼續不斷衰退。國內的殷切期盼，很快就變成了失望與絕望。與本書作者同時派駐莫斯科的《愛爾蘭時報》特派員康納．歐克勒瑞（Conor O'Clery）即曾對此做出非常生動的總結：「那些睡眼惺忪，（大排長龍）站在食品店外面髒兮兮、硬邦邦的冰雪上面滑來滑去的購物者當中，沒有多少人會因為戈巴契夫辭職下台而落淚。他們是透過空空如也的商店櫥窗所構成的稜鏡來評斷他。」既然經濟救不起來，戈巴契夫只得在政治改革上多加著力。於是譯者抵達莫斯科之後，聽到過這麼一則蘇聯政治笑話：阿穆爾河（黑龍江）的岸邊有兩隻狗——南岸那一隻長得肥嘟嘟，可是不准吠叫；北岸那一隻叫得震天價響，然而瘦成皮包骨。

戈巴契夫在內政方面固然做出了諸如釋放政治犯、開放言論自由、摒棄一黨專政、排除意識形態上的自我欺騙等等非凡表現，但正如歐克勒瑞所說：「人們從此能夠遊行、示威、在選舉中投票、批評共產黨，以及享有自由了許多的媒體。然而當他那麼做的時候，所釋放出的力量恐有摧毀他所領導的政黨之虞。」結果戈巴契夫的「開放性」變成自暴其短，讓百姓曉得了蘇共不堪的過去，以及蘇聯現實生活中的困境與混亂，導致不滿之聲四起。更糟糕的是，戈巴契夫過於輕忽民族問題，而且他提拔了那個自相矛盾、凡事愛走極端、日後不惜用坦克砲轟國會的葉爾欽。

一九八八年以前，戈巴契夫聲勢正旺的時候，曾把葉爾欽找來擔任蘇共莫斯科市委書記，讓他像推土機一般地在首都清除改革障礙。誰知葉爾欽好出風頭、不肯屈居人下，是「參加婚禮會把新郎打跑，參加葬禮就自己躺進棺材」的那種類型（一九九四年他去柏林參加俄軍撤出德東的儀式時，竟真的從德國樂隊指揮手中搶下棒子，醉醺醺地瞎指揮起來）。結果「反貪腐急先鋒」成了「自體免疫疾病」，到處瞎撞亂打。但由於他善於操弄民粹，而且口不擇言批評的對象是惹人厭的蘇共，反而讓自己在民間的威望扶搖直上。戈巴契夫多次被葉爾欽惹毛之後，在一九八七年十一月以極盡羞辱的方式將他免職，從此與他結下深仇大恨。但戈巴契夫為了維護自己在西方的良好形象，還是讓葉爾欽留在中央出任副部長級的閒差事，以致養虎貽患。

經濟困局導致鬱積的民族主義爆發出來。一九八九年——二戰爆發五十週年——更成為分水嶺。蘇聯外高加索地區發生嚴重動亂、波羅的海三國出現獨立呼聲，蘇聯境外的東歐集團也在同一年全面變天，其極致就是柏林圍牆倒塌，以及羅馬尼亞共黨領袖在聖誕節遭到槍決。國內的亂局和東歐的崩盤使得戈巴契夫地位持續滑落——「民主派」嫌他改革得不夠，共黨保守勢力又指責他改革過了頭，以致蘇聯經濟脫序、國力衰退，而且失去東歐。

蘇聯經濟在一九九〇年更無起色，戈巴契夫於是加緊推動政治改革，不但鼓勵十五個加盟共和國舉辦民主選舉，還取消蘇聯憲法第六條（蘇共一黨專政的法源依據），改由引進蘇聯總統職銜來鞏固自己的地位。可惜他不敢面對人民的考驗，於是一人參選，讓蘇聯最高蘇維埃「例外」通過由他出任首位蘇聯總統。可是他的總統身分缺乏民意基礎，而且越來越得不到百姓尊重。一九九一年初便有莫斯科人很不屑地告訴譯者說：「戈巴契夫是誰？我可從來沒選過他！」

葉爾欽利用此良機「死而復生」，憑藉以親民姿態積聚起來的政治資本開始報仇。他先在一九八九年當選蘇聯人民代表和最高蘇維埃委員，儼然成為民主反對勢力的大頭目。第二年當選俄羅斯人民代表之後，進而獲選為最高蘇維埃主席，變成俄羅斯的領袖。他當家作主兩星期後，俄羅斯人代會就在一九九〇年六月十二日通過《俄羅斯蘇維埃聯邦社會主義共和國國家主權宣言》。此例一開，其餘加盟共和國紛紛跟著宣布自主。沒有民意基礎的戈巴契夫面對十五位民選的國會議長兼共和國元首，在內政方面也只得以協商取代對抗，並且宛如先知般地表示：「我該怎麼做呢——難道要我向我自己建立起來的議會開砲嗎？」

在這種環境下，譯者於一九九一年一月來到莫斯科。當時蘇聯雖已不穩，但除了到處鬧哄哄之外，並不會讓人感覺它即將解體。縱使葉爾欽在六月當選了俄羅斯總統，導致克里姆林宮出現雙雄對峙的局面，戈巴契夫仍與九個願意留下的「主權國家」談判妥當，預備於八月二十日簽約建立一個新的聯盟。戈巴契夫隨即在八月初放心地去克里米亞度假，譯者也差不多同時飛往德國好好喘一口氣。然而戈巴契夫曾在一九九〇年底向舊體制妥協，擢升了不少蘇共強硬派人士。最後蘇聯黨、政、軍、警、特、工、農的高層人士於簽約前一天聯手發動政變，非但軟禁戈巴契夫，還把坦克開進莫斯科。於是蘇聯的氣數已定，而譯者卡在德國暫時回不去了。

幸運或不幸的是，政變者過於文明，跟戈巴契夫一樣害怕流血，以為光靠坦克進城嚇唬人就夠了，還讓葉爾欽在「白宮」前面爬上坦克當了英雄。那場為時三天的鬧劇結束後，蘇聯官方早已威信掃地、共黨形同遭到查禁，戈巴契夫從此只能任由葉爾欽擺布。譯者於九月初終於飛回莫斯科時，除了哈薩克和俄羅斯之外，各加盟共和國皆已宣布獨立！哈薩克雖是戈巴契夫的盟友，卻幫不上忙；葉爾欽的俄羅斯則分批接收黨產和國產，而且稅金不上繳中央，等著給蘇聯收屍。

譯者查閱了一下自己當時的信函，發現在九月中旬寫著「蘇聯的權力正逐漸分散」。十月中旬是「現在蘇聯已經成了一個空架子，各單位紛紛被共和國接管。」十月下旬是「蘇聯經濟完全脫序」，以及「商店裡面先是雞蛋不見了，現在肉也沒有了，莫斯科有十天買不到麵包……據老一輩人說，目前情況『比大戰的時候還要糟糕！』一般人無心工作，上班時間滿街都是人，有隊就排。人人口中隨時掛著『ужас』(uzhas，可怕）這個字眼。」十月三十一日為「今天是舊蘇聯[3]歷史上的最後一天。從明天開始國家對物價基本上不再補貼，以後物價完全由市場供需來決定，對蘇聯人而言將是天

3「舊蘇聯」在此有兩個意思：一、戈巴契夫準備與九個共和國簽約成立一個結構鬆散的「新蘇聯」（保守派不肯，於是發動政變阻撓簽約）。二、蘇聯對民生必需品進行補貼，所以國內物價脫離了現實——例如麵包比麵粉便宜很多，因為麵包有補貼而麵粉則無；譯者住在黨中央開設的「十月飯店」時，早餐的豐盛百匯只要三盧布（有補貼），比五盧布一個的大麥克便宜！由於蘇聯從第二天開始不再補貼物價，所以是「舊」蘇聯的最後一天——準備步履蹣跚地走上市場經濟的「新」蘇聯（雖然一個多月後即告解體）。

文數字。」十一月上旬為「七日大概是蘇聯最後一次慶祝十月革命（已有許多蘇聯人稱它為十月政變）。」十一月底是「蘇聯政府已經發不出薪水，對外經貿銀行已無外匯，蘇聯人民對前途已完全失去信心。」十二月二十三日則為「蘇聯已死，但軍隊仍存在。」

可見蘇聯已在政變後逐步消失，戈巴契夫的辭職演說則表示他終於承認了既成事實。當時一般人困於生計，根本無暇顧及那個名存實亡的國家的解體，卻沒想到苦日子才要開始——葉爾欽推行新自由主義經濟的「放任資本主義」，在國內實施「休克療法」，結果只有休克而無治療。他和親信們過著沙皇般的生活，昔日「民主人士」則淪為掠奪國產的主角或配角，變成戈巴契夫口中「擠在飼料槽旁邊的豬群」。百姓一年半載領不到工資或退休金是常事，但縱使領到了，那幾百或幾千盧布也少得可笑。我們不妨用「大麥克指數」簡單感受一下當時的氛圍：一九九一年初，大麥克售價為五盧布，蘇聯解體之際是二十八盧布。一九九八年譯者離開莫斯科時，年初的大麥克售價為一萬二千盧布，年底則是三十三點五盧布（那年夏天俄國經濟崩潰後，葉爾欽政府把鈔票面額畫掉了三個零）。[4]俄國經濟在普京任內才又活過來，所以他敢冒天下之大不韙回鍋當總統。

★　★　★

本書生動翔實地刻畫出俄羅斯一千年來時而狂野、時而令人匪夷所思的故事。譯者很高興有機會把它翻譯出來，並與各位朋友共同回味我人生中最變幻莫測的時光。這篇跋語更別具意義，因為我是在一九九一年一月首度前往莫斯科，它正可拿來紀念譯者前往蘇聯以及蘇聯解體三十週年。行文至此，但願在譯者跋與作者導言的對照呼應下，更能夠協助讀者產生「方糖般的感覺」。

周全

二〇二一年一月在台北

寫於出發前往蘇聯三十週年前夕

4 依民間匯率來計算，一九九一年的莫斯科大麥克售價都少於零點四美元（台幣十元有找）。按照一九九八年的官價，年初的一萬二千盧布等於二美元（台幣六十六元），年底的三十三點五盧布（三萬三千五百盧布）則為一點三五美元（台幣四十五元）。可是對只有盧布的一般俄國百姓來說，漲了上千倍的物價意味著畢生積蓄化為烏有！

Caves（Pechersk Lavra）
涅斯托爾 Nestor
近洞窟 Blizhnie Pechery（Near Caves）
聯合國教科文組織 UNESCO
窩瓦河（伏爾加河）Volga
弗拉基米爾大公 Grand Prince Vladimir
聖米哈伊爾金頂修道院（聖米迦勒金頂修道院）St Michael's Monastery
西里爾和美多迪烏斯 Cyril and Methodius
塞薩洛尼基 Thessaloniki
西里爾字母 Cyrillic alphabets
布爾什維克黨人 Bolsheviks
弗拉基斯拉夫·霍達謝維奇（流亡西歐的俄國詩人）Vladislav Khodasevich
克瓦斯（低酒精飲料）Kvas
波里斯與格列布（弗拉基米爾遇害的兩個兒子）Boris and Gleb
斯維亞托波爾克（殺害兄弟的基輔大公）Svyatopolk

★ 第3章

大公（基輔大公）Grand Prince（Velikiy knyaz'）
里亞贊（歐俄城市，「梁贊」）Ryazan
蘇茲達爾（歐俄城市，「蘇茲達里」）Suzdal
羅斯托夫（歐俄城市）Rostov
雅羅斯拉夫爾（歐俄城市）Yaroslavl
穆羅姆（歐俄城市）、Murom
切爾尼戈夫（位於今日烏克蘭北部的城市）Chernigov（Chernihiv）
普斯科夫（歐俄城市）Pskov
弗拉基米爾（歐俄城市）Vladimir
波洛茨克（位於今日白俄羅斯北部的城市）Polotsk
加利奇（位於今日西烏克蘭的城市）Galich（Halych）
別爾哥羅德（歐俄城市）Belgorod
羅斯的施洗者弗拉基米爾大公 Vladimir the Bringer of Christianity
斯摩棱斯克（歐俄城市）Smolensk
聖尼古拉教堂 St Nicholas's Church
維切 Veche
黑死病鐘 Plague Bell
恐怖的伊凡（伊凡雷帝）Ivan the Terrible
地方行政長官 Posadniki
千夫長（一千位公民的代表人）Tysiatskiis
波雅爾（大貴族）Boyars
庶吉人（即中產階級市民）Zhitye liudi
黔首（納稅的下層市民）Chernye liudi
弗謝沃洛德·姆斯季斯拉維奇 Vsevolod Mstislavich
留里克城寨 Rurikovo Gorodishche
法治國家 Pravovoe gosudarstvo
條頓騎士團 Teutonic Knights
多爾帕特「采邑主教」赫爾曼 Prince Bishop Hermann of Dorpat
塔爾圖戰役 Battle of Tartu
亞歷山大·涅夫斯基 Alexander Nevsky
謝爾蓋·愛森斯坦 Sergei Eisenstein
楚德湖（帛布斯湖）Chudskoe Lake（Lake Peipus）
謝爾蓋·普羅高菲夫（普羅科菲耶夫）Sergei Prokofiev
波羅維茨人（波洛夫齊人，突厥族的欽察人）Polovtsians（Polovtsi, Kipchaks, Cumans）
伊戈爾·斯維亞托斯拉維奇大公 Prince Igor Sviatoslavich
諾夫哥羅德—謝維爾斯基（今日烏克蘭北部城鎮）Novgorod Seversky
南極的史考特 Scott of the Antarctic
輕騎兵隊的衝鋒 The Charge of the Light Brigade
《伊戈爾遠征記》*The Song of Igor's Campaign*
頓河 Don
列夫·托洛茨基 Leon Trotsky（Lev Trotsky）
亞歷山大·利特維年科（叛逃的俄國特工）Alexander Litvinenko

★ 第4章

莫傑斯特·穆索斯基 Modest Mussorgsky
《展覽會之畫》*Pictures at an Exhibition*
〈基輔英雄城門〉*The Heroes' Gates in Kiev*
〈基輔大城門〉*The Great Gate of Kiev*
莫里斯·拉威爾（法國作曲家）Maurice Ravel
愛默生、雷克與帕瑪（一九七〇年代前衛搖滾樂團）Emerson, Lake and Palmer
維克托·哈特曼 Viktor Hartmann
金門 Zoloti Vorota（Golden Gates）
拔都汗 Khan Batu
韃靼人 Tartars

聖母升天大教堂 Cathedral of the Assumption
阿格麗品娜公主 Princess Agrippina
科洛姆納（歐俄城市）Kolomna
什一稅教堂 Desyatinna Tserkva（Church of the Tithes）
尼古拉・卡拉姆津（十九世紀俄國歷史學家）Nikolai Karamzin
金帳汗國 Golden Horde
彼得・恰達耶夫（十九世紀俄國政治哲學家）Pyotr Chaadayev
斯德哥爾摩症候群 Stockholm Syndrome
圖拉（歐俄城市）Tula
庫里科沃原野（鷸野）Kulikovo Polye
庫里科沃戰役 Battle of Kulikovo Polye
頓斯科伊（頓河之人）Donskoy

★ 第5章

莫斯科大公國 Muscovy
伊凡・卡利塔（伊凡一世、「錢袋」伊凡）Ivan Kalita（Ivan I, Ivan Moneybags）
天使長米哈伊爾大教堂 Cathedral of Archangel Michael
大牧首彼得 Metropolitan Pyotr
安德烈・塔可夫斯基 Andrei Tarkovsky
安德烈・盧布廖夫（十四世紀莫斯科聖像畫家）Andrei Rublev（Andrei Rublyov）
《白色僧帽的故事》*The Legend of the White Cowl*
哈加爾（夏甲，阿拉伯人的祖先）Hagar
沙皇 Tsar
獨裁者 Samoderzhets（autocrat）
全俄羅斯的統治者 Sovereign of all the Russias
卡西米爾四世（波蘭和立陶宛的國王）Kazimierz IV（Casimir IV）
維爾紐斯（立陶宛首都）Vilnius
舍隆河戰役 Battle at the River Shelon
《諾夫哥羅德編年史》*Novgorod Chronicle*
伊凡・瓦西里耶維奇（伊凡三世）Ivan Vasilievich（Ivan III）
拉丁教義 Latinism
俄羅斯土地的收集者 Gatherer of the Russian Lands
特維爾（歐俄城市）Tver

★ 第6章

恐怖的伊凡（伊凡四世、伊凡雷帝）Ivan the Terrible（Ivan IV）
伊凡・格羅茲尼（令人敬畏的伊凡、伊凡雷帝）Ivan Grozny（Ivan the Terrible）
約瑟夫・史達林（斯大林）Josef Stalin
維亞切斯拉夫・莫洛托夫 Vyacheslav Molotov
安德烈・日丹諾夫 Andrey Zhdanov
伊凡・佩列斯韋托夫（伊凡雷帝的顧問）Ivan Peresvetov
德維納河 Dvina
利沃尼亞人 Livonians
賈爾斯・弗萊徹（英國駐莫斯科大公國大使）Giles Fletcher
《論俄羅斯國協》*Of the Russe* Commonwealth
馮・赫伯斯坦男爵（神聖羅馬帝國駐莫斯科大使）Baron von Herberstein（Siegmund Freiherr von Herberstein）
《莫斯科大公國記事》*Rerum Muscoviticarum Comentarii*（*Notes on Muscovite Affairs*）
特轄軍（伊凡四世的秘密警察）Oprichniki
特轄區 Oprichnina
馬留塔・斯庫拉托夫（特轄軍的頭目）Malyuta Skuratov
安德烈・庫爾布斯基親王 Prince Andrei Kurbsky
喀山汗國 Khanate of Kazan
《大憲章》*Magna Carta*
瓦西里・克柳切夫斯基（十九世紀俄國歷史學家）Vasily Kliuchevsky
《俄羅斯國家史》*History of the Russian State*
《俄羅斯紀實》*An Account of Russia*

★ 第7章

《波里斯・戈都諾夫》（「鮑里斯」・戈東諾夫）*Boris Godunov*
混亂時期 Time of Troubles
費奧多爾（伊凡雷帝的弱智繼承人）Fyodor（Fedor）
留里克王朝 Rurik Dynasty
偽德米特里 False Dmitriy
格里戈里・奧特列皮耶夫（偽德米特里一世）Grigory Otrepev（False Dmitriy I）

庫茲瑪・米寧 Kuzma Minin
波扎爾斯基 Pozharsky
聖瓦西里大教堂（聖巴西爾大教堂）St Basil's Cathedral
下諾夫哥羅德 Nizhny Novgorod
格爾莫根（東正教大牧首）Germogen
全國縉紳會議 Zemskii Sobor
米哈伊爾・羅曼諾夫（米哈伊爾一世）Mikhail Romanov（Mikhail I）
《伊凡・蘇薩寧的故事》*The Tale of Ivan Susanin*
米哈伊爾・葛令卡 Mikhail Glinka
《為沙皇獻身》*A Life for the Tsar*
馬特維・庫茲明（蘇聯游擊隊員）Matvey Kuzmin
《光榮頌》*Slavsya Ty, Rus' Moya!*（*Glory!*）
俄羅斯民族統一日 Russian National Unity Day
俄羅斯民族統一黨 The Russian National Unity Party

★ 第8章

傑尼斯・馬祖耶夫（俄國鋼琴家）Denis Matsuev
葉爾馬克・季摩費耶維奇 Yermak Timofeyevich
卡馬河 Kama
喀山（歐俄城市）Kazan
哥薩克人 Cossacks
斯特羅加諾夫（殖民西伯利亞的貴族家庭）Stroganovs
庫楚姆汗 Khan Kuchum
額爾齊斯河（中國唯一流向北冰洋的河流）Irtysh
卡梅申卡（額爾齊斯河的支流）Kamyshinka
德米特里・蕭斯塔科維奇 Dmitriy Shostakovich
《姆岑斯克縣的馬克白夫人》*Lady Macbeth of the Mtsensk District*
伊薩克・列維坦（十九世紀猶太裔俄國畫家）Isaak Levitan
《弗拉基米爾卡路》*The Vladimirka Road*
奧西普・曼德施塔姆 Osip Mandelstam
亞歷山大・索忍尼欽（索爾仁尼琴；索忍尼辛）Alexandr Solzhenitsyn
古拉格（勞改營管理總局）Gulag（ГУЛаг）
秋明（西伯利亞城市）Tyumen
巴熱諾夫勞改營 Bazhenov labour camp
ITL（勞改營）ITL（ИТЛ—Ispravitel'no-Trudovoy Lager'）
內務人民委員會（秘密警察）NKVD（People's Commissariat for Internal Affairs）
紀念（俄國人權組織）Memorial
葉夫根尼・葉夫圖申科（現代俄國詩人）Yevgeny Yevtushenko
《濟馬車站》*Stantsiya Zima*
葉卡捷琳堡（橫跨歐亞兩洲的城市）Yekaterinburg
舊信仰者（舊儀式者）Old Believers（Starovery, Staro-obryadtsy）
清教徒前輩移民（搭乘「五月花號」赴美的清教徒）Pilgrim Fathers
阿瓦庫姆・彼得羅夫（「舊信仰者」的代言人）Avvakum Petrov
《阿瓦庫姆的生平》*Life of Avvakum*
尼康（東正教大牧首）Nikon
聖像屏壁 Iconostasis
《霍凡興那》*Khovanshchina*

★ 第9章

《嘉年華結束了》*The Carnival Is Over*
逐夢者合唱團 The Seekers
《斯堅卡・拉辛》*Stenka Razin*
薩拉托夫（歐俄城市）Saratov
薩馬拉（歐俄城市）Samara
阿斯特拉罕（歐俄城市）Astrakhan
《斯堅卡・拉辛的死刑》*The Execution of Stenka Razin*
《斯捷潘・拉辛的死刑》*The Execution of Stepan Razin*
派翠克・戈登 Patrick Gordon
亞歷山大・戈登 Alexander Gordon
愚人與弄臣的滑稽醉酒宗教會議 All-joking, All-drunken Synod of Fools and Jesters
地獄之火俱樂部 Hellfire Club
哈爾王子 Prince Hal
廣場恐懼症 Agoraphobia
格林尼治王室船塢（「格林威治」王室船塢）Royal Dockyards at Greenwich
約翰・佩里船長 Captain John Perry
德特福德船塢 Deptford Yard
維圖斯・白令 Vitus Bering
使徒聖彼得 St Peter the Apostle
涅瓦河 Neva
〈青銅騎士〉*The Bronze Horseman*

樞密院廣場 Senate Square
埃爾米塔什博物館 Hermitage Museum
供奉制度（包稅制度）Kormlenie（tax farming）
官階表 Table of Ranks
尚・魯塞・德・密西 Jean Rousset de Missy
戈比（百分之一盧布）Kopek
俄國人的皇帝 Imperator Russorum（拉丁文）
射擊軍 Streltsy
孔德拉季・布拉溫 Kondraty Bulavin
光榮革命 Glorious Revolution
《權利法案》*Bill of Rights*
費歐凡・普羅科波維奇 Feofan Prokopovich
《精神規章》*Spiritual Regulations*
瓦西里・塔季謝夫 Vasily Tatishchev

★ 第10章

普列奧布拉仁斯基近衛團 Preobrazhensky Regiment
彼得・舒瓦洛夫 Peter Shuvalov
凱薩琳大帝（葉卡捷琳娜大帝）Catherine the Great（Yekaterina the Great）
索菲亞・奧古斯塔・馮・安哈特—策爾布斯特 Sophia Auguste of Anhalt-Zerbst（Sophie Auguste von Anhalt-Zerbst）
小范朋克 Douglas Fairbanks Jr.
卡爾小姐 Mademoiselle Karr
格里戈里・奧爾洛夫 Grigory Orlov
涅瓦大街 Nevsky Prospekt
伏爾泰 Voltaire
孟德斯鳩 Montesquieu
《法意》*Spirit of the Laws*
狄德羅 Diderot（Denis Diderot）
俄羅斯法典起草委員會 All-Russian Legislative Commission
《訓令》*Nakaz*
塔夫利達宮（陶立德宮）Tauride Palace（Tavrichesky Dvorets）
獨立國協各成員國「跨議會大會」Inter-parliamentary Assembly of Member Nations of the CIS
加夫里爾・傑爾扎溫 Gavril Derzhavin
格里戈里・波坦金（格里戈里・波將金）Grigory Potemkin
羅伯特・甘寧爵士（英國駐俄大使）Sir Robert Gunning
奧倫堡（烏拉山南部城市）Orenburg
葉梅利揚・普加喬夫 Yemelyan Pugachev
《上尉的女兒》*The Captain's Daughter*
察里津（史達林格勒）Tsaritsyn（Stalingrad）
亞歷山大・拉季謝夫 Alexander Radishchev
《從聖彼得堡到莫斯科之旅》*Journey from Petersburg to Moscow*
波坦金村（波將金村）Potemkin villages（Potyomkin Village）

★ 第11章

《一八一二序曲》*1812 Overture*
亞伯特音樂廳 Albert Hall
保羅一世（帕維爾一世）Paul I（Pavel I）
加特契納 Gatchina
專制主義的堡壘 Citadel of Autocracy
米哈伊爾・斯佩蘭斯基（「俄國的伏爾泰」）Mikhail Speransky
阿列克謝・阿拉克切耶夫（保守派陸軍大臣）Alexei Arakcheev
阿拉克切耶夫制度 Arakcheyevshchina
提爾西特（東普魯士的城鎮）Tilsit
埃爾福特（德國中部城市）Erfurt
博羅季諾（莫斯科州的村落）Borodino
《戰爭與和平》*War and Peace*
皮埃爾・別祖霍夫 Pierre Bezukhov
米哈伊爾・庫圖索夫 Mikhail Kutuzov
塞居爾伯爵 Le Comte de Ségur
《拿破崙及其大軍在一八一二年的歷史》*Histoire de Napoléon et de la grande armée pendant l'année 1812*
萊比錫會戰 Battle of Leipzig（1813）
塔甘羅格（南俄海港）Taganrog
尼古拉・涅克拉索夫 Nikolai Nekrasov
《俄羅斯女人》*Russkie Zhenshchiny*（*Russian Women*）
聖以撒大教堂 St Isaac's Cathedral
彼得保羅要塞 Peter and Paul Fortress
帕維爾・彼斯捷爾 Pavel Pestel
謝爾蓋・穆拉維約夫—阿波斯托爾 Sergei Muravyov-Apostol
米哈伊爾・別斯圖熱夫—留明 Mikhail Bestuzhev-

Ryumin
彼得・卡霍夫斯基 Pyotr Kakhovsky
孔德拉季・雷列耶夫 Kondraty Ryleev
一九一六年復活節起義 1916 Easter Rising
本肯多夫伯爵 Count Benckendorff
薩爾蒂科夫—謝德林（俄國諷刺作家）Saltykov-Shchedrin
格列布・烏斯片斯基（俄國民粹主義作家）Gleb Uspensky
亞歷克西・德・托克維爾 Alexis de Tocqueville
《舊制度與大革命》（《舊政權與法國大革命》）*L'Ancien Régime et la Révolution*

★ 第12章

車臣（北高加索地區）Chechnya
阿列克謝一世 Alexei I
博格丹・赫梅利尼茨基（哥薩克領袖）Bogdan Khmelnitsky
亞速海（亞速夫海）Azov Sea
達吉斯坦（北高加索地區）Dagestan
印古什（北高加索地區）Ingush
《高加索的俘虜》*A Captive of the Caucasus*
阿列克謝・葉爾莫洛夫將軍 General Alexei Yermolov
橙劑（美軍在越戰使用的化學戰劑）Agent Orange
格羅茲尼（車臣首府）Grozny
米哈伊爾・萊蒙托夫 Mikhail Lermontov
《當代英雄》*A Hero of Our Time*
皮亞季戈爾斯克（五峰城，五山城）Pyatigorsk
別什圖山 Mount Beshtu
馬舒克山 Mashuk
卡茲別克山 Kazbek
厄爾布魯斯山 Elbrus
《哈吉・穆拉特》*Hadji Murat*
謝爾蓋・維特 Sergei Witte
大競局（大博奕）Bolshaya Igra

★ 第13章

《死魂靈》*Dead Souls*
《羅斯法典》*Russkaya Pravda*
塞瓦斯托波爾 Sevastopol
克里米亞戰爭（克里木戰爭）Crimean War
聯合責任 Krugovaya poruka
聖喬治節 St George's Day
特羅伊茨克 Troitsk
達麗亞・薩爾蒂科娃 Darya Saltykova
紅帕赫拉 Krasnaya Pakhra
特列季亞科夫畫廊 Tretyakov Gallery
伊利亞・列賓 Ilya Repin
《伏爾加河上的縴夫》*Barge Haulers of the Volga*
《庫斯克省的宗教行列》*Religious Procession in Kursk*
伊凡・岡察洛夫 Ivan Goncharov
《獵人筆記》*A Sportsman's Sketches*
《安娜・卡列尼娜》（托爾斯泰的小說）*Anna Karenina*
《伊凡・伊里奇之死》（托爾斯泰的小說）*The Death of Ivan Ilyich*
湯瑪斯・愛迪生 Thomas Edison
《我不能沉默》*I Cannot Remain Silent*
赫爾松（今日烏克蘭南部城市）Kherson
《解放農奴宣言》*Manifesto on the Emancipation of the Serfs*
彼得・克魯泡特金 Pyotr Kropotkin
《一個革命者的回憶錄》*Memoirs of a Revolutionist*
基督救世主大教堂 Cathedral of Christ the Saviour
《資本論》*Das Kapital*
人民意志黨 Narodnaya Volya（The People's Will）
尼古拉・雷薩科夫（人民意志黨革命分子）Nikolai Rysakov
伊格納季・格里涅維茨基（人民意志黨革命分子）Ignaty Grinevitsky (Ignacy Hryniewiecki)
《洛里斯—梅利科夫憲法》*Loris-Melikov Constitution*
薇拉・菲格涅爾 Vera Figner

★ 第14章

熱利亞博夫（人民意志黨革命分子）Zhelyabov（Andrei Zhelyabov）
索菲亞・彼羅夫斯卡雅（人民意志黨革命分子）Sofia Petrovskaya
阿爾貝・卡繆 Albert Camus
《反抗者》*The Rebel*
《革命的讚美詩》*Hymn of the Revolutionary*
尼古拉・諾維科夫 Nikolai Novikov
平民知識分子 Raznochintsy
《哲學書簡》*Philosophical Letters*

薩密茲達（地下出版物）Samizdat
《瘋人的辯護》*The Vindication of a Madman*
西化派 Westernisers
斯拉夫派 Slavophiles
康斯坦丁・阿克薩科夫（斯拉夫派的健將）Konstantin Aksakov
斯拉夫主義 Slavophilism
《作家日記》*Writer's Diary*
亞歷山大・赫爾岑（俄羅斯社會主義之父）Alexander Herzen
維薩里昂・別林斯基 Vissarion Belinsky
民粹主義運動 Populist movement
帕丁頓（倫敦市區）Paddington
普特尼（倫敦市區）Putney
《父與子》*Fathers and Children*
尼古拉・車爾尼雪夫斯基的 Nikolai Chernyshevsky
《怎麼辦？》*What Is to Be Done?*
《罪與罰》*Crime and Punishment*
《附魔者》（《群魔》）*The Possessed*（*The Devils* 或 *Demons*）
謝爾蓋・涅恰耶夫 Sergei Nechaev
《革命問答》*Catechism of a Revolutionist*
薇拉・查蘇利奇（女刺客）Vera Zasulich
費奧多爾・特列波夫（聖彼得堡總督）Fyodor Trepov
辛比爾斯克（南俄城市）Simbirsk（Ulyanovsk）
亞歷山大・烏里揚諾夫（列寧之兄）Alexander Ulyanov

★ 第15章

康斯坦丁・波別多諾斯采夫 Konstantin Pobedonostsev
《沙皇關於鞏固專制政體的宣言》*The Tsar's Manifesto on Unshakable Autocracy*
鄉村長官 Land Captains
《一位俄羅斯政治家的沉思錄》*Reflections of a Russian Statesman*
走向人民運動 Khozhdenie v Narod（Going to the People）
亞歷山大・米哈伊洛夫（民粹主義派革命分子）Alexander Mikhailov
普拉斯科維亞・伊凡諾夫斯卡雅 Praskovia Ivanovskaya
彼得・特卡喬夫 Pyotr Tkachev（Pyotr Tkachyov）
米哈伊爾・巴枯寧 Mikhail Bakunin
看不見的專政 Invisible dictatorship
人民的先鋒隊 Vanguard of the people
自由派西方主義 Liberal Westernism
布爾喬亞階級（中產階級、資產階級）Bourgeoisie
彼得・拉夫羅夫 Pyotr Lavrov

★ 第16章

莫斯科迪納摩足球體育場 Moscow Dynamo football stadium
霍登卡原野 Khodynka Field
黑森大公國公主亞歷山德拉 Princess Alexandra of Hesse
弗拉基米爾・吉里亞羅夫斯基（俄國作家和記者）Vladimir Gilyarovsky
肯特郡麥克親王 Prince Michael of Kent
立憲民主黨 Constitutional Democratic Party（KaDety, Cadets）
維克托・奧布寧斯基 Viktor Obninsky
社會革命黨（人民意志黨的後繼者）Socialist Revolutionaries（SRs）
維亞切斯拉夫・馮・普勒韋 Vyacheslav von Plehve
葉夫諾・阿澤夫 Evno Azef
普梯洛夫機械廠 Putilov engineering works
格奧爾基・加邦神父 Father Georgy Gapon
血腥星期日（流血星期日）Bloody Sunday
弗拉基米爾・烏里揚諾夫（列寧）Vladimir Ulyanov
旅順口 Port Arthur
多格爾沙洲 Dogger Bank
對馬海峽 Straits of Tsushima
弗拉基米爾・科斯堅科 Vladimir Kostenko
季諾維・羅熱斯特文斯基海軍中將 Admiral Zinovy Rozhestvensky
涅博加托夫海軍少將 Admiral Nyebogatov
敖德薩（黑海港口）Odessa
《波坦金戰艦》（《戰艦波將金號》）*Battleship Potemkin*
康斯坦丁・巴爾蒙特 Konstantin Balmont

★ 第17章

聖彼得堡技術學院 Technological Institute in St

Petersburg
列夫・布隆斯坦（托洛茨基）Lev Bronstein
列夫・托洛茨基（「托洛斯基」）Leon Trotsky（Lev Trotsky）
工人代表蘇維埃 Soviet Rabochikh Deputatov（Council of Workers' Deputies）
德米特里・特列波夫（聖彼得堡總督）Dmitry Trepov
俄國社會民主工黨 Russian Social Democratic Labour Party（RSDLP）
孟什維克（少數派）Mensheviks
布爾什維克（多數派）Bolsheviks
民主集中制 Democratic centralism
奧斯卡・格魯森貝格（猶太裔辯護律師）Oskar Gruzenberg
謝爾蓋大公爵 Grand Duke Sergei
格里戈里・拉斯普京（拉斯普丁）Grigory Rasputin
杜馬（國家杜馬，俄國國會）Duma
《十月宣言》*October Manifesto*
斯托里賓（「斯托雷平」）Stolypin
林姆斯基—高沙可夫（林姆斯基—科薩科夫）Rimsky-Korsakov
《沙皇薩爾坦的故事》*The Tale of Tsar Saltan*
德米特里・博格羅夫 Dmitry Bogrov

★ 第18章

《斯拉夫進行曲》*Marche Slave*
俄土戰爭 Russo–Turkish War
柏林會議 Congress of Berlin
波士尼亞 Bosnia
黑塞哥維納 Herzegovina
塞拉耶佛（波士尼亞的首府；「薩拉熱窩」）Sarajevo
法蘭茲・斐迪南大公 Archduke Franz Ferdinand
《一九一四年八月》*August 1914*
卡什爾團 Kashir Regiment
默爾肯村（東普魯士的村落）Mörken
沃羅騰采夫 Vorotyntsev
薩姆索諾夫將軍 General Samsonov
彼得格勒（聖彼得堡；列寧格勒）Petrograd
坦能堡戰役 Battle of Tannenberg
馬祖里湖戰役 Battles of the Mazurian Lakes
安東・鄧尼金將軍 General Anton Denikin
加利西亞 Galicia
帕維爾・米留可夫 Pavel Miliukov
菲利克斯・尤蘇波夫親王 Prince Felix Yusupov
莫伊卡運河 Moika Canal
萊斯納工廠 Lessner plant

★ 第19章

《列寧在蘇黎世》*Lenin in Zurich*
《馬賽曲》*La Marseillaise*
奧西普・葉爾曼斯基 Osip Yermansky
國務院（「杜馬」的上議院）State Council
喬治・布坎南（英國駐俄大使）George Buchanan
米哈伊爾・羅江科（杜馬主席）Mikhail Rodzianko
亞歷山大・古奇科夫 Alexander Guchkov
米哈伊爾・亞歷山德羅維奇大公（末代沙皇之弟）Grand Duke Mikhail Alexandrovich
《消息報》*Izvestiya*
格奧爾基・李沃夫（臨時政府第一任總理）Georgy Lvov
彼得格勒工人代表蘇維埃 Petrograd Soviet of Workers' Deputies
雙重政權時期 Dvoevlastie

★ 第20章

波昂 Bonn
伯恩 Bern
蘇黎世 Zürich
娜傑日達・克魯普斯卡雅（列寧之妻）Nadezhda Krupskaya
馬克西姆・高爾基 Maxim Gorky
《四月提綱》*April Theses*
一切權力歸蘇維埃！ All Power to the Soviets!
全俄工兵代表蘇維埃第一次代表大會 First All-Russia Congress of Soviets of Workers' and Soldiers' Deputies
伊拉克利・策列鐵里（采列捷利）Irakli Tsereteli
有這樣的黨！ Yest' takaya partiya!（Есть такая партия!）
亞歷山大・克倫斯基 Alexander Kerensky
喀琅施塔特要塞（喀琅施塔得要塞）Kronstadt Fortress
尼古拉・瓦連京諾夫 Nikolai Valentinov

巴黎公社 Paris Commune
拉茲里夫湖 Lake Razliv
列寧的小屋 Lenin's hut
《國家與革命》*The State and Revolution*
《真理報》*Pravda*
《現代言論報》*Zhivoe Slovo*
格里戈里・阿列克辛斯基 Grigory Aleksinsky

★ 第21章

約翰・里德 John Reed
《震撼世界的十天》*Ten Days That Shook the World*
《遠方來信》*Letters from afar*
格里戈里・季諾維也夫 Grigory Zinoviev
列夫・加米涅夫 Lev Kamenev
彼得格勒蘇維埃 Petrograd Soviet
軍事革命委員會 Military Revolutionary Committees
赤衛隊 Red Guard
工人士兵蘇維埃 Soviets of Workers and Soldiers
拉夫爾・科爾尼洛夫將軍 General Lavr Kornilov
高加索土著騎兵師(「野蠻師」)Caucasian Native Mounted Division
阿芙羅拉號(奧羅拉號、極光號、阿芙樂爾號)Avrora(Aurora)
巴士底獄 Bastille
斯莫爾尼宮 Smolny Institute
亞歷山德拉・柯倫泰 Alexandra Kollontai
摩根・菲利普斯・普萊斯 Morgan Phillips Price
《曼徹斯特衛報》*Manchester Guardian*
蘇維埃人民委員會 Sovnarkom(Council of People's Commissars)
契卡(全俄肅清反革命和怠工非常委員會)Cheka
羅莎・盧森堡 Rosa Luxemburg
瓦西里・格羅斯曼 Vasily Grossman
《一切都在流動》*Everything Flows*

★ 第22章

波里斯・巴斯特納克(帕斯捷爾納克)Boris Pasternak
《齊瓦哥醫生》(《日瓦戈醫生》)*Doctor Zhivago*
尤里・齊瓦哥 Yuri Zhivago
立憲會議 Constituent Assembly
《布列斯特-里托夫斯克條約》*Treaty of Brest-Litovsk*

★ 第23章

帕維爾・梅德韋傑夫 Pavel Medvedev
雅科夫・尤羅夫斯基 Yakov Yurovsky
滴血教堂 Shrine of Redemption through Blood
波特金(葉夫根尼・波特金)Botkin(Yevgeny Botkin)
瑪麗娜・茨維塔耶娃 Marina Tsvetaeva
俄羅斯共產黨(布爾什維克)Russian Communist Party (Bolshevik)
高爾察克海軍上將 Admiral Kolchak
鄂姆斯克(西伯利亞城市)Omsk
尼古拉・尤登尼奇將軍 General Nikolai Yudenich
莫曼斯克(北極圈內的俄國海港)Murmansk
湯姆・司布真 Tom Spurgeon
托洛茨克(加特契納)Trotsk(Gatchina)
約瑟夫・畢蘇斯基 Jozef Pilsudski
伊薩克・巴別爾 Isaak Babel
俄波戰爭(1919–21)Russo–Polish War
霍京 Khotyn
《紅色騎兵軍》*Red Cavalry*
米哈伊爾・圖哈切夫斯基將軍 General Mikhail Tukhachevsky
維斯瓦河的奇跡 Cud nad Wisła(Miracle of the Vistula)
彼得・弗蘭格爾將軍 General Pyotr Wrangel
康斯坦丁・帕烏斯托夫斯基 Konstantin Paustovsky
米哈伊爾・布爾加科夫 Mikhail Bulgakov
《潰逃》*Flight*

★ 第24章

《列寧在一九一八》*Lenin in 1918*
米哈伊爾・羅姆(二十世紀猶太裔蘇聯導演)Mikhail Romm
《列寧在十月》*Lenin in October*
莫斯科河畔區 Zamoskvorechye
弗拉基米爾・伊里奇電機製造廠 Vladimir Ilyich Electromechanical Plant
芬妮・卡普蘭 Fanny Kaplan
摩西・烏里茨基(彼得格勒秘密警察頭子)Moisei Uritsky
尼古拉・布哈林 Nikolai Bukharin

羅伯特・布魯斯・洛克哈特 Robert Bruce Lockhart
西德尼・賴利 Sidney Reilly
布魯斯・洛克哈特陰謀案 Bruce Lockhart Plot
盧比揚卡監獄 Lubyanka prison
《英國特工》*British Agent*
埃洛・弗林 Errol Flynn
萊斯利・霍華德 Leslie Howard
雅科夫・斯維爾德洛夫 Yakov Sverdlov
紅色恐怖 Red Terror
摩根・菲利普斯・普萊斯 Morgan Philips Price
馬丁・拉齊斯（「契卡」在烏克蘭的頭子）Martin Latsis
菲利克斯・捷爾任斯基 Felix Dzerzhinsky
葉夫根尼・扎米亞京 Yevgeny Zamyatin
瓦西里・羅扎諾夫 Vasily Rozanov
戰時共產主義 War Communism
無政府工團主義聯盟 Anarchist labour unions
《勞動之聲》*Golos Truda*（*The Voice of Labour*）
波爾布特 Pol Pot
基門斯上校 Colonel R.E. Kimens
布爾喬亞寄生蟲 Bourzhoui
富農 Kkulak
貧農委員會 Committees of the poorest peasants
坦波夫地區 Tambov region
菲利普・吉布斯爵士 Sir Philip Gibbs

★ 第25章

安菲爾德 Anfield
《你永遠不會獨行》*You'll Never Walk Alone*
《列寧永遠和你在一起》*Lenin vsegda s toboy*
新經濟政策 NEP（The New Economic Policy）
弗拉基米爾・馬雅可夫斯基 Vladimir Mayakovsky
《關於黨的統一的決議草案初稿》*Draft Resolution on Party Unity*
宗派主義 Factionalism
奧古斯托・皮諾切特（智利獨裁者）Augusto Pinochet
新經濟政策人 NEP men
經濟寡頭 Oligarchs

★ 第26章

《列寧遺囑》*Lenin's Testament*
亞瑟・蘭塞姆 Arthur Ransome
加里寧 Kalinin
基輔火車站 Kievskaya Station
運動描記器（老式電影攝放機）Kinematograph（Cinematograph）
權貴階層體系 Nomenklatura system
《每日工人報》*Daily Worker*
一國社會主義 Socialism in one country
蘇維埃社會主義共和國聯盟（蘇聯）Union of Soviet Socialist Republics
大清洗（大肅反、大整肅）Purges (Chistki)
民族人民委員 People's Commissar for the Nationalities（NarKomNats）
加盟共和國 Union Republics
《俄羅斯各民族權利宣言》*Declaration of the Rights of the Peoples of Russia*
俄羅斯聯邦 Russian Federation

★ 第27章

集體化 Collectivisation
集體農莊 Kolkhoz
國營農場 Sovkhoz
消滅富農階級 Liquidate the kulaks as a class
《富裕的新娘》*The Rich Bride*
《奧克拉荷馬！》*Oklahoma!*
二萬五千人大隊 Twenty-Five Thousanders
米哈伊爾・蕭洛霍夫 Mikhail Sholokhov
《被開墾的處女地》*Virgin Soil Upturned*
列夫・科佩列夫 Lev Kopelev
皮捷利諾地區 Pitelinsky district
維里亞耶沃 Veryaevo
馬爾科姆・馬格里奇 Malcolm Muggeridge
《曼徹斯特衛報》*Manchester Guardian*
大饑荒 Holodomor
加雷思・瓊斯 Gareth Jones
喬治・蕭伯納 George Bernard Shaw
HG・威爾斯 H.G. Wells
碧翠絲・韋布 Beatrice Webb
瓦爾特・杜蘭提 Walter Duranty
維克托・尤先科 Viktor Yushchenko
羅曼・捷列霍夫 Roman Terekhov
哈爾科夫 Kharkov（Kharkiv）

米哈伊爾・哈塔耶維奇 Mikhail Khataevich
第聶伯彼得羅夫斯克 Dniepropetrovsk

★ 第28章

全俄展覽中心 All-Russia Exhibition Centre
倫敦萬國博覽會 London's Great Exhibition
國民經濟成就展覽館 VDNKh（People's Economic Achievements Exhibition）
《工人和集體農莊女莊員》*Worker and Kolkhoz Woman*
共產主義青年團 Komsomol
白海運河 Belomor Canal
馬格尼托哥爾斯克 Magnitogorsk
《時間，前進》*Vremya Vperyod*
亞歷山大・莫索洛夫 Alexander Mosolov
《鑄鐵廠》*The Iron Foundry*
費奧多爾・格拉德科夫的 Fyodor Gladkov
《水泥》*Cement*
尼古拉・奧斯特洛夫斯基 Nikolai Ostrovsky
《鋼鐵是怎樣煉成的》*How the Steel Was Forged*
大都會維克斯公司 Metropolitan-Vickers
格別烏（國家政治保衛總局）OGPU
萊斯利・查爾斯・桑頓 Leslie Charles Thornton
英國情報局 British Intelligence Service
CS・理查茲 C.S. Richards
斯坦利・鮑德溫首相 Prime Minister Stanley Baldwin
安德烈・維辛斯基 Andrei Vyshinsky
艾倫・蒙克豪斯 Allan Monkhouse
亞歷山大・阿菲諾格諾夫 Alexander Afinogenov
《恐懼》*Fear*
沙赫特事件 Shakhty Affair
第五十八號條款（反革命罪行）Article 58（Counter-revolutionary activity）
工業黨 Industrial Party
全蘇聯社會主義工業工作人員代表會議 Congress of Socialist Industry
《突擊隊進行曲》*March of the Shock Brigades*
社會主義競賽 Socialist competition
阿列克謝・斯達漢諾夫 Alexei Stakhanov
頓巴斯地區 Donbass region
斯達漢諾夫工作者 Stakhanovites（Stakhanovite workers）
斯達漢諾夫運動 Stakhanovism
勝利者的大會 Congress of the Victors
共同公寓 Kommunalka
居住地記錄 Propiska
倫敦《晚旗報》（「標準晚報」）*London Evening Standard*
聶伯河大壩 Dneprostroy

★ 第29章

安德烈・別雷 Andrei Bely
米哈伊爾・佐先科（左琴科）Mikhail Zoshchenko
卡西米爾・馬列維奇 Kasimir Malevich
「至上主義派」的畫家們 Suprematists
亞歷山大・羅琴科 Alexander Rodchenko
弗拉基米爾・塔特林 Vladimir Tatlin
「構成主義派」藝術家們 Constructivists
蘇聯作家協會 Soviet Writers' Union
社會主義現實主義 Socialist Realism
《警句》*Epigram*
尼古拉・葉若夫 Nikolai Yezhov
安東尼娜・皮洛日科娃 Antonina Pirozhkova
《在他的身邊》*At His Side*
拉夫連季・貝利亞 Lavrenty Beria
亞歷山大・斯克里亞賓 Alexander Scriabin
謝爾蓋・拉赫曼尼諾夫 Sergei Rachmaninov
伊戈爾・斯特拉文斯基 Igor Stravinsky
特維爾大街 Tverskaya Street
帕維爾・阿波斯托洛夫 Pavel Apostolov
安娜・阿赫瑪托娃 Anna Akhmatova
尼古拉・古米廖夫 Nikolai Gumilev
《安魂曲》*Requiem*
莉迪亞・丘科夫斯卡雅 Lydia Chukovskaya
《勇氣》*Courage*
《沒有主角的敘事詩》*Poem Without a Hero*
別列捷爾金諾 Peredelkino
謝爾蓋・埃弗龍 Sergei Efron
伊格納茲・萊斯 Ignace Reiss
謝廖沙 Seryozha
阿里亞德娜 Alya（Ariadna）
德米特里・斯維亞托波爾克－米爾斯基 Dmitry Svyatopolk-Mirsky
葉拉布加 Elabuga

馬克・夏卡爾 Marc Chagall
瓦西里・康定斯基 Wassily Kandinsky
伊凡・布寧 Ivan Bunin
格拉斯 Grasse
《仙女之吻》*Le Baiser de la fée*
《說吧，記憶》*Speak Memory*
《博物館之旅》*A Visit to the Museum*
《彼得與狼》*Peter and the Wolf*
弗謝沃洛德・邁耶霍爾德 Vsevolod Meyerhold
《謝苗・科特科》*Semyon Kotko*
季娜伊達・賴赫 Zinaida Raikh
《紀念十月革命二十週年清唱劇》*Cantata for the 20th Anniversary of the October Revolution*
摩登風格 Style moderne
根里赫・雅果達 Genrikh Yagoda
索洛維基勞改營 Solovki labour camp
高爾基大街（特維爾大街）Gorky Street（Tverskaya Street）
亞歷山大・法捷耶夫 Alexander Fadeyev
娜傑日達・曼德施塔姆 Nadezhda Mandelstam
蘇聯作曲家協會 Soviet Composers' Union
吉洪・赫連尼科夫 Tikhon Khrennikov
尼古拉・米亞斯科夫斯基 Nikolai Miaskovsky
阿拉姆・哈察都量（哈恰圖良）Aram Khatchaturian
謝爾蓋・葉賽寧 Sergei Yesenin
《弗拉基米爾・伊里奇・列寧》*Vladimir Ilyich Lenin*
《好！》*Good!*
《向左進行曲》*Left March*
《革命頌》*Ode to the Revolution*
伊莎朵拉・鄧肯 Isadora Duncan
瓦甘科夫公墓 Vagankovskoe Cemetery
維克托・什克洛夫斯基 Viktor Shklovsky

★ 第30章

彼得格勒區 Petrogradsky district
謝爾蓋・基洛夫 Sergei Kirov
勝利者的大會（第十七次黨代表大會）Congress of the Victors
娜傑日達・阿利盧耶娃（史達林之妻）Nadezhda Alliluyeva
納甘（比利時槍械製造商）Nagant
列奧尼德・尼古拉耶夫 Leonid Nikolaev
擺樣子公審 Show trial
米哈伊爾・托姆斯基 Mikhail Tomsky
卡爾・拉狄克 Karl Radek
工會大廈（「聯盟宮」）House of Unions
十月禮堂 October Room
卡盧加 Kaluga
梅曉夫斯克地區 Meshchovsky Region
三人小組 Troika
格拉西莫夫卡 Gerasimovka
帕夫利克・莫羅佐夫 Pavlik Morozov
《白靜草原》*Bezhin Meadow*
阿列克謝・李可夫 Alexei Rykov
尼古拉・克列斯京斯基 Nikolai Krestinsky
二十一人審判 Trial of the Twenty-One
托洛茨基右派集團 Right Trotskyite Bloc
費茲羅伊・麥克林恩 Fitzroy MacLean
《走近東方》*Eastern Approaches*
阿圖爾・科斯特勒（「亞瑟・庫斯勒」）Arthur Koestler
《正午的黑暗》*Darkness at Noon*
盧巴肖夫 Rubashov
葉若夫時期 Yezhovshchina
《蘇維埃大百科全書》*The Great Soviet Encyclopaedia*
拉蒙・麥卡德 Ramón Mercader

★ 第31章

約阿希姆・馮・里賓特洛甫 Joachim von Ribbentrop
大克里姆林宮 Great Kremlin Palace
維亞切斯拉夫・尼科諾夫 Vyacheslav Molotov
《互不侵犯條約》*Treaty of Non-Aggression*
《莫洛托夫－里賓特洛甫協定》*Molotov-Ribbentrop Pact*
《女武神》*Die Walküre*
比薩拉比亞 Bessarabia
納雷夫河 Narew
維斯杜拉河 Vistula
桑河 San
內維爾・張伯倫 Neville Chamberlain
埃克塞特城號 HMS City of Exeter
雷金納德・德拉克斯海軍上將 Admiral Reginald Drax
克利門特・伏羅希洛夫元帥 Marshal Kliment

Voroshilov
慕尼黑會議 Munich conference
綏靖政策 Policy of appeasement
卡廷森林大屠殺 Katyn Forest massacre
《芬蘭主題組曲》*Suite on Finnish Themes*
赫爾辛基 Helsinki
曼納海姆防線 Mannerheim Line
席摩・海赫 Simo Häyhä
莫洛托夫雞尾酒 Molotov cocktail
冬季戰爭 Winter War
國際聯盟 League of Nations
謝苗・提摩盛科元帥(「鐵木辛哥元帥」)Marshal Semyon Timoshenko
理夏德・佐爾格 Richard Sorge
巴巴羅薩行動 Operation Barbarossa
格奧爾基・朱可夫元帥 Marshal Georgy Zhukov
博爾金將軍 General Boldin
卓雅・科斯莫傑米揚斯卡雅 Zoya Kosmodemyanskaya
頓河畔的羅斯托夫 Rostov-on-Don
大浩劫 Holocaust
娘子谷 Babi Yar
別爾季切夫(「柏地雪夫」)Berdichev
加爾默羅修道院 Carmelite Convent
哈爾德將軍 General Halder
拉多加湖 Lake Ladoga
大軍 Grande Armée
維亞濟馬 Vyazma
布良斯克 Bryansk
古比雪夫(薩馬拉)Kuibyshev(Samara)
秋明 Tyumen
波洛蘇欣上校 Colonel Polosukhin
康斯坦丁・西蒙諾夫 Konstantin Simonov
道路泥濘時期 Rasputitsa
謝列梅捷沃國際機場 Sheremetyevo international airport
安東莞・亨利・若米尼 Antoine-Henri Jomini

★第32章

安東尼・伊登 Anthony Eden
《等待著我吧》*Zhdi Menya*(*Wait for Me*)
薇拉・林恩 Vera Lynn
瑪琳・黛德麗 Marlene Dietrich
費奧多爾・阿布拉莫夫 Fedor Abramov
厄爾布魯斯峰 Mount Elbrus
《第二二七號命令》*Order Number 227*
懲戒營 Penal battalions
阻攔部隊 Blocking squads
尼古拉・拜巴科夫 Nikolai Baibakov
國家計畫委員會 Gosplan(State Planning Committee)
偉大的衛國戰爭 The Great Patriotic War
維亞切斯拉夫・孔德拉季耶夫 Vyacheslav Kondratiev
弗里德里希・包路斯 Friedrich Paulus
埃夫里爾・哈里曼 Averell Harriman
瓦西里・崔可夫將軍 General Vasily Chuikov
《本世紀之戰》*The Battle of the Century*
尼基塔・赫魯雪夫(赫魯曉夫)Nikita Khrushchev(Nikita Khrushchov)
尼古拉・拉祖瓦耶夫 Nikolai Razuvayev
暗夜女巫 Night Witches
瓦西里・扎伊采夫 Vasily Zaitsev
柳德米拉・帕夫利琴科 Lyudmila Pavlichenko
俄羅斯的女武神 Russian Valkyrie
《人生與命運》*Life and Fate*
《史達林格勒的一個日常故事》*An Everyday Stalingrad Story*
阿納托利・契訶夫 Anatoly Chekhov
亞歷山大・羅季姆采夫將軍 General Alexander Rodimtsev
巴甫洛夫大樓 Pavlov's House
雅科夫・巴甫洛夫中士 Sergeant Yakov Pavlov
天王星行動 Operation Uranus
凱薩琳宮 Catherine Palace
沙皇村 Tsarskoe Selo
阿斯托利亞飯店 Astoria Hotel
國立列寧格勒圍城紀念博物館 State Memorial Museum of the Siege of Leningrad
庫斯克(庫爾斯克)Kursk
堡壘行動 Operation Citadel
寇松線 Curzon Line
巴格拉基昂行動 Operation Bagration
波蘭家鄉軍 Armia Krajowa

海因里希・希姆萊 Heinrich Himmler
安杰依・瓦依達 Andrzej Wajda
《下水道》*Kanal*
約瑟夫・什切潘斯基 Jozef Szczepanski
波蘭人民軍 Armia Ludowa
約瑟普・狄托(「鐵托」)Josip Tito
伊利亞・愛倫堡 Ilya Ehrenburg
《黑皮書》*Black Book*
奧許維茲(「奧斯維辛」)Auschwitz(Oświęcim)
貝烏熱茨(「貝爾澤克」)Bełżec
海烏姆諾(「切姆諾」,庫爾姆霍夫)Chełmno (Kulmhof)
索比布爾(「索比波爾」)Sobibór
特雷布林卡 Treblinka
《特雷布林卡的地獄》*The Hell of Treblinka*
雅爾達(雅爾塔)Yalta
科涅夫元帥 Marshals Konev
愛娃・布勞恩 Eva Braun
約瑟夫・戈培爾 Josef Goebbels
德國國會大廈 Reichstag

★ 第33章

波茨坦會議 Potsdam Conference
哈利・杜魯門 Harry Truman
克萊門特・艾德禮 Clement Attlee
伏爾加德國人 Volga Germans
伏爾加德意志人蘇維埃社會主義自治共和國 Volga German Autonomous Republic
勞動軍 Trudarmiya
《重生報》*Vozrozhdenie*
巴爾卡爾人 Balkar
卡拉恰伊人 Karachai
卡爾梅克人 Kalmyk
烏克蘭民族主義者組織 Organisation of Ukrainian Nationalists
烏克蘭起義軍 Ukrainian Insurrectionary Army
所羅門・米霍埃爾斯 Solomon Mikhoels
猶太反法西斯委員會 JAC(Jewish Anti-Fascist Committee)
莫斯科國立猶太劇院 Moscow State Jewish Theatre
《大馬戲團》*Circus*
頓斯科伊修道院 Donskoy Monastery
被謀殺的詩人之夜 The night of the murdered poets
《日內瓦公約》*Geneva Convention*
安德烈・弗拉索夫將軍 General Andrei Vlasov
俄羅斯解放軍 Russian Liberation Army
《布拉格宣言》*Prague Manifesto*
嚴責行動 Operation Keelhaul
亞爾薩斯－洛林 Alsace-Lorraine
博爾加爾宮 Château de Beauregard
日丹諾夫主義 Zhdanovshchina
形式主義 Formalism

★ 第34章

英國武裝力量聯合計畫參謀部 Joint Planning Staff of the British Military Command
《不可思議行動》*Operation Unthinkable*
富爾頓 Fulton
《和平砥柱》*The Sinews of Peace*
斯德丁(什切青)Stettin(Szczecin)
的里雅斯特 Trieste
亞歷山大・沃斯 Alexander Werth
原子能委員會 Atomic Energy Commission
杜魯門主義 Truman Doctrine
馬歇爾計畫 Marshall Plan
弗拉基米爾・葉羅費耶夫 Vladimir Yerofeyev
經濟互助委員會 Council for Mutual Economic Assistance(Comecon)
伊戈爾・庫爾恰托夫 Igor Kurchatov
德米特里・門捷列夫(門德列夫)Dmitry Mendeleev
康斯坦丁・齊奧爾科夫斯基 Konstantin Tsiolkovsky
特羅菲姆・李森科 Trofim Lysenko
阿爾扎馬斯－十六 Arzamas-16
薩羅夫 Sarov
「洛斯阿爾扎馬斯」Los Arzamas
曼哈坦計畫 Manhattan Project
洛斯阿拉摩斯 Los Alamos
拉扎爾・卡岡諾維奇 Lazar Kaganovich
安德烈・薩哈洛夫(「沙卡洛夫」)Andrei Sakharov
車里雅賓斯克－四十 Chelyabinsk-40
克勞斯・富克斯 Klaus Fuchs
第一道閃電 First Lightning
斜米巴拉丁斯克 Semipalatinsk
弗拉基米爾・科梅爾科夫教授 Professor Vladimir

Komelkov
沙皇炸彈 Tsar Bomb
相互保證毀滅 Mutually Assured Destruction（MAD）
共產黨情報局 Cominform
德米特里・沃爾科戈諾夫 Dmitry Volkogonov
巴斯勳章 Order of the Bath
弗拉基米爾・維諾格拉多夫醫師 Doctor Vladimir Vinogradov
猶太醫生陰謀 Jewish Doctors' Plot
《披著教授與醫生外衣的卑鄙的間諜和殺人犯》*Vicious Spies and Killers behind the Mask of Academic Physicians*
列寧格勒案件 Leningrad Affair
烏克蘭戈帕克舞 Ukrainian gopak
帕維爾・洛斯嘎切夫 Pavel Lozgachev
約瑟夫・維薩里昂諾維奇・朱加什維利（史達林）Josif Vissarionovich Djugashvili
尤里・列維坦 Yuri Levitan
列寧－史達林陵墓（列寧－斯大林陵墓）Lenin–Stalin Mausoleum
亞歷山大・季諾維也夫 Alexander Zinoviev
羅伯特・康奎斯特 Robert Conquest
諾曼・戴維斯 Norman Davies

★ 第35章

花園環路 Garden Ring
肯吉爾勞改營 Kengir camp
彼得・波斯佩洛夫 Pyotr Pospelov
《波斯佩洛夫報告》*Pospelov Report*
威廉・海特爵士 Sir William Hayter
《關於個人崇拜及其後果》*On the Personality Cult and its Consequences*
斯塔夫羅波爾 Stavropol
波茲南 Poznan
瓦迪斯瓦夫・戈慕卡 Władysław Gomułka
馬加什・拉科西 Mátyás Rákosi
伊姆雷・納吉 Imre Nagy
華沙公約組織 Warsaw Pact
旋風行動 Operation Whirlwind
尤里・安德洛波夫 Yuri Andropov
亞諾什・卡達爾 János Kádár

★ 第36章

尤里・加加林（第一位上太空的人）Yuri Gagarin
東方號 Vostok
拜科努爾太空發射場 Baikonur Cosmodrome
塔斯社 TASS
斯普特尼克（人造衛星）Sputnik
謝爾蓋・科羅廖夫 Sergei Korolyov
星城 Star City
戈爾曼・季托夫 Gherman Titov
瓦連京娜・捷列什科娃（第一位上太空的女性）Valentina Tereshkova
阿列克謝・列奧諾夫（第一位在太空漫步的人）Alexei Leonov
上升號（日出號）Voskhod
聯盟號 Soyuz
弗拉基米爾・科馬洛夫 Vladimir Komarov
文雅明・魯薩耶夫 Venyamin Russayev
美國國家安全局 National Security Agency
《第三個黨綱》*The Third Party Programme*
伏爾加格勒（史達林格勒、斯大林格勒、察里津）Volgograd（Stalingrad, Tsaritsyn）
漸行性思覺失調症 Creeping schizophrenia
謝爾布斯基研究所 Serbsky Institute
社區公用住房 Kommunalki
《共產主義工人道德規範》*Moral Code of the Communist Worker*
不勞動者不得食 He who does not work shall not eat
阿列克謝・拉里奧諾夫 Alexei Larionov
處女地運動 Virgin Lands campaign
羅斯威爾・加斯特 Roswell Garst
新切爾卡斯克電氣機車廠 Novocherkassk locomotive works
和平共存 Peaceful coexistence
東西方對抗 East–West antagonism
阿斯旺大壩 Aswan Dam
納瑟（納賽爾）Nasser
菲德爾・卡斯楚（卡斯特羅）Fidel Castro
索科爾尼基公園 Sokolniki Park
蘇托力伏特加 Stolichnaya Vodka
蓋瑞・鮑爾斯 Gary Powers
哈羅德・麥克米倫 Harold Macmillan

奧列格・特羅揚諾夫斯基 Oleg Troyanovsky
豬灣 Bay of Pigs
瓦爾特・烏爾布里希特 Walter Ulbricht
古巴飛彈危機 Cuban missile crisis
列奧尼德・布里茲涅夫（勃列日涅夫）Leonid Brezhnev
米哈伊爾・蘇斯洛夫 Mikhail Suslov

★ 第37章

康斯坦丁・契爾年科 Konstantin Chernenko
阿列克謝・柯錫金 Alexei Kosygin
安德烈・葛羅米柯 Andrei Gromyko
停滯時期 Era of stagnation
《伊凡・傑尼索維奇的一天》*One Day in the Life of Ivan Denisovich*
安德烈・沃茲涅先斯基 Andrei Voznesensky
恩斯特・涅伊茲維斯特尼 Ernst Neizvestny
亞歷山大・謝列平 Alexander Shelepin
弗拉基米爾・布科夫斯基 Vladimir Bukovsky
約瑟夫・布羅茨基 Joseph Brodsky
安德烈・西尼亞夫斯基 Andrei Sinyavsky
尤利・丹尼爾 Yuli Daniel
丹尼爾－西尼亞夫斯基審判案 Daniel–Sinyavsky trial
亞歷山大・杜布切克（「杜布西克」）Alexander Dubček
布拉格之春 Prague spring
天鵝絨革命 Velvet Revolution
布里茲涅夫主義（勃列日涅夫主義）Brezhnev Doctrine
《不擴散核武器條約》*Nuclear Non-Proliferation Treaty*
第一輪《戰略武器限制條約》*SALT I*（*Strategic Arms Limitation Treaty 1*）
第二輪《戰略武器限制條約》*SALT II*（*Strategic Arms Limitation Treaty 2*）
《反彈道飛彈條約》*Anti-Ballistic Missile Treaty*
理查・尼克森（「尼克松」）Richard Nixon
傑拉德・福特 Gerald Ford
低盪（緩和）Détente（razryadka）
發達社會主義階段 Period of Developed Socialism
愛德華・謝瓦納澤（謝瓦爾德納澤）Eduard Shevardnadze
葉勒凡（亞美尼亞首都）Yerevan
塔爾圖 Tartu
猶太復國主義 Zionism
被拒絕移民者 Otkazniki（Refuseniks）
安德烈・阿馬爾里克 Andrei Amalrik
弗拉基米爾・布科夫斯基 Vladimir Bukovsky
羅伊・梅德韋傑夫 Roy Medvedev
人權事務委員會 Human Rights Committee
《致蘇聯領導人的信》（致俄共領袖書）*Letter to Soviet Leaders*
《赫爾辛基協議》*Helsinki Accords*
莫斯科赫爾辛基小組 Moscow Helsinki Group
羅納德・雷根（「里根」）Ronald Reagan
瑪格麗特・柴契爾（柴契爾夫人；撒切爾夫人）Margaret Thatcher
格但斯克（但澤）Gdansk
萊赫・華勒沙（萊赫・瓦文薩）Lech Wałęsa
團結工聯 Solidarity movement
沃伊切赫・雅魯澤爾斯基 Wojciech Jaruzelski
新羅西斯克 Novorossiysk
列寧文學獎 Lenin Prize for Literature
阿富汗的聖戰士 Afghan Mujahidin
戰略防禦計畫（星戰計畫）Strategic Defense Initiative（SDI）

★ 第38章

蕾依莎・戈巴契娃 Raisa Gorbacheva（Raisa Gorbachova）
維克托・格里申 Viktor Grishin
阿奇・布朗 Archie Brown
烏斯科列尼也（加速）Uskorenie（acceleration）
別列斯特羅伊卡（重建）Perestroika（restructuring）
格拉斯諾斯特（公開性）Glasnost（openness）
亞瑟・哈特曼 Arthur Hartman
共產主義青年團 Komsomol
莫斯科國立大學 Moscow State University
《國有企業法》*Law on State Enterprise*
《合作社法》*Law on Cooperatives*
鐵爾梅茲 Termez
波里斯・格羅莫夫 Boris Gromov
車諾比爾核電廠（「切爾諾貝利核電站」）Chernobyl power station

馬提亞斯・魯斯特 Mathias Rust
「賽斯納一七二」輕型飛機 Cessna 172 light aircraft
瓦西里斜坡 Vasilievsky Spusk
彼得・盧舍夫將軍 General Pyotr Lushev
亞歷山大・雅科夫列夫 Alexander Yakovlev
斯維爾德洛夫斯克（葉卡捷琳堡）Sverdlovsk（Yekaterinburg）
格奧爾基・沙赫納扎羅夫 Georgy Shakhnazarov
阿貝爾・阿甘別吉揚 Abel Aganbegyan
塔季雅娜・扎夫斯拉夫卡雅 Tatyana Zaslavskaya
阿納托利・切爾尼亞耶夫 Anatoly Chernyaev
葉果爾・利加喬夫 Yegor Ligachev
《人道報》*L'Humanité*
《蘇維埃俄羅斯報》*Sovietskaya Rossiya*
妮娜・安德烈耶娃 Nina Andreeva
《我不能放棄原則》*I cannot forsake my principles*
人民代表大會 Congress of People's Deputies
最高蘇維埃 Supreme Soviet
社會主義多元化 Socialist pluralism
謝爾蓋・斯坦克維奇 Sergei Stankevich
加夫里爾・波波夫 Gavriil Popov
立陶宛「薩尤季斯」運動 Sąjūdis
克里姆林大會堂 Palace of Congresses
尤里・阿法納西耶夫 Yuri Afanasyev
跨地區人民代表組合 IRGD（Interregional Group of Deputies）
沃爾庫塔 Vorkuta
頓巴斯 Don Basin（Donbass）
德米特里・亞佐夫元帥 Marshal Dmitry Yazov
根納季・亞納耶夫 Gennady Yanayav
波里斯・普戈 Boris Pugo
瓦連京・巴甫洛夫 Valentin Pavlov
阿納托利・盧基揚諾夫 Anatoly Lukyanov
《五百天計畫》*500 Days Programme*
弗拉基米爾・克留奇科夫 Vladimir Kryuchkov
《莫斯科共青團員報》*Moskovsky Komsomolets*
阿列斯・阿達莫維奇 Ales Adamovich
《紅星報》*Krasnaya Zvezda*
謝爾蓋・阿赫羅梅耶夫元帥 Marshal Sergei Akhromeyev
里加（拉脫維亞首都）Riga

★ 第39章

戈比狂 Gorbymania
辛納屈主義 Sinatra Doctrine
新思維 New thinking
提比利斯 Tbilisi
納戈爾諾－卡拉巴赫 Nagorno-Karabakh
外聶斯特地區 Trans-Dniestr region（Transnistria）
尼古拉・雷日科夫 Nikolai Ryzhkov
蘇維埃主權共和國聯盟 Union of Soviet Sovereign Republics
福羅斯 Foros
奧斯坦金諾 Ostankino
民族大飯店 Hotel National
亞歷山大・魯茨科伊 Alexander Rutskoi
帕維爾・格拉喬夫 Pavel Grachev
列寧格勒大街 Leningradsky Prospekt
伏努科沃大街 Vnukovo Road
獨立國家國協（獨立國協；獨立國家聯合體）Commonwealth of Independent States（CIS）

★ 第40章

馬克思大街 Marx Prospekt（Prospekt Marksa）
獵人商行大街（獵品大街）Okhotny Ryad
維塔利・伊格納堅科 Vitaly Ignatenko
高爾基公園 Gorky Park
華盛頓共識 Washington Consensus
傑佛瑞・薩克斯 Jeffrey Sachs
經濟休克療法 Economic shock therapy
葉果爾・蓋達爾 Yegor Gaidar
阿納托利・丘拜斯 Anatoly Chubais
認股權證方案 Voucher scheme
波里斯・別列佐夫斯基 Boris Berezovsky
羅曼・阿布拉莫維奇 Roman Abramovich
米哈伊爾・霍多爾科夫斯基 Mikhail Khodorkovsky
古馳 Gucci
普拉達 Prada
新俄羅斯人 Novye Russkie（New Russians）
魯斯蘭・哈斯布拉托夫 Ruslan Khasbulatov
信號旗小組 Vympel Spetsnaz
阿爾發小組 Alpha Spetsnaz
國家杜馬 State Duma

聯邦委員會 Federation Council
自由民主黨 Liberal Democratic Party
弗拉基米爾・吉里諾夫斯基（日里諾夫斯基）Vladimir Zhirinovsky
根納季・久加諾夫 Gennady Zyuganov
弗拉基米爾・波塔寧 Vladimir Potanin
貸款換股份 Loans for shares
西伯利亞石油公司 Sibneft
尤科斯石油集團 Yukos Oil Company
焦哈爾・杜達耶夫 Dzhokhar Dudayev
德勒斯登 Dresden
吉哈德（「聖戰」）Jihad
布瓊諾夫斯克 Budyonnovsk
第一次車臣戰爭 The First Chechen War
國際貨幣基金組織 International Monetary Fund（IMF）
科索伏（科索沃）Kosovo
俄羅斯聯邦安全局 FSB（Federal Security Service）

★ 第41章

《劍與盾》*The Sword and the Shield*
《在海灘上和他們奮戰》*Fight them on the beaches*
《新報》*Novaya Gazeta*
尼古拉・帕特魯舍夫 Nikolai Patrushev
《千年之交的俄羅斯》*Russia at the Turn of the Millennium*
管理式民主 Managed democracy
莫斯科卡內基中心 Moscow Carnegie Institute
莉麗亞・謝夫佐娃 Lilia Shevtsova
惟妙惟肖 Spitting Image
《共青團真理報》*Komsomolskaya Pravda*
索契 Sochi
庫斯克號核子潛艦 Kursk nuclear submarine
巴倫支海 Barents Sea
弗拉基米爾・古辛斯基 Vladimir Gusinsky
俄羅斯團結黨 Yedinstvo
維克托・伊凡諾夫 Viktor Ivanov
伊戈爾・謝欽 Igor Sechin
謝爾蓋・伊凡諾夫 Sergei Ivanov
西羅維基（「強力集團」）Siloviki（strongmen）
世紀大賤賣 Sale of the century
俄羅斯石油公司 Rosneft
印古什共和國 Ingushetia
阿爾卡季・巴布琴科 Arkady Babchenko
尤里・布達諾夫 Yuri Budanov
艾爾莎・昆加耶娃 Elza Kungaeva
安德烈・巴畢茨基 Andrei Babitsky
安娜・波利特科夫斯卡雅 Anna Politkovskaya
記者保護委員會 The Committee to Protect Journalists
杜布羅夫卡劇院 Dubrovka Theatre
艾哈邁德・卡德羅夫 Akhmad Kadyrov
拉姆贊・卡德羅夫 Ramzan Kadyrov
莫夫拉迪・拜薩羅夫 Movladi Baisarov
別斯蘭 Beslan
北奧塞梯亞 Northern Ossetia
阿布哈茲 Abkhazia
南奧塞梯亞 South Ossetia
維克托・尤先科 Viktor Yushchenko
安德烈・盧戈沃伊 Andrei Lugovoy
德米特里・科夫通 Dmitry Kovtun
德米特里・佩斯科夫 Dmitry Peskov
德米特里・梅德韋傑夫 Dmitry Medvedev
法律虛無主義 Legal nihilism
德米特里・帕特魯舍夫 Dmitry Patrushev
弗拉基米爾・亞庫寧 Vladimir Yakunin
俄羅斯天然氣工業公司 Gazprom
蘇爾古特石油天然氣公司 Surgutneftegaz
貢沃爾公司 Gunvor
根納季・季姆琴科 Gennady Timchenko
第三國際 The Third International,

注釋

★ 導言

- 「造訪這個世界的人是有福的……」，費奧多爾・丘特切夫（Fedor Tyutchev, 1803-73），〈西塞羅〉（Tsitseron, 1830），《詩集》（*Stikhotvoreniya*），頁76。
- 「敵視蘇聯人民的利益團體……」，蘇聯國家廣播電視台（ORT）一九九一年八月十九日的廣播，以及塔斯社同一日的新聞稿（後者在一九九一年八月二十日被逐字引用於《真理報》的頭版）。
- 「如果還需要證據來闡明俄國人對獨裁模式根深柢固的認同……」，列瓦達民意研究中心，《俄羅斯輿論，二〇〇九》（Levada Analytical Center, *Russian Public Opinion 2009*）：www.levada.ru。
- 「沒錯，我們是斯基泰人……」，亞歷山大・布洛克（Alexander Blok, 1880-1921），〈斯基泰人〉（Skify）。引自：布洛克《作品選集》（*Izbrannye Proizvedeniya*）。

★ 第1章

- 「當時他們之間沒有法典……」，《往年紀事》（*Povest' Vremennykh Let*）。英譯文引自：謝爾蓋・津科夫斯基（編著），《中世紀的俄羅斯史詩、編年史與傳說》（*The Russian Primary Chronicle* in Serge A. Zenkovsky [ed.], *Medieval Russia's Epics, Chronicles and Tales*），頁49-50。
- 「他們就去找海外的瓦蘭人……」，出處同上，頁51。
- 「我認為留里克是我國歷史上非常重要的人物……」：二〇一〇年九月的訪問錄音。
- 「來到博斯普魯斯海峽，殺死了很多基督徒……」，波里斯・克羅斯（編著），《諾夫哥羅德第一編年史》（B.M. Kloss [ed.], *Novgorodskaya Pervaya Letopis*）。英譯文引自：謝爾蓋・津科夫斯基，《中世紀的俄羅斯史詩、編年史與傳說》，頁52。
- 「在他們俘虜過來的人當中，有些被砍頭……」，出處同上，頁52。
- 「看哪，拜占庭皇帝在聖母教堂徹夜祈禱……」，出處同上，頁51。
- 「他們乘船沿聶伯河出發……」，出處同上，頁50-51。
- 「英明的奧列格於是出發……」，亞歷山大・普希金（Alexander Pushkin, 1799-1837），〈英明的奧列格之歌〉（Pesn' o Veshchem Olege），《三卷本作品集》（A.S. Pushkin, *Sochineniya v 3-kh tomakh*）。
- 「奧列格接著在九一一年率領八萬人……」，格奧爾基・維納爾茨基，《基輔羅斯》（G. Vernadsky, *Kievan Rus*），頁26。
- 「六月分的時候……」，君士坦丁七世，〈羅斯人乘獨木舟從羅斯來到君士坦丁堡〉，《帝國行政論》（Constantine Porphyrogenitus, 'Of the coming of the Russians in monoxyla from Russia to Constantinople', *De Administrando Imperio*），頁57-63.

★ 第2章

- 「這就是往年紀事……」，《往年紀事》。英譯文引自：謝爾蓋・津科夫斯基（編著及翻譯），《中世紀的俄羅斯史詩、編年史與傳說》，頁44。
- 「使節們回國以後……」，出處同上，頁67-8。
- 「喝酒是羅斯人的樂趣……」，瓦爾特・莫斯，《俄國史，第一部分：至一九一七年》（Walter G. Moss, *A History of Russia*, i: *To 1917*），頁64。

- 「我所擁有的一切只不過是八本薄薄的書……」，弗拉基斯拉夫．霍達謝維奇（Vladislav Khodasevich）。引自：〈我出生於莫斯科〉（Ya rodilsya v Moskve），《埃及之夜》（*Egipetskaya Noch*），《詩集》（*Stikhotvoreniya*），頁294-295。
- 「於是弗拉基米爾下令在原先供奉異教神像的那些地方……」，《往年紀事》，頁70。
- 「弗拉基米爾對上主誠惶誠恐……」，出處同上，頁71。
- 「斯維亞托波爾克秘密召集自己的人馬……」，《波里斯與格列布的故事》（*Skazanie o Borise I Glebe*）。英譯文引自：謝爾蓋．津科夫斯基（編著及翻譯），《中世紀的俄羅斯史詩、編年史與傳說》，頁87-91。

★ 第3章

- 「如果你查閱記錄的話……」，作者二〇一〇年九月在諾夫哥羅德進行的採訪。
- 「我愛你，你也愛我……」，諾夫哥羅德國立博物館展出的樺樹皮書簡。該館的網頁列出了那些書簡的摹本：http://gramoty.ru/index.php?key=bb&date[]=all&city[]=all&excav[]=all&safety[]=all&cath[]=all。
- 「亞歷山大王公的戰士鬥志高昂……」，謝爾蓋．津科夫斯基（編著及翻譯），《中世紀的俄羅斯史詩、編年史與傳說》，頁162-164。
- 「這時候伊戈爾望了望光輝的太陽……」，《伊戈爾遠征記》（*Slovo o Polku Igoreve*）。英譯文引自：謝爾蓋．津科夫斯基（編著及翻譯），《中世紀的俄羅斯史詩、編年史與傳說》，頁54。
- 「弟兄們，基輔悲傷地呻吟起來……」，出處同上，頁58。

★ 第4章

- 「那可恨的拔都……」，《拔都毀滅里亞贊的故事》（*Povest' o Razorenii Ryazani Batyem*）。英譯文引自：謝爾蓋．津科夫斯基（編著及翻譯），《中世紀的俄羅斯史詩、編年史與傳說》，頁175-185。
- 「穿越那一帶的時候，我們……」，教宗英諾森四世派出的特使若望．柏郎嘉賓（Giovanni de Plano Carpini），《蒙古史》（*Ystoria Mongalorum*），頁48。
- 「從前……」，尼古拉．卡拉姆津，《俄羅斯國家史》（N.M. Karamzin, *Istoria Gosudarstva Rossiiskogo*），v: ch. 4，頁178。
- 「我們的歷史開始於野蠻和落後之中……」，《哲學書簡》（*Lettres philosophiques addressées à une dame*），見：恰達耶夫，《作品全集》（P. Ya. Chaadayev, *Polnoe Sobranie Sochinenii*），頁121。
- 「王公們匍匐前往金帳汗國下跪……」，卡拉姆津，《俄羅斯國家史》，v: ch. 4，頁179。
- 「拔都的入侵給俄羅斯帶來了破壞、死亡和奴役……」，出處同上，頁180。
- 「可是德米特里大公說：『奮戰下去！……』」，《頓河彼岸之戰》（*Zadonshchina*）。英譯文引自：謝爾蓋．津科夫斯基（編著及翻譯），《中世紀的俄羅斯史詩、編年史與傳說》，頁191-192。
- 「哦，我的羅斯！我的妻子！……」，布洛克，《在庫里科沃原野》（A. Blok, *Na Pole Kulikovom*），見：《作品選集》（*Izbrannye Proizvedeniya*）。

★ 第5章

- 「卡利塔贏得了大牧首彼得的青睞……」，引自：謝爾蓋．索羅夫約夫，《自遠古以來的俄國史》（S.M. Soloviev, *Istoria Rossii s Drevneishikh Vremen*）。英譯文參見：謝爾蓋．津科夫斯基（編著及翻譯），《中世紀的俄羅斯史詩、編年史與傳說》，頁213。
- 「古老的羅馬城早已背離真正的基督信仰……」，《白色僧帽的故事》（*Povest' o Belom Klobuke*），英譯文參見：謝爾蓋．津科夫斯基（編著及翻譯），《中世紀的俄羅斯史詩、編年史與傳說》，頁270-271。
- 「主後一四七一年。伊凡．瓦西里耶維奇大公……」，《諾夫哥羅德編年史，1016-1471》。引自：華倫．沃爾什，《俄國歷史讀本》（W. Walsh, *Readings in Russian History*），頁241。

- 「偉大的伊凡大公統率所有人馬前往討伐……」，出處同上，頁242。

★ 第6章

- 「史達林：你研究過歷史了嗎？……」，格里戈里．馬里亞莫夫，《克里姆林宮的審查官》(G. Maryamov, *Kremlevskii Tsenzor*)，頁84-91。
- 「首度有一位莫斯科大公……」，伊凡在愛森斯坦導演的《伊凡雷帝》(*Ivan Grozny*, 1943-44)中的講話。
- 「我們的國家現在落到了什麼田地？……」，出處同上。
- 「他們的政府形式根本就是暴政……」，賈爾斯．弗萊徹，《論俄羅斯國協》(Giles Fletcher, *Of the Russe Commonwealth* [1591])，頁20。
- 「在百姓頭上所享有的威權……」，赫伯斯坦男爵，《莫斯科大公國記事》(Baron von Herberstein, *Rerum Muscoviticarum Comentarii*)。
- 「我們要毫不留情地砍頭……」，愛森斯坦，《伊凡雷帝》。
- 「曾經奉伊凡之命，在諾夫哥羅德……」，傑弗里．霍斯金，《俄羅斯史：俄羅斯與俄羅斯人》(G. Hosking, *Russia and the Russians: A History*)，頁124。
- 「在克里姆林宮質問愛森斯坦的時候……」，格里戈里．馬里亞莫夫，《克里姆林宮的審查官》，頁87。
- 「致沙皇，因神而尊貴……」，約翰．芬奈爾(編著)，《庫爾布斯基與伊凡四世之間的通信》(J.L. Fennell [ed.], *The Correspondence between A.M. Kurbsky and Ivan IV, 1564-1579*)，頁2。
- 「十字架前是一名罪犯之人……」，出處同上，頁180。
- 「我向妳和妳的宮殿吐口水……」，《致英國女王伊莉莎白的信函》(*Poslanie Angliiskoi Koroleve Elizavete*, 1570)，引自《伊凡四世作品集》(*Ivan IV Sochineniya*)，頁101。
- 「莫斯科大公國在共同福祉的名義下……」，瓦西里．克柳切夫斯基，《俄國史教程》(V. Kliuchevsky, *Kurs Russkoi Istorii*)，iv，頁352。
- 「俄羅斯的救贖與偉大……」，尼古拉．卡拉姆津，《俄羅斯國家史》，v: ch. 4，頁182。
- 「俄羅斯的偉大及其疆域必須歸功於專制……」，喬治．馬戛爾尼，《俄羅斯紀實：一七六七》(G. Macartney, *An Account of Russia MDCCLXVII*)，頁63。

★ 第7章

- 「這是陰謀，波雅爾們所煽動的叛亂……」，莫傑斯特．穆索斯基，改編自普希金《波里斯．戈都諾夫》的歌劇腳本。引自詠嘆調：〈我已經達到最高權力〉(*Dostig ya vysshei vlasti*)。
- 「但願遭到謀害的德米特里王子……」，穆索斯基，《波里斯．戈都諾夫》的歌劇腳本。
- 「讓我們一致行動……」，引自：謝爾蓋．索羅夫約夫，《自遠古以來的俄國史》，卷八，頁143。
- 「光榮，光榮歸於你，我的俄羅斯……」，葛令卡，《為沙皇獻身》(Glinka, *Zhizn' za Tsarya*)，〈光榮頌〉大合唱(*Slavsya, slavsya, svyataya Rus!*)。
- 「在一六一二年，我們的敵人是波蘭人和立陶宛人……」，二○○五年十一月四日「自由廣播電台」的報導，《俄羅斯的新假日不只是意味著「民族統一」而已》(New Russian holiday has more behind it than National Unity)。

★ 第8章

- 「在窩瓦河，在卡馬河……」，頓河哥薩克歌謠〈兄弟們，等到溫暖的夏天過去……〉(*Kak prokhodit, bratsy, leto teploe…*)。收錄於：彼得．克拉斯諾夫，《靜靜頓河的昔日景象》(Pyotr Krasnov, *Kartiny Bylogo Tikhogo Dona* [1909])。
- 「事情發生在卡梅申卡那條小河……」，出處同上。

- 「該國的本地商品種類繁多且數量龐大……」，賈爾斯．弗萊徹，《論俄羅斯國協》，頁7。
- 「一里又一里地緩步前行……」，蕭斯塔科維奇，《姆岑斯克縣的馬克白夫人》（*Lady Macbeth of the Mtsensk District*）歌劇腳本，改編自尼古拉．列斯科夫（Nikolai Leskov）的小說。
- 「至少曾有七千名男子和六百名女子被囚禁於此……」，蘇聯內政部的檔案文件，編號：0361MVD（一九五〇年五月二十五日）。參見「紀念」人權組織的網頁，www.memo.ru。
- 「巴熱諾夫最終關閉的日期……」，蘇聯安全部門的檔案文件，編號：00329MGB（一九五二年五月二十三日）。參見「紀念」人權組織的網頁，www.memo.ru。
- 「那些農民，非自願的新移居者……」，葉夫根尼．葉夫圖申科，《濟馬車站》（Ye. Yevtushenko, *Stantsiya Zima*），《詩歌選集》（*Izbrannoe: Stikhotvoreniya i Poemy*）。
- 「我們只需要朝所有標新立異的儀式和書本吐口水……」，阿瓦庫姆．彼得羅夫，《阿瓦庫姆大司祭生平自述》（Avvakum Petrov, *Zhitie Protopopa Avvakum Im Samim Napisannoe*），頁173。
- 「當他們毆打我的時候……」，出處同上，頁185。

★ 第9章

- 「他用強壯的胳膊奮力一扔……」，德米特里．薩多夫尼科夫的詩作，〈窩瓦、窩瓦、母親河〉（Dmitry Sadovnikov, Volga, Volga, Mat' Rodnaya [1883]）。
- 「他的軍隊已有約莫二十萬人馬……」，尼古拉．里亞贊諾夫斯基，《俄羅斯史》（N. Riasanovsky, *A History of Russia*），頁197。
- 「為何，百姓們，站著而不歡慶？……」，葉夫根尼．葉夫圖申科，〈斯堅卡．拉辛的死刑〉（Kazn' Sten'ki Razina），引自：《詩歌選集》。
- 「非常重視學習……」，派翠克．戈登，《（奧赫勒赫里斯的）派翠克．戈登將軍日記選錄》（P. Gordon, *Passages from the Diary of General Patrick Gordon of Auchleuchries*），頁168。
- 「凡是曾置身沙皇彼得的小圈子內……」，亞歷山大．戈登，《俄羅斯皇帝彼得大帝的歷史》（A. Gordon, *The History of Peter the Great, Emperor of Russia*），i，頁xxiii。
- 「抵達俄羅斯不久之後，（亞歷山大）應邀參加一場婚禮……」：出處同上，頁vii-viii。
- 「沙皇與我們的英國造船人員交談……」，約翰．佩里，《俄羅斯在現任沙皇統治下的狀況》（John Perry, *The State of Russia under the Present Czar*），頁164。
- 「莫斯科大公國的統治者親手工作……」，引自：伊恩．格雷，〈彼得大帝在英國〉（I. Grey, 'Peter the Great in England', in *History Today*, 6 [1956]），頁229。
- 「他把大部分的時間花費在……」，約翰．佩里，《俄羅斯在現任沙皇統治下的狀況》，頁166。
- 「現在他把他帶過來的那些英國人任命為造船監工……」，出處同上，頁186。
- 「以七百萬美元的可笑金額賣給了美國……」，里亞贊諾夫斯基，《俄羅斯史》，頁431。
- 「他完成於一百年後的史詩作品……」，普希金，〈青銅騎士〉，《十卷本作品全集》（A.S. Pushkin, 'Mednyi Vsadnik', in *Polnoe Sobranie Sochinenii. v 10 tomakh*），頁372-3。
- 「是他，以他那決定命運的意志……」，出處同上，382。
- 「繞著偶像的底座……」，出處同上，383。
- 「除此之外，每一個職等……」，卡西米爾．瓦利舍夫斯基，《彼得大帝：他的一生和事業》（Waliszewski, *Peter the Great: His Life and Work*），頁454。
- 「俄羅斯人在那之前總是留著長長的鬍鬚……」，尚．魯塞．德．密西（Jean Rousset de Missy）的描述。引自：詹姆斯．羅賓森與查爾斯．比爾德（編著），《歐洲現代歷史讀本》（J. Robinson and C. Beard [ed.], *Readings in Modern European History*），頁61-3。
- 「費歐凡主張……」，費歐凡．普羅科波維奇，《精神規章》（Feofan Prokopovich, *The Spiritual Regulation*）。引

自：提博爾・紹穆埃利，《俄羅斯傳統》（T. Szamuely, *The Russian Tradition*），頁106。
- 「瓦西里・塔季謝夫，抱持相同的看法……」，出處同上。

★ 第10章

- 「事情是這樣的：她來到……」，波里斯・安東諾夫，《俄羅斯歷代沙皇：留里克王朝、羅曼諾夫王朝》（B. Antonov, *Russian Tsars: The Rurikids, the Romanovs*），頁106。
- 「那位將以凱薩琳大帝之名走入歷史的女性……」，賽門・迪克森，《凱薩琳大帝》（S. Dixon, *Catherine the Great*），頁4-6。
- 「做出任何必要的事情……」，阿列克謝・蘇沃林（編著），《凱薩琳二世女皇文書集》（A.S. Suvorin [ed.], *Zapiski Imperatritsy Yekateriny II*），頁57。
- 「我知道得很清楚，大公爵並不愛我……」，馬庫斯・克魯斯，希爾德・胡根布姆（編著），《凱薩琳大帝回憶錄》（M. Cruse and H. Hoogenboom [eds.], *The memoirs of Catherine the Great*），頁36。
- 「在女人主政下……」，腓特烈二世的講法，引自：賽門・西巴格—蒙提費歐里，《波坦金：親王中的親王》（S. Sebag-Montefiore, *Potemkin, Prince of Princes*），頁118。
- 「我一輩子所見過的人物當中……」。喬治・馬戛爾尼的講法，引自：賽門・迪克森，《俄國的現代化，一六七六——八二五》（S. Dixon, *The Modernisation of Russia, 1676-1825*），頁45。
- 「由於一次偶然的機會，我讀了您的著作……」，致伏爾泰的信函。見：希爾德與胡根布姆，《凱薩琳大帝回憶錄》，頁48。
- 「您比北極光更加偉大……」，伏爾泰致凱薩琳的信函。引自：威廉・雷德威（編著），《凱薩琳大帝文獻集》（W. Reddaway, *Documents of Catherine the Great*）。
- 「御座上的哲學家……」，娜塔莉亞・普什卡廖娃，《俄羅斯歷史上的女性》（N. Pushkareva, *Women in Russian History*），頁142。
- 「社會上所有正直的成員……」，凱薩琳二世的訓令（*Nakaz Yekateriny II*）。全文見：《女皇凱薩琳二世，「論俄羅斯之偉大」》（*Imperatritsa Yekaterina II, 'O Velichii Rossii'*）。
- 「除國家外沒有真正的主權者……」，狄德羅的講法，引自：保羅・海蘭德（編著），《啟蒙運動：原始資料讀本》（Paul Hyland [ed.], *The Enlightenment: A Sourcebook and Reader*），頁153。
- 「起先你懷疑自己的眼睛……」，對凱薩琳女皇前往波坦金元帥宅邸參加揭幕慶祝活動的描述，引自：加夫里爾・傑爾扎溫，《慶祝活動說明……》（G. Derzhavin, *Opisanie Torzhestva*…）。
- 「我親愛的朋友，我愛你……」，凱薩琳寫給波坦金的信函。引自：賽門・西巴格—蒙提費歐里，《波坦金：親王中的親王》，頁102。
- 「啊，波坦金先生，你到底施了什麼法術……」，出處同上，頁127。
- 「一個新的局面剛剛展開……」，羅伯特・甘寧的急件，出處同上，頁117-22。
- 「那時湧現大批騎士……」，普希金，《上尉的女兒與其他故事》（A.S. Pushkin, *Kapitanskaya Dochka i Drugie Rasskazy*），頁63。
- 「那些齊聚在我——真正的彼得三世沙皇——這裡的人……」：葉米利安・普加喬夫的宣言，原件在葉卡捷琳堡歷史博物物館。
- 「俄羅斯帝國的疆域在……」，凱薩琳二世的訓令。《女皇凱薩琳二世，「論俄羅斯之偉大」》，頁77。
- 「君主乃國民與帝國一切權力的來源……」，出處同上，頁80。
- 「貴族的光榮頭銜得自……」，《貴族憲章》（*Charter of the Nobility*），出處同上，頁127。

★ 第11章

- 「保羅一世在位的那幾年……」，參見：尼古拉・里亞贊諾夫斯基，《俄羅斯史》，頁302。

- 「俄羅斯政府的基本原則，向來是……」，米哈伊爾．斯佩蘭斯基，《草案與筆記》（M. M. Speransky, *Proekty i Zapiski*），頁43-44。
- 「在凱薩琳統治下……」，出處同上，頁65。
- 「在獨裁統治之下不可能有法典……」出處同上，頁118。
- 「私人財產法有什麼用處呢……」，出處同上，頁140-142。
- 「我會快快樂樂地退居鄉野……」，傑弗里．霍斯金，《俄羅斯史：俄羅斯與俄羅斯人》，頁247。
- 「一個砲彈在離皮埃爾兩步遠的地方開了花……」，列夫．托爾斯泰，《戰爭與和平》（L. Tolstoy, *War and Peace*），頁943-947。
- 「拿破崙……都有同樣的恐怖感」，出處同上，頁977。
- 「於是法國軍隊湧入莫斯科……」，塞居爾伯爵，《拿破崙及其大軍在一八一二年的歷史》（Comte de Ségur, *Histoire de Napoléon et de la Grande Armée pendant l'année 1812*），頁47-48。
- 「塞居爾伯爵的目擊證詞……」，出處同上，頁48-49。關於法軍的傷亡數字，參見尼古拉．里亞贊諾夫斯基，《俄羅斯史》，頁345。
- 「他求助於各種神諭……」，法蘭西斯．葛利伯，《皇帝與神秘主義者：俄羅斯亞歷山大一世的生平》（F. Gribble, *Emperor and Mystic: The Life of Alexander I of Russia*）。
- 「看哪，群眾奔向廣場……」，尼古拉．涅克拉索夫，《俄羅斯女人》（N. Nekrasov, *Russkie Zhenshchiny*），頁28。
- 「群聚在他們的周圍……」，阿納托爾．馬祖爾，《俄羅斯的第一場革命，1825》（A. Mazour, *Russia's First Revolution, 1825*），頁67。
- 「哦，不幸的國家……」，康斯坦丁．德．格倫瓦爾德，《沙皇尼古拉一世》（C. de Grunwald, *Tsar Nicholas I*），頁69。
- 「在西伯利亞礦山的深處……」，普希金，《三卷本作品集》，頁178。
- 「一片沙漠景象，在中央是一座監獄……」，米哈伊爾．薩爾蒂科夫—謝德林的描述。引自：提博爾．紹穆埃利，《俄羅斯傳統》，頁134。
- 「從不自找麻煩……從不顯示自己有任何想法……」，烏斯片斯基，出處同上。
- 「經驗告訴我們……」，阿勒克西．德．托克維爾，《舊制度與大革命》（A. de Tocqueville, *L'Ancien Régime et la Révolution*），頁259。

★ 第12章

- 「在戰鬥中陣亡的俄羅斯士兵遺體……」：作者一九九五——九九七年為BBC新聞做的報導。
- 「我要歌頌那光榮的時刻……」，普希金，《高加索的俘虜》（*Kavkazskii Plennik*），頁109。
- 「葉爾莫洛夫表示他的目的在於……」，傑弗里．霍斯金，《俄羅斯史：俄羅斯與俄羅斯人》，頁239。
- 「摧毀他們的城鎮、把人質吊死……」，出處同上。
- 「醒來吧，勇士們……」，車臣民謠。引自：摩西．加默爾，《孤狼與熊：車臣反抗俄羅斯統治三百年》（M. Gammer, *The Lone Wolf and the Bear: Three Centuries of Chechen Defiance of Russian Rule*），頁36-37。
- 「昨天我抵達皮亞季戈爾斯克……」，米哈伊爾．萊蒙托夫，《當代英雄》（M. Lermontov, *A Hero of Our Time*），頁85。
- 「誰也沒說憎恨俄羅斯人……」，托爾斯泰，《哈吉．穆拉特》（Tolstoy, *Hadji Murat*），頁89。
- 「這種革命洪流尤其危險……」，謝爾蓋．維特，《維特伯爵回憶錄》（S. Witte, *The Memoirs of Count Witte*），頁210。

★ 第13章

- 「請告訴我，大娘，您這兒死掉過多少農奴？……」，尼古拉．果戈爾，《死魂靈》（N. Gogol, *Mertvye Dushi*），頁92。
- 「民眾可以在證人作證的情況下購買奴隸……」，《羅斯法典》（*Russkaya Pravda*）。全文見：亞歷山大．卡姆恰特諾夫，《俄語語言史資料匯編》〔十至十四世紀〕（A.M. Kamchatnov, *Khrestomatiya po Istorii Russkogo Yazyka [Pamyatniki X-XIV vekov]*）。
- 「其中所涉及的人數十分驚人……」，關於俄羅斯跟土地綁在一起的農奴人數，參見提博爾．紹穆埃利，《俄羅斯傳統》，頁116。
- 「那裡的環境洋溢著田園風情……」，出處同上，頁118。
- 「今天我在報紙上讀到……」，托爾斯泰，《我不能沉默》（*Ne Mogu Molchat'*），引自：《二十卷本作品集》，卷十四（*Sobranie Sochinenii v 20 tomakh, tom. 14*）。
- 「蒙主恩典，朕……」，《解放農奴宣言》。完整原文見http://schoolart.narod.ru/1861.html網頁。
- 「比坐等被自下而上遭到廢除好得多……」，引自：尼古拉．里亞贊諾夫斯基，《俄羅斯史》，頁411。
- 「朕期待貴族與農民取得友好諒解……」，見《解放農奴宣言》。
- 「我還躺在床上的時候……」，彼得．克魯泡特金，《一個革命者的回憶錄》（Kropotkin, *Memoirs of a Revolutionist*），part 2, ch. 8, 142。
- 「我們是跑步，而非走路回家……」，同上，頁143。
- 「爆炸聲震耳欲聾……」，愛德華．拉津斯基，《亞歷山大二世：最後的偉大沙皇》（E. Radzinsky, *Alexander II: The Last Great Czar*），頁415。
- 「邀請社會各界參與政策的制訂……」，出處同上，頁374。
- 「洛里斯—梅利科夫伯爵的政策……」，薇拉．菲格涅爾的日記。引自：芭芭拉．恩格爾，克利福德．羅森塔爾（編著），《五姐妹：反抗沙皇的女人們》（Engel, B. and Rosenthal, C. [eds.], *Five Sisters: Women Against the Tsar*），頁50-51。

★ 第14章

- 「熱利亞博夫微笑而死……」，阿爾貝．卡繆，《反抗者》（A. Camus, *L'Homme révolté*），頁86。
- 「……只要能多活一年就好」，檢警偵訊雷薩科夫的筆錄：http://www.hrono.ru/biograf/bio_r/rysakov.php。
- 「不必對著他們的遺體哭泣……」，〈革命的讚美詩〉〔1865〕（*Hymn of the Revolutionary* [1865]）。歌詞及早年的錄音，參見：http://www.sovmusic.ru/text.php? fname=ne_plach。
- 「我們的歷史開始於野蠻和落後之中……」，《哲學書簡》，見：恰達耶夫，《作品全集》，頁121。
- 「百姓的各個階層和群體……」，康斯坦丁．阿克薩科夫，《論俄國的內在狀況》（K. Aksakov, *On the Internal State of Russia* [1855]）。引自：尼古拉．里亞贊諾夫斯基，《斯拉夫派學說中的俄羅斯與西方》（N. Riasanovsky, *Russia and the West in the Teaching of the Slavophiles*）。
- 「我們的國度或許既貧困又混亂……」，費奧多爾．杜斯妥也夫斯基，《作家日記》（F. Dostoevsky, *The Diary of a Writer*），頁980。
- 「俄羅斯人長期以來承受著苦難的土地……」，費奧多爾．丘特切夫，《詩集》，頁208。
- 「俄羅斯無法憑理智了解……」，出處同上，頁259。
- 「暴風雨即將來臨……」，亞歷山大．赫爾岑，〈俄羅斯人民與社會主義〉，見：《赫爾岑回憶錄》（*The Memoirs of Alexander Herzen*），iv: 1649。
- 「現在我可以跟你們坦白地談談我的想法……」，尼古拉．車爾尼雪夫斯基，《怎麼辦？》（N. Chernyshevsky, *Chto Delat'?*），頁287。

- 「一切癰疽、一切疫瘴……」，費奧多爾・杜斯妥也夫斯基，《附魔者》（F. Dostoevsky, *Besy*），頁563。亦參見：謝爾蓋・涅恰耶夫，《革命問答》〔1869〕（S. Nechaev, *Catechism of a Revolutionist* [1869]），引自提博爾・紹穆埃利，《俄羅斯傳統》，頁252。全文收錄於 http://www.marxists.org/subject/anarchism/nechayev/catechism.htm。
- 「他們的成員之一……在一八七八年……」，薇拉・查蘇利奇的日記。引自：芭芭拉・恩格爾，克利福德・羅森塔爾（編著），《五姐妹：反抗沙皇的女人們》，頁61-94。

★ 第15章

- 「陛下，時代是可怕的……」，引自：康斯坦丁・波別多諾斯采夫，《波別多諾斯采夫致亞歷山大三世的信函》（K.P. Pobedonostsev, *Pis'ma Pobedonostseva k Aleksandru III*），i，頁331。
- 「陛下，如果您如同令尊一般地信任了那個人……」，出處同上，頁332。
- 「是的……今天的會議讓我感到難過……」，亞歷山大三世致波別多諾斯采夫的信函，《康斯坦丁・波別多諾斯采夫及其信函往來：信件與備忘錄》（*K.P. Pobedonostsev i ego korrespondenty: Pis'ma i zapiski*），i: part 1, 頁49。
- 「感謝神……整個瘋狂的方案已被摒棄」，出處同上，頁92。
- 「遍告朕之忠實臣民……」，亞歷山大三世，《沙皇關於鞏固獨裁體制的宣言》（*The Tsar's Manifesto on Unshakable Autocracy*），俄文全文見：http://www.hist.msu.ru/ER/Etext/1881.htm。
- 「從這一天開始，我將是……」，伊凡四世的加冕演講（1547）——在愛森斯坦導演的《伊凡雷帝》（*Ivan Grozny*, 1943-44）中的講話。
- 「把議會政治看成是自由的保障，根本是一種嚴重錯覺……」，波別多諾斯采夫，《一位俄羅斯政治家的沉思錄》（Pobedonostsev, *Reflections of a Russian Statesman*），頁53。
- 「這些令人哀嘆的結果……」，出處同上，頁48。
- 「所謂的五月法令……」，引自：利奧・埃雷拉，《俄羅斯猶太人：滅絕或解放？》（L. Errera, *The Russian Jews: Extermination or Emancipation?*），頁18；以及西蒙・杜布諾夫，《猶太人在俄羅斯與波蘭的歷史》（S. Dubnow, *History of the Jews in Russia and Poland*），頁10。
- 「我離開大學的時候……」，亞歷山大・米哈伊洛夫。學生志願者的日記，收錄於《土地與自由檔案》（*Arkhiv 'Zemli i Voli'*, Moscow: 1932）。網路版參見：http://narovol.narod.ru/origin.htm。
- 「農民們當然憎恨各種稅賦給他們帶來的負擔……」，所羅門・里翁。出處同上。
- 「農民們對所有激進的言論……」，普拉斯科維亞・伊凡諾夫斯卡雅。出處同上。
- 「人民沒有能力在舊世界的廢墟上……」，所羅門・里翁。出處同上。
- 「看不見的專政……」，彼得・特卡喬夫，《俄國的革命宣傳的任務》（Pyotr Tkachev, *Zadachi Revolyutsionnoi Propagandy v Rossii*）。全文收錄於http://az.lib.ru/t/tkachew_p_n/text_0060oldorfo.shtml。
- 「那樣的信念意味著，黨一旦奪得了政權……」，彼得・拉夫羅夫，〈致俄國社會革命青年〉，《作品選集》（Pyotr Lavrov, 'To the Russian Social Revolutionary Youth', in *Izbrannye Sochineniya*），iii: 360-361。

★ 第16章

- 「人群被瘋狂地向前推……」，弗拉基米爾・吉里亞羅夫斯基，《四卷本作品集》（V. Gilyarovsky, *Sochineniya v 4-kh tomakh*），iii: 頁24。全文參見：
- http://tululu.ru/read74996/24/。
- 「這位沙皇的統治絕對不會有什麼好下場……」，出處同上，頁27。
- 「我和俄羅斯將會有怎麼樣的遭遇呢……」，引自：伊蓮・范因斯坦，《全俄羅斯的安娜》（E. Feinstein, *Anna of All the Russias*），頁3。

- 「我知道有些人被不切實際的夢想沖昏了頭……」，亞歷山大．莫索洛夫，《在末代沙皇的宮廷》（A. Mosolov, *At the Court of the Last Tsar*），頁25。
- 「我擔心沙皇的言論已經引發了各式各樣的牢騷……」，羅伯特．伯恩斯，《波別多諾斯采夫：其生平與思想》（Robert F. Byrnes, *Pobedonostsev: His Life and Thought*）。
- 「當他把我們對改革的期望講成是……」，維克托．奧布寧斯基，《最後的獨裁君主：尼古拉二世的生活素描》（V. Obninsky, *Poslednii Samoderzhets, ocherk zhizni Nikolaya II*），頁142。
- 「馮．普勒韋曾經是支柱……」，社會革命黨中央委員會一九〇四年七月發布的傳單，英譯文全文參見http://www.korolevperevody.co.uk/korolev/srs-plehve.html。
- 「當中最聲名狼藉者……」，阿澤夫事件的細節，參見：理查．魯本斯坦，《瓦連京同志：間諜阿澤夫的真實故事》（Richard E. Rubenstein, *Comrade Valentine: The True Story of Azef the Spy*）。
- 「陛下！我們這些聖彼得堡的工人……」，工人向沙皇提出的請願書，全文見：http://www.hrono.info/dokum/190_dok/19050109petic.php。
- 「我從陽台上看到一大群人……」：謝爾蓋．維特，《維特伯爵回憶錄》，頁252。
- 「他假裝成人民的朋友……」，演唱錄音及歌詞參見http://www.sovmusic.ru/text.php?fname=peterbrg。
- 「組織了一些反革命的工人團體……」：謝爾蓋．維特，《維特伯爵回憶錄》，頁251。
- 「他在一九〇六年初返回俄國……」，羅伯特．梅西，《尼古拉和亞歷山德拉》（R. Massie, *Nicholas and Alexandra*），頁107-111。
- 「無產階級起來反對沙皇制度了……」，列寧，〈俄國革命的開始〉（The Beginning of Revolution in Russia），引自《列寧全集》（*Lenin: Collected Works*），viii，頁98。
- 「陛下本心是擁護侵略政策的……」：維特，《維特伯爵回憶錄》，頁186。亦可參見馮．普勒韋的講法：「我們需要打一場勝利的戰爭去抵擋革命的浪潮。」引用於《維特伯爵回憶錄》，頁250。
- 「他們的指揮官誤以為……」，《國際調查委員會報告：北海事件〔多格爾沙洲事件〕》（*Report of the International Commission of Inquiry: Incident in the North Sea [The Dogger Bank Case]*），一九〇五年二月二十二日。
- 「我們的船隻擠在一起……」，弗拉基米爾．科斯堅科，《奧廖爾號艦在對馬海峽》（V. Kostenko, *Na Orle v Tsushime*），頁423。
- 「雖然沒有人會懷疑我國水兵們的勇敢……」，出處同上，頁538。
- 「我們的沙皇是對馬……」，康斯坦丁．巴爾蒙特《作品全集》（K. Balmont, *Polnoe Sobranie Sochinenii*），ii，頁97。

★ 第17章

- 「我們已經把統治集團逼得背靠牆壁……」，列夫．托洛茨基，《一九〇五》（L. Trotsky, *1905*），頁116。
- 「如果你們當中有任何人相信沙皇的承諾……」，出處同上，頁116。
- 「隨著十月罷工的繼續發展……」，出處同上，頁110-111。
- 「我請你們來到這裡……」，尼古拉二世在一九〇五年一月二十日對工人代表的講話，發表於《政府公報》（*Pravitel'stvennyi Vestnik*），No. 15。亦可參見《維特伯爵回憶錄》，頁252-253。
- 「一位善良、虔誠、單純的俄羅斯人……」，羅伯特．梅西，《尼古拉和亞歷山德拉》，頁214-215。
- 「每當遇到麻煩事或者陷入疑慮的時候……」，出處同上。
- 「在與皇帝商討政務的過程中……」：維特，《維特伯爵回憶錄》，頁246。
- 「還真是個典型的官僚機構……」：維特，《維特伯爵回憶錄》，頁230。
- 「朕，尼古拉二世……」，《十月宣言》：全文（俄語）參見http://www.hist.msu.ru/ER/Etext/oct1905.htm，亦完整引用於《維特伯爵回憶錄》（英文），頁232-233。
- 「一九〇三至一九〇四年期間……」：維特，《維特伯爵回憶錄》，頁217。

- 「革命無產階級的猛烈進攻……」，托洛茨基，《一九〇五》，頁96-97。
- 「陛下的性格中有一種樂觀的傾向……」：維特，《維特伯爵回憶錄》，頁224。
- 「一個愚蠢的代表團正從英國過來……」，引自：梅西，《尼古拉和亞歷山德拉》，頁238。

★ 第18章

- 「有消息傳來……」，索忍尼欽，《一九一四年八月》：(A. Solzhenitsyn, *August 1914*)，頁335-336。
- 「沃羅騰采夫此際才注意到……」，出處同上，頁336。
- 「我永遠也忘記不了……」，安東．鄧尼金將軍，《俄國內亂史：軍事、社會與政治的回憶錄》(General A.I. Denikin, *The Russian Turmoil: Memoirs, Military, Social, and Political*)，頁30。
- 「這個政權沒有智慧……」，亞歷山大．基謝廖夫，恩斯特．夏金（編著），《國史讀本，1941-1945》(A.F. Kiselev and E.M. Shchagin [eds.], *Khrestomatiya po otechestvennoy istorii, 1914-45*)。
- 「狂熱的神秘主義……」：謝爾蓋．維特，《維特伯爵回憶錄》，頁195。
- 「拉斯普京一動也不動地站在我面前……」，菲利克斯．尤蘇波夫，《失去的光彩：殺死拉斯普京者的驚人回憶錄》(F. Yusupov, *Lost Splendor: The Amazing Memoirs of the Man Who Killed Rasputin*)，23章。

★ 第19章

- 「俄國革命了嗎？……」，索忍尼欽，《列寧在蘇黎世》(A. Solzhenitsyn, *Lenin in Zurich*)，頁201。
- 「當群眾走近的時候，士兵們奉命跪下舉槍瞄準……」，奧西普．葉爾曼斯基（Osip Yermansky）。引自：愛德華．布爾賈洛夫，《第二次俄羅斯革命：在彼得格勒的起義》(E. Burdzhalov, *Vtoraya russkaya revolyutsiya: vosstanie v Petrograde*)，頁138。
- 「女工們採取主動……」，出處同上，頁124。
- 「軍事總部，二月二十四日……」，尼古拉．羅曼諾夫，《尼古拉二世的日記，1913-1918》(N. Romanov, *Dnevniki Nikolaya II, 1913-1918*)，頁199。
- 「君主體制已經搖搖欲墜……」，布爾賈洛夫，《第二次俄羅斯革命》，頁276-277。
- 「我所得到的消息完全不同……」，羅伯特．梅西，《尼古拉和亞歷山德拉》，頁425。
- 「情況日趨惡化……」，布爾賈洛夫，《第二次俄羅斯革命》，頁289。
- 「不要簽署任何文件、或者憲法……」，出處同上，頁293。
- 「為了拯救我們的俄羅斯母親，我任何犧牲都在所不惜……」，出處同上。
- 「於進行偉大戰鬥……」，出處同上，頁296-297。
- 「米哈伊爾強調，他怨恨……」，弗拉基米爾．納博科夫，《回憶錄》(*The Memoirs of Vladimir D. Nabokov: V.D. Nabokov and the Provisional Government, 1917*)，頁49。
- 「尼古拉二世已經退位……」，布爾賈洛夫，《第二次俄羅斯革命》，頁304。
- 「古奇科夫在鐵路工人舉行的一場大會上發表演說之後……」，瓦西里．舒爾金於其回憶錄《那些日子》中的記載(V. Shul'gin, *Dni*)。引自：布爾賈洛夫，《第二次俄羅斯革命》，頁302。
- 「只要它不對民主革命造成妨礙的話……」，布爾賈洛夫，《第二次俄羅斯革命》，頁239-40；尼古拉．里亞贊諾夫斯基，《俄羅斯史》，頁506。

★ 第20章

- 「伯恩，一九一七年三月……」，維爾納．哈爾韋格，〈列寧一九一七年四月的穿越德國之旅〉，《近代史季刊》(Lenins Reise durch Deutschland im April 1917, in *Vierteljahrshefte für Zeitgeschichte*)，頁315。
- 「把列寧送回俄國的目的……」，溫斯頓．邱吉爾一九一九年十一月五日在下議院的發言，《英國國會議事錄》(*Hansard*, Fifth Series [Commons], vol. 120, col. 1633)。

- 「你們創造出來的俄國革命……」，引自：一九一七年四月五日《真理報》第二十四號。
- 「革命的第一階段……」，弗拉基米爾・伊里奇・列寧，《列寧年譜》，卷四，1917年3-10月（*Vladimir Ilyich Lenin, Biograficheskaya Khronika*, tom 4, Mart-Oktyabr 1917），頁60-61。
- 「有這樣的黨！」（*Yest takaya partiya!*）：列寧在「全俄工兵代表蘇維埃第一次代表大會」上的講話。
- 「此人雖具有天賦……」，弗拉基米爾・納博科夫，《回憶錄》，頁75。
- 「我表達出自己的意見……」，出處同上，頁87。
- 「裝甲車和各種車輛穿梭街頭……」，出處同上，頁148。
- 「他會處於一種暴怒狂躁的狀態……」，尼古拉・瓦連京諾夫，《與列寧的交往》（N. Valentinov, *Encounters with Lenin*），頁149-150。
- 「列寧跟同夥是間諜！」，弗拉基米爾・納博科夫，《回憶錄》，頁137。
- 「臨時政府原本可以利用……」，弗拉基米爾・納博科夫，《回憶錄》，頁83。

★ 第21章

- 「全世界開始進入革命鬥爭……」，列寧一九一九年三月四日的演說，「第三國際—共產國際」（*The Third Communist International*）：《列寧全集》，xxix，頁240-241。
- 「我衷心地把這部著作推薦給各國工人……」，約翰・里德，《震撼世界的十天》（J. Reed, *Ten Days That Shook the World*），列寧序言，頁7。
- 「冬宮正門兩旁的便門都敞開著……」：里德，《震撼世界的十天》，108-111。
- 「克倫斯基甚至到最後都完全不了解情況……」，弗拉基米爾・納博科夫，《回憶錄》，頁78。
- 「列寧就站在……」，《五卷本列寧回想錄》（*Reminiscences of V.I. Lenin, in 5 Volumes*），ii：頁457。
- 「同志們！布爾什維克始終認為必要的工農革命……」，出處同上。
- 「那裡當然緊張得不得了……」，BBC廣播錄音檔案（無日期）。
- 「你們是些可憐蟲，你們已經徹底破產……」，伊恩・柴契爾，《托洛茨基》（I. Thatcher, *Trotsky*），頁92。
- 「布爾什維克不迷信民主……」，列寧一九一八年十二月二十三日的演說：《列寧全集》，xxviii，頁368-372。
- 「……老爺式的無情態度」，引自：奧蘭多・菲格斯，《人民的悲劇：俄國革命一八九一—一九二四》（O. Figes, *A People's Tragedy: The Russian Revolution 1891-1924*）：頁386。
- 「她不喜歡俄羅斯共產黨」，摩根・菲利普斯・普萊斯，《我的三場革命》（M. Philips Price, *My Three Revolutions*），頁160。
- 「幾十種甚至幾百種……」，瓦西里・格羅斯曼，《一切都在流動》（V. Grossman, *Everything Flows*），頁177-182。

★ 第22章

- 「一切都隨著生命的神奇 酵母而不斷地發酵……」，波里斯・巴斯特納克，《齊瓦哥醫生》（B. Pasternak, *Doctor Zhivago*），頁132。
- 「我覺得在我們這一片混亂和破壞的情況下……」，出處同上，頁151。
- 「每個人都預料布爾什維克將採取行動來抵制立憲會議……」，納博科夫，《回憶錄》，頁166。
- 「現在，反對蘇維埃掌握全部政權……」，一九一八年一月六日《解散立憲會議的法令草案》（*Draft Decree on the Dissolution of the Constituent Assembly*）：《列寧全集》，xxvi，頁434。
- 「右派社會革命黨和孟什維克黨……」：出處同上，頁435。
- 「將近一個世紀以來……」，馬克西姆・高爾基發表於《新生活報》（*Novaya Zhizn'*）的文章（一九一八年一月九日和十一日）。參見《三十卷本作品集》，xxvii，頁98。

- 「一切都朝最好的方向發展……」，哈羅德・舒克曼，《俄國革命》（H. Shukman, *The Russian Revolution*），頁67。亦參見：列夫・托洛茨基，《列寧，傳記作者筆記》（*Lenin, Notes for a Biographer*），第八章，〈驅散立憲會議〉（Breaking up the Constituent Assembly）——按照其講法，列寧說的是：「用蘇維埃政權來驅散立憲會議，也就是為了革命的專政而徹底地和公開地取消形式上的民主。這次教訓將是深刻的。」
- 「列寧和托洛茨基對自由或人權的意義沒有絲毫概念……」，馬克西姆・高爾基，「不合時宜的思想」，《新生活報》，第一七四期（一九一七年十一月七日）。英譯本見：《不合時宜的思想：關於革命與文化的思考》（*Untimely Thoughts: Essays on Revolution, Culture and the Bolsheviks, 1917–18*），頁85–86。
- 「列寧的不寬容……他對自由的蔑視……」，瓦西里・格羅斯曼，《一切都在流動》，頁177–83。
- 「我們不能、不會也不必……」，托洛茨基，《俄國宣布退出布列斯特－里托夫斯克和平談判，一九一八年二月十日》：查爾斯・霍恩（編著），《世界大戰史料記錄》第四卷（C. Horne [ed.], *Source Records of the Great War*, vol. VI）。全文見：http://www.marxists.org/archive/trotsky/1918/commissar/gov.htm。
- 「誰要反對立刻簽訂……和約……」，出處同上。

★ 第23章

- 「可是尼古拉的表哥喬治五世拒絕了……」，弗拉基米爾・納博科夫，《回憶錄》，頁71-72。
- 「在那裡會比較安全……」，雅科夫・尤羅夫斯基（Ya. Yurovsky）向蘇維埃調查委員會的說明摘要。引自：羅伯特・梅西，《尼古拉和亞歷山德拉》，頁554–556。亦參見：愛德華・拉津斯基，《末代沙皇》（E. Radzinsky, *The Last Tsar*），頁8–9。拉津斯基未能在莫斯科中央檔案館找到尤羅夫斯基的陳述。其全文轉載於：http://www.alexanderpalace.org/palace/YurovskynoteRussian.html
- 「沙皇用手臂抱住他年幼的兒子……」，梅德韋傑夫向蘇維埃調查委員會的說明。引自：羅伯特・威爾頓，《羅曼諾夫家族最後的日子》（R. Wilton, *The Last Days of the Romanovs*），頁171。
- 「尼古拉把阿列克謝放在椅子上以後……」，雅科夫・尤羅夫斯基的陳述。
- 「搖搖晃晃地在曠野中哀嘆……」，瑪麗娜・茨維塔耶娃，〈天鵝營〉（*The Swans' Encampment*），《詩選》（*Marina Tsvetaeva: Selected Poems*），頁34。
- 「紅軍戰士同志們！……」：留聲機片錄音講話，〈告紅軍書〉，《列寧全集》，xxix，頁244–245。
- 「我們從前的主人們……」，演唱錄音及歌詞，參見：http://www.sovmusic.ru/text.php?fname=dubina。
- 「被派往俄羅斯遠北地區的一個師級部隊……」，約翰・西爾沃萊特，《勝利者的困境：聯軍在俄國內戰中的干預行動》（J. Silverlight, *The Victors' Dilemma: Allied Intervention in the Russian Civil War*），頁171。
- 「當我待在那裡的時候，我遇見了……」，邁爾斯・赫德森，《在俄羅斯的干預行動，一九一八－一九二〇：一個警世的故事》（Miles Hudson, *Intervention in Russia, 1918–1920: A Cautionary Tale*），頁79。
- 「其他英國部隊則花了幾個星期……」，約翰・西爾沃萊特，《勝利者的困境》，頁185。
- 「紅軍將士們！你們在各條戰線上……」，托洛茨基，《我的生平》（L. Trotsky, *My Life*），頁449。
- 「協約國向鄧尼金將軍……」，奧蘭多・菲格斯，《人民的悲劇：俄國革命，1891–1924》，頁652。
- 「時至一九一九年初，紅軍的規模已擴充一倍……」，出處同上，頁596–597。
- 「紅軍已經團結起來……」：留聲機片錄音講話，〈告紅軍書〉，《列寧全集》，xxix，頁244–245。
- 「一九二〇年七月二十二日那天……」，伊薩克・巴別爾，〈紅色騎兵軍〉（*Konarmiya*），《故事全集》（*Isaac Babel: Collected Stories*），頁135–136。
- 「越過躺在路上的白色波蘭的屍體……」，引自：諾曼・戴維斯，《上帝的操場：波蘭史》（N. Davies, *God's Playground: A History of Poland*），ii，頁396。
- 「一個個因為呼救而洞開的嘴巴……」，康斯坦丁・帕烏斯托夫斯基，《一生的故事》（K. Paustovsky, *Story of a Life*），頁218–19。
- 「你在那裡看見什麼了呢？……」，米哈伊爾・布爾加科夫，《潰逃》（M. Bulgakov, *Flight*），頁49–51。

★ 第24章

- 「我被囚禁的時間長達……」，羅伯特．布魯斯．洛克哈特，《一個英國特工的回憶錄》（R. Bruce Lockhart, *Memoirs of a British Agent*），頁326。
- 「列寧遭到兩次槍擊……」，一九一八年九月三日的《真理報》。引自：麗莎．基爾申鮑姆，〈編寫革命腳本：俄國歷史上的弒君行動〉，見：《左派史學》，7, No. 2 (2000)，頁50。
- 「早上六點鐘的時候……」，布魯斯．洛克哈特，《一個英國特工的回憶錄》，頁320。
- 「用群眾性的紅色恐怖打擊資產階級……」，宣布於一九一八年九月一日的《紅報》（*Krasnaya Gazeta*），以及一九一八年九月三日的《消息報》（*Izvestiya*）。
- 「我永遠也忘記不了……」，摩根．菲利普斯．普萊斯，《我的三場革命》（M. Philips Price, *My Three Revolutions*），頁136。
- 「不要去檔案中尋找罪證……」，引自葉夫根尼亞．阿爾巴茨，《KGB：國中之國》（Ye. Albats, *KGB: State Within a State*），頁93。
- 「我們本身就代表有組織的恐怖……」，《新生活報》一九一八年七月十四日對捷爾任斯基的採訪。
- 「一座有著許多冰山……的城市……」，傑弗里．霍斯金，《俄羅斯史：俄羅斯與俄羅斯人》，頁409。
- 「隨著一聲鏗鏘、一聲尖叫和一陣呻吟……」，瓦西里．羅扎諾夫，《選集》（V. Rozanov, *Izbrannoe*），頁494。亦引用於米哈伊爾．海勒及亞歷山大．涅克里奇，《掌權的烏托邦》（M. Heller and A. Nekrich, *Utopia in Power*），頁255。
- 「打倒列寧和馬肉……」，瑪莉．麥考利，《麵包與正義：彼得格勒的國家與社會，1917–22》，（M. McAuley, *Bread and Justice: State and Society in Petrograd, 1917–22*）頁280。
- 「一旦他們的權力得到鞏固……」，《勞動之聲》（*Golos Truda*），一九一七年十一月。
- 「列寧的目標是要拯救世界……」，尼古拉．里亞贊諾夫斯基，《俄羅斯史》，頁527。
- 「蘇維埃當局所進行的唯一工作……」，基門斯上校（英國駐彼得格勒代理副領事）一九一八年十一月的報導，見：提姆．寇茲，《俄國革命，一九一七》（T. Coates, *The Russian Revolution, 1917*），頁83。
- 「富農暴動的浪潮擴展到全國……」：〈工人同志們！大家都來進行最後的鬥爭！〉，《列寧全集》，xxviii，頁53–57。
- 「收成已經被兩次可怕的旱災消滅了……」，BBC對菲利普．吉布斯爵士的採訪檔案（無日期）。
- 「富農暴動必須毫不留情地予以鎮壓……」，羅伯特．謝偉思，《列寧傳》（Robert Service, *Lenin: A Biography*），頁365。
- 「我們必須毫不留情採取行動……」，奧蘭多．菲格斯，《人民的悲劇：俄國革命，1891–1924》：，頁749。

★ 第25章

- 「我不能常常聽音樂……」，與馬克西姆．高爾基的私人對話，引自：高爾基，《列寧其人》（Maxim Gorky, *Lenin the Man*）。
- 「我們是彼得格勒各座工廠和各個社會主義黨派的代表……」，傑弗里．霍斯金，《俄羅斯史：俄羅斯與俄羅斯人》，頁414。
- 「既然你們來自喀琅施塔特……」，以色列．蓋茲勒，《喀琅施塔特，1917–1921：蘇維埃民主的命運》（I. Getzler, *Kronstadt, 1917–1921: The Fate of a Soviet Democracy*），頁212–213。
- 「工人階級進行了十月革命……」，奧蘭多．菲格斯，《人民的悲劇：俄國革命，1891–1924》，頁763–764。
- 「比鄧尼金、高爾察克和尤登尼奇之流合在一起還要大許多倍……」，出處同上，頁758。
- 「我們開誠布公地、老老實實地對農民說……」，列寧一九二一年五月二十七日在俄羅斯共產黨（布爾什

維克）第十次代表大會上的演說：《列寧全集》，xxxii，頁93–95。
- 「他們問我：您喜歡新經濟政策嗎？……」，馬雅可夫斯基，〈您喜歡新經濟政策嗎？〉（*Vy lyubite li NEP?*），《十三卷本作品全集》，III，頁29-30（1922）。
- 「毫無例外地解散一切……」，傑弗里．霍斯金，《俄羅斯史：俄羅斯與俄羅斯人》，頁415–416。

★ 第26章

- 「斯大林同志當了總書記……」，「列寧遺囑」（Zavet Lenina）：《列寧全集》，xxxvi，頁593–611。
- 「今天早上十一點召開大會的時候……」，亞瑟．蘭塞姆一九二四年一月二十三日發表於《曼徹斯特衛報》的文章。
- 「「列寧的遺體……」，出處同上。
- 「坐在講台的台階上……」，布倫達．豪根，《約瑟夫．史達林：蘇聯的獨裁者》（B. Haugen, *Joseph Stalin: Dictator of the Soviet Union*），頁49。
- 「俄羅斯人民最大的不幸……」，一九五八年二月三日的《生活雜誌》（*Life Magazine*），頁81。
- 「蘇維埃這個字眼在世界各地……」，列寧一九一九年三月三十日的演說，「什麼是蘇維埃政權」（*What is Soviet Power?*）：《列寧全集》，xxix，頁248–9。
- 「我們有過一面壯觀的大旗……」，哈利．楊（Harry Young）接受BBC訪問的廣播錄音檔案（無日期）。

★ 第27章

- 「哦，是的，親愛的。它發生於一九三〇年……」，坦波夫地區農業集體化倖存者瑪莎．阿列克謝耶夫娜的訪問錄音。
- 「出路就在於使農業成為大農業……」，史達林一九二九年十二月二十七日的演說，《論蘇聯土地政策的幾個問題》（Concerning Questions of Agrarian Policy）。
- 「我們已經使許多地區的基本農民群眾……」，一九二九年十一月七日《真理報》第二五九號。
- 「農民加入了集體農莊，而且是整村、整鄉、整區加入的……」，出處同上。
- 「具有強大的日益增長的反富農的巨浪性質的集體農莊運動……」，史達林一九二九年十二月二十七日的演說，《論蘇聯土地政策的幾個問題》。
- 「直接死於集體化的農民人數無法估算出來……」，雷奧納德．胡巴德，《蘇聯農業經濟》（L. Hubbard, *The Economics of Soviet Agriculture*），頁117–118。
- 「我們走進屋內以後，黨組織的書記宣布……」，BBC廣播錄音檔案（無日期）。
- 「斯大林曾經說過，『為糧食鬥爭……』」，傑弗里．霍斯金，《俄羅斯史：俄羅斯與俄羅斯人》，頁453。
- 「啊，兄弟們！啊，姐妹們！……」，引自：琳恩．維奧拉，《史達林統治下的農民起事》（L. Viola, *Peasant Rebels under Stalin*），頁57–63。
- 「在集體農莊，他們將用熱鐵往你們的身上烙印……」，出處同上。
- 「打倒蘇維埃公社……」，克里姆金，《集體化的開端，1929–1930》（I.V. Klimkin, *Nachalo Kollectivizatsii, 1929–1930*），見：皮捷利諾地區（Pitelinsky District）的社區網站。
- 「許多人寧可選擇殺掉自己的牲畜……」，米哈伊爾．海勒及亞歷山大．涅克里奇，《掌權的烏托邦》，頁238。
- 「那是一個天大的故事……」，BBC廣播錄音檔案（無日期）。
- 「共有二百萬至四百萬人死於大饑荒……」，《蘇維埃烏克蘭的饑荒，1932–1933：紀念特展》（*Famine in the Soviet Ukraine 1932–3: A Memorial Exhibition*），頁31。
- 「我在殘酷的現實中看見了那片廢墟……」，加雷思．瓊斯（Gareth Jones），一九三三年三月二十九日的《曼徹斯特衛報》。加雷思．瓊斯所有的文章，參見：http://www.garethjones.org/

- 「僅次於史達林之後，在俄羅斯最受憎恨的人物是蕭伯納……」，出處同上。
- 「我看得出你是一個很會講故事的人……」，海勒與涅克里奇，《掌權的烏托邦》，頁238。
- 「米哈伊爾．哈塔耶維奇……」，羅伯特．康奎斯特，〈評論惠特克羅夫特〉（R. Conquest, 'Comment on Wheatcroft', *Europe–Asia Studies*, University of Glasgow, 1999, vol. 51, no. 8, 1479）。
- 「對史達林來說，農民就是人渣……」，海勒與涅克里奇，《掌權的烏托邦》，頁238。
- 「除非我們開始採取行動來整頓烏克蘭的情況……」，《史達林－卡岡諾維奇往來信函》（*The Stalin-Kaganovich Correspondence*），頁179–181。

★ 第28章

- 「舊俄歷史的特徵之一就是它因為落後而不斷挨打……」，史達林一九三一年二月四日在全蘇社會主義工業工作人員第一次代表會議上的演講，《論經濟工作人員的任務》。
- p. 269　「我們摧毀了國家以便打敗白軍……」，海勒與涅克里奇，《掌權的烏托邦》，頁118。
- 「我們在蘇聯領土上的一切間諜行動……」，麥克．塞耶斯與亞伯特．哈恩，《反蘇俄的大陰謀》（M. Sayers and A. Khan, *The Great Conspiracy against Soviet Russia*），頁60。
- 「這是假司法之名進行的一場煎熬……」，出處同上，頁60。
- 「他們對我好得不得了……」，出處同上。
- 「我們生活在一個充滿巨大恐懼的時代……」，亞歷山大．阿菲諾格諾夫，《恐懼》（A. Afinogenov, 'Strakh' [Fear] (1930), in *P'esy* [Plays]），頁72–73。
- 「一批反革命的資產階級專家……」，史達林一九二八年四月十三日在聯共（布）莫斯科組織積極分子會議上的報告（《關於自我批評》）。
- 「暗害活動的基礎是階級鬥爭……」，史達林一九三一年二月四日在全蘇社會主義工業工作人員第一次代表會議上的演講，《論經濟工作人員的任務》。
- 「托洛茨基吹噓說……」，傑弗里．霍斯金，《俄羅斯史：俄羅斯與俄羅斯人》，頁434–435。
- 「船舶在星空下航行……」，《勞動的人》（*Rabochii Chelovek*）。作曲：尤．列維京（Yu. Levitin），作詞：米．馬圖索夫斯基（M. Matusovsky），參見http://www.sovmusic.ru/text.php?fname=rabochiy。
- 「駕起拖拉機在荒地上前進……」，馬雅可夫斯基，〈突擊隊進行曲〉（*Marsh Udarnykh Brigad*），《十三卷本作品全集》，X，頁162。
- 「在座的斯達漢諾夫同志……」，一九三八年五月十七日，史達林在克里姆林宮招待高等學校工作人員時的講話。
- 「我們生活得多麼美好，我們的心中多麼快樂……」，塔季雅娜．費奧多羅夫娜在美國公共電視台《人民的世紀》紀錄片中的採訪錄音：http://www.pbs.org/wgbh/peoplescentury/about/index.html。
- 「幾天前我經過莫斯科郊外一棟工人小屋的門口……」，加雷思．瓊斯，一九三三年三月三十一日星期五《晚旗報》（*Evening Standard*）。

★ 第29章

- 「俄羅斯是個真正重視詩歌的國度……」，引自：奧列格．列克馬諾夫，《奧西普．曼德施塔姆》（O. Lekmanov, *Osip Mandelstam*），頁97。
- 「我們活著，感覺不到腳下的國家……」，奧西普．曼德施塔姆，〈*My zhivem, pod soboyu ne chuya*…〉（1933），《曼德施塔姆，詩集》（Mandelshtam, *Stikhotvoreniya*），頁196。
- 「一個字也別說出去……」，曼德施塔姆與艾瑪．格爾斯坦的對話。引自：艾瑪．格爾斯坦，《莫斯科回憶錄》（E. Gerstein, *Moscow Memoirs*），頁61。
- 「史達林打算知道，家父是否清楚……」，二〇〇六年作者對葉夫根尼．巴斯特納克的採訪。

- 「我正在練習一種新的文學類型……」，伊薩克．巴別爾在蘇聯作家協會第一次代表大會的演說。引自：海倫．拉帕波特，《約瑟夫．史達林》（H. Rappaport, *Josef Stalin*），頁 16。
- 「在汽車上，警員之一……」，安東尼娜．皮洛日科娃，《在他的身邊：伊薩克．巴別爾的最後歲月》（A. Pirozhkova, *At His Side: The Last Years of Isaac Babel*），頁 113。
- 「……死於心臟驟停。」，維塔利．宣塔林斯基，《KGB的文學檔案》（V. Shentalinsky, *The KGB's Literary Archive*），頁 71。
- 「一份由貝利亞呈閱給史達林的打字文件……」，出處同上，頁 67–71。
- 「我們意識到的詩歌自由……」，二〇〇六年作者對葉夫根尼．巴斯特納克的採訪。
- 「不要打擾那個住在雲端的人……」，引自：羅伯特．塔克，《史達林掌權》（R. Tucker, *Stalin in Power*），頁 445。史達林藉此展示自己熟悉巴斯特納克的作品：其批示是針對巴斯特納克的詩集《雲中的孿生子》（*Bliznets v tuchakh*）而發。
- 「混亂取代了音樂……」，《真理報》，一九三六年一月二十八日。
- 'It's terrible when an artist is persecuted …', author's interview with Irina Shostakovich, 2006.
- 「藝術家受到迫害，那是多麼可怕的事情……」，二〇〇六年作者對伊莉娜．蕭斯塔科維奇的採訪。
- 「我們是否有權為了一個詩人……」，米哈伊爾．海勒及亞歷山大．涅克里奇，《掌權的烏托邦》，頁 139。
- 「不，不躲在異域的天空下……」，安娜．阿赫瑪托娃，〈安魂曲〉，《二卷本作品集》（Anna Akhmatova, *Rekviem*, in *Anna Akhmatova: Sochineniya v dvukh tomakh*）I, 頁 107。
- 「俄羅斯語言，我們將保護你免於遭受外來的奴役……」，出處同上，頁 109。
- 「那條道路向我敞開……」，安娜．阿赫瑪托娃，《沒有主角的敘事詩》（*Poema Bez Geroya*），出處同上，頁 273–298。
- 「他興高采烈地接獲諾貝爾獎得獎通知……」，二〇〇六年作者對葉夫根尼．巴斯特納克的採訪。
- 「啊，淚水盈眶……」（*O Slezy na glazakh …*），瑪麗娜．茨維塔耶娃，〈致捷克的詩〉，《詩集》（*Poems to Czechia, No. 8*, in *Marina Tsvetaeva: Stikhotvoreniya*），頁 127。
- 「離開俄羅斯以後，我失去了創作的欲望……」，引自：安德瑞亞斯．韋爾邁爾，《拉赫曼尼諾夫》（A. Wehrmeyer, *Rakhmaninov*），頁 102。
- 「在一座座外國城市模擬一個早就死亡……」，弗拉基米爾．納博科夫，《說吧，記憶》（V. Nabokov, *Speak Memory*），頁 223。
- 「革命意味著流血、欺騙和壓迫……」，納博科夫，BBC廣播錄音檔案（無日期）。
- 「剛開始時，寂靜而沁涼的雪夜……」，納博科夫，〈博物館之旅〉，《弗拉基米爾．納博科夫故事集》（*A Visit to the Museum*, in *The Stories of Vladimir Nabokov*），頁 284–285。
- 「他指責布爾什維克的恣意破壞……」，二〇〇六年作者對斯維亞托斯拉夫．普羅高菲夫的採訪。
- 「剛開始的時候他高興得不得了……」，出處同上。
- 「對我這個六十五歲的病老頭子用刑……」，維塔利．宣塔林斯基，《KGB的文學檔案》，頁 27。
- 「人們喜歡表示……」，二〇〇六年作者對斯維亞托斯拉夫．普羅高菲夫的採訪。
- 「這個國家正在發生非常糟糕的事情……」，出處同上。
- 「聽著，我喜歡妳的丈夫……」，二〇〇六年作者對葉夫根尼．巴斯特納克的採訪。
- 「有聲音的人們被割掉了舌頭……」，娜傑日達．曼德施塔姆，《抱一線希望》（N. Mandelstam, *Hope against Hope*），頁 204。
- 「看來亞歷山大．亞歷山德羅維奇……」，二〇〇六年作者對葉夫根尼．巴斯特納克的採訪。
- 「嗯，是的，我們……曾經接獲中央委員會的指令……」，二〇〇六年作者對吉洪．赫連尼科夫的採訪。
- 「我所講的話就是法律……」，出處同上。
- 「赫連尼科夫的自我辯解，甚至在蕭斯塔科維奇的遺孀伊莉娜那邊喚起了有限度的認同……」，二〇〇六

年作者對伊莉娜・蕭斯塔科維奇的採訪。

- 「無論是歌，無論是詩……」，馬雅可夫斯基，〈和財務檢查員談詩〉，《十三卷本作品全集》（*Razgovor s fininspektorom o poezii*, in Mayakovsky, *Polnoe Sobranie Sochinenii v 13 tomakh*），III，頁141–149。
- 「現在該是讓博物館的牆壁布滿彈孔的時候了……」，羅納德・蘇尼，《蘇維埃試驗：俄羅斯、蘇聯與各個後繼國》（R.G. Suny, *The Soviet Experiment: Russia, the USSR and the Successor States*），頁203–204。
- 「胡說八道、寫得愚蠢、極端的愚蠢、裝腔作勢……」，出處同上，頁205。
- 「已經過了一點鐘……」，馬雅可夫斯基，〈愛的小舟已在生活的暗礁上撞碎〉（*Lyubovnaya lodka razbilas' o byt*），《十三卷本作品全集》，VIII，頁237。
- 「我想在蘇聯這個偉大的國家，成為歌手和公民……」，謝爾蓋・葉賽寧，〈正在離去的俄羅斯〉，《七卷本作品集》（S. Yesenin, *Rus' Ukhodyashchaya*, in *Yesenin, Sobranie Sochinenii v 7 tomakh*），II，頁158。
- 「我不是你們的金絲雀……」，葉賽寧，出處同上，III，頁25。
- 「藝術……必須有機地發展……」，海勒與涅克里奇，《掌權的烏托邦》，頁194。
- 「我不擅長藝術……」，列寧與尤里・安年科夫的對話（Lenin, *Conversation with Yuri Annenkov*）。引自：伊恩・麥吉爾克里斯特，《主人和他的使者》（I. McGilchrist, *The Master and His Emissary*），頁412。

★ 第30章

- 「例如有這樣一種危險……」，一九三四年一月二十六日，史達林在第十七次黨代表大會（「勝利者的大會」）的總結報告。
- 「在社會主義建設的各個領域內……」，基洛夫在「勝利者的大會」的演說，見《一九三四年一月三十一日上午的第十次會議速記記錄》（*Stenograficheskii Otchet, zasedanie 10-oe, utrom, 31 January, 1934*）。
- 「基洛夫同志慘遭暗殺……」，史達林針對基洛夫之死發表的演說。摘自：《論黨的工作缺點和消滅托洛茨基兩面派及其他兩面派的辦法》（一九三七年三月三日在聯共〔布〕中央全會上的報告）。
- 「敵人非常狡猾……」，阿爾卡季・瓦克斯貝格，《維辛斯基：史達林的檢查官，莫斯科的大審判》（A. Vaksberg, *Vishinski: Le Procureur de Staline, les grands procès de Moscou*），頁83。
- 「自從克服血親關係之後……」，米哈伊爾・海勒及亞歷山大・涅克里奇，《掌權的烏托邦》，頁286。
- 「宣布了肅反的目標額度……」，羅伯特・謝偉思，《俄羅斯二十世紀史》（R. Service, *A History of Twentieth-Century Russia*），頁221。
- 「可恨的叛徒們的墳墓上將長滿雜草和野蓬……」，阿爾卡季・瓦克斯貝格，《維辛斯基：史達林的檢查官，莫斯科的大審判》，頁127。
- 「這個殺害了幾百萬人的兇手……」，亞歷山大・索忍尼欽，《古拉格群島》，第一部分，頁411。
- 「在審判的某種階段……」，費茲羅伊・麥克林恩，《走近東方》（F. MacLean, *Eastern Approaches*），頁120。
- 「如果一個人想要不經懺悔就死去……」，尼古拉・布哈林一九三八年三月十二日晚間的「最後陳述」。引自：羅伊・梅德韋傑夫與若列斯・梅德韋傑夫，《不為人知的斯大林》（*The Unknown Stalin*），頁294。
- 「變成了殺戮者，目的是為了要廢除殺戮……」，阿圖爾・科斯特勒《中午的黑暗》（A. Koestler, *Darkness at Noon*），頁122。
- 「他在被告席做出荒謬供詞的原因之一……」，安娜・拉林娜，《這我不會忘記》（A. Larina, *This I Cannot Forge*），頁72。
- 「同志們，要知道，在你們高舉著向共產主義勝利進軍的旗幟上……」，史提芬・柯恩，《布哈林與布爾什維克革命》（S. Cohen, *Bukharin and the Bolshevik Revolution*），頁371。
- 「我向未來一代黨的領導者們呼籲……」，安娜・拉林娜，《這我不會忘記》，頁344–345。
- 「斯大林對我的審判是建立在不實招供之上……」，列夫・托洛茨基一九三八年在墨西哥的錄音。
- 「我知道我就是逃不過這一天……」，托洛茨基的遺言，引自：胡利安・戈爾金，《刺殺托洛茨基》（J.

Gorkin, *L'Assassinat de Trotsky*），頁141。
- 「根據「內務人民委員會」自己的記錄……」，理查．派普斯，《共產主義：知識與政治運動的歷史》（R. Pipes, *Communism: A History of the Intellectual and Political Movement*），頁66–67。
- 「我們肚子越餓，就工作得越差……」，傑弗里．霍斯金，《俄羅斯史：俄羅斯與俄羅斯人》，頁468。
- 「他們都被定罪處決……」，德米特里．沃爾科戈諾夫，《蘇維埃帝國的興衰》（D. Volkogonov, *The Rise and Fall of the Soviet Empire*），頁109。
- 「神在這些事情上面對他干擾得太多……」，羅伯特．謝偉思，《俄羅斯二十世紀史》，頁226–7。
- 「戰敗者的死亡，是勝利者的寧靜所必需之條件……」，出處同上，頁226。

★ 第31章

- 「一旦波蘭國家所屬地區發生領土和政治變動……」，威廉．夏伊勒，《第三帝國興亡史》，頁541。
- 「這個不幸的消息，好像爆炸一般地震撼了全世界」，傑弗里．羅伯茲，《史達林的戰爭：從世界大戰到冷戰，1939–1953》（G. Roberts, *Stalin's Wars: From World War to Cold War, 1939–1953*），頁30。
- 「鑒於政治形勢已經改變……」，威廉．夏伊勒，《第三帝國興亡史》，頁541–542。
- 「希特勒想要訛詐我們……」，羅伯特．謝偉思《俄羅斯二十世紀史》，頁257。
- 「為了協助和保護居住在波蘭領土上的烏克蘭人……」，傑弗里．羅伯茲，《史達林的戰爭》，頁37。
- 「我無法向你們預測俄羅斯的行動……」，出處同上，頁38。
- 「內務人民委員會的頭子……告訴史達林」，貝利亞一九四〇年三月五日向史達林提交的「最高機密」報告（二〇一〇年四月俄羅斯政府公布的文件之一）。貝利亞原件的拷貝可參見 http://news.bbc.co.uk/2/hi/europe/8649435.stm。
- 「我們所征服的土地只容納得下我方陣亡者的墳墓……」，阿蘭．布洛克，《希特勒和斯大林：並行人生》（A. Bullock, *Hitler and Stalin: Parallel Lives*），頁730。
- 「史達林曾經向莫洛托夫表白……」，羅伯特．謝偉思，《斯大林傳》（R. Service, *Stalin*），頁406。
- 「那一切根本都是庸人自擾……」，米哈伊爾．海勒及亞歷山大．涅克里奇，《掌權的烏托邦》，頁361。
- 「每一個十字路口都有麻雀唧唧喳喳地談論此事……」，《赫魯曉夫回憶錄：錄音記錄》（*Khrushchev Remembers: The Glasnost Tapes*），頁50。
- 「在入侵前一天的夜裡……」，羅德里克．布雷思韋特，《莫斯科1941》（R. Braithwaite, *Moscow 1941*），頁67；羅伯特．謝偉思《俄羅斯二十世紀史》，頁260。
- 「入侵者以四百萬人……」，羅伯特．謝偉思《俄羅斯二十世紀史》，頁261。
- 「希特勒將蘇聯形容成一棟朽爛的大廈……」，傑弗里．羅伯茲，《史達林的戰爭》，頁85。
- 「不要理會任何挑釁行為……」，海勒與涅克里奇，《掌權的烏托邦》，頁371。
- 「蘇聯公民們！今天凌晨四點……」，羅德里克．布雷思韋特，《莫斯科1941》，頁75。
- 「進行強力反擊以摧毀敵軍主力……」，海勒與涅克里奇，《掌權的烏托邦》，頁371。
- 「俄軍到處都戰鬥到最後一人……」，羅伯特．謝偉思，《俄羅斯二十世紀史》，頁264。
- 「同志們！公民們！……」，史達林一九四一年七月三日的演說，摘自路易斯．科普蘭，勞倫斯．拉姆，史提芬．麥肯納（編著），《世界最偉大演說：從伯里克里斯到納爾遜．曼德拉的292篇講演》，頁495-496。
- 「造成使敵人及其所有走狗無法安身的條件……」，羅德里克．布雷思韋特，《莫斯科1941》，頁310。
- 「唉，同志們！你們為什麼……」，引自：彼得．利多夫，《蘇聯英雄們》（P. Lidov, *Geroi Sovetskogo Soyuza*），頁14–15。但米哈伊爾．戈林諾夫發表於《祖國歷史》的〈卓雅．科斯莫傑米揚斯卡雅，1923–1941〉一文（M. Gorinov, 'Zoya Kosmodemyanskaya, 1923–1941' in *Otechestvennaya Istoriya*, no. 1），拷貝了納粹審訊卓雅的筆錄，表明她的「遺言」或許出自蘇聯宣傳單位事後的發明。
- 「長矛、刀劍、土製武器……」，海勒與涅克里奇，《掌權的烏托邦》，頁375。

- 「對俄戰爭所具備的特質……」，傑弗里．羅伯茲，《史達林的戰爭》，頁84。
- 「根本沒有什麼蘇聯戰俘，只有叛徒……」，引自：羅曼．布拉克曼，《史達林秘密檔案》（R. Brakman, *Sekretnaya Papka Iosifa Stalina*），頁297。
- 「被俘的三百萬人當中……」，傑弗里．羅伯茲，《史達林的戰爭》，頁85。
- 「猶太人就是布爾什維克，就是游擊隊員……」，出處同上，頁87。
- 「基輔市內……的猶太佬」，當時報紙的拷貝。見：http://www.archives.gov.ua/Sections/B-Yar/?88。
- 「我們原本預期只會出現五千至六千人……」，紐倫堡軍事法庭對「特別行動隊」（Einsatzgruppen）的審判，展品抄本編號NO-3157, 426。
- 「一切都進行得極為快速……」，麥克．貝倫鮑姆，《世人必須知道：美國大浩劫博物館訴說的大浩劫歷史》（M. Berenbaum, *The World Must Know*），頁97–98。
- 「整個情況已經變得越來越清楚……」，羅德里克．布雷思韋特，《莫斯科1941》，頁180。
- 「元首已決定把彼得堡從地表抹除……」，傑弗里．羅伯茲，《史達林的戰爭》，頁104。
- 「等到那個行動結束之後……」，羅德里克．布雷思韋特，《莫斯科1941》，頁276。
- 「博羅季諾！你根基穩固屹立不搖!……」，詞曲（1942）：謝爾蓋．瓦西列夫，《莫斯科在我們背後！》（B. Vasilev, *Moskva za nami!*）。引自：嘉莉．阿爾費奧洛娃，《博羅季諾，俄羅斯光榮的原野》（G. Alferova, *Borodino, pole russkoi slavy*）。
- 「那些村莊都很小……」，羅德里克．布雷思韋特，《莫斯科1941》，頁102。
- 「我們全國，我國的各族人民都一致支援……」，史達林一九四一年十一月七日的演說。全文見：http://cccp.narod.ru/ work/book/stal_parad.html。
- 「俄羅斯是一個進去容易……但很難出來的國家」，克里斯托弗．艾爾斯比，《巴巴羅薩行動的圖像：一九四一年德軍入侵蘇聯》（C. Ailsby, *Images of Barbarossa: The German Invasion of Russia, 1941*），頁50。

★ 第32章

- 「德國陸軍早已精疲力竭……」，傑弗里．羅伯茲，《史達林的戰爭》，頁114。
- 「蘇聯軍隊的實力還太過於薄弱……」，傑弗里．霍斯金，《俄羅斯史：俄羅斯與俄羅斯人》，頁495。
- 「等待著我吧……」，（*Zhdi menya i ya vernus*…），西蒙諾夫，《作品全集》，ii，頁90。
- 「一九四三年中，蘇聯工業產值已經超過德國……」，海勒與涅克里奇，《掌權的烏托邦》，頁376。
- 「他們把已經勞碌一生的老頭子……」，傑弗里．霍斯金，《俄羅斯史：俄羅斯與俄羅斯人》，頁502。
- 「稱讚美國技術……在遙遠的北方和東方……」，海勒與涅克里奇，《掌權的烏托邦》，頁376–381。
- 「德國國防軍已經比此前的任何西方軍隊……」，傑弗里．羅伯茲，《史達林的戰爭》，頁126。
- 「我們國家的人民是熱愛並尊敬紅軍的……」，《不准後退一步》（*Ni shagu nazad*），國防人民委員（史達林）一九四二年七月二十八日的《第二二七號命令》。全文見：http://postrana.narod.ru/PR_227.HTM。
- 「將那些因表現怯懦而觸犯紀律……」，出處同上。
- 「有超過十五萬人因為……」，德米特里．沃爾科戈諾夫，《蘇維埃帝國的興衰》，頁118。
- 「即使你只留給德國人一噸石油……」，羅伯特．謝偉思，《斯大林傳》，頁453。
- 「俄羅斯人的家園也是你們的家園……」，羅伯特．謝偉思，《俄羅斯二十世紀史》，頁283。
- 「自由共和國的牢不可破聯盟……」，新的蘇聯國歌（1944），曲：亞歷山大．亞歷山德羅夫（A. Alexandrov），詞：謝爾蓋．米哈爾科夫（S. Mikhalkov）。完整歌詞參見：http://www.sovmusic.ru/text.php?fname=ussr44。
- 「如今我們都是戰士……」，亞伯特．阿克塞爾，《俄羅斯的英雄們，一九四一－四五》（A. Axell, *Russia's Heroes, 1941–45*），頁93-94。
- 「我們共同的父親……」，傑弗里．霍斯金，《俄羅斯史：俄羅斯與俄羅斯人》，頁503。

- 「對我們來說，戰爭在一個世代的時間內是最重要的事情……」，出處同上，頁505。
- 「史達林格勒保衛戰……具有決定性的重要意義……」，傑弗里．羅伯茲，《史達林的戰爭》，頁134。
- 「增添了這場戰役的緊迫性……」，邱吉爾與哈里曼用鉛筆書寫的便條紙。原始文件的拷貝可參見：http://www.loc.gov/exhibits/churchill/interactive/_html/wc0176.html。
- 「我們會拯救這座城市……」，瓦西里．崔可夫，《本世紀之戰》（V. Chuikov, *Srazhenie Veka*），頁48。
- 「一個聲音轟隆隆地從擴音器響起……」，喬納森．巴斯特布爾，《來自史達林格勒的聲音》（J. Bastable, *Voices from Stalingrad*），頁41–42。
- 「史達林格勒再也不是一座城市……」，出處同上，頁136。
- 「柳德米拉．帕夫利琴科……」，亞伯特．阿克塞爾，《俄羅斯的英雄們》，頁110。
- 「一個德國人端著搪瓷盆子拐過街角……」，瓦西里．格羅斯曼，「史達林格勒的一個日常故事」，一九四二年十一月二十日《紅星報》。
- 「蘇方承受了巨大的人員傷亡……」，傑弗里．羅伯茲，《史達林的戰爭》，頁147。
- 「攻勢結束的時候，敵軍僅僅前進了一英里……」，亞伯特．阿克塞爾，《俄羅斯的英雄們》，頁172。
- 「兩個巨大的錘子……」，喬納森．巴斯特布爾，《來自史達林格勒的聲音》，頁152。
- 「時至十一月二十三日，大約三十萬德軍……」，這只是大約的數字，無法確認。安東尼．畢佛則估計有二十九萬人，見：《史達林格勒》，頁281。
- 「部隊正在餓死和凍死……」，出處同上，頁320。
- 「一九四三年二月二日，他們終於不顧希特勒的威脅而投降……」，威廉．克雷格，《大敵當前：史達林格勒戰役》（William Craig, *Enemy at the Gates: The Battle for Stalingrad*），頁369。
- 「二百五十萬市民當中……」，海勒與涅克里奇，《掌權的烏托邦》，頁401–402。
- 「一九四三年七月四日，九十萬名左右的德國士兵……」，大衛．格蘭茲與喬納森．豪斯，《庫斯克戰役》（D. Glantz and J. House, *The Battle of Kursk*），頁64–65。
- 「五萬七千名德軍戰俘被迫遊街……」，傑弗里．羅伯茲，《史達林的戰爭》，頁202。
- 「你們傷害不了我們……」，安杰依．瓦依達（Andrzej Wajda）表示，這成為其《下水道》一片的靈感來源。什切潘斯基那首詩的完整英譯文出現於瓦依達的網頁：http://www.wajda.pl/en/filmy/film02.html。
- 「德國境內共有多達三十萬蘇聯士兵陣亡……」，這同樣只是大約的數字。在對柏林展開的最後攻勢中，大約有八萬名紅軍士兵陣亡，三十萬人受傷，參見：傑弗里．羅伯茲，《史達林的戰爭》，頁262。
- 「我相信您應該讀過杜斯妥也夫斯基……」，出處同上，頁264。
- 「德國人不是人……」，喬納森．巴斯特布爾，《來自史達林格勒的聲音》，頁64–65。
- 「不斷以密集炮火轟擊納粹的首都……」，安東尼．畢佛，《柏林：一九四五年陷落》（A. Beevor, *Berlin: The Downfall, 1945*），頁217。
- 「當天下午還拍攝一張著名的照片……」，傑弗里．羅伯茲，《史達林的戰爭》，頁263。
- 「同志們，我要為我們蘇聯人民的健康舉杯……」，大衛．布蘭登貝爾格，《國家蘇維埃主義：史達林主義大眾文化與現代俄羅斯國家認同的形成》（D. Brandenberger, *National Bolshevism*），頁131。
- 「史達林原本執意要親自帶領遊行隊伍……」，羅伯特．謝偉思，《斯大林傳》，頁480。

★ 第33章

- 「蘇聯在第二次世界大戰期間損失了……」，海勒與涅克里奇，《掌權的烏托邦》，頁443。
- 「蘇維埃國家制度是多民族國家的模範……」，史達林一九四六年二月九日在莫斯科市斯大林選區選民大會上的演說。引自：羅伯特．麥克尼爾，《史達林：人與統治者》（R. McNeal, *Stalin: Man and Ruler*），頁208。
- 「大約有四十萬人遭到圍捕……」，羅伯特．康奎斯特，《民族殺手》（R. Conquest, *The Nation Killers*），頁

60。

- 「最典型者是史達林針對克里米亞韃靼人頒布的……」，黛安．肯克與羅納德．巴克曼（編著），《俄羅斯檔案館解密》（D. Koenker and R. Bachman [eds], *Revelation from the Russian Archives*），頁205–7。亦參見：威廉．富勒，〈偉大的衛國戰爭與晚期史達林主義〉（W. Fuller, *'The Great Fatherland War and Late Stalinism, 1941–1953'*），引自葛瑞格利．弗雷澤（編著），《俄國史》（G. Freeze [ed.], *Russia: A History*），頁337。
- 「有一位村蘇維埃主席……」，亞歷山大．涅克里奇，《被懲罰的人民：二戰末期蘇聯少數民族的遞解及命運》（A. Nekrich, *The Punished Peoples*），頁59。
- 「往東方的旅程持續了一個多月……」，海勒與涅克里奇，《掌權的烏托邦》，頁379–380。
- 「第五欄：『民族』……」，瓦西里．格羅斯曼，《人生與命運》（V. Grossman, *Life and Fate*），頁577。
- 「一九四三年時，猶太人被有系統地……」，海勒與涅克里奇，《掌權的烏托邦》，頁486。
- 「蘇聯的戰前猶太人口大約有一半……」，傑弗里．霍斯金，《統治者和受害者：蘇聯的俄羅斯人》（G. Hosking, *Rulers and Victims: The Russians in the Soviet Union*），頁265。
- 「其成員與世界各地其他猶太組織建立起來的聯繫……」，約書亞．魯本斯坦與弗拉基米爾．納烏莫夫（編著），《斯大林的秘密大屠殺》（Rubenstein, J. and Naumov, V.P. [eds.], *Stalin's Secret Pogrom*），頁2–10。
- 「猶太人又懶又髒……」，約書亞．魯本斯坦，〈詩人們遇害之夜〉。一九九七年八月二十五日《新共和國週刊》（J. Rubenstein, 'The Night of the Murdered Poets', in *New Republic*, 25 August 1997）。
- 「所有的民族——偉大社會主義建設的參與者……」，大衛．布蘭登貝爾格，《國家蘇維埃主義：史達林主義大眾文化與現代俄羅斯國家認同的形成》，頁43。
- 「他非常確定自己不僅僅是抵抗德國人而已……」，瓦西里．格羅斯曼，《人生與命運》，頁316。
- 「史達林害怕一個新的十二月黨人運動……」，羅伯特．康奎斯特，《史達林，民族的破壞者》（R. Conquest, *Stalin, Breaker of Nations*），頁271。
- 「弗拉索夫表示，他的目標是要……」，傑弗里．霍斯金，《俄羅斯史：俄羅斯與俄羅斯人》，頁499。
- 「沒有人受到信任……」，德米特里．沃爾科戈諾夫，《蘇維埃帝國的興衰》，頁123。
- 「例如法國於戰爭結束時……」，帕維爾．波利安，「遣返來自法國和法國在德奧占領區的蘇聯公民」，《蘇俄世界手冊》（P. Polian, *'Le Rapatriement des citoyens soviétiques depuis la France et les zones françaises d'occupation en Allemagne et en Autriche'*, in *Cahiers du Monde Russe*），頁176。
- 「內務人民委員會獲准在巴黎郊外的博爾加爾宮……」，斯蒂芬妮．庫爾圖瓦，尚－路易．帕內，「共產國際在行動」，《共產主義黑皮書》（S. Courtois and J.-L. Panné, *'The Comintern in Action'*, in M. Kramer [ed.], *The Black Book of Communism*），頁320。
- 「對尋常百姓來說，戰後生活也同樣充滿了失望……」，傑弗里．霍斯金，《統治者和受害者：蘇聯的俄羅斯人》，頁222。
- 「沒有……提供適當照料，反而無情地把他們許多人送往遙遠的北方」，出處同上，頁239。
- 「一九四六年時饑荒來襲……」，出處同上，頁241。

★ 第34章

- 「一九四五年五月二十二日……未曾向各相關部門的一般人員徵詢意見」。「英國公共記錄辦公室」文件：CAB 120/691/109040 /002. Photographic。參見：朱利安．路易斯，《轉變方向：英國戰後戰略防禦的軍事規劃》（J. Lewis, *Changing Direction: British Military Planning for Post-War Strategic Defence*），頁xxix-xxxix。
- 「從波羅的海的斯德丁……」，詹姆斯．穆勒（編著），《邱吉爾的「鐵幕演說」五十年後》（*Churchill's 'Iron Curtain' Speech Fifty Years Later*, ed. J. Muller），頁9-10。
- 「邱吉爾先生和他的朋友們……」，羅伯特．麥克尼爾（編著），《列寧、史達林、赫魯雪夫：布爾什維克主義的聲音》（Robert McNeal [ed.], *Lenin, Stalin, Khrushchev: Voices of Bolshevism*），頁120。

- 「邱吉爾先生把這一切都認定是……」，出處同上，頁 121–123。全文參見：http://www.marxists.org/reference/archive/stalin/works/1946/03/x01.htm。
- 「那個〔關於廣島和長崎的〕消息……」，湯瑪斯、科克倫、羅伯特．諾里斯、奧列格．布哈林，《製造俄羅斯炸彈：從史達林到葉爾欽》（T. B. Cochran, R. S. Norris and O. A. Bukharin, *Making the Russian Bomb: From Stalin to Yeltsin*），頁 24。
- 「沃斯獲准向史達林詢問……」，大衛．霍洛威，《史達林和炸彈：蘇聯與原子能，1939–1956》（D. Holloway, *Stalin and the Bomb: The Soviet Union and Atomic Energy, 1939–1956*），頁 171。
- 「它最終提供的金額超過了一百三十億美元……」，艾倫．米爾沃德，《西歐的重建，1945-51》（A. Milward, *The Reconstruction of Western Europe, 1945–51*），頁 46。
- 「史達林總是疑神疑鬼……」，弗拉基米爾．葉羅費耶夫，美國公共電視台採訪錄音（無日期）。
- 「美國、英國，以及某些西方國家的政府……」，羅伯特．畢德勒，伊恩．傑弗里斯，《東歐歷史：衝突與轉變》（R. Bideleux and I. Jeffries, *A History of Eastern Europe: Crisis and Change*），頁 528。
- 「我對你們只有一個要求……」，科克倫、諾里斯、布哈林，《製造俄羅斯炸彈》，頁 10。
- 「主要由於李森科自己是農民出身……」，海勒與涅克里奇，《掌權的烏托邦》，頁 482。
- 「他們免於遭受其餘百姓在戰後所面臨的物資匱乏……」，出處同上，頁 440。
- 「被設置成禁區……」，大衛．霍洛威，《史達林和炸彈》，頁 201–202。
- 「這裡到處都是機密……」，出處同上，頁 202。
- 「我們相信過，我們的工作是絕對必要的……」，出處同上，頁 204；亦參見：傑弗里．霍斯金，《俄羅斯史：俄羅斯與俄羅斯人》，頁 522。
- 「我自視為這場新式科學戰爭中的士兵……」，大衛．霍洛威，《史達林和炸彈》，頁 207。
- 「你們記得，彼得大帝曾經……」，出處同上，頁 186。
- 「一九五〇的一份報告估計出來……」，出處同上，頁 194.。
- 「所有這一切仍然不對外公開……」，傑弗里．霍斯金，《俄羅斯史：俄羅斯與俄羅斯人》，頁 513。
- 「塔的頂端閃耀出……」，大衛．霍洛威，《史達林和炸彈》，頁 217。
- 「我們感覺鬆了一口氣……」，出處同上，頁 216。
- 「我們想要向西方施加壓力……」，出處同上，頁 259。
- 「與此同時，英國和美國空軍開始……」，羅傑．米勒，《救助一座城市：柏林空運，1948–1949》（R. Miller, *To Save a City: The Berlin Airlift, 1948–1949*），頁 201。
- 「我會搖一搖我的小手指……」，賽門．西巴格－蒙提費歐里，《史達林：紅色沙皇的宮廷》（S. Sebag-Montefiore, *Stalin: The Court of the Red Tsar*），頁 511。
- 「按照蘇聯陸軍將領和軍事史學家德米特里．沃爾科戈諾夫的講法……」，一九九三年六月十二日星期六《獨立報》（*Independent*）的一篇專文：http://www.independent.co.uk/news/world/europe/stalin-planned-to-kill-tito-byinfecting-him-with-the-plague-1491079.html。
- 「我們研究蘇聯體制並且以之做為榜樣……」，一九四八年八月二十三日星期一《時代雜誌》的專文：http://www.time.com/time/magazine/article/0, 9171, 799003-3,00.html。
- 「早在一九四五年的時候，狄托即已警告那兩個超級大國……」，薩布麗娜．拉梅特，《三個南斯拉夫》（S. Ramet, *The Three Yugoslavias*），頁 176。
- 「在布拉格……」，阿圖爾．倫敦，《審判》（A. London, *On Trial*），頁 315–16。
- 「赫魯雪夫還記得……」，大衛．哈伯斯坦，《最寒冷的冬天：韓戰真相解密》（D. Halberstam, *The Coldest Winter*），頁 352。
- 「難道我來這兒就是為了吃飯、拉屎、睡覺嗎……」，出處同上，頁 352–353。
- 「那又怎樣？就讓美國過來遠東地區當我們的鄰居……」，大衛．霍洛威，《史達林和炸彈》，頁 280。

- 「美國人根本沒能力打大規模的戰爭……」，傑弗里・羅伯茲，《史達林的戰爭》，頁370。
- 「我完了。我不相信任何人……」，大衛・霍洛威，《史達林和炸彈》，頁273。
- 「他們一個接一個地走了……」，賽門・西巴格－蒙提費歐里，《史達林：紅色沙皇的宮廷》，頁515。
- 「在調查和審判反國家陰謀中心的過程中……」，克萊門特・哥特瓦爾德，《演講與文稿選集：1929–1953》（K. Gottwald, *Selected Speeches and Articles, 1929–1953*），頁230–231。
- 「這個集團的目的就是以有損健康的治療……」，一九五三年一月十三日的《真理報》，引自：雅科夫・拉波波特，《一九五三年的醫生陰謀案》（Ya. Rapoport, *The Doctors' Plot of 1953*）。
- 「史達林打電話給承辦法官……」，賽門・西巴格－蒙提費歐里，《史達林：紅色沙皇的宮廷》，頁558。
- 「看呀！你們就像是瞎了眼睛的小貓……」，大衛・霍洛威，《史達林和炸彈》，頁292。
- 「你們統統去睡覺吧……」，謝爾蓋・傑維亞托夫與瓦連京・日里亞耶夫，《史達林的近別墅》（S. Devyatov and V. Zhilyayev, *Blizhnyaya Dacha Stalina*），頁42。
- 「你們在張望什麼？……」，出處同上。
- 「在過去十二個小時內……」，羅伯特・康奎斯特，《史達林，民族的破壞者》，頁312。
- 「親愛的同志們和朋友們。蘇聯共產黨中央委員會……」，一九五三年三月六的蘇聯收音機廣播。
- 「所有勞動人民的朋友和導師……」，海勒與涅克里奇，《掌權的烏托邦》，頁507。
- 「幸好有一位善心的鄰居……」，賽門・莫里森，《人民藝術家：普羅高菲夫的蘇聯歲月》（S. Morrison, *The People's Artist: Prokofiev's Soviet Years*），頁388。
- 「蘇聯人民早已適應了幾十年下來的謊言和矯飾……」，亞歷克斯・德・容格，《史達林與蘇聯的形塑》（A. de Jonge, *Stalin and the Shaping of the Soviet Union*），頁508。
- 「成千上萬群眾呼出的空氣攢聚成一團……」，葉夫圖申科，《一種過早的自傳》（Y. Yevtushenko, *A Precocious Autobiography*），頁85–6。

★ 第35章

- 「他警告馬林科夫說……」，《尼基塔・赫魯雪夫回憶錄》（N. Khrushchev, *Memoirs of Nikita Khrushchev, Volume 2: Reformer*），頁186。
- 「你怎麼抓起我褲子裡的虱子來了？……」，克里斯多福・安德魯，奧列格・高季葉夫斯基，《KGB》（C. Andrew and O. Gordievsky, *KGB*），頁423–424。
- 「貝利亞死在……主席團會議」，尼古拉・里亞贊諾夫斯基，《俄羅斯史》，頁598。
- 「既不知道應該怎麼辦，可是……」，亞歷山大・索忍尼欽，《古拉格群島》，第一部分，頁289。
- 「經過四十二天的遲疑後……」，海勒與涅克里奇，《掌權的烏托邦》，頁520。
- 「他以牧羊人的身分展開人生……」，羅伯特・謝偉思，《俄羅斯二十世紀史》，頁348。
- 「海特在回憶錄中寫道……」，威廉・陶伯曼，《赫魯曉夫全傳》（W. Taubman, *Khrushchev: The Man and His Era*），頁334–335。亦參見：維亞切斯拉夫・莫洛托夫，《莫洛托夫憶往》（V. Molotov, *Molotov Remembers*），頁161。
- 「如果我們不在大會上講出真相的話……」，傑弗里・霍斯金，《俄羅斯史：俄羅斯與俄羅斯人》，頁529。
- 「同志們！誇大某個人的作用……」，麥克・查爾頓，《芬蘭火車站的足跡：共產主義崩潰的五個里程碑》（M. Charlton, *Footsteps from the Finland Station: Five Landmarks in the Collapse of Communism*），頁35。講詞的完整英譯文，參見：http://www.marxists.org/archive/khrushchev/1956/02/24.htm。
- 「斯大林是個非常不信任旁人的人……」，出處同上。
- 「赫魯雪夫強調史達林是個懦夫……」，陶伯曼，《赫魯曉夫全傳》，頁273。
- 「沒有被允許聽講的外國共產黨員……」，傑弗里・霍斯金，《俄羅斯史：俄羅斯與俄羅斯人》，頁530。
- 「長年的宣傳和誤導給百姓帶來了困惑……」，出處同上，頁287。

- 「他讚揚赫魯雪夫的『政治勇氣』……」，出處同上，頁282。
- 「東德的罷工工人……」，海勒與涅克里奇，《掌權的烏托邦》，頁538。
- 「或許是有鑒於史達林的尖酸結論……」，史提芬．懷特，《共產主義及其崩潰》（S. White, *Communism and Its Collapse*），頁36。
- 「十月二十三日那天……」，傑弗里．霍斯金，《俄羅斯史：俄羅斯與俄羅斯人》，頁531。
- 「我們還能有什麼選擇呢？……」，威廉．陶伯曼，《赫魯曉夫全傳》，頁297。
- 「十一月四日那天，科涅夫元帥……」，海勒與涅克里奇，《掌權的烏托邦》，頁542。
- 「抵抗軍的口袋陣地堅守了一個星期……」，羅伯特．謝偉思，《俄羅斯二十世紀史》，頁343。
- 「赫魯曉夫修正主義集團篡奪了蘇聯黨和國家的領導」，羅倫茲．呂提，《中蘇分裂：共產世界內的冷戰》（L. Lüthi, *The Sino-Soviet Split: Cold War in the Communist World*），頁219。
- 「爺爺，你是沙皇嗎？……」，羅伯特．謝偉思，《俄羅斯二十世紀史》，頁349。
- 「他需要……奧援，以便撐過即將舉行的表決……」，傑弗里．霍斯金，《俄羅斯史：俄羅斯與俄羅斯人》，頁531。
- 「你所講的話又一次確認出來……」，羅伯特．謝偉思，《俄羅斯二十世紀史》，頁345。

★ 第36章

- 「我聽見一陣呼嘯聲……」，傑米．多蘭與皮爾斯．畢卓尼，《星人：尤里．加加林傳奇背後的真相》（J. Doran and P. Bizony, *Starman: The Truth Behind the Legend of Yuri Gagarin*），頁103
- 「在發射之前，有三個信封……」，出處同上，頁110。
- 「傲慢的說三道四者告訴我們……」，威廉．陶伯曼，《赫魯曉夫全傳》，頁492。
- 「他在白金漢宮與伊莉莎白二世女王會面時……」，傑米．多蘭與皮爾斯．畢卓尼，《星人：尤里．加加林傳奇背後的真相》，頁139。
- 「他和他的科學家同僚們身分保密……」，法蘭西斯．法蘭奇，《進入寧靜海：太空時代的開拓者，1961–65》（F. French, *Into That Silent Sea: Trailblazers of the Space Era, 1961–65*），頁26。
- 「沒有任何記錄顯示加加林……」，斯拉瓦．葛洛維奇，〈機器裡的「新蘇維埃人」〉（S. Gerovitch, "*New Soviet Man" Inside Machine*）。引自：《歐里西斯》（*OSIRIS*），vol. 22, no. 1。
- 「（科馬洛夫）向我們告辭時，直截了當地說道……」，傑米．多蘭與皮爾斯．畢卓尼，《星人：尤里．加加林傳奇背後的真相》，頁196。
- 「這艘鬼船！……」，出處同上，頁199。
- 「他們曉得出了問題……」，出處同上，頁200。
- 「如今被拘禁者就要回來……」，安娜．阿赫瑪托娃。引自：威廉．陶伯曼，《赫魯曉夫全傳》，頁285。
- 「在一九七〇年代期間，將免費……」，威廉．湯普森，《赫魯雪夫》（W. Tompson, *Khrushchev*），頁238。
- 「黨莊嚴地宣布：當今的一代蘇聯人……」，羅伯特．謝偉思，《俄羅斯二十世紀史》，頁363。
- 「已經出現許多改變……」，一九八六年，戈巴契夫在蘇共第二十七次代表大會的政治報告。
- 「其結果是，赫魯雪夫有辦法在一九六一年宣布……」，海勒與涅克里奇，《掌權的烏托邦》，頁590。
- 「月光下的死鮭魚……」，羅伯特．謝偉思，《俄羅斯二十世紀史》，頁356。
- 「趕上並超越美國……」，謝爾蓋．赫魯雪夫，〈管窺冷戰〉，《美國傳統雜誌》第五十卷第六期（S. Khrushchev, '*The Cold War through the Looking Glass*', in *American Heritage Magazine*, October 1999, vol. 50, no. 6）。
- 「套用約翰．里德的講法……」，尼基塔．赫魯雪夫，《赫魯雪夫回憶錄：最後的遺囑》，頁423。
- 「蘇聯城市居民的平均生活空間……」，約翰．西林斯，《東歐與蘇聯的住房政策》（J. Sillince, *Housing Policies in Eastern Europe and the Soviet Union*），頁16。
- 「共產主義工人道德規範……」，赫魯雪夫向蘇共第二十二次代表大會的報告（1961）。

- 「那裡的州委第一書記……」，羅伊．梅德韋傑夫與若列斯．梅德韋傑夫，《赫魯曉夫的執政年代》（R. and Zh. Medvedev, *Khrushchev: The Years in Power*），頁97–101。
- 「一九六〇年時已經耕種數千萬公頃的新土地……」，羅伯特．謝偉思，《俄羅斯二十世紀史》，頁350。
- 「一九六二年春夏兩季的惡劣氣候……」，傑弗里．霍斯金，《俄羅斯史：俄羅斯與俄羅斯人》，頁539。
- 「加斯特隨即應邀前往蘇聯訪問……」，謝爾蓋．赫魯雪夫，〈管窺冷戰〉。
- 「新切爾卡斯克電氣機車廠……」，山繆．貝倫，《蘇聯的血腥星期日：新切爾卡斯克，一九六二》（S. Baron, *Bloody Saturday in the Soviet Union: Novocherkassk, 1962*），頁66–67。
- 「父親不曉得究竟是哪邊出了差錯……」，威廉．陶伯曼，《赫魯曉夫全傳》，頁608。
- 「不管喜歡與否，歷史是站在我們這邊的……」，《赫魯雪夫與超級大國的創建》（S. Khrushchev, *Nikita Khrushchev and the Creation of a Superpower*），頁242。
- 「謝爾蓋．赫魯雪夫回想起來……」，謝爾蓋．赫魯雪夫，〈管窺冷戰〉。
- 「誰又能料想得到，世界上最強大的資本主義國家……」，威廉．陶伯曼，《赫魯曉夫全傳》，頁420-423。
- 「我相信你們有些人被這個口號給嚇著了……」，《尼基塔．赫魯雪夫回憶錄》，ii: 頁101。
- 「華盛頓宣稱……」，法蘭西斯．蓋瑞．鮑爾斯，《飛越計畫：U-2偵察機飛行員首度講述他的故事》（F.G. Powers, *Operation Overflight: The U-2 Spy Pilot Tells His Story for the First Time*），頁132–133。
- 「直到發生那件事情為止，情況都還進展得相當順利……」，威廉．陶伯曼，《赫魯曉夫全傳》，頁447。
- 「他顯然對自己的大聲咆哮所產生的效果相當滿意……」，出處同上，頁466–467。
- 「我記得甘迺迪總統曾經說過……」，尼基塔．赫魯雪夫，《赫魯雪夫回憶錄：最後的遺囑》，頁530。
- 「我們必須在明天得到承諾……」，海勒與涅克里奇，《掌權的烏托邦》，頁577。
- 「赫魯雪夫後來寫道，他的目標是要……」，出處同上，頁575。
- 「我怎能認真看待一個比我自己的兒子還年輕的人呢？……」，威廉．陶伯曼，《赫魯曉夫全傳》，頁566。
- 「同志們，我若犯了過錯的話，那麼請原諒我……」，羅伯特．謝偉思，《俄羅斯二十世紀史》，頁377。
- 「十月十六日的《真理報》社論談起了……」，威廉．陶伯曼，《赫魯曉夫全傳》，頁620。
- 「我已經老了，也累了……」，出處同上，頁13。

★ 第37章

- 「在一九六三年的一場現代藝術展覽會上……」，海勒與涅克里奇，《掌權的烏托邦》，頁589。
- 「我自己撰寫、自己編輯、自己審查……」，傑弗里．霍斯金，《俄羅斯史：俄羅斯與俄羅斯人》，頁556。
- 「當列寧格勒詩人約瑟夫．布羅茨基……」，一九九六年一月二十九日《紐約時報》的布羅茨基訃告。
- 「我與眾不同，但我並不認為自己是敵人……」，引自：《審判：蘇維埃國家起訴「艾布拉姆．特爾茲」與「尼古拉．阿爾扎克」》（*On Trial: The Soviet State versus 'Abram Tertz' and 'Nikolai Arzhak'*, trans. Max Hayward），頁182。
- 「簡直像是為了證明示威者有理一般……」，傑弗里．霍斯金，《俄羅斯史：俄羅斯與俄羅斯人》，頁557。
- 「一九六八年八月二十一日凌晨……」，入侵捷克的兵力和坦克數目眾說紛紜。但很明顯的是，二者都快速上升。基蘭．威廉斯在《布拉格之春及其後果》一書提出的數據是：在一週之內，入侵部隊便從十六萬五千名士兵和四千六百輛坦克，增加至五十萬名士兵和六千輛坦克（K. Williams, *The Prague Spring and Its Aftermath*，頁112）。
- 「我相信了你，我在其他人那邊為你辯護……」，德米特里．沃爾科戈諾夫，《蘇維埃帝國的興衰》，頁291。
- 「一篇《真理報》的社論明白指出……」，傑弗里．霍斯金，《俄羅斯史：俄羅斯與俄羅斯人》，頁547。
- 「布里茲涅夫自從上任以來，便把在軍事上與美國並駕齊驅視為優先考量……」，馬克．桑德爾與艾德溫．培根（編著），《重新評價布里茲涅夫》（M. Sandle and E. Bacon [eds], *Brezhnev Reconsidered*），頁90。

- 「誰都沒有辦法只靠他自己的那份工資過活……」，羅伯特・謝偉思，《俄羅斯二十世紀史》，頁384。
- 「當布里茲涅夫把第九個五年計畫吹噓為……」，海勒與涅克里奇，《掌權的烏托邦》，頁644–645。
- 「集體化的農業一如既往地保持生產力低落……」，羅伯特・謝偉思，《俄羅斯二十世紀史》，頁401。
- 「隨著生活水準暴跌……」，海勒與涅克里奇，《掌權的烏托邦》，頁664。
- 「一九五九年時，俄羅斯族裔占總人口的……」，羅伯特・謝偉思，《俄羅斯二十世紀史》，頁422。
- 「蘇聯科學院並且組織了一個常設委員會……」，海勒與涅克里奇，《掌權的烏托邦》，頁670。
- 「一名猶太人向KGB官員提出詢問……」，納坦・夏蘭斯基，《不怕邪惡：回憶錄》(N. Sharansky, *Fear No Evil: A Memoir,*)，頁61。
- 「他們給自己和像他們那樣的人所取的名稱為……」，菲利普・布比耶，《蘇維埃俄羅斯的良心、異議與改革》(R. Boobyer, *Conscience, Dissent and Reform in Soviet Russia*)，頁75。
- 「凡是個人利益與整體社會利益一致的蘇聯公民……」，海勒與涅克里奇，《掌權的烏托邦》，頁662。
- 「一九七三年時，他撰寫了……」，亞歷山大・索忍尼欽，《致蘇聯領導人的信》(A. Solzhenitsyn, *Letter to Soviet Leaders*)，頁28, 31, 47。
- 「對一個沒有做好準備的民族來說……」，海勒與涅克里奇，《掌權的烏托邦》，頁684。
- 「反民主的傳統……」，菲利普・布比耶，《蘇維埃俄羅斯的良心、異議與改革》，頁91, 223。
- 「布里茲涅夫後來會把外界要求蘇聯遵守……」，海勒與涅克里奇，《掌權的烏托邦》，頁651。
- 「西方科技和外國專業知識已對蘇聯經濟的運作……」，海勒與涅克里奇，《掌權的烏托邦》，頁649。
- 「人們寫信給我……」，德米特里・沃爾科戈諾夫，《蘇維埃帝國的興衰》，頁303。
- 「到了一九八〇年代初期……」，傑弗里・霍斯金，《俄羅斯史：俄羅斯與俄羅斯人》，頁542。
- 「讓我該怎麼跟他們打交道……」，莫琳・多德，〈他其餘的部分在哪裡？〉，一九九〇年十一月十八日的《紐約時報》(M. Dowd, *'Where's the Rest of Him?'*, in the *New York Times*, 18 November 1990)。

★ 第38章

- 「蕾依莎・戈巴契娃是第一次前來西歐參訪……」，瑪格麗特・柴契爾，《唐寧街歲月》(M. Thatcher, *The Downing Street Years*)，頁460–461。
- 「戈巴契夫先生堅持蘇維埃制度的優越性……」，出處同上，頁462。
- 「我們兩個都相信我們自己的政治制度……」，出處同上。
- 「我們再也不能這樣子生活下去了……」，阿奇・布朗，《戈巴契夫因素》(A. Brown, *The Gorbachev Factor*)，頁336；德米特里・沃爾科戈諾夫，《蘇維埃帝國的興衰》，頁445。戈巴契夫曾在公開採訪中重覆這句話，例如向《明鏡週刊》(*Der Spiegel*)如此表示之後，在一九九一年三月二十五日轉載於《消息報》。
- 「我們的黨具有巨大潛力……」，德米特里・沃爾科戈諾夫，《蘇維埃帝國的興衰》，頁438。
- 「選出了新領導人三個星期之後……」，傑克・馬特洛克，《華盛頓如何看待戈巴契夫的「重建」》，(J. Matlock, *'Washington's view of Gorbachev's Perestroika'*)二〇一〇年七月二十六日在斯德哥爾摩「國際中東歐研究理事會」(ICCEES)上的演說。
- 「米哈伊爾・戈巴契夫在一九三一年出生於南俄……」，德米特里・沃爾科戈諾夫，《蘇維埃帝國的興衰》；阿奇・布朗，《戈巴契夫因素》；以及米哈伊爾・戈巴契夫，《回憶錄》。
- 「他在一九八五年四月告訴中央政治局……」，德米特里・沃爾科戈諾夫，《蘇維埃帝國的興衰》，頁450。
- 「你們許多人以為，用市場機制來取代直接計畫就能夠解決你們的問題……」，塞維林・比亞勒，喬安・阿費里卡，〈戈巴契夫的世界之起源〉(S. Bialer and J. Afferica, *'The Genesis of Gorbachev's World'*, in *Foreign Affairs*, 64, no. 3 [1985])，頁605–44。
- 「為了逃避行動而不斷講出漂亮空話的一個新幫派……」，德米特里・沃爾科戈諾夫，《蘇維埃帝國的興衰》，頁455。

- 「擴大公開性是一項關鍵措施……」，戈巴契夫向蘇共第二十七次代表大會的報告。
- 「車諾比爾已經照亮了我們整個體制當中的……」，羅伯特·謝偉思，《俄羅斯二十世紀史》，頁447。
- 「你們怎麼可能沒有偵測到它……」，德米特里·沃爾科戈諾夫，《蘇維埃帝國的興衰》，頁521；阿奇·布朗，《戈巴契夫因素》，頁409–500。
- 「公共擁有制帶來團結……」，利加喬夫一九九〇年七月在蘇共第二十八次代表大會上的演說。有關他對私人擁有制的觀點，亦可參見：葉果爾·利加喬夫，《在戈巴契夫的克里姆林宮內》（Ye. Ligachev, *Inside Gorbachev's Kremlin*），頁321
- 「薩哈洛夫博士做出了非法行為……」，一九八六年二月七日巴黎《人道報》（*L'Humanité*）的專文；馬丁·西克史密斯，《莫斯科政變：蘇維埃體制的末路》（M. Sixsmith, *Moscow Coup: The Death of the Soviet System*），頁66。
- 「近來有一種現象日益滋生……」，馬丁·西克史密斯，《莫斯科政變》，頁104–105；德米特里·沃爾科戈諾夫，《蘇維埃帝國的興衰》，頁471–472, 505。
- 「一九八八年三月……」，馬丁·西克史密斯，《莫斯科政變》，頁68；阿奇·布朗，《戈巴契夫因素》，頁504–505。妮娜·安德烈耶娃那篇投書的全文，參見：http://www.revolucia.ru/nmppr.htm。
- 「順便講一下，同志們……」，阿奇·布朗，《戈巴契夫因素》，頁515；馬丁·西克史密斯，《莫斯科政變》，頁69。
- 「我注定要向前走，而且只能向前……」，阿納托利·切爾尼亞耶夫，《在戈爾巴喬夫身邊六年》（A. Chernyayev, *My Six Years with Gorbachev*），頁272。羅伯特·謝偉思，《俄羅斯二十世紀史》，頁486。
- 「立陶宛薩尤季斯運動的追隨者……」，西克史密斯，《莫斯科政變》，頁71–72。
- 「在我們所處的條件下，多黨體制在蘇聯……」，出處同上，頁72。
- 「他們當中的百分之八十六是共產黨員……」，出處同上。
- 「他們的那些聲明既不負責任又煽動性十足……」，出處同上，頁75。
- 「有些人宣稱，我並不打算改善這個體制……」，一九八九年作者對波里斯·葉爾欽的採訪。
- 「多黨民主是一件非常嚴肅的事情……」，出處同上。
- 「蘇聯共產黨是蘇聯社會的領導力量和指導力量……」，引述自一九七七年《蘇聯憲法》，第六條。
- 「蘇聯必須決定，自己到底打算成為一個帝國呢，還是成為……」，唐納德·莫瑞，《專制者們的民主》（D. Murray, *A Democracy of Despots*），頁71–80；馬丁·西克史密斯，《莫斯科政變》，頁75。
- 「如果有必要的話，我們……」，薩哈洛夫論「重建」；唐納德·莫瑞，《專制者們的民主》，頁71–80。
- 「他體現了偉大的俄羅斯知識分子傳統當中最美好的一切……」，葉夫圖申科論薩哈洛夫，見：保羅·奎恩－賈吉（Paul Quinn-Judge），一九八九年十二月十九日《波士頓環球報》（*Boston Globe*）。
- 「蘇聯共產黨與其他政黨、工會組織、青年組織……」，一九九〇年三月十四日「俄羅斯新聞社」（RIA Novosti）的報導。
- 「既然我已當選為俄羅斯最高蘇維埃主席……」，葉爾欽一九九〇年七月在蘇共第二十八次代表大會上的演說；馬丁·西克史密斯，《莫斯科政變》，頁77。
- 「保守反動勢力正在毫不留情地尋求報復……」，亞歷山大·雅科夫列夫一九九〇年十二月十四日在《莫斯科共青團員報》（*Moskovsky Komsomolets*）的專文；馬丁·西克史密斯，《莫斯科政變》，頁79。
- 「改革派已經隱遁歸山……」，馬丁·西克史密斯，《莫斯科政變》，頁79。
- 「我們要的是一個新的希特勒……」，一九九〇年十二月作者對亞歷山大·科雅夫列夫的採訪；馬丁·西克史密斯，《莫斯科政變》，頁88。
- 「導致總統的身邊圍繞著上校們和將軍們……」，馬丁·西克史密斯，《莫斯科政變》，頁80。
- 「採取行動來維護我們祖國的統一……」，出處同上，頁97。
- 「一九八七年的時候我曾經提出警告……」，出處同上，頁99。

- 「我們從來都不希望發生這種事情……」，出處同上。

★ 第39章

- 「我們有消息顯示，一群極端分子正準備採取軍事行動……」，波波夫一九九〇年九月二十八日在新聞發表會上的說明；馬丁．西克史密斯，《莫斯科政變》，頁90。
- 「早在一九八八年六月，他即已告訴……」，馬丁．西克史密斯，《莫斯科政變》，出處同上，頁68。
- 「在提比利斯有二十名支持獨立的示威者……」，阿奇．布朗，《戈巴契夫因素》，頁560–561。
- 「讓廣大人民群眾充滿了感激……」，馬丁．西克史密斯，《莫斯科政變》，頁104。
- 「我能夠感覺到一種顯著的變化……」，出處同上，頁104–105。
- 「他在那次大會出醜之後曾經試圖自殺……」，出處同上，頁106。
- 「我還在想，我自己是否會跳進那個火堆裡面……」，出處同上，頁107。
- 「不過我們有力量來阻擋那股反動勢力……」，出處同上，頁109。
- 「我有一大堆的電話……」，出處同上，頁122–123。關於福羅斯事件的細節，參見：馬丁．伊彭，《KGB：死亡與重生》（M. Ebon, *KGB: Death and Rebirth*），頁3。
- 「我告訴他們，他們以及把他們派過來的那些人……」，馬丁．西克史密斯，《莫斯科政變》，頁123。
- 「我告訴他們：『你們可別以為……』」，出處同上。
- 「我們的祖國正處於危亡關頭……」，出處同上，頁11。
- 「俄羅斯公民們！合法選出的總統已經被剝奪了權力……」，出處同上，頁15。
- 「我在三十年前加入了共產黨……」，一九九一年七月作者對根納季．亞納耶夫的採訪。
- 「這個國家正在分崩離析……」，亞納耶夫一九九一年八月十九日在新聞發表會上的講話；馬丁．西克史密斯，《莫斯科政變》，頁23。
- 「如果葉爾欽呼籲進行罷工的話……」，出處同上，頁24。
- 「八月的這個日子……」，葉夫圖申科的詩作。引自：馬丁．西克史密斯，《莫斯科政變》，頁16-17；以及一九九一年八月作者對葉夫圖申科的採訪。
- 「是啊，假如我依舊浪漫色彩十足地……」，二〇〇八年七月作者對葉夫圖申科的採訪。
- 「我很高興出現了這個政變行動……」，馬丁．西克史密斯，《莫斯科政變》，頁34。
- 「黑暗的陰影已經籠罩著我們的國家……」，出處同上，頁36。
- 「發現有一群觀光客正在前往飛機場的半路上……」，出處同上，頁118-119。
- 「我們自從一九八五年以來所進行的一切工作都已經開花結果……」，出處同上，頁121。
- 「結果他們竟然來自領導中樞，接近總統本人……」，出處同上，頁122-125。
- 「所有涉入政變的人都會依法受到嚴懲……」，出處同上，頁126。
- 「您應該讀一讀這些文件裡面包含了什麼東西……」，出處同上，頁130-131。
- 「沒有烏克蘭就不會有聯盟……」，傑弗里．霍斯金，《俄羅斯史：俄羅斯與俄羅斯人》，頁589。
- 「做為國際法主體和地緣政治實體的蘇聯已經停止存在……」，出處同上。
- 「我離開自己的崗位時憂心忡忡……」，羅伯特．謝偉思，《俄羅斯二十世紀史》，頁507。
- 「他是一位正統的共產主義者，卻……」，德米特里．沃爾科戈諾夫，《蘇維埃帝國的興衰》，頁474。

★ 第40章

- 「晚安，並且祝我們偉大國家的全體美國人聖誕快樂……」，喬治．布希演說的全文，參見：http://bushlibrary.tamu.edu/research/public_papers.php?id=3791&year=1991&month=12。
- 「歷史上的一個時代已經結束……」，馬丁．西克史密斯，《莫斯科政變》，頁165。
- 「這個社會裡的資源分配和需求滿足……」，出處同上。

- 「一九九一年八月的時候，我們打敗了那批傻瓜……」，出處同上，頁166。
- 「第一個月，通貨膨脹率就高達……」，傑弗里・霍斯金，《俄羅斯史：俄羅斯與俄羅斯人》，頁589。
- 「表現得勇敢萬分的亞歷山大・魯茨科伊……」，羅伯特・謝偉思，《俄羅斯二十世紀史》，頁512。
- 「別列佐夫斯基後來將會大言不慚地吹噓……」，西克史密斯，《普京的石油》，頁30–31。
- 「一九九二年的糧食生產下降了百分之九……」，羅伯特・謝偉思，《俄羅斯二十世紀史》，頁517。
- 「總統頒布法令，彷彿沒有最高蘇維埃一般……」，一九九三年八月十三日的《消息報》，亦參見：約翰・凱里、馬修・舒加特，《行政命令威權》(J. Carey and M. Shugart, *Executive Decree Authority*)，頁76。
- 「波里斯・葉爾欽指控那些造反的國會成員……」，一九九三年十月四日的總統新聞聲明。
- 「在印度洋洗他們的靴子……」，吉里諾夫斯基一九九三年十二月於俄羅斯國會選舉期間的演說。
- 「兩名主要的寡頭……」，西克史密斯，《普京的石油》，頁34。
- 「波塔寧把全國最大的鎳礦公司納入囊中……」，出處同上，頁35。
- 「葉爾欽有過一次嚴重的心臟病發作……」，作者一九九三年六月為BBC新聞做出的報導。
- 「隨著傷亡人數不斷增加……」，作者多次為BBC新聞做出的報導。
- 「俄羅斯不是一個可以被留在會客室枯候的國家……」，一九九二年十月二十七日，葉爾欽與俄羅斯外交部官員舉行會議時的講話。引自：《國際事務》(in *International Affairs*, Moscow, no. 11, vol. 38 [1992], 1–2)。亦參見：傑弗里・霍斯金，《俄羅斯史：俄羅斯與俄羅斯人》，頁609。
- 「昨天，柯林頓總統試圖對俄國施加壓力……」，麥克・拉里斯，〈葉爾欽在中國抨擊柯林頓：對車臣戰爭的批評引來對俄羅斯核武力的提醒〉(M. Laris, *'In China, Yeltsin Lashes Out at Clinton: Criticisms of Chechen War Are Met with Blunt Reminder of Russian Nuclear Power'*)，一九九九年十二月十日《華盛頓郵報》。
- 「通貨膨脹率高達百分之八十八……」，一九九八年九月的《莫斯科時報》。
- 「親愛的朋友們！我親愛的大家！……」，一九九九年十二月三十一日葉爾欽在俄羅斯電視上的演說。

★ 第41章

- 「將不會出現權力真空……」，普京二〇〇〇年一月一日在俄羅斯電視發表的新年賀詞。
- 「我是個小流氓，不是少先隊員……」，弗拉基米爾・普京，《第一人稱》，頁18。
- 「一位KGB官員永遠不會退休……」，安德魯・傑克，《普京的俄羅斯》(A. Jack, *Inside Putin's Russia*)，頁67。
- 「普京在九月十七日召開聯邦委員會緊急會議……」，西克史密斯，《利特維年科檔案》，頁152。
- 「不管恐怖分子跑到哪裡，我們都會窮追不捨……」，出處同上。
- 「普京的支持率飆升到百分之六十以上……」，西克史密斯，《利特維年科檔案》，頁153。
- 「記者直接詢問普京……」，西克史密斯，《利特維年科檔案》，頁153–4。
- 「那附近遭到疏散，有三萬多人露天過了一夜……」，出處同上，頁155。
- 「參加FSB官員慶祝他大權在握的一場聚會時……」，安德魯・傑克，《普京的俄羅斯》，頁14。
- 「俄羅斯即使想成為美國或英國的翻版……」，弗拉基米爾・普京，《第一人稱》，頁214。
- 「俄羅斯當代社會不把強有力的和有效的國家，與極權主義國家混為一談……」，出處同上。
- 「最大的地緣政治悲劇……」，二〇〇五年四月二十五日星期一的BBC新聞報導。
- 「我們的國家正在建立一種模仿民主……」，安德魯・傑克，《普京的俄羅斯》，頁157。
- 「俄羅斯正處於其最困難的歷史時期之一……」，弗拉基米爾・普京，《第一人稱》，頁219。
- 「這是充滿高興和悲慘事件的一年……」，普京二〇〇一年一月一日在俄羅斯電視發表的新年賀詞。
- 「有一家報社(《共青團真理報》)……」，二〇〇七年八月二十二日的《共青團真理報》。
- 「克里姆林宮處理那個悲劇的方式所承受的最尖銳批評……」，西克史密斯，《普京的石油》，頁46–7和106。
- 「消滅寡頭階級……」，出處同上，頁45，以及理查・薩克瓦，《普京：俄羅斯的選擇》(R. Sakwa, *Putin:*

Russia's Choice），頁143。
- 「在發生於普京辦公室內的一次攤牌行動中……」，西克史密斯，《普京的石油》，頁59–63。
- 「普京指派他的朋友伊戈爾．謝欽負責清理石油大亨們……」，安德魯．傑克，《普京的俄羅斯》，頁314。
- 「根據二〇〇二年時的估計，前KGB和FSB特工……」，西克史密斯，《普京的石油》，頁115。
- 「我們整整一個世代死在車臣……」，阿爾卡季．巴布琴科，《一名士兵在車臣的戰爭》（A. Babchenko, *One Soldier's War in Chechnya*），頁143, 162。
- 「戰鬥繼續肆虐於格羅茲尼……」，出處同上，頁143。
- 「凌虐、強暴和搶劫……」，出處同上，頁305。
- 「布達諾夫的律師抱怨……」，蓋伊．哈贊，「殺死車臣婦女的俄國上校被譽為英雄」（G. Chazan, '*Russian Colonel Hailed as Hero for Killing of Chechen Woman*'），二〇〇一年四月十五日《每日電訊報》。
- 「有一名俄羅斯軍官估計過……」，安德魯．傑克，《普京的俄羅斯》，頁121。
- 「安德烈．巴畢茨基反駁了……」，弗拉基米爾．普京，《第一人稱》，頁172。
- 「記者保護委員會……」，遇害記者的人數參見：http://cpj.org/killed/europe/russia/。
- 「二〇〇二年時，一組為數四十人的男女恐怖分子……」，安德魯．傑克，《普京的俄羅斯》，頁88。
- 「莫夫拉迪．拜薩羅夫……」，二〇〇七年一月四日《獨立報》；亦見於二〇〇五年十月俄國版《紳士季刊》（GQ）。
- 「我們表現得軟弱無力，而弱者就會挨打……」，麥卡利斯特與奎恩－賈吉，「無防備的目標」（J. McAllister and P. Quinn-Judge, '*Defenseless Targets*'），二〇〇四年九月五日的《時代雜誌》。
- 「在二〇〇六年的一場聯合新聞發表會上……」，二〇〇六年七月十五日，聖彼得堡八國峰會上的美俄聯合新聞發表會。
- 「美國在各個方面都逾越了它的國界……」，普京二〇〇七年二月十日在「慕尼黑國際安全政策會議」的演說。
- 「他們告訴我們，我們應該修改我國的憲法……」，大衛．諾瓦克，「普京在『納什』青年組織的集會上進行抨擊」（D. Nowak, *Putin Lashes out at Nashi Gathering*），二〇〇七年七月二十七日《聖彼得堡時報》。
- 「他雖然對我的猜測嗤之以鼻……」，二〇〇七年二月作者對德米特里．佩斯科夫的採訪。
- 「人權組織的整個資料庫……」，卡特里奧娜．巴斯與湯尼．哈爾平，「警方突擊人權組織時沒收古拉格文件」（C. Bass and T. Halpin, '*Gulag Files Seized during Police Raid on Rights Group*'），二〇〇八年十二月十三日的《泰晤士報》。
- 「百分之十三的低單一稅率……」，「輸油管內的麻煩」（*Trouble in the Pipeline*），二〇〇八年五月八日的《經濟學人》。
- 「經濟上的成功使得普京維持了令人印象深刻的受歡迎程度……」，普京的民意支持度，參見：列瓦達民意研究中心的網頁：http://www.levada.ru/prezident.html。
- 「我認為本人最重要的目標……」，麥克．斯托特與奧列格．謝德羅夫，《俄羅斯的梅德韋傑夫接掌權力並承諾自由》（M. Stott and O. Shchedrov, '*Russia's Medvedev Takes Power and Pledges Freedom*'），二〇〇八年五月七日星期三的「路透社」報導。
- 「昔日克里姆林宮圈內人斯坦尼斯拉夫……」，二〇〇八年一月作者對別爾科夫斯基的採訪。
- 「普京稱呼梅德韋傑夫的時候……」，安德魯．奧斯本，「梅德韋傑夫的俄羅斯仍然感覺得到普京冰冷的手」（A. Osborn, 'Dmitry Medvedev's Russia Still Feels the Cold Hand of Vladimir Putin'），二〇一〇年三月七日《週日電訊報》。
- 「我們不要原始的原材料經濟……」，特卡琴科，「梅德韋傑夫希望俄羅斯走向高科技化」（M. Tkachenko, 'Medvedev Wants Russia to Go Hi-Tech', CNN, 12 November 2009）。

年表

- 862　羅斯人留里克成為諾夫哥羅德的第一任羅斯王公。
- 882　智者奧列格，留里克的兒子，攻占基輔並以之作為羅斯國度的首都。
- 911　奧列格與君士坦丁堡簽訂第一個貿易條約。
- 十世紀　開始使用西里爾字母（由西里爾和美多迪烏斯二人創造於八六〇年前後）。
- 988　弗拉基米爾下令羅斯人改宗東方正教的基督信仰。
- 1019　波里斯與格列布死於其兄斯維亞托波爾克之手，被尊為殉教者。
- 1054　東方正教和西方的羅馬公教正式分裂。
- 約1110　涅斯托爾完成《往年紀事》。
- 1156　莫斯科建城。
- 1185　伊戈爾・斯維亞托斯拉維奇王公與波羅維茨人交戰，成為《伊戈爾遠征記》的創作靈感來源。
- 1240　拔都汗率領韃靼人攻陷基輔，展開為時兩百多年的蒙古桎梏。
- 1242　亞歷山大・涅夫斯基在楚德湖擊敗條頓騎士。
- 1325　伊凡・卡利塔成為獨一無二的大公；說服東正教大牧首彼得將宗座遷往莫斯科。
- 1380　德米特里・頓斯科伊聯合各地王公打贏了庫里科沃戰役。
- 1471　大公伊凡三世將諾夫哥羅德納入莫斯科的管轄之下。
- 1480　蒙古的桎梏成為過去。
- 1533　伊凡四世（「恐怖的伊凡」）在三歲的時候成為莫斯科大公。
- 1547　伊凡四世成為第一位「全俄羅斯的沙皇」。
- 1555-61　在莫斯科興建聖瓦西里教堂，慶祝征服韃靼人的喀山汗國與阿斯特拉罕汗國。
- 1564　伊凡四世創建俄國的第一個秘密警察機構（「特轄軍」），藉此壓制「波雅爾」貴族和他的敵手。
- 1570　特轄軍攻陷諾夫哥羅德。
- 1571　克里米亞韃靼人攻陷莫斯科。
- 1582　葉爾馬克・季摩費耶維奇帶頭展開征服西伯利亞的行動。
- 1584　伊凡四世駕崩，費奧多爾一世繼位。
- 1598　費奧多爾一世駕崩，留里克王朝絕嗣。波里斯・戈都諾夫成為沙皇。
- 1601-3　饑荒，「混亂時期」開始。
- 1604　偽德米特里向莫斯科進軍。
- 1605　波里斯・戈都諾夫駕崩，偽德米特里成為沙皇。
- 1606　偽德米特里死於非命。

◆ 1610	波蘭人占領莫斯科。
◆ 1612	庫茲瑪・米寧與德米特里・波扎爾斯基將波蘭人逐出莫斯科。
◆ 1613	米哈伊爾・羅曼諾夫被選為沙皇，羅曼諾夫王朝從此統治俄羅斯直到一九一七年為止。
◆ 1650s	大牧首尼康的改革導致俄羅斯正教會出現大分裂；「舊信仰者」被開除教籍並受到迫害。
◆ 1654	舉行佩列亞斯拉夫爾會議，統一俄羅斯與烏克蘭。
◆ 1670	斯堅卡・拉辛叛亂。
◆ 1682	阿瓦庫姆・彼得羅夫被燒死在火刑柱上。
◆ 1696	彼得大帝成為唯一的沙皇；俄羅斯開始現代化。
◆ 1696-8	彼得前往荷蘭與英國進行訪問。
◆ 1698	射擊軍的叛亂遭到敉平。
◆ 1703	建立聖彼得堡。
◆ 1708	布拉溫叛亂。
◆ 1712	遷都聖彼得堡。
◆ 1721	彼得成為俄羅斯的第一位皇帝。
◆ 1722	頒布「官階表」。
◆ 1725	彼得大帝去世；俄羅斯科學院設立於聖彼得堡。
◆ 1730	安娜成為女沙皇；改革專制政體的嘗試失敗。
◆ 1741	伊莉莎白奪得政權。
◆ 1754	創辦莫斯科大學；拉斯特雷利在聖彼得堡興建冬宮。
◆ 1755	開始進行與普魯士的七年戰爭。
◆ 1762	彼得三世成為沙皇，俄國退出七年戰爭；凱薩琳二世（大帝）在一場宮廷政變中，從丈夫手裡奪得政權。
◆ 1764	成立埃爾米塔什博物館。
◆ 1767	凱薩琳大帝召集「新法典起草委員會」會議，並且頒布《訓令》。
◆ 1774-5	普加喬夫叛亂，是最大規模的農民起事。
◆ 1783	併吞克里米亞。
◆ 1785	頒布《貴族憲章》。
◆ 1790	拉季謝夫發表《從聖彼得堡到莫斯科之旅》。
◆ 1795	瓜分波蘭；在聖彼得堡創建帝國圖書館。
◆ 1796	凱薩琳大帝駕崩，保羅一世繼位。
◆ 1801	保羅一世遇害，亞歷山大一世繼位。
◆ 1800s	亞歷山大一世拒絕採納斯佩蘭斯基的改革建議。
◆ 1807	與拿破崙簽訂《提爾西特條約》。
◆ 1812	拿破崙入侵俄羅斯，博羅季諾戰役成為轉捩點。拿破崙遭到擊敗，但莫斯科被焚毀。
◆ 1814	俄羅斯軍隊進入巴黎。

- 1816-18 葉爾莫洛夫出征高加索山區；格羅茲尼建城。
- 1816-26 卡拉姆津撰寫《俄羅斯國家史》。
- 1825 亞歷山大一世駕崩，尼古拉一世繼位；「十二月黨人起義」遭到敉平。
- 1826 成立「第三部」（秘密警察）。
- 1831 普希金以《葉夫根尼．奧涅金》展開了俄羅斯文學的黃金時代。
- 1836 恰達耶夫發表第一篇《哲學書簡》；葛令卡推出《為沙皇獻身》。
- 1840 米哈伊爾．萊蒙托夫出版《當代英雄》。
- 1842 果戈爾出版《死魂靈》。
- 1848 馬克思與恩格斯發表《共產黨宣言》。
- 1854 法軍與英軍登陸克里米亞。
- 1855 尼古拉一世駕崩，亞歷山大二世繼位。
- 1856 簽訂《巴黎條約》，克里米亞戰爭結束。
- 1861 亞歷山大二世簽署《解放農奴宣言》。
- 1862 屠格涅夫出版《父與子》。
- 1863 車爾尼雪夫斯基出版《怎麼辦？》。
- 1864-9 托爾斯泰出版《戰爭與和平》。
- 1866 杜斯妥也夫斯基出版《罪與罰》。
- 1867 俄國將阿拉斯加賣給美國。
- 1872 杜斯妥也夫斯基出版《附魔者》。
- 1881 人民意志黨在聖彼得堡刺殺亞歷山大二世；亞歷山大三世頒布《沙皇關於鞏固專制政體的宣言》。
- 1883 伊利亞．列賓繪製完成《庫斯克省的宗教行列》。
- 1889 引進鄉村長官制度。
- 1891 開始修築西伯利亞大鐵路。
- 1894 亞歷山大三世駕崩，尼古拉二世繼位。
- 1896 發生霍登卡慘劇。
- 1898 俄國社會民主工黨成立；該黨在一九〇三年分裂為孟什維克和布爾什維克兩個派系。
- 1904-5 與日本交戰。
- 1905 「血腥星期日」導致莫斯科和聖彼得堡街頭爆發革命；《十月宣言》承諾推行立憲民主。
- 1906 第一屆「國家杜馬」召開會議，但很快便遭到解散；斯托里賓被任命為總理。
- 1911 斯托里賓在基輔遭到暗殺。
- 1912 《真理報》發行創刊號。
- 1914 第一次世界大戰爆發。
- 1917 二月革命推翻君主政體，羅曼諾夫家族三百餘年的統治隨之結束；十月革命終結了臨時政府；列寧的布爾什維克黨搶占先機，解散立憲會議並將政權據為己有；成立「契卡」。

◆ 1918	簽訂《布列斯特－里托夫斯克條約》，俄國退出大戰並且損失大量土地；尼古拉二世及其家人遭到謀殺。
◆ 1918–20	爆發布爾什維克與白軍之間的內戰；紅色恐怖；農民在鄉間地區起義。
◆ 1919–20	波蘇戰爭。
◆ 1921	敉平喀琅施塔特叛變；禁止黨內的「宗派主義」，並於第十次黨代表大會宣布推行新經濟政策（NEP）。
◆ 1922	正成成立「蘇維埃社會主義共和國聯盟」（USSR），由列寧擔任領導人；史達林成為「俄國共產黨（布爾什維克）」中央委員會總書記。
◆ 1924	列寧去世；通過蘇聯憲法。
◆ 1925	托洛茨基被免除「戰爭人民委員」職務；愛森斯坦推出《波坦金戰艦》。
◆ 1928	結束新經濟政策；開始第一個五年計畫；「沙赫特事件」審判案；展開農業集體化。
◆ 1929	托落茨基被逐出蘇聯。
◆ 1930	馬雅可夫斯基自殺身亡。
◆ 1932	史達林之妻，娜傑日達・阿利盧耶娃自殺身亡。
◆ 1932–3	烏克蘭和俄羅斯南部爆發大饑荒（Holodomor）。
◆ 1933	「大都會維克斯」審判案。
◆ 1934	召開第十七次黨代表大會（「勝利者的大會」）；基洛夫遇刺身亡；蘇聯作家協會召開第一次代表大會，通過了「社會主義現實主義」的教條。
◆ 1936	開始「大清洗」；舉行第一次莫斯科公審；季諾維也夫與加米涅夫被定罪和槍決；通過史達林的憲法；《真理報》發表「混亂取代了音樂」社論；蕭斯塔科維奇受到嚴厲批判。
◆ 1937	第二次莫斯科公審；「葉若夫（恐怖）時期」達到最高潮。
◆ 1938	舉行「二十一人審判」，布哈林和雅果達等人遭到槍決；貝利亞取代葉若夫成為「內務人民委員會」的負責人；全國各級學校強迫進行俄語教學；愛森斯坦推出《亞歷山大・涅夫斯基》。
◆ 1939	蘇聯與納粹德國簽訂「互不侵犯條約」；蘇聯部隊入侵波蘭東部。
◆ 1939–40	與芬蘭進行冬季戰爭。
◆ 1940	立陶宛、拉脫維亞和愛沙尼亞被迫加入蘇聯；卡廷森林屠殺案；托洛茨基被刺殺身亡。
◆ 1941	希特勒展開「巴巴羅薩行動」，引發「偉大的衛國戰爭」；列寧格格開始被圍困九百天。
◆ 1941–2	莫斯科戰役。
◆ 1942–3	史達林格勒戰役；《第二二七號命令》：「一步也不能撤！」
◆ 1943	庫斯克戰役；德黑蘭會議；開始對許多民族進行強制遷移。
◆ 1944	一首新的曲子取代《國際歌》成為《蘇聯國歌》。
◆ 1945	雅爾達會議；蘇聯部隊攻占柏林，結束歐洲的戰事；波茨坦會議，波羅的海三國被國際承認為蘇聯的一部分；成立聯合國。
◆ 1946	「日丹諾夫主義」開始打壓藝術的自由；阿赫瑪托娃等人被逐出蘇聯作家協會。

- 1947 成立共產黨情報局（Cominform）；開始冷戰。
- 1948 與狄托的南斯拉夫決裂；米霍埃爾斯被謀殺身亡。
- 1948–9 柏林封鎖。
- 1949 蘇聯試爆第一枚原子彈；「列寧格勒案件」；中華人民共和國成立。
- 1950 朝鮮戰爭爆發。
- 1953 《真理報》宣布破獲「醫生陰謀案」；史達林去世；貝利亞遭到處決；赫魯雪夫成為蘇共中央第一書記。
- 1955 成立華沙公約組織。
- 1956 赫魯雪夫在第二十次黨代表大會發表「秘密講話」；鎮壓匈牙利起義。
- 1957 「斯普特尼克」發射升空；挫敗「反黨集團」；巴斯特納克發表《齊瓦哥醫生》。
- 1959 赫魯雪夫成為第一位訪美的蘇聯領導人；格羅斯曼發表《人生與命運》。
- 1960 美國的 U-2 間諜飛機遭到擊落。
- 1961 尤里・加加林成為第一位上太空的人；蓋起柏林圍牆。
- 1962 古巴飛彈危機；新切爾卡斯克騷亂事件；索忍尼欽發表《伊凡・傑尼索維奇的一天》。
- 1964 政變導致赫魯雪夫下台；布里茲涅夫成為蘇共中央第一書記。
- 1966 西尼亞夫斯基和丹尼爾審判案。
- 1968 華沙公約國的部隊入侵捷克斯洛伐克，結束了「布拉格之春」。
- 1972 第一輪《戰略武器限制條約》（SALT I）帶來與美國的「低盪時期」；進入布里茲涅夫統治時代後期階段的「停滯時期」。
- 1974 索忍尼欽遭到流放。
- 1975 簽署《赫爾辛基協議》；薩哈洛夫獲得諾貝爾和平獎。
- 1979 蘇聯入侵阿富汗。
- 1982 布里茲涅夫去世，安德洛波夫繼任。
- 1984 安德洛波夫去世，契爾年科繼任。
- 1985 契爾年科去世，戈巴契夫繼任。
- 1986 車諾比爾核災難；「公開性」（glasnost）與「重建」（perestroika）的時期開始登場。
- 1989 柏林圍牆倒塌；蘇聯軍隊在提比利斯殺害支持獨立的示威者；阿富汗戰爭結束。
- 1990 戈巴契夫獲得諾貝爾和平獎；蘇聯軍隊與亞塞拜然的示威者發生激烈衝突；立陶宛宣布脫離蘇聯獨立，拉脫維亞和愛沙尼亞隨即跟進。
- 1991 士兵殺害拉脫維亞和立陶宛的示威者；葉爾欽當選俄羅斯加盟共和國總統；保守強硬派的反戈巴契夫流產政變；蘇聯解體。
- 1992 俄羅斯聯邦展開「經濟休克療法」。
- 1993 葉爾欽解散最高蘇維埃；葉爾欽下令炮轟國會之後，莫斯科出現街頭暴力；通過新憲法。
- 1994 俄羅斯部隊入侵車臣。
- 1995 「貸款換股份」；經濟寡頭竄起。

- 1996 葉爾欽再度當選總統；結束第一次車臣戰爭。
- 1998 經濟崩潰導致「盧布危機」，俄羅斯外債違約。
- 1999 葉爾欽辭職下台，普京成為代理總統；恐怖攻擊引發第二次車臣戰爭。
- 2000 普京在大選中獲勝而連任總統；庫斯克號潛艇的災難。
- 2002 莫斯科歌劇院脅持事件。
- 2003 霍多爾科夫斯基受審入獄。
- 2004 普京連任總統；別斯蘭（Beslan）學校人質危機。
- 2006 亞歷山大．利特維年科在倫敦遭到謀殺。
- 2008 梅德韋傑夫贏得總統選舉，任命普京擔任總理；俄羅斯－喬治亞戰爭。
- 2009–10 霍多爾科夫斯基的刑期在二審中遭到延長。
- 2011 「多莫傑多沃」（Domodedovo）機場的恐怖攻擊導致三十七人喪生。
- 2012 普京再度贏得總統大選，莫斯科街頭爆發反普京示威；經過十八年的協商，俄羅斯終於加入世界貿易組織。
- 2014 親俄的烏克蘭總統亞努科維奇被親歐盟的群眾運動推翻後，俄羅斯占領了克里米亞，引發冷戰以來最嚴重的東西方對峙。
- 2015 俄羅斯對敘利亞境內展開空襲，聲稱是要攻擊伊斯蘭國，但西方認為是針對反阿塞德的在野勢力；土耳其打下轟炸敘利亞的俄羅斯戰機，俄羅斯對土耳其實施經濟制裁。
- 2016 俄羅斯國會大選，執政多數的統一俄羅斯黨席次增加，其餘席次則由親普京的小黨奪下，主要反對黨領袖被禁止參選。
- 2017 美國國會針對俄羅斯干預2016年美國總統大選一事對俄施加制裁，導致美俄兩國互相驅逐對方外交人員；因為禁藥問題，國際奧委會禁止俄羅斯參加2018年的冬季奧運。
- 2018 英俄兩國因為前間諜謝爾蓋．斯克里帕爾遭人下毒案導致關係緊張，美國與盟友聯手制裁俄羅斯；普京第四度當選俄羅斯總統。
- 2019 普京與北朝鮮領導人金正恩在海參崴會晤，普京表示俄羅斯將持續致力於緩解朝鮮半島緊張局勢。
- 2020 俄羅斯舉行修憲公投，有將近八成的民眾支持普京可以連任總統一直到2036年，此事如果成真，普京將是彼得大帝之後掌權最久的俄羅斯領導人。

（2012～2020年表為編輯部新增）